傅筑夫（1902 — 1985）

傅筑夫文集（第一辑）

中国封建社会经济史

秦汉三国卷

傅筑夫◎著

首都经济贸易大学出版社
Capital University of Economics and Business Press
·北京·

图书在版编目(CIP)数据

中国封建社会经济史. 秦汉三国卷 / 傅筑夫著. --北京:首都经济贸易大学出版社, 2023.4

ISBN 978-7-5638-3413-6

Ⅰ.①中… Ⅱ.①傅… Ⅲ.①封建经济—经济史—中国—秦汉时代②封建经济—经济史—中国—三国时代 Ⅳ.①F129.3

中国版本图书馆 CIP 数据核字(2022)第 166723 号

中国封建社会经济史(秦汉三国卷)

ZHONGGUO FENGJIAN SHEHUI JINGJISHI (QINHAN SANGUO JUAN)

傅筑夫 著

责任编辑 潘 飞

封面设计 

出版发行 首都经济贸易大学出版社

地 址 北京市朝阳区红庙(邮编 100026)

电 话 (010)65976483 65065761 65071505(传真)

网 址 http://www.sjmcb.com

E - mail publish@cueb.edu.cn

经 销 全国新华书店

照 排 北京砚祥志远激光照排技术有限公司

印 刷 唐山玺诚印务有限公司

成品尺寸 170 毫米×240 毫米 1/16

字 数 658 千字

印 张 37.5

版 次 2023 年 4 月第 1 版 2023 年 4 月第 1 次印刷

书 号 ISBN 978-7-5638-3413-6

定 价 168.00 元

序　　言

2020年6月20日，笔者应首都经济贸易大学出版社之邀为“傅筑夫文集”申请国家出版基金所写的《推荐意见》略云：

傅筑夫先生是我国最负盛名的经济史学家之一，系中国经济史学科的重要奠基人与推动者，其论著深刻影响了四代学人，且今后还会深远影响国内外学术界尤其经济史学界。

傅筑夫先生的主要代表作包括五卷本《中国封建社会经济史》、三卷本《中国经济史论丛》（上、下、补编）、《中国古代经济史概论》等。此次整理出版，除上述著作外，还计划加入《傅筑夫论著补编》。主要内容有：傅筑夫自述；新中国成立前发表在《东方杂志》《中国经济》《文史杂志》《社会科学丛刊》《图书评论》等刊物上的文章，如《中国经济结构之历史的检讨》《由经济史考察中国封建制度生成与毁灭的时代问题》《中国经济衰落之历史的原因》《研究中国经济史的意义及方法》《由汉代的经济变动说明两汉的兴亡》；等等。另外还包括其未刊的笔记、书信等等。

傅筑夫先生全面探讨了从西周至宋代两千多年中国经济发展、经济制度演进变迁的历程，以及就中国经济史的分期、一些重大问题的性质和原因等提出了独具特色、自成体系的一系列见解。作者的核心观点包括：一是中国奴隶制发展与古代希腊、罗马相比，发展很不充分，但其在殷商末年崩溃之后，残存的时间却又很长，几乎与迄近代为止的全部历史相始终。二是长达两千余年的封建社会可分为前后两个不同阶段，即典型的封建制度和变态的封建制度。前者产生于西周初年，崩溃于东周前期，其基本特征是领主制经济；后者产生于东周前期，一直延续到鸦片战争前的清代，其核心内容以地主制经济为主。说其是变态的封建制，是因为其与原来纯粹的封建社会不同，当中夹杂着一些资本主义因素。三是中国在战国时期的社会经济结构中已经有了资本主义因素的萌芽，出现了产生资本主义的前提条件，并有了一定程度的发展。四是中国封建社会经济发展长期停滞，资本主义因素不能正常发展，小农经济是总的根源。五是不赞成以朝代标名中国经济史的分期，因为中国历史发展的一个非常明显的特点，就是社会经济的发展轨迹并不是一条直线，而是呈现为一种动荡不定的波浪状态，经济发展的周期有长有短，并不与朝代的兴衰完全同步。

上述观点自成体系，独树一帜。我们不得不折服于作者对汗牛充栋的史料的搜集、整理、甄别与解读之功力，对于中国历史发展演变的整体把握，对于中国世界地位的准确判断，对于理论体系的严谨构建，等等。傅筑夫先生的著作，系通古今之变、成一家之言的学术精品。

傅筑夫先生的论著，有些出版时间较早，学者已无法购买；有些系零散见于新中国成立前的杂志，查阅非常不便；有些论著还没有整理出版，学界深以为憾。“傅筑夫文集”的编辑出版，系功德无量之举，经济学界、历史学界尤其经济史学界将翘首以盼！

傅筑夫，1902 年 9 月 27 日生于今河北省邯郸市永年区，名作楫，以字显。1911—1915 年在家乡念私塾，1918 年 8 月至 1922 年 7 月在当时直隶第十三中学读书，后报考北京高等师范学校理化预科，1924 年进入改名的北京师范大学理化系。当时学术空气浓厚，思想活跃，学派林立，校方允许学生跨系听课，也允许学生自由更换专业，充分尊重学生的兴趣。傅筑夫当时旁听了梁启超、鲁迅、黄侃、钱玄同、马裕藻、杨树达等名师的课，对其影响非常大，使其学习兴趣发生了变化，便于第二学期转入国文系。在国文系，傅筑夫系统学习了文字学、音韵学、训诂学等，选修了古典文学、文艺理论和外国文学名著等。在此期间，他逐渐对艺术和宗教问题产生了兴趣。后来，在鲁迅先生的建议与指导下，傅筑夫从事中国古代神话的研究与资料搜集工作。众所周知，当时鲁迅先生正在撰写《中国小说史略》。这样的训练，无疑为傅筑夫从浩瀚古籍中搜集、整理与甄别资料，为后来主要从事中国经济史研究和教学奠定了坚实基础。

20 世纪初，正是中国社会转型的重要时期。作为一个才华横溢且有远大理想的青年才俊，傅筑夫关注社会变革，将学业攻读方向转向社会科学尤其是经济史。早在 20 世纪 20 年代，傅筑夫便开始用马克思主义的经济理论来分析和研究中国的社会经济问题，并写成约 23 万字的专著《中国社会问题之理论与实际》，于 1931 年 4 月由天津百花书局出版，这是其计划中的“农民问题与中国革命”研究的一部分。可见傅筑夫的研究顺应当时中国的社会变革之大势，他的学术研究自觉参与了中国命运的大论战，应该说是非常接地气，具有理论高度的。

1937 年 1 月至 1939 年 5 月，傅筑夫自费赴英国伦敦大学政治经济学院留学，先后在罗宾斯（L. Robins）教授和陶尼（H. Taweny）教授的指导下研究经济理论和经济史。在伦敦大学期间，胡寄窗先生也在这里留学，他们时常在一起探讨经济史方面的学术问题，二位最后均成为享誉海内外的经济史、经济思想史的学术大师。傅筑夫先生在英国留学期间，省吃俭用购买了约800本专业书籍，这些书籍辗转运到重庆沙坪坝时却遭到日本飞机轰炸，最后只留下一张书单，这是傅筑夫先生心头永远的痛[①]。

归国后的1939年7月至1945年7月六年间，傅筑夫在重庆国立编译馆任编纂并兼任四川教育学院教授。在傅筑夫教授发起并亲自主持下，大后方开展了规模庞大的中国古代经济史资料的搜集与整理工作。编译馆当时给傅筑夫先生配备了4名辅助人员以及10余位抄写员。与此同时，傅筑夫先生还邀请了著名农史学专家、时为国立复旦大学经济史教授的王毓瑚先生参加整理工作[②]。傅筑夫先生等充分利用当时优越的学术研究环境，系统收集整理了大量经济史史料，这在当时可谓蔚为壮观，至今仍然让人叹为观止！傅筑夫先生认为，中国经济史本是一门重要的基础学科，但长期以来研究者非常少，资料不易搜集是造成这种状况的主要原因之一。另外，当时国立编译馆具有从事中国经济史资料搜集整理得天独厚的条件。由于有傅筑夫先生和王毓瑚诸先生的领衔主持并不断商讨定夺，工作进行得非常顺利，到抗战胜利前夕，第一轮搜集经济史资料的工作告一段落。课题组用纵条格厚纸做卡片，用毛笔抄写的资料多达数大箱，这些卡片分纲列目，分类条编，每章均有简明扼要的说明与分析。尽管傅筑夫先生主持的工作成果在当时还只是资料卡片，却已经构成了中国经济史研究的雏形或初步框架。

1947年1月至7月，傅筑夫离开四川去东北大学，任商学院院长兼学校教务长，讲授中国经济史和经济学。鉴于当时沈阳地区社会秩序混乱，教学和科研工作及生活均受到严重影响，傅筑夫便举家前往天津。1947年8月，傅筑夫任南开大学教授，同时讲授中国经济史、外国经济史两门课，另外还承担了经济研究所研究生的课程授课任务。除此之外，傅筑夫先生还兼任经济研究所研究生指导委员会主任委员。1947年8月至1948年10月，傅筑夫先生还兼任天津《民国日报》副总主笔，读书、教书、撰写社论是他在这一阶段的主要工作，可谓处于连轴转状态。新中国成立后，傅筑夫先生在南开大学开设了《资本论》研

---

① 瞿宁武：《傅筑夫传》，原载《晋阳学刊》，收入《中国当代社会科学家》（传记丛书）第4辑，北京：书目文献出版社1983年版。

② 杨直民：《王毓瑚传略》，收入王广阳等编《王毓瑚论文集·附录》，北京：中国农业出版社2005年版。

究的课程，同时为在校大学生开设中国经济史和外国经济史两门课。值得一提的是，傅筑夫先生与讲授政治经济学的谷书堂先生兴趣相同，他们时常共同探讨学术问题，讨论的成果便是1957年由天津人民出版社出版的合著《中国原始资本积累问题》。1957年，傅筑夫被错划为右派，被迫离开了他心爱的讲台。在这种环境下，傅筑夫先生开始了第二轮的经济史资料的收集与整理工作，虽然这次的条件与第一次不可同日而语，但是在认真总结以前经验教训的基础上，这次经济史资料整理的搜集范围进一步扩展，使得内容更加完备与充实。令人痛心的是，"文革"中傅筑夫先生多年积累的关于明清时期中国经济史的资料被付之一炬，以至于先生计划撰写七卷本的《中国封建社会经济史》只完成了前五卷，因资料缺失而没有明、清两卷，这成为经济史学术界不可弥补的巨大损失。直到20世纪80年代末的40年左右的时间里，傅筑夫先生积累的经济史资料在数量上居全国之冠是没有疑义的，尽管"文革"中丢失了大量明清时期的资料。据张汉如教授1987年春天目睹傅筑夫先生尚存资料做出的保守估计，这些资料的总字数不会少于百万字。

1978年夏天，傅筑夫先生的学术研究环境得到了很大的改善，当然这与我国进入改革开放时代密不可分，同时对其来说还有一个机缘是，傅筑夫先生被借调到北京工作。这样，他离开工作生活了30年的南开大学，来到北京经济学院即今天的首都经济贸易大学，主要承担国家科学发展规划重点项目"中国经济通史"的研究工作。学术界认为，傅筑夫先生领衔完成这一重大课题在当时是不二人选。

从南开大学调动到北京之后的6年多时间里，傅筑夫先生虽然年逾古稀且体弱多病，但他为研究和撰写中国经济史论著殚精竭虑，甚至到了废寝忘食的程度。在此期间，傅筑夫先生先后完成并出版了312.8万字的9本专著，平均以每年撰写超过50万字的速度在与时间赛跑。据专家不完全统计，这些论著引证的史料和当代考古资料约10 319条[①]，平均每万言引证史料约33条。这充分体现了傅筑夫先生学术根基之深，言必有据，文必有引，同时也足见先生养心治学的繫括功夫与老而弥坚的探索精神。在北京的岁月，傅筑夫先生几乎每天都要工作到午夜，工作时间超过12个小时。

傅筑夫先生著作等身，研究领域广泛，观点鲜明，见解深刻，文笔清新，其研

---

① 张汉如：《学贯中西　博通古今——傅筑夫的学术道路和思想研究》，天津：南开大学出版社2009年版。

究独树一帜,系蜚声海内外的著名经济史学家。傅筑夫先生构建了一个理解我国传统经济的系统性分析框架,其论著具有理论深度和历史厚重感,展现了一代学术大师成一家之言的宽广视野与学术创新能力。傅筑夫先生是研究中国经济史的大家,他兼蓄经济学眼界与历史胸襟。

傅筑夫先生一再强调,研究经济史不仅要系统地积累资料,而且要熟知经济理论、经济规律,才能辨别经济史料的真正价值,在甄别史料方面要有沙里淘金的功夫。从傅筑夫先生对经济史研究的理论和方法中我们可以清晰地体会到,研究经济史需要历史知识、经济知识,还需要有一定的自然科学知识,尤其要有坚实的古文修养。不仅如此,学习和研究经济史还需要学贯中西,要进行必要的中外比较。这是傅筑夫研究者通过对傅筑夫先生的学术成就和治学方法深入研究后得出的结论。

傅筑夫先生通过对英国历史的研究,提出问题:尽管中国早在战国时期就已经大量使用金银做货币,有大量商业资本,又有雇佣劳动,为什么资本主义萌芽没有发展为资本主义生产方式?他认为,中国自秦汉以来主要发展地主经济,商业资本没有转化为产业资本,而是用来兼并土地,这成为中国历代统治者面临的最大难题。阻碍中国经济发展的主要因素是封建统治者实行了抑商政策,用限制市场经济的办法限制商品经济的发展,连军队装备和供应宫廷需要的东西也要抛开市场,成立专门机构来供应。因此,他认为汉代桑弘羊的盐铁专卖政策扼杀了中国的商品经济,是使中国经济长期停滞的千古罪人。

傅筑夫先生的论著多有独到见解,如他认为,思想意识上的"谋生"与"谋利"是有根本区别的,"谋生"基本上属于自然经济的范畴,"谋利"则属于市场经济的范畴。傅筑夫先生的这些经济史结论,实为老一代学者学贵自得、成一家之言的心得记录。通读傅筑夫先生的论著,我们可以从中真切地体味到其尽管经历了难以想象的艰难曲折,但自始至终坚守严谨求实的学风,坚持追求真理的大无畏精神。面临中国传统社会浩如烟海的史料,他能够深入浅出,既坚持论从史出,又敢于提出质疑,不泥古,不拘陈说,不守藩篱,不望风阿世,通过自己艰辛的学术跋涉,刻志兢兢,形成独树一帜的学术思想。

傅筑夫先生作为著名教育家,对教学与研究者提出了独具特色的评价标准:熟悉本专业业务而无创见,充其量只能算个教书匠,要想成为大师,必须要有系统的创见,要想成为宗师,则必须形成学派,后继有人。傅筑夫先生无疑是学术宗师,而他对教学的高见无疑是在长期的教学第一线的实践与教学管理工作中得出的。1932 年 7 月至 1936 年 10 月,傅筑夫在中央大学任校长秘书时兼任教授,教授中国经济史,由此开始了其全力研究经济史的学术生涯。傅筑夫是中国国内最早教授中国经济史的教授之一,同时也为教学相长提供了一个成功案例。傅筑夫在中国人民大学近代经济史研究生班的任教,为其教育生涯留下了浓墨重彩的一笔。1953 年,中国人民大学在全国招收了 16 名中国近代经济史研究生,他们均是各大学德才兼备的在职人员,学制是 3 年。1954 年 9 月,傅筑夫被聘为中国历史研究室国民经济史教授,系近代经济史研究生班的任课老师。傅筑夫到中国人民大学兼职伊始,就一边授课一边编写讲义,并指导研究生撰写论文。傅筑夫在中国人民大学研究生班的讲义最后形成 80 万字的《中国近代经济史》。当年中国人民大学的这 16 位研究生,后来均成为我国经济史研究与教学的领军人物。今天仍然活跃在学术界的经济史大师、新中国经济史奠基者之一赵德馨教授,就是其中一位。

在学习傅筑夫先生论著的过程中,我深深为先生治学精神的恢宏壮阔、学术造诣的博大精深、追求真理的顽强精神所折服,同时敬仰先生丰富多彩的社会阅历和贯通古今中外的学术视野以及传道授业解惑的名师风范。傅筑夫先生在近现代学术史尤其在经济史领域具有非常重要的地位。傅筑夫先生独树一帜的学术品格,彰显的追求真理的科学态度,在社会发生剧烈转型、不少地方学术风气浮躁的今天,更显得弥足珍贵!

以我学习经济史的肤浅经历,实在没有资格为经济史大师傅筑夫先生的文集作序,只是我就职的中国社会科学院经济所的老同事杨春学教授受出版社之托,一再邀我写序。春学教授清楚我是学习传统经济史的,也知道我读研究生时曾于 1983 年春天在北京访学时就购买了《中国封建社会经济史》《中国经济史论丛》等著作。我只好勉为其难,以上面的学习体会,表达对傅筑夫先生的敬意并聊以为序。

魏明孔

中国社会科学院"登峰战略"学科带头人

中国经济史学会会长

目　录

第一章　秦汉时代的经济区及其变化和发展

第一节　秦汉时代的主要农业区

（一）全国疆域与耕地面积

中国从秦代起，建立了历史上第一个中央集权的、疆域辽阔的大帝国，它把过去长期以来的诸侯割据和列国分立的封建主义的多元统治，变成为一个专制主义的中央集权的统一国家，即所谓改封建为郡县，把全国划为三十六郡，第一次把中国的辽阔疆域勾画出一个大体轮廓。秦王朝的统治时间虽然不长，但是并没有因为它的覆灭而改变历史发展的方向，所有秦王朝的国家体制和它所创建的各种制度，不但没有变更、转向或削弱，而是正相反，向深度方面和广度方面都进一步地发展并巩固和提高了。这是由于继起的汉王朝，是在相同的社会经济基础之上建立起来的一个体制相同、性质相同而力量更为雄厚的封建大帝国，它首先接受了秦王朝留下的一份巨大产业——广土众民，并以此为基础，不断地加以开拓和扩展，到汉武帝时而臻于极盛。史称：

〔秦〕分天下作三十六郡。汉兴，以其郡太大，稍复开置，又立诸侯王国。武帝开广三边。故自高祖增二十六，文、景各六，武帝二十八，昭帝一，讫于孝平，凡郡国一百三，县邑千三百一十四，道三十二，侯国二百四十一。地东西九千三百二里，南北万三千三百六十八里。[①]

县大率方百里，其民稠则减，稀则旷，乡、亭亦如之，皆秦制

---

① 《汉书》卷二十八下，《地理志下》。

也。列侯所食县曰国，皇太后、皇后、公主所食曰邑，有蛮夷曰道。凡县、道、国、邑千五百八十七，乡六千六百二十二，亭二万九千六百三十五。①

这样多的县道国邑，系分布在北起幽、并，南迄交趾、珠崖，东起东海，西达玉门、阳关，直至西域都护府所辖西域诸部（包括了今天的整个新疆[1]）。政治疆域虽然开拓得很大，但是经济区域的开发却并不甚广，在整个西汉时期，精耕的农业区，主要还是在长城以南、长江以北、黄河中下游及其支流泾、渭、汾河流域与淮河流域的部分地区。这由下列《汉书》所记载的全国耕地面积即可充分证明当时经济区域的范围还是不大的：

提封田一万万四千五百一十三万六千四百五顷，其一万万二百五十二万八千八百八十九顷，邑居道路，山川林泽，群不可垦（《补注》：王念孙曰：山川林泽，当依《汉纪》作山林川泽，见《周官·大司徒》），其三千二百二十九万九百四十七顷，可垦不可垦（《补注》：宋祁曰：可垦下，越本无不可垦三字。……王鸣盛曰：此误衍“不可垦”三字，《南监》无），定垦田八百二十七万五百三十六顷。②

据《后汉书·郡国志注》引《帝王世纪》所载，知上列数字系西汉末年平帝元始二年（公元二年）登记的数字，由于这是政府据以征收赋役的数字，必有若干隐漏，实际的耕地面积当不止此数。官方数字虽不甚精确，但亦不能相差过远，故仍能反映出一个大体轮廓。由其数字的增减，可以看出各个时期的农业盛衰概况。东汉时期的垦田情况，可由下列数字看出：

应劭《汉官仪》曰：……伏无忌所记，每帝崩，辄最户口及垦田大数，今列于后，以见滋减之差焉。

……和帝元兴元年（公元一〇五年）……垦田七百三十二万一百七十顷八十亩百四十步。

① 《汉书》卷十九上，《百官公卿表上》。

② 《汉书》卷二十八下，《地理志下》。

……安帝延光四年（公元一二五年）……垦田六百九十四万二千八百九十二顷一十三亩八十五步。

……顺帝建康元年（公元一四四年）……垦田六百八十九万六千二百七十一顷五十六亩一百九十四步。

冲帝永嘉元年（公元一四五年）……垦田六百九十五万七千六百七十六顷二十亩百八步。

……质帝本初元年（公元一四六年）……垦田六百九十三万一百二十三顷三十八亩。①

上文已指出，上列数字系两汉历届政府据以征收赋役的数字，事实上实际垦田数目一直在不断增加，也就是两汉的农业区一直在不断地充实和扩大。所谓充实，是指在各个早已开发的农业区中，把过去未能利用或有待开发的大量荒地、垸埆、林莽、沮洳等所谓“不可垦”的土地，随着灌溉渠道的开凿和固有沼泽沟渎的修整，随着生产工具的进步和开荒能力的提高，现在都变成了良田，从而不断增加了可耕地的面积。两汉文献中这一类的记载很多，这里择要选录几条为例：

〔元帝朝〕迁南阳太守，其治如上蔡。信臣为人勤力有方略，好为民兴利，务在富之。躬劝耕农，出入阡陌，止舍离乡亭，稀有安居时。行视郡中水泉，开通沟渎，起水门提阏凡数十处（《补注》：齐召南曰：案，提，应作堤。又案，信臣于南阳水利，无所不兴，其最巨者，钳卢陂、六门堨，并在穰县之南，灌溉穰、新野、昆阳三县。后汉杜诗修其故迹，民有召父杜母之歌。晋杜预复其遗规，地有二十九陂之利，故读《后书》、《晋书》及《水经注》、《通典》，而叹信臣功在南阳，并于蜀李冰、邺史起也），以广溉灌，岁岁增加，多至三万顷。民得其利，畜积有余。②

〔王莽时〕以广汉文齐为〔益州〕太守，造起陂池，开通溉灌，垦田二千余顷。③

〔建武初〕拜渔阳太守。……乃于狐奴开稻田八千余顷，劝民

① 《后汉书》志第二十三，《郡国志》注。
② 《汉书》卷八十九，《循吏·召信臣传》。
③ 《后汉书》卷八十六，《南蛮西南夷传》。

耕种，以致殷富。百姓歌曰："桑无附枝，麦穗两岐。张君为政，乐不可支。"①

〔建武初为九真太守〕九真俗以射猎为业，不知牛耕（《东观汉纪》曰：九真俗烧草种田）。民常告籴交阯，每致困乏。延乃令铸作田器，教之垦辟。田畴岁岁开广，百姓充给。②

〔建武〕六年（公元三〇年），迁丹阳太守。……垦田增多，三岁间流民占著者五万余口。③

〔建武〕七年（公元三一年），迁南阳太守。……又修治陂池，广拓土田，郡内比室殷足。时人方于召信臣，故南阳为之语曰："前有召父，后有杜母。"④

〔建武中为汝南太守〕晨兴鸿却陂数千顷田，汝土以殷，鱼稻之饶，流衍它郡。⑤

建初元年，迁山阳太守。……兴起稻田数千顷。⑥

〔元和〕三年（公元八十六年），迁下邳相。徐县北界有蒲阳坡（《东观记》曰：坡水广二十里……其东有田可万顷），傍多良田，而堙废莫修。禹为开水门，通引灌溉，遂成孰田数百顷。……后岁至垦千余顷，民用温给。⑦

〔永元中〕迁汝南太守。……又修理鲖阳旧渠，百姓赖其利，垦田增三万余顷。吏人共刻石，颂敞功德。⑧

上引诸例，除个别是在边远地区外，多数都是在淮河流域，说明这个区域正在进一步开发。这个区域主要是在西汉时期才逐步发展为精耕农业区的，由于开发不久，境内还存在着不少荒地有待开发，只有在大兴水利之后，才能使之变为"熟田"，所以上述那些所谓"循吏"都是从水利入手，新开辟出来的耕地也大都是稻田。可见，原来的许多不毛之地，一旦"修治陂池"

① 《后汉书》卷三十一，《张堪传》。
② 《后汉书》卷七十六，《循吏·任延传》。
③ 《后汉书》卷二十一，《李忠传》。
④ 《后汉书》卷三十一，《杜诗传》。
⑤ 《后汉书》卷十五，《邓晨传》。
⑥ 《后汉书》卷七十六，《循吏·秦彭传》。
⑦ 《后汉书》卷四十四，《张禹传》。
⑧ 《后汉书》卷四十三，《何敞传》。

"通引灌溉"，就立刻获致"鱼稻之饶"。淮河流域本来就是河道纵横，沼泽遍地，只要稍加修治，即可把许多荒野变为良田，这是汉代的这个新的农业区能够迅速发展的一个优越的自然条件。

所谓扩大，主要是指随着国家疆域的开拓，使原来尽是荒凉不毛之地的边疆地区，都被有计划、有组织地开辟为耕地，特别是由于各边疆地区须常驻有大量戍军，为了减轻内地人民的"飞刍挽粟"之劳，即为了解决由内地向遥远的边疆运送大批军粮的困难，以保证兵食不缺，最初在汉文帝时，曾实行过移民屯边的办法，据马端临概述此事的经过说："按，屯田所以省馈饷[2]，因农为兵，而起于汉昭、宣之时。然文帝时，晁错上言，远方之卒，守塞一岁而更，不知胡人之能，不如选常居者，家室田作以备之，为之高城深堑，先为室屋，具田器，募罪人及免徒复作及民之欲往者，皆赐高爵，复其家，俾实塞下，使屯戍之事省，输将之费寡，则其规模已略出此。但文帝则与以田屋，令其人自为战守，而此屯田则以兵留耕，因取其耕之所获以饷兵，微为不同。"① 据此，可知文帝时的移民实边，且耕且守，与后来的屯田还有所不同，并且也只是试办性质，没有成为制度。

大规模地向四面开拓，主要是在汉武帝时期。"是时汉东拔濊貉、朝鲜以为郡，而西置酒泉郡以隔绝胡与羌通之路。……又北益广田至眩雷为塞。"② 这样一来，疆境愈辽阔，路途愈遥远，军需供应的矛盾也就愈尖锐。于是随着客观形势的需要，实行了军屯——"屯田"办法，这是在西汉时期创行的一种制度，而为后世历代王朝所奉行。这都是由于交通运输条件的限制，不如此，就无法解决戍边军需的供应问题。这个制度最先是在汉武帝时期开始的，起初还只是一些临时性措施，没有成为一种固定制度，这由下引记载可以看出：

> 偃盛言朔方地肥饶，外阻河，蒙恬城之以逐匈奴，内省转输戍漕，广中国，灭胡之本也。③
>
> 〔元狩四年（公元前一一九年），卫青、霍去病大破匈奴，封狼居胥山而还〕是后匈奴远遁，而幕南无王庭。汉渡河自朔方以西至

① 《文献通考》卷七，《田赋考·屯田》。
② 《汉书》卷九十四上，《匈奴传》。
③ 《史记》卷一百十二，《平津侯主父列传》。

令居，往往通渠置田，官吏卒五六万人，稍蚕食，地接匈奴以北。①

〔元鼎六年（公元前一一一年）〕初置张掖、酒泉郡，而上郡、朔方、西河、河西开田官，斥塞卒六十万人戍田之（师古曰：开田，始开屯田也。斥塞，广塞令却。初置二郡，故塞更广也。以开田之官广塞之卒戍而田也）。②

〔武帝既破大宛〕而敦煌置酒泉都尉；西至盐水，往往有亭。而仑头有田卒数百人，因置使者护田积粟，以给使外国者。③

但是经过三十多年的穷兵黩武之后，弄得“海内虚耗”，劳民伤财，百姓陷入水深火热之中[3]，这时汉武帝深悔用兵太多，亟思调整内部，所以在他的晚年时，就拒绝了桑弘羊提出的进一步开展屯田的建议：

自武帝初通西域，置校尉，屯田渠犁。是时军旅连出，师行三十二年，海内虚耗。征和中（公元前九十二年——公元前[4] 八十九年），贰师将军李广利以军降匈奴，上既悔远征伐，而搜粟都尉桑弘羊与丞相御史奏言：“故轮台（以）东捷枝、渠犁皆故国，地广，饶水草，有溉田五千顷以上，处温和，田美，可益通沟渠，种五谷，与中国同时孰。……臣愚以为可遣屯田卒诣故轮台以东，置校尉三人分护，各举图地形，通利沟渠，务使以时益种五谷。……田一岁，有积谷，募民壮健有累重敢徙者诣田所，就畜积为本业，益垦溉田，稍筑列亭，连城而西，以威西国，辅乌孙，为便。……”上乃下诏，深陈既往之悔，曰：“前有司奏，欲益民赋三十助边用，是重困老弱孤独也，而今又请遣卒田轮台。轮台西于车师千余里……乃者贰师败，军士死略离散，悲痛常在朕心。今请远田轮台，欲起亭隧，是扰劳天下，非所以优民也。今朕不忍闻。……”④

至此，长期的用兵才告一段落，屯田制度也暂时停顿了。但是边境仍然要驻守，戍卒的供应问题仍然如故，开拓可以停止，戍边之卒却不能撤回，

① 《史记》卷一百十，《匈奴列传》。

② 《汉书》卷二十四下，《食货志》。

③ 《史记》卷一百二十三，《大宛列传》。

④ 《汉书》卷九十六下，《西域·渠犁传》。

故到昭帝时，屯田不但恢复，而且成为制度。

初，贰师将军李广利击大宛，还过杅弥，杅弥遣太子赖丹为质于龟兹。广利责龟兹曰："外国皆臣属于汉，龟兹何以得受杅弥质？"即将赖丹入至京师。昭帝乃用桑弘羊前议，以杅弥太子赖丹为校尉将军，田轮台，轮台与渠犁地皆相连也。[①]

〔始元二年（公元前八十五年）〕冬，发习战射士诣朔方，调故吏将屯田张掖郡（师古曰：调谓发选也。故吏，前为官职者。令其部率习战射士于张掖为屯田也）。[②]

〔元凤四年（公元前七十七年），汉立尉屠耆为鄯善王〕王自请天子曰："身在汉久，今归，单弱，而前王有子在，恐为所杀。国中有伊循城，其地肥美，愿汉遣一将屯田积谷，令臣得依其威重。"于是汉遣司马一人、吏士四十人，田伊循以填抚之。[③]

地节二年（公元前六十八年），汉遣侍郎郑吉、校尉司马熹将免刑罪人田渠犁，积谷，欲以攻车师。至秋收谷，吉、熹发城郭诸国兵万余人，自与所将田士千五百人共击车师，攻交河城，破之。……吉等引兵归渠犁。……其后置戊己校尉屯田，居车师故地。[④]

自张骞通西域，李广利征伐之后，初置校尉，屯田渠犁。至宣帝时，吉以侍郎田渠犁，积谷，因发诸国兵攻破车师。[⑤]

至宣帝时，遣卫司马使护鄯善以西数国。及破姑师，未尽殄，分以为车师前后王及山北六国。时汉独护南道，未能尽并北道也，然匈奴不自安矣。其后日逐王畔单于，将众来降……乃因使〔郑〕吉并护北道，故号曰都护。……匈奴益弱，不得近西域。于是徙屯田，田于北胥鞬，披莎车之地……都护治乌垒城，去阳关二千七百三十八里，与渠犁田官相近，土地肥饶，于西域为中，故都护治焉。[⑥]

---

① 《汉书》卷九十六下，《西域·渠犁传》。
② 《汉书》卷七，《昭帝纪》。
③ 《汉书》卷九十六上，《西域·鄯善国传》。
④ 《汉书》卷九十六下，《西域·车师后城长国传》。
⑤ 《汉书》卷七十，《郑吉传》。
⑥ 《汉书》卷九十六上，《西域传》。

少以父任为右校丞，随长罗侯常惠屯田乌孙赤谷城。①

由汉初以来历届朝廷所不断实行的屯田办法，至宣帝元康中（公元前六十五年——公元前六十一年），由后将军赵充国提出"屯田奏"而系统化为一种明确的制度。他在"不出兵留田便宜十二事"的奏疏中，详陈了屯田的利益和在战略上的重要作用，从此成为后世历代王朝奉行屯田政策的根据。实行这个政策的结果，对于中国古代农业区逐步向北部和西北部扩展延伸，对于边疆地区向农耕文化转变，都起了很大的促进作用。因为屯田的土地，基本上都是在荒野无人之区自行开辟出来的处女地，耕种技术也是由屯田兵士从内地引进的，这等于把内地先进的农业一下子移植到了边疆。赵充国在"屯田奏"中的主要论点，大略如下：

〔元康中，充国以后将军击羌〕时羌降者万余人矣。充国度其必坏，欲罢骑兵屯田，以待其敝。……遂上屯田奏曰："……臣所将吏士马牛食，月用粮谷十九万九千六百三十斛，盐千六百九十三斛，茭藁二十五万二百八十六石。难久不解，繇役不息。又恐它夷卒有不虞之变，相因并起，为明主忧，诚非素定庙胜之册。且羌虏易以计破，难用兵碎也，故臣愚以为击之不便。计度临羌东至浩亹，羌虏故田及公田，民所未垦，可二千顷以上，其间邮亭多坏败者。……愿罢骑兵，留弛刑应募，及淮阳、汝南步兵与吏士私从者，合凡万二百八十一人，用谷月二万七千三百六十三斛，盐三百八斛，分屯要害处。冰解漕下，缮乡亭，浚沟渠，治湟狭以西道桥七十所，令可至鲜水左右。田事出，赋人二十亩[5]。至四月草生，发郡骑及属国胡骑伉健各千，倅马什二，就草，为田者游兵。以充入金城郡，益积蓄，省大费。今大司农所转谷至者，足支万人一岁食。谨上田处及器用簿，唯陛下裁许。……臣谨条不出兵留田便宜十二事。步兵九校，吏士万人，留屯以为武备，因田致谷，威德并行，一也。又因排折羌虏，令不得归肥饶之墬，贫破其众，以成羌虏相畔之渐，二也。居民得并田作，不失农业，三也。军马一月之食，度支田士一岁，罢骑兵以省大费，四也。至春省甲士卒，循河湟漕谷至临羌，

① 《汉书》卷六十九，《辛庆忌传》。

以睎羌虏，扬威武，传世折冲之具，五也。以闲暇时下所伐材，缮治邮亭，充入金城，六也。兵出，乘范徼幸，不出，令反畔之虏窜于风寒之地，离霜露疾疫瘃堕之患，坐得必胜之道，七也。亡经阻远追死伤之害，八也。内不损威武之重，外不令虏得乘间之势，九也。又亡惊动河南大开、小开，使生它变之忧，十也。治湟狭中道桥，令可至鲜水，以制西域，信威千里，从枕席上过师，十一也。大费既省，繇役豫息，以戒不虞，十二也。留屯田得十二便，出兵失十二利。臣充国材下……窃见北边自敦煌至辽东万一千五百余里，乘塞列隧有吏卒数千人，虏数大众攻之而不能害。今留步士万人屯田，地势平易，多高山远望之便，部曲相保，为堑垒木樵，校联不绝，便兵弩，饬斗具。烽火幸通，势及并力，以逸待劳，兵之利者也。臣愚以为屯田内有亡费之利，外有守御之备。骑兵虽罢，虏见万人留田为必禽之具，其土崩归德，宜不久矣。从今尽三月，虏马羸瘦，必不敢捐其妻子于他种中，远涉河山而来为寇。又见屯田之士精兵万人，终不敢复将其累重还归故地。是臣之愚计，所以度虏且必瓦解其处，不战而自破之册也。……”于是两从其计……诏罢兵，独充国留屯田。①

这是对屯田制度的一个全面阐述。确如赵充国所说，实行这个制度，在战略上是“内有亡费之利，外有守御之备”，在战术上是“部曲相保”“烽火幸通”，敌如来攻，则可以“势及并力，以逸待劳”。所有这些利益，都是显而易见的，是势在必行的，否则就必须飞刍挽粟，转输万里，不仅会因此造成头会箕敛，徭役不息，成为国家和人民的一个沉重负担，而且山河险阻，损耗巨大，致边防军需常有失时匮乏之虞，甚至贻误军机，影响边防。所以西汉王朝创立的屯田制度，不论在军事上或经济上都是一个重大贡献，后世历代王朝无不沿用这个制度，实非偶然。

（二）秦汉时代的新旧农业区及其变迁

由秦到西汉初年，主要农业区与前代（由西周初年到战国时期）所开发的农业区，基本上是相同的。这个旧农业区，西起关中的泾渭流域，连接华

---

① 《汉书》卷六十九，《赵充国传》。

北平原的所谓“三河”地带，东经齐鲁以达海滨。这个大面积的精耕区，大体上是沿着黄河和它的几个主要支流，形成了一个东西走向的狭长地带。其中开发最早的，是包括齐鲁在内的华北平原，这就是前引司马迁所说：“夫三河（河东、河内、河南）在天下之中，若鼎足，王者所更居也，建国各数百千岁，土地小狭，民人众，都国诸侯所聚会。”① 说明这个地区是开发最早、也是唯一最发达的一个农业区。农业是整个社会经济结构的核心。这个地区之所以成为中国古代灿烂文化的发祥地，数百千岁以来之所以一直成为统治一切的政治中心，就是因为这个地区一直是以农业为主体的经济中心。由于农业是一个决定一切的力量，它不仅直接关系着人民大众的生存，而且也直接关系着“都国诸侯”的存亡。所以一个区域的农业的兴衰，其表现的另一面，就是人民的贫富和国家的安危。关于农业的这种决定性的作用，古人是认识得很清楚，阐述也是很明确的。例如《管子》说：

> 地之守在城，城之守在兵，兵之守在人，人之守在粟。故地不辟，则城不固。……上不好本事，则末产不禁，末产不禁，则民缓于时事，而轻地利，轻地利，而求田野之辟，仓廪之实，不可得也。②

这说明要求“田野之辟，仓廪之实”，是发展经济、巩固国家基础的根本大计。下引一段议论，阐述得更明确：

> 善为国者，必先富民，然后治之。昔者七十九代之君，法制不一，号令不同，然俱王天下者何也？必国富而粟多也。夫富国多粟，生于农，故先王贵之。……民事农，则田垦；田垦，则粟多；粟多，则国富；国富者兵强，兵强者战胜，战胜者地广。是以先王知众民、强兵、广地、富国之必生于粟也，故禁末作，止奇巧，而利农事。……上不利农，则粟少；粟少，则人贫；人贫，则轻家……则战不必胜，守不必固矣。……此由不利农少粟之害也。粟者，王之本事也，人主之大务，有人之涂，治国之道也。③

---

① 《史记》卷一百二十九，《货殖列传》。

② 《管子·权修》。

③ 《管子·治国》。

既然粟直接关系着国家人民的命运，自然就不能不把“田野之辟，仓廪之实”来作为“治国”的根本大计，因为“田垦则粟多，粟多则国富，国富者兵强，兵强者战胜，战胜者地广”，彼此间的相互关系是如此直接，如此明显，不容有丝毫疑义。但是要达到这个目的，又只有两个必经途径，即“田野之辟”与“仓廪之实”，这实际上是一个途径的前后两个阶段。首先[6]，所谓“田野之辟”，就是提高农业生产力以增加土地的单位面积产量，这是举国上下应多方讲求，力求实现的一个主要目标。古代的列国政治家和各派思想家一致主张重农抑末，如上引《管子》所谓“禁末作，止奇巧，而利农事”，就是为了增加农业生产而必然要采取的政策，因为在生产工具没有什么改进的前提下，农业中直接生产者人数的多寡，直接决定了农业生产力的大小。很明显，减少了其他行业（主要是奢侈品的生产和经营）的从业人数，就增多了农业中的劳动人手。其次，所谓“仓廪之实”，本来是“田野之辟”即农业发达的自然结果，因土地的产量高，自然就得谷多，但是二者又不尽相同，因为如果生产多，消费也多——主要是奢侈造成的浪费多，依然会造成粟少、民贫、兵弱、国危的结果，所以“仓廪之实”并不是农业生产的必然结果，而是有目的、有计划地进行积蓄的结果，过去“七十九代之君”之所以“俱王天下者”，正是依靠这一政策的成功，从而取得粟多、国富、兵强、战胜、地广等一系列的连锁反应。因此，古人把积谷当作一个必须遵循的原则而反复加以强调。

> 国无九年之蓄曰不足，无六年之蓄曰急，无三年之蓄曰国非其国也。三年耕必有一年之食，九年耕必有三年之食，以三十年之通，虽有凶旱水溢，民无菜色，然后天子食日举以乐。①

汉初人贾谊对这个问题强调得更突出，把缺乏积蓄的危害性说得更透彻，使汉文帝感到不寒而栗，遂完全接受了他的建议。

> 贾谊说上曰：“……生之有时，而用之亡度，则物力必屈。古之治天下，至孅至悉也，故其畜积足恃。今背本而趋末，食者甚众，

① 《礼记·王制》。

是天下之大残也；淫侈之俗，日日以长，是天下之大贼也。残贼公行，莫之或止；大命将泛（覆也），莫之振救。生之者甚少而靡之者甚多，天下财产何得不蹶！汉之为汉几四十年矣，公私之积犹可哀痛。失时不雨，民且狼顾；岁恶不入，请卖爵子（如淳曰：卖爵级又卖子也）。既闻耳矣，安有为天下阽危者若是而上不惊者！世之有饥穰，天之行也，禹、汤被之矣。即不幸有方二三千里之旱，国胡以相恤？卒然边境有急，数十百万之众，国胡以馈之？兵旱相乘，天下大屈，有勇力者聚徒而衡击，罢夫羸老易子咬其骨。政治未毕通也，远方之能疑者并举而争起矣，乃骇而图之，岂将有及乎？夫积贮者，天下之大命也。苟粟多而财有余，何为而不成？以攻则取，以守则固，以战则胜。怀敌附远，何招而不至？今殴民而归之农，皆著于本（师古曰：殴亦驱字），使天下各食其力，末技游食之民转而缘南亩，则畜积足而人乐其所矣。可以为富安天下，而直为此廪廪也（廪廪，危也。师古曰：言务耕农，厚畜积，则天下富安，何乃不为，而常不足廪廪若此），窃为陛下惜之！”于是上感谊言，始开籍田，躬耕以劝百姓。①

这把积蓄粮食的重要性和迫切性，特别是它对于国家的强弱安危所起的决定性影响，作了详尽而明确的阐述，使人们进一步了解管子提出的“田野之辟”与“仓廪之实”这二者是缺一不可的。

如上文所指出，包括由三河地带到齐鲁之域的整个华北平原，是开发最早的一个古老的农业区，管子所谓“七十九代之君”，都是在这个区域内“建国”的。经过“数百千岁”的生聚繁衍，这个农业区早已是“土地小狭，民人众”，超过了土地生产力负荷，即使生之者不寡，而食之者则过众。土地的生产力不仅有一定的限度，而且有报酬递减的现象，特别是在农业生产力还受着各种限制而没有充分发展的古代，土地报酬递减的现象表现得尤为突出，并经常地给人们带来很大的困难，使田野已辟而仓廪不实的矛盾日益显著。这是人烟稠密、开发已久的古老农业区，常常为新开发的农业区所远远胜过的原因所在。

司马迁根据当时山川气候的自然形势、各地区的物产分布和各地的经济

① 《汉书》卷二十四上，《食货志上》。

特征，把全国划分为四个大的经济区，即山西、山东、江南、龙门碣石以北。这样一种区分，其标准不完全是根据农业，但是由于农业是国民经济的基础，其他经济部门的存在和发展，无不为农业状况所左右，如完全以农业为标准来区划，事实上也仍然要划为这样四个区域。所以这时经济区与农业区的含义基本上是相同的，不过前者的范围稍为广泛，即除了农业外还包含着工商业，这是由于其他经济部门所受地理条件的限制，不像农业那样严格。

在四大经济区中，当时的主要农业区是山东和山西，山东就是上文论述的由“三河”地带到齐鲁之郊的华北平原，这是中国古代人民最早开发的第一个农业区。山西就是汉朝人泛言的关中，意谓在函谷关之中，称为山西，这是以太行山作分界的一种笼统说法。据顾炎武的解释说：“古之所谓山西，即今关中。《史记·太史公自序》：萧何填抚山西。《方言》：自山而东，五国之郊。郭璞解曰：六国惟秦在山西。王伯厚《地理通释》曰：秦汉之间，称山北、山南、山东、山西者，皆指太行，以其在天下之中，故指此山以表地势。《正义》以为华山之西，非也。”[①] 到东汉时，人们仍然把关中叫作山西，例如郑兴“说更始曰：‘陛下起自荆楚，权政未施，一朝建号，而山西雄桀争诛王莽，开关郊迎者，何也（注：山西谓陕山已西也）？’”[②]

山西（即关中）的农业区是到西周初年才开始开发的，如前文所指出的，太王于迁岐之后，由于看到了“周原朊朊，堇荼如饴”，才决定“贬戎狄之俗”，而改营农耕生活。最初开辟的区域并不广大，周人的生产和活动范围不出泾渭中下游的陕中平原，可见周人所开辟的这个农业区，在面积上是远不能与山东那片广大的旧农业区相比的。但这个区域是新开辟出来的，尽管当时周人的文化水平还远比殷人为低，更没有掌握比殷人进步的生产技术，但是由于土地的自然肥力高，单位面积的产量大，因而这个区域的农业就发展得非常快，结果在一个很短的时期内，便能够以一个“居岐之阳”的文化落后的“小邦”，“实始翦商”，征服了一个文化高、力量大的东方“大国殷”。这个结果的造成，除了殷周之际的一些具体的历史条件和一些特殊因素外，农业经济显然在其中起着很大甚至是决定性的作用。因为古代历史上这一重大变革，实际上是一个刚刚开发不久的、生产力正在蓬勃发展中的新农业区，征服了一个历时已数百千岁、生产力正在衰退中的旧农业区，由“田

① 顾炎武：《日知录》卷三十一，《河东山西》。

② 《后汉书》卷三十六，《郑兴传》。

野之辟，仓廪之实”所概括的农业的决定性作用，在这一段历史变革中是表现得非常明显的，充分显示了管子所说的“粟多则国富，国富者兵强，兵强者战胜，战胜者地广”的作用。

这样的作用，后来一直在继续发生。因为秦是继周之后，以关中经济区为基础而强大起来的。秦原来也是远比山东列国为落后的一个小国，后来它成功地利用了关中地区的各种优越条件，而逐步地强大起来，并且终于超过山东六国的联合力量，把这些劲敌一个一个地加以消灭，最终统一了全国，并建立了中国历史上第一个疆域辽阔的大帝国。这个力量的源泉主要就是经济，而农业又是其中最根本的因素。

关中农业区，到了东周时期特别是到了战国年间，又在广度方面和深度方面都大大地发展了。所谓向广度方面的发展，是指秦国疆域的扩大，这包括两个方面：一是向西北方面扩展，二是向西南方面扩展。通过这样一种开拓疆土的政策，不仅扩大了秦国的政治疆域，而且扩大了秦国的农业区范围，从而直接加强了秦国的经济力量。

向西北方面的扩展，是把原来经济落后的游牧区和半农半牧区并入关中农业区。司马迁说：“及秦文孝缪居雍……献孝公徙栎邑，栎邑北却戎翟……天水、陇西、北地、上郡与关中同俗，然西有羌中之利，北有戎翟之畜，畜牧为天下饶。”① 这样一来，西北边区的畜牧业和关中的精耕农业便结合起来，并成为秦国国民经济的一个重要组成部分，同时把原来农业区的范围逐步向西北延伸。

向西南方面的扩展，是吞并汉中和巴蜀以及巴蜀西南的广大地区，其中尤以蜀为最重要，因为成都平原是一个开发较早而又具有优越的自然条件的农业区。巴仅次于蜀，也具有发展农业的优越条件，富有与蜀相同的各种物产，两地并入秦国版图，对于秦的国力增强，产生了立竿见影的效果。史称：“〔惠王〕卒起兵伐蜀，十月取之，遂定蜀。……蜀既属，秦益强富厚，轻诸侯。”② 秦有了巴蜀，等于有了一个富饶的谷仓，所以张仪对楚王说：“秦西有巴蜀，方船积粟，起于汶山，循江而下，至郢三千余里。”③ 这样一来，秦便成了以关中为中心而横跨西北到西南的疆域辽阔的大国，“其界自弘农故关以西，京兆、扶风、冯翊、北地、上郡、西河、安定、天水、陇西，南有巴、

① 《史记》卷一百二十九，《货殖列传》。

② 《战国策·秦策一》。

③ 《战国策·楚策一》。

蜀、广汉、犍为、武都，西有金城、武威、张掖、酒泉、敦煌，又西南有牂柯、越巂、益州，皆宜属焉。”① 由于在这个广阔的疆域中包含着两个重要的农业区，所以随着版图的开拓，秦国的[7] 经济力量亦迅速增长。司马迁说：“南则巴蜀。巴蜀亦沃野，地饶卮、姜、丹砂、石、铜、铁、竹、木之器。南御滇僰，僰僮。西近邛笮，笮马、旄牛。然四塞，栈道千里，无所不通。”② 整个秦的疆域，当时“号称陆海，为九州膏腴”③。于是秦便掌握了进可以攻、退可以守、不易为人击败的物质条件，所以苏秦对秦惠王说：“大王之国，西有巴、蜀、汉中之利，北有胡貉、代马之用，南有巫山、黔中之限，东有肴、函之固。田肥美，民殷富，战车万乘，奋击百万，沃野千里，蓄积饶多，地势形便，此所谓天府，天下之雄国也。”④

秦国的两大农业区，到战国年间一个更重大的发展，是向深度方面发展。这主要是指水利的开发。由于关中平原和成都平原各修建了一项水利工程，遂大大提高了农业生产力，使土地的单位面积产量为之激增。关于从战国年间掀起的水利建设的高潮，我们在《中国封建社会经济史》[8] 第一卷第五章中已经作了全面论述，其中有两项影响巨大而又深远的水利工程，都是在秦国境内，一是关中的郑国渠，一是蜀守李冰凿离碓而修筑的都江堰。郑国渠修成后，使四千多万亩的盐碱不毛之地，变成了亩产一钟的肥沃良田：“渠就，用注填阏之水，溉泽卤之地四万余顷，收皆亩一钟。于是关中为沃野，无凶年，秦以富强，卒并诸侯。”⑤ 至于“蜀守冰凿离碓，辟沫水之害，穿二江成都之中”⑥，从此，成都平原便成了一个重要的粮食产地，两千年来只有水利，而无水患，直到今日，还在发挥着它的固有作用。

由于秦国是在雄厚的经济基础上形成了强大的政治和军事力量，亦即它具有了战胜敌人的物质基础，遂使秦国在七雄对峙中始终居于攻守自如的主动地位，成为山东六国无法抗拒的劲敌。六国之被各个击破，并终于被秦统一，绝不是一个单纯的军事问题，如果看不到在其中起着决定性作用的经济因素，就不可能找到这一段历史变化的真正原因。例如山东六国中以楚国的力量为最强大，在早期，楚与秦是势均力敌的，确如苏秦对楚威王所说：

---

① 《汉书》卷二十八下，《地理志下》。
② 《史记》卷一百二十九，《货殖列传》。
③ 《汉书》卷二十八下，《地理志下》。
④ 《战国策·秦策一》。
⑤ 《史记》卷二十九，《河渠书》。
⑥ 《史记》卷二十九，《河渠书》。

“楚，天下之强国也。……楚地西有黔中、巫郡，东有夏州、海阳，南有洞庭、苍梧，北有汾陉之塞、郇阳。地方五千里，带甲百万，车千乘，骑万匹，粟支十年，此霸王之资也。……秦之所害于天下莫如楚，楚强则秦弱，楚弱则秦强，此其势不两立。”① 如果楚不抗秦，则其他五国只有束手待擒了，所以苏秦接着说：“今乃欲西面而事秦，则诸侯莫不南面而朝于章台之下矣。”但是貌似强大的楚国，终于彻底失败，而古人却找不出它的失败原因，下引一段文献，可以作为这一类议论的典型：

> 昔者楚人地南卷沅湘，北绕颍泗，西包巴蜀，东裹郑淮，颍汝以为洫，江汉以为池，垣之以邓林，绵之以方城。山高寻云，溪肆无景，地利形便，卒民勇敢，蛟革犀兕以为甲胄，修铩短鏦[9]，齐为前行，积弩陪后，错车卫旁，疾如锥矢，合如雷电，解如风雨。然而兵殆于垂沙，众破于柏举，楚国之强，大地计众，中分天下。然怀王北畏孟尝君，背社稷之守，而委身强秦，兵挫地削，身死不还。②

这一段文献反复强调了楚国的便利形势和优良装备，但却没有指出楚王“兵挫地削，身死不还”的真正原因。事实上，楚国并不是失败在地理形势上或军事力量上，而是失败在经济落后上。楚国虽然有辽阔的疆域，但是基本上还处在一种半开化的状态，农业则停滞在粗耕阶段，生产方法十分简陋，广大人民还过着渔猎采集的原始自然经济生活：“楚有江汉川泽山林之饶；江南地广，或火耕水耨。民食鱼稻，以渔猎山伐为业（师古曰：山伐，谓伐山取竹木），果蓏蠃蛤（师古曰：蛤，音阁，似蚌而圆），食物常足。故呰窳偷[10] 生，而亡积聚（师古曰：呰，短也。窳，弱也。言短力弱材不能勤作，故朝夕取给而无储偫也），饮食还给，不忧冻饿，亦亡千金之家。”③ 其实不仅楚国一国不是秦的对手，就是六国的联合力量，在秦面前仍然是不堪一击。对于这个问题，贾谊曾作过一个鲜明的对比：

> 孝公既没，惠王、武王蒙故业，因遗策，南兼汉中，西举巴、

① 《战国策·楚策一》。
② 《淮南子·兵略训》。
③ 《汉书》卷二十八下，《地理志下》。

蜀，东割膏腴之地，收要害之郡。诸侯恐惧，会盟而谋弱秦，不爱珍器重宝肥美之地，以致天下之士，合从缔交，相与为一。当是时，齐有孟尝，赵有平原，楚有春申，魏有信陵。此四君者，皆明知而忠信，宽厚而爱人，尊贤重士，约从离横，并韩、魏、燕、楚、齐、赵、宋、卫、中山之众。于是六国之士有宁越、徐尚、苏秦、杜赫之属为之谋，齐明、周最、陈轸、召滑、楼缓、翟景、苏厉、乐毅之徒通其意，吴起、孙膑、带佗、儿良、王廖、田忌、廉颇、赵奢之朋制其兵。常以十倍之地，百万之众，叩关而攻秦。秦人开关延敌，九国之师逡巡遁逃而不敢进。秦无亡矢遗镞之费，而天下诸侯已困矣。于是从散约解，争割地而奉秦。秦有余力而制其敝，追亡逐北，伏尸百万，流血漂卤。因利乘便，宰割天下，分裂河山，强国请服，弱国入朝。①

贾谊的这段文章，以极其生动的笔墨，把双方的力量和成败对比得强烈感人，故两千多年来一直是脍炙人口，为人所争相传诵，但是他却没有看到秦之所以胜和六国之所以败的原因所在，因为在深处起决定性作用的经济因素，往往是隐约难见的，所以只有司马迁曾指出，由于关中农业的大量发展，造成了“秦以富强，卒并诸侯”。实际上，这样的作用，到处可见，这里引下列两例为证：

关中事计户口转漕给军，汉王数失军遁去，何常兴关中卒，辄补缺。上以此专属任何关中事。……关内侯鄂君进曰：“……夫上与楚相距五岁，常失军亡众，逃身遁者数矣。然萧何常从关中遣军补其处，非上所诏令召，而数万众会上之乏绝者数矣。夫汉与楚相守荥阳数年，军无见粮，萧何转漕关中，给食不乏。陛下虽数亡山东，萧何常全关中以待陛下。”②

刘敬说高帝曰：“都关中。”上疑之。左右大臣皆山东人，多劝上都雒阳：“雒阳东有成皋，西有殽黾，倍河，向伊雒，其固亦足恃。”留侯曰：“雒阳虽有此固，其中小，不过数百里，田地薄，四

---

① 《史记》卷六，《秦始皇本纪》。

② 《史记》卷五十三，《萧相国世家》。

面受敌，此非用武之国也。夫关中左殽函，右陇蜀，沃野千里，南有巴蜀之饶，北有胡苑之利，阻三面而守，独以一面东制诸侯，诸侯安定，河渭漕挽天下，西给京师；诸侯有变，顺流而下，足以委输。此所谓金城千里，天府之国也。……"①

入汉以后，关中农业区和与它相连的巴蜀，都始终保持着固有繁荣，这里由下引几段文献来反映这种情况：

其阳则崇山隐天，幽林穹谷，陆海珍藏，蓝田美玉。商洛缘其隈，鄠杜滨其足，源泉灌注，陂池交属，竹林果园，芳草甘木，郊野之富，号为近蜀。……下有郑白之沃，衣食之源。提封五万，疆场绮分，沟塍刻镂，原隰龙鳞。决渠降雨，荷插成云，五谷垂颖，桑麻铺棻。②

笃以关中表里山河，先帝旧京，不宜改营洛邑，乃上奏《论都赋》曰："……《禹贡》所载，厥田惟上。沃野千里，原隰弥望。保殖五谷，桑麻条畅。滨据南山，带以泾渭，号曰陆海，蠢生万类。楩楠[11] 檀柘，蔬果成实。畎渎润淤，水泉灌溉，渐泽成川，粳稻陶遂。厥土之膏，亩价一金。……"③

昔在西京，有鄠杜膏腴之饶，池阳谷口之利，泾渭三川之水，郑国白渠之溉，每年成熟，雨灌并亩，至今号为陆海。④

李熊复说述曰："……蜀地沃野千里，土壤膏腴，果实所生，无谷而饱。……"⑤

蜀地肥饶，人吏富实，掾史家资多至千万，皆鲜车怒马，以财货自达。⑥

在整个两汉时期，四大经济区中变化最大的是江南地区。在西汉时期，至少在西汉前期，江南的广大地区基本上还处于一种未开化的状态，人口稀

① 《史记》卷五十五，《留侯世家》。
② 班固：《西都赋》。
③ 《后汉书》卷八十上，《文苑传·杜笃》。
④ 《太平御览》卷八百二十一，引王朗：《上求正贷民表》。
⑤ 《后汉书》卷十三，《公孙述传》。
⑥ 《后汉书》卷四十一，《第五伦传》。

少，大部分地区还为原始森林所覆盖，林莽茂密，沼泽遍地，毒蛇猛兽，所在多有，故大都不适于人类生息。部分地区虽已有了农业，但都还处于十分落后的粗耕阶段，人们的经济生活都还相当原始，甚至还有不少地区，人们过着更原始的渔猎采集生活：

> 楚越之地，地广人希；饭稻羹鱼，或火耕而水耨，果隋蠃蛤，不待贾而足；地势饶食，无饥馑之患，以故呰窳偷生，无积聚而多贫。是故江、淮以南，无冻饿之人，亦无千金之家。①
>
> 楚有江汉川泽山林之饶，江南地广，或火耨水耨。民食鱼稻，以鱼猎山伐为业，果窳蠃蛤，食物常足。故呰窳偷生，而亡积聚，饮食还给，不受冻饿，亦亡千金之家。②
>
> 〔王莽〕以大司马司允费兴为荆州牧，见，问到部方略，兴对曰："荆、扬之民率依阻山泽，以渔采为业（师古曰：渔谓捕鱼也。采谓采取蔬果之属）。……"③

由于江南地区的自然环境还没有得到改善，经济的生产和人民的生活又都十分原始，故一般人无不以远涉江南为畏途，所谓"江南卑湿，丈夫早夭"④，确有一定的事实根据，不但不是无稽之谈，而且早在秦时即已有了这样的经验。晁错说："臣闻秦时……南攻杨粤，置戍卒焉。……杨粤之地少阴多阳，其人疏理，鸟兽希毛，其性能暑。秦之戍卒不能其水土，戍者死于边，输者偾于道。秦民见行如往弃市，因以谪发之，名曰'谪戍'。"⑤ 这样一来，使人对江南大有谈虎色变之慨，所以当贾谊被谪为长沙王太傅时，他自然要惴惴不安，认为这无异于前往送死："于是天子……不用其议，乃以贾生为长沙王太傅。贾生既辞往行，闻长沙卑湿，自以寿不得长，又以適[12] 去（韦昭曰：谪，谴也），意不自得。"⑥ 就是长沙定王自己，也是由于"无宠"才被封在那里的："以孝景前二年用皇子为长沙王。以其母微，无宠，故王卑湿

---

① 《史记》卷一百二十九，《货殖列传》。
② 《汉书》卷二十八下，《地理志下》。
③ 《汉书》卷九十九下，《王莽传下》。
④ 《史记》卷一百二十九，《货殖列传》。
⑤ 《汉书》卷四十九，《晁错传》。
⑥ 《史记》卷八十四，《屈原贾生列传》。

贫国。"① 可见这时的江南，还是一个没有开发的卑湿贫困之区，即使到了西汉的鼎盛时期，江南特别是稍远的闽越一带，其原始状态依然如故：

〔武帝〕遣两将军将兵诛闽越。淮南王安上书谏曰："……臣闻越非有城郭邑里也，处溪谷之间，篁竹之中，习于水斗，便于用舟，地深昧而多水险，中国之人不知其势阻而入其地，虽百不当其一。得其地，不可郡县也；攻之，不可暴取也。以地图察其山川要塞，相去不过寸数，而间独数百千里，阻险林丛弗能尽著。视之若易，行之甚难。……今发兵行数千里，资衣粮，入越地，舆轿而隃领，拕舟而入水，行数百千里，夹以深林丛竹，水道上下击石，林中多蝮蛇猛兽，夏月暑时，欧泄霍乱之病相随属也，曾未施兵接刃，死伤者必众矣。"②

江南虽然被描写得如此可怕，但是这个区域毕竟具有极其优越的自然条件，为关中或山东各地所无法比拟，因所有长江流域各地，无一不是气候温暖，雨量充沛，土地肥沃，草木繁茂，都是适于发展农业的良好地区。加以人口稀少，物产丰富，到处是"果蓏蠃蛤，食物常足"，故早在汉初时即不断因关中或山东发生灾荒饥馑，而移民就食。例如，汉初因"关中大饥，米斛万钱，人相食。令民就食蜀汉"③。这是由于"汉兴，接秦之敝，诸侯并起，民失作业，而大饥馑。凡米石五千，人相食，死者过半。高祖乃令民得卖子，就食蜀汉。"④ 但是蜀道艰难，流徙不易，并且也只有关中灾民才能就近前往，山东各郡如遇灾荒，则大都向江南移民。例如："是时〔武帝朝〕山东被河灾[13]，及岁不登数年，人或相食，方一二千里（《汉书》作二三千里）。天子怜之，诏曰：'江南火耕水耨，令饥民得流就食江淮间，欲留，留处。'遣使冠盖相属于道，护之，下巴蜀粟以振之。"⑤ 这样由政府移民江南就食的办法，到东汉时仍不断采用，例如："永初之初（公元一〇七年），连年水旱灾异，郡国多被饥困，准上疏曰：'……伏见被灾之郡，百姓凋残，恐非赈给

① 《史记》卷五十九，《五宗世家》；《汉书》卷五十三，《长沙定王传》。

② 《汉书》卷六十四上，《严助传》。

③ 《汉书》卷一，《高帝纪上》。

④ 《汉书》卷二十四上，《食货志上》。

⑤ 《史记》卷三十，《平准书》。

所能胜赡……可依征和元年（公元前九十二年）故事，遣使持节慰安。尤困乏者，徙置荆、扬孰郡，既省转运之费，且令百姓各安其所。……’太后从之。”①

不过这种移民就食的办法，都是偶一为之，移去的人数是有限的，而且也是不经常的，故对于江南地区的开发，影响不大。但是在两汉时期，曾随着两次巨大的经济波动，掀起过两次向江南移民的高潮：一次是在西汉末年到东汉初年，一次是在东汉末年到三国初年。经过这两次经济的大动荡和大混乱，使关中、山东和部分淮河流域的几个重要经济区，遭受了空前严重的破坏，而第二次（东汉末年）破坏的惨重程度又远超过第一次（西汉末年），广大地区被破坏得荡然无存，千里无烟。在华北地区业已无法生存的情况下，人口遂大量南流，而中国古代经“数百千岁”逐渐开发起来的两大经济区，也就从这时起，重心开始南移，江南经济区的重要性亦即从这时开始以日益加快的步伐迅速增长起来，而关中和华北平原两个古老的经济区则相反地日益走向衰退和没落。这是中国历史上一个影响深远的巨大变化，尽管表面上看来并不怎样显著。

关于汉代两次经济波动的具体情况，后文另有专章论述，这里仅引用几条记载，来说明两次大破坏所造成的严重后果。

第一次大破坏是发生在王莽统治时期，由各种不同原因所造成的天灾、人祸、内忧、外患等破坏力量，这时一齐袭来，造成了一次长达数十年的大动荡、大破坏，使整个社会经济陷于全面崩溃。所有西汉一代二百年来在经济上所取得的成就，至此都化为灰烬。这时社会经济被破坏的惨重情况，可由下引几条记载反映出一个大概轮廓：

> 王莽末年，天下大旱，蝗虫蔽天，盗贼群起，四方溃畔。②
>
> 战斗死亡，缘边四夷所系虏，陷罪，饥疫，人相食，及莽未诛，而天下户口减半矣。③
>
> 伏念天下离王莽之害久矣。始自东郡之师，继以西海之役，巴蜀没于南夷，缘边破于北狄，远征万里，暴兵累年，祸挐未解，兵连不息，刑法弥深，赋敛愈重。……元元无聊，饥寒并臻，父子流

① 《后汉书》卷三十二，《樊宏传附准传》。
② 《后汉书》卷十四，《齐武王传》注引《东观记》。
③ 《汉书》卷二十四下，《食货志下》。

亡，夫妇离散，庐落丘墟，田畴芜秽，疾疫大兴，灾异蜂起。于是江湖之上，海岱之滨，风腾波涌，更相骀藉，四陲之人，肝脑涂地，死亡之数，不啻太半。①

这样的大动乱、大破坏，一直延续到东汉初年。虽然刘秀从大混乱之中窃取了农民起义的胜利果实，在残破不堪的废墟上又重建了汉王朝，但是经济的恢复却非常缓慢。在光武帝统治的三十多年当中，到处是一片萧条荒凉的景象：

〔建武二年（公元二十六年）〕关中饥，民相食。②

时（建武二年）三辅大饥，人相食，城郭皆空，白骨蔽野。③

是时（建武九年，公元三十三年），丧乱之余，郡县残荒。④

〔窦融〕乃与隗嚣书责让之曰：……自兵起以来，转相攻击，城郭皆为丘墟，生人转于沟壑。今其存者，非锋刃之余，则流亡之孤。迄今伤痍之体未愈，哭泣之声尚闻。⑤

李熊复说述曰：今山东饥馑，人庶相食，兵所屠灭，城邑丘墟。⑥

上引几条记载，充分反映了东汉初年社会经济的凋敝和残破情况，说明从古代以来经过数百千岁的披荆斩棘、用无数辛勤劳动开辟经营的这两个主要农业区——也是全国的经济重心，到这时被彻底破坏了，早前“土地小狭、民人众”的一个熙来攘往的繁荣社会，现在变成了“白骨蔽野”“城郭丘墟”的人间地狱。所以在光武帝重建汉王朝时，鉴于关中已被破坏成一片废墟，人民死徙流亡，几已空无人烟，遂不得不放弃故都，改营洛邑。《续汉书》曾指出这一点：“往者王莽篡逆，变乱五常。更始赤眉之时，焚烧长安，残害百姓，民人流亡，百无一在。光武受命，更都洛邑，此其宜也。”⑦ 处在丧乱

① 《后汉书》卷二十八上，《冯衍传》。

② 《后汉书》卷一上，《光武帝纪》。

③ 《后汉书》卷十一，《刘盆子传》。

④ 《后汉书》卷三十六，《郑兴传》。

⑤ 《后汉书》卷二十三，《窦融传》。

⑥ 《后汉书》卷十三，《公孙述传》。

⑦ 《三国志》卷六，《魏书·董卓传》注。

之中的人民，正是在这种救死不遑的情况下，才不得不离乡背井，渡江南逃，以苟全性命。“时（更始元年）天下新定，道路未通，避乱江南者皆未还中土。”① 事实上，逃离家乡、避乱江南的人都在那里落户了。

第二次大破坏发生在东汉末年。由于东汉的政治极端黑暗，阶级矛盾异常尖锐，当时之人仲长统称之为“熬天下之脂膏，斫[14] 生人之骨髓”。在这种残酷的剥削和压迫下，终于爆发了以黄巾军为首的农民大起义，其规模之大，范围之广，历时之久，均远远超过了西汉末年的赤眉起义，其对社会震撼之强烈，亦远非秦末和西汉末的两次农民起义所能比。结果，东汉王朝就在所谓“怨毒无聊，祸乱并起，中国扰攘，四夷侵叛”的大动乱之中而土崩瓦解了。这一次的农民大起义虽然被镇压下去了，但是接踵而起的则是军阀割据，从此又开始了长期的分裂与混战，烽火遍地，兵革连年，饥馑荐臻，生民涂炭，社会经济所遭受的破坏，又远比西汉末年为惨重。其具体情况均于后文详之，这里仅就兵祸一端所造成的直接破坏，来看一看种种惨绝人寰的恐怖之状：

〔卓〕于是尽徙洛阳人数百万口于长安，步骑驱蹙，更相蹈藉，饥饿寇掠，积尸盈路。卓自屯留毕圭苑中，悉烧宫庙官府居家，二百里内，无复孑遗。②

卓寻徙都西入关，焚烧雒邑。……（《江表传》曰：旧京空虚，数百里中无烟火。）③

后来董卓被杀，又继之以卓将李傕、郭汜之乱，关中人民又遭到空前浩劫：“初，帝（献帝）入关，三辅户口尚数十万，自傕、汜相攻，天子东归后，长安城空四十余日，强者四散，羸者相食，二三年间，关中无复人迹。”④ 在这样的情况下，皇帝也成了饿殍，不得不逃出长安，另寻生路。可是回到洛阳后，同样是一片废墟，无复人迹，“宫室烧尽，百官披荆棘，依墙壁间。州郡各拥强兵，而委输不至。群僚饥乏，尚书郎以下自出采稆，或饥

① 《后汉书》卷七十六，《循吏·任延传》。
② 《后汉书》卷七十二，《董卓传》。
③ 《三国志》卷四十六，《吴书·孙坚传》。
④ 《后汉书》卷七十二，《董卓传》。

死墙壁间，或为兵士所杀”①。各拥强兵的州郡牧守，也是天天在互相砍杀之中，无辜人民几乎被屠杀殆尽。结果，到处是烟火断绝，杳无人迹，偶有孑遗之民，非锋刃之余，即死丧之孤，这一场灾难，在人类历史上是罕见的。

每当人祸酷烈的时候，必然又是天灾流行和疾疫猖獗的时候。这一时期，正是这一历史的典型时期。在三十多年当中，没有一年没有严重的灾荒，所有水旱虫蝗等自然灾害纷至沓来，而且一次比一次严重，到处是“旱蝗少谷，百姓相食”②。特别严重时，如兴平元年（公元一九四年），“是时谷一斛五十万，豆麦一斛二十万，人相食啖，白骨委积”③。这是一幅何等可怕的景象！人们在这些天灾人祸的交相煎迫之下，只要能幸免屠戮，也未丧命于饥馑疾疫，就不得不逃往江南，另觅活路。原来被认为是卑湿林莽之区，现在变成了太平乐土。这时人口南流的方向，主要有三条路线：一是关中人民，跋涉秦岭巴山，循千里栈道，逃往巴蜀，例如：“初，南阳、三辅民数万户流入益州，焉悉收以为众，名曰‘东州兵’。”④ 二是关中、中州人民走襄樊而流入荆州，例如：“觊书与荀彧曰：关中膏腴之地，顷遭丧乱，人民流入荆州者十余万家。”⑤ 三是青徐兖豫以及齐鲁两淮人民大都先避难扬土，继而再逾淮渡江，散居江东，三路流民以这一路为最多，故亦屡见记载：

> 初平中（公元一九二年左右），天下乱，避地会稽。⑥
>
> 孙策略有扬州……是时四方贤士大夫避地江南者甚众。⑦
>
> 汉末大乱，徐方士民多避难扬土，昭皆南渡江。⑧
>
> 刘馥字元颖，沛国相人也。避乱扬州。⑨
>
> 〔琮〕吴郡钱唐人也。……是时中州士人避乱而南，依琮居者以百数。⑩
>
> 明年〔建安十四年（公元二〇九年）〕使于谯，太祖问济曰：

---

① 《后汉书》卷九，《献帝纪》。
② 《后汉书》卷七十五，《吕布传》。
③ 《后汉书》卷九，《献帝纪》。
④ 《后汉书》卷七十五，《刘焉传》。
⑤ 《三国志》卷二十一，《魏书·卫觊传》。
⑥ 《后汉书》卷三十七，《桓荣传附晔传》。
⑦ 《三国志》卷十三，《魏书·华歆传》注引华峤：《谱叙》。
⑧ 《三国志》卷五十二，《吴书·张昭传》。
⑨ 《三国志》卷十五，《魏书·刘馥传》。
⑩ 《三国志》卷六十，《吴书·全琮传》。

“……今欲徙淮南民，何如?”济对曰：“……百姓怀土，实不乐徙，惧必不安。”太祖不从。而江淮间十余万众，皆惊走吴。①

人口的大量南移，给江南的迅速发展提供了一个重要条件，结果，使一个“火耕水耨”，以“渔猎山伐为业”，以“果蓏蠃蛤”为食的经济落后地区，随着中原人民的移入和先进技术的引进，配合着江南地区特具的优越自然条件，农业生产很快地由粗耕过渡到精耕，从而迅速改变了“饭稻羹鱼”“渔猎山伐”等自然经济的落后面貌。这个变化之所以是一个决定历史发展方向的巨大变化，因为在这个变化当中包含着两个方面的盛衰升降，成为重大的历史转折：一方面，是黄河流域的两大经济区彻底衰落，并从此长期不振。这两个古老的农业区，原是中国古代灿烂文化的摇篮，是决定中国历史面貌的经济基础的主要根据地。数百千岁以来，其不仅一直是全国的经济中心，而且一直是全国的政治中心[15]，二者始终是密切结合的和完整统一的，即所谓“王者所更居”和“都国诸侯所聚会”。其中关中农业区开发较晚，但它的土地肥沃力较强，生产力发展较快，有后来居上之势，于是在“粟多则国富，国富者兵强，兵强者战胜，战胜者地广”这一经济规律的支配之下，充分显示了农业在古代社会中的决定性作用，于是在殷周之际两个经济区之间便发生了一次内部调整，使新农业区的力量凌驾于旧农业区之上，结果，在经济上，由封建制代替了奴隶制；在政治上，由周人取代殷人而建立了一个具有高度文化水平和完整统治体系的封建王朝。后来的历史发展，也一直沿着这个轨道在运行。这在中国古代历史上虽然是一次巨大变化，但是全国的政治和经济中心仍紧密地结合在一起，基础仍然在黄河流域。

但是到了汉代，经过两次巨大的经济波动之后，这两个古老的也是全国最主要的经济区遭到了彻底破坏，特别是东汉末年的第二次大破坏是一种毁灭性的破坏，于是这两个主要经济区便永远失去了它们的固有作用，也永远结束了它们的历史地位。正是从这时起，原来十分落后的江南经济区开始登上历史舞台，其重要性愈来愈显著，并且以日益加速的步伐发展为全国经济重心。当全国的政治重心由于各种客观的和主观的原因，不能随着经济重心的南移而一同南移时，便造成了经济重心与政治重心的分离，但是政治却又不能离开经济而孤立，地域上可以分离，而机构上仍须合一，于是又造成必

① 《三国志》卷十四，《魏书·蒋济传》。

须依靠南方的经济来维持北方政治之局面，因为统治中枢虽仍在北方，而北方[16] 自己的农业生产还不足以“给京师，备水旱”，故必须仰赖南方之粟，来养活北方之政。在这里，交通运输不仅起着重要作用，而且肩负着特殊使命，其详情将于下文论述。这样一些重大的历史变化，就是从这个时期开端的。

另一方面，在江南地区得到初步开发之后，由于它的自然条件比较优越，因而发展较快，所以在北方的大混乱还没有结束的时候，便随着经济重心的刚刚南移，出现了三个互相分立的经济区，同时就在这三个经济区之内，各以该区的经济为基础，建立了三个互相对立的政权，即三个割据鼎立的小王朝，以“三国”为名，在中国历史上存在了半个多世纪。

孙权在江南建立的吴，地跨扬州、荆州、广州和交州，包括了长江中下游的全部江南部分和珠江流域的全部，疆域辽阔，其中大部分地区都是刚刚在开发或有待开发的，有不少地区还处于原始状态。尽管它的经济力量还没有发展到足够强大，但已经可以使它能维持一个地方割据政权，并能与兵力雄厚的曹魏政权持久抗衡。东吴本拥有广大的肥沃土地，又有适宜经济特别是农业发展的各种良好条件，但由于人口稀少，劳动力不足，而开发原始林莽沼泽，又需要大量劳动人手，以致限制了它的经济发展。这是孙吴在整个割据时期所面临的主要矛盾。所以在吴人的行军作战中，他们于攻城陷阵之后，不去掳掠财物，也不进行疯狂屠杀，而是大批地掳掠人口。例如：

〔建安〕十二年（公元二〇七年），西征黄祖，虏其人民而还。十三年春，权复征黄祖……祖挺身亡走……虏其男女数万口。①

〔建安〕十九年（公元二一四年）五月，权征皖城。闰月，克之，获……男女数万口。②

〔赤乌四年（公元二四一年）〕夏四月，遣卫将军全琮略淮南，决芍陂，烧安城邸阁，收其人民。③

〔赤乌六年（公元二四三年）〕诸葛恪征六安，破魏将谢顺营，收其民人。④

---

① 《三国志》卷四十七，《吴书·孙权传》。
② 《三国志》卷四十七，《吴书·孙权传》。
③ 《三国志》卷四十七，《吴书·孙权传》。
④ 《三国志》卷四十七，《吴书·孙权传》。

恪乞率众佃庐江、皖口，因轻兵袭舒，掩得其民而还。[1]

〔泰始中（公元二七〇年左右），祜镇荆州〕会吴人寇弋阳江夏，略户口。[2]

〔咸宁三年（公元二七七年）十二月〕吴将孙慎入江夏汝南，略千余家而去。[3]

从这些记载可以看出，吴所缺的是人，不是物，故所到之处，即掳掠户口，皆“掩得其民而还”。正由于江南地区开发不久，而且还有不少地方没有得到开发，加之人口稀少，劳力不足，虽拥有大量的肥沃宜垦的土地，而不能充分利用，因而这一地区的经济潜力，还不可能在一个短促的时间内尽量发挥出来，这就决定了东吴政权最后必然失败的命运。

刘备在西蜀建立的政权，领土亦相当辽阔：北起汉中盆地，南达云贵高原，包括梁州、益州和交州的西半部。但是它的经济和政治中心则是巴蜀。巴蜀是开发很早的一个农业区，在秦汉两代都发挥过重要作用，其情况已见上文。由于巴蜀所具有的自然条件与江南同样优越，就当时而言，实更为优越，因为当江南广大地区还处于没有开发的原始状态时，巴蜀则早已是一个经济繁荣的区域了，尤其是在蜀守李冰大修水利之后，更成为一个名副其实的天府之国，确是“土地肥美，有江水沃野，山林竹木疏食（师古曰：疏，菜也）果实之饶”[4]。当华北的两个主要经济区一再因经济发生巨大波动而遭受破坏、各种天灾人祸纷至沓来时，巴蜀由于“其地四塞，山川重阻”，都没有受到直接波及，更没有遭受严重破坏，成为天下大乱蜀独治，为各地灾民就食避难的乐土。所以在东汉末年全国陷于大分裂时，巴蜀的经济力量完全可以支持一个割据政权。所以诸葛亮在隆中对刘备详细分析了当时的客观形势之后，认为刘备只能在西蜀立足，指出：“益州险塞，沃野千里，天府之土，高祖因之以成帝业。”[5] 诸葛亮的分析，基本上是正确的，为到处漂泊的刘备代筹，只能选择益州。因为刘备在当时还没有形成一个力量，他既不能与北方的曹操抗衡，也不能与东吴的孙权为敌：“今操已拥百万之众，挟天子

① 《三国志》卷六十四，《吴书·诸葛恪传》。

② 《晋书》卷三十四，《羊祜传》。

③ 《晋书》卷三，《武帝纪》。

④ 《汉书》卷二十八下，《地理志下》。

⑤ 《三国志》卷三十五，《蜀书·诸葛亮传》。

而令诸侯，此诚不可与争锋。孙权据有江东，已历三世，国险而民附，贤能为之用，此可以为援而不可图也。”① 巴蜀在当时是一个完整而又繁荣的经济区，又具有易守难攻的战略优点，既有相当雄厚的经济基础，又有便于割据的地理形势。得到这个根据地，确能雄踞一隅，与二方争衡。

但是诸葛亮说巴蜀是“高祖因之以成帝业”的根据地，则对巴蜀经济力量的估计未免有些高了。因为汉高祖事实上并没有依靠巴蜀来形成“帝业”，他所依靠的主要是关中，那时关中经济重心的地位还没有改变。巴蜀之粟和其他战略物资虽然对秦、对汉都起过重要作用，但却始终是辅助作用，这是因为巴蜀虽然是富庶的，但是力量还是有限的，故所起的作用也是局部的，它不具备支配全局的力量，不能以之作为建立大一统的基础。总之，巴蜀的经济力量，用以支持一个偏安的割据政权是可能的，但要完全“因之以成帝业”，则是远远不够的。后来蜀之先吴而亡，不能归咎于人谋之不臧，客观的经济规律实起着决定作用。

曹魏的统治区，是长江以北的全部地区，这是其经过长期的斗争，消灭了许多大小军阀割据之后才逐步统一起来的，其中包括已被破坏殆尽的关中和中原两大古老的经济区。由于原来的经济区已被彻底破坏，而又不是短期内所能恢复的，所以当曹操“拥百万之众，挟天子而令诸侯”的时候，他既不定鼎于古都长安，也不去重建古都洛阳，而是定都于许，表明旧经济区对他已经没有什么作用，而必须另起炉灶了。

曹操取得最后胜利的成功之道，主要有二：一是他放弃了历代王朝所依赖的旧经济区，而把根据地即政治经济的重心放在淮河流域；二是他牢牢掌握了农业是最后决定力量这一基本原则，坚决执行了“田野之辟，仓廪之实”与粟多、国富、兵强、战胜、地广这一传统的“农战”政策，其具体办法是在淮河流域大举屯田。

淮河流域的自然条件虽不及江南，但却比黄河流域为优越。这个农业区主要是到汉代才大举开发的。由于开发较晚，自然条件亦比较优越，特别是这个区域里河道纵横，沼泽众多，便于兴修水利，灌溉农田，故是仅次于江南的一个适于农业发展的区域。淮河流域在两次巨大的经济波动中，所受到的破坏虽不像黄河流域那样酷烈，但因人口的大量南流，两淮地区也同样是土旷人稀，良田荒芜。在这样的情况下，要实行足食足兵的农战政策，显然

① 《三国志》卷三十五，《蜀书·诸葛亮传》。

不能坐等农业的自然恢复，而必须用政府力量来大规模进行。曹操正是在这样的考虑下，拒绝了司马朗恢复井田制度的建议，而采用了枣祗的屯田之策。关于曹操在内地屯田的具体情况，当于后文有关章节中详为论述，这里仅引下述记载，用以指出推行这个政策所产生的影响：

是岁（建安元年，公元一九六年），用枣祗、韩浩等议，始兴屯田（注，《魏书》曰：自遭丧乱，率乏粮谷。诸军并起，无终岁之计，饥则寇略，饱则弃余，瓦解流离，无敌自破者不可胜数。……公曰："夫定国之术，在于强兵足食，秦人以急农兼天下，孝武以屯田定西域，此先代之良式也。"是岁，乃募民屯田许下，得谷百万斛。于是州郡例置田官，所在积谷，征伐四方，无运粮之劳，遂兼灭群贼，克平天下）。[①]

曹操在许下试行屯田的结果，成效大著，"数年中所在积粟，仓廪皆满"[②]。于取得了这个成功的经验之后，遂大力推广，不久，就"置扬州郡县长吏，开芍陂屯田"[③]；接着又以刘馥"镇合肥，广屯田，修芍陂、茹陂、七门、吴塘诸堨，以溉稻田，公私有畜，历代为利"[④]；"太祖欲广置屯田，使渊典其事。……五年中仓廪丰实，百姓竞劝乐业"[⑤]。其后终魏之一代，直到晋初，各朝无不锐意经营，尤以邓艾在寿春屯田，经营有方，收效最大。他一面垦辟土地，广置屯田；一面开凿运河，疏通溉渠，以灌溉公私田畴。这样，"可以引水饶溉，大积军粮，又通运漕之道"[⑥]。于是，"淮南、淮北皆相连接。自寿春到京师，农官兵田，鸡犬之声，阡陌相属。每东南有事，大军出征，泛舟而下，达于江淮，资食有储，而无水害"[⑦]。这是贯彻足食、足兵的农战政策的典型，充分体现了粟多、国富、兵强、战胜、地广的连锁作用。在这种国营农业的带动下，并由于"百姓竞劝乐业"的结果，使整个淮河流域迅速发展成为一个新的农业区，不仅成为魏晋政权的一个巩固基础，而且

---

① 《三国志》卷一，《魏书·武帝纪》。
② 《三国志》卷十六，《魏书·任峻传》。
③ 《三国志》卷一，《魏书·武帝纪》。
④ 《晋书》卷二十六，《食货志》。
⑤ 《三国志》卷十一，《魏书·国渊传》。
⑥ 《三国志》卷二十八，《魏书·邓艾传》。
⑦ 《晋书》卷二十六，《食货志》。

是它能取得最后胜利，并得以剪灭群雄、“克平天下”的决定性因素。结果，三国鼎立之局，随着三个经济区的自身发展和必然而来的内部的互相适应与调整而趋向统一，这乃是整个国民经济体系的发展所要求的。

（三）各地区的经济概况及物产分布

我们在《中国封建社会经济史》第一卷第五章中曾经指出，中国在战国时期，随着商品经济和货币经济的突出发展，形成了国民经济体系。国民经济的概念，是一个历史范畴，是社会经济在其长期的发展过程中达到一定历史发展阶段的产物，当经济的发展达到这个阶段时，人们的经济生活开始打破任何地域范围的限制，扩大了从生产到消费之间的距离，人们所取得的生活资料，不再是由生产者直接交付给消费者，如自给自足的家庭经济；也不再是由消费者通过极短的一点距离直接从生产者获得，如城市小商品生产或其他孤立的地方经济。当经济发展到国民经济的阶段时，这时生产与消费之间的供需距离，扩大为全国范围的广泛流通，也就是生产资料的取得系通过商品的形式，由广大的范围或遥远的地区来供应，生产不但不是为了满足自己的需要，也不是仅仅为了满足本地方的需要，而是为了供应外地的、遥远的市场需要。所以不管各个经济区所处的地理环境和所具有的自然条件有多大差异，也不管各地区的生产方法和生活方式是怎样不同，都必须密切地结合在整个国民经济的体系之中，互相依存、互通有无、互为补充、互调多寡。总之，各个经济区域、各个生产部门都成为整个国民经济的组成部分，谁也不再是孤立的存在，谁也不能再营一种与世隔绝的各自孤立的生产与生活，总的情况约略如《盐铁论》所说：

> 山居泽处，蓬蒿墝埆，财物流通，有以均之，是以多者不独衍，少者不独馑。若各居其处，食其食，则是橘柚不鬻，朐卤之盐不出，旃罽不市，而吴唐之财不用也。①

如果不能保证各地区和各部门之间生产与消费的平衡关系，造成多者独衍，少者独馑，就等于把整个国民经济的有机体进行了肢解，使正常的生产和消费陷于瘫痪，因而必然要出现下述情况：

① 《盐铁论·通有》。

> 今吴越之竹，隋唐之材，不可胜用，而曹、卫、梁、宋，采棺转尸；江湖之鱼，莱黄之鲐，不可胜食，而邹、鲁、周、韩，藜藿蔬食。天地之利无不赡，而山海之货无不富也，然百姓匮乏，财用不足，多寡不调，而天下财不散也。①

秦汉时代，国民经济体系又在前代已有的基础上进一步充实和发展，这主要表现在两个方面：

一是全国各个经济区和各个生产部门更紧密地结合在一个整体之中，彼此成为互相依存的一个不可分割的部分。任何地方的生产物，不管它是农产品、是手工业制造品、是天然矿产品、是林牧副渔等采集猎获品，只要具有一定的使用价值，而能成为生活必需品和便利品或为人们喜好的奢侈品，都成为生产贩运的经营对象，而被纳入国民经济之整体。司马迁曾经正确地指出这一重大的经济发展和变化：

> 夫山西饶材、竹、榖、纑[17]（索隐曰：榖，木名，皮可为纸。纑，山中纻，可以为布，今山间野纻）、旄、玉石；山东多鱼、盐、漆、丝、声色；江南出楠、梓、姜、桂、金、锡、连（徐广曰：连，铅之未炼者）、丹沙、犀、玳[18]瑁、珠玑、齿革；龙门碣石北多马、牛、羊、旃裘、筋角；铜、铁则千里往往山出棋置（正义曰：言出铜铁之山方千里，如围棋之置也）；此其大较也。皆中国人民所喜好，谣俗被服饮食奉生送死之具也，故待农而食之，虞而出之，工而成之，商而通之。②

这是说四大经济区所有的各种重要的地方物产，原来不但不是商品，而且有很多还不是可供使用的有用品，现在则都为全中国人民所喜好，因为都成了全中国人民“谣俗被服饮食奉生送死”等必需品，所以都成了农、虞、工、商各种经济部门从事经营的专门业务了。《盐铁论》又把这种关系作了一个简单概括：

---

①《盐铁论·通有》。

②《史记》卷一百二十九，《货殖列传》。

《管子》云：国有沃野之饶，而民不足于食者，器械不备也；有山海之货，而民不足于财者，商工不备也。陇蜀之丹漆旄羽（王先谦云：《通典》《御览》引“丹漆旄羽”并作“丹砂毛羽”），荆扬之皮革骨象，江南之楠[19]梓竹箭，燕齐之鱼盐旃裘，兖豫之漆丝絺[20]纻，养生送终之具也，待商而通，待工而成。①

所有这些地方上的土特产，在其产地原来都是效用不大甚至是不大有用的东西，但是经过工人的加工制造，经过商人的贩运推销，都变成了供应全国市场的养生送终之具。

二是在国民经济体系形成之后，商品经济得到了更进一步的发展，这种发展，是由两方面的变化，或者更确切地说是由商品形态变化的两个相反运动共同交织而成的一个结果。这个相反的运动，其表现之一[21]是生产物的商品化，这是商业发达的结果，即在商业发达之后，把原来非商品的生产物变为商品，这种转化完全是被动的，因为所谓商品经济的发展，必先是商业的发展。恩格斯曾反复申述这种变化说，在一个自然经济占支配地位的社会中，“商人对于以前一切都停滞不变、可以说由于世袭而停滞不变的社会来说，是一个革命的要素。……现在商人来到了这个世界，他应当是这个世界发生变革的起点”②。商人出现后即商业发达后的一个直接结果，是把原来当作直接生活资料来生产的物品，或者未经人力而天然存在的物品，现在经商人之手而转化为商品，这就是马克思所说：“在这里，正是商业使产品发展为商品，而不是已经生产出来的商品以自己的运动形成商业。”③这样的变化在战国年间已经开始，到了秦汉时代就更为显著了，司马迁曾指出这种变化说：

陆地牧马二百蹄，牛蹄角千，千足羊，泽中千足彘，水居千石鱼陂，山居千章之材。安邑千树枣；燕、秦千树栗；蜀、汉、江陵千树橘；淮北、常山已南、河济之间千树萩；陈、夏千亩漆；齐、鲁千亩桑麻；渭川千亩竹，及名国万家之城；带郭千亩亩钟[22]之田，若千亩卮茜，千畦姜韭：此其人皆与千户侯等。然是富给之资

① 《盐铁论·本议》。

② 恩格斯：《资本论第三卷增补》，《资本论》第三卷，人民出版社一九七五年版，第一零一九页。下凡引本书，均不另注版本。

③ 《资本论》第三卷，第三六六页。

> 也，不窥市井，不行异邑，坐而待收，身有处士之义而取给焉。①

所有这些东西，原来都不是商品，是由于商人来收购贩运，从而变成了商品，变成了“富给之资”。这些东西的主人之所以能“不窥市井，不行异邑，坐而待收”，是因为到了这些东西的成熟收获季节，自有商人从四面八方前来收购。这都充分说明“产品在这里是由商业而变为商品”的。但是这种关系发展到一定阶段，运动的方向就倒转过来了，这时不再是商业把生产物变为商品，而是商品的自身运动形成商业，过去是商业支配产业，现在正相反，是产业支配商业了。这样一种细微难见的隐约变化，司马迁也敏锐地观察到了，他作了如下的描述：

> 通邑大都，酤一岁千酿，醯酱千瓨，浆千甔，屠牛羊彘千皮，贩谷粜千钟，薪稾千车，船长千丈，木千章，竹竿万个，其轺车百乘，牛车千两，木器髤者千枚，铜器千钧，素木铁器若卮茜千石，马蹄躈千，牛千足，羊彘千双，僮手指千，筋角丹沙千斤，其帛絮细布千钧，文采千匹，榻布皮革千石，漆千斗，蘖曲盐豉千荅，鲐鮆千斤，鲰千石，鲍千钧，枣栗千石者三之，狐鼦（音彫[23]）裘千皮，羔羊裘千石，旃席千具，佗果菜千钟……此亦比千乘之家，其大率也。②

所有这些东西的生产者，根本都是被当作商品来生产的，不管从事其中的哪一种生产，都可以发财致富，“比千乘之家”。说明上述的任何一种产品，对于它的所有者而言，都是以交换价值的形态存在的，亦即都是把它当作单纯的交换价值来进入流通的，因为“作为商品进入流通的产品，不论是在什么生产方式的基础上生产出来的……都不会改变自己的作为商品的性质；作为商品，它们都要经历交换过程和随之发生的形态变化”③。这是由于商业“会使生产日益从属于交换价值，因为它会使享受和生活日益依赖于出售，而不是依赖于产品的直接消费”④。

---

① 《史记》卷一百二十九，《货殖列传》。
② 《史记》卷一百二十九，《货殖列传》。
③ 《资本论》第三卷，第三六三页。
④ 《资本论》第三卷，第三六九页。

在秦汉两代，上述的变化一直在进行之中，换言之，各地区的经济状况，都在以不同程度反映着上述变化。但是由于各个经济区的自然条件和人文条件有很大差异，经济发展所达到的水平亦参差不一，故有些地区仅达到上述变化的前半段，即刚刚达到商品经济的初期阶段，主要还是商业在促使着生产物向商品转化。但在开发较早和经济发展水平较高的地区，变化显然属于后者，即商品生产成为发展变化的主导力量，也就是商品的自身运动在起着支配作用。另有一些地区则介于二者之间，两种变化系交错进行，故既有变化的前半段，又有变化的后半段。关于秦汉时期四大经济区的具体情况，《史记》和《汉书》都有论述，现在就按照司马迁所划分的四个区域，来分别看一看各经济区的大概情况。

1. 山西或关中经济区

从战国历秦至西汉，关中经济区都是全国经济、政治和文化的重心之一，秦和西汉皆都关中。这时的关中，不但是全国的统治中心，而且它的经济地位也凌驾于山东这一古老经济区之上。前文曾指出，在秦时这个经济区不断向西北和西南扩展，包括了大西北的畜牧区和半农半牧区，又包括了巴蜀及其西南的广大地区。所以关中经济区是一个疆域辽阔的大区，实际上它包括了三个经济区：关中、巴蜀、西北边区，而尤以关中泾渭平原和蜀郡成都平原为最重要，这两个区域不仅农业非常发达，商品经济也都在迅速发展，这是关中的经济实力特别雄厚的原因所在：

> 关中自汧、雍以东至河、华，膏壤沃野千里，自虞夏之贡以为上田……故其民犹有先王之遗风，好稼穑，殖五谷……及秦文(孝)〔德〕缪居雍，隙陇蜀之货物而多贾。献（孝）公徙栎邑，栎邑北却戎翟，东通三晋，亦多大贾。(武)〔孝〕昭治咸阳，因以汉都，长安诸陵，四方辐凑并至而会；地小人众，故其民益玩巧而事末也。南则巴蜀。巴蜀亦沃野，地饶卮、姜、丹沙、石、铜、铁(徐广曰：邛都出铜，临邛出铁)、竹、木之器。南御滇僰，僰僮。西近邛笮，笮马、旄牛。然四塞，栈道千里，无所不通，唯褒斜绾毂其口，以所多易所鲜。天水、陇西、北地、上郡与关中同俗，然西有羌中之利，北有戎翟之畜，畜牧为天下饶。然地亦穷险，唯京师要其道。故关中之地，于天下三分之一，而人众不过什三；然量

其富，什居其六。[①]

秦地……其界自弘农故关以西，京兆、扶风、冯翊、北地、上郡、西河、安定、天水、陇西，南有巴、蜀、广汉、犍为、武都，西有金城、武威、张掖、酒泉、敦煌，又西南有牂柯、越巂、益州，皆宜属焉。……故秦地于《禹贡》时跨雍、梁二州，《诗风》兼秦、豳两国。……其民有先王遗风，好稼穑，务本业。……有鄠、杜竹林，南山檀柘，号称陆海，为九州膏腴。始皇之初，郑国穿渠，引泾水溉田，沃野千里，民以富饶。汉兴，立都长安，……是故五方杂厝，风俗不纯。……富人则商贾为利……又郡国辐凑，浮食者多，民去本就末……天水、陇西，山多林木，民以板为室屋。……自武威以西……地广民稀，水中宜畜牧，（古）〔故〕凉州之畜为天下饶。……巴、蜀、广汉本南夷，秦并以为郡，土地肥美，有江水沃野，山林竹木疏食果实之饶。南贾滇、僰僮，西近邛、莋马旄牛。民食稻鱼，亡凶年忧……故秦地天下三分之一，而人众不过什三，然量其富居什六。[②]

上引两段文献系前后衔接，司马迁所述到汉初为止，班固又接叙到西汉末年，两段合在一起，概述了整个关中经济区的全貌。此外，两汉人士对关中三个区域经济情况的优越和物产丰富之状，仍多所评论，这里就有关三个区域的论述，各选一例如下：

〔武帝欲作上林苑〕时朔在旁，进谏曰："……夫南山，天下之阻也，南有江淮，北有河渭，其地从汧陇以东，商雒以西，厥壤肥饶。汉兴，去三河之地，止霸产以西，都泾渭之南，此所谓天下陆海之地，秦之所以虏西戎兼山东者也。其山出玉石、金、银、铜、铁，豫章、檀、柘，异类之物，不可胜原，此百工所取给，万民所卬足也。又有秔稻梨栗桑麻竹箭之饶，土宜姜芋，水多蛙鱼，贫者得以人给家足，无饥寒之忧，故酆镐之间号为土膏，其贾亩一金。……"[③]

① 《史记》卷一百二十九，《货殖列传》。
② 《汉书》卷二十八下，《地理志下》。
③ 《汉书》卷六十五，《东方朔传》。

〔顺帝永建〕四年（公元一二九年），尚书仆射虞诩上疏曰："……《禹贡》雍州之域，厥田惟上。且沃野千里，谷稼殷积，又有龟兹盐池以为民利。水草丰美，土宜产牧，牛马衔尾，群羊塞道。北阻山河，乘阸据险。因渠以溉，水舂河漕。用功省少，而军粮饶足。故孝武皇帝及光武筑朔方，开西河，置上郡，皆为此也。"①

李熊复说述曰："……蜀地沃野千里，土壤膏腴，果实所生，无谷而饱（左思《蜀都赋》曰：户有橘柚之园。又曰：瓜畴芋区。《前书》卓王孙曰：吾闻岷山之下沃野，下有蹲鸱，至死不饥）。女工之业，覆以天下（左思《蜀都赋》曰：百室维房，机杼相和）。名材竹干器械之饶，不可胜用。又有鱼盐铜银之利（丙穴出嘉鱼，在汉中。蜀有盐井，又有铜陵山，其朱提界出银），浮水转漕之便。"②

2. 龙门碣石以北的经济区

司马迁把龙门碣石以北到北部边区，划为一个另具特征的经济区，其地包括赵之北部、燕和中山全境。这个区域是一个半农半牧的经济区，农业还比较粗放，比中原地区为落后，但畜牧业则比较发达，故盛产马、牛、羊、旃、裘、筋、角等畜产品，由于接近开发最早的三河地带的农业区，故商品经济亦有了一定程度的发展。上述的各种畜产品，就都是作为商品来生产的。司马迁对这个区域作了一个粗线条的描述，班固又作了一点补充：

杨、平阳陈西贾秦、翟，北贾种、代，种、代，石北也，地边胡，数被寇。人民……不事农商。然迫近北夷，师旅亟往，中国委输时有奇羡。……温、轵西贾上党，北贾赵、中山。中山地薄人众……民俗懁急，仰机利而食。……多美物。……然邯郸亦漳、河之间一都会也。北通燕、涿，南有郑、卫。……夫燕亦勃、碣之间一都会也。南通齐、赵，东北边胡。上谷至辽东，地踔远，人民希，数被寇，大与赵、代俗相类……有鱼盐枣栗之饶。北邻乌桓、夫余，东绾秽貉、朝鲜、真番之利。③

① 《后汉书》卷八十七，《西羌传》。
② 《后汉书》卷十三，《公孙述传》。
③ 《史记》卷一百二十九，《货殖列传》。

> 燕地……东有渔阳、右北平、辽西、辽东，西有上谷、代郡、雁门，南得涿郡之易、容城、范阳、北新城、故安、涿县、良乡、新昌，及勃海之安次，皆燕分也。乐浪、玄菟，亦宜属焉。……蓟，南通齐、赵，勃、碣之间一都会也。……上谷至辽东，地广人希，数被胡寇，俗与赵、代相类，有鱼盐枣栗之饶。北隙乌丸、夫余，东贾真番之利。①

3. 山东经济区

司马迁所说的山东，汉时人有时称之为关东，系指函谷关以东的三河地带再越齐鲁而东达海滨的最古老的经济区，以及到西汉时才逐步开发的淮河流域的大部分地区。这是一个疆域辽阔和当时经济最发达的地区。这个区域长期以来一直是全国经济和政治的中心，《管子》所谓“七十九代之君”，都是在这个区域内“建国各数百千岁”。从西周开始，政治经济的中心虽西移关中，但山东的重要性并没有因之减低，在整个秦及两汉时代，山东经济区仍保持了长期以来的固有繁荣：

> 洛阳（应为濮阳）东贾齐、鲁，南贾梁、楚。故泰山之阳则鲁，其阴则齐。齐带山海，膏壤千里，宜桑麻，人民多文采布帛鱼盐。临菑亦海岱之间一都会也。……其中具五民。而邹、鲁滨洙、泗……颇有桑麻之业，无林泽之饶。地小人众……好贾趋利，甚于周人。夫自鸿沟以东，芒、砀以北，属巨野，此梁、宋也。陶、睢阳亦一都会也。昔尧作（游）〔于〕成阳，舜渔于雷泽，汤止于亳。其俗犹有先王遗风……好稼穑，虽无山川之饶，能恶衣食，致其蓄藏。……沂、泗水以北，宜五谷桑麻六畜，地小人众，数被水旱之害，民好畜藏。故秦、夏、梁、鲁好农而重民。三河、宛、陈亦然，加以商贾。齐、赵设智巧，仰机利。燕、代田畜而事蚕。②
>
> 魏地……其界自高陵以东，尽河东、河内，南有陈留及汝南之召陵、濦彊、新汲、西华、长平，颍川之舞阳、郾、许、傿陵，河南之开封、中牟、阳武、酸枣、卷，皆魏分也。……河东土地平易，

① 《汉书》卷二十八下，《地理志下》。

② 《史记》卷一百二十九，《货殖列传》。

有盐铁之饶。……

周地……今之河南雒阳、谷成、平阴、偃师、巩、缑氏，是其分也。……周人之失，巧伪趋利，贵财贱义，高富下贫，憙为商贾。……

韩地……韩分晋得南阳郡及颍川之父城、定陵、襄城、颍阳、颍阴、长社、阳翟、郏，东接汝南，西接弘农得新安、宜阳，皆韩分也。及《诗风》陈、郑之国，与韩同星分焉。郑国，今河南之新郑……及成皋、荥阳、颍川之崇高、阳城，皆郑分也。……陈国，今淮阳之地。……宛，西通武关，东受江、淮，一都之会也。……

齐地……东有甾川、东莱、琅邪、高密、胶东，南有泰山、城阳，北有千乘，清河以南，勃海之高乐、高城、重合、阳信，西有济南、平原，皆齐分也。……太公以齐地负海舄卤，少五谷而人民寡，乃劝以女工之业，通鱼盐之利，而人物辐凑。……故其俗弥侈，织作冰纨绮绣纯丽之物，号为冠带衣履天下。……临甾，海岱之间一都会也，其中具五民云。

鲁地……东至东海，南有泗水，至淮，得临淮之下相、睢陵、僮、取虑，皆鲁分也。……地狭民众，颇有桑麻之业，亡林泽之饶。俗俭啬爱财，趋商贾。……

宋地……今之沛、梁、楚、山阳、济阴、东平及东郡之须昌、寿张，皆宋分也。周封微子于宋，今之睢阳是也……故其民犹有先王遗风……好稼穑，恶衣食，以致畜藏。[①]

4. 江南经济区

在整个两汉时期——尤其是西汉时期，长江以南基本上是一个尚未开发的地区，到处是土旷人稀，草木繁茂，有不少地方还保留了林莽沼泽的原始状态，虽然已经有了农业，但农业生产却停滞在所谓“火耕水耨”的粗耕阶段，“渔猎山伐之业”还在经济生活中占重要地位，也就是说原始的狩猎渔捞等采集经济还是其中重要的生产部门。但是长江以南的自然条件本远比黄、淮流域各地为优越，气候温暖，雨量充沛，而闽粤岭南，地近亚热带，物产丰富，可供人生利用的天然物产，实远非关中、山东各郡所能与之比拟，故

① 《汉书》卷二十八下，《地理志下》。

早在春秋时即有“楚虽有材，晋实用之”之说。到了战国年间，楚越之地，出产更多，例如张仪曾对楚怀王说：“王无所用臣，臣请北见晋君。”楚王曰：“诺。”张子曰：“王无求于晋国乎?”王曰：“黄金珠玑犀象出于楚，寡人无求于晋国。”[①] 正由于江南盛产黄金、珠玑、犀、象等，吸引了全国各地的商人前来争购贩运，而“荆扬之皮革骨象，江南之楠梓竹箭”，以及“丹砂旄羽”“银铜果布”等特产品，又都早已成为“皆中国人民所喜好，谣俗被服饮食奉生送死之具”，并都在“待商而通，待工而成”。所以尽管这时江南的农业经济还没有太大发展，而商品经济——特别是商业，已经远远地跑在前面了。这是江南经济区在经济发展的程序上不同于北方旧经济区的一个很大的特点。当然，这一特点的形成，乃是旧经济区商品经济发展的结果，特别是国民经济体系在起着促进和决定作用。《史记》和《汉书》对这个区域的论述虽然都比较简略，但除了指出楚越之地农业经济的落后性外，都着重指出了各地自然物产的丰富、商业贩运的发达与商业都会的众多：

> 越、楚则有三俗。夫自淮北沛、陈、汝南、南郡，此西楚也。……地薄，寡于积聚。江陵故郢都，西通巫、巴，东有云梦之饶。陈在楚夏之交，通鱼盐之货，其民之贾。……彭城以东，东海、吴、广陵，此东楚也。……浙江南则越。夫吴自阖庐、春申、王濞三人招致天下之喜游子弟，东有海盐之饶，章山之铜，三江、五湖之利，亦江东一都会也。衡山、九江、江南、豫章、长沙，是南楚也，其俗大类西楚。郢之后徙寿春，亦一都会也。而合肥受南北潮，皮革、鲍、木输会也。与闽中、干越杂俗。……江南卑湿，丈夫早夭。多竹木。豫章出黄金，长沙出连、锡，然堇堇物之所有，取之不足以更费。九疑、苍梧以南至儋耳者，与江南大同俗，而杨越多焉。番禺亦其一都会也，珠玑、犀、玳瑁、果、布之凑（集解韦昭曰：果谓龙眼、离支之属。布，葛布也）。……总之，楚越之地，地广人稀，饭稻羹鱼，或火耕水耨，果隋蠃蛤，不待贾而足，地埶饶食，无饥馑之患，以故呰窳偷生，无积聚而多贫。是故江淮以南，无冻饿之人，亦无千金之家。[②]

---

① 《战国策·楚策》。

② 《史记》卷一百二十九，《货殖列传》。

楚地……今之南郡、江夏、零陵、桂阳、武陵、长沙及汉中、汝南郡，尽楚分也。……楚有江汉川泽山林之饶，江南地广，或火耕水耨。民食鱼稻，以渔猎山伐为业，果蓏蠃蛤，食物常足，故呰窳偷生，而亡积聚，饮食还给，不忧冻饿，亦亡千金之家。……江陵，故郢都，西通巫、巴，东有云梦之饶，亦一都会也。

吴地……今之会稽、九江、丹阳、豫章、庐江、广陵、六安、临淮郡，尽吴分也。……寿春、合肥受南北湖，皮革、鲍、木之输，亦一都会也。……吴东有海盐章山之铜，三江五湖之利，亦江东之一都会也。豫章出黄金，然堇堇物之所有，取之不足以更费。江南卑湿，丈夫多夭。

粤地……今之苍梧、郁林、合浦、交阯、九真、南海、日南，皆粤分也。……处近海，多犀、象、毒冒、珠玑、银、铜、果、布之凑，中国往商贾者多取富焉。番禺，其一都会也。①

文学曰："荆阳南有桂林之饶，内有江湖之利，左陵阳之金，右蜀汉之材，伐木而树谷，燔莱而播粟，火耕而水耨，地广而饶财，然后呰窳偷生，好衣甘食。"②

把上引文献加以对比，可以看出《汉书》的记载大都是重复《史记》，增加的新内容并不多，这不是由于班固仅仅在抄袭，而是由于司马迁笔下各地区的经济状况，到了东汉时期并没有多大改变，所以两书的记载大体相同，这说明东汉时期各个经济区的情况与西汉时期相比，变化是不大的。

第二节　秦汉时代的交通和运输

（一）作为全国大动脉的交通干线

开发交通和便利运输，在秦汉时代不仅是一件必须认真进行的重要工作，而且是关系国家命运的大事。因为中国从这时起，在政治上建立了一个疆域辽阔的大帝国，并且是一个中央集权的大帝国，在一个东西九千三百二里，

① 《汉书》卷二十八下，《地理志下》。

② 《盐铁论·通有》。

南北一万三千三百六十八里的广大国土中，有郡国一百三、县邑千三百一十四、道三十二、侯国二百四十一，所有这些郡、县、道、国等的行政管理都由中央控制，在这样一种中央集权的统治制度下，便利的交通遂成为实施有效统治的首要条件。中央与地方之间，特别是与遥远的边区郡县之间，所有政令之颁布，下情之上达，即使不能朝发夕至，如臂使指，也必须息息相通，无远弗届。总之，没有便利的交通，秦汉两代所建立的大帝国，是无法由中央来实施有效统治的，甚至是无法维系的。

同时，在经济上，秦汉时期是中国古代国民经济体系的确立时期，而国民经济体系则是建立在发达的商品经济基础之上的。所谓发达的商品经济，是指商业经营和商品生产都打破了地域性限制，这时商业是以远程贸易为主的全国性商业，各个地区的各个生产部门也都是以供应全国市场为目的的商品生产。总之，任何一个经济区或任何一个生产部门，这时都不再是孤立地存在和经营，而是交织在整个国民经济的体系之中，成为它的一个组成部分。这样一种经济结构，显然是以便利的交通为其前提的，《盐铁论》曾一针见血地指出了二者的依赖关系：

> 大夫曰：自京师东西南北，历山川，经郡国，诸殷富大都，无非街衢五通，商贾之所臻，万物之所殖者。①
>
> 大夫曰：燕之涿蓟，赵之邯郸，魏之温、轵，韩之荥阳，齐之临淄，楚之宛丘，郑之阳翟，三川之二周，富冠海内，皆为天下名都。非有助之耕其野而田其地者也，居五诸侯之衢，跨街冲之路也。②

中国早在秦汉以前的战国时期，即因商业发达而需要便利运输和因战争频繁而需要输送军需之故，列国诸侯无不在其封疆之内，有目的、有计划地开辟或修整道路，力求能朝发夕至而达乎四境，故远在秦没有统一六国之前，国内交通已具有相当规模，特别是在早已开发了的经济区之内，更显示了四通八达之状，这由上引《史记·货殖列传》和《汉书·地理志》所述各地区的经济状况和商业都会的分布，即可考见各条重要的交通路线。秦始皇统

---

① 《盐铁论·力耕》。

② 《盐铁论·通有》。

一了六国之后，立即致力于全国交通网的建立，用以控制其新建立的庞大帝国，其中还包括两个急迫的任务：一是需要镇压六国之后的继续反抗，二是需要把新开拓的疆土与内地融合为一个整体。便利的交通是达到上述各种目的的首要条件，故被优先提上了日程。于是他从经济、政治、军事和国防等各个方面的需要来通盘筹划，确定了一个开发水陆交通网的宏伟规划，一方面把列国时代错杂零乱的水陆路线加以修改调整并将其纳入统一的系统，另一方面又新建了一些重要的道路和运河。秦的统治时期虽然不长，但是秦始皇的各种建置并没有随着秦王朝的覆灭而中断，继起的汉王朝，特别是汉武帝，不但继承了秦的一切制度和设施，而且在原有的基础上又将其进一步发展了。在交通方面也是如此，秦始皇时候所确定的建置规划和建置规模，又都被大大地扩充延伸了。

由秦开始整理和修建、到西汉时期逐步完成的贯通全国的交通网，系以关中，亦即以京师为中心，由几条干线向四面辐射，以遍及全国，并连接通往国外的道路。这几条干线主要是：

其一，是由京师西向，经陇西逾河而北，贯通河西四郡，连接通西域诸国的大道。这是通向西北的一条干线，为古代沟通东西方经济和文化的孔道，也就是后人所称道的“丝绸之路”。古代的东方丝织品主要就是从汉朝起，沿着这一条漫长的道路，向西方输出的。

其二，是两条为防御匈奴而修筑的国防线，一是从关中向正北，直达于塞外之九原，可称之为北路干线；二是从蒲津渡河，经平阳、晋阳以通云中，可称之为河东干线。这两条干线都是在秦始皇时期修筑的，“堑山堙谷”，笔直地修到北部边境，其工程规模之大与人力财力耗费之多，不亚于修筑同样长的一段长城。关于这两条路的具体修建的情况，均于下文详之。这两条路沿线都是荒凉不毛之区，塞上也是地广人稀，且“数被胡寇”，虽有关市之设，而断续不常，实无互市之利可言，所以这两条干线的价值主要是在军事方面，而不在经济方面。

其三，是由京师西南向，循褒斜栈道，经汉中、广汉以通成都。修筑褒斜道五百余里，亦同样是堑山堙谷，工程艰巨。蜀道既通，汉武帝[24]又接受张骞的建议，修筑“西南夷道”，“指求身毒国”，于是这一条西南干线又向前延伸，远逾昆明、永昌，而通于天竺，成为当时另一条国际路线。

其四，是由京师东南向，出武关，经南阳以达江陵，可称之为南路干线。这是沟通关中与江南的孔道，再由江陵南下，沿长江转入湘江，复沿湘江入灵渠（即今兴安运河），再由灵渠入离水转珠江，以抵番禺。这样，便由水陆道路把黄河流域、长江流域和珠江流域连结成一体，所有南海之珠玑玳瑁，“荆扬之皮革骨象，江南之楠梓竹箭”，即遵循此线以输入中原。

其五，由京师而东，出函关，经洛阳，复循济渎抵定陶，以达临淄，可称之为东路干线。山西和山东，即关中和华北平原，是当时两个最主要的经济区，这一条干线便是横贯两大经济区的大动脉，联系着秦汉帝国的首脑和心脏。这条干线到河南后又分出三支：一自洛阳渡河，经邺及邯郸以通涿、蓟，复由此而延向东北，成为东北干线，所谓乌桓、秽貉、朝鲜、真番之利，即由此道通于中原。一自陈留沿鸿沟、颍水入淮，更南循淝[25]水、巢湖以达于江，为沟通东南的第一干线，这是联系华北平原与淮河流域和长江流域的大动脉，在经济上的价值至为重大，因“寿春、合肥受南北湖，皮革鲍木之会也”。一自定陶循菏水入泗水，复由泗水入淮河，再沿邗沟以达于江，为沟通东南的第二干线。这一条干线就是后来大运河的前身，其在经济上的重要性与第一干线相同，因为它既联系了江淮，又联系了河淮，是贯通两大流域的大动脉。所有南向干线，均由大江把它们横贯沟通起来，故又大大增强了它们的各自作用，并完成了一个整体的交通干线系统，当时所有大小的商业都市即星罗棋布地位于上述诸干线之上，特别是散布在干线的水陆交会点上。

所有上述诸干线，有的是利用固有的道路和天然的江河水道，而加以修整或改进，使之适合新的需要，然后纳入整个交通系统，即使之成为整个交通系统中的一个组成部分；有不少的道路和运河则是新开辟修建的，尤其是通边区的水陆道路。因为秦汉两代的政府，为了维系一个中央集权的大帝国，政府必须能发纵指挥，运用自如，声威政令，无远弗届，要做到如身之使臂，臂之使指，这一切，没有贯通全国的便利交通是不可能的。所以两代政府都不惜耗费国帑，劳师动众，堑山堙谷，浚河穿渠，故水陆道路开辟之多，实为历代冠，其用力之辛勤，规模之宏伟，在古代历史上也是空前的。

（二）陆路交通的开发

在秦汉两代所开辟修建的道路中，应当先指出的，是秦始皇所修建的驰道。驰道是遍及全国的大道，其规模极似罗马帝国的国道，但作用却不相同，因为驰道不是供一般行旅通行的普通道路，而是供天子专用的御道。秦始皇于统一六国之后的第二年（秦始皇帝二十七年，公元前二二〇年），即“治驰道”。《集解》应劭曰：“驰道，天子道也。道若今之中道然。”[①] 翌年（二十八年），又“之衡山。治驰道”[②]。说明秦始皇对驰道的修建，是在以很快的速度向全国各地推进。

驰道既然是专供天子巡游海内时驰行的御道，自然要求在数量上必须纵横交错，并遍布全国各地；在质量上必须宽广平坦，森严壮观。据汉初人贾山所描述，驰道的建筑标准的确是很高的：

> 孝文时，言治乱之道，借秦为谕，名曰《至言》，其辞曰：“……〔秦〕为驰道于天下，东穷燕齐，南极吴楚，江湖之上，濒海之观毕至。道广五十步，三丈而树（《补注》，王先慎曰：三丈中央之地，惟皇帝得行，树之以为界也。《三辅黄图》云：汉令诸侯有制得行驰道中者，行旁道，无得行中央三丈也，不如令，没入其车马，盖沿秦制），厚筑其外，隐以金椎，树以青松。为驰道之丽至于此。”[③]

在全国各地修筑这样高级的道路，其耗费人力财力之大是可想而知的，据主持其事的李斯自己说：“又作阿房之宫，治直〔道〕、驰道，赋敛愈重，戍徭无已。”[④] 入汉以后，一直在恪遵秦制，无稍变更，所有“当驰道县”对它的修缮保养，遂成为地方行政的一项重要任务，这由下引记载可以看出：

> 〔武帝〕既得宝鼎，立后土、太一祠，公卿议封禅事，而天下郡国皆豫治道桥，缮故宫，及当驰道县，县治官储，设供具，而望以待幸。[⑤]
>
> 征为右辅都尉，守右扶风。上数出幸安定、北地，过扶风，宫馆驰道修治，供张办。武帝嘉之。[⑥]

---

① 《史记》卷六，《秦始皇本纪》。
② 《史记》卷十五，《六国表》。
③ 《汉书》卷五十一，《贾山传》。
④ 《史记》卷八十七，《李斯列传》。
⑤ 《史记》卷三十，《平准书》。
⑥ 《汉书》卷六十六，《王䜣传》。

征守京兆尹，秩二千石。坐发民治驰道，不先以闻……连贬秩。①

全国的通都大邑和重要郡县境内，差不多都有驰道，而驰道又仅供皇帝享用，如果不经皇帝特许，并持有此项特许诏令，虽太子、公主也不得行驰道中，甚至不得跨越驰道而过，否则就要获罪。下面选录的几条记载，可分别说明这种情况：

武帝少时，东武侯母常养帝，帝壮时，号之曰“大乳母”。……乳母所言，未尝不听。有诏得令乳母乘车行驰道中。②

充出，逢馆陶长公主行驰道中。充呵问之，公主曰：“有太后诏。”充曰：“独公主得行，车骑皆不得。”尽劾没入官。后充从上甘泉，逢太子家使乘车马行驰道中，充以属吏。太子闻之，使人谢充曰：“非爱车马，诚不欲令上闻之，以教敕亡素者。唯江君宽之！”充不听，遂白奏。上曰：“人臣当如是矣。”大见信用，威震京师。③

元帝即位，帝为太子。……上尝急召，太子出龙楼门，不敢绝驰道，西至直城门，得绝乃度，还入作室门。上迟之，问其故，以状对。上大说，乃著令，令太子得绝驰道云。④

丞相孔光四时行园陵，官属以令行驰道中（如淳曰：令诸使有制得行驰道中者，行旁道，无得行中央三丈也），宣出逢之，使吏钩[26] 止丞相掾史，没入其车马，摧辱丞相，事下御史。⑤

〔方进〕迁为丞相司直。从上甘泉，行驰道中。司隶校尉陈庆劾奏方进，没入车马。⑥

这种遍布全国的广阔平坦的大道，在上述记载所反映的情况下，实际上

① 《汉书》卷八十九，《循吏·黄霸传》。

② 《史记》卷一百二十六，《滑稽列传·褚先生补述》。

③ 《汉书》卷四十五，《江充传》。

④ 《汉书》卷十，《成帝纪》。

⑤ 《汉书》卷七十二，《鲍宣传》。

⑥ 《汉书》卷八十四，《翟方进传》。

都成了地方上神圣不可侵犯的禁区，不用说普通人民望而生畏，就是太子、公主、王侯、将相，如不经皇帝特许，也绝不敢践踏其土，一般官员即使是奉敕而行，也只许行走旁道，中央三丈，不敢迈进一步。这样说来，驰道不但不是在便利交通，而实是在地方上设置了无数障碍，所以驰道本身，在全国交通系统中并不是一个积极因素。但是有两点却应予肯定：一是它布置了一个全国性的陆路交通网，不仅为陆路交通的有计划开发，绘出了一幅统筹全局的蓝图，而且为普通道路的修建，做了大量的“堑山堙谷”、平整水土的奠基工作，从而大大便利了一般道路的开发和修建；二是汉武帝以后，汉代的历任皇帝已不再巡游全国，因而各地驰道事实上已同虚设，过去的森严禁令也日久玩生，可等闲视之了，不仅旁道可以自由通行，连中央三丈也可以车马奔驰了，所以到平帝元始元年（公元元年）遂正式命令：“罢……三辅驰道。”① 地方上的驰道何时废止，不见记载，按京畿之内的驰道本系皇帝经常行走的御道，尚且全部废止，则外地郡县的驰道就更没有保留的必要了，既然实际上早已废止，已无须[27] 再颁明文了。

秦汉两代在所修建的贯通全国和连接国外的几条干线中，其耗费人力、财力最为巨大的，是通向西北、北边和西南的三条干线。西北干线，贯通河西四郡，又连接着通西域诸国的大道，这一条干线的国内部分，是在汉武帝时期大力开发的。按武帝太初元年（公元前一〇四年），“初置张掖、酒泉郡，而上郡、朔方、西河、河西开田官，斥塞卒六十万人戍田之。中国缮道馈粮，远者三千，近者千余里，皆仰给大农”②。从这条干线出玉门、阳关，即连接上西域通往国际的路线。在整个两汉时期，这一条路线一直是畅通的。

> 自玉门、阳关出西域有两道。从鄯善傍南山北，波河西行至莎车，为南道；南道西逾葱岭则出大月氏、安息。自车师前王廷随北山，波河西行至疏勒，为北道；北道西逾[28] 葱岭则出大宛、康居、奄蔡、焉耆。③
>
> 〔永元〕三年（公元九十一年），班超遂定西域。……六年，班超复击破焉耆，于是五十余国悉纳质内属，其条支、安息诸国至于海濒四万里外，皆重译贡献。九年（公元九十七年），班超遣掾甘

① 《汉书》卷十二，《平帝纪》。
② 《史记》卷三十，《平准书》。
③ 《汉书》卷九十六上，《西域传》。

英穷临西海而还。皆前世所不至，《山经》所未详，莫不备其风土，传其珍怪焉。于是远国蒙奇、兜勒皆来归服，遣使贡献。①

从上引记载可以看出，这一条东西交通孔道的利用率是很高的，所有中国商人的西去，西域五十余国商贾行旅的东来，都是走这一条路。

上文曾指出，通北部边疆的两条干线，都是为防御匈奴而修建的重要国防线，一是自关中向北直达九原，一是自河东经平阳、晋阳出雁门至云阳，又使两路的终点相连，自九原至云阳：

秦始皇帝三十五年（公元前二一二年），为直道，道九原，通甘泉。②

三十五年，除道，道九原抵云阳，堑山堙谷，直通之。③

始皇欲游天下，道九原，直抵甘泉。乃[29]使蒙恬通道，自九原抵甘泉，堑山堙谷，千八百里。④

后秦灭六国，而始皇帝使蒙恬将十万之众北击胡，悉收河南地。因河为塞，筑四十四县城临河，徙適戍以充之。而通直道，自九原至云阳（《正义》《括地志》云：胜州连谷县，本秦九原郡，汉武帝更名五原。云阳雍县，秦之林光宫，即汉之甘泉宫在焉。又云：秦故道在庆州华池县西四十五里子午山上，自九原至云阳千八百里）。⑤

由于道路系修筑在荒僻无人之区，无旧路可循，全部工程都是“堑山堙谷”，开辟路基，其工程之艰巨和耗费人力财力之庞大，实不下于修筑长城，这自然又加重了对当时广大人民赋税和徭役负担，故成为加速秦王朝的覆灭的重要因素之一。司马迁曾亲临其境，于观察了直道之后，亦着重指出了这一点：“吾适[30]北边，自直道归，行观蒙恬所为秦筑长城亭障，堑山堙谷，通直道，固轻百姓力矣。”⑥

① 《后汉书》卷八十八，《西域传》。

② 《史记》卷十五，《六国表》。

③ 《史记》卷六，《秦始皇本纪》。

④ 《史记》卷八十八，《蒙恬列传》。

⑤ 《史记》卷一百十，《匈奴列传》。

⑥ 《史记》卷八十八，《蒙恬列传》。

通西南干线，系分两段：第一段是从关中至蜀郡成都，第二段是以成都为起点，继续向西向南延伸，以修通“西夷”和“南夷”道。两段工程都是堑山堙谷的巨大工程，第二段工程的艰巨浩大，尤远超过第一段。第一段工程主要是修筑褒斜道，到西汉末年王莽居摄时又修筑通汉中的子午道。在没有开辟褒斜道以前，原有通蜀故道，就是著名的千里栈道，即《史记》所谓：“巴蜀亦沃野……然四塞，栈道千里，无所不通，唯褒斜绾毂其口。”①这是由汉中通往巴蜀的唯一通道。但是跋涉千里栈道，已极险阻艰难，又有“褒斜绾毂其口”，而褒斜相距，亦有数百里之遥。栈道又系一线相通，此道一断，就切断了关中与巴蜀的联系，下引故事，正说明了这种情况：

> 汉王之国，项王使卒三万人从。楚与诸侯之慕从者数万人。从杜南入蚀中，去辄烧绝栈道，以备诸侯盗兵袭之，亦示项羽无东意。②
>
> 汉王之国，良送至褒中。遣良归韩。良因说汉王曰：“王何不烧绝所过栈道，示天下无还心，以固项王意。”乃使良还。行，烧绝栈道。③

褒斜道是在汉武帝时修建的，当时的计划是兼顾水陆道路与漕运，于穿褒斜道时，同时沟通褒水与斜水，这样便可以从南阳上连沔水，在褒斜相近处以车转斜，由斜水下渭：

> 其后有人上书欲通褒斜道及漕事，下御史大夫张汤。汤问其事，因言：“抵蜀从故道，故道多阪，回远。今穿褒斜道，少阪，近四百里；而褒水通沔；斜水通渭，皆可以行船漕。漕从南阳上沔入褒，褒之绝水至斜，间百余里，以车转，从斜下下渭。……”天子以为然，拜汤子卬为汉中守，发数万人作褒斜道五百余里。道果便近，而水湍石，不可漕。④

---

① 《史记》卷一百二十九，《货殖列传》。

② 《史记》卷八，《高祖本纪》。

③ 《史记》卷五十五，《留侯世家》。

④ 《史记》卷二十九，《河渠书》。

虽然漕运未通，而“道果便近”，遂大大改变了蜀道艰难之状，成为中原和关中通往蜀郡的一条要道，故到了东汉时期，虽然首都已东迁洛阳，不在关中，但是朝廷对褒斜道仍不断加以修缮，以保持蜀道畅通。下引一段文献，是当时施工的一篇实录：

> 永平六年（公元六十三年），汉中郡以诏书受广汉、蜀郡、巴郡徒二千六百九十人，开通褒斜道。太守巨鹿鄐君、部掾治级王宏、史荀茂、张宇、韩岑，弟典功作，太守丞广汉杨显将相（按“相”字，《全后汉文》引此作“领”）用□，始作桥格六百卅三间，大桥五，为道二百五十八里，邮、亭、驿、置、徒司空、褒中县官寺并六十四所，最（按《全后汉文》引此无“最”字）凡用功七十六万六千八百余人，瓦卅六万九千八百四，器用钱百四十九万九千四百余斛粟。九年四月成就，益州东至京师安稳（按《全后汉文》引此，“京师”下多“去就”二字）。[①]

子午道是在平帝元始五年（公元五年）王莽居摄时所修，是由京师通汉中的另一通道：“其秋，莽以皇后有子孙瑞，通子午道（《补注》沈钦韩曰：《元和志》子午关在长安县南百里，王莽通子午道，因置此关。《长安志》子午镇去县南四十里，以南山子午谷为名）。子午道从杜陵直绝南山，径汉中（师古曰：今京城直南山有谷通梁、汉道者，名子午谷）。”[②] 这条路与褒斜道平行，实际使用价值不高，所以到东汉安帝延光四年（公元一二五年）时遂被正式废止，政府不再设官管理：“〔十一月〕乙亥，诏益州刺史罢子午道，通褒斜路（《三秦记》曰：子午，长安正南。山名秦岭谷，一名樊川。褒斜，汉中谷名，南谷名褒，北谷名斜，首尾七百里）。”[③] 所以褒斜道自修成之后，在两汉时期一直是通巴蜀的主要干线。

西南干线的第二段，是由蜀继续向西和向南延伸，修通所谓西南夷道：

> 〔元光五年（公元前一三〇年）〕夏，发巴蜀治南夷道。[④]

---

① 《续古文苑》卷十，《鄐君开通褒斜道记》。

② 《汉书》卷九十九上，《王莽传》。

③ 《后汉书》卷六，《顺帝纪》。

④ 《汉书》卷六，《武帝纪》。

唐蒙、司马相如开路西南夷，凿山通道千余里，以广巴蜀，巴蜀之民罢焉。①

当是时，汉通西南夷道，作者数万人。千里负担馈粮，率十余钟致一石，散币于邛僰以集之。数岁道不通。蛮夷因以数攻，吏发兵诛之。悉巴蜀租赋不足以更之，乃募豪民田南夷，入粟县官，而内受钱于都内。②

汉武帝之所以这样不惜耗费国帑和人力去开辟西南夷道，其目的并不仅仅是为了开疆拓土，而实是要另辟一条通往西域诸国的安稳可靠的国际路线，因为上述由玉门、阳关西逾葱岭的那一条路线，无论走南路或北路，都逼近匈奴，中外行旅常常被匈奴截留，即所谓“数被胡寇”，汉使往来，危险更大，例如张骞出使月氏时，即被“匈奴得之，传诣单于。……留骞十余岁，予妻，有子”，后骞亡逃月氏，“留岁余，还，并南山，欲从羌中归，复为匈奴所得。留岁余，单于死，国内乱，骞与胡妻及堂邑父俱亡归汉”③。说明这一条西北国际路线是不安全的。所以当汉武帝听说大夏在中国西南，汉之商人尝往贸易，其东南有身毒国，亦与“蜀贾人市”，张骞因说武帝曰：“臣在大夏时，见邛竹杖、蜀布，问安得此，大夏国人曰：‘吾贾人往市之身毒国。身毒国在大夏东南可数千里。其俗土著，与大夏同……’以骞度之，大夏去汉万二千里，居西南。今身毒又居大夏东南数千里，有蜀物，此其去蜀不远矣。今使大夏，从羌中，险，羌人恶之；少北，则为匈奴所得；从蜀，宜径，又无寇。”“天子既闻大宛及大夏、安息之属皆大国，多奇物，土著，颇与中国同俗，而兵弱，贵汉财物；其北则大月氏、康居之属，兵强，可以赂遗设利朝也。诚得而以义属之，则广地万里，重九译，致殊俗，威德遍[31]于四海。天子欣欣以骞言为然。……于是汉以求大夏道始通滇国。初，汉欲通西南夷，费多，罢之。及骞言可以通大夏，乃复事西南夷。”④ 关于西南夷道的具体修建情况，由下引记载可窥见其梗概：

〔建元六年（公元前一三五年），番阳令唐〕蒙乃上书说上曰：

① 《史记》卷三十，《平准书》。
② 《史记》卷三十，《平准书》。
③ 《汉书》卷六十一，《张骞传》。
④ 《汉书》卷六十一，《张骞传》。

"南越王黄屋左纛，地东西万余里，名为外臣，实一州主也。今以长沙、豫章往，水道多绝，难行。窃闻夜郎所有精兵，可得十余万，浮船牂牁江，出其不意，此制越一奇也。诚以汉之强，巴蜀之饶，通夜郎道，为置吏，易甚。"上许之，乃拜蒙为郎中将，将千人，食重万余人，从巴蜀筰关入，遂见夜郎侯多同。……还报，乃以为犍为郡。发巴蜀卒治道，自僰道指牂牁江。蜀人司马相如亦言西夷邛、筰可置郡。使相如以郎中将往喻，皆如南夷，为置一都尉，十余县，属蜀。当是时，巴蜀四郡通西南夷道，戍转相饷。数岁，道不通，士罢饿离湿死者甚众；西南夷又数反，发兵兴击，耗费无功。上患之……及元狩元年（公元前一二二年），博望侯张骞使大夏来，言居大夏时见蜀布、邛竹杖，使问所从来，曰："从东南身毒国，可数千里，得蜀贾人市。"或闻邛西可二千里有身毒国。骞因盛言大夏在汉西南，慕中国，患匈奴隔其道，诚通蜀，身毒国道便近，有利无害。于是天子乃令……使间出西南夷，指求身毒国。[①]

相如还报，唐蒙已略通夜郎，因通西南夷道，发巴、蜀、广汉卒，作者数万人。治道二岁，道不成，士卒多物故，费以巨万计。蜀民及汉用事者多言其不便。是时邛筰之君长闻南夷与汉通，得赏赐多，多欲愿为内臣妾，请吏，比南夷。天子问相如，相如曰："邛、筰、冉、駹者近蜀，道亦易通，秦时尝通为郡县，至汉兴而罢。今诚复通，为置郡县，愈于南夷。"天子以为然，乃拜相如为中郎将，建节往使。……司马长卿便略定西夷，邛、筰、冉、駹、斯榆之君皆请为内臣。除边关，关益斥，西至沫、若水，南至牂牁为徼，通灵关道，桥孙水以通邛都。还报天子，天子大说。[②]

以上系就几条主要干线而言，其他在地方上由历届朝廷先后开辟兴修的道路，亦所在多有，例如在西北方面有回中道，系汉武帝元封四年（公元前一〇七年）所修：

四年冬十月，行幸雍，祠五畤。通回中道（应劭曰：回中在安

① 《史记》卷一百十六，《西南夷列传》。
② 《史记》卷一百十七，《司马相如列传》。

定高平，有险阻，萧关在其北，通治至长安也）。[①]

其明年〔元封四年（公元前一〇七年）〕，上郊雍，通回中道，巡之。春，至鸣泽，从西河归。[②]

通南粤的道路，有秦始皇所开辟的“新道”，《汉书注》师古曰：“秦所开越道也。”《补注》引沈钦韩曰：“《广东新语》：湟溪、阳山、洭口，皆有秦关，清远、汇口亦有之。盖粤东要害，首在西北，故秦所置三关，皆在连州之境，而赵佗分兵绝秦新道，亦在焉。”[③] 岭南多山，交通阻塞，地方长吏常以修治道路，为便民要政。例如东汉初卫飒于建武二年（公元二十六年）迁桂阳太守，“先是含洭、浈阳、曲江三县，越之故地，武帝平之，内属桂阳。民居深山，滨溪谷，习其风土，不出田租。去郡远者，或且千里。吏事往来，辄发民乘船，名曰‘传役’。每一吏出，徭及数家，百姓苦之。飒乃凿山通道五百余里，列亭传，置邮驿。于是役省劳息，奸吏杜绝。流民稍迁，渐成聚邑”[④]。又如郑弘于“建初八年（公元八十三年）代郑众为大司农。旧交趾七郡贡献转运，皆从东冶泛海而至，风波艰阻，沈溺相系。弘奏开零陵、桂阳峤道，于是夷通，至今遂为常路”[⑤]。

江南地区主要是在三国时期逐步开发的，故修筑道路亦屡见记载，例如：

荆州残荒，外接蛮夷，而与吴阻汉水为境，旧民多居江南。尚自上庸通道，西行七百余里，山民蛮夷多服从者，五六年间，降附数千家。[⑥]

〔权〕遣校尉陈勋将屯田及作士三万人凿句容中道，自小其至云阳西城，通会市，作邸阁。[⑦]

---

① 《汉书》卷六，《武帝纪》。
② 《史记》卷二十八，《封禅书》。
③ 《汉书》卷九十五，《南粤王赵佗传》。
④ 《后汉书》卷七十六，《循吏·卫飒传》。
⑤ 《后汉书》卷三十三，《郑弘传》。
⑥ 《三国志》卷九，《魏书·夏侯尚传》。
⑦ 《三国志》卷四十七，《吴书·孙权传》。

（三）水路交通与漕运的开发

秦汉两代，是中国古代兴修水利的高潮时代，更具体地说是，秦始皇开创于前，汉武帝绍继于后，都是不遗余力地大力推进。两代王朝之所以要大力兴修水利，是由于有迫切的需要。这主要包括两点：第一，维系一个中央集权的庞大帝国，中央政府必须在经济上和军事上都拥有足够强大的力量，而足食——发达的农业又是足兵——强大的武力的基础，特别是在秦皇、汉武时期，一方面，需要发展和巩固内部，把一个新建立的大帝国融合为一个整体；另一方面，又需要抵御强敌，消除长期存在的匈奴威胁。本着地辟、粟多、兵强、战胜、地广的传统农战政策，要使全国农业都能有进一步的发展，兴修水利以扩大灌溉面积，遂成为当务之急。第二，要把全国各个地区特别是新建置的郡县，都密切地交织在一个政治的和经济的统一体系之中，便利的交通实是一个首要条件，而要形成贯通全国的交通网，却不能专靠陆路。虽然两代政府已经修整了不少旧路并开辟了不少新路，但是陆路交通有其本身的条件限制，乃至一些无法克服的困难，倘若需要跋涉万里来飞刍挽粟时，水路就显示了无可比拟的优越性。例如秦皇、汉武之能先后以楼船之士统一百越，就是依赖了便利的水道——包括充分利用了自然江河和新开凿的人工运河。到了西汉时期，由于关中建都日久，人烟稠密，仅靠关中农业区的生产已不足以供应，需要岁漕关东粟数百万石，于是所谓“漕运”便从这时起登上历史舞台，并发挥着愈来愈大的作用。因此，秦汉两代王朝特别是西汉王朝，对于兴修水利采取了交通与灌溉相结合的方针，故一方面大力修整和充分利用天然的江河水道，另一方面又大力开凿运河和溉渠，使之“皆可行舟，有余则用溉浸”。关于水利的灌溉方面，当于下文论述农业问题的章节中详之，这里专就交通运输方面说明其梗概。

《史记·河渠书》和《汉书·沟洫志》对全国的江河川渎和重要运河，作了两个综合性概括，两书内容相同，《汉书》在文字上略有修订，现据以摘录如下：

自是之后，荥阳下引河东南为鸿沟（《补注》先谦曰：《索隐》：楚汉中分之界。文颖云：即今官渡水也，盖为二流，一南经阳武为官渡水，一东经大梁城，即河沟，今之汴河是也。先谦案：《地理

> 志》河南荥阳下云，狼汤渠首受泲，东南至陈入颍。汳水注云，阴沟即蒗荡渠也。阴沟水注云，阴沟水受河于河南卷县东南，径封丘县，绝济渎，东南至大梁合蒗荡渠。蒗荡渠故渎，实兼阴沟浚仪之称，东南径大梁城北，与梁沟合，同受鸿沟沙水之目。其东导者，即汳水也。渠水注云，渠水即蒗荡渠，北屈，分为二水。《续述征记》曰，浪、沙到浚仪而分，汳东注，沙南流，径梁王吹台东。渠水于此，有阴沟鸿沟之称），以通宋、郑、陈、蔡、曹、卫，与济、汝、淮、泗会。于楚，西方则通渠汉川、云梦之际（《补注》：全祖望曰：……汉一名沔，一名沮，见《地理志》。沈钦韩曰：沔水注，扬水又东入华容县，有灵溪水，西通赤湖。水口已下多湖，周五十里，城下陂池，皆来会同。又有子胥渎，盖入郢所开也。水东入离湖，湖侧有章华台，言此渎灵王立台之日漕运所由也），东方则通沟江淮之间（《补注》沈钦韩曰：哀九年传，吴城邗沟，通江、淮。《外传》，吴王起师北征，阙为深沟于商鲁之间，北属之沂，西属之济，会晋公午于黄池。淮水注：昔吴将伐齐，北伯中国，自广陵城东南筑邗城，城下掘深沟，谓之韩江，亦曰刊溟沟，自江东北通射阳湖，《地理志》所谓渠水也，西北至末口入淮）。于吴，则通渠三江五湖。于齐，则通淄济之间。于蜀，则蜀守李冰凿离雉，避沫水之害，穿二江成都中（《补注》先谦曰：二江，即郫江、流江）。此渠皆可行舟，有余则用溉，百姓飨其利。①

所有上述沟通江、河、川、渎的许多渠道，都是在秦汉以前开凿的，并且都已在交通上和灌溉上发挥了重大作用。实际上当时开凿各个渠道的目的并不相同，有的主要是为了交通，有的则主要是为了灌溉。例如邗沟的开凿，就完全是为了交通，是吴王夫差为了要达到伐齐和称霸中原的政治目的，遂开凿刊沟以沟通江淮，以便他的舟师能由江而淮、由淮而济，终于能“会晋公午于黄池”。这一条运河后来随着时间的推移和不断地向北延伸，发挥了越来越大的作用，其影响是极为深远的。关于这一条运河的具体情况，已见前文，这里不再赘述。李冰凿离堆，穿二江成都中，虽然也可以行舟，但开凿的目的则完全是为了灌溉，其作用也始终是在灌溉方面，直到今日仍在发挥

① 《汉书》卷二十九，《沟洫志》。

着固有作用，它在中国水利史上占有无可比拟的地位，其具体情况在《中国封建社会经济史》第一卷中也作了论述。鸿沟的开凿则兼顾二者，因为一方面鸿沟也是一条南北向的大运河，它沟通了河淮，把黄河流域与淮河流域直接用水道联系起来，故鸿沟在交通上的重要性不在邗沟以下；另一方面，由于它位于淮河平原，为古代的重要农业区之一，全区经济发达，物产丰富，人口稠密，几个大的商业都会即分布在这个区域的水陆交通要道上，成为南北货运的枢纽，所谓皮革鲍木输会，鸿沟贯通其间，它连接的自然河道既多，流域又广，是几条大河的中心纽带，所以苏秦在游说魏襄王时，一上来即指出："大王之地，南有鸿沟"，说明鸿沟在战国年间即已在交通上和灌溉上起着很大作用。它直接沟通的自然河道，主要有以下几条：

> 河南郡：荥阳，有狼汤渠，首受泲，东南至陈入颍，过郡四，行七百八十里。
>
> 陈留郡：浚仪，睢水首受狼汤水，东至取虑入泗，过郡四行千三百六十里。
>
> 陈留郡：陈留，鲁渠水首受狼汤渠，东至阳夏，入涡渠。
>
> 陈留郡：封丘，濮渠水首受泲，东北至都关，入羊里水，过郡三，行六百三十里。①

由于鸿沟贯通了几条淮河支流，所以它还间接联系着长江，故成为一条重要漕渠，历届政府都注意修治，并建有不少水门，以节制水流。例如哀帝朝贾让言治河时称："恐议者疑河大川难禁制，荥阳漕渠足以卜之（如淳曰：今砾谿[32]口是也。言作水门通水流，不为害也。师古曰：砾谿，谿名，即《水经》所云泲水东过砾谿者）；其水门但用木与土耳。"②

其他渠道由于所在的地理位置不同，渠的作用即开凿该渠道的目的会各有偏重，如"通渠汉川云梦之际（按，'际'，《史记》作'野'）"，其地非交通冲要，沿线区域的经济亦尚未开发，在这个地方通渠的目的显然是偏重灌溉，便利交通则是次要的；如"于吴则通渠三河五湖"，江东地带雨量充沛，河道纵横，在一个多雨、多水的地方通渠，显然主要是为了便利交通，

① 《汉书》卷二十八上，《地理志上》注。

② 《汉书》卷二十九，《沟洫志》。

而不是为了灌溉农田。其他各地渠道，均可以此类推，这里不一一指陈了。

在这个时期所开凿的许多运河中，对中国的经济和文化起了巨大作用而影响又极为深远的，是灵渠的凿通。这是秦始皇为了要用“楼船之士”，“南攻百越”，乃使监禄“凿渠通道”，而修通一条直接沟通了湘水与离水，间接则沟通了长江与珠江的人工运河。这一条运河的修成，是中国古代劳动人民的一项创造性的贡献，其目光之远、设计之精、施工之巧，在两千二百多年以前的古代，能取得这样高的成就，实在是很难得的。关于这条运河开凿的经过，并无正式记载，只是在两个人的上书中偶尔涉及：

严安上书曰：“……〔秦〕欲肆威海外……又使尉（佗）屠睢将楼船之士南攻百越，使监禄凿渠运粮，深入越，越人遁逃。旷日持久，粮食绝乏，越人击之，秦兵大败。秦乃使尉佗将卒以戍越。”①

〔武帝将伐闽越〕淮南王安上书谏曰：“……臣闻长老言，秦之时尝使尉屠睢击越，又使监禄凿渠通道（《补注》沈钦韩曰：《淮南人间训》，使监禄转饷，以卒凿渠通粮道。注云：凿通湘水离水之渠。《寰宇记》：秦凿渠在桂州兴安县二十里，本漓水，自柘山之阴，西北流至县西南，合灵渠，五里，始分为二水。昔秦命御史监禄自零陵凿渠至桂林，故汉归义侯严为戈船将军，出零陵，下漓水，即此。……先谦曰：渠在今广西兴安县西北一十里）。越人逃入深山林丛，不可得攻，留军屯守空地，旷日持久，士卒劳倦，越乃出击之。秦兵大破，乃发適戍以备之。……”②

〔秦王〕又利越之犀角、象齿、翡翠、珠玑，乃使尉屠睢发卒五十万为五军：一军塞镡[33] 城之岭（镡城在武陵西南，接郁林），一军守九嶷之塞（九嶷在零陵也），一军处番禺之都，一军守南野之界（南野在豫章），一军结余干之水（余干在豫章），三年不解甲弛弩。使监禄无以转饷，又以卒凿渠，而通粮道（监禄秦将也，凿通湘水离水之渠也），以与越人战。③

① 《史记》卷一百十二，《平津侯主父列传》；《汉书》卷六十四下，《严安传》。

② 《汉书》卷六十四上，《严助传》。

③ 《淮南子·人间训》。

当时关于灵渠的记载，都是这样偶然涉及，没有更详尽的说明。但是这条运河在秦时凿通后，由于它贯通了长江和珠江两大流域，弥补了中国天然河道的东西流向——即同一纬度流向的缺陷，起到了沟通南北的巨大作用。它在交通上的价值和它所产生的深远影响，是愈来愈显著的，后世各代又不断有所兴造和改进，故能沿用至今。古灵渠现在叫兴安运河，河道系在兴安县城至大溶江镇之间，沟通了湘水与离水。两水均发源于五岭西部山地，湘水上游名海洋河，发源于海洋山麓的龙母山，东北流经兴安城，兴安以下即名湘水。漓水上游名六岗河，发源于兴安西北苗儿山，南流至门司前村附近，东有黄白江，西有川江，注入后水量大增，乃名大溶江，西南流至大溶江镇，又改称漓水。这样，湘水向东北流，漓水向西南流，在兴安县城与大溶江镇之间，两水东西相距约三十公里。这个两河之间的地带是一个低洼谷地，谷内有天然河道，亦分别流入湘水与漓水，在兴安县城附近始安峤以西的河水向西南流入漓水，在始安峤以东的河水则向东北流入湘水。监禄所凿的灵渠，就是凿断了始安峤分水岭，分泄湘水以入漓水。渠道全长约三十公里，实际上由人工开凿的不过六公里，其余五分之四的河道则是利用天然河道——始安水（漓水支流）加以改进修整而成的。

灵渠凿通后，在中国的辽阔疆域中，可自南至北，完全由水道贯通起来，因这时已有灵渠沟通了湘水与漓水，也就是沟通了珠江与长江；有邗沟沟通了长江与淮河；有鸿沟沟通了淮河与黄河。所以南海的行旅或宝货，完全可以乘船由广州北达中原或西至关中，行程虽然是迂回曲折，但却是万里通航，即由珠江转漓水，经灵渠入湘水，过洞庭转大江，复由大江转邗沟，沿淮河入济水，再沿鸿沟转大河，如西入关中，可再溯渭而上。在西汉时，灵渠在军事上发挥了重大作用，例如武帝元鼎五年（公元前一一二年），“遣伏波将军路博德出桂阳，下湟水（《补注》徐广曰：湟水一名洭水，出桂阳，通四会）；楼船将军杨仆出豫章，下浈水（《水经》：浈水径桂阳郡之浈阳县南、而右注溱水）；归义越侯严为戈船将军，出零陵，下漓水（《地理志》：漓水出零陵县阳海山，东南至广信入郁水）；甲为下濑将军，下苍梧。皆将罪人，江淮以南楼船十万人。越驰义侯遗别将巴蜀罪人，发夜郎兵，下牂柯江（《补注》沈钦韩曰：《一统志》：牂柯江在贵阳府定番州南，一名都泥江，源出州西北三十里乱山中，曰濛潭，经州南界，地名破蚕，又南入广西泗州城界。《名胜志》：牂柯江南流入泗城界为右江，至浔州，与左江合，下番禺，入南海），咸会番禺”[①]。到东汉时，灵渠仍在政治上发挥着相同作用，是沟通南越与中原的唯一水道，例如：“公孙述时，大姓龙、傅、尹、董氏，与郡功曹谢暹保境为汉，乃遣使从番禺江奉贡。光武嘉之，并加褒赏。”[②]

东汉一代，国力不及西汉，一切都是抱残守缺，无开拓锐进之气，在水利方面，也是修旧利废，没有新的建树，有时地方长吏或守边将帅，为便利本郡或本区漕运，而就地开通小渠，例如王霸“颇识边事，数上书言宜与匈奴结和亲，又陈委输可从温水漕（《水经注》曰：温余水出上谷居庸关东，又东过军都县南，又东过蓟县北，益通以运漕也），以省陆转输之劳。事皆施行”[③]；建武二十三年（公元四十七年）“代杜林为大司空。……明年，上穿阳渠，引洛水为漕，百姓得其利”[④]；“后羌寇武都，邓太后以诩有将帅之略，迁武都太守。……先是运道艰险，舟车不通，驴马负载，僦五致一。诩乃自将吏士，案行川谷，自沮至下辩数十里中，皆烧石翦木，开漕船道，以人僦直雇借佣者，于是水运通利，岁省四千余万”[⑤]。诸如此类，都是地方性的小型渠道。此外，为水患所迫，不得不修整渠道，改建水门堤堰，例如：

〔永平十二年（公元六十九年）〕夏四月，遣将作谒者王吴修汴渠，自荥阳至于千乘海口（汴渠即莨荡渠也。汴自荥阳首受河，所谓石门，在荥阳山北一里。过汴以东，积石为堤，亦号金堤，成帝阳嘉中所作也）。[⑥]

〔永平十三年（公元七〇年）〕夏四月，汴渠成。辛巳，行幸荥阳，巡行河渠。乙酉，诏曰：“自汴渠决败，六十余岁，加顷年以来，雨水不时，汴流东侵，日月益甚，水门故处，皆在河中，漭瀁广溢，莫测圻岸，荡荡极望，不知纲纪。今兖、豫之人，多被水患，乃云县官不先人急，好兴他役。又或以为河流入汴，幽、冀蒙利，故曰左堤强则右堤伤，左右俱强则下方伤，宜任水势所之，使人随高而处，公家息壅塞之费，百姓无陷溺之患。议者不同，南北异论，朕不知所从，久而不决。今既筑堤理渠，绝水立门，河汴分流，复

① 《汉书》卷六，《武帝纪》。

② 《后汉书》卷八十六，《西南夷·夜郎传》。

③ 《后汉书》卷二十，《王霸传》。

④ 《后汉书》卷三十五，《张纯传》。

⑤ 《后汉书》卷五十八，《虞诩传》。

⑥ 《后汉书》卷二，《明帝纪》。

其旧迹，陶丘之北，渐成壤坟……今五土之宜，反其正色，滨渠下田，赋与贫人，无令豪右得固其利，庶继世宗《瓠子》之作。”①

时有荐景能理水者，显宗诏与将作谒者王吴共修作浚仪渠，吴用景墕流法，水乃不复为害。②

汉明帝永平十二年，议治汳渠。……顺帝阳嘉中，又自汴口以东缘河积石为堰通渠，咸曰金堤。灵帝建宁中，又增修石门，以遏渠口，水盛则通注，津耗则辍流。③

灵帝建宁四年（公元一七一年），于敖城西北垒石为门，以遏渠口，谓之石门，故世亦谓之石门。石门广十余丈，西去河三里。④

由上引记载可知在东汉一代，不但没有开凿新的重要渠道，连重修和新开的地方小渠也屈指可数，故对全国的水道交通不可能起多大作用。到东汉末年曹操当政时，也曾开凿过几条渠道，大都规模不大，河道不长，仍是一些地方性小渠，例如：

建安七年（公元二〇二年）春正月，公军谯。……遂至浚仪，治睢阳渠。⑤

〔建安〕九年（公元二〇四年）春正月，济河，遏淇水入白沟以通粮道。⑥

〔建安十八年（公元二一三年）九月〕凿渠引漳水入白沟以通河。⑦

在三国时期，三个分立的政权各在自己的境内开凿了一些渠道，其中多数是为了灌溉，当于下文论述农业的章节中详之，其专为交通开凿的渠道，也都是一些地方性的小渠，对全国的影响不大，故皆从略。

在汉代开凿的人工运河中，除了一般为了便利交通和灌溉农田外，有些

① 《后汉书》卷二，《明帝纪》。
② 《后汉书》卷七十六，《循吏·王景传》。
③ 《水经注》卷五，《河水》。
④ 《水经注》卷七，《济水》。
⑤ 《三国志》卷一，《魏书·武帝纪》。
⑥ 《三国志》卷一，《魏书·武帝纪》。
⑦ 《三国志》卷一，《魏书·武帝纪》。

渠是专为向关中通漕运而开凿的。因西汉建都长安后，政府机构在不断扩大，人口也不断增多，特别是由于推行强干弱枝政策，又经常向京师迁徙各地富豪，使人口中的寄生阶层迅速增长，造成食之者众，生之者寡，以致不得不岁漕关东粟，以补关中生产的不足。初年数量不大，“孝惠、高后时……漕转山东粟，以给中都官，岁不过数十万石”①。后来即迅速增长，因除了中都诸官在迅速增加外，还畜养了大量的狗马禽兽和众多的官奴婢：“其没入奴婢，分诸苑养狗马禽兽，及与诸官。诸官益杂置多，徒奴婢众，而下河漕度四百万石，及官自籴乃足。”② 当桑弘羊主持“均输”时，岁漕曾达六百万石。元封中（公元前一〇八年左右），“弘羊又请令……诸农各致粟，山东漕益岁六百万石，一岁之中，太仓、甘泉仓满”③。平时也不下于四百万石，据宣帝时耿寿昌说：“故事，岁漕关东谷四百万斛以给京师，用卒六万人。”④ 正由于漕运关系着西汉王朝的生存，故对于开凿漕渠，自然要全力以赴。但是由于黄河不是一条理想的运输水道，再加上砥柱之险和其他自然条件的限制，给漕运工作带来了许多困难，这由下引文献可以充分看出：

〔元光六年（公元前一二九年）春〕穿漕渠通渭。⑤

是时郑当时为大农，言曰：“异时关东漕粟从渭中上，度六月而罢，而漕水道九百余里，时有难处。引渭穿渠起长安，并南山下，至河三百余里，径，易漕，度可令三月罢；而渠下民田万余顷，又可得以溉田：此损漕省卒，而益肥关中之地，得谷。”天子以为然，令齐人水土徐伯表，悉发卒数万人穿漕渠，三岁而通。通，以漕，大便利。其后漕稍多，而渠下之民颇得以溉田矣。其后河东守番系言：“漕从山东西（《索隐》：谓从山东运漕而西入关也），岁百余万石，更砥柱之限，败亡甚多，而亦烦费。穿渠引汾溉皮氏、汾阴下，引河溉汾阴、蒲坂下，度可得五千顷。五千顷故尽河壖弃地，民茭收其中耳，今溉田之，度可得谷二百万石以上。谷从渭上，与关中无异，而砥柱之东可无复漕。”天子以为然，发卒数万人作渠田。数

① 《史记》卷三十，《平准书》。
② 《史记》卷三十，《平准书》。
③ 《史记》卷三十，《平准书》。
④ 《汉书》卷二十四上，《食货志》。
⑤ 《汉书》卷六，《武帝纪》。

岁，河移徙，渠不利，则田者不能偿种。……其后有人上书欲通褒斜道及漕事，下御史大夫张汤。汤问其事，因言，“抵蜀从故道，故道多阪，回远。今穿褒斜道，少阪，近四百里；而褒水通沔，斜水通渭，皆可以行船漕。漕从南阳上沔入褒，褒之绝水至斜，间百余里，以车转，从斜下下渭。如此，汉中之谷可致，山东从沔无限，便于砥柱之漕。且褒斜材木竹箭之饶，拟于巴蜀”。天子以为然，拜汤子卬为汉中守，发数万人作褒斜道五百余里。道果便近，而水湍石，不可漕。[①]

其后番系欲省砥柱之漕，穿汾、河渠以为溉田，作者数万人；郑当时为渭漕渠回远，凿直渠自长安至华阴，作者数万人；朔方亦穿渠，作者数万人。各历二三期，功未就，费亦各巨万十数。[②]

本来由黄河中下游的平原地带，向西北黄土高原的关中转漕大宗粮食，中经砥柱之险，“败亡甚多”是不言而喻的。其他如“穿渠引汾”，或车转褒斜，亦因河道常徙或水多湍石，而困难重重。但是西汉王朝却以百折不回的毅力，不惜耗费“各巨万十数”，仍坚决进行，终于达到“鸿渭之流，径入于河；大船万艘，转漕相过”[③]，使多则六百万石、少亦四百万石的山东之粟源源而来。

这里还应当涉及一下海上交通。沿海航行在春秋时即已见诸记载，但不常有，因为那时还没有这样的需要，也不具备必要的条件。海运的正式开始时期是秦，到西汉时又有了进一步发展，如秦皇、汉武之入海求仙，汉武帝之用兵闽越，都是大规模的海运：

自威、宣、燕昭使人入海求蓬莱、方丈、瀛洲。此三神山者，其传在勃海中，去人不远。盖尝有至者，诸仙人及不死之药皆在焉。……及秦始皇至海上，则方士争言之。始皇如恐弗及，使人赍童男女入海求之。船交海中，皆以风为解，曰未能至，望见之焉。[④]

秦始皇初并天下，甘心于神仙之道，遣徐福、韩终之属多赍童

① 《史记》卷二十九，《河渠书》。
② 《史记》卷三十，《平准书》。
③ 《后汉书》卷一百十上，《文苑·杜笃传》。
④ 《汉书》卷二十五上，《郊祀志》。

男童女入海求神采药，因逃不还，天下怨恨。汉兴，新垣平、齐人少翁、公孙卿、栾大等，皆以仙人黄冶祭祠事鬼使物入海求神采药贵幸，赏赐累千金。①

海运的真正开始时期，应当从汉武帝浮海救东瓯一事算起，武帝曾为此特设楼船将军和横海将军——堪称中国最早的海军，从海上运大军直奔东越；继而又遣楼船将军浮渤[34] 海，出辽东，用兵右渠。这几件事，都是大规模的海上运输：

〔建元三年（公元前一三八年）秋七月〕闽越围东瓯，东瓯告急。遣大中大夫严助持节发会稽兵，浮海救之。未至，闽越走，兵还。②

是时，东越数反覆，买臣因言："故东越王居保泉山，一人守险，千人不得上。今闻东越王更徙处南行，去泉山五百里，居大泽中。今发兵浮海，直指泉山，陈舟列兵，席卷南行，可破灭也。"……居岁余，买臣受诏将兵，与横海将军韩说等俱击破东越。③

元鼎六年（公元前一一一年）秋，〔东越王〕余善闻楼船请诛之，汉兵临境，且往，乃遂反……天子遣横海将军韩说出句章，浮海从东方往……元封元年（公元前一一〇年）冬，咸入东越。④

〔元鼎六年〕秋，东越王余善反，攻杀汉将吏。遣横海将军韩说、中尉王温舒出会稽，楼船将军杨仆出豫章，击之。⑤

〔元封二年（公元前一〇九年）〕其秋，遣楼船将军杨仆从齐浮勃海，兵五万，左将军荀彘出辽东，诛右渠。⑥

汉武帝除了从海上用兵外，还几次"行幸东海"，"登之罘，浮大海"，可知汉政府是拥有巨大的航海船舶的。但是民间的造船工业还没有同等的发展，并且大海不同于内河，即使是沿海航行，也是洪波巨浪，风涛险恶，需

① 《汉书》卷二十五下，《郊祀志》。
② 《汉书》卷六，《武帝纪》。
③ 《汉书》卷六十四上，《朱买臣传》。
④ 《史记》卷一百十四，《东越列传》。
⑤ 《汉书》卷六，《武帝纪》。
⑥ 《汉书》卷九十五，《朝鲜传》。

要一定的航海技术，故这时还为当时的条件所限制，一般商旅看到海上风波艰阻，沉溺相系，自不免视航海为畏途，因而在整个两汉时期，海上交通是不发达的。直到东汉末年，始因中原大乱，天灾人祸迫使人们纷纷远逃，而又到处兵荒马乱，难寻乐土，只好航海远行，或南奔交广，或北走辽东。不久又继之以三国鼎立，各严守封疆，内地交通，更为阻塞，于是贸迁行旅，始多循海道。这由下引诸例，可略见梗概：

初平中（公元一九二年左右），天下乱，避地会稽，遂浮海客交趾[35]。①

初平中，为沛相……及天下大乱，忠弃官客会稽上虞。……后孙策破会稽，忠等浮海南投交趾。②

〔汉末，靖依会稽太守王朗〕孙策东渡江，皆走交州……靖与曹公书曰："……会稽倾覆，景兴失据，三江五湖，皆为虏庭。临时困厄，无所控告。便与袁沛、邓子孝等浮涉沧海，南至交州。经历东瓯、闽、越之国，行经万里，不见汉地，漂薄风波，绝粮茹草，饥殍荐臻，死者太半。……"③

〔管宁〕北海朱虚人也。……天下大乱，闻公孙度令行于海外，遂与〔邴〕原及平原王烈等至于辽东。……文帝即位，征宁，遂将家属浮海还郡。④

孙权在江东割据后，其南征交趾，北联辽东，更完全依赖海道，故这时的海上交通，在政治上和军事上遂起着越来越大的作用：

士燮既附孙权，召综为五官中郎〔将〕，除合浦、交趾太守。时交土始开，刺史吕岱率师讨伐，综与俱行，越海南征，及到九真。事毕还都。⑤

交趾太守士燮卒，权以燮子徽为安远将军，领九真太守，以校

① 《后汉书》卷三十七，《桓荣传附晔传》。
② 《后汉书》卷四十五，《袁安传附玄孙忠传》。
③ 《三国志》卷三十八，《蜀书·许靖传》。
④ 《三国志》卷十一，《魏书·管宁传》。
⑤ 《三国志》卷五十三，《吴书·薛综传》。

尉陈时代燮。……而徽不承命，举兵戍海口以拒（新任交州刺史戴）良等。岱于是上疏请讨徽罪，督兵三千人晨夜浮海。……过合浦，与良俱进。①

《魏略》曰：国家知〔公孙〕渊两端，而恐辽东吏民为渊所误。故公文下辽东，因赦之曰："告辽东、玄菟将校吏民：逆贼孙权……乃敢僭号。恃江湖之险阻，王诛未加。比年已来，复远遣船，越度大海，多持货物，诳诱边民。边民无知，与之交关，长吏以下，莫肯禁止。至使周贺浮舟百艘，沉滞津岸，贸迁有无。既不疑拒，赍以名马，又使宿舒随贺通好。……国朝为子大夫羞之……"②

〔嘉禾二年（公元二三三年）三月〕遣舒、综还，使太常张弥、执金吾许晏、将军贺达等将兵万人，金宝珍货，九锡备物，乘海授渊。③

景初元年（公元二三七年）……初，〔孙〕权遣使浮海与高句骊通，欲袭辽东。遣幽州刺史毌丘俭率诸军及鲜卑、乌丸屯南界。④

海路既成为行军要道，往来日益频繁，航海技术亦日益普及，久之，民间商旅亦竞相仿效，接踵继起。渤海为内海，又比远航东海南海为安全，遂成为山东半岛与辽东之间的捷径，虽一般流民，亦皆渡海往来，例如：

〔景初三年（公元二三九年）〕夏六月，以辽东东沓县吏民渡海居齐郡界，以故纵城为新沓县以居徙民。⑤

〔正始元年（公元二四〇年）二月〕丙戌，以辽东汶、北丰县民流徙渡海，规齐郡之西安、临菑、昌国县界为新汶、南丰县，以居流民。⑥

魏虽陆居中原，亦锐意经营海运，观明帝于景初元年特"诏青、兖、幽、

① 《三国志》卷六十，《吴书·吕岱传》。
② 《三国志》卷八，《魏书·公孙度传》注。
③ 《三国志》卷四十七，《吴书·孙权传》。
④ 《三国志》卷三，《魏书·明帝纪》。
⑤ 《三国志》卷四，《魏书·齐王纪》。
⑥ 《三国志》卷四，《魏书·齐王纪》。

冀四州，大作海船”[1]，即说明曹魏政权对海运亦极为重视。

（四）管制交通的各种制度

封建经济是统治经济。我们在《中国封建社会经济史》第一卷中，从理论上并根据中国的具体历史，分析了封建制度对经济生活采取严格管制和干涉的原因所在。在客观的经济规律支配之下，封建制度所要管制和干涉的，既包括物，也包括人，即不仅对于物要使“衣服有制，宫室有度，人徒有数，丧祭械用，皆有等仪”，要求做到“自天子公侯卿大夫士，至于皂隶抱关击柝者，其爵禄奉养、宫室车服、棺椁祭祀、死生之制，各有差品，小不得僭大，贱不得逾贵”；而且还要把每一个人都固定在他生就的地位、职业、门第、身份等之上，把一切社会关系都僵化为一成不变的传统，使其“不见异物而迁焉”，故最好都是“死徙无出乡”，都能甘其食，美其服，乐其俗，至老死不相往来。所有这一切，都是与封建统治阶级的长远利益相吻合的。

但是，在社会经济结构发生了根本变革之后，孤立的地方经济早已为统一的国民经济体系所代替，再把人和物隔绝起来是不可能了；在大一统的中央集权统治代替了封建割据之后，便利的交通已成为实施有效统治的首要条件，如再继续保持人和物的孤立状态，就是在助长地方上的分离与独立，秦汉两代之所以大力开发交通，正是要从根本上改变这种状态。这样一来，封建的礼法和王制所要求的，与实际政治经济所体现的，正好处于一种矛盾对立状态之中，即根据封建礼法和王制的基本原则，对于物和人的统制和干涉是不允许改变的，但是为了实施中央集权的有效统治，又必须开发交通，人和物必须使之往来交流，同时还必须有一种同样大的制动力量，把这一切放在严格的统制和干涉之下，不能使之放任自由。于是便在这些矛盾力量的交互错综、互相抵触的平衡点上，形成了管制交通的各种制度，这些制度既有便利交通、保护行旅的一面，又有严格管制、限制自由的一面。这些管制制度，主要有以下几种：

1. 关梁与传

关梁制度，起源很早，其作用在稽查行旅，征课赋税。秦汉虽统一了全国，但为了达到上述的管制目的，用以限制行旅的自由往来，遂沿用了过去

---

① 《三国志》卷三，《魏书·明帝纪》。

行之已久的关梁制度，并加以充实推广，于是内则水陆孔道，外则边陲徼塞，无不普遍设置。西汉初年，为了使遭受严重破坏的社会经济能够迅速恢复，曾一度采取放任政策，撤除内外关梁之禁，即所谓“除关”或“开关梁”，听任商旅自由往来，对行人不加稽查，不施干扰，因而对国民经济的恢复，起了立竿见影的效果。后来到汉景帝时因吴楚“七国新反”，又恢复了关梁之制。关禁主要是同“传”的制度结合在一起的，此制亦早在秦以前即已实行，至秦汉而更加系统化。传，略似后世的通行证，但比一般通行证为复杂，这是行旅在出发之前，先须获得官府批准，然后“两行书缯帛，分持其一，出入关合之，乃得过”。可知官府所持传之一半，须逐关递送，以备行旅到关时，出传核验放行。关于关梁和传的大概情况，可由下引文献看出：

汉兴，海内为一，开关梁，弛山泽之禁，是以富商大贾周流天下，交易之物莫不通，得其所欲。[①]

高后时，有司请禁南越关市铁器。……于是佗乃自尊号为南越武帝。[②]

〔十二年（公元前一六八年）〕三月，除关，无用传（张晏曰：传，信也，若今过所也。如淳曰：两行书缯帛，分持其一，出入关，合之乃得过，谓之传也）。[③]

孝景皇帝元年十月，制诏御史：“……孝文皇帝临天下，通关梁，不异远方（《集解》张晏曰：孝文十二年，除关，不用传令，远近若一）。”[④]

〔四年（公元前一五三年）〕后九月……复置津关（按，津，《汉书》作诸），用传出入（《集解》应劭曰：文帝十二年，除关，无用传。至此复置传，以七国新反，备非常也）。[⑤]

孝景帝复与匈奴和亲，通关市，给遗匈奴……今帝即位，明和亲约束，厚遇，通关市，饶给之。……然匈奴贪，尚乐关市，嗜汉财物，汉亦尚关市不绝以中之。[⑥]

---

① 《史记》卷一百二十九，《货殖列传》。

② 《史记》卷一百十三，《南越尉佗列传》。

③ 《汉书》卷四，《文帝纪》。

④ 《史记》卷十，《孝文本纪》。

⑤ 《史记》卷十一，《孝景本纪》。

⑥ 《史记》卷一百十，《匈奴列传》。

司马长卿便略定西夷，邛、筰、冉、駹、斯榆之君皆请为内臣。除边关，关益斥，西至沫、若水，南至牂柯为徼。[①]

武帝即位，徙为内史。外戚多毁成之短，抵罪髡钳。……于是解脱，诈刻传出关归家（按《汉书》注师古曰：传，所以出关之符也）。[②]

〔长脩侯杜恬〕元封四年，侯相夫坐……阑出函谷关，国除。[③]

〔太初四年（公元前一〇一年）冬〕徙弘农都尉治武关，税出入者以给关吏卒食。[④]

〔天汉二年（公元前九十九年）〕冬十一月，诏关都尉曰："今豪杰多远交，依东方群盗。其谨察出入者！"[⑤]

初，军从济南当诣博士，步入关，关吏予军繻（张晏曰：繻，符也，书帛裂而分之，若券契矣。苏林曰：繻，帛边也。旧关出入皆以传。传（须）〔烦〕，因裂繻头合以为符信也。《补注》沈钦韩曰：繻，即过所书纸也）。军问："以此何为？"吏曰："为复传（师古曰：复，返也。谓返出关更以为传），还当以合符。"军曰："大丈夫西游，终不复传还。"弃繻而去。[⑥]

〔本始四年（公元前七十年）〕春正月，诏白："……今岁不登，已遣使者振贷困乏。……民以车船载谷入关者，得毋用传。"（师古曰：传，传符也。欲谷之多，故不问其出入也）[⑦]

〔始建国二年（公元十年），更钱法〕盗铸钱者不可禁，乃重其法……吏民出入，持布钱以副符传（师古曰：旧法，行者持符传，即不稽留。今更令持布钱，与符相副，乃得过也），不持者，厨传勿舍，关津苛留（师古曰：厨，行道食饮处。传，置释之舍也）。[⑧]

上引记载，系从各个方面说明了西汉所实行的关梁制度和符传的使用情

① 《史记》卷一百十七，《司马相如列传》。
② 《史记》卷一百二十二，《酷吏列传》；《汉书》卷九十，《酷吏·宁成传》。
③ 《史记》卷十八，《高祖功臣侯年表》。
④ 《汉书》卷六，《武帝纪》。
⑤ 《汉书》卷六，《武帝纪》。
⑥ 《汉书》卷六十四下，《终军传》。
⑦ 《汉书》卷八，《宣帝纪》。
⑧ 《汉书》卷九十九中，《王莽传》。

况，到东汉和三国时期，这一制度[36] 仍在严格实行，没有任何改变。这里只举数例为证：

〔郭丹〕南阳穰人也。……后从师长安，买符入函谷关（《东观记》曰：丹从宛人陈洮买入关符），乃慨然叹曰："丹不乘使者车，终不出关！"①

〔元和二年（公元八十五年）〕冬十一月壬辰，日南至，初闭关梁（《易》曰：先王以至日闭关，商旅不行）。②

始与济阴王子居同在太学。子居临殁，以身托蟠；蟠乃躬推辇车，送丧归乡里。遇司隶从事于河巩之间，从事义之，为封传护送（传谓符牒，使人监送之），蟠不肯受，投传于地而去。③

《魏书》载庚戌（公元二三〇年）令曰："关津所以通商旅……设禁重税，非所以便民……轻关津之税，皆复什一。"④

从以上记载可以看出，在秦汉至三国的整个历史时期，人们在行动上受着严格的管制和干涉，没有旅游和迁徙的自由，不论边陲或内地，所有水陆交通要道上都是关卡林立，每过一关，都必须检查经官府批准后发给的传符，验证合格后始许通过。行人过关时除出示传符证件外，还要缴纳过境税，关津的行政经费，即来自此项税收，即所谓"税出入者，以给关吏卒食"。后来到曹魏时，把税率降为什一，可知以前税率很重，其对行旅的勒索骚扰，是不言而喻的。

2. 传、驿、邮、亭等交通制度

传，除了上文所述"分书缯帛"，作为一种过关呈验的通行证外，其另一含义，是略似后世的驿站，系由官府在交通要道上，每三十里建置"传舍"，并置备车马，故传亦叫做"置"，或并称为"传置"。凡政府官员出使往来，朝廷传布政令，地方官吏外迁转任或奉诏进见，皆可乘官置车马，乘车叫做乘传或驰传，乘马叫做骑驿或驿骑。传车中有一种小车名轺车，专为以礼召聘高年耆宿时，用所谓"束帛加璧，安车蒲轮"，缓慢行进，另使侍

① 《后汉书》卷二十七，《郭丹传》。
② 《后汉书》卷三，《章帝纪》。
③ 《后汉书》卷五十三，《申屠蟠传》。
④ 《三国志》卷二，《魏书·文帝纪》注。

从人员乘轺传以从，轺传一般只有一马，至多二马。传舍除供行旅止息住宿外，还备有饮食，故又有食厨、厨传之名。据《晋书》载称："秦世旧有厩置、乘传、副车、食厨，汉初承秦不改，后以费广稍省，故后汉但设骑置而无车马，而律犹著其文，则为虚设。"[①] 按此制春秋时已有之，顾炎武对于传的沿革，曾有如下考证：

> 《汉书·高帝纪》："乘传诣洛阳"，师古曰："传，若今之驿。古者以车，谓之传车；其后又单置马，谓之驿骑。"窃疑此法，春秋时当已有之。如楚子乘驲会师于临品，祁奚乘驲而见范宣子，楚子以至于罗汭，子木使驲谒诸王。楚人谓游吉曰："吾将使驲奔问诸晋而以告。"《国语》，晋文公乘驲，自下脱会秦伯于王城。《吕氏春秋》，齐君乘驲而自追晏子，及之国郊；皆事急不暇驾车，或是单乘驿马，而注疏家未之及也（《原注》：戴侗云：以车曰传，以骑曰驲。晋侯以传召伯宗，则是车也。《说文》：传，遽也。《左传》弦高且使遽告于郑。注：遽，传车。按《韩非子》言，齐景公游少海，传骑从中来谒，则骑亦可以谓之传）。谢在杭《五杂俎》曰：古者乘传，皆驿车也。《史记》，田横与客二人乘传诣雒阳。注：四马高足为置传，四马中足为驰传，四马下足为乘传。然《左传》言，郑子产乘遽而至，则似单马骑矣。《释文》：以车曰传，以马曰遽。子产时相郑国，岂乏车乎？惧不及，故乘遽，其为驿马无疑矣。汉初尚乘传车，如郑当时、王温舒皆私具驿马；后患其不速，一概乘马矣。[②]

据此，可知传的制度是起源很早的，秦汉两代又根据其本身需要和客观条件，在古制的基础上加以扩充推广而使之成为一种通行全国的交通制度，成为秦汉王朝用以统治其庞大帝国的一项有效工具，因为通过这种官办驿运制度，把中央与地方密切地连成一个整体，上下之间，息息相通，东西南北，无远弗届。这些制度从这时确立后，即一直为后世历代王朝所奉行，在近代交通工具没有出现以前，一脉相承地从古代沿用到近代。

---

① 《晋书》卷三十，《刑法志》。

② 顾炎武：《日知录》卷二十九，《驿》。

传和驿基本上是同一个制度的不同名称，可以说传就是驿，传舍就是驿站，由于在交通要道上每三十里有这样一种设置，所以也叫作置。但就其具体的活动来看，二者亦微有不同，主要是交通工具有车马之分，乘车谓之传，乘马谓之驿；又官家人员往来常乘车，故称为乘传或驰传；一般公文往来或解送官物，则由吏卒乘驿递送，有紧急传送，更必须骑马，古谓之遽，秦汉时谓之驿或置。乘传或驰传亦有等级之分，根据乘客的官阶大小及事之缓急，而使用不同的马匹，故又有置传、驰传、乘传之分，使用马匹的数目也不相同，有记载可考的，最多是七乘传，等而下之，则递减其数，最低级即上文所述之轺传。

秦汉时代的文献中关于传的记载非常多，这里仅以举例性质，根据各条记载的不同内容和不同时代，各选录一二例，用以从各个方面来说明这个制度的性质、作用、具体活动方式以及在各个不同时期的具体情况，其余大量内容相同的记载，均从略：

> 汉王立为皇帝……乃使使赦田横罪而召之。……田横乃与其客二人乘传诣雒阳（《汉书注》师古曰：传者，若今之驿。古者以车，谓之传车。其后又单置马，谓之驿骑）。未至三十里，至尸乡厩置（《索隐》瓒曰：厩置马以传驿也）……遂自刭。①
>
> 〔淮南王疑中大夫贲赫与其姬乱〕赫恐，称病。王愈怒，欲捕赫。赫言变事，乘传诣长安，布使人追，不及。②
>
> 〔元狩五年（公元前一一八年）〕使孔仅、东郭咸阳乘传举行天下盐铁，作官府。③
>
> 〔哀帝朝〕迁豫州牧。岁余，丞相司直郭钦奏“宣举措烦苛……行部乘传去法驾，驾一马（《补注》沈钦韩曰：一马则轺车，庶人所乘也），舍宿乡亭，为众所非。”宣坐免，归家数月。④
>
> 〔始建国二年（公元十年）〕羲和置酒士，郡一人，乘传督酒利。⑤

---

① 《史记》卷九十四，《田儋列传》；《汉书》卷一，《高帝纪上》。

② 《史记》卷九十一，《黥布列传》。

③ 《史记》卷三十，《平准书》。

④ 《汉书》卷七十二，《鲍宣传》。

⑤ 《汉书》卷九十九中，《王莽传》。

〔王莽朝〕羲和置命士督五均六斡，郡有数人，皆用富贾。洛阳薛子仲、张长叔，临菑姓伟等，乘传求利，交错天下。[①]

莽见四方盗贼多，复欲厌之。……乘传使者经历郡国，日且十辈，仓无见谷以给，传车马不能足，赋取道中车马，取办于民。[②]

〔光武帝〕至邯郸，遣异与姚期乘传抚循属县，录囚徒，存鳏寡，亡命自诣者除其罪。[③]

〔建武中〕会武陵蛮反；围武威将军刘尚，诏使均乘传发江夏奔命三千人往救之。[④]

元和三年（公元八十六年），卢水胡反畔，以训为谒者，乘传到武威，拜张掖太守。[⑤]

可见普通所谓乘传，都是一般差遣，故汉代文献中关于乘传的记载特别多，上引诸例，说明从西汉初年到东汉末年，这个制度没有任何改变。但乘传亦有一定规格，奉使乘传的人既不能任意升级，也不能任意降级，如鲍宣即因自去法驾，降乘轺车，以违制受到免官处分。由于传系官备车马，供给食宿，乘传使者过多，实系地方上的一种沉重负担，供应不足时，使者辄“赋取道中车马，取办于民”，又成为一种扰民虐政。

等级略高于乘传的是驰传，例如：

燕王卢绾反，上使樊哙以相国将兵攻之。既行，人有短恶哙者，高帝怒曰：“哙见吾病，乃冀我死也。”用陈平谋而召绛侯周勃受诏床下，曰：“陈平亟驰传载勃代哙将！平至军中即斩哙头！”二人既受诏，驰传……平行闻高帝崩……乃驰传先去。[⑥]

〔元狩二年（公元前一二一年），匈奴浑邪王来降。〕是时大行李息将城河上，得浑邪王使，即驰传以闻。[⑦]

是故王莽知汉中外殚征，本末俱弱，亡所忌惮，生其奸

① 《汉书》卷二十四下，《食货志》。
② 《汉书》卷九十九下，《王莽传》。
③ 《后汉书》卷十七，《冯异传》。
④ 《后汉书》卷四十一，《宋均传》。
⑤ 《后汉书》卷十六，《邓禹传附子训传》。
⑥ 《史记》卷五十六，《陈丞相世家》。
⑦ 《史记》卷一百十一，《卫将军骠骑列传》。

心，……诈谋既成，遂据南面之尊，分遣五威之吏，驰传天下，班行符命。①

〔地皇四年（公元二十三年）四月〕世祖与王常等别攻颍川，下昆阳、郾、定陵。莽闻之愈恐，遣大司空王邑驰传之洛阳，与司徒王寻发众郡兵百万，号曰“虎牙五威兵”，平定山东。②

郡人有路佛者，少无名行，而太守王球召以补吏，允犯颜固争，球怒，收允欲杀之。刺史邓盛闻而驰传辟为别驾从事，允由是知名。③

乘传或驰传，不仅有等级之分，而且有缓急之分，遇有紧急大事，可增至六乘传甚至七乘传，次急者有四乘传，例如：

〔周勃等既诛诸吕，使人迎代王。代王〕乃命宋昌参乘，张武等六人乘传（按乘传《汉书》作乘六乘传。注，张晏曰：传车六乘也）诣长安。至高陵休止，而使宋昌先驰之长安观变。④

〔盎对文帝曰〕“……诸吕用事，大臣颛制，然陛下从代乘六乘传，驰不测渊，虽贲育之勇不及陛下。……”⑤

昭帝崩，无嗣，大将军霍光征王贺典丧。玺书曰：“制诏昌邑王：……征王，乘七乘传（《补注》先谦曰：文帝之入立，乘六乘传，今乘七乘传）诣长安邸。”夜漏未尽一刻，以火发书。其日中，贺发；晡时至定陶，行百三十五里。侍从者马死相望于道。⑥

〔相如建通西夷之议〕上以为然，乃拜相如为中郎将，建节往使。副使者王然于、壶充国、吕越人，驰四乘之传（《补注》先谦曰：四乘，亦急传也），因巴蜀吏币物以赂西南夷。⑦

乘传之人爵位不高，或事非紧要，属于一般差遣，则传用轺车一马，名

① 《汉书》卷十四，《诸侯王表》。
② 《汉书》卷九十九下，《王莽传》。
③ 《后汉书》卷六十六，《王允传》。
④ 《史记》卷十，《孝文本纪》。
⑤ 《汉书》卷四十九，《爰盎传》。
⑥ 《汉书》卷六十三，《昌邑哀王髆传》。
⑦ 《汉书》卷五十七下，《司马相如传》。

曰轺传，例如：

武帝初即位，〔王〕臧乃上书宿卫……亦尝受《诗》申公……乃言师申公。于是上使使束帛加璧，安车以蒲裹轮，驾驷迎申公，弟子二人乘轺传从。①

〔成帝朝〕补南昌尉。后去官归寿春，数因县道上言变事，求假轺传（师古曰：小车之传也。《补注》沈钦韩曰：《晋书舆服志》：一马曰轺车，二马曰轺传），诣行在所条对急政，趣报罢。②

〔元始五年（公元五年）春正月〕征天下通知逸经、古记、天文、历算、锺律、小学、《史篇》、方术、《本草》及"五经"、《论语》、《孝经》、《尔雅》教授者，在所为驾一封轺传（如淳曰：律，诸当乘传及发驾置传者，皆持尺五寸木传信，封以御史大夫印章。其乘传参封之。参，三也。有期会累封两端，端各两封，凡四封也。乘置驰传五封也，两端各二，中央一也。轺传两马再封之，一马一封也。师古曰：以一马驾轺车而乘传），遣诣京师，至者数千人。③

传的作用，除了供给车马等交通工具外，还可作为供给食宿的官设招待所，在没有旅店的时代，这种遍布交通要道的传舍，给行旅提供了极大方便。传舍虽主要是招待往来官员的，但持有传符的一般旅客，亦可以在偏房旁舍寄宿。两汉文献中有关的记载很多，这里亦仅择要举例如下：

沛公至高阳传舍（师古曰：传舍者，人所止息，前人已去，后人复来，转相传也），使人召郦生。④

〔汉四年（公元前二〇三年）〕六月，汉王出成皋，东渡河，独与滕公俱，从张耳军修武。至，宿传舍。⑤

去病以皇后姊子贵幸。既壮大，乃自知父为霍中孺，未及求问。会为票骑将军击匈奴，道出河东，河东太守郊迎，负弩矢先驱，至

① 《汉书》卷八十八，《儒林·申公传》。

② 《汉书》卷六十七，《梅福传》。

③ 《汉书》卷十二，《平帝纪》。

④ 《史记》卷九十七，《郦生陆贾列传》。

⑤ 《史记》卷九十二，《淮阴侯列传》。

平阳传舍，遣吏迎霍中孺。①

自昭帝时，涿郡韩福以德行征至京师，赐策书束帛遣归。诏曰："朕闵劳以官职之事，其务修孝弟以教乡里。行道舍传舍，县次具酒肉，食从者及马。……"②

〔昭帝朝〕为茂陵令。顷之，御史大夫桑弘羊客诈称御史止传（师古曰：传，谓县之传舍），丞不以时谒，客怒缚丞。相疑其有奸，收捕，案致其罪，论弃客市，茂陵大治。③

哀帝时，有言越巂太守欲反，刺史大惧，遣文公等五从事检行郡界，潜伺虚实。共止传舍。④

〔王莽时，上党太守赵兴署为功曹〕时有矫称侍中止传舍者，兴欲谒之。永疑其诈，谏不听而出，兴遂驾往，永乃拔佩刀截马当匈，乃止。⑤

〔鸾子晔〕姑为司空杨赐夫人。初鸾卒，姑归宁赴哀，将至，止于传舍，整饬从者而后入，晔心非之。及姑劳问，终无所言，号哭而已。⑥

青龙中（公元二三五年左右），营治宫室，百姓失农时。群上疏曰："……昔刘备自成都至白水，多作传舍，兴费人役，太祖知其疲民也。今中国劳力，亦吴、蜀之所愿……"⑦

本来驿就是传，驿站就是传舍，不过二者亦微有不同，如上文所指出，传有车有马，驿则专用马，也可以说驿是传的一部分，故又称为传置或骑置，这由下引两段记载可略见其梗概：

二年（公元前一七八年）……十一月晦，日有食之；十二月望，日又食。上曰："……朕既不能远德……其罢卫将军军。太仆见马遗财足（《索隐》：遗犹留也。财古字与纔[37] 同。言太仆见在之

① 《汉书》卷六十八，《霍光传》。
② 《汉书》卷七十二，《两龚传》。
③ 《汉书》卷七十四，《魏相传》。
④ 《后汉书》卷八十二上，《方术·任文公传》。
⑤ 《后汉书》卷二十九，《鲍永传》。
⑥ 《后汉书》卷三十七，《桓荣传附晔传》。
⑦ 《三国志》卷二十二，《魏书·陈群传》。

马，今留纔足充事而已也），余皆以给置传（《索隐》：按《广雅》云：置，驿也。《续汉书》云：驿马三十里一置。故乐产亦云：传、置一也，言乘传者以传次受名，乘置者以马取匹。如淳云：律，四马高足为传置，四马中足为驰置，下足为乘置，一马二马为轺置，如置急者乘一马曰乘也）。”①

征和中（公元前九十年），贰师将军李广利以军降匈奴。上既悔远征伐，而搜粟都尉桑弘羊与丞相御史奏言：“……臣愚以为可遣屯田卒诣故轮台以东，置校尉三人分护，各举图地形，通利沟渠，务使以时益种五谷。张掖、酒泉遣骑假司马为斥候，属校尉，事有便宜，因骑置以闻（师古曰：骑置，即今之驿马也。《补注》徐松曰：文纪注，置者，置传驿之所，因名置也。案置传驿者，谓分置传与置驿，凡出使用车者，曰乘传，用马者曰骑驿。又曰，据此骑置，犹《说文》言置骑）。”②

驿用马，远较车为快速，如非重要人员或妇孺老弱往来，一般都不用传车，而乘驿骑，特别是递送公文或传达情报，为求加快速度，争取时间，驿马比传车实具有更大的优越性。这一显著作用，可由下引诸例看出：

〔孝文时〕郑庄以任侠自喜，脱张羽于戹，声闻梁、楚之间。孝景时，为太子舍人。每五日洗沐，常置驿马长安诸郊，存诸故人，请谢宾客，夜以继日，至其明旦，常恐不遍。③

〔王温舒〕稍迁至广平都尉。……广平声为道不拾遗，上闻，迁为河内太守。素居广平时，皆知河内豪奸之家，及往，九月而至。令郡具私马五十匹，为驿自河内至长安，部吏如居广平时方略，捕郡中豪猾，郡中豪猾相连坐千余家。上书请，大者至族，小者乃死，家尽没入偿臧。奏行不过二三日，得可事。论报，至流血十余里。河内皆怪其奏，以为神速。④

〔征和二年（公元前九十一年）〕戾太子为江充所谮，杀充，

① 《史记》卷十，《孝文本纪》。
② 《汉书》卷九十六下，《西域·渠犁传》。
③ 《史记》卷一百二十，《汲郑列传》。
④ 《史记》卷一百二十二，《酷吏列传》。

发兵入丞相府。屈氂[38] 挺身逃，亡其印绶。是时，上避暑在甘泉宫，丞相长史乘疾置以闻（师古曰：置谓所置驿也）。①

〔元凤元年（公元前八十年）〕冬十月，诏曰："左将军安阳侯桀、票骑将军桑乐侯安、御史大夫桑弘羊皆数以邪枉干辅政，大将军不听，而怀怨望，与燕王通谋，置驿往来相约结。……"②

吉驭吏耆酒，数逋荡……此驭吏边郡人，习知边塞发奔命警备事。尝出，适见驿骑持赤白囊，边郡发奔命书驰来至，驭吏因随驿骑至公车刺取，知虏入云中、代郡，遽归府见吉白状，因曰："恐虏所入边郡，二千石长吏有老病不任兵马者，宜可豫视。"吉善其言，召东曹案边长吏，琐科条其人。③

〔成帝朝〕西域都护段会宗为乌孙兵所围，驿骑上书，愿发城郭敦煌兵以自救。④

永平元年（公元五十八年），强病，显宗遣中常侍钩盾令将太医乘驿视疾。⑤

苍还国，疾病，帝驰遣名医、小黄门侍疾，使者冠盖不绝于道。又置驿马千里，传问起居。⑥

阳嘉元年（公元一三二年），复造候风地动仪。……尝一龙机发而地不觉动，京师学者咸怪其无征。后数日驿至，果地震陇西，于是皆服其妙。⑦

〔桓帝朝〕迁辽东属国都尉。时鲜卑犯塞，颎即率所领驰赴之。既而恐贼惊去，乃使驿骑诈赍玺书诏颎，颎于道伪退，潜于还路设伏。……悉斩获之。⑧

邮也是起源很早的一种交通制度，其情况已见前文。这是以短距离接力方式逐段传递文书的一种办法，在性质上已略似近代邮政。据《史记索隐》

---

① 《汉书》卷六十六，《刘屈氂传》。

② 《汉书》卷七，《昭帝纪》。

③ 《汉书》卷七十四，《丙吉传》。

④ 《汉书》卷七十，《陈汤传》。

⑤ 《后汉书》卷四十二，《东海恭王强传》。

⑥ 《后汉书》卷四十二，《东平宪王苍传》。

⑦ 《后汉书》卷五十九，《张衡传》。

⑧ 《后汉书》卷六十五，《段颎传》。

引《汉书旧仪》云："五里一邮，邮人居间，相去二里半。按邮乃今之候。"①可见邮人的往返距离是很短的，也就是只往来于两个邮亭之间，邮亭即办理邮政之舍，若今之遍设各地的邮政分局。由于邮是传递文书的主要工具，故当时把建立和修缮邮亭列为地方行政的要务，对边疆地区的邮亭尤为重视，故每开发一地，即首建邮亭，例如：

〔元光六年（公元前一二九[39]年）〕南夷始置邮亭。②

宣子惠亦至二千石。始惠为彭城令，宣从临淮迁至陈留，过其县，桥梁邮亭不修（师古曰：邮，行书之舍，亦如今之驿及行道馆舍也），宣心知惠不能。③

〔元始五年（公元五年）春正月〕诏曰：……其为宗室自太上皇以来族亲，各以世氏，郡国置宗师以纠之，致教训焉。……宗师得因邮亭书言宗伯，请以闻（晋灼曰：宗伯，宗正也。师古曰：邮，行书舍也，言为书以付邮亭，令送至宗伯也）。④

赵孝……父普，王莽时为田禾将军，任孝为郎。每告归，常白衣步担。尝从长安还，欲止邮亭。亭长先时闻孝当过，以有长者客，扫洒待之。孝既至，不自名，长不肯纳，因问曰："闻田禾将军子当从长安来，何时至乎？"孝曰："寻到矣。"于是遂去。⑤

和帝永元四年（公元九十二年）冬，溇中、澧中蛮潭戎等反，燔烧邮亭，杀略吏民，郡兵击破降之。⑥

由上引记载可知邮亭除办理文书传递外，还可以在其中住宿，实际上与传舍或驿置没有多大区别，故东汉时人一般即称之为邮驿或邮置，例如：

建武二年（公元二十六年）迁桂阳太守。……先是含洭、浈阳、曲江三县，越之故地，武帝平之，内属桂阳。民居深山，滨溪

① 《史记》卷五十五，《留侯世家》注。
② 《史记》卷二十二，《汉兴以来将相名臣年表》。
③ 《汉书》卷八十三，《薛宣传》。
④ 《汉书》卷十二，《平帝纪》。
⑤ 《后汉书》卷三十九，《赵孝传》。
⑥ 《后汉书》卷八十六，《南蛮传》。

> 谷……去郡远者，或且千里……飒乃凿山通道五百余里，列亭传，置邮驿，于是役省劳息。①
>
> 〔袁安〕初为县功曹，奉檄诣从事，从事因安致书于令。安曰："公事自有邮驿，私请则非功曹所持。"辞不肯受，从事惧然而止。②
>
> 西域……立屯田于膏腴之野，列邮置于要害之路。驰命走驿，不绝于时月；商胡贩客，日款于塞下。③

邮的主要作用是传递文书，与后世邮政颇为近似，这里仅举三例，以示梗概，余皆从略：

> 房以建昭二年（公元前三十七年）二月朔拜，上封事……。房未发，上令阳平侯凤承制诏房，止无乘传奏事。房意愈恐，去至新丰，因邮上封事（师古曰：邮，行书者也，若今传送文书矣）曰：……④
>
> 中元二年（公元五十七年）二月戊戌，帝崩于南宫前殿，年六十二。遗诏曰："……刺史二千石长吏皆无离城郭，无遣吏及因邮奏（《说文》曰：邮，境上行书舍也）。"⑤
>
> 〔延光三年（公元一二四年），震为中常侍樊丰等所谮，自杀〕弘农太守移良承樊丰等旨，遣吏于陕县留停震丧，露棺道侧，谪震诸子代邮行书，道路皆为陨涕（《说文》：邮，境上行书舍也。《广雅》曰：邮，驿也）。⑥

亭为秦制，汉因之，为地方行政的一种基层单位，"大率十里一亭，亭有长，十亭一乡，乡有三老，有秩、啬夫、游徼"⑦。亭的作用主要是在民政方面，包括征课赋役、缉捕盗匪、平理诉讼、传布政令以及其他有关民政的各项业务；其职掌略似后世的保甲长。它除了执行基层行政事务外，又关照行

---

① 《后汉书》卷七十六，《循吏·卫飒传》。
② 《后汉书》卷四十五，《袁安传》。
③ 《后汉书》卷八十八，《西域传》。
④ 《汉书》卷七十五，《京房传》。
⑤ 《后汉书》卷一下，《光武帝纪》。
⑥ 《后汉书》卷五十四，《杨震传》。
⑦ 《汉书》卷十九上，《百官公卿表》。

旅，亭舍又是行旅停留宿食之馆，与传舍有相同作用，所以亭也是交通制度的一个组成部分。如高祖“及壮，试为吏，为泗水亭长”。《正义》云：“秦法，十里一亭，十亭一乡。亭长，主亭之吏。高祖为泗水亭长也。《国语》有‘寓室’，即今之亭也。亭长，盖今里长也。民有讼诤，吏留平辩，得成其政。”《汉书注》师古曰：“秦法，十里一亭，亭长者，主亭之吏也。亭谓停留，行旅宿食之馆。”① 两注各说明了亭的一方面作用，而亭的全部作用，实兼具二者。顾炎武关于亭的沿革和作用，曾详加考证，颇可参考：

> 秦制十里一亭，十亭一乡（原注：《风俗通》曰：汉家因秦，大率十里一亭。亭，留也，盖行旅宿会之所）。以今度之，盖必有居舍，如今之公署。郑康成《周礼》《遗人》注曰：“若今亭有室矣。”故霸陵尉止李广宿亭下；张禹奏请平陵肥牛亭部处，上以赐禹，徙亭它所；而《汉书注》云：“亭有两卒，一为亭父，掌开闭扫除；一为求盗，掌逐捕盗贼”是也。又必有城池，如今之村堡。《韩非子》：“吴起为魏西河守，秦有小亭临境，起攻亭，一朝而拔之。”《汉书》：“息夫躬归国，未有第宅，寄居丘亭；奸人以为侯家富，常夜守之。”《匈奴传》：“见畜布野，而无人牧者，怪之，乃攻亭。”《后汉书·公孙瓒传》“卒逢鲜卑数百骑，乃退入空亭候”是也。又必有人民，如今之镇集，汉封诸侯有亭侯，是也。亦谓之下亭，《风俗通》：鲍宣州牧行部，多宿下亭，是也。其都亭则如今之关厢。司马相如往临邛，舍都亭（原注，《史记索隐》曰：郭下之亭也。《汉书注》师古曰：临邛所治都之亭）。严延年母止都亭，不肯入府。何并斩王林卿奴头，并所剥建鼓，置都亭下。《后汉书》，陈王宠有强弩数千张，出军都亭。会稽太守尹兴使陆续于都亭赋民饘粥。酒泉庞娥刺杀仇人于都亭。《吴志》，魏使邢贞拜权为吴王，权出都亭侯贞，是也。京师亦有都亭。《后汉书》，张纲埋其车轮于雒阳都亭。窦武召会北军五校士屯都亭。何进率左右羽林五营士屯都亭。王乔为叶令，帝迎取其鼓置都亭下是也。蔡质《汉仪》雒阳二十四街，街一亭，十二城门，门一亭，人谓之旗亭。……后代则但有邮

① 《史记》卷八，《高祖本纪》；《汉书》卷一上，《高帝纪》。

亭、驿亭之名，而失古者居民之义矣。①

从上引顾炎武的考证中，可以概见亭的沿革及其主要作用。由于亭的作用主要是管理民政，是直接联系民众的一种基层行政机构，作为“行旅食宿之馆”，乃其附带或兼营业务，所以亭和传舍或驿站便有所不同，它不是专设于交通要道之上，而是遍布全国各地，甚至穷乡僻壤，人烟稀疏之处，亦皆有亭。例如：“项王乃欲东渡乌江，乌江亭长檥船待，谓项王曰：‘江东虽小，地方千里，众数十万人，亦足王也。愿大王急渡。今独臣有船，汉军至，无以渡。’”② 可知这个亭系设在江边荒僻之处。正由于亭所到的地方，就是统治权所及的地方，所以秦汉两代政府对于在新开辟的地方尤其边疆地区设亭，十分重视，地方长吏更必须妥善管理，使它能发挥应有作用，如忽视亭的设置或修缮，就要受到惩罚。这些情况，可由下引记载看出：

〔始皇三十三年（公元前二一四年）〕又使蒙恬渡河取高阙、（陶）〔阳〕山、北假中，筑亭障以逐戎人。徙谪，实之初县。③

其明年〔元封三年（公元前一〇八年）〕，击姑师，〔赵〕破奴与轻骑七百余先至，虏楼兰王，遂破姑师。……于是酒泉列亭障至玉门矣。④

汉已伐宛……而汉发使十余辈至宛诸外国，求奇物……而敦煌[40] 置酒泉都尉；西至盐水，往往有亭。⑤

〔太初三年（公元前一〇二年）〕汉使光禄徐自为出五原塞数百里，远者千余里，筑城障列亭至庐朐。⑥

明年〔永光三年（公元前四十一年）〕二月……下诏曰：“羌虏桀黠，贼害吏民，攻陇西府寺，燔烧置亭，绝道桥，甚逆天道……”⑦

是时，卢芳与匈奴、乌桓连兵，寇盗尤数，缘边愁苦。诏霸将

① 《日知录》卷二十二，《亭》。
② 《史记》卷七，《项羽本纪》。
③ 《史记》卷六，《秦始皇本纪》。
④ 《史记》卷一百二十三，《大宛列传》。
⑤ 《史记》卷一百二十三，《大宛列传》。
⑥ 《史记》卷一百十，《匈奴列传》。
⑦ 《汉书》卷七十九，《冯奉世传》。

> 弛刑徒六千余人，与杜茂治飞狐道，堆石布土，筑起亭障，自代至平城三百余里。①

可见亭不仅是一个民政机构，而且与边防军事有关，故亭也叫亭障或亭候，地方守吏如忽视亭的建置，就被认为是忽视边防，惩罚有时是很严厉的。例如：武帝元鼎三年（公元前一一四年），“于是上北出萧关，从数万骑，猎新秦中，以勒边兵而归。新秦中或千里无亭徼（《集解》：如淳曰：徼，亦卒求盗之属。瓒曰：既无亭候，又不徼循，无卫边之备也），于是诛北地太守以下”②。至于设在内地的亭，如系位于交通要道之上，就成为传舍或驿站的一个重要补充，在供应行旅食宿方面发挥着更多的作用，例如：

> 〔广〕尝夜从一骑出，从人田间饮。还至霸陵亭，霸陵尉醉，呵止广。广骑曰：“故李将军！”尉曰：“今将军尚不得夜行，何乃故也！”止广宿亭下。③
>
> 〔宣帝朝为京兆尹〕广汉尝记召湖都亭长，湖都亭长西至界上，界上亭长戏曰：“至府，为我多谢问赵君。”亭长既至，广汉与语，问事毕，谓曰：“界上亭长寄声谢我，何以不为致问？”亭长叩头服实有之。……其发奸摘伏如神，皆此类也。④
>
> 初，延年母从东海来，欲从延年腊，到雒阳，适见报囚，母大惊，便止都亭，不肯入府。延年出至都亭谒母，母闭阁[41] 不见。延年免冠顿首阁下，良久，母乃见之。⑤
>
> 〔元帝朝〕迁南阳太守。……信臣为人勤力有方略，好为民兴利，务在富之。躬劝耕农，出入阡陌，止舍离乡亭，稀有安居时。⑥
>
> 〔建武末拜会稽太守〕永平五年（公元六十二年），坐法征，老小攀车叩马，啼呼相随，日裁行数里，不得前。伦乃伪止亭舍，阴乘船去。⑦

---

① 《后汉书》卷二十，《王霸传》。

② 《史记》卷三十，《平准书》。

③ 《史记》卷一百九，《李将军列传》。

④ 《汉书》卷七十六，《赵广汉传》。

⑤ 《汉书》卷九十，《酷吏·严延年传》。

⑥ 《汉书》卷八十九，《循吏·召信臣传》。

⑦ 《后汉书》卷四十一，《第五伦传》。

〔忳〕除郿令。到官，至斄亭。亭长曰："亭有鬼，数杀过客，不可宿也。"忳曰："仁胜凶邪，德除不祥，何鬼之避！"即入亭止宿。①

宠前后历宰二郡，累登卿相，而（准）〔清〕约省素，家无货积。尝出京师，欲息亭舍，亭吏止之，曰："整顿洒埽，以待刘公，不可得（也）〔止〕。"宠无言而去，时人称其长者。②

亭既然遍设于内地和边疆，故凡在版图之内，无不有亭。计西汉时共有乡六千六百二十二，亭二万九千六百三十五③。到东汉时曾大加并省，据恒帝永兴元年（公元一五三年）统计，计有乡三千六百八十一，亭万二千四百四十二④。

① 《后汉书》卷八十一，《独行·王忳传》。
② 《后汉书》卷七十六，《循吏·刘宠传》。
③ 《汉书》卷十九上，《百官公卿表》。
④ 《后汉书》志第二十三，《郡国志》注引《东观书》。

第二章　秦汉时代的土地制度和土地问题

第一节　土地私有制度的确立

我们在《中国封建社会经济史》第一卷第四章中阐明了从西周初年开始形成的典型封建制度，到了春秋前期即已开始动摇，到了战国时期，就完全崩溃了。在这个巨大的变革之中，土地制度的变革，实是全过程的基础。换言之，这一巨大的历史变化，实际上主要是土地制度的变化。变化之前，土地的占有方式和经营方式，是井田制度。井田制度是以世袭领地这一特殊的土地制度为前提的，即受封采邑的各级封建主，为了迫使附着在他们的采邑土地上的直接生产者为他们无偿地耕种土地，也就是为了以劳动的自然形态来剥削土地耕作者的剩余劳动，或者更简单地说，是为了进行农奴制剥削，而必然形成的一种土地制度。既然要无偿地剥削农奴的剩余劳动，封建主就不得不把自己所领有的土地分割出一部分，以份地形式分配给农奴，使他们赖以建立农奴自己的经济，以保障他们的生存和维持他们本身的再生产，以便能持续不断地来剥削农奴的剩余劳动。欧洲封建时代的庄园土地制度是这样，中国典型封建时代的井田制度也是这样，二者之所以相同，是因为支配它们的客观经济规律是相同的。

在这样的封建土地制度中，被授予份地的农奴所获得的不仅只是土地的使用权，而且这种使用权还是在他们对授予他们份地的领主忠实履行义务的前提下，才能长期使用，甚至世代相传。在法律上，他们所使用的土地不属于他们所有；就是被分封以采邑的领主，尽管他们对采邑领地可以世袭，但是他们也同样只获得了土地的使用权，而没有获得土地的所有权。全国土地的所有权，是在“溥天之下，莫非王土”[①] 这样一种封建统治基本原则之下，

① 《诗·小雅·北山》。

属于最高统治者——天下之共主和天下之宗主周天子。所以领有采地的各级大小领主，对他们的世袭领地，实际上只是占有，即长期使用，世袭也是有条件的，并且世袭的仍然是使用权，而不是所有权。可见不论是在欧洲的庄园制度时期，还是在中国的井田制度时期，土地不是由个人私有的。

正由于各级封建领主的采地，都是由最高统治者和所有者通过“锡之山川，土田附庸”[①] 这样的分封礼仪，按照所谓“列爵惟五（注：爵五等：公、侯、伯、子、男）、分土惟三（注：列地封国，公侯方百里，伯七十里，子男五十里，为三品）”[②] 的制度被分封赐予的。这样一层一层地分封下去，成为一种等级的分封制度，即所谓：“天子有田，以处其子孙；诸侯有国，以处其子孙；大夫有采，以处其子孙；是谓制度。”[③] 正是通过这样一种按爵位等级区分的土地授受关系，才形成了上下隶属的封建关系，并表现为各种形式的人身依附关系。“率土之滨，莫非王臣”，是由于“溥天之下，莫非王土”，这就是作为封建基本关系的“天子经略，诸侯正封”，“封略之内，何非君土。食土之毛，谁非君臣”[④]。整个封建制度从经济关系到政治关系，就是建立在这样的土地制度之上的，客观的经济规律，便是以这样的土地制度为轴心来旋转运行的。

既然从各级领主到实际耕田的农奴，都只是土地的使用者或占有者，而不是土地的所有者，当然谁也无权对土地的最后归属进行处分。所以“田里不鬻”[⑤]，不仅从封建礼法的角度来看是神圣不可侵犯的，就是单纯从经济的角度来看也是符合客观经济规律的要求，因而是不可违背的。

如我们在《中国封建社会经济史》第一卷第四章中所阐述的，这一切关系或者说整个封建制度，到了东周时期就完全崩溃了，其所以在那个时候崩溃，是因为上述作为整个封建制度基础的那种土地制度被彻底破坏了。这在当时是一个天翻地覆的大变化，对后世，更是一个影响深远、转变历史发展方向的大变化。变化的总结果是：作为领主制经济基础的那种以井田制度作为具体占有方式和经营方式的土地制度——或简称为世袭领地制度，被彻底破坏了，取而代之的是土地私有制度。土地私有制度是地主制经济的基础，

---

① 《诗·鲁颂·閟宫》。

② 《尚书·周书·武成》。

③ 《礼记·礼运》。

④ 《左传》昭公七年。

⑤ 《礼记·王制》。

所以当土地制度由世袭领地变为土地私有，社会经济结构也就从领主制经济变成了地主制经济。这是从战国年间开始形成的一种变态的封建制度，在后来历时两千多年的传统社会中没有再发生过质的变化。如果与欧洲的封建社会的历史相比较，这是中国历史的一个巨大特点。

土地私有，是说占有这块土地的人在法律上具有垄断性，有排斥他人再占有这块土地的权利，不管这种权利的获得是通过合法途径——如购买，还是通过不合法途径——如凭借特权非法侵夺和霸占的。谁占有了这块土地，就获得了这块土地的绝对所有权，在该占有者之外，不再有或不再承认另外一个至高无上的名义所有者，这时所谓的土地所有者，已不再是只在事实上有限地占有，而是在法律上无限地占有了，这就如马克思所说："土地所有权的前提是，一些人垄断一定量的土地，把它作为排斥其他一切人的、只服从自己个人意志的领域。"① 这是在旧的封建土地制度和以此为基础的社会经济结构解体之后，由随之必然出现的两个条件而共同形成的，马克思曾指出这两方面的条件是：

> 这种关于土地自由私有权的法律观念，在古代世界，只是在有机的社会秩序解体的时期才出现……这个生产方式的前提，一方面是直接生产者从土地的单纯附属物（在依附农、农奴、奴隶等形式上）的地位解放出来，另一方面是人民群众的土地被剥夺。②

这两方面的条件，是在一系列的发展变化和许多来源不同的因素互相影响和互相促进下逐步形成的，其中有些因素在西周末年即已萌芽，经过一定时间的发展，到了东周特别是到了战国年间，有如万壑汇流，合成一股不可抗拒的破坏力量，像洪水泛滥一样，冲垮了旧封建制度的一切堤防，使一个"有机的社会秩序解体"，"使直接生产者从土地的单纯附属物的地位解放出来"。这个变化的全部过程，我们在《中国封建社会经济史》第一卷第四章中已经作了全面论述，这里仅从形成土地私有制的角度来概括地指出以下几点：

第一，在西周末年和东周初年，与此有关的一系列变化即已开始，先是

① 《资本论》第三卷，第六九五页。

② 《资本论》第三卷，第六九六页。

随着周天子统治力量的削弱和他的“共主”或“宗主”地位的降低，使“溥天之下，莫非王土，率土之滨，莫非王臣”这一基本封建法则和社会纽带便跟着松弛解体了。原来由周天子通过“授土”“授民”而分封的诸侯列国，这时都成了互争雄长的独立王国，亦即都成了各自封疆之内的真正主人，把原来获得的土地使用权——世袭的使用权，变成了实质上的所有权，这就是说，在事实上——不是在名义上或法律上，周天子已不再是土地和人民的最高所有者了。司马迁曾指出这一变化说：

> 平王之时，周室衰微，诸侯强并弱，齐、楚、秦、晋始大，政由方伯。①
>
> 是后或力政，强乘弱，兴师不请天子。……政由五伯（索隐曰：伯，音霸。五伯者，齐桓公、晋文公、秦穆公、宋襄公、楚庄王也），诸侯恣行，淫侈不轨，贼臣篡子滋起矣。齐、晋、秦、楚，其在成周微甚，封或百里或五十里。晋阻三河，齐负东海，楚介江淮，秦因雍州之固，四海迭兴，更为伯主，文武所褒大封，皆威而服焉。②

在这样的情况下，随着最高统治权的分裂，一个“有机的社会秩序”自然要跟着解体，这时列国诸侯对其封疆之内的土地，已不再仅仅是一个土地的占有者——世袭的长期使用者，而成为土地的真正所有者了，尽管名义上谁也没有明确地否定周天子的“共主”地位或“宗主”地位，谁也没有正式废止“溥天之下，莫非王土”这一基本原则，但是事实上这些东西都在逐渐地衰微、消亡，从而都失去了原来的约束力量。

所有这一切，都还不是土地制度变革的本身，而只是为进一步引起土地制度的变革提供了一些必要的条件，使土地制度发生变化成为可能。因为当最高统治者的“共主”地位和与之伴生的对全国土地、人民的最高所有权发生动摇时，土地制度和剥削关系都还没有变，井田制度还是全部封建社会经济结构的基础，所不同的只是那种名义上或礼法上的最高所有权已经不起作用了，这个所有权事实上已为列国诸侯所拥有，这说明原来的封建秩序这时

① 《史记》卷四，《周本纪》。

② 《史记》卷十四，《十二诸侯年表》。

已经开始解体了。

第二，随着剥削方式的改变，引起了土地制度的改变。由此展开的一系列变化，都是循序而进的、前后衔接的和非常自然的。总之，都是在客观经济规律支配之下必然发生的。

以井田制度为基础的领主制经济，是以劳动的自然形态剥削农奴的剩余劳动来作为社会经济结构的基本内容的，为了实现这种剥削，领主就不得不从自己所世袭的领地中分割出一部分，以份地形式授予农奴，使农奴用以建立其自己的经济，借以保证他们的生存，并维持他们本身的再生产。正是通过这样一种土地授受关系，才建立起了农奴对领主的人身依附关系，而所有其他一切封建关系无一不是从这里派生出来的。欧洲封建社会的庄园制度是这样，中国西周时期的井田制度也是这样，因为支配二者的客观经济规律是相同的。但是欧洲的庄园制度和以此为基础而建立起来的封建制度，在没有被资本主义代替以前，历时千年而没有发生过变化，而中国的井田制度到了西周末年时即已开始动摇，进入东周以后，便以日益加快的步伐，迅速走向崩溃。

造成这种崩溃的原因是多方面的，我们在《中国封建社会经济史》第一卷第四章中曾进行了详细论述。多种因素的共同结果是促成剥削方式的改变，即随着领主阶级本身人数的不断增多和家臣扈从等寄生阶级的不断扩大，随着商品经济的发展而引起的领主阶级消费欲特别是奢侈欲的增长等，使领主阶级的收入与支出之间的矛盾日益尖锐起来，他们迫切地感到不能单纯依靠公田制度和劳役地租的有限收入来应付他们日益庞大的开支，特别是在“诸侯恣行，淫侈不轨，贼臣篡子滋起”和“诸侯强并弱，政由方伯”的情况下，不论是为了进攻还是为了防御，都使军旅之费为之激增，这样一来，在旧土地制度束缚之下的有限固定的收入，更远远不能适应激增中的需要，于是改变剥削方式，就成为在这一客观形势要求之下的一个必然结论了。鲁宣公十五年的“初税亩”，就是在这个形势下出现的，这在当时是唯一可能的一种变革，因而也是很自然的一种变革，即把原来通过井田制度的“借田以力”而获得的公田劳役——劳役地租，改为“履亩而税”，即不论是“公田”“我私”以及井邑中原来不税的公用土地（牧、林、野等），现在都按亩征税。在这样的一种变化中，实包含着两个内容：其一，这个变化实质上是土地租佃关系的开始。因所谓“履亩而税”，是根据直接生产者实际占用的土地面积，按亩征收其应缴纳的地租，既然是按亩征租，实际上就是把土地按亩租佃给农民了。其二，既然对农民占用的土地按亩征租，公田制度事实上已经不存在了，地租形态自然就不可能再以劳动的自然形态来实现，而只能以劳动生产物的形态来缴纳，于是地租形态便很自然地由劳役地租转变为实物地租。

从形式上看，这个变化既不巨大，也不剧烈，因为这只是地租形态上的一点变化，或者说只是剥削方法上的一点变化，地租以劳动的自然形态来获得还是以劳动生产物的形态来获得，对地租的接受者来说并没有多大区别。但是实质上，这个变化却是一个巨大的革命性变化，因为表面上变化的虽只是地租形态，实质上变化的却是土地制度。这是由于在改变了剥削方式以后，剩余劳动的剥削就不能再以劳动的自然形态来获得，于是公田制度就没有存在的必要和可能了。没有公田制度，也就没有井田制度。结果，直接生产者得以从原来因土地授受关系而处于土地的单独附属物地位（即农奴地位）中解放出来。所以，“初税亩”实是划分历史时代的一次重大变化，是从世袭领地制度向私有土地制度转变的开端。

第三，土地买卖的开始。改变剥削方式，实行“履亩而税”，虽然由于扩大了课税范围而使领主阶级的收入有所增加，使日益尖锐的收支之间的矛盾暂时有所缓和，但是矛盾本身并没有也不可能获得彻底解决，因为在改变了剥削方式之后，收入仍然是固定的和有限的，而支出却在继续不断地增长。总之，一种固定不变的和为数有限的收入，决不能用以满足数目不断增长和范围不断扩大的需要，所以尽管税收业已倍增，而用度仍然不足，这就是鲁哀公对有若所说“二吾犹不足”的原因所在。可见仅仅改变剥削方式，还远不是变化的终结。

东周时期——从春秋后期到战国年间，正是中国古代商品经济和货币经济突出发展的时代。这些新的情况，对上述的变化又起了推波助澜的作用，使变化来得更加迅猛。

首先，商品经济的发展包含着商业的发展和商品生产的发展两个内容，前者扩大了商业贩运的范围，丰富了商品构成的内容，使各地方的特殊物产由非商品变成了商品；后者提高和增多了商品的质量和品种，使生产物更能适应消费者的需要。二者的共同结果是：扩大人们的消费范围和提高人们的消费标准。过去在纯粹的自然经济支配之下，人们的消费品主要是自己生产的农产品和自己加工制造的手工业品，现在随着商业的发展，消费的范围突然扩大，消费品的种类突然增多，所有“陇蜀之丹漆旄羽，荆扬之皮革骨象，江南之楠[1]梓竹箭，燕齐之鱼盐旃裘，兖豫之漆丝絺[2]纻，养生送终之具”①，过去都是外地的人们闻所未闻、见所未见的，现在都变成了生活上不可缺少的消费品。甚至过去被严加贬斥的“雕文刻镂”“锦绣纂组”等“奇技文巧”，现在也都纷华靡丽地充斥市场，更大大刺激了人们的消费欲望。但是要想增加购买，就必须先增加出卖，因为市场上没有不出卖的购买，增加出卖是增加收入的主要来源，只有把自己的荷包充满，才能使自己的消费欲成为有效需要。现在的矛盾恰恰是收入是固定的、有限的和无法增加的，而支出则在不断地扩大、增多，并且日益急迫地需要更多的收入，来应付日益增多的挥霍和各种额外的紧急开支。当领主贵族们需款孔亟，而又生财无道时，便饥不择食地、甚至饮鸩止渴地求援于高利贷，用以解救燃眉之急。这是他们可能找到的一个主要财源，因为在古代社会中，只有“高利贷资本和商人财产促进了不依赖于土地所有权的货币财产的形成。产品的商品性质越是不发达，交换价值越是没有占领生产的全部广度和深度，货币就越是表现为真正的财富本身，表现为一般财富，而和财富在使用价值上的有限表现相对立。……穷奢极欲的富者所要的，是作为货币的货币，是作为购买一切东西的手段的货币（也是作为偿还债务的手段）”②。可是当人们迫切需要货币的时候，却又是货币极难获得的时候，因为“商品形式越没有成为产品的一般形式，货币就越难获得”③。这样一来，便给了高利贷者一个大显身手的好机会。

但是，“高利贷资本有资本的剥削方式，没有资本的生产方式”④，因为它“不改变生产方式，而是像寄生虫那样紧紧地吸在它身上，使它虚弱不堪。高利贷吮吸着它的脂膏，使它精疲力竭，并迫使再生产在每况愈下的条件下进行”⑤。这种情况具体到封建社会，其结果是：“高利贷对于古代的和封建的财富，对于古代的和封建的所有制，发生破坏和解体的作用。”⑥ 这是因为“高利贷在资本主义以前的一切生产方式中所以有革命的作用，只是因为它会破坏和瓦解这些所有制形式，而政治制度正是建立在这些所有制形式的牢固基础和它们的同一形式的不断再生产上的。在亚洲的各种形式下，高利贷能

① 《盐铁论·本议》。
② 《资本论》第三卷，第六七六页。
③ 《资本论》第三卷，第六七七页。
④ 《资本论》第三卷，第六七六页。
⑤ 《资本论》第三卷，第六七四页。
⑥ 《资本论》第三卷，第六七四页。

够长期延续，这除了造成经济的衰落和政治的腐败以外，没有造成别的结果”①。债台高筑的封建贵族，除拥有大量的土地外，没有其他形式的财富可用以偿还债务。为了还债，他们只有以土地抵偿，实际上是把土地卖给债主。这是土地买卖的开始，是在高利贷资本的破坏和腐蚀之下，随着封建所有制的解体而必然产生的一个结果——不可能成为别的结果。

其次，从春秋末叶到战国年间，当土地制度因上述种种原因而发生变革的时候，正是中国古代货币经济突出发展的时候，关于这个时期货币经济的发展情况，已在《中国封建社会经济史》第一卷中多所论列。这里还要特别指出，贵金属黄金在那样早的时代即已成为实际上的本位币——即成为事实上的金本位，其流通数量之大，为古代世界任何国家的历史所罕见，它把货币应有的职能和货币经济可能产生的作用和影响，都表现得非常充分和非常突出。

但是，中国当时还是一个早期的封建社会，商品经济不过刚刚开始发展，尽管已经出现了一些具有资本主义萌芽性质的较大型的工矿企业，但在整个国民经济中所占的比重实微不足道，总之，社会上还没有数量足够多和规模足够大的商品生产，来吸收社会上大量存在的货币财富，使之转化为产业资本，以促成生产方式的转化。结果，数量庞大的货币只能以商品经营资本和货币经营资本的形态存在于流通领域。货币本来就具有一种“永动机”的职能，不停歇的货币流通，在正常的情况下，就是不同商品之间的商品形态变化的不断循环，或买与卖的不停转换。所以，“随着商品流通的扩展，货币——财富的随时可用的绝对社会形式——的权力也日益增大。‘金真是一个奇妙的东西！谁有了它，谁就成为他想要的一切东西的主人。有了金，甚至可以使灵魂升入天堂。’（哥伦布一五〇三年寄自牙买加的信）因为从货币身上看不出它是由什么东西变成的，那么，一切东西，不论是不是商品，都可以变成货币。一切东西都可以买卖。流通成了巨大的社会蒸馏器，一切东西抛到里面去，再出来时都成为货币的结晶。连圣徒的遗骨也不能抗拒这种炼金术，更不用说那些人间交易范围之外的不那么粗陋的圣物了。正如商品的一切质的差别在货币上消灭了一样，货币作为激进的平均主义者把一切差别都消灭了。”②

---

① 《资本论》第三卷，第六七五页。

② 《资本论》第一卷，第一五五二页。

当货币这个激进的平均主义者，要把一切东西都抛到社会的大蒸馏器中，连圣徒的遗骨也不能抗拒时，则人间的寻常之物当然就更不在话下了。于是永动中的货币就像洪水横流一样，所经之处会冲塌一切堤防，所遇之物都要抛到社会大蒸馏器中，通过不可抗拒的炼金术使之变成商品再流出来，成为一种买或卖的不停转换。当时的社会经济基础还是农业，即农业是社会的主要生产部门，生产物亦主要是农产品和农村家庭副业的加工品，货币虽具有横扫一切的威力，但能够被抛掷到社会大蒸馏器中的东西却并不多，只有土地是最主要的一种生产手段，又是一种能够生息的财富，并且在各种财富形态中，是最具有安全保障的一种财富形态，它具有货币财富的一切优点，却没有货币财富容易招致意外或随时丧失的危险。所以当货币要把它所遇到的一切东西都变为可以买和可以卖的商品时，土地自然就会首当其冲，变成可以自由买卖的商品了。于是过去"田里不鬻"这一神圣不可侵犯的封建准则，现在就被抛到炼金炉中化为灰烬了。

当领主阶级随着上述的一系列变化需要把他们所领有的土地当作商品卖出，即具备了土地的卖的条件时，正在发展中的货币经济又给土地的购买提供了必要条件，以土地的自由买卖为基础的土地私有制度之所以产生在战国年间，就是因为土地的卖和买的两方面条件，都是在这个时候具备的。把这一段错综复杂的历史用简单的话概括起来说，就是：

> 至秦则不然，用商鞅之法，改帝王之制，除井田，民得卖买，富者田连阡陌，贫者亡立锥之地。①
>
> 及秦孝公用商君，坏井田，开阡陌，急耕战之赏，虽非古道，犹以务本之故，倾邻国而雄诸侯。然王制遂灭，僭差亡度。庶人之富者累巨万，而贫者食糟糠；有国强者兼州域，而弱者丧社稷。②

把一段由多种原因形成的历史变化，其中还包括了井田制度的破坏和以土地自由买卖为基础的土地私有制度的代兴这样一种划分历史时代的巨大变化，简化成为某个人行为的结果，显然是与实际不相符合的，但是这两段话却又扼要地和恰当地概括了整个变化的两个主要方面：一是井田制度的破坏，

① 《汉书》卷二十四上，《食货志》。

② 《汉书》卷二十四上，《食货志》。

一是土地买卖制度的代兴，以及这个新的土地制度——土地自由买卖制度对当时社会经济所造成的严重后果和它对后世的深远影响。

第四，土地买卖制度和土地私有制度的完全确立。如上文所论述，二者主要都是产生在战国年间。但是任何一种社会经济的变化，不管其本身是多么剧烈的一种革命性的变化，实际上亦只是就变化所造成的结果及其所产生的影响而言，至于变化的具体过程，仍然要经历相当长的时间甚至是十分漫长的时间，其变化本身仍然是一种逐步推演递嬗的蜕化过程，当新的机体已在逐渐茁生、成长以至完全确立时，旧的机体却仍在衰微、萎缩和缓慢消亡之中，即使在发生了质的突变之后，旧机体的残存时间仍可能延续很长。土地买卖实际上在西周末年即已开始，但是直到战国年间，方才大量地和经常地出现，战国年间也成为中国古代土地制度发生重大变革的主要时期。尽管如此，封建领主的世袭领地并没有一下子都全部卖出，通过土地买卖而形成的个人私有土地也没有一下子完全确立起来，具体的变化还是进展得相当缓慢的。但是变化毕竟已正式开始了，卖和买的两方面条件都已经完全具备了，变化开始之后，其进度自然会日益加快，所以到了秦汉之际，新的土地制度基本上就已完全确立起来了。

买卖过程是在买和卖两方面的条件完全具备的情况下才能成立的。就土地买卖而言：一方面必须有土地的出卖者，另一方面，必须有土地的购买者。所谓两方面的条件必须完全具备，是说买卖双方都必须是能够自由处分其所有物的完全所有者。对卖方而言，卖者对自己的土地具有完全所有权；对买方而言，买者是自己货币财富的合法所有者。

由于土地原来都是属于封建领主的，是他们世代相传的封疆或采邑，被授予份地的农民是没有所有权的，所以最初的土地出卖者，当然只能是拥有采地的领主。根据上文所述的一系列变化，由于多种原因所促成，封建领主在入不敷出的情况下，为形势所迫，而不得不把自己世袭的领地分期分批地卖出一部或大部，来换取一笔现成的货币财富，用以作为急需的购买手段或支付手段。在土地买卖开始以后的初期阶段，甚至在较长的一段时间内，封建领主事实上是唯一的土地出卖人，因为只有他们是土地的实际所有者。

土地的购买者，当然都是由各种渠道新形成的货币财富的所有者，其中最主要的不外三种人：

其一是达官权贵。他们由赏赐、贿赂、俸禄等途径，积累了大量货币财富。他们即使不凭借自己的特权地位，完全通过正常的买卖程序，利用他们现成的货币财富，也可以买进大量地产。例如：

〔赵王因以赵〕括为将，代廉颇。……及括将行，其母上书言于王曰："括不可使将。"王曰："何以？"对曰："……今括一旦为将，东向而朝，军吏无敢仰视之者，王所赐金帛，归藏于家，而日视便利田宅可买者买之。……"①

王翦将兵六十万人，始皇自送至灞上。王翦行，请美田宅园池甚众。始皇曰："将军行矣，何忧贫乎？"王翦曰："为大王将，有功终不得封侯，故及大王之向臣，臣亦及时以请园池为子孙业耳。"始皇大笑。王翦既至关，使使还请善田者五辈（索隐曰：谓使者五度请也）。②

赵括是用所获得的赏赐——"王所赐金帛"来大量地购买土地。换言之，他是通过正常的买卖程序来获得的。王翦则是直接向始皇乞讨，形式上不是买卖，但是他是根据自己的战功，亦即根据自己应得的俸禄来要求的，所以与一般的赏赐不同，在实质上还是有买的含义的。其他一般达官权贵的地产，也主要都是由购买而来，不管这种买卖是不是公平合理等价的交换。例如：

汉十二年（公元前一九五年）秋，黥布反，上自将击之，数使使问相国何为。相国为上在军，乃拊循勉力百姓，悉以所有佐军，如陈豨时。客有说相国曰："君灭族不久矣。夫君位为相国，功第一，可复加哉？然君初入关中，得百姓心，十余年矣，皆附君，常复孳孳得民和。上所为数问君者，畏君倾动关中。今君胡不多买田地，贱贳贷以自污，上心乃安。"于是相国从其计，上乃大说。上罢布军归，民道遮行上书，言相国贱强买民田宅数千万。上至，相国谒。上笑曰："夫相国乃利民！"民所上书皆以与相国。曰："君自谢民！"③

何置田宅必居穷处，为家不治垣屋，曰，"后世贤，师吾俭；不

① 《史记》卷八十一，《廉颇蔺相如列传》。
② 《史记》卷七十三，《白起王翦列传》。
③ 《史记》卷五十三，《萧相国世家》。

贤，毋为势家所夺。”①

萧何倚仗相国之势强制贱买民田，是抱有特殊的政治目的的，他是故意要借此敛怨，以减少刘邦对他的猜忌，这不是形成个人大地产的正常途径，也不是常有的现象。但即使是这样一种少有的个别事件，也反映了一个普遍现象，就是土地买卖乃是形成个人私有土地的主要途径，即使是官居首相，声势赫赫，也得通过购买才能获得土地，说明新的土地制度这时已经完全确立了。如果买卖是不公平的，是倚势强买，而不是等价交易，被欺压的人可以直接向皇帝“道遮行上书”。当然，能这样告御状，也是不寻常的。不过汉王朝对王侯贵族之违法强买或侵夺平民田产，一直悬为厉禁，违者常严惩不贷。例如：

乐（成）〔平〕简侯卫毋择，孝景后三年（公元前一四一年），侯侈嗣，建元六年（公元前一三五年），坐买田宅不法，有请赇吏，死（《补注》沈钦韩曰：田宅逾[3] 制，汉刺史所察第一条也）。②

元光六年（公元前一二九年），衡山王入朝……王又数侵夺人田，坏人冢以为田，有司请逮治衡山王。③

〔淮南王安〕王后荼、太子迁及女陵得爱幸王，擅国权，侵夺民田宅，妄致系人。④

广死明年，李蔡以丞相坐诏赐冢地阳陵当得二十亩，蔡盗取三顷，颇卖得四十余万，又盗取神道外壖地一亩葬其中，当下狱，自杀。⑤

征和二年（公元前九十一年）春，制诏御史：“故丞相贺倚旧故乘高势而为邪，兴美田以利子弟宾客，不顾元元，无益边谷[4]，货赂上流，朕忍之久矣。……”⑥

① 《史记》卷五十三，《萧相国世家》。
② 《汉书》卷十六，《高惠高后文功臣表》。
③ 《史记》卷一百十八，《淮南衡山列传》。
④ 《史记》卷一百十八，《淮南衡山列传》。
⑤ 《汉书》卷五十四，《李广传》。
⑥ 《汉书》卷六十六，《刘屈氂[5] 传》。

这些事例都说明，私有土地只能通过合法的途径——买卖才能获得和保有，非法强占或侵夺，即使是王侯贵族也要受到法律制裁。

其二是拥有大量货币财富的暴发户，其中主要是新兴的工商业者和高利贷者，这些人是促使新的土地制度依以确立的一个重要方面军，同时也是造成新的土地问题——土地兼并问题和新的阶级矛盾以及社会动乱根源的一股重要力量。如上文所指出，从战国到秦汉年间突出发展起来的商品经济和货币经济，使社会中存在着大量的货币形态的财富，而社会中却又没有足够发达的商品生产来尽量吸收这些货币财富，使之转化为产业资本，结果，它只能以商品经营资本和货币经营资本的形式在流通领域中无休止地辗转流动，因而它便像洪水泛滥一样，对社会经济起了极大的破坏作用。但是由于土地是封建社会中的最主要的生产手段——是一种能生息的财富，又是一种最有安全保障的财富的存在形态，所以当货币要把一切东西都转化为可以买和可以卖的商品时，土地遂成为走投无路的货币财富的一个最理想的投资场所，于是这些暴发户便都争先恐后地去抢购土地。这个时期正是“富商大贾，周流天下，交易之物莫不通，得其所欲”的时期，是高利贷者“贳贷行贾遍郡国”的时期，同时“关东富人益众，多规良田，役使贫民”① 的情况就贯穿[6] 了这一整个历史时期。其他有关土地买卖与土地兼并等问题，均于后文详之，这里从略。

其三是自耕农民成为少量土地的购买者。自耕农民是直接生产者，原来也是没有土地而只能耕种份地的农奴或附属农民。他们和其他依附农一样，是在地租形态改变以后，即由劳役地租变为实物地租以后，不再以无偿劳动的形式去耕种领主的公田，而改为以劳动生产物缴纳地租的形式来佃耕地主的土地。形式上这是一个不大的变化，但是实质上却是一个重大的变化。马克思对这个根本性的区别，作了如下分析：

> 产品地租和前一形式的区别在于，剩余劳动已不再在它的自然形态上，从而也不再在地主或地主代表的直接监督和强制下进行。驱使直接生产者的，已经是各种关系的力量，而不是直接的强制，是法律的规定，而不是鞭子，他已经是自己负责来进行这种剩余劳动了。……在这种关系中，直接生产者或多或少可以支配自己的全

---

① 《汉书》卷七十，《陈汤传》。

部劳动时间，虽然这个劳动时间的一部分（原来几乎是它的全部剩余部分）仍然是无偿地属于土地所有者；只是后者现在已经不是直接在劳动时间的自然形式上得到它，而是在它借以实现的产品的自然形式上得到它。为土地所有者的劳动所造成的非常麻烦的、根据徭役劳动的不同管理方式而程度不同地起着扰乱作用的中断，在产品地租以纯粹形式出现的地方不再发生了。[①]

正由于有了这样一种根本性的区别，就从这里开始了农民的最初分化，使一部分农民从这里开始有了积累的可能，开始有了剥削别人劳动的手段，并慢慢去积累购买土地的资本。马克思曾指出这一细微隐约的变化时说：

在这个地租形式（产品地租形式）上，体现剩余劳动的产品地租，根本不需要把农民家庭的全部剩余劳动吮吸殆尽。相反，和劳动地租相比，生者已经有了较大的活动余地，去获得时间来从事剩余劳动，这种劳动的产品，同满足他的最必不可少的需要的劳动产品一样，归他自己所有。这个形式也会使各个直接生产者的经济状况出现更大的差别。至少，这样的可能性已经存在，并且，这些直接生产者获得再去直接剥削别人劳动的手段的可能性也已经存在。[②]

这样的一种分化过程，当然是进展得非常缓慢的，农民要经过长时间的甚至是几代的节衣缩食、克勤克俭，才能积蓄到购买少量土地的资力，所以他们能够买到的数量，不过是三亩、五亩或十亩、八亩而已。但是他们的人数是众多的，一家一户所占有的土地虽然为数有限，合起来却占了一个不小的比例，可知在私有土地的总额中，除了大部分土地为前两种人占有外，另有一部分是分散在小自耕农手中的。

第五，小农制经营与小土地所有制的确立。从战国到秦汉年间，是土地买卖和土地私有制度的确立时期，同时也是小农制经济与小土地所有制的确立时期。

在上述土地购买者的三种人当中，前两种人都是拥有大量货币财富的富

① 《资本论》第三卷，第八九五——八九六页。
② 《资本论》第三卷，第八九六页。

人，当他们开始向土地伸手时，立刻就造成了土地占有的两极化，即前引董仲舒所说："富者田连阡陌，贫者亡立锥之地。"但不论是王公贵族还是富商大贾，他们大量地收买土地，并不是要自己去经营土地，而只是把土地当作一种生息资本，以租佃方式分租给农民，借以剥削地租。正是从这时起，即从土地买卖和私有土地制度确立时起，封建制度的基本剥削关系完全改变了：由原来的领主与农奴的关系，变成了地主与佃农的关系。所谓"地主阶级"，就是在这个时期和在这一系列的变化之后产生的。地主与佃农的关系，绝不同于领主与农奴的关系，前者只是一种租佃关系，租佃关系正如马克思所说，是法律关系，即契约关系，就是根据法律的平等地位，由契约规定的一种简单支付关系。在这里，不再存在后者的那种人身依附关系，即封建隶属关系。因此，地主阶级的产生时期，正是典型的封建制度消灭的时期，而不可能是封建制度的产生时期。

王公贵族和富商大贾虽然形成了田连阡陌的大地产，有些甚至大到跨州越郡，但这只是土地所有权的集中，而土地所有权的集中并不等于土地经营规模的扩大。在中国，二者恰恰是走着相反的道路，即土地所有权愈集中，而土地经营单位愈分散，规模亦愈细小。具体地说，当土地兼并问题产生的时候，同时便确立了小农制的经营方式和自耕农民的小土地所有制。这种相反的运动，是由以下两种原因造成的：

其一，地权的分散。造成地权分散的原因之一是出卖。土地私有制度本是建立在土地自由买卖的基础上的，地主阶级通过买卖把土地集中起来，但也不断地通过买卖，把集中起来的地产分散出去。当然经常出卖土地的人大都是贫穷农民，他们在官府的横征暴敛之下，在高利贷的重利盘剥之下，经常如晁错所说，农民"当具有者半贾（价）而卖，亡者取倍称之息，于是有卖田宅鬻子孙以偿债者矣"[①]。这样的历史从战国年间开始，到秦汉年间确立后，就长期地延续下来，两千多年以来没有什么改变，一直是"人小乏，则求取息利；人大乏，则卖鬻田庐"[②]。地主虽主要是土地的购买者，但也是一个土地的出卖者，他们之中经常有人随着政局的变化、偶然事故、挥霍浪费或其他原因而失势、没落或破产，以致不得不将自己的不动产，由其本人或其后人全部或一部卖掉，其中尤以败家子的挥霍浪费，是从地主阶级内部生

① 《汉书》卷二十四上，《食货志》。

② 借用陆贽语，见《均节赋税恤百姓》五，《陆宣公奏议全集》卷四。

出的一股促成地产分散的强大力量，迅速地把大块地产化整为零。完全如唐代张嘉贞所说："比见朝士广占良田，及身没后，皆为无赖子弟作酒色之资，甚无谓也。"① 这样，由父、祖辈多年置买的大地产，到了儿孙手里，转瞬之间便分散易主，货卖一空了。

造成地权分散的原因之二是分割。中国的多子继承制度，是与土地买卖制度和土地私有制度同时开始的。史称商鞅废井田，开阡陌，使民得买卖，同时即规定："民有二男以上不分异者，倍其赋。"② 从此，诸子均分财产制度遂成为一成不变的传统，到秦汉年间已为社会所公认并为人人所遵行，例如：

〔陆贾〕乃病免，以好畤田地善，往家焉（师古曰：好畤即今雍州好畤县）。有五男，乃出所使越橐中装，卖千金，分其子，子二百金，令为生产。贾常乘安车驷马，从歌鼓瑟侍者十人，宝剑直百金，谓其子曰："与女约：过女，女给人马酒食极（饮）〔欲〕，十日而更。所死家，得宝剑车骑侍从者。"③

从此以后，兄弟分财一直是遵守着严格的平均主义，不仅土地、房屋、金钱、什物等主要财产都要按股等分，就是一草一木，也不能厚此薄彼。这种情况，在汉时已成为社会公认的不成文法，把平分财产视为当然，这里引东汉时的几个例子：

〔荆〕祖父武，太守第五伦举为孝廉。武以二弟晏、普未显，欲令成名，乃请之曰："礼有分异之义，家有别居之道。"于是共割财产以为三分。④

安帝时，汝南薛包孟尝，好学笃行，丧母，以至孝闻。……既而弟子求分财异居，包不能止，乃中分其财。⑤

田真兄弟三人，家巨富而殊不睦，忽共议分财，金银珍物，各

① 《旧唐书》卷九十九，《张嘉贞传》。
② 《史记》卷六十八，《商君列传》。
③ 《汉书》卷四十三，《陆贾传》。
④ 《后汉书》卷七十六，《循吏·许荆传》。
⑤ 《后汉书》卷三十九，《刘赵淳于江刘周赵列传·序》。

以斛量，田产生资，平均如一，惟堂前一株紫荆树，花叶美茂，共议欲破为三，三人各一分，待明就截之。[①]

中国长期以来的封建意识，一向以多子为福，故一般人特别是富贵人家，都是姬妾满堂，子孙成群，等到家长一死，其产业便立即由诸子均分，恰如唐人诗所云："多置庄田广修宅，四邻买尽犹嫌窄。雕墙峻宇无歇时，几日能为宅中客。造作庄田犹未已，堂上哭声身已死。哭人尽是分钱人，口哭元来心里喜。"[②] 这样，在多子继承制度之下，土地一再分割而化整为零，故不论原来的地产如何广大，经过几次分割之后，都变成了小块地产。

其二，地主阶级的残酷剥削与农民的贫穷，使农业经营必然是小规模。随着土地私有制度的确立而形成的地主制经济，虽然仅仅改变了一下剥削方式——由劳役地租变成实物地租，但是实际上则是改变了整个经济结构和与之相适应的客观经济规律，遂使地主制经济与领主制经济有了本质的不同。领主制经济，是领主经济与农奴经济结合在一起的一个矛盾的统一体，领主经济的存在是以农奴经济的存在为条件的，因而领主对农奴的剥削，由客观经济规律给它确定了一个天然限度，一旦超过这个限度，也就破坏了农奴的再生产，接着就破坏了领主自己的再生产。地主与农民的关系不是这样，双方仅仅是一个契约关系，即按契约所规定的一种定额支付关系，所以地主经济不是以农民经济的存在为条件的，因此，地主对农民的剥削可以残酷到领主制经济所不能达到的程度，即使剥削越过剩余劳动的限界，而侵入必要劳动部分，甚至完全破坏了农民经济，地主经济仍可以照旧进行。地主之收买土地，完全是为了收取地租，租率高一分，就是自己的收入多一分，故佃耕土地的农民所受的残酷剥削，完全如董仲舒所说，"常衣牛马之衣，而食犬彘之食"。在这样一种残酷的剥削之下，首先，使农民不敢多佃耕地主的土地，因佃耕的土地愈多，则所受的剥削愈重。其次，这些"常衣牛马之衣，而食犬彘之食"的穷人，没有资本来与土地结合，不可能出现欧洲那种租地经营的农业资本家，穷苦佃农所有的只是个人的一点劳动力，以个人劳动力来与土地相结合，则受其个人的主观条件和客观条件的限制，所谓上农夫一人只能治十亩，即使家有三丁至五丁，至多亦只能佃租三十到五十亩，丁口不多、

---

① 《太平御览》卷四百二十一，引《续齐谐记》。

② 《云溪友议》卷十一，《梵志诗》。

劳动力不足的农家，不过佃耕三五亩或七八亩而已。这说明佃耕经营的单位，不能不是小规模。

除佃农外，农民中有为数众多的自耕农，这是在农奴解放之后，随着土地制度和剥削方式的改变，从农民中分化出来的小土地所有者。他们都是些普通的穷苦农民，既不能越过买卖程序来获得土地，也没有形成大量财富的条件，他们用以购买土地的资本，乃是长期节约和辛勤劳动的积累，其所能买进的数量，就是这种积累的全部支出。农民既然把仅有的一点力量全部用于购买土地，当然就不再有余力用在改善经营或扩大规模上。马克思说：“小农业在它和自由的土地所有权结合在一起的地方所特有的弊病之一，就是由于耕者必须投资购买土地而产生的。……很清楚，土地所有者自己为了购买土地而投入的资本，对他来说，虽然也是生息的投资，但与投在农业本身上的资本毫无关系。它既不是在农业上执行职能的固定资本的一部分，也不是在农业上执行职能的流动资本的一部分。”① 又说：“为购买土地而支出货币资本，并不是投入农业资本。这其实是相应地减少了小农在他们的生产领域本身中可以支配的资本。这相应地减少了他们的生产资料的数量，从而缩小了再生产的经济基础。”② 这是自耕农的经营单位不能不是小规模的根本原因。

同时，自耕农民虽然不向地主缴纳地租，但却要向地主阶级的国家缴纳赋役，公赋不减于私租，而勒索骚扰则又过之，正如董仲舒所说：“又加月为更卒，已复为正，一岁屯戍，一岁力役，三十倍于古；田租口赋，盐铁之利，二十倍于古。……重以贪暴之吏，刑戮妄加，民愁亡聊，亡逃山林，转为盗贼，赭衣半道，断狱岁以千万数。”③ 可见在地主制经济时期，不论是佃农或自耕农，其经营只能是小规模。马克思把这种小农经济叫做“小块土地所有制”。小农制经济有其本身所固有的弱点，这些弱点都是妨碍生产力发展的重要因素。姑不论地主阶级的残酷剥削所造成的农民的贫穷和落后，剥夺了农民可用以改善经营的一切力量，仅仅这种小生产方式自身就在排斥一切进步发展的动力，使社会经济陷入一种发展迟滞的状态中。这就是马克思所说：“小块土地所有制按其性质来说就排斥社会劳动生产力的发展、劳动的社会形式、资本的社会积聚、大规模的畜牧和科学的不断扩大的应用。……资本在

① 《资本论》第三卷，第九一〇——九一一页。

② 《资本论》第三卷，第九一三页。

③ 《汉书》卷二十四上，《食货志》。

土地价格上的支出，势必夺去用于耕种的资本。生产资料无止境地分散，生产者本身无止境地分离。人力发生巨大的浪费。生产条件日趋恶化和生产资料日益昂贵是小块土地所有制的必然规律。对这种生产方式来说，好年成也是一种不幸。”①

可见小农制经济或小块土地所有制有它自己的经济规律，并在这样一种必然的经济规律支配之下，它排除掉生产力发展的一切动力，并把自己拘束在一种狭隘的、僵死的限界中，使自己的生产资料无止境地分散，生产者自己也无止境地分离，生产中一切的必要条件，都在日益恶劣化和昂贵化，从而使自己失去扩大再生产的一切可能。这里特引下列几例，来看一看这种小农经济或小自耕农民的具体的生产和生活情况：

高祖为亭长时，常告归之田。吕后与两子居田中耨。②

〔陈平〕少时家贫，好读书，有田三十亩，独与兄伯居。伯常耕田，纵平使游学。③

今农夫五口之家，其服役者不下二人，其能耕者不过百亩，百亩之收不过百石。春耕夏耘，秋获冬臧，伐薪樵，治官府，给徭役；春不得避风尘，夏不得避暑热，秋不得避阴雨，冬不得避寒冻，四时之间亡日休息；又私自送往迎来，吊死问疾，养孤长幼在其中。勤苦如此，尚复被水旱之灾，急政暴（虐）〔赋〕，赋敛不时，朝令而暮改。当具有者半贾而卖，亡者取倍称之息，于是有卖田宅鬻子孙以偿债者矣。④

第二节　秦汉时代的土地制度

秦汉时代的土地占有方式，大体上可以分为两类：一是由代表封建王朝的政府所占有的公田或官田，二是属于私人所占有的土地。这里所谓私人，是指公家以外的一切人，包括皇帝、后妃、王侯、贵族、达官、显宦直到富

① 《资本论》第三卷，第九一〇页。

② 《史记》卷八，《高祖本纪》。

③ 《史记》卷五十六，《陈丞相世家》。

④ 《汉书》卷二十四上，《食货志》。

商大贾和普通农民。

（一）公田

公田可以细分为两类：一是可耕地，凡朝廷用以赠送、赏赐的土地，主要是这一类；二是朝廷公用的土地，包括宗庙、社稷、官府、廨宇、苑囿、园池等所占用的土地以及山林薮泽等无主荒地。公田或官田中的可耕土地，有的是从前代继承下来的公有土地，有的是原来属于私人所有，因犯罪或死亡而被政府没收，称为“没官田”或“户绝田”。公田中也有的是新开辟出来的土地，如戍边军队在沿边各地垦辟的屯田即属此类。

据《汉书·地理志》记，全国公私两类土地，共有：“提封田一万万四千五百一十三万六千四百五顷，其一万万二百五十二万八千八百八十九顷，邑居道路，山川林泽，群不可垦（《补注》：王念孙曰：山川林泽，当依汉纪作山林川泽，见《周官·大司徒》）。其三千二百二十九万九百四十七顷，可垦不可垦（《补注》：宋祁曰：可垦下，越本无不可垦三字。王鸣盛曰：此误衍不可垦三字，南监无）。定垦田八百二十七万五百三十六顷。”① 另据《帝王世纪》载平帝元始二年（公元二年）西汉末年的最后统计，计有：“郡、国百三，县、邑千（四）〔五〕百八十七，地东西九千三百二里，南北万三千三百六十八里，定垦田八百二十七万五百三十六顷。”② 两种记载的数目相同，当与实际垦田数目相距不远。进入东汉以后，垦田略有减少，而且终东汉一代，始终没有恢复到西汉原有的水平。据应劭《汉官仪》所载，历朝的垦田数目有如下述：

和帝元兴元年（公元一〇五年）：垦田七百三十二万一百七十顷八十亩百四十步。

安帝延光四年（公元一二五年）：垦田六百九十四万二千八百九十二顷一十三亩八十五步。

顺帝建康元年（公元一四四年），垦田六百八十九万六千二百七十一顷五十六亩一百九十四步。

冲帝永嘉元年（公元一四五年）：垦田六百九十五万七千六百

① 《汉书》卷二十八下，《地理志下》。

② 《后汉书》志第十九，《郡国志》注。

七十六顷二十亩百八步。

质帝本初元年（公元一四六年）：垦田六百九十三万一百二十三顷三十八亩。[①]

在上述的垦田总数中，公田或官田究竟占了多大的比重，不得而知，但朝廷既经常用以赏赐，可推知政府所掌握的数目必相当可观。而且此类土地，绝大部分系没官田，由于犯罪的人所在多有，故这类土地亦源源不绝，例如汉武帝为了有计划地打击商人，曾实行“告缗令”，一次即没收了大量土地：

杨可告缗遍天下，中家以上大抵皆遇告。杜周治之，狱少反者。乃分遣御史廷尉正监分曹往，即治郡国缗钱，得民财物以亿计，奴婢以千万数，田大县数百顷，小县百余顷，宅亦如之。于是商贾中家以上大率破，民偷甘食好衣，不事畜藏之产业，而县官有盐铁缗钱之故，用益饶矣。……上林既充满，益广。……乃分缗钱诸官，而水衡、少府、大农、太仆各置农官，往往即郡县比没入田田之。[②]

像这样大规模地没收罪人的土地，在汉朝是屡见不鲜的，特别是汉初分封的许多诸侯王，后因骄纵不法，被削爵治罪，其财产亦多被没收，如衡山、淮南王获罪后和吴楚七国反叛后，他们的封地和私产尽被没入为公田，其数目是非常巨大的，至于个人因犯罪而被没入的私产，也占了一个不小的数目，例如：

〔孙宝，成帝朝〕迁丞相司直。时帝舅红阳侯立使客因南郡太守李尚占垦草田数百顷（师古曰：隐度而取之也。草田，荒田也），颇有民所假少府陂泽，略皆开发（师古曰：旧为陂泽，本属少府，其后以假百姓，百姓皆已田之，而立总谓为草田，占云新自垦），上书愿以入县官。有诏郡平田予直（师古曰：受其田而准偿价值也），钱有贵一万万以上。宝闻之，遣丞相史按验，发其奸，劾奏立、尚怀奸罔上，狡猾不道。尚下狱死。[③]

① 《后汉书》志第二十三，《郡国志》注。
② 《史记》卷三十，《平准书》。
③ 《汉书》卷七十七，《孙宝传》。

此外，还有一些王公近臣，为了邀宠固位，把自己的田产自动献给朝廷，从而增加了公田数量，例如：

〔元始二年（公元二年），夏〕郡国大旱，蝗，青州尤甚，民流亡。安汉公、四辅、三公、卿大夫、吏民为百〔姓〕困乏，献其田宅者二百三十人，以口赋贫民。①

公田或官田的另一个来源是“户绝田”，这是原来的地主因全家死亡或流亡他乡而遗弃的土地，每次在战争、饥馑、灾荒、疾疫之后，这种现象便大量出现，而尤以秦汉之交、西汉初年、西汉末年和东汉初年、东汉末年等几个时期为最严重，由于人口的大量死亡或流移，而致大片土地成为无主之田，使政府收不胜收，乃听任私人占用。当时曾有人提出异议说：“今者土广民稀，中地未垦；虽然，犹当限以大家，勿令过制。其地有草者，尽曰官田，力堪农事，乃听受之。若听其自取，后必为奸也。”②

政府所掌握的大量公田或官田，并不自己经营，也不招租承佃，其中除有一部分供公用外，主要是供皇帝作赏赐之用。当这类土地掌握在官家手中时，是以公田或官田的形式存在的，或为园池苑囿，或为山林沼泽，或为草地牧场，一旦赏赐给个人，就都变成了私人田产，这是个人不通过买卖程序而获得土地的一个重要来源。就个人而言，这种被赐予的土地在其私有土地中可能是一个不小的数目，但是从社会的角度来看，这点土地在整个私有土地中所占的比重是微不足道的，因为能够获得赏赐的人是为数不多的。史籍中这一类的记载很多，这里仅择要选录几个例证如下：

〔九年（公元前一九四年）〕十一月，徙齐楚大族昭氏、屈氏、景氏、怀氏、田氏五姓关中，与利田宅。③

〔建元三年（公元前一三八年），春〕赐徙茂陵者户钱二十万，田二顷。④

---

① 《汉书》卷十二，《平帝纪》。

② 《后汉书》卷四十九，《仲长统传》。

③ 《汉书》卷一下，《高帝纪》。

④ 《汉书》卷六，《武帝纪》。

> 天子乃思卜式之言，召拜式为中郎，爵左庶长，赐田十顷，布告天下，使明知之。①
>
> 武帝少时，东武侯母常养帝，帝壮时，号之曰“大乳母”。……乳母上书曰：“某所有公田，愿得假倩之。”帝曰：“乳母欲得之乎？”以赐乳母。②
>
> 〔武帝出求其姊，引归，谒太后〕太后曰：“帝倦矣，何从来？”帝曰：“今者至长陵得臣姊，与俱来。”顾曰：“谒太后！”太后曰：“女某邪？”曰：“是也。”太后为下泣，女亦伏地泣。武帝奉酒前为寿，奉钱千万，奴婢三百人，公田百顷，甲第，以赐姊。太后谢曰：“为帝费焉。”③
>
> 武以（元始）〔始元〕六年（公元前八十一年）春至京师。诏武奉一太牢谒武帝园庙，拜为典属国，秩中二千石，赐钱二百万，公田二顷，宅一区。④

公田或官田除用于赏赐外，更多的则是用于救济贫民，特别是在丧乱之后或灾荒饥馑严重的时候，朝廷常常拿土地来作为救济贫民之用，遇到灾荒特别严重的时候，还常常把皇帝的苑囿园池也“赋予贫民”或“假贷贫民”。史籍中这一类的记载又远比赏赐为多，这里亦选录几条为例：

> 〔二年（公元前二〇五年），汉王定关中〕诸故秦苑囿园池，皆令人得田之。⑤
>
> 〔元凤三年（公元前七十八年）春正月〕罢中牟苑赋贫民。⑥
>
> 地节元年（公元前六十九年），三月，假郡国贫民田（师古曰：权以给之，不常与）。⑦
>
> 〔地节〕三年（公元前六十七年）春三月，诏曰：“……鳏寡孤独高年贫困之民，朕所怜也。前下诏假公田，贷种、食。其加赐鳏

---

① 《史记》卷三十，《平准书》。
② 《史记》卷一百二十六，《滑稽列传·褚先生补述》。
③ 《史记》卷四十九，《外戚世家》。
④ 《汉书》卷五十四，《苏武传》。
⑤ 《史记》卷八，《高祖本纪》。
⑥ 《汉书》卷七，《昭帝纪》。
⑦ 《汉书》卷八，《宣帝纪》。

寡孤独高年帛。”①

〔地节三年，冬十月〕又诏：“池籞未御幸者，假与贫民。郡国宫馆，勿复修治。流民还归者，假公田，贷种、食，且勿算事。”②

〔初元元年（公元前四十八年），三月〕以三辅、太常、郡国公田及苑可省者振业贫民，资不满千钱者赋贷种、食。③

元帝初即位……省宜春下苑以与贫民。④

是岁（初元元年），关东大水，郡国十一饥，疫尤甚。上乃下诏江海陂湖园池属少府者以假贫民，勿租税。⑤

〔元和元年（公元八十四年）〕二月甲戌，诏曰：“……其令郡国募人无田欲徙他界就肥饶者，恣听之。到在所，赐给公田，为雇耕佣，赁种饷，贳与田器，勿收租五岁，除算三年。其后欲还本乡者，勿禁。”⑥

〔永元五年（公元九十三年），二月〕戊戌，诏有司省减内外厩及凉州诸苑马。自京师离宫果园上林广成囿悉以假贫民，恣得采捕，不收其税。⑦

〔永初元年（公元一〇七年）〕二月丙午，以广成游猎地及被灾郡国公田假与贫民。⑧

（二）私田

在土地制度变革之后，全国耕地的绝大部分，系由私人占有。除了丧乱或灾荒时期和丧乱灾荒之后未尽恢复时期以外，在正常的情况下，公田或官田所占的比重是不大的，并且由于朝廷经常用土地以赏赐近臣和褒奖有功，又使公田中有不小的一部分都转变为个人私产，成为私有土地的来源之一。但是如上文所述，不论朝廷是把公家的土地赏赐给个人还是用以救济贫民，

① 《汉书》卷八，《宣帝纪》。
② 《汉书》卷八，《宣帝纪》。
③ 《汉书》卷九，《元帝纪》。
④ 《汉书》卷七十二，《贡禹传》。
⑤ 《汉书》卷七十五，《翼奉传》。
⑥ 《后汉书》卷三，《章帝纪》。
⑦ 《后汉书》卷四，《和帝纪》。
⑧ 《后汉书》卷五，《安帝纪》。

这类土地在全国耕地的总面积中还是为数不多的，能够获得这样机会的人也是屈指可数的。总之，通过这一途径来形成土地私产，只能是私有土地中的很小一部分。

在封建社会中，一般王侯、贵族、宦官、外戚、权臣、悍将等，凭借封建特权来侵夺霸占别人地产的事，实史不绝书，说明这类的非法行为是不断发生的，在两汉时也屡见记载。例如：

元光六年（公元前一二九年），衡山王入朝。……王使人上书告内史，内史治，言王不直。王又数侵夺人田，坏人冢以为田。有司请逮治衡山王。①

〔淮南王安〕王后荼、太子迁及女陵得爱幸王，擅国权，侵夺民田宅，妄致系人。②

〔灌〕夫不喜文学，好任侠，已然诺。诸所与交通，无非豪桀大猾。家累数千万，食客日数十百人。陂池田园，宗族宾客为权利，横于颍川。颍川儿乃歌之曰："颍水清，灌氏宁；颍水浊，灌氏族。"③

章帝时，窦皇后兄宪以皇后甚幸于上，故人人莫不畏宪。宪于是强请夺沁水长公主田，公主畏宪，与之，宪乃贱雇之。④

〔览〕贪侈奢纵，前后请夺人宅三百八十一所，田百一十八顷，起立第宅十有六区。⑤

黄门常侍张让等侮慢天常，操擅王命，父子兄弟并据州郡，一书出门，便获千金；京畿诸郡数百万膏腴美田皆属让等。⑥

从上引诸例来看，这些人虽然都通过各种非法手段获得了膏腴美田，甚至可达"数百万"之多，但却不是形成私人地产的正当途径。从全国来看，这样的事究竟还是很少的，并且史臣也是把它看成是不寻常的事件的，就是在这些极其个别的事例中，也不是都能侥幸得逞，有时即使是王侯贵戚之尊，

① 《史记》卷一百十八，《淮南衡山列传》。
② 《史记》卷一百十八，《淮南衡山列传》。
③ 《史记》卷一百七，《魏其武安侯列传》。
④ 《后汉书》志第十三，《五行志》。
⑤ 《后汉书》卷七十八，《宦者·侯览传》。
⑥ 《三国志》卷六，《魏书·董卓传》注引《典略》。

也会遇到不畏权势之人的依法弹劾或控告，有的则因此而受到法律制裁。例如上文引述过的衡山王和淮南王，即因“侵夺人田”而先后获罪。李蔡因盗卖冢地而“当下狱，自杀”。“故丞相贺据高势而为邪，兴美田”，受到汉武帝的严厉谴责。窦宪倚仗皇后之势，“夺沁水公主园田，主逼畏，不敢计”，肃宗发觉后，“大怒，召宪切责曰：‘深思前过，夺主田园时，何用愈赵高指鹿为马？久念使人惊怖。昔永平中，常令阴党、阴博、邓叠三人更相纠察，故诸豪戚莫敢犯法者，而诏书切切，犹以舅氏田宅为言。今贵主尚见枉夺，何况小人哉！国家弃宪如孤雏腐鼠耳。’宪大震惧”①。结果，“皇后为毁服深谢，良久乃得解，使以田还主，虽不绳其罪，然亦不授以重任”。窦宪以椒房贵戚，且有边功，犹因此获罪，其他就更难保了，如果遇到一个执法如山的强项官吏，就会以严刑峻法来处治这种侵夺霸占平民田产的不法行为，例如：

> 小黄门段珪家在济阴，与览并立田业，近济北界，仆从宾客侵犯百姓，劫掠行旅。济北相滕延一切收捕，杀数十人，陈尸路衢。②

这类事是屡见不鲜的。这样一来，使一般王侯、贵戚、达官、显宦和一切高踞封建特权地位的人，不得不冷静地权衡一下利害得失而有所收敛，将已经伸出或正要伸出的贪婪之手缩回，不再敢轻易以身试法。他们本来都是高官厚禄、家藏金穴的人，稍斥余资，即可买到田连阡陌的大地产，实无须仗势欺人，去抢夺小民的一点糊口之资。这样做，即使能幸逃法网，亦难逃万人唾骂，迟早还会招来报复，故稍知自爱，必不出此下策。因此，购买——即通过正当的买卖程序，遂成为形成私人地产的主要途径——即便不是唯一的途径。

地权的转移既然是通过买卖，是在公开市场上的正常交易，则买卖双方自然都是以拥有完全所有权的自由人的身份出现的，所买卖的土地也和其他普通商品一样，是在价值规律支配之下来进行交换的，我们说私有土地制度是以土地的自由买卖为基础，是说在原则上这里没有任何超经济的关系存在。当然，例外并不是完全没有，如上文述及的萧何，他为了避免刘邦对他的疑忌，故意“强贱买民田宅数千万”，借以敛怨自污，以致“民道遮行上书”。

① 《后汉书》卷二十三，《窦融传附曾孙宪传》。

② 《后汉书》卷七十八，《宦者·侯览传》。

这样的情况不但是极其个别的，而且是故意做作的，是为[7] 达到某种政治目的不得已而为之的。在正常的情况下，土地买卖是自由的，不论什么人，只要想获得地产，就必须通过买卖，即使是帝王，如果要于公田之外另置私产，也必须由购买获得。这里可以从两汉史籍中各引一例：

> 成帝鸿嘉、永始之间（公元前二十年——公元前[8] 十六年），好为微行出游，选从期门郎有材力者，及私奴客，多至十余，少五六人，皆白衣袒帻，带持刀剑。或乘小车，御者在茵上，或皆骑，出入市里郊野，远至旁县。时，大臣车骑将军王音及刘向等数以切谏。谷永曰："《易》称'得臣无家'，言王者臣天下，无私家也。今陛下弃万乘之至贵，乐家人之贱事；厌高美之尊称，好匹夫之卑字；崇聚票轻无谊之人，以为私客；置私田于民间，畜私奴车马于北宫；数去南面之尊，离深宫之固，挺身独与小人晨夜相随，乌集醉饱吏民之家，乱服共坐，溷肴亡别，闵勉遁[9] 乐，昼夜在路。典门户奉宿卫之臣执干戈守空宫，公卿百寮不知陛下所在，积数年矣。昔虢公为无道，有神降曰：'赐尔土田'，言将以庶人受土田也。诸侯梦得土田，为失国祥，而况王者畜私田财物，为庶人之事乎！"①

东汉也有这样一个皇帝，其表现比西汉成帝更贪婪、更下流：

> 〔灵帝〕又还河间买田宅，起第观。帝本侯家，宿贫，每叹桓帝不能作家居，故聚为私臧，复（臧）寄小黄门常侍钱各数千万。常云："张常侍是我公，赵常侍是我母。"②

这两个皇帝都是毫不掩饰地亲自动手去买地，成帝为了广事收购，竟常常带着几个"私奴客"，"白衣袒帻"，"或乘小车"，微行郊野，远及旁县，自行选购。灵帝更是不堪，竟日以聚私藏、买田宅为事，一两个替他出力经营的宦官，竟使他感激涕零，而呼之为父母！

皇帝的私有土地尚且由购买而来，其他等而下之的各色人等，除有个别

① 《汉书》卷二十七中之上，《五行志》。

② 《后汉书》卷七十八，《宦者·张让传》。

人系由赏赐、赠予而获得少量地产外，其余几乎全部都是由购买获得的。买卖既然是自由的和公开的，当然谁有钱谁就可以尽量购买，除了买者的资力和土地本身的有限性——即卖者有限外，其他限制是没有的。但是在封建社会中，能够积累大量货币财富的，主要有两种人：第一种是封建统治阶级，包括王侯、将相、皇亲、贵戚、在职官吏、退职乡绅等，有条件大量搜罗地产的主要是这些人。例如：

何置田宅必居穷处，为家不治垣屋。曰："后世贤，师吾俭；不贤，毋为势家所夺。"①

武安由此滋骄，治宅甲诸第。田园极膏腴，而市买郡县器物相属于道。②

宁成者，穰人也。……武帝即位，徙为内史。外戚多毁成之短，抵罪髡钳。……于是解脱，诈刻传出关归家。……乃贳贷，买陂田千余顷，假贫民，役使数千家。数年，会赦。致产数千金。③

去病以皇后姊子贵幸。既壮大，乃自知父为霍中孺，未及求问。会为票骑将军击匈奴，道出河东……至平阳传舍，遣吏迎霍中孺。……去病大为中孺买田宅奴婢而去。④

〔宣帝朝，以太子太傅归老〕广既归乡里，日令家共具设酒食，请族人故旧宾客，与相娱乐。数问其家金余尚有几所，趣卖以共具。居岁余，广子孙窃谓其昆弟老人广所爱信者曰："子孙几及君时颇立产业基阯，今日饮食（废）〔费〕且尽。宜从丈人所，劝说君买田宅。"老人即以闲暇时为广言此计。⑤

〔禹〕为相六岁，鸿嘉元年以老病乞骸骨，上加优再三，乃听许。……禹为人谨厚，内殖货财，家以田为业。及富贵，多买田至四百顷，皆泾、渭溉灌，极膏腴上贾。它财物称是。⑥

汉尝出征，妻子在后买田业。汉还，让之曰："军师在外，吏士

① 《史记》卷五十三，《萧相国世家》。
② 《史记》卷一百七，《魏其武安侯列传》。
③ 《史记》卷一百二十二，《酷吏列传》。
④ 《汉书》卷六十八，《霍光传》。
⑤ 《汉书》卷七十一，《疏广传》。
⑥ 《汉书》卷八十一，《张禹传》。

不足，何多买田宅乎！”遂尽以分与昆弟外家。①

防兄弟贵盛，奴婢各千人已上，资产巨亿，皆买京师膏腴美田。②

建初八年，肃宗复还所削地，康遂多殖财货，大修宫室，奴婢至千四百人，厩马千二百匹，私田八百顷，奢侈恣欲，游观无节。③

所有这些王侯将相达官勋戚以及诸如此类的人，都是在土地制度变革之后，成为新兴的地主阶级一个重要的组成部分，其数目实远比一般富商大贾、高利贷者和其他各种暴发户出身的地主为多。这些人并不是原来的封建领主，也不是由原来的封建领主蜕化演变而来的。从战国时期以来，在社会经济发生了巨大变化以后，在以此为基础的整个上层建筑发生了巨大变化以后，特别是在国家体制和政治制度改变以后，随着新型的封建帝国和中央集权制度的确立，在新的历史条件下形成了一种新型的官僚主义制度。上述这些人就是这种官僚主义制度的全部封建统治的权力中心，又是全部封建财富的集中代表。他们与过去的封建领主在经济制度上不是一个类型，二者之间没有什么连带[10] 关系。一句话，新的地主不是由旧的领主变来的。他们的财富来源，不是得自通过原来的封地、采邑、禄田等世袭领地来剥削农奴的剩余劳动，简单说，不是通过经济的剥削形成的，而主要是通过各种超经济的剥削、掠夺、勒索等途径而来的，其中主要是：俸禄、赏赐、贿赂、馈赠、诈取等。所有这些封建财富，可称之为官僚财富——这是从秦汉时期开始的一个新的历史现象，成为历代地主阶级用以收购土地和进行土地兼并的一个重要手段。

在中国的长期封建社会中，“升官”与“发财”向来是同义语。一个人一旦释褐入仕，则富贵荣华便相继而来，即使居官清正、秉性循良，也是官久必富，使宦囊充盈，确如过去官场中的谚语所云：“三年穷知府，十万雪花银。”如果是广布爪牙，四张囊橐，去进行敲骨吸髓的剥削，那就更是财源滚滚了。秦汉时代，正是这一历史的开始时期，新兴的官僚阶级在迅速地增长，由此形成的官僚财富更是庞大惊人，而购买土地又是这种财富的主要出路，这由下引诸例可以充分看出：

---

① 《后汉书》卷十八，《吴汉传》。
② 《后汉书》卷二十四，《马援传附子防传》。
③ 《后汉书》卷四十二，《济南安康传》。

〔灌〕夫不喜文学，好任侠……家累数千万，食客日数十百人。陂池田园，宗族宾客为权利，横于颍川。①

杜周初征为廷史，有一马，且不全；及身久任事，至三公列，子孙尊官，家訾累数巨万矣。②

初，恽受父财五百万，及身封侯，皆以分宗族。后母无子，财亦数百万，死皆予恽……再受訾千余万，皆以分施。③

延年为人安和，备于诸事，久典朝政，上任信之，出即奉驾，入给事中，居九卿位十余年，赏赐赂遗，訾数千万。④

迁禹为光禄大夫。顷之，禹上书曰："臣禹年老贫穷，家訾不满万钱，妻子糠豆不赡，裋褐不完。有田百三十亩，陛下过意征臣，臣卖田百亩以供车马。至，拜为谏大夫，秩八百石，奉钱月九千二百。廪食太官，又蒙赏赐四时杂缯绵絮衣服酒肉诸果物，德厚甚深。疾病侍医临治，赖陛下神灵，不死而活。又拜为光禄大夫，秩二千石，奉钱月万二千。禄赐愈多，家日以益富，身日以益尊，诚非中茅愚臣所当蒙也。……"⑤

中书令石显……至成帝初，石显坐专权擅势免官，徙归故郡。显赀巨万，当去，留床席器物数百万直，欲以与章，章不受。⑥

文学曰："……今公卿处尊位，执天下之要，十有余年，功德不施于天下，而勤劳于百姓。百姓贫陋困穷，而私家累万金。此君子所耻，而伐檀所刺也。"⑦

涉父哀帝时为南阳太守。天下殷富，大郡二千石死官，赋敛送葬皆千万以上，妻手通共受之，以定产业。⑧

天下吏以不得奉禄，并为奸利，郡尹县宰家累千金。⑨

〔贤败〕县官斥卖董氏财凡四十三万万。⑩

---

① 《史记》卷一百七，《魏其武安侯列传》。
② 《史记》卷一百二十二，《酷吏列传》。
③ 《汉书》卷六十六，《杨敞传附子恽传》。
④ 《汉书》卷六十，《杜周传附子延年传》。
⑤ 《汉书》卷七十二，《贡禹传》。
⑥ 《汉书》卷九十二，《游侠·万章传》。
⑦ 《盐铁论·国病》。
⑧ 《汉书》卷九十二，《游侠·原涉传》。
⑨ 《汉书》卷九十九下，《王莽传》。
⑩ 《汉书》卷九十三，《佞幸·董贤传》。

〔冀败〕收冀财货，县官斥卖，合三十余万万，以充王府，用减天下税租之半。散其苑囿，以业穷民。①

这些财拥巨万甚至若干万万的王侯贵戚达官显宦等，无一不是田连阡陌的大地主，因为他们为了安全和为了生息，不会把他们的巨额财富都以货币形态即以“浮财”形态存在，而必然要用之“以定产业”。所以在秦汉时随着社会经济的变化而新产生的地主阶级，其基础主要是建立在官僚财富之上的，而官僚的财富则是由非经济途径形成的。

上文所述的各种官僚地主，除了由俸禄、赂遗等方式形成巨额财富外，另一个直接来源是赏赐。当然，赏赐是不经常的，也不是人人都能获得的，因而它不像上述那些途径使每一个在职官吏都能各按品秩获得应得的一份，但是赏赐的数量常常是巨大的，它可以使获得的人暴富，所以也是形成官僚财富的一个重要来源。汉代——特别是西汉一代，历届朝廷都经常用黄金或铜钱赏赐，每次赏赐的数量都相当巨大。史籍中有关的记载非常多，具体情况当于后文论述货币问题的有关章节中详之，这里仅酌引几个简单例证：

大梁人尉缭来，说秦王曰：“……愿大王毋爱财物，赂其豪臣，以乱其谋，不过亡三十万金，则诸侯可尽。”秦王从其计。②

〔汉王与项羽相拒于荥阳〕汉王患之，乃用陈平之计，予陈平金四万斤，以间疏楚君臣。③

〔叔孙通定朝仪〕乃拜叔孙通为太常，赐金五百斤。④

陈平用其计，乃以五百金为绛侯寿。⑤

武帝起更衣……上还坐，欢[11]甚，赐平阳主金千斤。⑥

大将军将六将军仍再出击胡，得首虏万九千级。捕斩首虏之士受赐黄金二十余万斤。⑦

---

① 《后汉书》卷三十四，《梁统传附玄孙冀传》。

② 《史记》卷六，《秦始皇本纪》。

③ 《史记》卷八，《高祖本纪》。

④ 《史记》卷九十九，《刘敬叔孙通列传》。

⑤ 《史记》卷九十七，《郦生陆贾列传》。

⑥ 《史记》卷四十九，《外戚世家》。

⑦ 《史记》卷三十，《平准书》。

〔武帝〕又以卫长公主妻之（栾大），赍金万斤。①

有司奏“故事，聘皇后黄金二万斤。……”②

赏赐黄金之数，一次即由数百斤乃至二十余万斤，不论是由一人所得还是由多人共得，凡是得到赏赐的人，都可以立成巨富，所以这是形成官僚财富的一个最快捷的途径，也是造成土地大量集中的一个重要因素。

这样，从秦汉时期开始，便形成了一个以封建官僚为主体的地主阶级，官僚与地主从此即合二为一，成为一个不可分割的整体，因为事实上没有一个官僚不同时又是地主，完全如晋人江统所论：

秦汉以来，风俗转薄，公侯之尊，莫不殖园圃之田，而收市井之利，渐冉相放，莫以为耻，乘以古道，诚可愧也。③

这样的一段历史，从秦汉时期开始后，历时两千多年的封建王朝而没有改变，事实上也不可能改变，因为土地制度既然没有变，则由于官僚地主之抢购土地而造成的土地问题当然就不可能变，于是问题的性质便永远如董仲舒所说：

身宠而载高位，家温而食厚禄（师古曰：载，亦乘也），因乘富贵之资力，以与民争利于下，民安能如之哉！是故众其奴婢，多其牛羊，广其田宅，博其产业，畜其积委（师古曰：畜，读曰蓄），务此而亡已，以迫蹴民，民日削月朘，浸[12]以大穷。富者奢侈羡溢，贫者穷急愁苦；穷急愁苦而上不救，则民不乐生；民不乐生，尚不避死，安能避罪！此刑罚之所以蕃而奸邪不可胜者也。④

除了上述由各种非经济途径形成了大量的官僚财富，从而使这些财富的所有者成为官僚地主外，在封建社会中能够形成货币财富的另一途径便是经济途径，这包括商业资本、高利贷资本、工矿企业和农林牧副业的生产和经

① 《史记》卷二十八，《封禅书》。

② 《汉书》卷九十九上，《王莽传》。

③ 《晋书》卷五十六，《江统传》。

④ 《汉书》卷五十六，《董仲舒传》。

营。从事这些事业的人，于发财致富之后，无一不是土地的抢购者，并由此使他们同样成为田连阡陌的大地主。从春秋末年经战国到秦汉年间，正是中国古代商品经济和货币经济突出发展的时期，不但商品经营资本和货币经营资本有了大量的积累，而且出现了许多具有资本主义萌芽性质的较大型的工矿企业，其中尤以盐铁两项企业最为发达，一时财拥巨万特别是以盐铁起家的巨富，比比皆是，其情况已见上文。继起的秦王朝，统治时期虽然不长，但对各种工商企业的发展却采取奖励政策，例如乌氏倮因经营畜牧业成功，"畜至用谷量马牛，秦始皇帝令倮比封君，以时与列臣朝请"①。又如："巴（蜀）寡妇清，其先得丹穴，而擅其利数世，家亦不訾（资）。清，寡妇也，能守其业，用财自卫，不见侵犯。秦皇帝以为贞妇而客之，为筑女怀清台。"其他如蜀卓氏、宛孔氏、曹邴氏、程郑、刁间、师史等，或者"用铁冶富"，"大鼓铸，规陂池，连车骑，游诸侯，因通商贾之利……家致富数千金"，或者"逐鱼盐商贾之利"，或者"独窖仓粟"，"力田畜"，以致"富者数世"，"富而主上重之"②。秦时以畜牧起家致富的，除乌氏倮和宣曲任氏外，还有班固的祖先班壹："始皇之末，班壹避坠于楼烦，致马牛羊数千群。值汉初定，与民无禁，当孝惠、高后时，以财雄边，出入弋猎，旌旗鼓吹。"③ 其他如桥姚，也是以畜牧起家的大富翁："塞之斥也，唯桥姚已致马千匹，牛倍之，羊万头，粟以万钟[13] 计。"④ 不言而喻，这些人都是田连阡陌的大地主。

进入西汉以后，汉初政府为了尽快恢复当时遭受了严重破坏而凋敝不堪的社会经济，对一切经济活动都采取了放任政策，于是"开关梁，弛山泽之禁，是以富商大贾周流天下，交易之物莫不通，得其所欲"⑤。这时不论从事何种经营或生产什么东西，都有大发其财的，司马迁曾概述这种情况说：

> 今有无秩禄之奉，爵邑之入，而乐与之比者，命曰"素封"。封者食租税，岁率户二百，千户之君则二十万，朝觐聘享出其中。庶民农工商贾，率亦岁万息二千（户），百万之家则二十万，而更徭租赋出其中，衣食之欲，恣所好美矣。故曰：陆地牧马二百蹄，

① 《史记》卷一百二十九，《货殖列传》。
② 《史记》卷一百二十九，《货殖列传》。
③ 《汉书》卷一百上，《叙传》。
④ 《史记》卷一百二十九，《货殖列传》。
⑤ 《史记》卷一百二十九，《货殖列传》。

牛蹄角千，千足羊，泽中千足彘，水居千石鱼陂，山居千章之材。安邑千树枣；燕、秦千树栗；蜀、汉、江陵千树橘；淮北、常山已南，河济之间千树萩；陈、夏千亩漆；齐、鲁千亩桑麻；渭川千亩竹；及名国万家之城，带郭千亩亩钟之田，若千亩卮茜，千畦姜韭：此其人皆与千户侯等。然是富给之资也，不窥市井，不行异邑，坐而待收，身有处士之义而取给焉。①

“素封”就是大地主的别名，以“千”计数，系极言其多，谓成千上万，不是确数一千。有了这样多的土地，不论作何种经营，其收入皆与千户侯等，而且是“不窥市井，不行异邑，坐而待收”。从事其他商品生产或各种营运，也无不大发其财，所以司马迁又接着说：

通邑大都，酤一岁千酿，醯酱千瓨[14]，酱千甔，屠牛羊彘千皮，贩谷粜千钟，薪稿[15]千车，船长千丈，木千章，竹竿万个，其轺车百乘，牛车千两，木器髤者千枚，铜器千钧，素木铁器若卮茜千石，马蹄躈千，牛千足，羊彘千双，僮手指千，筋角丹沙千斤，其帛絮细布千钧，文采千匹，榻布皮革千石，漆千斗，糵曲[16]盐豉千荅[17]，鲐鮆千石，鲰千石，鲍千钧，枣栗千石者三之，狐貂裘千皮，羔羊裘千石，旃席千具，佗果菜千钟，子贷金钱千贯，节驵会，贪贾三之，廉贾五之，此亦比千乘之家，其大率也。②

在这些经营和活动中成为巨富的实大有人在：

关中富商大贾，大抵尽诸田，田啬、田兰。韦家栗氏，安陵、杜杜氏，亦巨万。此其章章尤异者也。皆非有爵邑奉禄弄法犯奸而富，尽椎埋去就，与时俯仰，获其赢利，以末致财，用本守之；以武一切，用文持之，变化有概，故是术也。若至力农畜，工虞商贾，为权利以成富，大者倾郡，中者倾县，下者倾乡里者，不可胜数。夫纤啬筋力，治生之正道也，而富者必用奇胜。田农，拙业，而秦

① 《史记》卷一百二十九，《货殖列传》。
② 《史记》卷一百二十九，《货殖列传》。

扬以盖一州。掘冢，奸事也，而曲叔以起。博戏，恶业也，而桓发用（之）富。行贾，丈夫贱行也，而雍乐成以饶。贩脂，辱处也，而雍伯千金。卖浆，小业也，而张氏千万。洒削，薄技也，而郅氏鼎食。胃脯，简微耳，浊[18]氏连骑。马医，浅方，张里击钟。此皆诚壹之所致。由是观之，富无经业，则货无常主，能者辐凑，不肖者瓦解。千金之家比一都之君，巨万者乃与王者同乐。岂所谓"素封"者邪？非也？①

前富者既衰，自元、成讫王莽，京师富人杜陵樊嘉，茂陵挚网，平陵如氏、苴氏，长安丹王君房，豉樊少翁、王孙大卿，为天下高訾。樊嘉五千万，其余皆巨万矣。王孙卿以财养士，与雄桀交，王莽以为京司市师，汉司东市令也。此其章章尤著者也。其余郡国富民兼业颛利，以货赂自行，取重于乡里者，不可胜数。……至于蜀卓、宛孔、齐之刁间，公擅山川铜铁鱼盐市井之入，运其筹策，上争王者之利，下锢齐民之业，皆陷不轨奢僭之恶。②

虞氏，梁之大富人也，家充盈殷富，金钱无量，财货无资。③

所有上述这些人，不管是从事哪一种行业，通过哪一种方式，于发财致富之后，都要把弄到的金钱转变为地产保守起来，即于"获其赢利"之后，"以末致财，用本守之；以武一切，用文持之"，因为只有把弄到手的各种有价物转变为土地形态之后，才能成为万无一失、不可动摇的基业。只有这样，才能"用本守之""用文持之"，使财富能生生不已，滚滚而来，从而可以"不窥市井，不行异邑，坐而待收"了。总之，不管是怎样发的财，最后都要变为地主：

卓王孙不得已，分予文君僮百人，钱百万，及其嫁时衣被财物。文君乃与相如归成都，买田宅，为富人。④

宣帝时，阴子方者……暴至巨富，田有七百余顷，舆马仆隶，比于邦君。⑤

① 《史记》卷一百二十九，《货殖列传》。
② 《汉书》卷九十一，《货殖传》。
③ 《淮南子》卷十八，《人间训》。
④ 《史记》卷一百十七，《司马相如列传》。
⑤ 《后汉书》卷三十二，《阴识传附弟兴传》。

汤即上封事言：“……关东富人益众，多规良田，役使贫民。……”①

第三节　两汉的土地问题与土地政策

（一）两汉的土地兼并问题

所谓土地问题，具体说，就是土地兼并问题。这个问题是与土地买卖制度同时开始的，又是与土地私有制度永远并存的，因而它在土地私有制的社会里是永远得不到解决的。我们知道土地制度是在战国年间发生变化的，土地兼并问题也就是在这个时期产生的，这就是前文所说，当秦“用商鞅之法，改帝王之制，除井田，民得卖买”时，同时就造成了“富者田连阡陌，贫者亡立锥之地”，使社会立即两极分化为“庶人之富者累巨万，而贫者食糟糠；有国强者兼州郡，而弱者丧社稷”这样一种尖锐矛盾。

这种根本性的矛盾，之所以从产生之时起即长期存在且无法解决，是由于造成这个问题的土地制度一直没有改变，因而决定这个问题性质的客观经济规律也就无法改变。事实很清楚，土地既然和普通商品一样，可以自由买卖，当然谁有钱谁就可以买，愿意买多少就买多少，没有任何限制，不受任何阻挠，特别是由于土地是一种重要的生产资料，即一种能生息的财物，谁买到的土地多，谁获得的收入或积累的财富就多，于是这就成为一个尽人皆知的常识，能多买到一分土地，就是多增加一分“坐而待收”的地租。并且在封建社会中，土地不仅是重要的收入来源和财富的稳妥保障，而且是社会地位和一切权力的基础。一个人有了大量土地，不仅物质生活可与千户侯等，甚至“出入弋猎，旌旗鼓吹”“田池射猎之乐，拟于人君”，而且在乡党之间，其势力可以“大者倾郡，中者倾县，小者倾乡里”，能够“役财骄溢，或至兼并豪党之徒，以武断于乡曲”②，成为地方上的真正主宰。董仲舒所谓“邑有人君之尊，里有公侯之富”③，就是指田连阡陌的大地主。因此，一般

① 《汉书》卷七十，《陈汤传》。

② 《史记》卷三十，《平准书》。

③ 《汉书》卷二十四上，《食货志》。

财富所有者，自然都要不遗余力地去抢购土地。这是土地兼并问题从战国年间开始直到近代一直存在的原因所在。

从战国年间开始的土地兼并问题，到了汉朝后，不仅如董仲舒所说，是“汉兴循而未改”，而且比战国年间又严重得多。因为从汉初起，由于采取了放任政策，除了如上文所述，商品经济有了进一步发展之外，商业资本也有了更大量的积累，不用说蜀卓、宛孔、刁间等“公擅山川铜铁鱼盐市井之入，运其筹策，上争王者之利，下锢齐民之业”的富商大贾都是与“王者埒富”的商人大地主，就是一些从事“小业”“薄技”“贩脂”“卖浆”“洒削”“胃脯”等的也都能富至千万，同样能成为田连阡陌的大地主。除了商业资本这样大量兼并土地外，汉代货币经营资本积累的数量之大和高利贷业活动之猖獗，也远远超过了战国时期，所以司马迁说：“子贷金钱千贯……此亦比千乘之家。”① 情况确属如此，例如：

> 吴楚七国兵起时，长安中列侯封君行从军旅，赍贷子钱。子钱家以为侯邑国在关东，关东成败未决，莫肯与。唯无盐氏出捐千金贷，其息什之。三月，吴楚平。一岁之中，则无盐氏之息什倍，用此富埒关中。②
>
> 旁光侯殷，元鼎元年，坐贷子钱不占租，取息过律，会赦，免（师古曰：以子钱出贷人，律合收租，匿不占，取息利又多也）。③
>
> 〔谷〕永对曰：“……建始、河平之际，许、班之贵，顷动前朝……至为人起责，分利受谢（师古曰：言富贾有钱，假托其名，代之为主，放与它人，以取利息而共分之，或受报谢，别取财物）。生入死出者，不可胜数。……”④
>
> 程、卓既衰，至成、哀间，成都罗裒訾至巨万。初，裒贾京师，随身数十百万，为平陵石氏持钱。其人强力。石氏訾次如、苴，亲信，厚资遣之，令往来巴蜀，数年间致千余万。裒举其半赂遗曲阳、定陵侯，依其权力，赊贷郡国，人莫敢负。⑤

---

① 《史记》卷一百二十九，《货殖列传》。
② 《史记》卷一百二十九，《货殖列传》。
③ 《汉书》卷十五上，《王子侯表》。
④ 《汉书》卷八十五，《谷永传》。
⑤ 《汉书》卷九十一，《货殖传》。

世祖即位……谭拜议郎给事中，因上疏陈时政所宜，曰："……今富商大贾，多放钱货，中家子弟，为之保役，趋走与臣仆等勤，收税与封君比入，是以众人慕效，不耕而食。……"①

我们在上文第一节中，曾阐述了高利贷对社会经济的破坏作用，它对古代土地制度的变化——促使井田制度向私有土地制度转变，起了很大的解体作用，它迫使债台高筑的封建领主不得不把他们世袭的领地卖出，来偿还债务。在汉朝，高利贷又是造成土地兼并的一股强大力量，因重利盘剥的结果，负债的农民没有一个不是如晁错所说："当具有者，半贾（价）而卖，亡者，取倍称之息，至有卖田宅鬻子孙以偿债者矣。"所以高利贷之兼并土地，往往不通过买卖程序，而直接把土地从小生产者手中剥夺过来，这是汉代土地兼并问题特别严重的重要原因之一。

土地虽然是和普通商品一样，可以自由买卖，即"土地所有者可以像每个商品所有者处理自己的商品一样去处理土地"②，但是土地却又有不同于普通商品的一面，即土地是占有一定空间和有一定数量限制的商品，是不能随意替换和增加的商品，卖出这个固定的商品，就是放弃这块土地的所有权；买进这个商品，就是获得"垄断一定量的土地，把它作为排斥其他一切人的、只服从自己个人意志的领域"③ 的权利。这样，在土地买卖中——亦即在土地所有权的转移中，当富有的买者田连阡陌时，另一方的贫穷卖者就必然会亡立锥之地，正如上文所指出，当萧何要"多买田地""强贱买民田宅数千万"，当灌夫广置"陂池田园""横于颍川"，以及其他王公贵戚、富商大贾"规良田，役使贫民"，来利用他们别无他用的大量货币财富时，像"秦杨以田农而甲一州"④ 的人，自然比比皆是。

此外，土地还有不同于普通商品的更重要的另外一面，就是这种商品的买卖，不是于互换了所有者之后，商品的使用价值可以更好地发挥其效用，像"农有余粟，女有余布"那样，于交换之后，使粟对只有布的女和布对只有粟的农，各能发挥更大的效用，正相反，土地这种商品于买卖之后，不是"交易而退，各得其所"，而是造成了极其严重的社会经济问题。这是因为在

① 《后汉书》卷二十八上，《桓谭传》。

② 《资本论》第三卷，第六九六页。

③ 《资本论》第三卷，第六九五页。

④ 《汉书》卷九十一，《货殖传》。

以农业为基础的封建社会中，土地是最主要的生产资料，是人们赖以生存的根本保障，一个生产者如果失去了生产资料，即失去了生存依据，从而其一切生活资料的来源都断绝了。所以土地占有的两极化，就是社会贫富的两极化，也就是阶级矛盾的尖锐化。古人对这一点是认识得很清楚的，这里不妨把董仲舒对这个问题的第一个说明，再择要引述如下：

〔秦〕用商鞅之法，改帝王之制，除井田，民得卖买，富者田连阡陌，贫者亡立锥之地。又颛川泽之利，管山林之饶，荒淫越制，逾侈以相高，邑有人君之尊，里有公侯之富。……或耕豪民之田，见税什五。故贫民常衣牛马之衣，而食犬彘之食。重以贪暴之吏，刑戮妄加，民愁亡聊，亡逃山林，转为盗贼，赭衣半道，断狱岁以千万数。汉兴，循而未改。①

这清楚地说明了由土地兼并问题所造成的社会经济问题的全部内容。特别是在这一段短文中，概括地指出了地主对农民的基本剥削关系，失去土地的广大农民在一种新的租佃关系下和在地主制经济的残酷剥削下，由此产生的一系列社会经济问题和政治问题。这些问题在两千多年的封建社会中没有发生过什么质的变化。也就是说，在过去的两千多年里，中国农民始终没有挣脱掉这个枷锁。所以，弄清楚这个问题，实是了解中国历史的关键，对于土地兼并问题，在整个两汉时代，特别是在西汉一代，虽曾采取过如下文将要阐述的各种对策，但是却没有能够阻挡住这股滚滚洪流，更不用说彻底解决了，所以土地兼并的严重程度，一直是一代胜过一代，在这一时期又是东汉超过西汉。这里可以引用东汉末年仲长统的两段议论，来概括这种情况：

〔统所著《昌言》〕《损益篇》曰："……井田之变，豪人货殖，馆舍布于州郡，田亩连于方国。身无半通青纶之命，而窃三辰龙章之服；不为编户一伍之长，而有千室名邑之役。荣乐过于封君，势力侔于守令。财赂自营，犯法不坐。刺客死士，为之投命。至使弱力少智之子，被穿帷败，寄死不敛，冤枉穷困，不敢自理。虽亦由网禁疏阔，盖分田无限使之然也。今欲张太平之纪纲，立至化之

① 《汉书》卷二十四上，《食货志》。

基趾，齐民财之丰寡，正风俗之奢俭，非井田实莫由也。此变有所败，而宜复者也。"①

〔统所著《昌言》〕《理乱篇》曰："……汉兴以来，相与同为编户齐民，而以财力相君长者，世无数焉。而清洁[19]之士，徒自苦于茨棘之间，无所益损于风俗也。豪人之室，连栋数百，膏田满野，奴婢千群，徒附万计。船车贾贩，周于四方；废居积贮，满于都城。琦赂宝货，巨室不能容；马牛羊豕，山谷不能受。妖童美妾，填乎绮室；倡讴（妓）〔伎〕乐，列乎深堂。宾客待见而不敢去，车骑交错而不敢进。三牲之肉，臭而不可食；清醇之酎，败而不可饮；睇盼则人从其目之所视，喜怒则人随其心之所虑。此皆公侯之广乐，君长之厚实也。……"②

这是随着土地兼并而必然出现的贫富两极化的具体情况，是对"富者田连阡陌"的一个生动的描述。仲长统虽然是在评论汉代地主阶级的情况，但却无形中概括了两千多年里中国地主阶级的基本情况，不论他们是出身于王公贵族等官僚阶级，还是出身于"小业""薄技""贩脂""卖浆"乃至高利贷者和富商大贾，其生活之豪华阔绰，大体上都是这样。不过仲长统在这里只强调了一面，他没有告诉我们那些"贫亡立锥之地"的农民，是怎样在"常衣牛马之衣，而食犬彘之食"。下引东汉末年的崔寔《政论》，又进一步阐述了地主阶级对农民的所谓残酷剥削，究竟意味着什么，农民是怎样被剥削到连最低限度的生存都无法保证的：

崔寔：《政论》曰：上家累巨亿之资，斥地侔封君之土……生死之奉，多拟人主。故下户崎岖，无所跱足，乃父子低首，奴事富人，躬帅妻孥，为之服役。故富者席余而日织，贫者蹑短而岁蹴，历代为虏，犹不赡于衣食。生有终身之勤，死有暴骨之忧，岁小不登，流离沟壑，嫁妻卖子，其所以伤心腐藏，失生人之乐者，盖不可胜陈。今……三辅左右及凉幽州内附近郡，皆土旷人稀，厥田宜稼，悉不肯垦。③

① 《后汉书》卷四十九，《仲长统传》。
② 《后汉书》卷四十九，《仲长统传》。
③ 严可均辑：《全后汉文》，卷四十六。

这说明农民不但被剥削去全部剩余劳动，而且连大部分必要劳动也被剥削了，结果使农民无法维持适当的生存，而不得进行再生产。大量的“宜稼”之田，农民“悉不肯垦”。因为农民朝垦尺寸之田，暮被压榨之苦，与其终岁勤劳，甚至低首屈节，“奴事富人”，“躬帅妻孥，为之服役”，而仍不免“流离沟壑，嫁妻卖子”，以致“伤心腐藏，失生人之乐”，则宁愿委而去之，流亡他乡。

农民弃田不耕，乃是土地兼并问题所造成的一个尖锐矛盾，因为土地本与农民生存攸关，是农民所求之不得的，现在有田不耕，说明农民已视耕田为畏途了。在这样的情况下，一方面，造成农业生产中劳动力不足，以致土地荒芜；另一方面，造成“民不土著”，即农民流亡，户籍混乱，以致赋税收入减少。因此，历代王朝无不把“安辑流亡”“核实田亩”，借以整顿赋役，作为地方行政的大事，并作为官吏考绩的标准之一。例如东汉政府即对当时如火如荼的土地兼并问题不加过问，而亟亟于“检核”天下垦田数目和户口增减之状：

〔建武〕十三年（公元三十七年）……是时，天下垦田多不以实，又户口年纪互有增减。十五年（公元三十九年），诏下州郡检核其事，而刺史太守多不平均，或优饶豪右，侵刻羸弱；百姓嗟怨，遮道号呼。时诸郡各遣使奏事。帝见陈留吏牍上有书，视之，云：“颍川、弘农可问，河南、南阳不可问。”帝诘吏由趣，吏不肯服，抵言于长寿街上得之。帝怒。时显宗为东海公，年十二，在幄后言曰：“吏受郡敕，当欲以垦田相方耳。”帝曰：“即如此，何故言河南、南阳不可问？”对曰：“河南帝城，多近臣，南阳帝乡，多近亲，田宅逾制，不可为准。”帝令虎贲将诘问吏，吏乃实首服，如显宗对。于是遣谒者考实，具知奸状。明年，隆坐征下狱，其畴辈十余人皆死；帝以隆功臣，特免为庶人。①

可见皇帝的“近臣”和“近亲”兼并土地的情况是十分严重的，而朝廷对此则听之任之，不加制止，连把他们所占有的地产“检核”一下田亩数目

① 《后汉书》卷二十二，《刘隆传》。

也“不可问”，地方官吏对这些特权豪右还特别予以照顾“优饶”，而不惜“侵刻羸弱”，以致“百姓遮道号呼”。可知东汉王朝所注意的，只是如何增加收入，至于人民的死活，他们就不在意了。

（二）汉代的土地政策

由土地兼并问题而造成的土地占有的两极化和阶级矛盾的尖锐化，接踵而至的便是经济危机的增长与社会动乱的加剧。因为当丧失土地的广大农民都“民愁亡聊，亡逃山林，转为盗贼”的时候，特别是当直接生产者都“生有终身之勤，死有暴骨之忧”，终岁勤劳，而仍不免于“流离沟壑，嫁妻卖子”的时候，则整个社会赖以存在的基础就完全动摇了。一旦阶级斗争的暴风雨来临，首当其冲的乃是统治阶级，他们的统治地位也将受到威胁。因此，稍明事理的统治者——特别是稍具远见的统治者，对这个潜在的威胁都能清楚地预见到，尤其是在两极化的矛盾十分尖锐的时候。所以他们不得不妥筹挽救或弥补之策，用以解决或至少是延缓危机的爆发。

两汉政府——特别是西汉政府，对于当时日益严重的土地问题，曾先后采取过以下几种对策：

第一，限田。限田就是限制私人占有土地的最高额。最先提出这个办法的是董仲舒，他在论述自商鞅变法以来土地制度的变化与土地兼并问题的严重性的时候，提出了限田的建议，他说：

> 古井田法虽难卒行，宜少近古，限民名田，以赡不足，塞并兼之路。……然后可善治也。①

这是董仲舒向汉武帝提出的建议，不过汉在武帝以前，由战国末年到秦汉之交的长期战争和社会动乱所造成的经济凋敝，还没有完全恢复起来。人口稀少，土地亦相对过剩，兼并之害不烈，两极化的矛盾还远不到尖锐程度。汉王朝为了能迅速恢复被斫[20] 丧殆尽的国家元气，遂有目的地采取了自由放任政策，即所谓“孝惠、高后之时，海内得离战国之苦，君臣俱欲无为”②；又称：“当孝惠、高后时，百姓新免毒蠚，人欲长幼养老。萧、曹为

① 《汉书》卷二十四上，《食货志》。

② 《汉书》卷三，《高后纪》。

相，填以无为，从民之欲，而不扰乱，是以衣食滋殖，刑罚用稀。及孝文即位，躬修玄默……惩恶亡秦之政，论议务在宽厚……吏安其官，民乐其业，畜积岁增，户口浸息。风流笃厚，禁罔疏阔。”① 于是人们在一切经济经营上都获得了充分自由，不仅“开关梁，弛山泽之禁”，使富商大贾都各“得其所欲”，而且各种财富的所有者都可以根据自己的财力和意图来自由地收购土地，不会受到任何限制或阻挠。

西汉到了武帝时期，经过七十多年的休养生息，社会经济不但恢复了固有繁荣，而且各个方面都有了进一步的发展。本来在文景之际，已经是“天下殷富，粟至十余钱，鸣鸡吠狗，烟火万里”②。可见当时人口已经在大量繁殖，土地也正在日益变得相对狭小。到武帝时，随着经济的发展和人口的增多，土地兼并之害便日益显著：

> 至今上（武帝）即位数岁，汉兴七十余年之间，国家无事，非遇水旱之灾，民则人给家足，都鄙廪庾皆满，而府库余货财。京师之钱累巨万，贯朽而不可校。太仓之粟陈陈相因，充溢露积于外，至腐败不可食。众庶街巷有马，阡陌之间成群……当此之时，网疏而民富，役财骄溢，或至并兼，豪党之徒，以武断于乡曲。宗室有士公卿大夫以下，争于奢侈，室庐舆服僭于上，无限度。③

可见到汉武帝时，土地问题的严重性已经表面化了，政府已经不得不采取适当对策，来阻止情况的进一步恶化，董仲舒就是在这个时候提出他的限田建议的。但是他的建议非常笼统，没有提出任何具体办法，对于究竟应当如何限制，限额标准如何确定，他都是心中无数。当时汉武帝正在考虑其他更有效的措施，所以对董仲舒的空洞议论未置可否。后来直到哀帝年间，因土地问题日益严重及由此造成的社会经济危机和革命风暴行将来临之故，朝廷才在一些大臣建议之下，规定了一个由王公贵族到富商大贾占有土地的最高限额，尽管这个限额规定得非常高，但限田法令仍然在一些既得利益集团的破坏阻挠之下成为具文：

---

① 《汉书》卷二十三，《刑法志》。
② 《史记》卷二十五，《律书》。
③ 《史记》卷三十，《平准书》。

〔绥和二年（公元前七年）诏〕又曰："……诸侯王、列侯、公主、吏二千石及豪富民多畜奴婢，田宅亡限，与民争利，百姓失职，重困不足。其议限列。"有司条奏："诸王、列侯得名田国中，列侯在长安及公主名田县道，关内侯、吏民名田，皆无得过三十顷。……贾人皆不得名田、为吏，犯者以律论。诸名田畜奴婢过品，皆没入县官。"①

哀帝即位，师丹辅政，建言："……孝文皇帝承亡周乱秦兵革之后，天下空虚，故务勤农桑，帅以节俭。民始充实，未有并兼之害，故不为民田及奴婢为限。今累世承平，豪富吏民訾数巨万，而贫弱俞困。……宜略为限。"天子下其议。丞相孔光、大司空何武奏请："诸侯王、列侯皆得名田国中。列侯在长安，公主名田县道，及关内侯、吏民名田皆毋过三十顷。……期尽三年，犯者没入官。"时田宅奴婢贾为减贱。丁、傅用事，董贤隆贵，皆不便也。诏书且须后，遂寝不行。②

限田法令本来就是纸上谈兵，不仅由于"丁、傅用事，董贤隆贵[21]"，会使法令"遂寝不行"，事实上带头破坏限田法令的，正是哀帝自己。他一方面于绥和二年颁均田之诏，另一方面又自行破坏，王嘉"奏封事曰：'……诏书罢菀，而以赐〔董〕贤二千余顷，均田之制从此堕坏'（注：孟康曰：自公卿以下至于吏民名曰均田，皆有顷数，于品制中令均等。今赐贤二千余顷，则坏其等制也）"③。限田既行不通，兼并之害自然是愈演愈烈，后来东汉人荀悦对于这个问题曾有如下一段评论：

昔文帝十三年（公元前一六七年）六月，诏除人田租。且古者十一而税，以为天下之中正，今汉人田或百一而税，可谓鲜矣。然豪富强人，占田逾多，其赋太半，官收百一之税，而人输豪强太半之赋，官家之惠，优于三代，豪强之暴，酷于亡秦，是以惠不下通，而威福分于豪人也。今不正其本，而务除租税，适足以资富强也。孝武皇帝时，董仲舒尝言，宜限人占田；至哀帝时，乃限人占田不

① 《汉书》卷十一，《哀帝纪》。
② 《汉书》卷二十四上，《食货志》。
③ 《汉书》卷八十六，《王嘉传》。

> 得过三十顷，虽有其制，率难施行。然三十顷又不平矣。且夫井田之制，不宜于人众之时；田广人寡，苟为可也。然欲废之于寡，立之于众，土田布列在豪强，卒而革之，并有怨心，则生纷乱，制度难行。由是观之，若高祖初定天下，光武中兴之后，人众稀少，立之易矣。既未悉备井田之法，宜以口数占田，为之立限，人得耕种，不得卖买，以赡贫弱，以防兼并，且为制度张本，不亦宜乎。[①]

荀悦的这段评论，可作为历代人士讨论土地问题和制定土地政策的典型，是中国古代经济思想史中有广泛代表性的言论，因古人总认为最好的土地制度是井田制度，既然井田制度不能恢复（他们认为西汉和东汉初年“人众稀少”时没有恢复井田是错过了机会），就应当认真实行限田政策，使“以口数占田”，“不得卖买”，他们根本不理解在私有土地制度确立之后，这个政策是与客观经济规律相抵触的，因而在任何一个朝代也是行不通的。

第二，限制商贾占田。抑商政策不始于汉，但汉代却一直在奉行这个传统政策。例如，汉在王朝建立之初，即令“贾人毋得衣锦绣绮縠絺纻罽，操兵，乘骑马”[②]；又：“天下已平，高祖乃令贾人不得衣丝乘车，重租税以困辱之。孝惠、高后时，为天下初定，复弛商贾之律，然市井之子孙亦不得仕宦为吏。”[③] 这还只是一般地抑商，并没有限制他们的经济活动。但是到了汉武帝时期，情况已经发生了很大变化。当时不仅土地兼并问题严重，而且由于商品经营资本和货币经营资本都有了大量积累，商人的势力已相当强大，以经营盐铁酒酤起家的富商大贾和子贷金钱的高利贷者，与王公贵戚、达官显宦等封建特权阶级以及地方上的地主豪右互相联合勾结成为“豪强并兼之家”。正是他们“规良田，役使贫民”，如上文所述的“役财骄溢，或至并兼，豪党之徒，以武断于乡曲”，亦即董仲舒所说的“里有人君之尊，邑有公侯之富”。事实上，这些人已成为地方割据势力的社会基础，因而也是最高统治权的一种潜在威胁。这一切说明，土地兼并问题到汉武帝时已经不是一个单纯的经济问题，而是性质严重的社会问题和政治问题了。当董仲舒向汉武帝提出限田建议时，汉武帝正在全神注视着商人财富和势力的迅速膨胀，而思采取各种办法来加以遏止。董仲舒的空洞建议正提醒了他，于是立即实

① 《通典》卷一，《食货·田制上》。
② 《汉书》卷一下，《高帝纪下》。
③ 《史记》卷三十，《平准书》。

行了限制商贾占田的政策：

> 〔元狩中〕商贾以币之变，多积货逐利。于是公卿言："郡国颇被灾[22]害，贫民无产业者，募徙广饶之地。陛下损膳省用，出禁钱以振元元，宽贷赋，而民不齐出于南亩，商贾滋众。贫者畜积无有，皆仰县官。……贾人有市籍者，及其家属，皆无得籍名田，以便农（索隐：谓贾人有市籍，不许以名占田也），敢犯令，没入田僮。"①
>
> 商贾以币之变，多积货逐利。于是公卿言："……贾人有市籍，及家属，皆无得名田（师古曰：一人有市籍，则身及家内皆不得有田也），以便农。敢犯令，没入田货。"②

这是汉武帝所采取的抑商政策的一个方面，实际上是一个次要的方面，因为所限制的只是商贾中的有市籍者，只要一人有市籍，则其本人及其家属皆不得有田。由于政策完全没有涉及王公、贵戚、达官、显宦及其他没有市籍的富商大贾和各种财富所有者的土地兼并行为，可知政策的涉及面是不广的，收效当然也是不大的。

第三，实行告缗令，抄没商人的土地。这是汉武帝在实行抑商政策时，所采取的一种最激烈的手段，对全国商人进行了一次抄家，直接没收了包括土地、房屋等不动产在内的商人的全部财产：

> 商贾以币之变，多积货逐利。于是公卿言：……异时算轺车贾人缗钱皆有差，请算如故（索隐：异时，犹昔时也。《说文》云，轺，小车也。言算轺车者，有轺车使出税一算二算也）。诸贾人末作贳贷卖买，居邑稽诸物，及商以取利者，虽无市籍，各以其物自占（索隐：占，自隐度也，谓各自隐度其财物多少，为文簿送之官也。若不尽，皆没入于官），率缗钱二千而一算。诸作有租及铸，率缗钱四千一算。非吏比者三老、北边骑士，轺车以一算；商贾人轺车二算；船五丈以上一算。匿不自占，占不悉，戍边一岁，没入缗钱。

① 《史记》卷三十，《平准书》。

② 《汉书》卷二十四下，《食货志》。

有能告者，以其半畀之。①

天子既下缗钱令……于是（杨可）告缗钱纵矣。……杨可告缗遍[23] 天下，中家以上大抵皆遇告。杜周治之，狱少反者（如淳曰：治匿缗钱之罪，其狱少有反者）。乃分遣御史廷尉正监分曹往，即治郡国缗钱，得民财物以亿计，奴婢以千万数，田大县数百顷，小县百余顷，宅亦如之。于是商贾中家以上大率破，民偷甘食好衣，不事畜藏之产业。②

这是对全国商人进行了一次大规模的财物特别是土地的抄没，也是一次最彻底的抑商活动，抄没的结果是连中等商人也都破了产，一般富商大贾就更不用说了。于是一般商贾都把钱用在“甘食好衣”上，一时不再置买产业。但是这种狂风暴雨式的激烈办法，只能使商人们遭受一次沉重的打击和损失，却不能通过这个途径从根本上解决土地问题，甚至连治标的效果也不可能得到。因为土地兼并问题是由一定的土地制度产生的，任何临时性措施——不管多么激烈，也不可能改变土地制度，更不可能改变以此为基础的社会经济结构，具体说，商人们现有的产业虽被没收，但是他们的财源没有断，土地的自由买卖制度没有变，今天失去的土地，明天又可以照旧买来！

第四，改变币制。汉武帝推行抑商政策的另一个措施，是经常改变货币制度。因为商人是货币财富的大量拥有者，他们的商品经营资本，主要是以货币形态存在的，改变币制，废旧用新，足以使他们贮藏的货币顿然丧失或减少其价值，借以遏止土地兼并的势头：

〔元狩中〕县官大空，而富商大贾……财或累万金，而不佐国家之急，黎民重困。于是天子与公卿议，更钱造币以赡用，而摧浮淫并兼之徒。③

会浑邪等降，汉大兴兵伐匈奴，山东水旱，贫民流徙，皆仰给县官，县官空虚。于是丞上指，请造白金及五铢钱，笼天下盐铁，排富商大贾，出告缗令，锄[24] 豪强并兼之家。④

---

① 《史记》卷三十，《平准书》。

② 《史记》卷三十，《平准书》。

③ 《史记》卷三十，《平准书》。

④ 《史记》卷一百二十二，《酷吏列传》；《汉书》卷五十九，《张汤传》。

〔元狩六年（公元前一一七年）六月〕诏曰："日者有司以币轻多奸，农伤而末众，又禁（以）兼并之涂，故改币以约之。……"①

自造白金五铢钱后五岁……犯法者众，吏不能尽诛，于是遣博士褚大、徐偃等分行郡国，举并兼之徒守相为利者（师古曰：守，郡守也。相，诸侯相。《补注》先谦曰：《武纪》在元狩六年，诏云："将百姓所安殊路，而桥虔吏因乘势以侵蒸庶邪？"所谓桥虔吏，即守相为利者也，举谓举奏）。②

用改变币制的办法，来限制商业资本的积累和土地兼并的进行，显然是起不了多大作用，更收不到预期效果的，因为旧币废止以后，旧币材的金属价值并不消失，商人们可以以旧易新，仍能用新的货币积累财富和兼并土地，并且西汉时期，正是黄金大量流通的时候，商人们的货币财富不会都是铜钱，可知改变币制对解决土地问题并无多大用处。所以到元帝时，贡禹便提出了根本废止金属货币的主张。其建议虽不可能实行，但从他的议论中，却可以看出商人兼并土地的严重情况：

自五铢钱起已来七十余年……富人积钱满室，犹亡厌足。民心（摇动）〔动摇〕，商贾求利，东西南北各用智巧，好衣美食，岁有十二之利，而不出税租。农夫父子暴露中野，不避寒暑，捽屮杷土，手足胼胝，已奉谷租，又出稿税，乡部私求，不可胜供。故民弃本逐末，耕者不能半。贫民虽赐之田，犹贱卖以贾，穷则起为盗贼。何者？末利深而惑于钱也。是以奸邪不可禁，其原皆起于钱也。③

第五，实行"均输"、"平准"和禁榷盐铁。这是汉武帝在桑弘羊的设计和主持下，所推行的抑商政策中一项最有效的办法。通过这一政策的实行，同时达到了经济的、政治的、财政的和军事的各种预期的目的。关于这些问题后文于论述国营商业和经济政策的有关章节中会进行讨论，这里仅指出它的遏止兼并的作用。

"均输""平准"就是官办商业的贩运经营，是把一些有利的商业营运由

① 《汉书》卷六，《武帝纪》。
② 《汉书》卷二十四下，《食货志》。
③ 《汉书》卷七十二，《贡禹传》。

私人手里夺取过来，改由官家经营。这是为了把商人们发财致富的道路堵塞住，使他们失去有利的经营，不能再从中积累商业资本——即货币财富，从而使他们失去大量兼并土地的能力。这个政策之所以容易有收效，是因为在古代封建社会中，自然经济还在整个社会经济的结构中占重要地位，商人的活动还有一定的局限性，不仅受着交通运输条件的限制，而且能够大量贩运的商品还不是很多的。政府把重要的商业部门都垄断起来，商人就没有什么有利经营和活动余地了。这一政策的主要内容和施行经过，大体如下：

> 桑弘羊为大农丞，筦诸会计事，稍稍置均输以通货物矣（孟康曰：谓诸当所输于官者，皆令输其土地所饶，平其所在时价，官更于它处卖之，输者既便，而官有利。《汉书·百官表》大司农属官有均输令）。……汉连兵三岁，诛羌，灭南越，番禺以西至蜀南者置初郡十七……费皆仰给大农。大农以均输调盐铁助赋，故能赡之。……其明年，元封元年（公元前一一〇年）……而桑弘羊为治粟都尉，领大农，尽代〔孔〕仅筦天下盐铁。弘羊以诸官各自市，相与争，物故腾跃；而天下赋输或不偿其僦费（索隐曰：言所输物不足偿其雇载之费也）。乃请置大农部丞数十人，分部主郡国，各往往县置均输盐铁官，令远方各以其物贵时商贾所转贩者为赋，而相灌输。置平准于京师，都受天下委输。召工官治车诸器，皆仰给大农。大农之诸官尽笼天下之货物，贵即卖之，贱则买之。如此，富商大贾无所牟大利，则反本，而万物不得腾踊。故抑天下物，名曰“平准”。天子以为然，许之。①

这个政策先是在财政上收到了功效，“于是天子北至朔方，东到太山，巡海上，并北边以归。所过赏赐，用帛百余万匹，钱金以巨万计，皆取足大农。……一岁之中，太仓、甘泉仓满。边余谷诸物均输帛五百万匹。民不益赋而天下用饶”②。确如桑弘羊自己所说：“往者财用不足，战士或不得禄，而山东被灾，齐赵大饥，赖均输之蓄，仓廪之积，战士以奉，饥民以赈。故均输之物，府库之财，非所以贾万民，而专奉兵师之用，亦所以赈困乏，而

---

① 《史记》卷三十，《平准书》。

② 《史记》卷三十，《平准书》。

备水旱之灾也。”①

禁榷盐铁，实是官营商业政策赖以成功的关键，因为盐铁乃是官营商业的两项最主要的商品。不管自然经济结构是多么原始，人们所过的自给自足的生活是多么简单，盐和铁这两种生活必需品却不是人人都能自己生产，而是必须向市场购买的，因而盐铁这两种商品的生产和贩运，就成了最有利的商业经营。所以从战国以来，先后出现的许多富商大贾，十有八九都是以盐铁起家，盐铁一旦收归官营，商人们的发财机会就大为减少了。商人是兼并土地的一个重要方面军，使商人失去发财的机会，自然就会使土地兼并的发展趋势大大地缓和下来，所以桑弘羊明白说道：“今意总一盐铁，非独为利入也，将以建本抑末，离朋党，禁淫侈，绝并兼之路也。”② 这在抑商政策上无疑是成功的，但在遏止土地兼并问题上仍然是间接的和范围有限的，因为兼并土地的并不都是商人。

第六，迁徙富豪。经常不断地把地方上的豪强权右、富商大贾、广有田产的兼并之家等的各种财富所有者迁往京师，置于政府的直接监视之下，是秦汉两朝的统治者为了遏止土地兼并，消灭地方割据势力和缓和因土地占有两极化而尖锐起来的阶级矛盾，所采取的一种巧妙的解决办法。这个政策，既有明显的政治目的，又有深远的经济目的。我们说这是一种巧妙的办法，是因为它以一种尽在不言之中的方式而一举解决了政治的和经济的两个大问题。从政治方面来看，那些恃[25] 财骄溢、武断乡曲的豪强大家，即所谓“邑有人君之尊，里有公侯之富”的那些人，都是地方上的真正主宰，他们“专山泽之饶，薄赋其民，赈赡穷小，以成私威，私威积，而逆节之心作”，是由于他们能够“众邪群聚，私门成党，则强御日以不制，而并兼之徒奸形成也”③。要从根本上使他们不能“成奸伪之业，遂朋党之权”④，以消弭这种地方割据势力的形成及其对最高统治权的潜在威胁，只有把这些人物迁离本土，使之居住在皇帝的辇毂之下。很清楚，“土皇帝”一旦离开本土，一切权力和影响便都随之消失了。这就是秦汉两代的政论家所不断鼓吹的“强干弱枝”政策。

从经济方面来看，不论是在乡的豪门巨绅，还是富有的工商业主或高利

---

① 《盐铁论·力耕》。

② 《盐铁论·复古》。

③ 《盐铁论·禁耕》。

④ 《盐铁论·复古》。

贷者，乃至以“小业”“薄技”而财至巨万的暴发户，无一不是田连阡陌的大地主，只要他们的资财（包括动产和不动产）达到一定数目，就必须迁居京师或异地。这一来，便等于把他们的房地产全部没收了。因为他们一旦迁离家乡，远适异地，在古代交通运输条件的限制下，他们只能带走自己所有的动产，并且动产中也只能携带单位价值高和体积轻便的东西，不但土地、房屋、苑囿、林池不能搬动，连一些笨重的浮财也只有忍痛放弃。结果，这些财物当然都被政府没收，特别是他们留下的大量土地，都被政府没入为公田。这个政策是从秦代开始的，在整个秦汉两代一直在执行：

蜀卓氏之先，赵人也，用铁冶富。秦破赵，迁卓氏。……致之临邛，大喜，即铁山鼓铸。①

宛孔氏之先，梁人也，用铁冶为业。秦伐魏，迁孔氏南阳。大鼓铸，规陂池。②

〔始皇二十六年（公元前二二一年）〕徙天下豪富于咸阳十二万户。③

〔淮南王安谋反，伍被为策曰〕：“……臣之愚计，可伪为丞相御史请书，徙郡国豪杰任侠及有耐罪以上，赦令除其罪，产五十万以上者，皆徙其家属朔方之郡。……”④

〔元朔二年（公元前一二七年）夏〕又徙郡国豪杰及訾三百万以上于茂陵。⑤

〔主父偃〕又说上曰：“茂陵初立，天下豪杰并兼之家，乱众之民，皆可徙茂陵，内实京师，外销奸猾，此所谓不诛而害除。”上又从其计。⑥

〔宣帝〕本始元年（公元前七十三年）春正月，募郡国吏民、訾百万以上徙平陵。⑦

〔宣帝〕元康元年（公元前六十五年）春，徙丞相、将军、列

① 《史记》卷一百二十九，《货殖列传》。
② 《史记》卷一百二十九，《货殖列传》。
③ 《史记》卷六，《秦始皇本纪》。
④ 《史记》卷一百十八，《淮南衡山列传》。
⑤ 《汉书》卷六，《武帝纪》。
⑥ 《史记》卷一百十二，《平津侯主父偃列传》。
⑦ 《汉书》卷八，《宣帝纪》。

侯、吏二千石、訾百万者杜陵。①

〔班氏之先况〕成帝之初，女为捷伃，致仕就第，资累千金，徙昌陵。②

〔成帝鸿嘉二年（公元前十九年）〕夏，徙郡国豪杰訾五百万以上五千户于昌陵。③

成帝起初陵……汤心利之，即上封事言："初陵，京师之地，最为肥美，可立一县。天下民不徙诸陵三十余岁矣，关东富人益众，多规良田，役使贫民，可徙初陵，以强京师，衰弱诸侯，又使中家以下得均贫富。……"④

〔当〕祖父以訾百万，自下邑徙平陵。⑤

统高祖父子都，自河东迁居北地，子都子桥以訾千万徙茂陵。⑥

从上引例证可以看出，迁徙富豪政策，以秦和西汉两代推行最力，到东汉时只偶一为之，事实上是停止实行了。

上述六种政策，都是秦汉两代，特别是西汉一代，为了解决土地兼并问题而采取的对策，其中有些办法所采取的手段还十分暴烈甚至极端暴烈，如对富人已经占有的土地进行了直接抄没或变相没收。但是总体而言，这些办法都没有达到预期目的，或者收效不大，或者范围不广，或者为时短暂，即只能治标，不能治本。实际上，所有这些办法，都是扬汤止沸，而不是釜底抽薪，故收到的效果都是局部的、暂时的和间接的。因为土地兼并乃是随着土地买卖制度而产生的一个必然结果，在根本的土地制度没有也不可能变化的前提下，土地兼并问题就绝不是任何修补弥缝之策所能解决的。上述的种种办法，实际上又主要是针对商人的，所以从抑商的角度来看，其中有些办法显然是有效的和成功的，但是从解决土地问题的角度来看，就不是有效的或成功的。总体而言，甚至可以说是失败的。因为很明显，兼并土地的并非都是商人，在所谓"并兼之家"中，商人所占的还远不是一个较大的份额，

① 《汉书》卷八，《宣帝纪》。
② 《汉书》卷一百上，《叙传》。
③ 《汉书》卷十，《成帝纪》。
④ 《汉书》卷七十，《陈汤传》。
⑤ 《汉书》卷七十一，《平当传》。
⑥ 《后汉书》卷三十四，《梁统传》。

占有土地最大份额的是诸王、公主、列侯、外戚、宦官、将相、宠臣、在职高官、退职巨绅以及诸如此类的特权阶级，而上述的种种措施，都影响不到这些人。就是那些被触动了的富商大贾、高利贷者和各种富而不贵的土财主，也只能使他们暂时受到一些损失，增加一些困难，使他们对土地的猖狂进攻暂时收敛一下，但是土地问题的发展方向却不会由此扭转。所以在整个汉代，土地兼并的形势有如既倒狂澜，一直是一浪逐一浪地滚滚前进。

在土地兼并不断发展的情况下，丧失了土地的农民，被剥夺到“贫亡立锥之地”。他们为了生存，除了一部分“或耕豪民之田”，忍受着地主阶级的残酷剥削，并过着“衣牛马之衣”“食犬彘之食”的贫苦生活外，其他多数无地农民连这样的佃耕机会也不能获得，而社会上又别无其他就业机会来吸收这些相对过剩的人口，结果，这些失业农民都变成了无业游民。他们初则“亡逃山林，转为盗贼”，使阶级矛盾和社会动乱不断发展，久之，便如群蹩归海，逐渐向一起联合汇流，终于爆发了西汉末年以赤眉为代表的农民大起义，结果，在战火弥漫中，一个庞大的西汉帝国彻底颠覆了。

经过长期混乱重建起来的东汉王朝，自认为是西汉王朝的延续，故一切都继承西汉之旧。制度相同，问题自然也相同，但在土地问题上却没有采取西汉的抑制政策，而是完全放任，对豪门权贵和富商大贾之兼并土地，既不加过问，更不加阻挠，一切都听之任之。由于东汉的政治比西汉更黑暗，特权阶级特别是宦官外戚比西汉更残暴，故土地兼并的程度亦远比西汉为酷烈，甚至在东汉初年，当时王朝的基础还不巩固，残破衰落之状还没有恢复，还是土旷人稀的时候，那些从人民血泊中茁生出来的新贵们，就在疯狂地侵占公私土地。所谓“河南帝城多近臣，南阳帝乡多近亲，田宅逾制，不可为准”，就是出现在这个时候。特别是东汉王朝有鉴于王莽因轻于改变土地制度，侵犯了既得利益阶级而招致政权覆灭和杀身之祸这一点，遂有意地不去触动地主阶级，这是东汉一代土地兼并问题日益严重的原因之一。

正由于东汉的土地问题比西汉更严重，阶级矛盾比西汉更尖锐，故东汉末年的农民大起义——黄巾起义，其规模亦远比西汉末年的赤眉起义要大得多，而东汉帝国也就如出一辙地被农民起义所颠覆。前后两次汉王朝的政权都是在农民起义中建立起来，又都被农民起义颠覆下去的，足见土地兼并问题，在两汉时代是贯穿始终的。

第四节　新莽的王田制度及其失败

西汉末年，汉王朝的政权曾被外戚王莽所篡夺，建立了一个短暂的以“新”为号的王朝。从公元九年王莽称制（始建国元年）起，到公元二十三年（地皇四年）覆灭止，这短短的十四年，成为整个中国漫长历史过程中的一幕滑稽剧——一幕悲剧性的闹剧：他（即王莽）富有不切实际的空洞幻想，又具有不顾一切的愚蠢干劲；他一时骗取了各个阶层的拥护，转瞬又遭到了举国上下的唾骂；他对前朝的制度和政策提出了极为中肯的批评和揭露，同时却又干出了一系列不符合客观规律甚至十分荒谬的所谓改革；他蛮干的结果，既得罪了特权豪右，又损害了中小地主，既打击了富商大贾，又害苦了小商小贩；他打出来的幌子是为民请命即减轻人民的负担，而人民却遭受了更大的压迫和直接的危害；他无端挑起外患，又无端制造内忧。于是各种反对力量很快汇合并一齐反扑过来。最后，这个既愚昧又狂妄的“改革家”终于被一个小商人屠户割去了头颅。

王莽所进行的经济改革是多方面的，而且是互相有联系的，不过我们在这里只限于讨论他的“王田”制度及与“王田”制度有关的奴隶买卖问题，其他方面的所谓改革，如“五均”“六筦”和他的五花八门的新货币制度，则分别于后文有关章节中论述。

关于西汉年间日益严重的土地兼并问题，上文已经论述，西汉政府为了解决这个问题曾先后采取过各种对策，但是结果都是扬汤止沸，没有达到预期目的，事实上也不可能产生任何积极的效果。因为土地问题是随着土地买卖制度而必然产生的，在大前提没有改变的情况下，任何力量都不能阻止它的发展。所以不管政府是怎样千方百计地想加以解决，不管所采取的办法是多么激烈、多么彻底，也依然遏止不住土地兼并的滚滚狂澜，到了西汉末年，由此而造成的社会经济危机已经十分严重，阶级矛盾也已非常尖锐，革命的爆发已有风雨欲来之势。这时的主要问题，可以概括为以下两个方面：

第一，随着土地兼并的发展和土地占有的两极化日益严重，丧失土地的农民愈来愈多，可是社会上不但没有同步发展起来的城市工商业，提供足够的就业机会来吸收从农村中游离出来的无地农民，而且由于土地过度集中的结果，许多被剥夺了土地的农民，连“或耕豪民之田”的租佃机会也不能获得。这些完全失掉生存依靠的贫苦农民，其中有些人“亡逃山林，转为盗贼”，但多数人于走投无路之后而卖身为奴。西汉又正是商品经济和货币经济特别发达的时期，一般豪门权贵和富商大贾不但具有购买大片地产的能力，而且还具有购买大批奴隶的能力，故西汉奴隶制度又大大地死灰复燃，公私奴隶之多，奴隶买卖之盛，都远远超过前代，这是随着货币经济的发展而必然出现的一种社会现象。关于这个问题，后文还另有专节讨论。总之，各种财富所有者，当他们大量收购土地时，无不同时大量购买奴隶，这就是前引董仲舒所说的高位厚禄之人，“乘其富贵之资力，众其奴婢，多其牛羊，广其田宅，博其产业，畜其积委”的这样一种普遍现象。像吕不韦“家僮万人”和嫪毐“家僮数千人”① 这样的大地主和大奴隶主，恐怕连希腊罗马的奴隶主都远不能与之比拟。等而下之，更比比皆是，如张安世，身为公侯，“家童七百人，皆有手技作事，内治产业，累积纤微”②。其他一般中小地主，于购买土地时，大都同时购买奴隶，例如：卓王孙“分与文君僮百人，钱百万……买田宅，为富人”③；霍去病“大为（其父）中孺买田宅奴婢而去”④。其他如朝廷以土地赏赐或朋友以土地赠遗，亦大都同时附带众多的奴隶，例如：汉武帝“以二千户封地士将军（栾）大为乐通侯，赐列侯甲第，僮千人”⑤；武帝“奉钱千万，奴婢三百人，公田百顷，甲第，以赐姊”⑥；“公主上书言年老土思，愿得归骸骨，葬汉地，天子闵而迎之，公主与乌孙男女三人俱来至京师。是岁，甘露三年（公元前五十一年）也。时年且七十，赐以公主田宅奴婢，奉养甚厚”⑦；〔永始四年（公元前十三年）六月，诏曰〕：“方今世俗奢僭罔极，靡有厌足。公卿列侯亲属近臣……务广第宅，治园池，多畜奴婢。”⑧ 这些情况都说明，田连阡陌的大地主，他们除了把一部分土地佃租给农民外，还大量使用奴隶劳动来经营其地产。这样一来，更减少了无地农民的租佃机会，从而更扩大了失业队伍，使社会经济危机和阶级矛盾都进一步严重起来。

土地问题不但关系着奴隶问题，而且二者还互相促进和互为条件，结果，

---

① 《史记》卷八十五，《吕不韦列传》。
② 《汉书》卷五十九，《张汤传附子安世传》。
③ 《史记》卷一百十七，《司马相如列传》。
④ 《汉书》卷六十八，《霍光传》。
⑤ 《史记》卷二十八，《封禅书》。
⑥ 《史记》卷四十九，《外戚世家》。
⑦ 《汉书》卷九十六下，《西域传·乌孙》。
⑧ 《汉书》卷十，《成帝纪》。

社会的普遍贫困化和广大人民的奴隶化，遂都日益加速地在为社会制造动乱的条件，所以西汉政府在所颁布的限田法令中，除了明确规定土地占有的最高限外，还明确规定了占有奴婢的最高限："诸侯王、列侯皆得名田国中。列侯在长安，公主名田县道，及关内侯、吏民名田皆毋过三十顷。诸侯王奴婢二百人，列侯、公主百人，关内侯、吏民三十人。"① 令下之后，"田宅奴婢，贾为减贱"。可见奴隶买卖的严重情况。

第二，剥削加强。在地主制经济的结构中，地主对佃耕农民的剥削，本来就具有领主制经济所不能达到的残酷程度，这是由客观经济规律所决定的地主制经济的特点之一。关于这点，本卷第二章第一节等处已有分析说明。

以上两点，都是土地兼并问题所造成的必然结果，到了西汉末年，已成为十分尖锐的阶级矛盾，对于这样一种迫在眉睫的社会经济危机，已不能再等闲视之，如上文所指出，西汉历届政府曾先后采取过各种对策，均未奏效。王莽正是在这样一种危急时刻篡夺到政权的，他看到了问题的严重性，认为这个问题非从根本上解决不可，任何治标办法和各种枝枝节节的补救弥缝之策，都是无济于事的。王莽的这个看法，无疑是正确的。他对所面临的由前朝遗留下来的社会经济问题，进行了无情的批评和揭发，他揭发出来的矛盾和提出来的批评，无疑也都是正确的：

〔始建国元年（公元九年）四月〕莽曰："古者，设庐井八家，一夫一妇田百亩，什一而税，则国给民富而颂声作。此唐虞之道，三代所遵行也。秦为无道，厚赋税以自供奉，罢民力以极欲，坏圣制，废井田，是以兼并起，贪鄙生，强者规田以千数，弱者曾无立锥之居。又置奴婢之市，与牛马同兰（栏），制于民臣，颛断其命。奸虐之人因缘为利，至略卖人妻子，逆天心，悖[26] 人伦，缪于'天地之性人为贵'之义。《书》曰：'予则奴戮女。'唯不用命者，然后被此辜矣。汉氏减轻田租，三十而税一，常有更赋，罢癃咸出，而豪民侵陵，分田劫假。厥名三十税一，实什税五也。父子夫妇终年耕芸，所得不足以自存。富者犬马余菽粟，骄而为邪；贫者不厌糟糠，穷而为奸。俱陷于辜，刑用不错。"②

① 《汉书》卷二十四上，《食货志》。

② 《汉书》卷九十九中，《王莽传》。

〔莽〕下令曰："汉氏减轻田租，三十而税一，常有更赋，罢癃咸出（晋灼曰：虽老病者，皆复出口算。师古曰：罢，读曰疲）。而豪民侵陵，分田劫假（师古曰：分田，谓贫者无田而取富人田耕种，共分其所收也。假，亦谓贫人赁富人之田也。劫者，富人劫夺其税，侵欺之也），厥名三十，实什税五也。富者骄而为邪，贫者穷而为奸，俱陷于辜，刑用不错（师古曰：错，置也）。"①

王莽虽然认识到了当时社会经济问题的严重性，也曾正确地揭露了矛盾的真相，但是像他这样一个只有"佞邪之材"而又惯于欺世盗名、弄虚作假的人，没有也不可能了解问题的根源所在，更不可能找到解决问题的正确途径。他在以土地自由买卖为基础的私有土地制度已经确立了五六百年之后，特别是在井田制度已经被破坏了六百多年之后，竟然完全不顾社会经济的客观条件和有没有实行新的土地制度的可能，完全根据一些自以为是的幻想，贸然颁布了以取消土地买卖和恢复井田制度为目的的"王田"制度，并在法令中宣布：要以严刑峻法来处治"犯令"者，表示要坚定不移地来执行这个法令：

予前在大麓，始令天下公田口井，时则有嘉禾之祥，遭反虏逆贼且止。今更名天下田曰"王田"，奴婢曰"私属"，皆不得卖买。其男口不盈八，而田过一井者，分余田予九族邻里乡党。故无田，今当受田者，如制度。敢有非井田圣制，无法惑众者，投诸四裔，以御魑魅，如皇始祖考虞帝故事。②

〔莽〕下令曰："……今更名天下田曰王田，奴婢曰私属，皆不得卖买。其男口不满八，而田过一井者，分余田与九族乡党。"犯令，法至死。③

这个法令显然是针对当时两个主要问题——土地买卖和奴隶买卖——而提出来的。在王莽看来，这两个问题只要下一道禁令，便都可以迎刃而解。看来这好像是由于他不了解客观情况和问题的症结而产生的一种天真想法，

① 《汉书》卷二十四上，《食货志》。
② 《汉书》卷九十九中，《王莽传》。
③ 《汉书》卷二十四上，《食货志》。

实际上，这和他的其他所谓改革一样，是出于他的“佞邪之材”而进行的一系列愚昧恣肆、离奇怪诞的荒唐做法之一。因为土地制度自从在战国年间变化以后，不论是哪一类的财富所有者，其所占有的土地，基本上都是经过买卖程序而合法占有的私产，占有土地的人，并非都是豪右权门和富商大贾等田连阡陌的大地主，其中还有人数众多的中小地主和自耕农民，他们多是经过长年累月的积累，获得一点购买土地的资本，土地之于他们既是收入来源，又是生存依据，故对之爱惜宝贵，有如生命。因此，不仅客观的经济规律不允许对这样一种符合实际需要的经济结构由什么人的主观意志而随意加以改变，而且社会的传统习惯和政治法律制度，也不允许对社会财产关系无端地进行侵犯和破坏。

井田制度是建立在两个必要条件之上的：一是这种土地制度是为了以劳动的自然形态（即劳役地租）来进行农奴制剥削而形成的；二是既要进行农奴制剥削，就必须实行计口授田的分配办法，即以份地形式分地给农奴，而这种分配办法只能实行于土旷人稀时代，即土地对人口而言相对过剩的时代。井田制度之所以到战国年间即陷于崩溃，正是由于这两个前提已经完全改变，它不但没有再存在下去的可能，而且也没有再存在下去的必要了。到了四百多年以后的西汉末年，社会经济的发展变化，与西周时代相比，几乎成了两个不同的世界，更没有实行井田制度的条件，特别是人口已经大量增加，到处都是“土地小狭，民人众”，凡是开发了的经济区，都是人烟稠密的地区。例如，西汉首都所在的关中，“三辅迫近于山河，地狭人众，四方并臻，粟米薪菜，不能相赡”①。在这样的情况下，又怎能实行计口授田？王莽胡说什么“始令天下公田口井，时则有嘉禾之祥”，完全是白日做梦。既要不顾一切地强制实行计口授田，而“王田”法令中却又不规定具体的分田办法，田各有主，人得百亩，从何而来？社会上早已不再有空闲无主之田，法令只要求占有土地超过限额的人，自动把多余土地分给自己的九族和乡党邻里。即使这是可能的，分地的范围也是狭小的，能分得的人是有限的，全国广大的无地农民，谁来分给他们土地？所以王莽的“王田”法令，对大小地主即整个既得利益阶级而言，无异于是一场恶作剧，但却起了打草惊蛇的作用，使他们一齐起来，为维持自己的切身利益而拼[27] 命地进行反噬；对广大的贫穷农民而言，则是开了一张毫无实际价值的空头支票，故是一场彻头彻尾的欺骗。

① 《盐铁论·园池》。

王莽在实行“王田”制度的同时，还实行了所谓“五均”“六筦”等国营工商业制度和信贷制度，用以打击富商大贾和高利贷者，其具体情况当于后文有关章节中论述，因其与“王田”制度有相关之处，这里只简单指出：

莽乃下诏曰：“……今开赊贷，张五均，设诸斡者，所以齐众庶，抑并兼也。”遂于长安及五都立五均官……工商能采金银铜连锡登龟取贝者，皆自占司市钱府，顺时气而取之。①

工匠医巫卜祝及它方技商贩贾人坐肆列里区谒舍，皆各自占所为于其所在之县官，除其本，计其利，十分之一，而以其一为贡，敢不自占，自占不以实者，尽没入所采取。②

初设六筦之令，命县官酤酒，卖盐铁器，铸钱，诸采取名山大泽众物者税之。又令市官收贱卖贵，赊贷予民，收息百月三。③

“五均”“六筦”不仅打击了富商大贾，而且沉重地打击了小商小贩、小手工业者和各种小自由职业者。需要特别指出的是，在王莽的各种所谓改革中，对人民危害不下于“王田”制度的，是他的货币制度。王莽的币制不仅种类繁多，五花八门，而且朝令夕改，变化无常，每改易一次，必以严刑峻法随其后，结果成为广大人民的一场严重灾难：

是时百姓便安汉五铢钱，以莽钱大小两行难知，又数变改不信，皆私以五铢钱市买。讹言大钱当罢，莫肯挟。莽患之，复下书：“诸挟五铢钱，言大钱当罢者，比非井田制，投四裔。”于是农商失业，食货俱废，民人至涕泣于市道。及坐卖买田宅奴婢，铸钱，自诸侯卿大夫至于庶民，抵罪者不可胜数。④

每壹易钱，民用破业，而大陷刑。莽以私铸钱死，及非沮宝货投四裔，犯法者多，不可胜行，乃更轻其法：私铸作泉布者，与妻子没入为官奴婢；吏及比伍，知而不举告，与同罪；非沮宝货，民罚作一岁，吏免官。犯者俞众，及五人相坐皆没入，郡国槛车铁锁，

① 《汉书》卷二十四下，《食货志》。
② 《汉书》卷二十四下，《食货志》。
③ 《汉书》卷九十九中，《王莽传》。
④ 《汉书》卷九十九中，《王莽传》。

传送长安钟官，愁苦死者什六七。①

这时王莽已经把全国人民不分贫富、不分阶级、不论从事何种行业，都推进水深火热之中，弄得全国骚然，求生无路。但是王莽并没有就此罢手，他面对这种混乱不堪的局面，既乏力挽狂澜之策，又无解脱自救之道，却一味乞灵“符命”，大搞宗教迷信活动聊以自欺。这时革命怒火已在全国各地普遍燃起，王莽也完全明了各阶层人民群起反对他的原因所在：

〔始建国〕五年（公元十三年）正月朔，以大司马司允费兴为荆州牧，见，问到部方略，兴对曰：“荆、扬之民率依阻山泽，以渔采为业。间者，国张六筦，税山泽，妨夺民之利，连年久旱，百姓饥穷，故为盗贼。……”莽怒，免兴官。②

〔天凤四年（公元十七年）〕莽遣使者即赦盗贼，还言“盗贼解，辄复合。问其故，皆曰愁法禁烦苛，不得举手。力作所得，不足以给贡税。闭门自守，又坐邻伍铸钱挟铜，奸吏因以愁民。民穷，悉起为盗贼”。莽大怒，免之。③

王莽不但有意地回避矛盾，而且还故意制造新的更大的矛盾，即正当内部状况已经焦头烂额、无法收拾的时候，他为了转移人们的视线，竟无缘无故地制造民族纠纷，从四面八方招来麻烦。他像中了疯魔一样，兴风作浪，有如儿戏：

五威将奉“符命”，赍印绶，王侯以下及吏官名更者，外及匈奴、西域，徼外蛮夷，皆即授新室印绶，因收故汉印绶。……五威将乘《乾》文车（画天文象于车），驾《坤》六马（《坤》为牝马，六，地数），背负鷩[28] 鸟之毛，服饰甚伟（师古曰：鷩鸟，雉属，即鵔鸃[29] 也）。每一将各置左右前后中帅，凡五帅。衣冠车服驾马，各如其方面色数。将持节，称“太一”之使；帅持幢，称五帝

① 《汉书》卷二十四下，《食货志》。
② 《汉书》卷九十九下，《王莽传》。
③ 《汉书》卷九十九下，《王莽传》。

之使。莽策命曰："普天之下，迄于四表，靡所不至。"其东出者，至玄菟、乐浪、高句丽、夫余；南出者，隃徼外，历益州，贬句町王为侯；西出者，至西域，尽改其王为侯；北出者，至匈奴庭，授单于印，改汉印文，去"玺"曰"章"。单于欲求故印，陈饶椎破之，语在《匈奴传》。单于大怒，而句町、西域后卒以此皆畔。……匈奴单于求故玺，莽不与，遂寇边郡，杀略吏民。①

这样，王莽的使臣变成了一群妖道，想以离奇古怪的衣冠车服和五颜六色的符命幢幡来吓唬边民。全部过程是毫无意义的和愚昧荒唐的，特别是对北边的匈奴，原本经过了多少年的艰苦战斗和耗费了无法估计的国力之后，才实现彼此相安，各守边界，互不骚扰。现在忽因改动印章文字和爵位名称这样一些无谓小事，重起兵端：

初，北边自宣帝以来，数世不见烟火之警，人民炽盛，牛马布野。及莽扰乱匈奴，与之构难，边民死亡系获。又十二部兵久屯而不出，吏士罢弊，数年之间，北边虚空，野有暴骨矣。②

在内忧外患交互煎迫之下，王莽的日子再也混不下去了。他知道他的"王田"制度和其他所谓改革都彻底失败了，为形势所迫，不得不宣布放弃：

制度又不定，吏缘为奸，天下謷謷然，陷刑者众。后三岁，莽知民愁，下诏诸食王田及私属皆得卖买，勿拘以法。③

〔始建国四年（公元十二年）〕中郎区博谏莽曰："井田虽圣王法，其废久矣。周道既衰，而民不从。秦知顺民之心，可以获大利也，故灭庐井而置阡陌，遂王诸夏，讫今海内未厌其敝。今欲违民心，追复千载绝迹，虽尧舜复起，而无百年之渐，弗能行也。天下初定，万民新附，诚未可施行。"莽知民怨，乃下书曰："诸名食王田，皆得卖之，勿拘以法。犯私买卖庶人者，且一切勿治。"④

① 《汉书》卷九十九中，《王莽传》。
② 《汉书》卷九十四下，《匈奴传》。
③ 《汉书》卷二十四上，《食货志》。
④ 《汉书》卷九十九中，《王莽传》。

〔地皇三年（公元二十二年）冬十月〕莽知天下溃畔，事穷计迫，乃议遣风俗大夫司国宪等，分行天下，除井田奴婢山泽六筦之禁，即位以来诏令不便于民者皆收还之。①

但这时民怨已深，时机已晚，燎原烈火已经无法扑灭了。当起义群众已攻进皇宫，“火及掖庭”，“时莽绀袀服，带玺韨，持虞帝匕首。天文郎按拭于前（师古曰：栻[30] 所以占时日），日时加某，莽旋席随斗柄而坐，曰：‘天生德于予，汉兵其如予何！’”此人实愚昧到至死不悟！于是“商人杜吴杀莽，取其绶。……军人分裂[31] 莽身，支节肌骨脔分。……百姓共提击之，或切食其舌”②。至此，中国土地制度史中的这一段插曲遂完全结束。经过王莽的这番所谓改制，土地问题不但没有获得解决，反而给社会经济带来了严重破坏，进而又造成了史无前例的大动荡和大混乱。班固曾对王莽作了一个全面的历史评价，他虽然是从封建主义的观点立论的，但却中肯地指出了王莽所造成的危害，这里不妨引用其中的一段，作为本节的结束：

莽既不仁而有佞邪之材，又乘四父历世之权，遭汉中微，国统三绝……故得肆其奸慝，以成篡盗之祸。……及其窃位南面，处非所据，颠覆之势险于桀纣，而莽晏然自以黄、虞复出也。乃始恣睢，奋其威诈，滔天虐民，穷凶极恶，毒流诸夏，乱延蛮貉，犹未足逞其欲焉。是以四海之内，嚣然丧其乐生之心（师古曰：嚣然，众口愁貌也），中外愤怨，远近俱发，城池不守，支体分裂，遂令天下城邑为虚（师古曰：虚，读曰墟），丘垅发掘，害遍生民，辜及朽骨。③

① 《汉书》卷九十九下，《王莽传》。
② 《汉书》卷九十九下，《王莽传》。
③ 《汉书》卷九十九下，《王莽传·赞》。

第三章 秦汉时代的劳动制度

第一节 秦汉时代劳动制度的特点及其产生根源

本章主要讨论秦汉时代的雇佣劳动和奴隶劳动以及人民的徭役负担，至于小农劳动这一部分，本卷第二章已阐述过，这里不再重复。

秦汉时代的各种社会经济制度，都是东周——特别是战国年间原有制度的继续和进一步发展。换言之，都是产生于春秋战国时期，到了这时才完全定型为明确的制度，并成为后世历久相沿或奉行不替的典范。在这时逐渐形成的各种社会经济制度，大都具有决定着中国历史的面貌和发展方向的鲜明特点。

秦汉时代的劳动制度完全是战国时代的继续，因为作为劳动制度的两个主要内容：雇佣劳动制和具有新的产生根源因而也具有新的内容的奴隶制，都是从春秋末叶到战国时期开始产生，到了秦和两汉时代便完全确立起来的，并在广度方面和深度方面有了进一步的发展。从这时起，中国历史便完全沿着与欧洲历史不同的发展道路前进，并为自己独有的经济规律所支配，因而对社会经济发展所产生的影响和所造成的结果，遂与欧洲完全不同，有的甚至完全相反。

社会经济制度在其发展过程中表现出来的一些不同或特点，都是与不同国家的历史互相比较而来的，因为任何一种社会经济制度，都是在其自身所具有的客观经济规律支配之下，根据本国的具体历史条件而形成的一种自然的发展，完全如马克思所说，“社会经济形态的发展是一种自然历史过程”①，而这种“自然历史过程”完全受着客观自然规律的支配，一切发展变化都是必然的。马克思说：“社会的经济运动规律——它还是既不能跳过也不能用法

① 《资本论》第一卷，第十二页。

令取消自然的发展阶段。”[①] 而且“这些规律本身，在于这些以铁的必然性发生作用”[②]。所以各个不同的国家，其社会经济的发展变化，都是沿着自己的“社会经济运动的自然规律”，在自己的运动轨道上，“以铁的必然性发生作用”的结果。因此，各自的发展变化都是自然的，根本没有什么特点可言。但是，如果把不同国家历史上的具有同一名称、同一类型和同一结构形态的社会经济制度放在一起来互相比较一下，马上就可以看出，这些制度彼此之间尽管名称相同、形态相同，但是彼此的产生根源却互不相同，因而在性质上便有了很大的差异，其在历史上所起的作用和所造成的结果，不仅互不相同，而且有些还恰恰相反。这些情况的形成，就是我们所指的特点。由于这些特点决定着社会经济结构的性质乃至整个历史面貌和发展方向，所以我们必须对这些特点进行深入分析，不仅要阐明它们是怎样不同，而更重要的是必须说明它们为什么不同，以及这些不同在“以铁的必然性发生作用”之后，其所产生的影响或造成的后果必然是什么。

首先，就雇佣劳动制来看，在欧洲的长期封建社会中，原来根本没有雇佣劳动的存在，因为每一个直接生产者都是自己的劳动条件的所有者，他们不仅掌握着自己所必需的生产资料，能用以生产自己所必需的生活资料，而且封建制度还根据其自身的性质和传统，给予人们各种形式的生存保障，所以这时谁也不会把自身的劳动力当作商品出卖，因此，社会上根本不存在雇佣劳动的供给。其次，在长期的封建制度时期，人们都生活在自然经济的结构中，自给自足是经济生活的指导原则，城市手工业完全为行会制度所控制，学徒制度是城市工业劳动组织的主要形式；农村则完全是庄园制度，农奴制剥削是劳动组织的主要形式。所以，在欧洲的封建时代，社会上根本不存在对雇佣劳动的需要。在雇佣劳动力的供给和需要都不存在的情况下，或者换句话说，既没有劳动力的出卖者，也没有劳动力的购买者，雇佣劳动自然没有产生的可能。

直到十四世纪末叶，当封建制度开始崩溃、资本主义生产开始萌芽时，雇佣劳动方才稀疏地出现。这样的变化最先是从英国开始的，因为英国的封建制度破坏最早，它的资本主义经济因素也产生较早。马克思说，“在英国，

---

① 《资本论》第一卷，第十一页。

② 《资本论》第一卷，第八页。

农奴制实际上在十四世纪末期已经不存在了”[①]；又说：“雇佣工人阶级是在十四世纪下半叶产生的，它在当时和后一世纪内，只占居民中很小的一部分。”[②] 欧洲的雇佣工人阶级之所以到十四世纪末叶方才出现，在十五世纪内仍然是稀疏地存在——“只占居民中很小的一部分”，是由于英国的封建制度到十四、十五世纪时正在走向崩溃，而资本主义的经济因素到这个时期才产生，由于它也只是稀疏地出现，在整个国民经济的结构中亦只占很小的一部分。雇佣工人阶级的大量出现，主要是在十六世纪，因为这时是资本主义时代正式开始的时期。马克思说，“虽然在十四和十五世纪，在地中海沿岸的某些城市已经稀疏地出现了资本主义生产的最初萌芽，但是资本主义时代是从十六世纪才开始的。在这个时代来到的地方，农奴制早已废除，中世纪的顶点——主权城市也早已衰落”[③]；又说：“为资本主义生产方式奠定基础的变革的序幕，是在十五世纪最后三十多年和十六世纪最初几十年演出的。”[④] 欧洲的雇佣劳动制主要就是产生在这个时期。正由于雇佣劳动的产生，同时就是资本主义生产方式的开始，并且是资本主义赖以产生的基本条件，所以恩格斯便直截了当地把雇佣劳动的出现作为资本主义萌芽的标志，他明确指出：“就是雇佣劳动制，包含着全部资本主义生产方式的萌芽。”[⑤] 中国的雇佣劳动早在春秋末年即已稀疏地出现，到了战国年间已经非常普遍了。在时间上比欧洲早了两千多年，但是如果仅仅是时间上有较大的差距，还不能算作是特点，其所以成为特点，主要是在于彼此的产生根源不同，性质不同，因而所起的作用和所产生的影响也完全不同。所有这些关系重大的特点——中西历史的根本分岔点，都是我们必须深入分析和详加阐明的问题。

在欧洲，雇佣劳动的出现，一方面是资本主义生产发展的结果，另一方面，它又是资本主义发展必不可少的基本条件，或者更确切地说，是确立资本主义生产方式而必须具备的前提。原因很简单，雇佣劳动是产生剩余价值的唯一源泉，没有雇佣劳动，也就没有资本主义。但是当社会上业已产生了对雇佣劳动的需要，并且是十分迫切的需要，也就是当社会上已有一部分人迫切需要通过雇佣劳动来剥削别人的剩余劳动，用以“增殖自己所占有的价

① 《资本论》第一卷，第七八四页。

② 《资本论》第一卷，第八〇六页。

③ 《资本论》第一卷，第七八四页。

④ 《资本论》第一卷，第七八六页。

⑤ 恩格斯：《反杜林论》，三联书店一九五〇年版，第三八四页注文。

值总额”，而社会上却没有同时出现这种雇佣劳动力的供给，于是就必须使用人为的力量——包括经济力量的无声强制和超经济的暴力，来制造雇佣劳动力的必要供给。这种制造过程，就是所谓资本原始积累的全部过程。马克思对这个问题进行了全面分析，这里仅引下述论断来说明欧洲雇佣劳动制究竟是怎样产生的，然后再用马克思提供的这一把犀利的解剖刀来解剖中国的雇佣劳动制：

> 货币和商品，正如生产资料和生活资料一样，开始并不是资本。它们需要转化为资本。但是这种转化本身只有在一定的情况下才能发生，这些情况归结起来就是：两种极不相同的商品所有者必须互相对立和发生接触；一方面是货币、生产资料和生活资料的所有者，他们要购买别人的劳动力来增殖自己所占有的价值总额；另一方面是自由劳动者，自己劳动力的出卖者，也就是劳动的出卖者。自由劳动者有双重意义：他们本身既不像奴隶、农奴等等那样，直接属于生产资料之列，也不像自耕农等等那样，有生产资料属于他们，相反地，他们脱离生产资料而自由了，同生产资料分离了，失去了生产资料。商品市场的这种两极分化，造成了资本主义生产的基本条件。资本关系以劳动者和劳动实现条件的所有权之间的分离为前提。资本主义生产一旦站稳脚跟，它就不仅保持这种分离，而且以不断扩大的规模再生产这种分离。因此，创造资本关系的过程，只能是劳动者和他的劳动条件的所有权分离的过程，这个过程一方面使社会的生活资料和生产资料转化为资本，另一方面使直接生产者转化为雇佣工人。因此，所谓原始积累只不过是生产者和生产资料分离的历史过程。①
>
> 资本主义制度却正是要求人民群众处于奴隶地位，使他们本身转化为雇工，使他们的劳动资料转化为资本。②

这是雇佣劳动产生的全部过程，也是资本主义产生的全部过程。但是劳动者和劳动实现条件的所有权之间的关系，是劳动者生死攸关的问题，劳动

① 《资本论》第一卷，第七八二——七八三页。

② 《资本论》第一卷，第七八八页。

者一旦丧失了实现劳动的条件，也就是丧失了生产资料，必然同时就丧失掉生活资料，劳动者必然要拚[1]死抵抗这样一种转化，所以要在一方面使社会的生产资料和生活资料转化为资本，另一方面使直接生产者转化为雇佣工人，必然是用残暴的甚至是恐怖的手段对生产资料的所有者进行赤裸裸的剥夺，包括对农民的土地的剥夺和对手工业者的生产工具的剥夺。马克思说：

> 在原始积累的历史中，对正在形成的资本家阶级起过推动作用的一切变革……首要的因素是：大量的人突然被强制地同自己的生存资料分离，被当作不受法律保护的无产者抛向劳动市场。对农业生产者即农民的土地的剥夺，形成全过程的基础。①
>
> 用剥夺方法、用残暴的恐怖手段把封建财产……变为现代私有财产……这些方法为资本主义农业夺得了地盘，使土地与资本合并，为城市工业造成了不受法律保护的无产阶级的必要供给。②
>
> 被暴力剥夺了土地，被驱逐出来而变成了流浪者的农村居民，由于这种古怪的恐怖法律，通过鞭打、烙印、酷刑，被迫习惯于雇佣劳动制度所必需的纪律。③

这才是直接生产者转化为雇佣工人的真实情况，无疑这对直接生产者是一场苦难。然而，正是这种苦难才是生长资本主义的肥沃土壤。所以，“这种剥夺的历史是用血和火的文字载入人类编年史的”④。经过这样的剥夺之后，原来的生产者这时“除了自己的皮以外没有可出卖的东西”⑤，唯一能够出卖的只有自身的劳动力。但是仅仅通过生产资料的剥夺来完成转化过程还是不够的，因为直接生产者除了掌握生产资料外，还有旧封建制度给予他们的各种形式的生存保障，只要小生产者还有一线生路，他们也决不肯去当雇佣工人。所以雇佣劳动制的产生过程，同时还包含着对封建制度的否定过程，用以扫除资本主义发展道路上的一切障碍：

---

① 《资本论》第一卷，第七八四页。
② 《资本论》第一卷，第八〇一页。
③ 《资本论》第一卷，第八〇五页。
④ 《资本论》第一卷，第七八三页。
⑤ 《资本论》第一卷，第七八一——七八二页。

> 新被解放的人只有在他们被剥夺了一切生产资料和旧封建制度给予他们的一切生存保障之后，才能成为他们自身的出卖者。①
>
> 工业资本家这些新权贵，不仅要排挤行会的手工业师傅，而且要排挤占有财富源泉的封建主。从这方面来说，他们的兴起是战胜了封建势力及其令人愤恨的特权的结果，也是战胜了行会及其对生产的自由发展和人对人的自由剥削所加的束缚的结果。②

从以上所述可以清楚地看出，雇佣劳动制的产生就是资本主义的产生，一方面它是资本主义因素发展的结果，另一方面又是资本主义发展的前提。并且，上文着重说明了欧洲的雇佣劳动制是需要先于供给，是社会上先有了对雇佣劳动的需要，由于没有同时产生供给，才不得不通过上述一系列的转化过程来制造这种供给，即强制性地把直接生产者转化为工资劳动者。如果把这样一种自然历史过程作为一个模型，来与中国历史上的同一制度作比较，马上就可以看出，中国历史在这一问题上所显示的特点是非常鲜明的，在决定中国历史发展方向的问题上所起的作用也是非常巨大的，因为中国的雇佣劳动制无论在产生的根源上或在性质上和作用上，与欧洲的雇佣劳动制都是完全不同的。

先就产生的根源来看，中国雇佣劳动的产生，既不是资本主义发展的结果，也不是资本主义发展的基本条件，它的产生与资本主义的产生和发展是完全无关的。上文曾指出，中国的雇佣劳动早在春秋末叶即已出现，到了战国年间已经非常普遍了。关于这个时期雇佣劳动制的种种情况，《中国封建社会经济史》第一卷第五章中已有专节讨论，这里不再重述。总之，在东周时期，当雇佣劳动最初是稀疏地、不久便大量地出现时，资本主义生产还根本不存在，至少是还远远没有发展到已经在社会上出现“两种极不相同的商品所有者，必须互相对立和发生接触”，已经有了商品市场的两极分化这种情况，即：“一方面是货币、生产资料和生活资料的所有者，他们要购买别人的劳动力来增殖他们所占有的价值总额；另一方面是自由劳动者，自己劳动力的出卖者，也是劳动的出卖者。”把马克思的这样的科学论断结合中国的具体历史来看，欧洲十五、十六世纪所发生的上述变化，中国系发生在公元前五

① 《资本论》第一卷，第七八三页。

② 《资本论》第一卷，第七八三页。

世纪前后，在那样早的时代，资本主义生产特别是资本主义性质的城市工业还没有发展，因而商品市场的两极分化现象根本没有产生的可能，即使在战国年间随着商业的发达和货币经济的突出发展，以商品经营资本和货币经营资本的形式积累了大量的货币财富，在货币的形同洪水泛滥的辗转流通中，在它对旧封建经济结构的冲击中，确含有若干资本主义性质的破坏作用，但却主要是在流通领域中活动，都是以货币本身所具有的职能直接发挥作用，它从来没有、也不可能向产业资本转化，即变成发展工业生产的机能资本，所以它根本不需要购买别人的劳动力来增殖自己所占有的价值总额。这不是说它不需要增殖，正相反，它增殖得很快，但却不是由购买别人的劳动力来增殖，而是另有它自己的增殖之道。总之，没有发达的资本主义性质的城市工业，自然就没有那种拥有货币、生产资料和生活资料的所有者需要购买别人的劳动力，作为增殖价值的手段。这就是说，当社会上已经出现了大量的雇佣劳动力的供给时，却根本不存在对雇佣劳动力的需要，简单说就是，社会上先有了劳动力的出卖者——供给，却没有劳动力的购买者——需要。一句话，在中国是供给先于需要，这与欧洲的情况恰恰相反。这种供需关系的一先一后，绝不是一个简单的程序问题，更不是一个无关宏旨的小问题。这种次序的颠倒实标志着二者的社会经济结构有本质的不同，并且是决定整个历史发展方向遵循不同轨道的重大分岔点所在。

中国的雇佣劳动即使是早在东周时期就已产生，而它的产生同样是社会经济发展的自然结果，同样是直接生产者被剥夺了生产资料之后造成劳动者与劳动实现条件的所有权相分离，同样是被剥夺得“最后除了自己的皮以外，没有别的东西可以出卖”，所以将它的全部产生过程概括起来，完全如上引马克思所说：“大量的人突然被强制地同自己的生产资料分离，被当作不受法律保护的无产者抛向劳动市场。对农业生产者即农民的土地的剥夺，形成全过程的基础。”从整个过程的外表形态来看，中西历史上雇佣劳动制的产生过程是完全相同的，但是在实质上二者是完全不相同的，特别是在产生的根源上、制度的性质上和所起的作用上，彼此之间没有任何共同之点，这是研究中西历史的人必须清楚认识的，绝不可以把两个形似而实不同的东西混为一谈。

那么，二者的根本区别究竟何在呢？

如上文所指出，欧洲雇佣劳动的产生过程，是资本原始积累全过程的基础，其对直接生产者所进行的剥夺，完全是资本主义性质的剥夺，是资本主义生产方式赖以产生的基本条件。在中国，这个形式相同的过程，却丝毫没有原始积累的作用，形式上虽然也是对直接生产者的一种剥夺，但是这种剥夺却不是资本主义性质的剥夺，即整个过程不是为了要发展资本主义、不是为了要制造雇佣工人的必要供给而进行这种剥夺。

作为中国雇佣劳动的产生根源，即对直接生产者的生产资料的剥夺，其中主要是对农民土地的剥夺，完全是封建性的剥夺。这一本质的不同，还以另一种更为显著的不同形式表现出来，也就是说：在欧洲，对直接生产者的剥夺，是用以达到另一种目的的手段，是为了给资本主义创立而形成的前提，具体说，是为了制造雇佣劳动力的必要供给才进行这种剥夺的。然而在中国，剥夺就是目的，它不需要给资本主义创造产生的条件，社会上也没有存在这种需要使这种剥夺成为必要。这种剥夺之所以是封建剥夺，一方面，因为它不是为了给资本主义的产生创造条件；另一方面，剥夺的结果，不但没有产生资本主义，恰恰相反，它把资本主义因素可能发展的一切渠道都完全堵塞了，并且还把孕育中的一点微弱的资本主义萌芽，没有等它发展到产生阶段就将其窒息在母胎内了。这样的一种过程，就是从东周时期开始的、随着土地制度的变革和土地私有制度的确立，在地主制经济的客观经济规律支配之下，必然相随而至的土地兼并所造成的直接结果。上文所谓对农民土地的剥夺，就是指土地兼并而言，它直接造成了土地占有的两极化。关于从东周以来土地兼并的具体情况及其所造成的严重后果，前文已多所论述，所谓“富者田连阡陌，贫者亡立锥之地”，从战国以后一直是长期存在。这样的剥夺，只是把分散的小型的封建财产，变为集中的大型的封建财产。剥夺之前与剥夺之后，封建财产制度的性质没有改变，也没有改变社会经济结构，没有新的生产方式的产生。所以这种剥夺的目的就在于剥夺自身，没有要求想由此达到一个新的发展阶段。这一隐约的区别是不容易看出的，但由于它关系重大，却必须清楚地看出。

但是，土地兼并是随着土地制度的变革而来的，是土地私有制度确立后必然出现的一个主要的土地问题。从一方面看，它是造成雇佣劳动很早出现的一个直接原因。因为所谓土地兼并，就是土地的两极化，即董仲舒所说的“富者田连阡陌，贫者亡立锥之地”。这是在客观经济规律支配之下，社会经济形态变化的“以铁的必然性发生作用”的自然结果。这是由于土地不仅是主要的生产资料，是一种能生息的资本，而且是财富最有保障的存在形态，它不怕盗贼，不忧水火，不像货币财富那样随时有丧失之虞，故各种财富所有者，无不争先恐后地去抢购土地，以便把他们的动产尽可能多地转变为不动产。在土地制度变革之后，土地既然已经商品化，像其他普通商品一样可以自由买卖，当然谁有钱谁就可以尽量购买，所以土地制度变革的开始——即土地自由买卖的开始，同时就是土地兼并的开始。关于这个问题的产生经过和后来的发展状况，已在《中国封建社会经济史》第一卷第四章和本卷第二章中进行了全面阐述，这里仅说明它与雇佣劳动制形成的关系。

土地兼并既然剥夺了小农民的土地，使他们变成无立锥之地的“劳动贫民”①，变成“除了自己的皮以外没有别的东西可以出卖”的无产者，他们可能有的生活出路不外三条：第一条路，作佃农。当他把土地卖掉之后，同时即按照新主人的条件把土地承租过来。这就是董仲舒所说：“或耕豪民之田，见（同现）税什伍”，即根据租约缴纳百分之五十的地租。但是这样的佃耕机会不是人人可得的，即使农民情愿忍受地主阶级极端苛刻的租佃条件，仍然是僧多粥少，难以获得，而农村中又别无其他就业机会，不得已而走第二条路：离开农村，到处流浪，去作无业游民，即董仲舒所谓“亡逃山林，转为盗贼”。但是这也有各种主观的和客观的条件限制，不是人人都能做到。于是这些从农村中游离出来的大量相对过剩人口，其中有不少人都走上第三条路，即把自身仅有的一点劳动力当作商品出卖。所以土地私有制度的形成之时和土地兼并开始之时，同时便是佣、流佣、雇耕、佣赁、佣肆等出现之日。

从另一方面看，土地私有制度的确立和土地兼并的出现，并不是引起社会经济发生变革的最初原因，因为这两件事本身就是另一重大变革的结果，正是这一变革才是春秋战国年间引起社会经济发生多方面变化的总根源，这就是货币经济过早的和突出的发展。关于货币经济在战国年间突出地发展起来的原因和贵金属货币普遍地和大量地流通情况，以及它所造成的种种严重后果，《中国封建社会经济史》第一卷第五章中已有详细论述，这里仅指出为什么货币经济的突出发展会成为雇佣劳动的兴起和后世奴隶制度不断发展的总根源。

货币经济是与商品经济同时发展的，并且永远是相辅而行的，因为在封建的自然经济结构中，商业的出现是引起一切变化的起点。当最简单的物物

① 马克思说：“‘劳动贫民’一词是当雇佣工人阶级已经引人注意时出现在英国法律中的。‘劳动贫民’，一方面是同‘闲散贫民’、乞丐等相对而言，另一方面是同那些尚未被掠夺一空而仍然占有劳动资料的劳动者相对而言。‘劳动贫民’一词是从法律搬用到政治经济学上的。”《资本论》第一卷，第八二八页注文。

交换变为商业之后，由于交换不再是直接交换，而是分解为卖和买、买和卖的两个程序，于是使用价值便同时具有交换价值的性质，也就是商业把使用价值变成为交换价值，即把原来不是商品的生产物变成商品了。所以商业的发展，乃是商品经济发展的前提，这就是马克思所说："产品在这里是由商业变成为商品的。在这里，正是商业使产品发展为商品，而不是已经生产出来的商品以自己的运动形成商业。"①

商业或买卖虽然也是交换，但已经不是商品与商品的直接交换，而变为商品与货币交换和货币与商品交换两个过程的统一，亦即当商品向货币转化（卖）时，同时就发生了由货币向商品的转化（买）。这是一个辩证关系的两极：从商品所有者的一极来看是卖，从货币所有者的对极来看就是买。所以商品的交换过程，乃是由两个相反而又相成的形态变化——即由商品转化为货币、又由货币转化为商品来完成的。由于每一次的卖都伴随着买，而买又伴随着卖，所以商品的形态变化序列就成为一种切不断的连环，这个全部过程就表现为商品流通。在这个流通的总过程中，从商品一方面看，是商品流通；从货币一方面看，又是货币流通。所以马克思说："在流通中，产品首先发展成为交换价值，发展成为商品和货币。"② 由于流通过程中的每一个环节，都包含着由商品到货币和由货币到商品的两个形态变化，也就是每一个形态变化都是由商品与货币交换和货币与商品交换来完成的。如果没有一个发展了的货币形态来顺利地完成商品形态的转化，就可能使商品流通随时有中断之虞。这就是为什么在具体的历史发展过程中，商品经济与货币经济永远是同时产生、同时发展，并且是互为因果地互相促进的原因所在。

正是在这样一种客观的经济规律支配之下，使商品经济与货币经济二者之间有一种不可分割的有机联系，从而使二者必然如鸟之双翼或车之两轮一样，永远是相辅而行的。战国时期的历史和当时波澜壮阔的社会经济的各种变化，正是这种经济规律以铁的必然性发生作用的结果。那时商品经济之所以能有那样的高度发展，是因为货币经济有了同等程度的发展，如果没有与之相辅而行的同等程度发展的货币经济，商品经济取得那样程度的发展是不可能的；反过来说，战国年间货币经济之所以能发展到那样的高度，是因为有同样发展的商业作基础。正由于当时具备了这些条件，所以货币制度在那

---

① 《资本论》第三卷，第三六六页。

② 《资本论》第三卷，第三六七页。

样早的时代便有了高度发展，尽管当时在流通中的货币种类繁多，诸侯列国之间也不统一，但是事实上贵金属黄金已在发挥着本位币的作用，其他珠玉、龟贝、刀布、铜钱、布帛等的流通范围都受地域限制，其中有的系属辅币性质，供地方性的小量交易之用，只有黄金是全国上下通用的主要货币，所有货币的一切职能，如价值尺度、交换媒介、贮藏手段、支付手段等，主要都是用黄金表现。所以黄金已经在事实上而不是在法律上取得了本位币的资格，也就是在实质上而不是在名义上成为一个雏形的金本位时代。这时货币与财富已经成为同义语，积累货币特别是积累黄金就是积累财富，黄金的多少直接标志着财富额的大小，这时以黄金为代表的货币，已经是“财富的随时可用的绝对社会形式”①。

关于从春秋末年到战国时期黄金的大量流通及其对社会经济的深远影响和所造成的严重后果，《中国封建社会经济史》第一卷第五章中已有全面阐述，但在这里还必须指出，在这样早的时代，有这样高度发展的货币经济，这种现象本身就是中国历史的重大特点之一。如与欧洲的历史相比较，彼此迥然不同，因为欧洲出现这样的现象时，主要是在十六世纪，是作为资本主义的产生条件之一而出现的，也是资本原始积累的重要环节之一。马克思说：“资本主义生产方式……只有在国内现有的货币量足以适应流通和由流通决定的货币贮藏（准备金等）的需要的地方，才能够得到较大规模的、比较深入和充分的发展。这是历史的前提……资本主义生产是和它的条件同时发展的，其中条件之一就是贵金属有足够的供给。因此，十六世纪以来贵金属供给的增加，在资本主义生产的发展史上是一个重要的因素。”②

中国在那样早的一个历史时期，贵金属供给的突然和大量增加，却没有、也不可能成为马克思所说的那样“在资本主义生产的发展上是一个本质的要素”，即没有、也不可能成为资本主义生产发展的“一个历史的前提”。这是中西历史上的又一个关系重大的分岔点，这个分岔的起点就在于当中国早在春秋战国时期即已有了十分充足的贵金属的供给时，资本主义生产特别是城市工业并没有发展起来，这是与十六世纪的欧洲特别是与英国的情形完全不同的，那时英国已进入工场手工业时代，各种大型工业特别是有广大国内外市场的毛纺织业，已遍布英国城乡。这些新兴的资本主义性质的大工业，正

① 《资本论》第一卷，第一五一页。

② 《资本论》第二卷，第三八一——三八二页。

迫切需要资本，包括急待扩大规模的固定资本和日益增多的流动资本。这时贵金属供给的增加，特别是在地理大发现以后，新世界的金银大量输入欧洲，最后都辗转流入英国，给新兴的工业提供了充足的机能资本，即都转化成为产业资本并作了正在发展中的商品流通的润滑剂，一句话，所有这些大量增加的贵金属供给，都百分之百地成为资本主义生产发展的前提。

在中国，由于没有英国那种正在发展中的资本主义性质的工业来吸收那些已经大量存在的货币，使之转化为机能资本，大量的货币不能转化为产业资本，只有存在于流通界中。这种情况正说明了生产过程和流通过程还都是各自独立的，也就是生产过程没有把流通过程吸收进来，使之成为生产过程的一个单纯要素或必经阶段。在这种不与生产过程相结合的流通过程中，货币不是以商品经营资本的形式存在，就是以货币经营资本的形式存在，二者都不能离开流通领域。所以不论是商品经济的发展还是货币经济的发展，其结果都是货币流通额的扩大和商业资本积累的增加，总之，是从流通中不断地增殖货币额。其实司马迁早就观察到了这一点，他提到“无息币”，又说：“财币欲其行如流水。”[①] 在一个以农业为基础的封建社会中，生产结构基本上还都是小规模的简单再生产，而社会上却存在着数量巨大而又“行如流水”的货币财富——“财富的随时可用的绝对社会形态”，它使“一切东西，不论是不是商品，都可以变成货币。一切东西都可以买卖。流通成了巨大的社会蒸馏器，一切东西抛到里面去，再出来时都成为货币的结晶。连圣徒的遗骨也不能抗拒这种炼金术”[②]。这是说金钱的力量是无坚不摧的。正如马克思所说：“货币是一切权力的权力。”[③] 它成了支配人类最有效和最伟大的力量，确是“千金之家，比一都之君，巨万者，乃与王者同乐”[④]。所谓“千金之子，不死于市”[⑤]，这个在春秋时即已流行的谚语，与马克思引用哥伦布和莎士比亚的话来表示“金钱万能”，意义是相同的：

> 金真是一个奇妙的东西！谁有了它，谁就成为他想要的一切东西的主人。有了金，甚至可以使灵魂升入天堂。[⑥]

---

① 《史记》卷一百二十九，《货殖列传》。
② 《资本论》第一卷，第一五一——一五二页。
③ 《资本论》第一卷，第七八六页。
④ 《史记》卷一百二十九，《货殖列传》。
⑤ 《史记》卷四十一，《越王勾践世家》。
⑥ 《资本论》第一卷，第一五一页（引哥伦布一五〇三年寄自牙买加的信）。

金子！……只这一点点儿，就可以使黑的变成白的，丑的变成美的，错的变成对的，卑贱变成尊贵，老人变成少年，懦夫变成勇士。……这黄色的奴隶可以使异教联盟，同宗分裂；它可以使受诅咒的人得福，使害着灰白色的癞病的人为众人所敬爱；它可以使窃贼得到高爵显位，和元老们分庭抗礼；它可以使鸡皮黄脸的寡妇重作新娘……①

具有如此威力强大而又“行如流水”的大量货币财富，在一个组织松弛、结构简单的社会中不停地流动，所以它必然会像溃决的洪水一样，到处泛滥，所到之处，都在发挥着“权力的权力”和巨大的社会蒸馏器或巨大的炼金炉的作用，把一切东西都抛到里面去加以熔炼，使之成为“货币的结晶”再流出来。用形象的话来说，它把一切东西——不管它原来是不是商品，也不管它是物质还是精神，都一律熔化为商品，把它变成是可以买和可以卖的东西。“它把宗教的虔诚、骑士的热忱、小市民的伤感这些情感的神圣激发，淹没在利己主义打算的冰水之中。它把人的尊严变成了交换价值。”② 这是说在连圣骨都不能抗拒的炼金术面前，一切东西——不管是精神的还是物质的——都商品化了，原来神圣不可侵犯的封建礼法、宗法制度、尊卑关系、习惯传统等，现在都在这个炼金炉中化为灰烬了。

当一切东西都要被这个社会的炼金炉所熔化，而变为可以买和可以卖的商品时，土地便是首当其冲的需要把它熔化为商品的一个重要项目，不管过去“田里不鬻”的戒条多么神圣，这时在金钱万能的威力面前，不再有任何抵抗作用了。于是土地变成可以自由买卖的商品，旧的封建土地制度遂立即发生了革命性的变革，即由世袭领地和计口授田的井田制度变为自由买卖。就从这时起，后来历史上的许多重大特殊问题，几无不与此有关，尽管这个变化本身还另有它自己的产生根源——是货币经济发展的结果，但是后世一切社会经济的发展变化都是从这里开端的。为简便起见，把它作为东周以后一切变化的总根源，还是恰当的，只要记住它不是最初的或第一位的根源就可以了。

这个变化之所以是划分历史时期、改变历史面貌和决定历史发展方向的

---

① 《资本论》第一卷，第一五二页注文（引莎士比亚：《雅典的泰门》）。

② 《共产党宣言》，《马克思恩格斯选集》第一卷，第二五三页。人民出版社一九七二年版，下同。

革命性变化，是因为土地自由买卖的开始，同时就是土地私有制度的开始，这在形式上虽然只是改变了一下土地占有方式，但在实质上则是改变了剥削关系和社会经济结构形态，原来由领主以劳役地租的形态对农奴的剥削，变成地主通过土地的租佃关系，以实物地租或货币地租的形态对佃农的剥削，由原来领主与农奴之间的人身依附关系，即所谓封建关系，变成地主与佃农之间的契约关系——即法律关系。所改变的虽然只是土地的占有方式，但是实际上则是改变了封建经济结构，以前一种土地制度为基础建立起来的是领主制经济，以改变后的土地制度为基础建立起来的是地主制经济。本节所要阐述的问题，就是这个变化的直接结果。

土地制度的变革，不仅直接造成了雇佣劳动制的出现，而且直接造成了东周以后奴隶制度的新生——造成了历代的奴隶制度一直在随着土地兼并问题的不断严重而不断发展。因为当被剥夺了土地而从农村中游离出来的大量相对过剩人口，为生活所迫而不得不把自身当作商品出卖时，其出卖方式事实上只有两种，一是零星出卖，即只出卖劳动力。这是出卖人身的第一步。贫无立锥之地的农民，只要还有一线生路，谁也不肯卖身为奴，以致完全丧失自由，所以第一步先变为雇工，靠出卖劳动力糊口。如上文所指出，在中国，当社会上业已大量地出现了雇佣劳动的供给时，却没有同时发展起资本主义的工商企业，即没有同时出现对雇佣劳动力的需要。简单说，只有劳动力的大量出卖者，却很少有劳动力的购买者，因而获得雇佣机会是很难的。二是当人们不能靠零星出卖劳力来维持生存时，便只有把自己的人身一次整个出卖。土地兼并问题既然长期存在，并且还不断发展，则它的副产物——奴隶制度也就必然是长期存在和累进地发展。本来雇佣劳动又名自由劳动，就是说能够出卖劳动力的人，必然是这一商品的自由所有者，也就是这个劳动者不再是奴隶或农奴了。所以雇佣劳动与奴隶劳动二者在性质上是根本对立的，但是在中国却是产自同一母胎的孪生兄弟，亦可以说是一个事物的两个方面或一个过程的前后两个阶段。

很显然，这个奴隶制度虽然名称如故，但已不是古代的那种旧的奴隶制度了，如果认为这是旧制度的残余在继续存在，那就完全错了。一个早已崩溃了的社会经济制度遗留下来的一点残余，不可能存在如此之久，并且还不断有所发展，常常是后代超过前代。

在欧洲的历史上，作为一种生产方式的奴隶制度和封建制度，其兴亡交替的变化过程和发生在历史上的具体时间，都是清清楚楚的。本来封建制度的产生，就标志着奴隶制度的死亡，因为封建制度的产生条件原是在奴隶制生产方式的机体之内孕育成长起来的，正是由于后者的解体，才把前者的产生条件创造出来。当然，社会经济制度的变革，都是逐渐演化的，不管这种变革在性质上是多么剧烈，进展得多么迅猛，以致被称为一种革命性的变化，但是它的具体变化过程仍然是一种推演递嬗的渐进过程，一方面是新制度的产生条件不断发展壮大，而逐步上升到主导地位；另一方面是[2] 旧制度的存在条件则相反在逐渐衰颓萎缩，而逐步走向死亡，二者的兴亡交替不是在一夜之间就可以截然划分开的。所以在新的生产方式已经产生，新的社会经济制度已经完全确立之后，而旧制度的残余往往还要延续一段时间，甚至是相当长的一段时间。但是不管这样的时间是多么长，它亦仅仅是一种旧制度的遗存在苟延残喘，处于一种由腐朽衰颓而走向死亡消灭的过程之中，对现实的社会经济已经不起什么作用了。就欧洲的具体历史来看，由奴隶制生产方式过渡到封建制生产方式，新旧制度的兴亡交替的转变时间，虽然经历了二三百年之久，但自五世纪以后，封建制度即已完全确立，从此以后，在长达一千年的中世纪，便一直是以领主制经济为基础的农奴制剥削，奴隶制度即使偶有残存，也若有若无了，所以不论在农村的庄园制度中或城市的工商业行会制度中，都很少有奴隶活动的痕迹。

这样的一种历史变化之所以显得非常自然，新旧制度之间之所以段落分明，是因为全部的发展变化，都是在社会经济运动的自然规律支配之下进行的。事实上由这些规律支配的自然历史发展过程，也同样出现在中国。中国在东周以前的历史，不但毫不特殊，而且完全是在客观的经济规律支配之下，沿着社会经济运动的自然发展阶段循序渐进的。具体说，在西周以前长期存在过的奴隶制度，到殷代末年陷入了无可挽救的危机之中，而不得不彻底改变，正如欧洲长期存在过的奴隶制度，到罗马帝国末年陷入无可挽救的绝境之中，而不得不如恩格斯所说，“只有一次彻底革命才能摆脱这种绝境”①。在“以铁的必然性发生作用的”社会经济运动的自然规律支配之下，作为一种自然历史过程，在进行彻底革命以摆脱奴隶制的绝境时，只能由奴隶制过渡到农奴制。在欧洲还经历了一个科洛尼（Coloni）即隶农的过渡阶段，“他们是中世纪农奴的前辈”。其所以还要经过这样一种过渡阶段，就是由于

① 恩格斯:《家庭、私有制和国家的起源》,《马克思恩格斯选集》第四卷，第一四七页。人民出版社一九七二年版，下同。

“社会经济形态的发展，是一种自然历史过程”，它的一切发展变化都受着社会经济运动的自然规律的支配，“它是既不能跳过，也不能用法令取消的自然发展阶段”。所以恩格斯明确指出，不可能跳越一个自然历史发展阶段而直接由奴隶制度过渡到自由农民的租佃制度。“奴隶制度在经济上已经不可能了，而自由人的劳动却在道德上受鄙视。前者是已经不可能成为社会生产的基本形式，后者是还不能成为这种形式。”① 于是在社会经济运动的自然规律支配之下，生产方式的变革便自然地跟着出现，因为“只有一次彻底革命才能摆脱这种绝境”。这种彻底革命的具体变化过程和由这种变革而形成的新的生产方式，只能是马克思所明确指出的下述情况：

> 直接生产者以每周的一部分，用实际上或法律上属于他所有的劳动工具（犁、牲口等等）来耕种实际上属于他所有的土地，并以每周的其他几天，无代价地在地主的土地上为地主劳动……在这里，劳动者（自给自足的农奴）在多大的程度上得到一个超过必不可少的生活资料的余额……取决于他的劳动时间是按什么比例划分为自己劳动的时间和为地主（领主）的徭役劳动的时间。……并且很清楚，在直接劳动者仍然是他自己生活资料生产上必要的生产资料和劳动条件的“所有者”的一切形式内，财产关系必然同时表现为直接的统治和从属的关系，因而直接生产者是作为不自由的人出现的；这种不自由，可以从实行徭役劳动的农奴制减轻到单纯的代役租。在这里，按照假定，直接生产者还占有自己的生产资料，即他实现自己的劳动和生产自己的生活资料所必需的物质的劳动条件；他独立地经营他的农业和与农业结合在一起的农村家庭工业。……它和奴隶经济或种植园经济的区别在于，奴隶要用别人的生产条件来劳动，并且不是独立的。所以这里必须有人身的依附关系，必须有不管什么程度的人身不自由和人身作为土地的附属物对土地的依附，必须有真正的依附农制度。②

这就是封建制度的全部内容，这就是从奴隶制生产方式转变为封建制生

① 恩格斯：《家庭、私有制和国家的起源》，《马克思恩格斯选集》第四卷，第一四六页。

② 《资本论》第三卷，第八八九——八九一页。

产方式的具体转变过程。关于这个问题我们在《中国封建社会经济史》第一卷的有关章节中进行了全面的阐述，但是为了便于说明本节所要论述的问题，仍须就上引马克思的科学论断中的要旨特别指出以下两点：

第一，封建制度的产生，是在社会经济运动自然规律支配之下的一种生产方式的变革，而不是一个简单的所有制性质的问题。这一变革的中心内容，是由奴隶制剥削变为农奴制剥削，而剥削方式又只能以劳动的自然形态（徭役劳动）来获得。正是在这样一种社会经济运动的自然规律支配之下，使剥削方式必然是："直接生产者以每周的一部分，用实际上或法律上属于他所有的劳动工具，来耕种实际上属于他所有的土地，并以每周的其他几天，无代价地在地主（按：即领主，下同）的土地上为地主劳动。"这种关系的形成——即领主之所以能获得直接生产者的无偿劳役，并且是作为一定的社会经济制度而持续不断甚至永远能获得这种无偿劳役，是因为这种关系是建立在一定的土地制度之上的，即直接生产者用自己的劳动工具和用每周的一部分时间所耕种的"实际上属于他所有的土地"，乃是领主从其所领有的采地中以"份地"形式、按照一定的制度或传统分配给他们的，他们对领主所服的徭役，实际上是他们向领主缴纳的地租，其他具有徭役性质的各种封建义务，也都是他们对占有"实际上属于他们所有的土地"而对领主付出的代价。所以马克思特别指出："地租不仅直接是无偿剩余劳动，并且也表现为无酬剩余劳动，这是替各种生产条件（在这里，它们和土地是一回事，如果说它们和土地有区别，也只是就它们作为土地的附属物而言）的'所有者'而进行的无酬剩余劳动。"① 可见一切封建关系，都是以一定的土地制度为基础而建立起来的。

第二，由这种生产方式和剥削方式所决定的所有制关系——即财产关系，必然"表现为直接的统治和从属关系，因而直接生产者是作为不自由的人出现的"。所以不妨直截了当地指出，所谓封建制度，简单说就是农奴制剥削。因为在奴隶制陷入绝境之后而必然要发生的一次彻底革命，其主要内容就是由奴隶转变为农奴，事实上也只能转变为农奴，不可能是其他什么。尽管这个变革是一种彻底的革命，但是变革的具体过程却又很自然和很平凡，形式上并不轰轰烈烈，因为原来主人给奴隶的是直接生活资料，现在由于种种原因这种做法必须改变，变为给奴隶们一点生产资料（主要是土地），让他们

① 《资本论》第三卷，第八九〇页。

用这点生产资料去自己生产所需要的生活资料，这对主人而言是区别不大的，并且还是有利的和方便的，因为通过这一点区别不大的改变（主人并没有多支出什么）从而获得了更多的和效率更高的无偿劳役；但是对劳动者而言，这个变化是很大的，当直接生产者由主人那里获得的不再是直接的生活资料而是生产资料时，这时生产者的性质就完全改变了，他不再是奴隶，而变为农奴了。马克思紧接着便强调指出奴隶和农奴的本质的不同，其区别不在于他们是不是自由或是不是被剥削，二者的根本区别在于："奴隶要用别人的生产条件来劳动，并且不是独立的。"① 换言之，奴隶不但没有自己的生产条件，而且连他们自身还是别人生产条件的一个组成部分，所以在奴隶制度下，只有奴隶主经济，没有奴隶自己的经济；农奴不同于奴隶的主要之处，就在于他有了"实际上或法律上属于他所有的劳动工具（犁、牲口等等），来耕种实际上属于他所有的土地"。马克思把这样的直接生产者称之为"自给自足的农奴"，因为"直接生产者还占有自己的生产资料，即实现他自己的劳动和生产自己的生活资料所必需的物质的劳动条件；他独立地经营他自己的农业和与农业结合在一起的农村家庭工业"。把这些话概括起来就是：农奴有自己的经济。因此，在封建制度下，既有领主经济，又有农奴经济，我们把这种经济结构称之为领主制经济，这是一个矛盾的统一体，两种经济成分是互相对立的，是统治与被统治、剥削与被剥削的关系；但是二者又是互相依存的：农奴经济的主要生产条件——土地是由领主给予的，而领主经济所需要的生产工具和劳动力，则是由农奴提供的；二者之间通过土地的授受关系而以人身依附的纽带结合起来。所以马克思说："这里必须有人身的依附关系，必须有不管什么程度的人身不自由和人身作为土地的附属物而对土地的依附，必须有真正的依附农制度。"

这就是封建生产方式的全部内容。具体到中国历史上，这样一种自然历史的全部发展过程正是发生在殷周之际的那一段历史变化，事实上也只有在这个时期，才会发生上引马克思和恩格斯所论述的那一系列变化，因为只有在这一段的历史变化中具备了上述的一切条件，从而才能在社会经济运动的自然规律支配之下，以铁的必然性发生作用的结果，形成了中国的典型封建制度，并由于受相同的经济规律的支配，形成了与欧洲庄园制度基本相同的那样一种领主制经济——井田制度。与此有关的各种具体问题，我们在《中

① 《资本论》第三卷，第八九一页。

国封建社会经济史》第一卷中已经详细阐述过了。

我们不准备在这里展开关于古史分期问题的讨论，但不能不对与本节论旨有关的问题略加申论，因为有人对这一段本来是清清楚楚的历史持有不同的看法，而这些不同又无一不与古代奴隶制度的存在或延续时间有关。这里仅举一例，来借以说明这个问题。

例如，有人认为封建制度是随着地主阶级的产生而产生的，认为在鲁宣公十五年实行“初税亩”以前是奴隶制时期，而在这一时期中国是没有所谓的地主阶级的。地主阶级既不存在，则农民阶级与地主阶级对立的这个主要矛盾，也就还不存在，那么，在春秋中叶以前的中国社会，便不是封建社会。根据这个论点，进而又断定说，一个社会中如果不存在严格意义上的地主阶级[3]，那这个社会就不可能是封建社会，并且还认为他的这个结论“应该是没有什么可以争论的了”。但是在科学领域里采取这种办法显然是不合适的，因此，我们对于这一结论仍愿提出以下几点疑问：

第一，作者这里所说的封建社会，与上引马克思和恩格斯所论断的种种情况是没有共同之处的。如果是一回事，为什么封建社会是随着地主阶级的产生而产生呢？为什么必须有了农民阶级与地主阶级对立的这个主要矛盾，才是封建社会赖以建立的基础呢？这是受一种什么样的自然经济规律的支配，或者其中有没有什么经济规律可循呢？就上引的全部论点来看，其与马克思和恩格斯的论断，显然是风马牛不相及的，既然如此，我们便不敢苟同作者给封建制度所下的定义。因为他对封建制度包括一些什么内容，为什么可能和怎样由奴隶制社会一下子就跳到以农民阶级与地主阶级相对立为主要矛盾的封建社会，这种转变——实际是跳跃的具体过程又是什么，是含糊不清的。

第二，如果承认马克思所指出的：社会经济的变化和发展有它自身的客观自然规律，是沿着社会经济运动的自然发展阶段循序渐进的，它在自然历史的发展过程中每一个必经的历史阶段，是既不能跳过，也不是任何人的主观意志所能取消的，那么，上引的全部说法都是与客观经济规律完全背谬的。因为从奴隶制经济直接过渡到地主制经济，用作者的话来说就是由奴隶阶级与奴隶主阶级对立的这个主要矛盾过渡到农民阶级与地主阶级的这个主要矛盾，中间整整跳过了一个历史阶段——农奴制阶段。这正是恩格斯认为不可能有的现象。因为这是由奴隶制度直接过渡到自由农民的租佃制度，不但没有经过隶农阶段，也没有经过农奴阶段。无疑，这是一个大跨度的跳越，实际上这是一次巨大的飞越。就欧洲的历史来看，二者的间隔是整整一千年，可知这是把一个很长的历史发展阶段完全取消了。作者没有告诉我们：地主阶级是怎样产生的？所谓农民阶级与地主阶级对立的这个主要矛盾的成立，其所代表的是一种什么样的社会经济形态？地主阶级的产生与封建制度的产生之间的必然关系是什么？或者换句话说，为什么地主阶级的产生就是封建制度的产生？历史的自然发展为什么能够跳过一个本来不能跳过的发展阶段？

笔者在前文论述土地制度时曾经一再指出，地主阶级是随着土地私有制度的确立而产生的，是历史发展到一定阶段的产物，是社会经济的一个新的发展阶段，并受着一定的客观经济规律的支配，正如马克思所说："每个历史时期都有它自己的规律。一旦生活经过了一定的发展时期，由一定阶段进入另一阶段时，它就开始受另外的规律支配。"① 这个变化具体到中国历史上，确是发生在春秋中叶以后，是在井田制度崩溃后当土地变成为商品时，遂以土地买卖为基础而形成了土地私有制度，即土地成为个人的私有财产，土地的所有者对土地拥有绝对的所有权，从而形成一种新的社会经济范畴和一个新的历史发展阶段，实际上这是一个新的生产方式，马克思曾指出它的主要含义时说：

> 土地所有权的前提是，一些人垄断一定量的土地，把它作为排斥其他一切人的、只服从自己个人意志的领域。……这种关于土地自由私有权的法律观念，在古代世界，只是在有机的社会秩序解体的时期才出现；在现代世界，只有随着资本主义生产的发展才出现。……这个生产方式的前提，一方面是直接生产者从土地的单纯附属物（在依附农、农奴、奴隶等形式上）的地位解放出来，另一方面是人民群众的土地被剥夺。②

这清楚地说明了土地私有制度的确立和地主阶级的产生，"在古代世界，只是在有机的社会秩序解体的时期才出现"。在中国，这个时期就出现在春秋中叶，这个有机的社会秩序就是存在于春秋中叶以前的那个典型的封建制度中，其解体过程包括所有过去由于土地授受关系而必然伴生的"这里必须有人身依附关系，必须有不管什么程度的人身不自由和人身作为土地的附属物

① 《资本论》第一卷，第二十三页。

② 《资本论》第三卷，第六九五——六九六页。

对土地的依附，必须有真正的依附农制度”等关系——简言之即封建关系，这时都完全消灭了。这些情况的出现，正是社会经济的自然规律以铁的必然性发生作用的结果，故变化本身是自然的和循序而进的。因为如前文所指出的，在土地私有制度确立后，土地是地主的私有财产，是他的财富的一种存在形态，并且是一项重要的或主要的生息手段，他没有以份地形式把自己的土地分配给农民的义务，因而自然他就不再有取得农民的无偿劳役和使用农民生产工具的权利，于是农民自然也就不再以“人身作为土地的附属物对土地的依附”，所有对地主的各种形式的人身依附关系这时都完全消失了。随着这些关系的改变，剥削方式也不得不跟着改变，即不能再以劳动的自然形态来获得农民的无偿劳役，而只能以劳动生产物的形态来获得，于是劳役地租变成了实物地租。

这样的发展变化更充分证明了马克思所说的“社会经济形态的发展是一种自然历史过程”①。因为这个变化既是非常自然的，又是非常平凡的。这是由于地主所取得的地租，是以劳动的自然形态来获得还是以劳动生产物的形态来获得，对地主来说是区别不大的。但是，这一地租形态的变化，实质上则是生产方式的变化。这时农民与地主之间的关系，只是一种租佃关系。租佃关系是一种契约关系，契约关系是法律关系，即以法律上平等的关系来订立租约，而租约又只能载入经济条款，不能把任何超经济的条款订入租约，农民除了根据租约对地主作定额的价值支付外，不再有其他关系，如人身依附关系，因订约的农民已不再是“依附农”了。总之，一切封建关系这时都无法存在了。那么，所谓“农民阶级与地主阶级对立的这个主要矛盾”，其具体内容是什么呢？上引作者没有只字说明，马克思却作了如下的明确论断：

> 产品地租和前一形式的区别在于，剩余劳动已不再在它的自然形态上，从而也不再在地主或地主代表的直接监督和强制下进行。驱使直接生产者的，已经是各种关系的力量，而不是直接的强制，是法律的规定，而不是鞭子，他已经是自己负责来进行这种剩余劳动了。剩余生产……不是像以前那样在自己耕种的土地之旁和之外的领主庄园中进行的生产。……在这种关系中，直接生产者或多或少可以支配自己的全部劳动时间，虽然这个劳动时间的一部分（原

① 《资本论》第一卷，第十二页。

> 来几乎是它的全部剩余部分）仍然是无偿地属于土地所有者；只是后者现在已经不是直接在劳动时间的自然形式上得到它，而是在它借以实现的产品的自然形式上得到它。为土地所有者的劳动所造成的非常麻烦的、根据徭役劳动的不同管理方式而程度不同地起着扰乱作用的中断，在产品地租以纯粹形式出现的地方不再发生了。[①]

这就是与地主阶级对立的那个农民阶级，他们的头上已不再有封建领主的鞭子在挥舞了。

不了解地主阶级这个新的社会经济范畴所包含的如此复杂的内容，而笼统地拿农民阶级与地主阶级的对立一语来说明封建制度的产生，是毫无意义的，因为如果这里所引马克思的话不错，则上述一切关系的形成，正是典型的封建制度的消灭，怎么反而会成为封建制度的产生呢？至于从东周起开始形成的那种变态的封建制度，它的形成和特点，我们在《中国封建社会经济史》第一卷中已经论述过了。

第三，把地主阶级的产生说成是封建制度的产生，不仅如上文所指出，与客观经济规律相背，而且与中国和欧洲的具体历史也是完全相背的。就中国历史而言，把古代奴隶制度的下限定在西周末年或东周初年，意思是说西周时期还有奴隶，而且农民阶级与地主阶级对立的这个主要矛盾也就还未成立，因此，在春秋中叶以前的中国社会便不是封建社会，认为直到春秋中叶，古代的奴隶制度才开始崩溃，封建制度就接着在这时产生了。但是如本节所阐述，春秋中叶以后，不但不是奴隶制度的消灭或中断时期，恰恰相反，是奴隶制度在新的历史条件下开始迅速发展的时期。这是中国历史上的许多重大特点之一，其特殊性主要在于：旧制度本来已经死亡了，但是它又在旧瓶中装入了新酒，因为从这时开始重新再生的奴隶制度，已经不同于古代的奴隶制度，它有它自己的必然经济规律，因而它受着完全不同于旧奴隶制度的经济规律的支配。正由于东周的奴隶制度是在新的历史条件下重新再生的，是受着另外的规律支配的，所以在东周时期，奴隶制度已经不是古代奴隶制度的垂死残余，而是具有充沛生命力的一种新的社会经济制度。

就欧洲历史而言，上述说法就更使人感到奇怪了，因为根据上引那个断语说，一个社会中如果严格意义上的地主阶级不存在，那这个社会就不可能

---

① 《资本论》第三卷，第八九五——八九六页。

是封建社会。我们无法理解这个结论是根据什么理论和什么历史事实概括出来的。谁都知道欧洲长达一千年的中世纪——直到资本主义产生以前，一直是封建社会，并且被称为一个典型的封建社会，但它自始至终是领主制经济，是农奴制剥削，不但从来没有存在过严格意义的地主阶级，而且什么意义的地主阶级也没有存在过，当地主阶级出现时，资本主义就跟着产生了，其形成是封建制度的崩溃和资本主义在农业中发展的结果，这就是上引马克思所说："在现代世界，只有随着资本主义生产的发展才出现。"如果根据上引的结论，既然没有严密意义的地主阶级的存在，那么，长达一千年的中世纪是一种什么性质的社会呢？

第二节　雇佣劳动

在上文中说明了雇佣劳动的产生根源之后，便可知秦汉时代的雇佣劳动制完全是春秋战国以来固有制度的延续，虽然也有一定程度的量的发展，但却没有——也不可能有任何质的变化，因为社会经济的基本结构没有发生本质的变化。由于土地兼并的不断发展，丧失土地和其他生产资料的人也愈来愈多，既没有同时发展起来的城市工业来给失去土地的人提供就业机会，故社会上经常存在着大量的相对过剩人口，这些人都成为如马克思所说，"除了自己的皮以外没有可出卖的东西"[①]。失去了生产资料，同时就失去了生活资料。当他们在饥饿线上挣扎到连"常衣牛马之衣，而食犬彘之食"的贫困生活都不能保证时，如果不愿"亡逃山林，转为盗贼"[②]，便只有出卖自己的人身以苟延性命。

整个秦汉两代，雇佣劳动的情况与战国时代是基本相同的，主要还是以下几种：

第一，服务性工作。由于社会上没有同时发展起来的城市工业来给出卖劳动力的人提供就业机会，故只能在各种小营业（小商店或小作坊）中做一些服务性工作或辅助性劳动，例如：

> 于是秦逐太子丹、荆轲之客，皆亡。高渐离变名姓为人庸保，

① 《资本论》第一卷，第七八一——七八二页。

② 《汉书》卷二十四上，《食货志》引董仲舒语。

匿作于宋子。《汉书·栾布传》曰："卖庸于齐，为酒家保。"案：谓庸作于酒家，言可保信，故云"庸保"。①

栾布者，梁人也。始梁王彭越为家人时，尝与布游，穷困，赁庸（按：赁庸，《汉书》作卖庸）于齐，为酒人保（《集解》：《汉书音义》曰：酒家作保佣也。可保信，故谓之保。按《汉书》注孟康曰：酒家作保，保，庸也。可保信，故谓之保。师古曰：谓庸作受顾也）。②

相如与俱之临邛，尽卖其车骑，买一酒舍酤酒，而令文君当炉[4]。相如身自著犊鼻裈，与保庸杂作（按《汉书》注，师古曰：庸，即谓赁作者。保谓庸之可信任者也），涤器于市中。③

根举孝廉，除郎中。时和熹邓后临朝，外戚横恣，安帝长大，犹未归政。根乃与同时郎尚上书直谏，邓后怒，收根等伏诛。诛者皆绢囊盛，于殿上扑地。执法者以根德重事公，默语行事人，使不加力。诛讫，车载城外，根以扑轻得苏息，遂闭目不动摇。经三日，乃密起逃窜，为宜城山中酒家客，积十五年，酒家知其贤，常厚敬待。④

有顷难作，下郡收固三子，二兄受害。文姬乃告父门生王成曰："君执义先公，有古人之节，今委君以六尺之孤，李氏存灭，其在君矣。"成感其义，乃将燮乘江东下，入徐州界内，令变名姓为酒家佣，而成卖卜于市。⑤

第二，从事各种农业劳动。大都是在春耕、夏耘和秋收等农忙季节做临时雇工。此外，平时亦有一些辅助性的农业劳动如畜牧业也常使用雇工，例如：

陈涉少时，尝与人佣耕（《索隐》：《广雅》云："佣，役也。"按谓役力而受雇直也。按《汉书》注师古曰："与人，与人俱也。

① 《史记》卷八十六，《刺客列传》。

② 《史记》卷一百，《季布栾布列传》。

③ 《史记》卷一百十七，《司马相如列传》。

④ 《后汉书》卷五十七，《杜根传》，此处引文据《三国志》卷二十三《魏书·杜袭传》注引《先贤行状》。

⑤ 《后汉书》卷六十三，《李固传附燮传》。

佣耕，谓受其雇直而为之耕，言卖功佣也”）。辍耕之垄上，怅恨久之，曰：“苟富贵，无相忘。”佣者笑而应曰：“若为佣耕，何富贵也？”①

儿宽，千乘人也。治《尚书》，事欧阳生。以郡国选诣博士，受业孔安国。贫无资用，尝为弟子都养。时行赁作，带经而锄[5]，休息辄读诵，其精如此。②

〔元和元年（公元八十四年）〕二月甲戌，诏曰：“自牛疫以来，谷食连少……其令郡国募人无田欲徙它界就肥饶者，恣听之，到在所，赐给公田，为雇耕佣，赁种饷，贳与田器，勿收租五岁，除算三年。其后欲还本乡者，勿禁。”③

〔第五访〕京兆长陵人，司空伦之族孙也。少孤贫，常佣耕以养兄嫂，有闲暇则以学文。④

农业中使用雇佣劳动除直接用于农田耕作即所谓“佣耕”或“耕庸”外，雇工畜牧亦常见记载，例如：

〔范增劝立楚后〕于是项梁然其言，乃求楚怀王孙心民间，为人牧羊，立以为楚怀王，从民所望也。⑤

两汉文献中有很多关于“佣作”的记载，但却没有明言佣作的性质，当然其中有不少是“杂作”，即各种零星劳动，包括各种服务性劳动。但是实际上多数还是用于农田耕作，因为农业是社会的主要生产部门，而农业生产又需要很多的劳动人手。各种土地所有者除了用租佃办法把土地租给农民而坐收定额的地租外，也有一些土地所有者——主要是中小地主，常使用雇佣劳动即所谓“长工”自行经营，特别是一些小土地所有者，或者由于劳动力不足，或者由于家中没有壮丁，而不得不雇“耕佣”来经营。就是一般家有壮丁的自耕农民，在农忙季节也常因自己的劳力不足，而临时雇“短工”来

① 《史记》卷四十八，《陈涉世家》。
② 《汉书》卷五十八，《儿宽传》。
③ 《后汉书》卷三，《章帝纪》。
④ 《后汉书》卷七十六，《循吏·第五访传》。
⑤ 《史记》卷七，《项羽本纪》。

帮助。下引几条记载，大都属于此类：

衡好学，家贫，庸作以供资用（注：师古曰："庸作，言卖功庸，为人作役而受顾也。"《补注》，钱大昭曰：《西京杂记》：匡衡勤学而无烛，邻舍有烛而不逮，衡乃穿壁引其光，以书映光而读之。邑人大姓文不识，家富多书，衡乃与其佣作，而不求偿，主人怪问衡，衡曰：愿得主人书遍读之。主人慨叹，资给以书，遂成大学）。①

〔始元四年（公元前八十三年）秋七月〕诏曰："比岁不登，民匮于食，流庸未尽还（师古曰：'流庸，谓去其本乡而行为人庸作'）。"②

逮文、景四五世间，流民既归，户口亦息；列侯大者至三四万户，小国自倍，富厚如之，子孙骄逸，忘其先祖之艰难，多陷法禁，陨命亡国，或云子孙，讫于孝武后元之年，靡有孑遗，耗矣，罔亦少密焉。故孝宣皇帝愍而录之，乃开庙臧，览旧籍，诏令有司求其子孙，咸出庸保之中，并受复除，或加以金帛，用章中兴之德。③

〔卫飒〕河内修武[6]人也。家贫好学问，随师无粮，常佣以自给。④

〔桓荣〕少学长安，习《欧阳尚书》，事博士九江朱普。贫窭无资，常客佣以自给。⑤

〔江革〕少失父，独与母居。遭天下乱，盗贼并起……革转客下邳，穷贫裸跣，行佣以供母，便身之物，莫不必给。⑥

〔郑均〕兄为县吏，颇受礼遗，均数谏止不听。即脱身为佣，岁余得钱帛，归以与兄。曰："物尽可复得，为吏坐臧，终身捐弃。"兄感其言，遂为廉洁。⑦

〔施延〕少为诸生，明于"五经"，星官风角，靡有不综。家贫

① 《汉书》卷八十一，《匡衡传》。
② 《汉书》卷七，《昭帝纪》。
③ 《汉书》卷十六，《高惠高后文功臣表序》。
④ 《后汉书》卷七十六，《循吏·卫飒传》。
⑤ 《后汉书》卷三十七，《桓荣传》。
⑥ 《后汉书》卷三十九，《江革传》。
⑦ 《后汉书》卷二十七，《郑均传》。

母老，周流佣赁。①

时有隐者焦先，河东人也。《魏略》曰：关中乱，先失家属，独窜于河渚间……饥则出为人客作，饱食而已，不取其直。②

上引诸例都没有明言“佣作”的性质，但从记载的文义来看，恐十之八九系农业劳动，因为只有农业生产需要较多的劳动人手，能给雇佣劳动提供较多的就业机会。同时，由各项“杂作”——即各种杂项劳动大都标明性质，亦可反证仅泛言“佣作”或“庸赁”，主要系指农业劳动而言，至其他杂作，大都标明性质，例如：

任安，荥阳人也。少孤贫困，为人将车之长安。（《索隐》：将车犹御车也。）③

永平五年（公元六十二年），兄固被召诣校书郎，超与母随至洛阳。家贫，常为官佣书以供养。④

〔梁鸿〕遂至吴，依大家皋伯通，居庑下，为人赁舂。⑤

〔范式〕四迁荆州刺史。友人南阳孔嵩，家贫亲老，乃变名姓，佣为新野县阿里街卒。式行部到新野，而县选嵩为导骑迎式。……式敕县代嵩，嵩以先佣未竟，不肯去。⑥

时公沙穆来游太学，无资粮，乃变服客佣，为祐赁舂。祐与语大惊，遂共定交于杵臼之间。⑦

第三，手工业中的雇佣劳动。在手工业生产中占主要地位的是家庭手工业，而家庭手工业各有其家传的秘方绝技，绝不外传，因而不能雇用外人，故家庭工业中没有雇佣劳动存在的余地。在其他手工业生产中，如偶有雇佣工人，亦系不需要特殊技术的一般粗工，仍系一种普通杂作性质，有关记载，亦寥寥无几。例如：

---

① 《后汉书》卷四十六，《陈宠传附子忠传》注引谢承书。
② 《三国志》卷十一，《魏书·管宁传》注引《魏略》。
③ 《史记》卷一百四，《田叔列传·褚先生补述》。
④ 《后汉书》卷四十七，《班超传》。
⑤ 《后汉书》卷八十三，《逸民·梁鸿传》。
⑥ 《后汉书》卷八十一，《独行·范式传》。
⑦ 《后汉书》卷六十四，《吴祐传》。

〔馥亡命〕乃自剪须变形，入林虑山中，隐匿姓名，为冶家佣。亲突烟炭，形貌毁瘁，积二三年，无人知者。①

〔申屠蟠〕家贫，佣为漆工。②

但是当时从事商品生产的较大规模的作坊手工业和那些大型的工矿企业，虽然从单个的企业看，所雇佣的工人数目都是少则数百人，多则千余人，而从整个社会看，其总的数量仍然是极为有限的（详见本书第五章第一节）。

总之，在中国古代当雇佣劳动出现时，不是由于已经有了货币、生产资料和生活资料的所有者即资本所有者，从而为了要增殖自己所占有的价值总额，才把原来不是雇佣工人的直接生产者强制性地转化为雇佣工人，简单说，是由于已经有了对雇佣劳动的需要，才不得不通过所谓原始积累过程，即通过对直接生产者的生产资料的剥夺过程来完成这种转化。在古代中国，是在根本不存在这种需要的情况下来进行类似的剥夺的。剥夺的结果虽然同样造成了“劳动贫民”，即同样造成“除了自己的皮以外没有可出卖的东西”这样一种纯粹的无产者，但由于这是在根本没有需要的情况下制造出来的供给，则这种供给自然就不可能再有任何进一步的转化——转化为资本主义生产的基本条件。所以同样由剥夺过程产生了雇佣劳动，同样是在直接生产者被剥夺了生产资料和旧封建制度给予他们的一切生存保障之后而不得不成为自身劳动力的出卖者，但是由这种剥夺所造成的总结果则完全不同，甚至完全相反。在欧洲，由于雇佣劳动力的供给正适合着需要，故所有被剥夺了生产资料的“劳动贫民”都被正在发展中的资本主义工业所吸收，从而转化为工厂工人，成为资本所有者增殖其价值总额的手段。在中国，供给不适应需要，事实上很少存在这种需要，所以当社会上已经出现了大量的劳动力的出卖者时，却没有同时出现欧洲那样的劳动力的购买者，具体说，没有同时发展起来的资本主义的工业来吸收这些“劳动贫民”，结果除了从事商品生产的作坊手工业吸收少量的雇佣劳动者外，其他的只能到农业生产中去作“耕佣”，去为人放牧，去做服务性的酒保和各种“杂作”，又由于不容易找到雇主，而不得不漂泊异乡，去做“流佣”。总之，中国古代的雇佣劳动的出现，完

① 《后汉书》卷六十七，《党锢·夏馥传》。

② 《后汉书》卷五十三，《申屠蟠传》。

全与资本主义无关，它既不是资本主义发展的结果，也不是资本主义进一步发展的条件。在欧洲，确如恩格斯所说，雇佣劳动的出现是资本主义生产萌芽的主要标志。在中国，却不具备这样的性质。所以，绝不可以把二者混为一谈。

第三节　奴隶劳动

（一）官奴婢

根据上文所分析，可知从东周时期开始，随着土地制度的变革，奴隶制度已不再是此前奴隶制度的延续，更不是这种旧制度的残存，而是有了一个新的生生不已的源泉，成为一种具有新的生命力的社会经济制度。故东周以后，奴隶制度不但长期存在，而且是一脉相承地、继长增高地，即一代超过一代地在继续发展。上文曾具体地指出，随着土地兼并的不断发展，被剥夺了土地的农民，于丧失掉生产资料之后，同时就丧失掉生活资料，都变成“除了自己的皮以外没有可出卖的东西”的“劳动贫民”。他们为饥寒所迫，如果不“亡逃山林，转为盗贼”，便只有出卖自身。上文已指出，人们在不得已而出卖自身时，第一步自然是零星出卖或部分出卖，即只出卖劳动力，而不出卖人身。于是便在土地制度变化的开始，同时就出现了雇佣劳动。但是，在古代，当雇佣劳动出现时，其产生丝毫没有原始积累的作用，不是资本主义发展的结果，所以社会上虽然已经大量出现了雇佣劳动力的供给，却没有同时产生对这种劳动力的需要，换言之，社会上只有劳动力的出卖者，却很少有劳动力的购买者（不像欧洲那样，由同时发展起来的资本主义工业来给大量的相对过剩人口提供就业机会），如上节所证明，雇佣劳动力的市场是极其有限的。当人们不能得到雇佣机会，即不能靠零星出卖劳动力来维持生存时，便只有把自己的整个人身卖掉——即卖身为奴。这是东周以后历代奴隶制度不断发展的主要原因，它的发展的高度，一直是与土地兼并的严重程度成正比例的。

秦汉时代，正是这样的奴隶制度无论在量的方面或质的方面都突出发展的时代，这时不仅私人奴隶主拥有数目众多的、甚至是成千上万的奴隶，而且官家——朝廷和政府也奴役着大批奴隶，称为“官奴婢”。就数量而言，官奴婢的数目是非常庞大的，这由下引记载可以看出：

> 太官……皆令丞，治太官汤官，奴婢各三千人，置酒，皆缇韝韝蔽膝绿帻。①
>
> 太仆牧师苑三十六所，分布北边，以郎为苑监，官奴婢三万人，分养三十万头，择取给六厩牛羊无数，以给牲牺。②
>
> 水衡、少府、大农、太仆，各置农官，往往即郡县比没入田田之，其没入奴埤，分诸苑养狗马禽兽，及与诸官（按《汉书补注》引沈钦韩曰：《汉旧仪》官奴婢及天下贫民，资不满五千，徙置苑中养鹿，因收取鹿矢，人日五钱。到元帝时，七十亿万以给军击西域）。诸官益新置多，徒奴婢众，而下河漕度四百万石，及官自籴乃足。③

从上引记载可以看出，官奴婢数量之大，实足惊人，仅供养官奴的口粮一项，每年河漕四百万石还不够，另外又须自籴若干万石。这当然是政府财政上的一笔大宗支出。政府为了减轻负担，淘汰老弱无用之奴，曾经常以敕令赦免官奴婢为庶人，例如：

> 〔后元四年（公元前一六〇年）〕五月，赦天下，免官奴婢为庶人。④
>
> 〔绥和二年（公元前七年）四月，即皇帝位。六月，诏〕："官奴婢五十以上，免为庶人。"⑤
>
> 〔延平元年（公元一〇六年）六月〕丁卯，诏司徒、大司农、长乐少府曰："……自建武之初，以至于今，八十余年，宫人岁增，房御弥广。又宗室坐事没入者，犹托名公族，甚可愍焉。今悉免遣，及掖庭宫人，皆为庶民，以抒幽隔郁滞之情。"⑥

---

① 《太平御览》卷二百二十九，引《汉旧仪》。
② 《太平御览》卷二百三十，引《汉旧仪》。
③ 《史记》卷三十，《平准书》。
④ 《汉书》卷四，《文帝纪》。
⑤ 《汉书》卷十一，《哀帝纪》。
⑥ 《后汉书》卷四，《殇帝纪》。

〔即皇帝位〕诏曰："……官奴婢六十已上，免为良人。"①

〔正始七年（公元二四六年）〕秋八月戊申，诏曰："属到市，观见所斥卖官奴婢，年皆七十，或癃疾残病，所谓天民之穷者也。且官以其力竭而复鬻之，进退无谓。其悉遣为良民。若有不能自存者，郡县振给之。"②

〔晋文帝为晋王〕改旧律……去捕亡，亡没为官奴婢之制。③

官奴婢的来源主要是罪没——犯罪没官，即因其本人或其家族犯罪而没入为官奴婢。细别之，此种罪没亦有两种：其一，本人或其家族原来并非奴隶，由于犯罪而没入为官奴婢。关于罪没，汉律有明文规定：

丞相张苍、御史大夫冯敬奏言："肉刑所以禁奸，所由来者久矣，陛下下明诏，怜万民之一有过被刑者终身不息，及罪人欲改行为善而道亡繇至。于盛德，臣等所不及也。臣谨议请定律曰：诸当完者，完为城旦舂……罪人狱已决，完为城旦舂，满三岁为鬼薪白粲，鬼薪白粲一岁，为隶臣妾；隶臣妾一岁，免为庶人。隶臣妾满二岁，为司寇。司寇一岁，及作如司寇二岁，皆免为庶人。其亡逃及有罪耐以上，不用此令。……"制曰："可"。④

太仓令淳于公有罪当刑，诏狱逮系长安。淳于公无男，有五女，当行会逮，骂其女曰："生子不生男，缓急非有益!"其少女缇萦，自伤悲泣，乃随其父至长安，上书曰："妾父为吏，齐中皆称其廉平，今坐法当刑，妾伤夫死者不可复生，刑者不可复属，虽后欲改过自新，其道亡繇也。妾愿没入为官婢，以赎父刑罪，使得自新。"⑤

〔地皇二年（公元二十一年）〕秋，陨霜杀菽，关东大饥，蝗。民犯铸钱，伍人相坐，没入为官奴婢。其男子槛车，儿女子步，以

① 《三国志》卷四，《魏书·齐王纪》。
② 《三国志》卷四，《魏书·齐王纪》。
③ 《晋书》卷三十，《刑法志》。
④ 《汉书》卷二十三，《刑法志》。
⑤ 《汉书》卷二十三，《刑法志》。

铁锁琅当其颈，传送钟官，以十万数。①

其二，本人原来就是奴隶，系属于私人所有，因其主人犯罪，遂被当作主人的一种财产而连带被没入，即由私奴婢没入为官奴婢。这样，由私奴变为官奴的数量，在官奴婢中占相当大的比重[7]。例如：

杨可告缗遍天下，中家以上大抵皆遇告。杜周治之，狱少反者。乃分遣御史廷尉正监分曹往，即治郡国缗钱，得民财物以亿计，奴婢以千万数。②

官奴婢的另一来源，是私人用奴婢输官，用以赎罪、买爵或免役。这说明奴隶和普通的物质财富一样，可用以交换其他的等价物，因向官府输入奴婢，与输入金钱的作用完全相同：

错复言守边备塞，劝农力本，当世急务二事，曰："……陛下幸忧边境，遣将吏发卒以治塞，甚大惠也。……不如选常居者……先为室屋，具田器。乃募罪人及免徒复作令居之；不足，募以丁奴婢赎罪及输奴婢欲以拜爵者；不足，乃募民之欲往者，皆赐高爵，复其家。"③

〔元朔中（公元前一二五年前后）〕府库益虚，乃募民能入奴婢，得以终身复，为郎增秩。④

政府奴役大批官奴婢，除了使他们从事各种生产活动，如"分诸苑养狗马禽兽"及其他各种服务性工作外，有时则系仅用于炫示排场、夸耀威风，例如：

〔霍光秉政，王仲翁为光禄大夫给事中〕仲翁出入从仓头庐儿（《补注》沈钦韩曰：《汉官仪》丞相东西曹长安给骑，亭长七十人，

---

① 《汉书》卷九十九下，《王莽传》。
② 《史记》卷三十，《平准书》。
③ 《汉书》卷四十九，《晁错传》。
④ 《史记》卷三十，《平准书》。

六月一更，仓头庐儿，出入大车驷马。然案诸官给使皆有之，晋宋谓之僮干也)，下车趋门，传呼甚宠。①

这一类的官奴隶大都是饱食终日，无所事事，甚至是养尊处优，发财致富，例如：

丁傅子弟并进，董贤贵幸，宣以谏大夫从其后，上书谏曰："……今贫民菜食不厌，衣又穿空，父子夫妇不能相保，诚可为酸鼻。陛下……奈何独私养外亲与幸臣董贤，多赏赐以大万数，使奴从宾客浆酒霍肉，苍头庐儿皆用致富。②

像这样能享受优渥待遇的官奴婢当然是为数不多的，他们一般都从事各种经济活动。其中有些奴隶还具有不同程度的工艺技巧，则使之从事各种手工业制造。官工业中的工匠，便有不少是奴隶，例如：

〔淮南王安谋反〕于是王乃令官奴入宫，作皇帝玺；丞相，御史，大将军，军吏，中二千石，都官令、丞印，及旁近郡太守、都尉印，汉使节法冠。③

〔武帝末年，赵过教为代田〕其耕耘下种田器，皆有便巧。……过使教田太常、三辅、大农置工巧奴与从事，为作田器。④

正由于官奴婢都从事各种经济活动，是生产资料的一个组成部分，因而也是财富的一种存在形态，故朝廷亦经常把奴婢当作一种财物，与田宅、金钱、布帛等并列，用于赏赐。两汉史籍中关于赏赐奴婢的记载非常多，有时赏赐的数目非常大。通过这样的途径，又使大量的官奴婢归私人所有，成为私奴婢的一个重要来源。这里仅择要举例如下：

是时上方忧河决，而黄金不就，乃拜〔栾〕大为五利将

① 《汉书》卷七十八，《萧望之传》。
② 《汉书》卷七十二，《鲍宣传》。
③ 《史记》卷一百十八，《淮南衡山列传》。
④ 《汉书》卷二十四上，《食货志》。

军。……制诏御史："其以二千户封地士将军大为乐通侯"，赐列侯甲第，僮千人。乘与斥輋马帷幄器物以充其家。①

〔武帝出求其姊，引归，谒太后〕太后曰："帝倦矣，何从来？"帝曰："今者至长陵，得臣姊与俱来。"顾[8]曰："谒太后！"太后曰："女某邪？"曰："是也。"太后为下泣，女亦伏地泣。武帝奉酒前为寿，奉钱千万，奴婢三百人，公田百顷，甲第，以赐姊。②

〔光立宣帝〕赏赐前后黄金七千斤，钱六千万，杂缯三万匹，奴婢百七十人，马二千匹，甲第一区。③

公主上书言年老土思，愿得归骸骨葬汉地。天子闵而迎之，公主与乌孙男女三人俱来至京师。是岁甘露三年（公元前五十一年）也。时年且七十，赐以公主田宅奴婢，奉养甚厚，朝见仪比公主。④

〔永平〕六年（公元六十三年）冬，帝幸鲁，征苍从还京师。明年，皇太后崩，既葬，苍乃归国。特赐宫人奴婢五百人，布二十五万匹，及珍宝服御器物。⑤

征还竦妻子，封子棠为乐平侯，棠弟雍乘氏侯，雍弟翟单父侯，邑各五千户，位皆特进，赏赐第宅奴婢车马兵弩什物以巨万计。⑥

永元四年（公元九十二年），帝移幸北宫章德殿，讲于白虎观，庆得入省宿止。……及大将军窦宪诛，庆出居邸，赐奴婢三百人，舆马、钱帛、帷帐、珍宝、玩好，充仞其第。⑦

〔后主降魏，封安乐县公〕食邑万户，赐绢万匹，奴婢百人，他物称是。⑧

政府经常以大量奴婢作赏赐，说明政府所拥有的官奴婢的数量是很大的，这种情况实远非过去两周时代所能比拟。仅此一端，即可证明秦汉时代的奴隶制度，比之前代又大大地发展了。

① 《史记》卷二十八，《封禅书》。
② 《史记》卷四十九，《外戚世家》。
③ 《汉书》卷六十八，《霍光传》。
④ 《汉书》卷九十六下，《西域·乌孙传》。
⑤ 《后汉书》卷四十二，《东平宪王苍传》。
⑥ 《后汉书》卷三十四，《梁统传附竦传》。
⑦ 《后汉书》卷五十五，《清河孝王庆传》。
⑧ 《三国志》卷三十三，《蜀书·后主传》。

（二）私奴婢

秦汉时代，奴隶制度的大举发展，在私人占有奴隶之众多和使用奴隶劳动之普遍上，表现得尤为突出。由于奴隶劳动是各种经济活动中的一个重要方面军，是一种重要的生产条件，因而就成为形成个人财富的一个重要项目，故社会上也就以奴隶的多寡来代表财富的多少，完全如司马迁所说："其轺车百乘，牛车千辆……马蹄躈千，牛千足，羊彘千双，僮手指千（《集解》骃[9] 案：《汉书音义》曰：僮，奴婢也。古者无空手游日，皆有作务，作务须手指，故曰手指，以别马牛蹄角也）……此亦比千乘之家。"① 因此，各种财富所有者，于争先恐后地兼并更多土地的同时，亦争先恐后地力求占有更多的奴隶，故仅在奴隶的数量上，不但过去的任何时代不能与之比拟，就是古代希腊罗马的大奴隶主也不能望其项背。从具体数量来看，秦汉时代一般奴隶主所拥有的奴隶，或成百上千，或在万人以上。这里亦择要举例：

不韦家僮万人。②

嫪毐家僮数千人。③

韩破，良家僮三百人，弟死不葬，悉以家财求客刺秦王，为韩报仇。④

〔陆贾为陈平画策〕陈平用其计，乃以五百金为绛侯寿，厚具乐饮，太尉亦报如之。此两人深相结，则吕氏谋益衰。陈平乃以奴婢百人，车马五十乘，钱五百万，遗陆生为饮食费。陆生以此游汉廷公卿间，名声籍盛。⑤

武帝即位，举贤良文学之士……仲舒复对曰："……身宠而载高位，家温而食厚禄，因乘富贵之资力，以与民争利于下，民安能如之哉！是故众其奴婢，多其牛羊，广其田宅，博其产业，畜其积委，务此而亡已。"⑥

---

① 《史记》卷一百二十九，《货殖列传》。
② 《史记》卷八十五，《吕不韦列传》。
③ 《史记》卷八十五，《吕不韦列传》。
④ 《史记》卷五十五，《留侯世家》。
⑤ 《史记》卷九十七，《郦生陆贾列传》。
⑥ 《汉书》卷五十六，《董仲舒传》。

临邛中多富人，而卓王孙家僮八百人，程郑亦数百人。[①]

卓王孙不得已，分予文君僮百人，钱百万，及其嫁时衣被财物，文君乃与相如归成都，买田宅，为富人。[②]

会日有蚀之，太中大夫蜀郡张匡……上书愿对近臣陈日蚀咎。……对曰："……今商宗族权势，合资巨万计，私奴以千数。"[③]

〔哀帝即位〕六月诏……又曰："诸侯王、列侯、公主、吏二千石及豪富民多畜奴婢，田宅亡限，与民争利；百姓失职，重困不足。其议限列。"有司条奏："诸王、列侯得名田国中，列侯在长安及公主名田县道，关内侯、吏民名田，皆无得过三十顷。诸侯王奴婢二百人，列侯、公主百人，关内侯、吏民三十人。年六十以上，十岁以下，不在数中。……诸名田畜奴婢过品，皆没入县官。"[④]

〔统所著《昌言》〕《理乱篇》曰："……汉兴以来，相与同为编户齐民，而以财力相君长者，世无数焉。……豪人之室，连栋数百，膏田满野，奴婢千群，徒附万计。"[⑤]

窦氏一公、两侯、三公主、四二千石，相与并时，自祖及孙，官府邸第相望京邑，奴婢以千数，于亲戚、功臣中莫与为比。[⑥]

防兄弟贵盛，奴婢各千人已上，资产巨亿，皆买京师膏腴美田。[⑦]

建初八年（公元八十三年），肃宗复还所削地，康遂多殖财货，大修宫室，奴婢至千四百人，厩马千二百匹，私田八百顷。[⑧]

其先张江者，封折侯，曾孙国为郁林太守……国有资财二亿，家僮八百人。[⑨]

东海朐人也。祖世货殖，僮客万人，资产巨亿。[⑩]

---

① 《史记》卷一百十七，《司马相如列传》。
② 《史记》卷一百十七，《司马相如列传》。
③ 《汉书》卷八十二，《王商传》。
④ 《汉书》卷十一，《哀帝纪》。
⑤ 《后汉书》卷四十九，《仲长统传》。
⑥ 《后汉书》卷二十三，《窦融传》。
⑦ 《后汉书》卷二十四，《马援传附防传》。
⑧ 《后汉书》卷四十二，《济南安王康传》。
⑨ 《后汉书》卷八十二上，《方术·折像传》。
⑩ 《三国志》卷三十八，《蜀书·糜竺传》。

从上引诸例可以看出，一般王公贵族和富商大贾之所以占有成千上万的奴隶，主要是为了役使他们从事各种经济活动，通过剥削奴隶的剩余劳动，来增殖他们所占有的价值总额，所以他们之占有大量奴隶和他们之占有大量土地是同一作用。换言之，奴隶之于奴隶主，是作为一种生息手段的。拥有“僮手指千”就可以“比千乘之家”，是由于僮手指能从事“作务”。一句话，他们都是生产者，都是价值的创造者。这里仍以举例方式来说明这种情况：

> 齐俗贱奴虏，而刀闲独爱贵之。桀黠奴，人之所患也，唯刀闲收取，使之逐渔盐商贾之利，或连车骑，交守相，然愈益任之，终得其力，起富数千万。故曰：“宁爵无刀”，言其能使豪奴自饶而尽其力。①
>
> 安世尊为公侯，食邑万户，然身衣弋绨，夫人自纺绩，家童七百人，皆有手技作事，内治产业，累积纤微，是以能殖其货，富于大将军光。②
>
> ［杨颙］入蜀为巴郡太守，丞相诸葛亮主簿。亮尝自校簿书，颙直入谏曰：“为治有体，上下不可相侵。请为明公以作家譬之。今有人使奴执耕稼，婢典炊爨，鸡主司晨，犬主吠盗……私业无旷，所求皆足，雍容高枕，饮食而已。忽一旦尽欲以身亲其役，不复付任，劳其体力，为此碎务；形疲神困，终无一成，岂其智之不如奴婢鸡狗哉？失为家主之法也。”③

从上引记载可知一切生产劳动包括家庭服务劳动，都是由男女奴隶负担的，主人则完全不“劳其体力”，只是“雍容高枕，饮食而已”。上文选录的三例，正分别代表了农、工、商三个不同的部门，说明不论在农业生产上还是手工业制造上或商业经营上，都是在大量地使用着奴隶劳动力，其结果自然如司马迁所说，“僮手指千”就可以“比千乘之家”。

私奴婢的来源主要有二：一是来自赏赐，其情况已见上文。这是朝廷把所拥有的官奴婢当作财物，用以褒奖有功或施恩亲幸，通过这样的途径，使大量的官奴变成了私奴。但是能够获得这样的机会的，当然只限于少数的达

---

① 《史记》卷一百二十九，《货殖列传》。

② 《汉书》卷五十九，《张汤传附子安世传》。

③ 《三国志》卷四十五，《蜀志·杨戏传》注引《襄阳记》。

官贵人，所以这一来源，在私奴婢的队伍中所占的比重并不如购买的那么高[10]。二是来自购买，这是私奴婢的主要来源。民间的各种财富所有者拥有的大批奴婢，都是公开买来的，因为在秦汉时代，买卖生口——奴婢和买卖普通商品一样，是非常普遍和非常方便的。这是从战国年间开始，随着货币经济的发展和土地制度的变革而出现的一种新的社会经济现象——人变成了交换价值。秦汉时代是这一历史变革的进一步发展时期，因为这时货币经济和土地兼并问题，比之战国年间又都大大地发展了，其结果是失掉土地的人更众多，相对过剩人口的队伍更庞大了。他们不能获得佃耕的机会，不能找到雇佣的机会，又不愿意“亡逃山林，转为盗贼”，为饥寒所迫，卖身为奴，便是仅有的一条生路了。这是秦汉时代奴隶制度大量发展的主要原因。

在秦汉时代的史籍中，关于买卖奴婢的记载非常多，可知当时奴隶买卖非常盛行，这里仍以择要举例方式来说明当时买卖奴隶的具体情况：

> 栾布者，梁人也。始梁王彭越为家人时，尝与布游。穷困，赁佣于齐，为酒人保。数岁，彭越去之巨野中为盗，而布为人所略卖，为奴于燕。①
>
> 季布者，楚人也，为气任侠，有名于楚，项籍使将兵，数窘汉王。及项羽灭，高祖购求布千金，敢有舍匿，罪及三族。季布匿濮阳周氏。……乃髡钳季布，衣褐衣，置广柳车中，并与其家僮数十人，之鲁朱家所卖之。朱家心知是季布，乃买而置之田，诫其子曰：“田事听此奴，必与同食。”②
>
> 汉兴，接秦之敝，诸侯并起，民失作业，而大饥馑。凡米石五千，人相食，死者过半。高祖乃令民得卖子，就食蜀汉。③
>
> 〔五年（公元前二〇二年）〕夏五月，兵皆罢归家。诏曰：“……民以饥饿自卖为人奴婢者，皆免为庶人。”④
>
> 晁错复说上曰：“……急政暴虐，赋敛不时，朝令而暮改。当具有者半贾而卖，亡者取倍称之息，于是有卖田宅鬻子孙以偿责

---

① 《史记》卷一百，《季布栾布列传》。
② 《史记》卷一百，《季布栾布列传》。
③ 《汉书》卷二十四上，《食货志》。
④ 《汉书》卷一下，《高帝纪》。

者矣。”①

窦皇后兄窦长君，弟曰窦广国，字少君，少君年四五岁时，家贫，为人所略卖。其家不知其处，传十余家，至宜阳，为其主入山作炭。②

〔去病〕既壮大，乃自知父为霍中孺，未及求问。会为票骑将军击匈奴，道出河东……遣吏迎霍中孺……去病大为中孺买田宅奴婢而去。③

傅太后使谒者买诸官婢，贱取之，复取执金吾官婢八人。隆奏言贾贱，请更平直。④

〔莽〕下令曰：“……今更名天下田曰王田，奴婢曰私属，皆不得卖买。……”犯令，法至死。……后三年，莽知民愁，下诏诸食王田及私属皆得卖买，勿拘以法。按《王莽传》下有：“犯私买卖庶人者，且一切勿治。”⑤

〔建武二年（公元二十六年）五月〕癸未，诏曰：“民有嫁妻卖子，欲归父母者，恣[11]听之，敢拘执，论如律。”⑥

〔建武十二年（公元三十六年）〕诏兴留屯成都。顷之，侍御史举奏兴奉使私买奴婢，坐左转莲勺令。⑦

〔建武十四年（公元三十八年）〕十二月癸卯，诏益、凉二州奴婢，自八年以来自讼在所官，一切免为庶民，卖者无还直。⑧

冀又起别第于城西，以纳奸亡，或取良人，悉为奴婢，至数千人，名曰“自卖人”。⑨

〔任〕嘏，乐安博昌人。……又与人共买生口，各雇八匹。后生口家来赎，时价值六十匹，共买者欲随时价取赎。嘏自取本价八匹，共买者惭，亦还取还本价。⑩

---

① 《汉书》卷二十四上，《食货志》。
② 《史记》卷四十九，《外戚世家》。
③ 《汉书》卷六十八，《霍光传》。
④ 《汉书》卷七十七，《毌将隆传》。
⑤ 《汉书》卷二十四上，《食货志》；《汉书》卷九十九中，《王莽传》。
⑥ 《后汉书》卷一上，《光武帝纪》。
⑦ 《后汉书》卷三十六，《郑兴传》。
⑧ 《后汉书》卷一下，《光武帝纪》。
⑨ 《后汉书》卷三十四，《梁统传附冀传》。
⑩ 《三国志》卷二十七，《魏书·王昶传》注引《别传》。

从上引记载可以看出，自秦经两汉至三国，奴隶买卖一直很盛行，其所以在四五百年之中从未有衰退停顿之象，就是由于有一个生生不已的源泉来保证充分的供给。具体地说，是由于土地兼并从未有所间断，因而人口买卖也就成为一个固定不变的社会制度。在汉代，买卖奴隶与买卖牛马猪羊一样，各地均有固定的奴隶市场，并且还设有栏栅，也像圈牛马猪羊一样，把待售的男女奴隶圈在栏栅之内，任人公开选购，有时卖主为了能卖得高价，还给奴隶——特别是女奴穿上漂亮服装，加以修饰打扮，以招徕买主：

谊数上疏陈政事，多所欲匡建，其大略曰："……今民卖僮者，为之绣衣丝履，偏诸缘，内之闲中（服虔曰：闲，买奴婢阑），是古天子后服，所以庙而不宴者也，而庶人得以衣婢妾。"①

莽曰："……秦为无道……坏圣制，废井田，是以兼并起，贪鄙生，强者规田以千数，弱者曾无立锥之居。又置奴婢之市，与牛马同兰（师古曰：兰，谓遮兰之，若牛马兰圈也）……奸虐之人因缘为利，至略卖人妻子，逆天心，悖[12] 人伦……"②

关于奴隶买卖的具体情况，汉代文献中保留了一件奴隶卖身契——王褒的《僮约》。这虽然是一篇游戏文字，但却反映了当时的实况，这里仅引其中的一段：

蜀郡王子渊，以事到湔，止寡妇杨惠舍。惠有夫时奴名便了。子渊倩奴行酤酒，便了拽大杖上夫冢巅曰："大夫买便了时，但要守家，不要为他人男子酤酒。"子渊大怒曰："奴宁欲卖耶？"惠曰："奴大忤人，人无欲者。"子渊即决买券云云。奴复曰："欲使皆上券，不上券，便了不能为也。"子渊曰："诺。"券文曰："神爵三年（公元前五十九年）正月十五日，资中男子王子渊从成都安志里女子杨惠买亡夫时户下髯奴便了，决贾万五千，奴当从百役使，不得有二言。……奴不听教，当笞一百！"③

① 《汉书》卷四十八，《贾谊传》。

② 《汉书》卷九十九中，《王莽传》。

③ 王褒：《僮约》，《太平御览》卷五百九十八，此据孙星衍：《续古文苑》卷二十。

由于奴婢的销路十分兴旺，以致人口买卖的对象不限于内地居民，人口贩子还经常从一些少数民族地区贩运人口，到内地转卖。例如：

巴蜀民或窃出商贾，取其筰马，僰僮，髦牛，以此巴蜀殷富。（《索隐》：服虔云：旧京师有僰婢）。①

除了上述的纯粹奴隶外，汉时还有介于奴隶与宾客或食客之间的一种人[13]，身份略比奴隶为高，称为奴客，或单叫做客。这些人不是由卖身而来，而是投靠豪门权贵，前引仲长统所谓"奴婢千群，徒附万计"的"徒附"就是指这些人而言。他们在权豪的庇护下，为其奔走驱使，甚至仗势欺人，为非作歹，而他们自己则过着寄生生活，其情况可由下引文献略知梗概：

初，广汉客私酤酒长安市，丞相史逐去，客疑男子苏贤言之，以语广汉，广汉使长安丞按贤。②

是时，大将军霍光秉政。诸霍在平阳，奴客持刀兵入市斗变，吏不能禁。③

皇后父上官将军安与帝姊盖主私夫丁外人相善。外人骄恣，怨故京兆尹樊福，使客射杀之。客臧公主庐，吏不敢捕。④

成帝……好为微行出游，选从期门郎有材力者，及私奴客，多至十余，少五六人，皆白衣袒帻，带持刀剑，或乘小车……出入市里郊野，远至旁县。⑤

宪既平匈奴，威名大盛……而〔宪弟〕景为执金吾，瓌光禄勋。权贵显赫，倾动京都，虽俱骄纵，而景为尤甚。奴客缇骑依倚形势，侵陵小人，强夺财货，篡取罪人，妻略妇女，商贾闭塞，如避寇仇，有司畏懦，莫敢举奏。⑥

纯字子和，年十四而丧父，与同产兄仁别居。承父业，富于财，

① 《史记》卷一百十六，《西南夷列传》。
② 《汉书》卷七十六，《赵广汉传》。
③ 《汉书》卷七十六，《尹翁归传》。
④ 《汉书》卷六十七，《胡建传》。
⑤ 《汉书》卷二十七中之上，《五行志》。
⑥ 《后汉书》卷二十三，《窦融传附曾孙宪传》。

僮仆人客以百数，纯纲纪督御，不失其理，乡里咸以为能。[①]

建安元年（公元一九六年），吕布乘先主之出拒袁术，袭下邳，虏先主妻子。先主转军广陵海西。竺于是进妹于先主为夫人，奴客二千，金银货币以助军资；于时困匮，赖此复振。[②]

从上引文献可以看出，寄生于豪门权贵篱下的奴客，都是些为虎作伥的"狗腿子"，而不是一支从事生产活动的劳动队伍，故有关情况均从略。

（三）奴隶的身份和待遇

当时不论是官奴或私奴，都是主人的所有物，而主人对奴隶过去一直是有生杀予夺之权的，即不仅可以任意笞骂，而且可以任意虐杀，例如到春秋战国时期，杀奴殉葬之风仍在继续，其他杀奴之事亦屡见不鲜，有关情况前文已多所论述。战国以后，人殉已不多见，但杀奴之风未止，故王莽说："秦为无道……又置奴婢之市，与牛马同兰，制于民臣，颛断其命。……逆天心，悖人伦，缪于'天地之性人为贵'之义。《书》曰：'予则奴戮女'，唯不用命者，然后被此辜矣。"[③] 直到西汉前期，董仲舒还向汉武帝条陈："去奴婢，除专杀之威……然后可善治也。"[④] 所以在秦汉之交时，奴隶主杀奴之事还见诸记载，例如："陈涉之初起王楚也，使周市略定魏地，北至狄，狄城守。田儋详为缚其奴，从少年之廷，欲谒杀奴（《集解》：服虔曰：古杀奴婢皆当告官。儋欲杀令，故诈缚奴而以谒也），见狄令，因击杀令。"[⑤] 可见主人是可以任意杀死奴隶的，"告官"不过是履行一种手续而已。

但不久即严禁杀奴，私杀奴婢已明定为犯罪行为，这由下引记载可以看出：

〔广汉以私怨置人于法〕事下丞相御史，案验甚急。广汉使所亲信长安人为丞相府门卒，令微司丞相门内不法事。地节三年七月中，丞相傅婢有过，自绞死。广汉闻之，疑丞相夫人妒杀之府

① 《三国志》卷九，《魏书·曹仁传》注。
② 《三国志》卷三十八，《蜀书·麋竺传》。
③ 《汉书》卷九十九中，《王莽传》。
④ 《汉书》卷二十四上，《食货志》。
⑤ 《史记》卷九十四，《田儋列传》。

舍……广汉即上书告丞相罪。制曰："下京兆尹治！"广汉知事迫切，遂自将吏卒突入丞相府，召其夫人跪庭下受辞，收奴婢十余人去，责以杀婢事。①

莽杜门自守，其中子获杀奴，莽切责获，令自杀。②

〔建武十一年（公元三十五年）〕春二月己卯，诏曰："天地之性人为贵，其杀奴婢，不得减罪。"③

〔祝良〕为洛阳令，常侍樊丰妻杀侍婢，置井中。良收其妻，杀之。④

首乡侯段普曾孙胜，坐杀婢，国除。⑤

到东汉时不仅杀奴要偿命，连虐待奴婢也悬为厉禁。仅光武一朝，即不停地颁发诏令，禁止虐待奴婢。清代历史学家赵翼曾概述其事云："光武时……加恩于奴婢者，更史不胜书。建武三年（公元二十七年）诏，民有嫁妻卖子欲归父母者，恣听之；敢拘执者，论如律。六年诏，王莽时吏人没入奴婢不应旧法者，皆免为庶人。七年诏，吏人遭饥为青徐贼所略为奴婢、下妻，欲去留者，恣听之；敢拘制不还者，以卖人法从事。十一年诏曰：天地之性，人为贵，其杀奴婢，不得减罪。又诏，敢熏灼奴婢，论如律，免所炙灼者为民。又除奴婢射伤人弃市律。十二年诏，陇、蜀民被掠为奴婢自讼者，及狱官未报，一切免为庶民。十三年诏，益州民自八年以来被掠为奴婢者，皆免为庶人；或依托人为下妻欲去者，恣听之；敢有拘留者，以掠人法从事。十四年诏，益、凉二州八年以来奴婢自讼在官，一切免为民；卖者无还直。此皆见于《本纪》者。主借[14] 奴婢以供使令，奴婢亦借主以资生养，固王法所不禁，而光武独为之偏护，岂以当时富家巨室虐使臧获之风过甚，故屡降诏以惩其弊耶。"⑥

一般说来，汉代官私奴婢所受的待遇，已不像过去那样残酷，杀害虐待虽难尽免，但已为法律所严禁，即使是王公贵戚，亦常因杀奴或虐奴获罪，观上引光武帝的多次颁发诏令，明定杀奴婢不得减罪，熏灼奴婢论如律，除

① 《汉书》卷七十六，《赵广汉传》。
② 《汉书》卷九十九上，《王莽传》。
③ 《后汉书》卷一下，《光武帝纪》。
④ 《东观汉纪》卷二十，《祝良传》。
⑤ 《东观汉纪》卷二十一，《段普传》。
⑥ 赵翼：《廿二史札记》卷四，《光武多免奴婢》。

奴婢射伤人弃市律等，知严禁“富家巨室虐使臧获”是雷厉风行的。反之，汉代官私奴婢之生活优越，享受过分，以致加剧了社会的奢靡风气，亦曾引起当时人的不满，甚至议论纷纷，群起谴责。例如，朝廷拥有的大量官奴婢，多数是饱食终日，无所事事：

贤良曰：“……今县官多蓄奴婢，坐禀衣食，私作产业为奸利。力作不尽，县官失实，百姓或无斗筲之储，官奴累百金，黎民昏晨不释事，奴婢垂拱遨游也。”①

光等奏皇太后：“孝昭皇帝早弃天下，亡嗣。……昌邑王宜嗣后……受皇帝信玺，行玺大行前，就次发玺不封，从官更持节，引内昌邑从官驺宰官奴二百余人，常与居禁闼内敖戏。……使官奴骑乘，游戏掖庭中。”②

〔禹〕又言……又诸官奴婢十万余人戏游亡事，税良民以给之，岁费五六巨万，宜免为庶人。③

今按豪家奴婢，细民为饥寒所驱而卖者也；官奴婢，有罪而没官者也。民以饥寒，至于弃良为贱，上之人不能有以赈救之，乃复效豪家兼并者之所为，设法令其入奴婢以拜爵复役，是令饥寒之民无辜而与罪隶等也。况在官者十余万人，而复税良民以养之，则亦何益于事哉。④

至于达官贵人家的奴婢，有的养尊处优，生活豪华，甚至倚仗主人权势，气焰煊赫[15]，有些更是横行霸道，无恶不作。例如：

初，光爱幸监奴冯子都，常与计事。⑤

〔光兄孙〕云当朝请，数称病私出，多从宾客，张围猎黄山苑中，使苍头奴上朝谒，莫敢谴者。⑥

后两家奴争道（师古曰：谓霍氏及御史家），霍氏奴入御史府，

① 《盐铁论·散不足》。
② 《汉书》卷六十八，《霍光传》。
③ 《汉书》卷七十二，《贡禹传》。
④ 《文献通考》卷十一，《户口考》。
⑤ 《汉书》卷六十八，《霍光传》。
⑥ 《汉书》卷六十八，《霍光传》。

欲躝[16]大夫门，御史为叩头谢，乃去。①

〔光薨后子〕禹为大司马，称病。禹故长史任宣候问。……宣见禹恨望深，乃谓曰："大将军时何可复行！持国权柄，杀生在手；……使乐成小家子得幸将军，至九卿封侯，百官以下但事冯子都、王子方等（服虔曰：皆光奴），视丞相亡如也。"②

〔哀帝朝〕丁、傅子弟并进，董贤贵幸，宣……上书谏曰："……奈何独私养外亲与幸臣董贤，多赏赐以大万数，使奴从宾客，浆酒霍肉，苍头庐儿，皆用致富。"③

嘉复奏封事曰："……〔董〕贤家有宾婚，及见亲……赐及仓头奴婢，人十万钱。使者护视，发取市物，百贾震动，道路欢哗，群臣惶惑。"④

让有监奴典任家事，交通货赂，威形喧赫[17]。⑤

这虽然都是一些特殊情况，但也反映了汉代奴隶制度的特点，因为这种情况并不是个别的，而是普遍存在的，说明当时主奴之间的界限并不是十分僵硬和森严的。

第四节　徭　役

徭役是农奴性质的无偿劳役。农奴制度虽然早在春秋至战国之交即已完全消灭，为进行农奴制剥削而形成的土地制度——井田制度虽然已经彻底变革，并且早已不存在，但是由于社会经济没有向新的、更高的发展阶段即资本主义阶段迈进，而是在变态的形式下，保存着封建经济结构，以致封建社会的上层建筑未能发生根本变化，特别是封建主义的国家制度没有什么改变，因而处在封建统治下的人民，对统治者仍然有纳赋税、服劳役的义务，统治阶级用国家名义仍在以赋和役的形式对被统治的人民进行直接的剥削。从秦时起，赋和役成为政府财政的明确制度，也是财政结构的两项主要内容，因

① 《汉书》卷六十八，《霍光传》。
② 《汉书》卷六十八，《霍光传》。
③ 《汉书》卷七十二，《鲍宣传》。
④ 《汉书》卷八十六，《王嘉传》。
⑤ 《后汉书》卷七十八，《张让传》。

为无偿地向人民征调物力和人力，乃是进行封建剥削的一种形式。

政府对人力的需要，主要不外两途：一为屯戍——兵役；二为力役——各种生产的和非生产的劳动，如营建宫室、建立城郭、开凿河渠、修筑道路等。董仲舒说："古者……使民不过三日，其力易足。……至秦则不然，……又加月为更卒，已复为正，一岁屯戍，一岁力役，三十倍于古（师古曰：更卒，谓给郡县一月而更者也。正卒，谓给中都官者也。率计今人一岁之中，屯戍及力役之事三十倍多于古也）。……薄赋敛，省徭役，以宽民力，然后可善治也。"① 文帝时晁错亦说："今农夫五口之家，其服役者不下二人（师古曰：服，事也，给公事之役也），其能耕者不过百亩[18]，百亩之收不过百石，……伐薪樵，治官府，给繇役……"② 这里所谓繇役，都是指对官府服无偿劳役而言。由于服役（不论是屯戍或力役）的办法是更番轮换，故简称为"更"，其具体办法有如下述：

然其居国以铜盐故，百姓无赋；卒践更，辄予平贾（注：服虔曰：以当为更卒，出钱三百，谓之过更。自行为卒，谓之践更。吴王欲得民心，为卒者顾其庸，随时月与平贾也。晋灼曰：谓借人自代为卒者，官为出钱，顾其时庸平贾也。师古曰：晋说是也。贾读曰价，谓庸直也。《补注》宋祁曰：谓卒践更，皆得庸直也。《沟洫志》苏林注曰：平贾以钱取人作卒，顾其时庸之平贾。如淳曰：律说平贾有得钱二千）。③

〔元凤〕四年（公元前七十七年）春正月丁亥，帝加元服，见于高庙。赐诸侯王……各有差。……毋收四年、五年口赋。三年以前，逋更赋未入者，皆勿收（注：如淳曰：更有三品：有卒更、有践更、有过更。古者正卒无常人，皆当迭为之，一月一更，是谓卒更也。贫者欲得顾更钱者，次直者出钱顾之，月二千，是谓践更也。天下人皆直戍边三日，亦名为更，律所谓繇戍也，虽丞相子亦在戍边之调，不可人人自行三日戍，又行者当自戍三日，不可往便还，因便住一岁一更，诸不行者，出钱三百入官，官以给戍者，是谓过更也。律说，卒践更者，居也，居更县中五月乃更也。后从尉律，

① 《汉书》卷二十四上，《食货志》。
② 《汉书》卷二十四上，《食货志》。
③ 《汉书》卷三十五，《吴王濞传》。

卒践更一月，休十一月也。《食货志》曰："月为更卒，已复为正，一岁屯戍，一岁力役，三十倍于古。"此汉初因秦法而行之也。后遂改易，有谪乃戍边一岁耳，逋，未出更钱者也。《补注》何焯曰：如说更有三品，有卒更、有践更、有过更，案其实则二也。践更即是代人，卒更但以月计，私得雇直，过更则是总代人繇戍，以岁计，入输戍边三日之直于官，官多给与久住之人也。盖卒更，即古者田赋出兵之制，戍边三日，则仿力役之制，为之雇更，即雇役之法所昉）。①

可见兵役和力役都叫作"更"。兵役自古以来就是强征民力，所谓"税以足食，赋以足兵"，服兵役成为每一个成年男子的首要义务。井田时代所有车马甲士均按田亩征收："四井为邑，四邑为丘，丘，十六井也，有戎马一匹，牛三头。四丘为甸，甸，六十四井也，有戎马四匹，兵车一乘，牛十二头，甲士三人，卒七十二人，干戈备具，是谓乘马之法。"② 汉承秦制，男子年二十三岁开始服役，景帝时改为"令天下男子年二十始傅"（注：师古曰：旧法二十三，今此二十，更为异制也。《补注》沈钦韩曰：本年十五以上出算钱，今宽之，至二十岁始傅著于版籍也）③。《文献通考》引徐氏曰："按《高纪》，发关中老弱未傅者悉诣军。如淳曰：律，年二十三傅之畴官；高不满六尺二寸以下为疲癃。《汉仪注》：'民年二十三为正，一岁为卫士，一岁为材官骑士，习射御，驰战陈，年五十六，乃免为庶民，就田里。'则知汉初民在官三十有三年也。今景帝更为异制，令男子年二十始傅，则在官三十有六年矣。"④

秦汉史籍中有关兵役的记载很多，这里仅引数例以见一斑。

二世元年（公元前二〇九年）七月，发闾左适戍渔阳，九百人屯大泽乡，陈胜、吴广皆次当行，为屯长。会天大雨，道不通，度已失期，失期，法皆斩。⑤

〔陈胜等起兵〕秦令少府章邯免骊山徒、人奴产子生，悉发以

① 《汉书》卷七，《昭帝纪》。
② 《汉书》卷二十三，《刑法志》。
③ 《汉书》卷五，《景帝纪》。
④ 《文献通考》卷十，《户口考》。
⑤ 《史记》卷四十八，《陈涉世家》。

击楚大军，尽败之。[①]

〔五年（公元前二〇二年）五月〕兵皆罢归家，诏曰：诸侯子在关中者，复之十二岁，其归者半之。……皆复其身及户勿事（注：如淳曰：事，谓役使也。师古曰：复其身及一户之内皆不徭赋也）。[②]

〔八年（公元前一九九年）三月〕令吏卒从军至平城及守城邑者，皆复终身勿事。（注：师古曰：勿事，不役使也）。[③]

〔元狩三年（公元前一二〇年）五月〕减陇西、北地、上郡戍，卒半（《补注》先谦曰：因三郡益少胡寇，故减其半，以宽天下之徭）。[④]

“力役”是政府强制征调的无偿劳役，凡统治阶级所需要的各种生产的或非生产的劳动，都是用国家名义无偿地征用民力，故每一个成年男子都有服这种劳役的义务。男子年二十非疲癃者皆“傅于版籍”，即根据明文规定，轮番服役，亦有卒更、践更、过更之制，不论多么巨大的公共工程，都是由这种无偿的徭役完成的，例如：

始皇初即位，穿治郦山；及并天下，天下徒送诣七十余万人，穿三泉，下铜而致椁，宫观百官奇器珍怪徙臧满之。[⑤]

三十四年（公元前二一三年），适治狱吏不直者，筑长城及南越地。[⑥]

〔二世〕又作阿房之宫，治直〔道〕、驰道，赋敛愈重，戍徭无已。[⑦]

〔黥布〕六人也。……布已论输丽山，丽山之徒数十万人，布皆与其徒长豪杰交通，乃率其曹偶，亡之江中为群盗。[⑧]

---

① 《史记》卷四十八，《陈涉世家》。
② 《汉书》卷一下，《高帝纪》。
③ 《汉书》卷一下，《高帝纪》。
④ 《汉书》卷六，《武帝纪》。
⑤ 《史记》卷六，《秦始皇本纪》。
⑥ 《史记》卷六，《秦始皇本纪》。
⑦ 《史记》卷八十七，《李斯列传》。
⑧ 《史记》卷九十一，《黥布列传》。

三年（公元前一九二年）春，发长安六百里内男女十四万六千人城长安，三十日罢。……六月，发诸侯王、列侯徒隶二万人城长安。①

〔五年（公元前一九〇年）〕春正月，复发长安六百里内男女十四万五千人城长安，三十日罢。②

〔中元四年（公元前一四六年）〕秋，赦徒作阳陵者。③

〔元光三年（公元前一三二年）夏五月〕河水决濮阳，泛[19]郡十六，发卒十万救决河。④

〔元狩三年（公元前一二〇年）〕是岁发天下故吏伐棘上林，穿昆明池。⑤

〔元凤〕六年（公元前七十五年）春正月，募郡国徒筑辽东玄菟城。⑥

〔五凤元年（公元前五十七年）〕夏，赦徒作杜陵者。⑦

是时（成帝鸿嘉中）起昌陵，作者数万人，徙郡国吏民五千余户，以奉陵邑。作治五年不成，乃罢昌陵，还徙家。⑧

永平中，理虖[20]沱、石臼河，从都虑至羊肠仓，欲令通漕。太原吏人苦役，连年无成；转运所经三百八十九隘，前后没溺死者不可胜算。建初三年（公元七十八年），拜训谒者，使监领其事。训考量隐括，知大功难立，具以上言。肃宗从之，遂罢其役，更用驴辇，岁省费亿万计，全活徒士数千人。⑨

〔明〕帝愈增崇宫殿，雕饰观阁，凿太行之石英，采谷城之文石，起景阳山于芳林之园，建昭阳殿于太极之北……百役繁兴，作者万数。⑩

① 《汉书》卷二，《惠帝纪》。
② 《汉书》卷二，《惠帝纪》。
③ 《史记》卷十一，《孝景本纪》。
④ 《汉书》卷六，《武帝纪》。
⑤ 《汉书》卷二十七中之上，《五行志》。
⑥ 《汉书》卷七，《昭帝纪》。
⑦ 《汉书》卷八，《宣帝纪》。
⑧ 《汉书》卷二十七，《五行志》。
⑨ 《后汉书》卷十六，《邓禹传附训传》。
⑩ 《三国志》卷二十五，《魏书·高堂隆传》。

上引诸例，都是从同类记载中所选录的，用以举例说明封建统治阶级所进行的各种大小工程，诸如建立城邑、营造宫室、开凿运渠、救治决河、修建道路等，无一不是无偿地使用民力，故徭役不仅是全国人民的一种沉重负担，而且更番赴役，调派押送，对民间亦系一大骚扰。历代帝王遂常常以复除徭役，作为一种施恩表示，有时为嘉奖有功，或慰劳高年，或勉励孝悌力田等，亦每每复除徭役，例如：

七年（公元前二〇〇年），民产子，复勿事二岁（注：师古曰：勿事，不役使也）。①

〔十二年（公元前一九五年）高祖还归过沛〕谓沛父兄曰："游子悲故乡，吾虽都关中，万岁后吾魂魄犹乐思沛。且自沛公以诛暴逆，遂有天下，其以沛为朕汤沐邑。复其民，世世无有所与！"……沛父兄皆顿首曰："沛幸得复，丰未复，唯陛下哀怜之！"高祖曰："丰，吾所生长，极不忘尔。吾特为其以雍齿故反我为魏。"沛父兄固请，乃并复丰，比沛。②

〔十二年〕三月，诏曰："……入蜀汉定三秦者，皆世世复。吾于天下贤士功臣，可谓亡负矣。"③

四年（公元前一九一年）春正月，举民孝弟力田者，复其身。④

〔元朔初〕府库益虚，乃募民能入奴婢，得以终身复。⑤

〔桑弘羊领大农〕令民能入粟甘泉各有差，以复终身。⑥

永光三年（公元前四十一年），以用度不足，民多复除，无以给中外徭役。⑦

〔建始〕三年（公元前三〇年）春三月，赦天下徒。⑧

〔建武五年（公元二十九年）十二月〕诏复济阳二年徭役。⑨

---

① 《汉书》卷一下，《高帝纪》。
② 《史记》卷八，《高祖本纪》。
③ 《汉书》卷一下，《高帝纪》。
④ 《汉书》卷二，《惠帝纪》。
⑤ 《史记》卷三十，《平准书》。
⑥ 《史记》卷三十，《平准书》。
⑦ 《汉书》卷九，《元帝纪》。
⑧ 《汉书》卷十，《成帝纪》。
⑨ 《后汉书》卷一上，《光武帝纪》。

> 〔建武二十年（公元三十四年）〕是岁……复济阳县徭役六岁。①

把两汉的情况对比一下来看，西汉时期复除徭役的记载是很多的，而东汉则寥寥无几，可知东汉王朝对剥削人民的无偿劳役，实比西汉为残酷，古人亦曾注意到了这一点，例如《文献通考》引徐氏曰："按汉之有复除，犹《周官》之有施舍，皆除其赋役之谓也。然西京时，或以从军，或以三老，或以孝悌力田，或以明经，或以博士弟子，或以功臣后，以至民产子者、大父母、父母之年高者，给崇高之祠者，莫不得复，其间美意至多。至东都所复，不过济阳、元氏、南顿数邑，为天子之私恩矣。按《周官》及《礼记》所载，周家复除之法，除其征役而已，至汉则并赋税除之。"②

① 《后汉书》卷一下，《光武帝纪》。

② 《文献通考》卷十三，《职役考》二。

第四章　农　　业

第一节　秦汉时代农业发展的趋势与生产管理的科学化

（一）以农业为基础的国民经济的形成和以粮食生产为主导的农业发展

中国古代农业的历史非常悠久，但是它的发展却非常缓慢。由于生产工具的拙笨和生产方法的落后，故长期以来一直停滞在原始的粗耕阶段上，直到春秋战国时期，方才发生巨大变化。关于这个时期农业变化的原因和变化的具体过程，我们在《中国封建社会经济史》第一卷中已经作了详细论述，读者可以参见。概括起来说，这一巨大变化，主要包括两个方面：

其一，由长期以来的粗耕农业变为精耕细作——畦种栽培法，从土地利用到栽培方法和田间管理等一系列的农业生产和经营管理，人们不仅从长期的生产实践中进行了经验总结，而且还在总结经验的基础上上升为理论[1]，并概括为可以普遍适用的指导原则，从而产生了我国最早的——当然还是初具规模的或者说是雏形的——农业科学。据《汉书·艺文志》记载，农有九家，共有书一百一十四篇，不幸均已散佚，其中属于战国时的著作，有《神农》二十篇，注云："六国时，诸子疾时怠于农业，道耕农事，托之神农。"《野老》十七篇，注云："六国时，在齐、楚间。应劭曰：年老居田野，相民耕种，故号野老。"① 这两种古老的农书虽已只字无存，但是战国末年和秦始皇初年的《吕氏春秋》却保留了《上农》《任地》《辩土》《审时》四篇农学专著，显然曾吸收了古农书的菁华，特别是《任地》《辩土》《审时》三篇，文字虽然简略，但却可以说是一部系统完整、论述精辟的作物栽培学，既有概括性的理论原则，又有具体的技术措施，包括掌握节令、辨别土壤、平整

① 《汉书》卷三十，《艺文志》。

土地、筑坝造沟、密植复种、施肥保墒、中耕除草、消灭害虫等全部的生产和管理程序等，都有了明确的规定和理论分析，使农业从此不但不再是过去古老的粗放经营，而且也不再是依据历久相沿的单纯经验——使人们只知其当然，而不知其所以然。这时农业经营的全部过程，从平整土地到耕作种植以及田间管理，都有了明确的依据。这三篇论著除了借鉴前人外，其所总结的经验，主要都是从群众中来，即结合着具体的生产实践，而不是纸上空谈，故除了作理论阐述外，其所指陈的各项技术，不论是在生产方面还是在管理方面，都是非常具体和非常明确的。

其二，以农业为基础的国民经济体系的完全确立。这一经济体系的基本结构又是以粮食生产为主导，即以种植大田的粮食作物为人民生活的主要或唯一来源，而采集畜牧则退居次要地位，充其量亦只是作为一种补充，不再是生活的主要依据了。这样的一种发展趋势，完全是由客观的自然条件——特别是地理条件决定的。

我们在本卷第一章中曾经指出，到汉代为止，中国大体上可以划分为四个经济区（或直称之为农业区），而从远古到汉末，实际上已开发的只有黄河流域的两大经济区，即以“三河”为中心的华北平原和包括巴蜀在内的关中区域，而关中区的农业发展更是后来居上。龙门碣石以北和西部边区主要为游牧区或半农半牧区，地接边塞，经济落后；江南地区本具有优越的自然条件，但这时还是一个地广人稀、榛莽遍地的未开发地区，农业生产还处在原始的粗耕阶段，所谓：

> 楚越之地，地广人希，饭稻羹鱼，或火耕而水耨。①
>
> 楚有江汉川泽山林之饶；江南地广，或火耕水耨。民食鱼稻，以渔猎山伐为业。②

可见江南经济区显然还是以采集经济——渔猎山伐——为主导，粮食生产是次要的或辅助性的。北方两大经济区的情况与此相反，这里由于自古以来就是“都国诸侯所聚会”，“建国各数百千岁”，因生齿日繁，以致造成“土地小狭，民人众”，非努力开展农业生产不足以维持人民的生存。黄河流

---

① 《史记》卷一百二十九，《货殖列传》。

② 《汉书》卷二十八下，《地理志下》。

域又缺乏江南各地的山林沼泽，不可能以“渔猎山伐为业”，这就决定了“五谷、桑麻、六畜”为人民生活资料的主要来源，即普通所谓衣食之需，完全如《淮南子》所说：

> 食者民之本也，民者国之本也。……是故人君者，上因天时，下尽地财，中用人力。是以群生遂长，五谷蕃植，教民养育六畜，以时种树，务修田畴，滋植桑麻，肥垸高下，各因其宜。丘陵阪险，不生五谷者，以树竹木。春伐枯槁，夏取果蓏，秋畜疏食，冬伐薪蒸（大者曰薪，小者曰蒸），以为民资。是故生无乏用，死无转尸。①

这是一种以粮为主的农业经济的基本结构，也是人民生产和生活的全部内容。既然食为民本，民为国本，可知粮食不仅直接关系着人民的生命，而且直接关系着国家的兴亡，粟之多少，就是国之强弱，我们在前文曾引用《管子》的话来说明这个既明显而又直接的关系，即所谓“地之守在城，城之守在兵，兵之守在人，人之守在粟”②；又说：“民事农，则田垦；田垦，则粟多；粟多，则国富；国富者兵强，兵强者战胜，战胜者地广。……上不利农，则粟少；粟少，则人贫；人贫，则轻家……则战不必胜，守不必固矣。……此由不利农少粟之害也。”③ 这与秦国一贯执行的商鞅农战政策是完全一致的。商鞅说：

> 善为国者，仓廪虽满，不偷于农。……夫农者寡而游食者众，故其国贫危。……故曰：百人农，一人居者王。十人农，一人居者强。半农半居者危。故治国者欲民之农也。国不农，则与诸侯争权，不能自持也，则众力不足也。故诸侯挠其弱，乘其衰，土地侵削而不振，则无及已。圣人知治国之要，故令民归心于农。归心于农，则民朴而可正也，纷纷则易使也，信可以守战也。……夫民之亲上死制也，以其旦暮从事于农。……避农，则民轻其居，轻其居，则必不为上守战也。……故其民农者寡，而游食者众……此贫国弱兵

① 《淮南子·主术训》。
② 《管子·权修》。
③ 《管子·治国》。

之教也。①

秦就是由于贯彻执行了这个农战政策，才掌握了吞并诸侯、统一全国的物质条件。当时，六国的兵力是强大的，谋臣良将也是众多的，但是在经济上都处于劣势，所以没有一国能够与秦国作持久战。它们之迟早被消灭，是客观形势所决定了的。身为秦国首相的吕不韦是一个有眼光、有手腕的政治家。他不仅深切了解秦之所以胜和六国之所以败的真正原因所在，而且深切了解当时农业经济的发展形势，及其可能进一步发挥的作用。例如他曾亲眼看到都江堰水利工程对秦之国力增强起了多么巨大的作用[2]，而他对于郑国渠怎样使“关中为沃野，无凶年，秦以富强，卒并诸侯”②，更是躬与其事。总之，列国诸侯在长期的政权争夺中，秦因重农——贯彻了一条农战路线而获得了最后胜利，正是在吕不韦执政期间，六国之灭亡已成定局，行将出现的将是一个庞大的大一统帝国，应如何巩固自己的统治，如何组织和管理这个新型的国家，给身为丞相的吕不韦提出一个新的课题。既然是食为民本，民为国本，故应先确定以重农为建国的总路线，在这条总路线的指导下，还需要进一步给国家的经济结构和人民的生产和生活方式描绘一幅蓝图，作为具体的实施方略。正是在这样的形势和背景[3] 下，吕不韦才组织他的门客来集体写作《吕氏春秋》。这不是一般地著书立说，而是有的放矢。据前人考证，书成于秦王政八年（公元前二三九年），下距全国统一只有十八年了。他在书中专论农业的四篇中最先提出重农——“上农”，是作为建国大纲提出来的。这里提出的重农主张不同于战国诸子，它不是在单纯地进行说教和作一般号召，而是于阐明理论之后，提出了具体措施，并规定了许多必须遵循的戒条：

古先圣王之所以导其民者，先务于农；民农非徒为地利也，贵其志也。民农则朴，朴则易用，易用则边境安，主位尊。民农则重，重则少私义（同议），少私义，则公法立，力专一。民农则其产复（厚也），其产复，则重徙，重徙则死其处而无二虑。民舍（同捨[4] ）本而事末则不令，不令则不可以守，不可以战。民舍本而事

① 《商君书·农战》。
② 《汉书》卷二十九，《沟洫志》。

> 末则其产约，其产约则轻迁徙，轻迁徙则国家有患，皆有远志，无有居心。民舍本而事末则好智，好智则多诈，多诈则巧法令，以是为非，以非为是。[①]

这是从理论上阐明了重农的必要性，但是立论的要旨则是从稳定国家统治权的角度出发的。把这段议论概括起来就是："霸王有不先耕而成霸王者，古今无有。"[②] 这真是一针见血之论。故秦始皇于完成了全国的统一大业之后，立即下诏云：

> 皇帝之功，勤劳本事，上农除末，黔首是富。[③]

这表明秦王朝是在奉行传统的农战政策。进入汉朝以后，汉初人更是反复申述为什么上农为立国之本的道理，可知汉王朝不仅完全继承了秦王朝的重农政策，而且全盘接受了《吕氏春秋》特别是其中《上农》诸篇的思想，例如《淮南子》一书中即有多处申论与《上农》类似的说教：

> 神农之法曰：丈夫丁壮而不耕，天下有受其饥者；妇人当年而不织，天下有受其寒者。故身自耕，妻亲织，以为天下先。其导民也，不贵难得之货，不器无用之物。是故其耕不强者，无以养生；其织不力者，无以掩形，有余不足，各归其身，衣食饶溢，奸邪不生，安乐无事，而天下均平。[④]
>
> 耕之为事也劳，织之为事也扰，扰劳之事而民不舍者，知其可以衣食也。人之情不能无衣食，衣食之道必始于耕织，万民之所容见也，物之若耕织者，始初甚劳，终必利也。[⑤]

《上农》篇的下半段，是反复申论如何把重农思想变为人们的实践。既然要求把人民都固着在土地上，使男勤于耕，女勤于织，都"先务于农"，

① 按《吕氏春秋·上农》等四篇，原文中错字、错简和脱漏之处甚多，颇为难读，此处引文，据夏纬瑛：《吕氏春秋上农等四篇校释》，中华书局出版。下引同，不另注。

② 《吕氏春秋·贵当》。

③ 《史记》卷六，《秦始皇本纪》。

④ 《淮南子·齐俗训》。

⑤ 《淮南子·主术训》。

不“舍本而事末”，以便能达到于私是“衣食饶溢”、于公是富国强兵的目的，仅仅进行一些号召和说教是不够的，还必须把这些说教变成可以具体施行的政教或政令，给农民规定一些必须遵循的基本原则。由于整个的农业生产活动包括春耕、夏耘、秋获、冬藏等一年四季的全部时间，而且季节性又很强，不同月份有不同的劳动内容，故《吕氏春秋》的十二《纪》，对各该月有关的农事都作了具体安排，《上农》篇所论，则是一些总的原则：

> 《后稷》曰：所以务耕织者，以为本教也（注，梁玉绳曰：后《任地》篇亦引《后稷》之言，盖上世农书也）。是故天子亲率诸侯耕帝籍田，大夫士皆有功业；是故当时之务，农不见于国，以教民尊地产也。后妃率九嫔蚕于郊，桑于公田；是以春秋冬夏，皆有麻枲丝茧之功，以［劝人］力妇教也（注，毕沅曰：《亢仓子》作“劝人力妇教也”，据以补“劝人”二字）。是故丈夫不织而衣，妇人不耕而食，男女贸功，资相为业，此圣人之制也。故敬时爱日，将实课功，非老不休，非疾不息，非死不舍（捨[5]）。①

在论述重农政策的实施方案时，先从重农典礼开始，这是一种历久相沿的古礼，现在看来这不过是一种形式，但是在古代的封建社会中，却是一件庄严郑重的大事，由皇帝、后妃来躬行耕织之事，虽仅为一种象征，也对人民有明确的示范作用和强大的号召力。《吕氏春秋》的春季三个月中作具体的农事安排时，这也是主要内容，两相对照，其义更明：

> 是月也，天子乃以元日祈谷于上帝，乃择元辰，天子亲载耒耜，措之参于保介之御间，率三公、九卿、诸侯、大夫躬耕帝籍田（高注：躬，亲也。天子籍田千亩，以供上帝粢盛，故曰帝籍）。天子三推，三公五推，卿、诸侯、大夫九推。反执爵于大寝，三公、九卿、诸侯、大夫皆御，命曰劳酒。②
>
> 是月也，天气下降，地气上腾，天地和同，草木繁动。王布农事，命田舍东郊（注：东郊，农郊也。命农大夫舍止东郊，监视农

---

① 《吕氏春秋·上农》。

② 《吕氏春秋·正月纪》。

事），皆修封疆，审端径术（端正其径路，不得邪行，败稼穑也）。善相丘陵阪险原隰，土地所宜，五谷所殖，以教道民，必躬亲之。田事既饬，先定准直，农乃不惑。①

是月也，命野虞无伐桑柘……后妃斋戒，亲东乡躬桑，禁妇女无观（观游），省妇使，劝蚕事（省其他使，劝其趋蚕事）。蚕事既登，分茧称丝效功，以共郊庙之服，无有敢堕。②

是月也，命司空曰：时雨将降，下水上腾，循行国邑，周视原野，修利堤防，导达沟渎，开通道路，无有障塞。田猎罼弋罝罘罗网诿兽之药，无出国门。③

可见朝廷除了以典礼形式进行示范，借以号召农民全力务农、黾勉耕织外，一切农事活动都由朝廷作具体安排。事实上，这些安排，也同样是典礼性质，这与上引《上农》的主旨是完全一致的。进入汉朝以后，既奉行相同的重农政策，故亦采取相同的活动方式，例如：

上曰："农，天下之本，其开籍田，朕亲率耕，以给宗庙粢盛。"④

诏曰："朕亲率天下农耕以供粢盛，皇后亲桑以奉祭服，其俱礼仪（师古曰：令立耕桑之礼制也）。"⑤

诏曰："雕文刻镂，伤农事者也；锦绣纂组，害女红者也。农事伤则饥之本也，女红害则寒之原也。夫饥寒并至，而能亡为非者寡矣。朕亲耕，后亲桑，以奉宗庙粢盛祭服，为天下先……欲天下务农蚕，素有畜积，以备灾害。……布告天下，使明知朕意。"⑥

诏曰："农，天下之大本也。黄金珠玉，饥不可食，寒不可衣，以为币用，不识其终始。间岁或不登，意为末者众，农民寡也。其令郡国务劝农桑，益种树，可得衣食物。……"⑦

---

① 《吕氏春秋·正月纪》。
② 《吕氏春秋·三月纪》。
③ 《吕氏春秋·三月纪》。
④ 《史记》卷十，《孝文本纪》。
⑤ 《汉书》卷四，《文帝纪》。
⑥ 《汉书》卷五，《景帝纪》。
⑦ 《汉书》卷五，《景帝纪》。

这都明确规定了农业是国民经济的基础，所谓“农，天下之大本”，即前文所谓“食者民之本，民者国之本”的意思。政策的基本要求是“务劝农桑，益种树，可得衣食物”，衣食物不是取之于“渔猎山伐”，而完全来自农业生产和经营，即五谷、桑麻、六畜，这些东西要想获得丰收，必须善于充分利用自然条件和人的条件，对此，《上农》篇提出了一些必须遵循的基本原则：

上田夫食九人，下田夫食五人，可以益，不可以损；一人治之，十人食之，六畜皆在其中矣；此大任地之道也。[①]

这里首先提出对土地的要求。“上田”即上等之田，“下田”即下等之田，与《周礼·遂人》所说的“上地、中地、下地”是相同的意思；“夫”即井田制的“一夫授田百亩”之意，《司马法》谓“六尺为步，步百为亩，亩百为夫”，所以夫就是一百亩。要求上田一百亩能养活九人，下田一百亩能养活五人，这是最低标准，只能多，不能少，并且六畜的饲料还包括在内，这就必须善于充分利用土地。

其次，要善于充分利用人的条件。在整个农业生产中，在栽培和管理的各个环节，人的因素都起着非常重要甚至是决定性的作用。为了能充分利用人的因素，首要之处是不违农时，不滥用人力于农业生产之外，对此，《上农》篇作了精辟详尽的论证，并制定了“野禁”和“四时之禁”等须严格遵循的戒条：

故当时之务：不兴土功，不作师徒；庶人不冠弁，娶妻、嫁女、享祀，不酒醴聚众；农不上闻不敢私籍（藉）于庸（注：谓不通名于官，不得养私庸以代耕）；为害于时也。[②]

按时即农时，在农时兴土功，作师徒，庶人行冠礼，娶妻、嫁女、享祀、酒醴聚众等活动，都是对农事有害的。这是由于农业生产的季节性很强，而

① 《吕氏春秋·上农》。

② 《吕氏春秋·上农》。

一切生产程序又都是靠人力进行，在农忙时从事其他非农事活动，必然要贻误正常工作，一旦错过时令，就要影响收成，故一点时间也不能耽误。除《上农》篇集中阐述这个问题外，在“十二世纪”中亦曾一再提出：

是月也，无聚大众，无置城郭。……是月也，不可以称兵，称兵必有天殃。①

是月也，耕者少舍（注：少舍，皆耕在野，少有在都邑者），无作大事，以妨农功。②

是月也，命野虞出行田原，劳农劝民，无或失时。命司徒循行县鄙，命农勉作，无伏于都。③

是月也，无起土功，无发大众，无伐大树。④

是月也，不可以兴土功，不可以合诸侯，不可以起兵动众，无举大事，以摇荡于气，无发令而干时，以妨神农之事。⑤

除了作一般原则性的规定外，又进而专对农民制定了若干具体禁令，称为“制野禁”与“制四时之禁”。古称农民为“野人”，系相对于士大夫之“君子”而言，“制野禁”就是对农民的禁令。“四时”谓春夏秋冬四季，“制四时之禁”，即规定四时应遵守的禁令：

然后制野禁：苟非同姓，农不出御（御，匹配也，谓农民不外出以配妻室），女不外嫁，以安农也。野禁有五：地未辟易，不操麻，不出粪；齿年未长，不敢为园囿；量力不足，不敢渠地而耕（即农时不兴土功，个体农民不要轻开沟渠）；农不敢行贾；不敢为异事（言不敢为商贾，不敢为非农之事）；为害于时也。然后为四时之禁：山不敢伐材下木（即山中不得非时砍伐树木）；泽〔人〕不敢灰僇（按《风俗通》：“水草交厝，名之为泽”，泽中多草，僇同戮，割草也。谓非时不得在泽中割草烧灰，“人”字衍）；缳网罝

① 《吕氏春秋·正月纪》。

② 《吕氏春秋·二月纪》。

③ 《吕氏春秋·四月纪》。

④ 《吕氏春秋·四月纪》。

⑤ 《吕氏春秋·六月纪》。

> 罘不敢出于门（缳，络也；罘，覆车也；缳网罝罘皆捕鸟兽具，农时不得用以捕鸟兽）；罛罟不敢入于渊，泽非舟虞不敢缘（艬）名（罠）（罛，鱼罟。缘名当是艬罠二字之误，艬，船也；罠，钓也。言农时不得入渊捕鱼，非舟虞不得乘船钓鱼）；为害其时也。若民不力田，墨（没）乃家畜（同蓄）。①

以上是对农民的禁令——“野禁”和“四时之禁”，目的是把农民固着在土地上，使“农之子恒为农”。连男女婚嫁也不许离开本乡本土，以免减少生产中的劳动人手。农时不得从事任何非农事活动，也不得从事与本人能力不适合的活动。总之，农、工、商贾，应各专其业，互相僭越“为异事”，就是“三疑”，就是“背本反则”，因为违背了这些基本原则，是有“失毁其国”即亡国的危险的：

> 国家难治，三疑乃极；是谓背本反则，失毁其国（疑，读为拟，相比拟也，僭也）。凡民自七尺以上，属诸三官，农攻粟，工攻器，贾攻货；时事不共，是谓大凶（时与事不相应，则事不成，故为大凶）。夺之以土功，是谓稽（稽，迟延也，农时兴土功，则误农事）；不绝忧唯，必丧其秕（忧唯，忧思也。夺民农时，使民忧思，将丧失其收成）。夺之以水事，是谓籥；丧以继乐，四邻来虚（虐）（籥之字义不可通。《释名》“籥，跃也，气跃也”。夏纬瑛认为有今“冒进”之意，与上文“是谓稽”相对，意谓夺农时而治水，将失去收成，本为可悲之事，而反以为乐，结果将招来邻国肆虐）。夺之以兵事，是谓厉；祸因胥岁，不举铚[6]艾（刈）（铚刈，即收获之义，以兵事夺农时，则全年无收成，故为凶厉）。数夺民时，大饥乃来（数夺民时指上文所谓“夺之以土功”“夺之水事”“夺之以兵事”，结果将造成饥荒）。野有寝耒，或谈或歌，旦则有（又）昏，丧粟甚多（言民不事农，耒寝于野，自朝至暮、夜以继日地在谈笑歌乐之中，必然丧粟甚多）。皆知其末，莫知其本真。②

---

① 《吕氏春秋·上农》。

② 《吕氏春秋·上农》。

通观《上农》全篇所阐述的重农政策，是要同时达到经济的和政治的双重目的：从经济方面来看，是要发展农业生产，增加粮食产量以安定民生。因“食为民之本”“人情不能无衣食”，而衣食的来源是农业。换言之，五谷、桑麻、六畜是生活资料的主要来源，故必须做到：“上田夫食九人，下田夫食五人，可以益，不可以损。”这是必须达到的目标。因此，在为达到此目标而前进的道路上不容许有任何干扰或障碍。篇中所指陈的各项基本原则特别是“野禁”和“四时之禁”，就是为了适应这一目标而制定的。从政治方面看，“黔首”中最大多数是农民，为了稳定国家的统治，需要把被统治者的最大部分固着在土地上，使他们全心全意地务农，忙于耕织之事，而无暇他顾，甚至根本不与闻外事，这样自然就天下太平。所以《上农》篇一开始便明确指出“民农非徒为地利也，贵其志也”，甚至明说：“民农则朴，朴则易用，易用则边境安，主位尊。民农则重，重则少私议，少私议则公法立，力专一。”这就是要求农民都固守在土地上，老老实实，如《国语》所说：“少而习焉，长而察焉，不见异物而迁焉，故农之子恒为农。”

（二）耕作栽培和田间管理的科学化

1. 掌握农业生产的基本条件

农业生产是由两方面的条件共同形成的：一方面，是人的条件，另一方面，是自然条件，而自然条件中又包括气候条件和土地条件。所以，实际上农业生产是由三个基本条件联合形成的。在这三个基本条件中，人的条件尤居首要地位，因为农业生产特别是精耕细作的农业，尽管作物必须靠适宜的土壤来种植，靠适宜的气温和雨量来生长，但已经不是完全靠天吃饭，不是坐等自然的恩赐，而是要靠人来掌握自然规律，靠人来利用自然力量，即通过人的辛勤劳动来使自然为人服务，使之达到人所企求的目的。总之，在农业生产中，人所发挥的是主动作用，不是被动作用，精耕细作乃是人对自然的一种斗争方式，在这样的斗争中，人多付出一分劳力，即多获得一分报酬，丰收就是对自然斗争的胜利，反之，就是对惰农或失时的惩罚。所以《吕氏春秋》曾明确指出：

> 夫稼，为之者人也，生之者地也，养之者天也。……此之谓

耕道。①

这是说农业生产是要靠人的劳动来经营的，所以把人的因素放在第一位，但是仅有人的因素是不行的，还必须配合自然条件，如庄稼必须种在土中，必须有适宜的天时，故《吕氏春秋》中[7] 又接着说，“生之者地也，养之者天也”，就是说人力之外还必须得天时、尽地力，才是全部的生产过程，即所谓“此耕之道也”。其实先秦古人早已了解了这种道理，例如：

昔予为禾，耕而卤莽之，则其实亦卤莽而报予；芸而灭裂之，其实亦灭裂而报予。予来年变齐（齐，变更也，谓变更所法也），深其根而熟耰之，其禾蘩以滋，予终年厌飧。②

今是土之生五谷也，人善治之，则亩数盆，一岁而再获之。③

《吕氏春秋》更是反复申述这个道理，例如：

譬之若良农，辨土地之宜，谨耕耨之事，未必收也，然而收者，必此人也。始在于遇时雨，遇时雨，天地也，非良农所能为也。④

这是说要使庄稼有好收成，非遇时雨不可，时雨是自然力量，非人力所能左右，但要获得好收成，仍要靠人的努力，要靠人善于利用时雨来浸溉禾苗，如没有人的耕耘，虽有时雨，也无所收获。又如：

春气至，则草木产；秋气至，则草木落；产与落或使之，非自然也。故使之者至，物无不为，使之者不至，物无可为。古之人审其所以使，故物莫不为用。⑤

这是说草木的生长和枯落，完全是气候使然，草木自身无能为力，但如

① 《吕氏春秋·审时》。
② 《庄子·则阳》。
③ 《荀子·富国篇》。
④ 《吕氏春秋·长攻》。
⑤ 《吕氏春秋·义赏》。

果人掌握了气候变化的规律，适时地耕作和种植，则草木的生长和枯落可以适应人的需要，即所谓“使之者至，物无不为”，结果，“物莫不为用”。简单说，就是掌握了自然规律，则草木均可为人所利用。

除了应充分发挥人的作用外，掌握天时变化的规律及其对农作物的影响，也是每一个农业经营者必须充分掌握的基础知识，特别是在黄河流域两大经济区中，掌握这些基础知识更是每一个“善田者”的首要条件，因为这里受自然条件的限制，无霜期较短，四季节令的变化交替迅速，作物的种植和生长都严格受着时令的限制，故必须紧紧追随着节气的变迁来进行。人不能改变节气，但却能掌握它的变化规律，可以顺应着时令的变化来适当地安排种植。由于不同的作物要求在不同的节令时种植，需要在不同的气温中生长，都是既不能提前也不能移后的，必须适时或得时，才能获得丰收，先时或后时，就要招致失败。所以《吕氏春秋》在三篇讲述栽培技术的农学专著中，用了大量篇幅——甚至一整篇（如《审时》）来专门讨论节气与农作物的关系，反复申述种植不可失时：

> 凡草生藏（生谓发生，藏谓枯落），五时，见生而树生，见死而获死（高注：五时，五行生杀之时也。见生，谓春夏种稼而生也。见死，谓秋冬获刈收死者也）。天下时，地生财，不与民谋（高注：天降四时，地出稼穑，自然之道也，故曰不与民谋）。……无失民时，无使之治下（治下，犹言下策，谓治农事不当也）。知贫富利器，皆时至而作，渴（竭）时而止，是以老弱之力可尽起，其用日半，其功可使倍（意谓得耕稼之时，则老弱之力皆可用，能收事半功倍之效）。不知事者，时未至而逆之，时既往而慕之，当时而薄之，使其民而郄之，民既郄，乃以良时慕，此从事之下也（慕，思也。薄，轻也。言不重时也。郄，即却字，有后退意。先时曰逆，后时曰却。不争取农时，故皆为下策）。操事则苦，不知高下，民乃逾处（孙诒让曰：逾，当读为偷，苟且也。意谓既违农时，不明事之好坏高下，故民亦苟且偷安，不肯力作也）。①

除了上述原则性的论证外，《审时》篇又进一步根据六种谷物——禾、

① 《吕氏春秋·任地》。

黍、稻、麻、菽、麦——所要求的不同时令，进行了种植得时与失时的具体比较，一一指出种植得时的谷物取得了一种结果，种植失时——先时或后时——的谷物取得的是另一种结果，所有这一切，都是从具体的生产实践中总结出来的：

得时之禾：长稠（秱）长穗，大本而茎杀，疏穖而穗大（据夏纬瑛考证，稠当是秱字之误。秱，是穗子的总称，今植物学上称为总花梗。意谓得时之禾，长得“长秱长穗”。杀有收敛坚实而不徒长之意，本是植株，“大本而茎杀”，即植株粗大坚实而不徒长。穖是总穗上的分枝小穗。程瑶田曰：离离若聚珠相联贯者，谓之穖）；其粟圆而薄糠；其米多沃，而食之强；如此者不风（强[8]，有力也。风，气放散也）。先时者：茎叶带芒以短衡（秱）（意谓先时之禾生长短秱，叶如带之薄、如芒之细）；穗钜（钝）而芳（房）夺（夺，脱落也，言所生之穗短钝而易脱落）；秮（秳）米而不香（秳是舂粟为米之法，禾生不佳，舂出之米不香）。后时者：茎叶带芒而末衡（秱）；穗阅（锐）而青零（青零苍狼一声之转，盖禾后时，穗锐而青零）；多秕而不满。①

得时之黍：芒茎而徼下（意谓得时之黍高而直）；穗芒以长；抟[9]米而薄糠，舂之易而食之〔不抟而〕香；如此者不饴（意谓得时之黍粒圆，易舂，食之香而不厌）。先时者：大本而华，茎杀而不遂（意谓先时之黍，植株生长阔大繁茂而茎却敛缩）；叶稿[10]（膏）短穗（先时之黍叶繁茂而肥，茎不发达，穗短小）。后时者：小茎而麻长（麻，纤细之意）；短穗而厚糠，小米钳（黚）而不香（钳，当作黚，黑黄色）。②

得时之稻：大本而茎葆（葆，丛生也）；长稠（秱）疏穖，穗如马尾；大粒无芒，抟米而薄糠；舂之易而食之香；如此者不益（嗌）（嗌，噎也，言食之不噎也）。先时者：本大而茎叶格对，短稠（秱）短穗（格对有过于繁茂之意）；多秕厚糗，薄米多芒。后时者：纤茎而不滋；厚糠多秕，辟米，不得恃（待）定熟印（仰）

① 《吕氏春秋·审时》。
② 《吕氏春秋·审时》。

天而死（言后时之稻，不得待成熟之时，卬卬夭而死也）。[①]

得时之麻：必芒以长，疏节而色阳（必芒以长，言得时之麻细而长也。色阳，颜色鲜明也）；小本而茎坚，厚枲以均（麻必茎坚枲厚，始能多产纤维）；后（厚）熟多荣，日夜分复（莩）生（莩，苴麻盛子者。盛子之莩，即着子之花序。日夜分，仲秋也。言得时之麻，花多，子多，仲秋成莩）；如此者不蝗。[②]

得时之菽：长茎而短足，其荚二七以为族；多枝数节，竞叶蕃实；大菽则圆，小菽则抟以芳（房），称之重，食之息以香（大菽、小菽是大豆不同品种，房有膨大之意，息，气息，言食之有香气）；如此者不虫。先时者：必长以蔓；浮叶疏节，小荚不实（言其节疏、叶稀、荚小而不实也）。后时者：短茎疏节，本虚不实。[③]

得时之麦：稠（稍）长而颈（穗）黑；〔其粒〕二七以为行，而服薄糕而赤色（二七以为行，指穗上麦粒而言，《文禾部》：糕，禾皮也。赤色，指麦粒色红）；称之重，食之致香以息，使人肌泽且有力；如此者不蚼蛆。先时者：暑雨未至，胕（疛）动蚼蛆而多疾（胕，当作疛，与痛通，亦病也。疛动，生病之意）；其次（粒）羊（羸）以节（羸，瘦也；节，约也；言其麦粒瘦小而不饱满也）。后时者：弱苗而穗苍狼，薄色而美芒。[④]

从以上六种作物的得时与失时的对比，得出了如下的结论：

是故得时之稼兴，失时之稼约。茎相若〔而〕称之，得时者重，粟之多（粟之，脱粒之意）。量粟相若而舂之，得时者多米。量米相食之，得时者忍饥。是故得时之稼，其臭香，其味甘，其气章；百日食之，耳目聪明，心意睿智，四卫变强（四卫，四肢也），勉气不入，身无苛（疴）殃。[⑤]

---

① 《吕氏春秋·审时》。

② 《吕氏春秋·审时》。

③ 《吕氏春秋·审时》。

④ 《吕氏春秋·审时》。以上所引《吕氏春秋·审时》诸文，参见夏讳瑛：《吕氏春秋上农等四篇校释》第九六——一二二页。按六种作物分别作了得时与失时比较，独麻未言先时、后时，疑有缺脱。

⑤ 《吕氏春秋·审时》。

农业的第三个基本因素是土地。由于作物是生长在土里的，即所谓“生之者地也”，所以土地是三个因素中的根本因素。《吕氏春秋》的四篇农学专著，亦以较多的篇幅讨论了土地问题。关于具体的土地利用和与之相关的栽培方法等，当于下文详之，这里仅指出有关土地的几项基本原则：

> 子能以窐为突乎（窐，容汙，卑下也。突，垤出，丰高也）？子能藏其恶而揖之以阴乎（阴，犹润泽也。恶当是指干燥之土而言。意谓子能把干燥土藏起而让出湿润之土么）？子能使吾土靖而甽浴土乎（原文土皆士，据高注改。靖，净之借字，甽，垄间沟也。意谓子能使土净不含盐碱，而用沟洗土么）？子能使〔吾土〕保湿安地而处乎（保湿即保持湿润，今所谓保墒。按上文句法，“子能使”下当脱去“吾土”二字。意谓子能使土地常处于湿润状态么）？子能使雚夷（荑）毋淫乎（淫，延生也。雚，苇之一种；荑，茅草也。这句主要是说除草）？子能使子之野尽为泠风乎（泠风，和风也，所以成谷也，此言通风）？子能使藁（稾）数节而茎坚乎（稾，秆也，禾茎也，数，多也。苗苗壮则节多而茎坚）？子能使穗大坚均乎（高注：“实发实秀，实坚实好”，此之谓也。以上从土地利用到保墒除草、从禾稼耕种到谷物成熟，进行了全面说明）？子能使粟圆而薄糠乎（粟圆而薄糠乃籽粒饱满之意）？子使米多沃而食之强乎？①

这里提出来的十个问题，都是关于如何充分利用土地的自然条件，如何做好整地、松土、保墒、除草、灭虫、中耕、匀苗和各项田间管理的全部过程，乃是每一个农业生产者必须完全掌握的基础知识。不但要求“实发实秀”——禾苗茁壮生长，而且要求“实坚实好”——收获的粮食既多，而且吃起来“多沃而食之强”，即既有油性，又很劲道。

2. 耕种栽培和田间管理的全部程序

《任地》篇于提出关于土地利用的十项问题之后，接着就提出了全部答案，名曰“耕之大方”，即关于由耕作栽培到田间管理的全部程序。对于前者——即耕种栽培技术，先提出了对土壤的五项原则要求：

---

① 《吕氏春秋·任地》。参见夏纬瑛：《吕氏春秋上农等四篇校释》第二九——三五页。

其一，土质软硬适中，即所谓“力者欲柔，柔者欲力”。“力”与“柔”对应，显然是坚硬之意，古称“垆土”。土壤如过于胶结板硬，既不容易耕作，也不适于作物生长；如过于疏松，虽然耕作较易，但既不能保持土壤中的水分和肥力，又容易使植株倒伏。故要求“力”者使之“柔”，而“柔”者则使之“力”，软硬适中，才是种植栽培的合适土壤。

其二，土壤干湿适中，即所谓“急者欲缓，缓者欲急”。高诱注：“急者，谓强垆刚土也，故欲缓；缓者，谓沙堧弱土也，故欲急。和二者之中，乃能殖谷[11]。”据此，则“急”“缓”与前项“力”“柔”无别了，这一条显然不再是指土质而言，下文有“人耨必以旱，使地肥而土缓”，这是说应将土地耨之使“缓”，以免土壤过于密结，不易透水，不易发挥肥力，可见“缓”有舒缓之意，但又不宜过于松散，以致容易失水，成为干旱，所以“急者欲缓，缓者欲急”，保持土壤的干湿适中，以保证作物的正常生长。

其三，“湿者欲燥，燥者欲湿”。此亦系指土壤的干湿而言，但与前项所指之干湿又有所不同。前者系指土壤中所含水分之多寡而言，要求土壤既不能过于密结，不易透水，也不宜过于粗疏，致失水太快，不易保墒，故只要求使土壤保持适当的潮湿而已。此则指下湿近水，土成污泥，已不适宜于旱地作物栽培。高诱注云：“湿，谓下湿近污泉，故欲燥；燥，谓高明暵干[12]，故欲湿。不燥不湿，取其中适，乃成黍稷也。”这是说如地势洼下，排水不良，致地中常有积水，即所谓“下湿近污泉”，则必须平整土地，将地势垫高，有沟渠排水，即所谓“湿者欲燥”。但如地势过高，成为“高明暵干”，则又难于保墒，水分不足，亦不利于作物生长，故又要求“燥者欲湿”。

其四，“息者欲劳，劳者欲息”。这是栽培技术的科学总结，也是长期以来历史经验的总结，包括了土地利用的历史经验，也包括了实际应用的栽培技术。原来在古代土旷人稀的时候，人们不需要平整土地、改良土壤，可以自由选择适宜的处女地去进行耕种，故人们所耕种的土地都是新开辟的土地，等到种过几年之后，地力竭尽，收获减少，便放弃原来的耕地，另换新地，这就是我们所说的“游耕”（shifting farming 或 shifting method of cultivation），中国在商代还停滞在这种原始的粗耕阶段上①。其实这种耕作方法到近代还可以找到它的残存，例如：

① 参见拙著：《殷代的游耕与殷人的迁居》，《中国经济史论丛》，生活·读书·新知三联书店 1980 年版。

在四川稍有经验的老农都知道，新垦的山地第一年收成最好，第二年次之，第三年如果再不施肥，就要易地耕种了。[①]

土性浮松，三年后即力薄收少，人多弃旧业另耕他地，故三年一丈量，蠲其所弃而增其新垦，以为定法。[②]

但是在生齿日繁、人口密集、土地变为相对狭小之后，过去无主的土地现已为人们所占定——即有了一定的土地分配制度，任意改换耕地就不可能了。特别是黄河流域的开发最早的两大经济区域，由于都是自古以来"都国诸侯所聚会"，都已"建国各数百千岁"，而变成了"土地小狭民人众"[③]，这时地各有主，都必须在固定的土地上耕种，于是不仅如何有效地利用土地和如何有效地改良天然土壤被每一个农业生产者提上了日程，而且促使他们从具体的生产实践中找到了休耕轮种的栽培方法。在井田制度时代，这个方法已经在实行。我们在《中国封建社会经济史》第一卷中曾详细阐述了关于菑、新、畬和不易之田、一易之田、再易之田的具体情况。这里所谓"息者欲劳，劳者欲息"，就是在总结了历史经验的基础上，又加以科学概括，指出种植作物要善于休养地力，要注意实行休耕轮种，借以恢复土壤中的有机质。"息"，是指正在休闲中的土地，已经休闲过了的土地，就要恢复种植，故曰"息者欲劳"；"劳"，是指正在种植中的土地，已经种植过了的土地，地力已将枯竭，必须使之休息，故曰"劳者欲息"。这是土地的利用原则，也是种植的具体技术。

其五，针对不同的土壤，控制施肥，"棘者欲肥，肥者欲棘"。"棘"，是指土地的硗确瘠薄而言，高诱注云："棘，羸瘠也。《诗》云：棘人之栾栾，言羸瘠也。土亦有瘠土。"这个解释是正确的。"肥"与"棘"对文，显然是指土地的肥沃。"棘者欲肥"，是说羸瘠的土地必须施肥，以提高土地的肥力，借以增加土地的单位面积产量。人工施肥早已有了长期的历史经验，我们在《中国封建社会经济史》第一卷中曾根据先秦诸子的记载——如《老子》中有"天下有道，却走马以粪"，《孟子》中有"百亩之粪"和"凶年粪其田而不足"，《荀子》中有"多粪肥田，是农夫众庶之事也"等，说明在

① 徐中舒：《论西周封建社会》，《历史研究》一九五七年第五期。

② 徐中舒：《论西周封建社会》，《历史研究》一九五七年第五期。见徐文转引：陈叔礅：《台海使槎录》。

③ 《史记》卷一百二十九，《货殖列传》。

战国时期已经有了人工施肥的方法。到了《吕氏春秋》时代，施肥已经成为进行精耕细作的一个重要环节，所以“棘者欲肥”这一耕作方法是明显易解的，但“肥者欲棘”，则颇为费解。为什么要使肥沃的土地变为羸瘠和怎样使它变为羸瘠，没有说明原因，但如用现在的农业知识来解释，则又是一目了然。因为土地的肥力过量，特别是氮肥过多，则将使作物徒长，俗名“疯长”，枝叶繁茂，华而不实，反而减产。有此现象的土地，就有必要停止休耕，并停止施肥。

掌握了土地利用的基本原则之后，即进而言耕田的具体方法。由于土质有软硬干湿的不同，耕田时应据土地的软硬程度和所含水分干湿的不同，来安排耕地的先后程序，难耕的土地应先耕，易耕的土地可迟耕，以便使耕作难易得中。并且地势有高下，高田即上田易失水干硬，故应先耕，并注意保墒；低田即下田多污湿，可后耕，并注意排水。《辩土》篇首言耕地之道：

> 凡耕之道：必始于垆，为其寡泽而后（厚）枯；必厚（后）其靹，为其唯（虽）厚（后）而及。䬸（饱）者荎（挺）之，坚者耕之，泽（释）其靹而后之；上田则被其处，下田则尽其污。①

这是说耕地要按土地软硬干湿来定先后程序。“垆”，《说文》中说是“黑刚土也”，即黑色坚硬之土，与下文“靹”相对，当是湿软之土。改正了文中“后”“厚”的互讹，意可略通，大意是说耕地要先耕垆土，因它缺少水分（寡泽），干土厚，难耕，迟耕将更难；靹土湿软，虽后耕，也不为迟。“䬸”字不见字书，疑为“饱”字之误，当为饱含水分之意，此种地可缓耕，而先“坚者耕之”。“泽”，孙诒让云当读为“释”，“释其靹而后之，即谓舍耎土而后耕之也”。“上田”即高田，易干旱，耕后应以土被覆其处以保墒；“下田”即低湿之田，应注意排水，故曰：“下田则尽其污。”

土地经过耕整之后，便进行开沟筑垄，使田成畦。实行畦种，是《吕氏春秋》时代精耕农业的一个主要表征：

> 上田弃亩，下田弃甽；五耕五耨，必审以尽。其深殖之度，阴

① 《吕氏春秋·辩土》。原文多伪体，不能尽通，据夏纬瑛：《吕氏春秋上农等四篇校释》第六十五页。

> 土必得，大草不生，又无螟蜮；今兹美禾，来兹美麦。①

“上田”是高旱之田，“下田”是低湿之田。田中所筑之垄曰亩，垄间之沟曰畎。高旱之田，保墒不易，土壤干旱，庄稼应种在沟中而不耕在垄上，故曰“上田弃亩”。低湿之田，水分过多，庄稼应种在高垄而不种在沟中，故曰“下田弃畎”。“上田弃亩”是为了防止干旱，“下田弃畎”是为了防湿防涝。“五耕五耨，必审以尽”，是说苗出土以后，要聚精会神地锄五遍，才能使庄稼长好，也才会有好收成。但是这里还有一个前提，就是地要耕得好，则必须深耕，“其深殖之度”要达到湿土层，这样，同时就消灭了杂草和害虫。由于土地利用得当，可以实行复种：大秋作物收获后，接着再种冬小麦。高注：“兹，年也。”言今年秋天有好谷，明年夏季有好麦。

说明了畦耕之效，进而即申述作畦之法：

> 是以六尺之耜所以成亩也，其博八寸所以成畎也。耨柄尺，此其度也，其耨（博）六寸，所以间稼也。②
>
> 其为亩也，高而危则泽夺，陂则埒，见风则僷，高培则拔，寒则雕（凋），热则脩，一时而五六死，故不能为来（啬）。③
>
> 故亩欲广以平，畎欲小以深，下得阴，上得阳，然后咸生。④

按古者以耜耕，六尺为步，步百为亩，广尺为畎。《周礼·考工记》亦云：“一耦之伐广尺深尺谓之畎”，可知畎就是两垄之间广一尺和深一尺的沟。所谓“六尺之耜所以成亩也”，是说用耜所筑之垄正合耜的长度，因古以六尺为步，步百为亩，可知亩就是宽六尺、长六百尺的垄，百条垄合起来就是百亩，正是一夫之田。垄高一尺，沟的宽和深也都是一尺，所以《考工记》说：“广尺深尺谓之畎。”为什么又说“其博八寸所以成畎也”？据《考工记》云：“车人为耒，庛长尺有一寸，中直者三尺有三寸，上句者二尺有二寸。自其庛缘其外以至于首以弦其内，六尺有六寸，与步相中也。”注云：“庛，读为棘刺之刺，耒下前曲接耜。缘外六尺有六寸，内弦六尺，应一步之

① 《吕氏春秋·任地》。
② 《吕氏春秋·任地》。
③ 《吕氏春秋·辩土》。
④ 《吕氏春秋·辩土》。

数。耕者以田器为度宜。”我们在《中国封建社会经济史》第一卷中曾详述了耒与耜的关系，总之，耜是耒端附加的一个部件，而耒自身的长度则为六尺，正是亩的宽度，故耕者可以田器为度宜。耜或庇是安装在耒端的一个犁头，单锋的宽五寸，双锋的宽一尺，又名为“耦”，用耦耕地正成宽尺深尺之甽，故《考工记》说：“一耦之代广尺深尺谓之甽。”关于为什么以八寸之博成甽，夏纬瑛氏作了一个比较中肯的解释：

> 这一尺宽、一尺深的“甽”，它在百亩之间并不另占地面；它所占的地面是和“亩”相结合着的。因为：“亩”既是高畦，“甽”深一尺，“亩”高自然也是一尺；“亩”的两侧虽然仅高一尺，但也不可能是壁立的，必然要有倾斜；“甽”宽只有一尺，则两“亩”的侧面的下基必然相接，而只能在“亩”和“亩”间的上面空着一尺，那就是这一尺宽的“甽”了；所以，“甽”在百亩之间并不另占地面，它的一尺的宽度是由两“亩”间倾斜所取得的，而两“亩”的侧基相接，并不妨碍它的一尺的深度。若不是这样的话，那就与方块的“井田”规划不相合了。①

所谓“耨柄尺，此其度也，其耨六寸，所以间稼也”，是在说明“亩”或“甽”的行列标准和间苗方法。据高诱注云：“度，制也。耨，所以耘苗也；刃广六寸，所以入苗间也。”可知柄长一尺之耨是一种间苗的小锄，柄的长度正是行列的标准，刃广六寸，正合行距，故可入苗间。

说明了中耕除草间苗之后，又提出开沟筑垄的应注意事项。所谓：“其为亩也，高而危则泽夺，陂则埒，见风则㷭，高培则拔，寒则雕（凋），热则脩，一时而五六死，故不能为来（啬）。”这是指所筑之垄不合标准。垄过高，则水分散失，垄侧（陂）亦容易颓坏（埒）。高而危的垄既常颓坏，则作物自然扎根不牢，见风则蹶，如再培土加固，则垄更高危，根反不固，故曰“高培则拔”。这样，一遇寒风则凋谢，一遇热风则干缩，故一时有五六死，而不能有好收成。故“亩欲广以平，甽欲小以深，下得阴，上得阳，然后咸生”。如果所作的亩甽尺寸不合标准，成为“大甽小亩为青鱼胠”②，

① 夏纬瑛：《吕氏春秋上农等四篇校释》第四十二页。

② 《吕氏春秋·辩土》。

那就完全失败了。“青鱼胠”是大甽小亩的形状，鱼胠谓如鱼失水而浅卧在沙滩上，《荀子·荣辱篇》中说有的鱼“胠于沙而思水，则不逮矣”。此取其义以示亩甽不成比例的样子。

《任地》和《辩土》两篇除了详细说明有关土地利用的各项基本原则如上述者外，对于栽培技术和田间管理的各个环节，又进行了深入细致的阐述：

> 地可使肥，又可使棘：人肥（耕）必以泽（王念孙曰：人肥之肥，疑当作耕），使苗坚而地隙；人耨必以旱，使地肥而土缓（意谓应在土湿润时耕，使土地疏松，作物易生长；锄地应在旱时，以减少水分蒸发）。冬至后五旬七日菖始生；菖者百草之先生者也，于是始耕（菖，菖蒲也。冬至后五十七日而挺生）。孟夏之昔，杀三叶而获大麦（王念孙曰：昔，犹夕也。下旬为夕。三叶，高注：荠、亭历、菥蓂也；是月之季枯死，大麦熟而可获）。日至（夏至也），苦菜死，而资（蕡）生，而树麻与菽；此告民地宝尽死（矣）（苦菜即荼，蕡即荠，冬生而夏死，夏至前后为种麻与大豆季节）。〔凡草生藏〕日中出（凡草生藏系下文错简。日中出，夏至也），豨生而麦无叶，而从事于蓄藏；此告民究也（豨，草名，夏至前后生，时麦已枯黄，故曰无叶。蓄藏，收麦也，至此，农事尽矣）。①

以上系从正面说明，以下再从反面说明：

> 无与三盗任地（下文地窃、苗窃、草窃，是谓三盗。言不可与三盗同用土地）。夫四序参发（四序即四时之序，参发，参验也），大甽小亩为青鱼胠，苗若直猎（鬣），地窃之也（苗生若毛鬣，是治甽亩不善所致）。既种而无行，耕（茎）〔生〕而不长，则苗相窃也（耕系茎同音之误，脱生字。种无行列，茎生而不长，是种植不得法）。弗除则芜，除之则虚，则草窃之也（种无行列，苗稀草多，不除草则荒芜，除之则动禾根）。故去三盗者，而后粟可多也。所谓今之耕也，营而无获者：其蚤（早）者先时，晚者不及时，寒暑不节，稼乃多菑实（菑，即灾字，言受灾不成熟）……不俱死，虚稼

① 《吕氏春秋·任地》。

先死，众盗乃窃；望之似有余，就之则虚（虚，谓禾稼之根不扎实也，故虚稼先死）。农夫知其田之易也，不知其稼之疏而不适也；知其田之际（除）也，不知其稼居地之虚也（王念孙曰："际"，盖"除"字之误。易、除，治也）。不除则芜，除之则虚，此事之伤也。[①]

最后再总结以上所述，并根据实践经验提出有关栽培和管理的一些基本原则，成为每一个农业生产者必须充分掌握和善于运用的原则：

稼欲生于尘，而殖于坚者（言播种应在疏松浮软之土，出芽后宜使之长在致密踏实之土中）。慎其种，勿使数，亦勿使疏（言布种不宜过密，亦不宜过疏）；于其施土，无使不足，亦无使有余（施土，覆土也。布种后应以浮土覆盖，但所覆之土既不宜太薄，也不可太厚）。熟有耰也，必务其培：其耰也植，植者其生也必先；其施土也均，均者其生也必坚（高注："耰，覆种也。先，犹速也。坚，好也。"言种后必以土覆盖，植同稹，有紧密意，言熟耰之则发芽速，覆土均匀，则扎根结实）。是以亩广以平则不丧本，茎生于地者五分之以地（高注："本，根也；分，别也。"言垄平则不伤根，如"高而危"，则"一时而五六死"矣。亩宽六尺，亩面五尺，庄稼行距一尺，两边各留一尺，是亩种两行，每行各占土地的五分之一）。茎生有行，故遬（同速）长；弱不相害，故遬大（高注："遬，疾也。"言茎有行，则生长速；幼苗有行，不相妨碍，故速大）。衡（同横）行必得，纵行必术；正其行，通其风，夬心（必）中央，帅为泠风（为使通风良好，行距必须得当。"必得"即得当之意；"必术"即通达之意。"夬心中央"，《说文》："夬，分决也。"心字别本作"必"是，言必于行距中央保留分决，以便能率泠风以摇长之）。苗，其弱也欲孤，其长也欲相与居，其熟也欲相扶；是故三以为族，乃多粟（禾稼初生时喜孤独，稍长则喜丛生聚居，故定苗时既不宜太疏，也不宜太密）。凡禾之患，不俱生而俱死。是以先生者美米，后生者为秕；是故其耨也，长其兄而去其弟

① 《吕氏春秋·辩土》。

（高注："秕，不成粟也。"长其兄而去其弟，高注："养大杀小。"此段言禾不俱生而俱死，如亩甽治理不善，则"一时而五六死"，故在定苗时即必须留下先生壮大的，去掉后生弱小的）。树肥无使扶疏，树垸不欲专生而族居（俞樾曰："专，读为抟，聚也"，即结集之意。扶疏，茂密之意。种在肥沃土壤中，下种宜多，植株宜密，以免过于繁茂，徒长而不结实；种在垸瘠土壤中，下种宜少，植株宜疏，不宜抟生而聚居）。肥而扶疏则多秕，垸而专居则多死。不知稼者，其耨也，去其兄而养其弟，不收其粟而收其秕。上下不安，则禾多死（指甽亩不善，苗与土不相适应，故禾多死）；厚土则孽不通，薄土则蕃幡而不发（此指播种时覆土的方法，覆土太厚，则孽芽不能萌生长出；覆土太薄，水分不足，种子不能发芽，"蕃幡"有闭结之意）。刚土柔种，埦埴冥色，免耕杀匿，使农事得（王念孙曰："免，读为勉；匿，读为慝。"此言刚硬之土应使之变柔后再播种，埦埴亦刚硬粘土，应在其潮湿柔软时耕种。慝指芜秽杂草，必勤耕除草才能有好收成）。[1]

综观《吕氏春秋》中的《上农》等四篇农学专著，我们知道这时期的农业不仅已发展到精耕细作——畦种法的阶段，而且有了体系完整和论证精辟的农业著作，特别是《任地》《辩土》《审时》三篇，实是一整套科学的栽培通论，从土地利用到作物栽培与田间管理，从掌握时令到分辨土壤，从开沟作垄到平整土地，从播种覆土到定苗间苗，从中耕除草到防灾灭虫等，都作了具体的技术指导和细致的理论分析。尽管其中吸收了不少战国时农书的菁华和前人耕作的经验，但所述各点均已由单纯经验上升为科学原则，故两千年来一直成为农人的圭臬。

在实行了上述一系列精耕细作的科学种植方法之后，不仅提高了土地的单位面积产量，而且提高了土地的利用率。在过去实行粗耕，不掌握上述的科学方法时，土地每年只能种植一次，故亦只能获得一熟，秋收之后，土地即空闲在那里等待来年春耕。自从土地能合理地充分使用之后，于是"今兹美禾，来兹美麦"，便成了固定的耕种制度，即一年可以两熟，先在孟夏收

① 《吕氏春秋·辩土》。

麦，“是月（四月）也，农乃收麦，升献天子”①；继而到孟秋时大秋作物又成熟，故“是月（七月）也，农乃升谷，天子尝新，先荐寝庙”②。收获完毕之后，接着便顺应时令，于孟秋之月（八月）种麦：“是月也，乃劝种麦，无或失时。”③ 这样，土地由一年一熟，变为一年两熟。这是古代农业的一次飞跃。

进入汉代以后，政府亦非常注意贯彻这个制度，故常常频发诏令，加以劝勉。例如：

> 〔元狩三年（公元前一二〇年）秋〕遣谒者劝有水灾郡种宿麦（师古曰：秋冬种之，经岁乃熟，故云宿麦。）。④
>
> 是后，外事四夷，内兴功利，役费并兴，而民去本。董仲舒说上曰：“《春秋》它谷不书，至于麦禾不成则书之，以此见圣人于五谷最重麦与禾也。今关中俗不好种麦，是岁失《春秋》之所重，而损生民之具也。愿陛下幸诏大司农，使关中民益种宿麦，令毋后时。”⑤

这个政策一直在继续之中，终汉之一代，无所改变，故东汉时亦有相同记载，例如：

> 〔永初三年（公元一〇九年），秋七月〕庚子，诏长吏案行在所，皆令种宿麦蔬食，务尽地力。其贫者给种饷。⑥

---

① 《吕氏春秋·四月纪》。
② 《吕氏春秋·七月纪》。
③ 《吕氏春秋·八月纪》。
④ 《汉书》卷六，《武帝纪》。
⑤ 《汉书》卷二十四上，《食货志》。
⑥ 《后汉书》卷五，《安帝纪》。

第二节　农业发展的条件

（一）生产工具的进步与畜力使用的推广

《中国封建社会经济史》第一卷曾经指出，中国早在春秋后期就已经进入了犁耕和牛耕时代，木制的耒耜已为附有铁制部件的犁铧所代替，所谓“古者剡耜而耕、摩蜃而耨”的时代就基本上结束了。生产工具的变革是造成生产力发展的直接条件。《吕氏春秋》时代的农业之所以成为如上文所述那样一种相当高度发展的精耕农业，生产工具的进步实起着重要作用，特别是实行了畦种法以后那样的精耕细作，先是对土地利用要求成甽成亩，即开沟作垄，而沟又是深宽各一尺，垄高一尺、宽六尺，正是所谓“六尺之耜所以成亩也”，一亩之田是“六尺为步，步百为亩”，是沟垄各长六百尺，又要求“五耕五耨”，如果没有便利和有效的工具，要完成这样繁重的工作恐怕是不可能的，如仍用木制的耒耜，显然是办不到的，换言之，只有铁制工具才能完成这种整地工作。

不过耜虽然早已变成了犁，但是名称却没有跟着改变过来，习惯上仍然沿用旧的名称，即把犁叫做耜。《吕氏春秋》中所说的开沟作垄工具是用“六尺之耜”。实际上，这个耜已经不是古代的“斫[13]木为耜”之耜，而是变为铁制之耜了。本来耜就是附在耒端的一个木片，用以刺地起土，原叫做庛。在冶铁工业发达之后，便先用铁来制作农具，于是便把这个叫做庛的木片改为铁片。关于这个变化的具体过程，在《中国封建社会经济史》第一卷中已经阐述过了。从春秋末年历战国到秦汉，时间已经过了约三百年，冶铁工业早已越过了“恶金”阶段，农具已全为铁制，故犁耕与牛耕作为一个制度本应早已确立了，特别是汉代，公私冶铁业都很发达，私营时以冶铁致富者比比皆是，公营后更是大量鼓铸，铁官遍郡国，所以汉代更应当完全是铁犁时代，正如《盐铁论》中所说：“农，天下之大业也；铁器，民之大用也。器用便利，则用力少而得作多，农夫乐事劝力；用不具，则田畴荒，谷不殖，用力鲜，功自半，器便与不便，其功相什而倍也。”① 这是说便利的铁制农具，乃是提高农业生产力的关键，因农器的便与不便，“其功相什而倍”。

---

① 《盐铁论·水旱》。

我们在《中国封建社会经济史》第一卷中也曾指出，尽管变化在性质上是一种革命性的巨大变化，但是在具体过程中，新旧的交替又往往进行得非常缓慢，即在新制度早已确立之后，旧制度仍然会继续存在，有时其残存的时间还非常长，犁耕和牛耕正是这样。本来早在春秋时即已开始了牛耕，但到了西汉后期，还有一些偏僻郡县的农民仍然不用牛耕，甚至根本不知牛耕为何物。犁也是这样，本来早已出现，但耒耜仍继续广泛使用，例如《吕氏春秋》各篇中，凡谈到农具，几无一不是耒耜：

> 是月（正月）也，天子乃以元日祈谷于上帝，乃择元辰，天子亲载耒耜，措之参于保介之御间。①
>
> 是月（十二月）也，命司农计耦耕事，修耒耜，具田器。②

这里所说的耜，与前文所引“六尺之耜所以成亩也”的耜实有所不同，那里所说的耜是实际用以开沟作垄的，非铁器不能胜任；这里所说的耜是在举行古礼仪式时用以象征农具的，且由天子亲载以行古礼，必仍用古器以作象征，既由天子亲载，自不能使用笨重的铁器。但下引几条西汉前期的记载，从其性质来看，显然仍是原来的木制耒耜：

> 夫民之为生也，一人跖耒而耕，不过十亩（跖，蹈也）。③
>
> 民蹠耒而耕，负担而行，劳罢而寡功，是以百姓贫苦，而衣食不足。④
>
> 从容房闱之间，垂拱持案食者，不知蹠耒躬耕者之勤也。⑤

这几条记载都说到用耒耜的方式是“跖”或“蹠”，即足踏之意，显然还是“三之日于耜，四之日举趾”的传统方式，则所用之耒耜必仍为木制。可见到西汉前期时，耒耜仍在大量使用，证之以当时的耕作方式，又确系使用着木制的耒耜在耕田：

---

① 《吕氏春秋·正月纪》。

② 《吕氏春秋·十二月纪》。

③ 《淮南子·主术训》。

④ 《盐铁论·未通》。

⑤ 《盐铁论·取下》。

夫织者日以进（织帛者进），耕者日以却（耕谓耕者却行），事相反，成功一也。[①]

这还是古老的耕田方法，每足踏耒端横木，使耜得以刺地翻土、挖成一坑后，即退却一步，再进行挖掘，所谓耕田，就是这样一步一步地后退，故曰“耕者日以却”。犁耕因为有畜力牵引，是连续前进，大面积翻土，而不再是步步退却、掘地挖坑了。由这一条记载可以证明：犁耕和牛耕制度虽早已出现，而耒耜仍长期残存。这是一个值得进一步分析的问题。因为在冶铁工业已大量发展、铁器供应已十分充沛的情况下，人们也明知“铁器，民之大用也，器用便利，则用力少而得作多”，有了先进的“器用”而拒不使用，这绝不是墨守成规的保守思想在作祟，绝不是由于要“农服先畴之田亩，工用高曾之规矩”，一切要求“仍旧贯”；而主要是由于在地主制经济结构下，地主阶级对农民的残酷剥削造成了普遍贫穷，使那些“常衣牛马之衣，而食犬彘之食”的贫穷农民，连起码的生活都还得不到保证，当然就不再有余力来购买牛马等牲畜，买不起牛自然就无法用犁，正如《盐铁论》中所说，“贫民或木耕、手耨、土耰、淡食”[②]，这就给耒耜的长期残存提供了客观条件。但是绝不能因为西汉时仍有人在使用耒耜，就得出那时犁耕和牛耕还没有开始这样一个结论。

事实上，在冶铁工业发达之后，其所铸造的铁器主要都是农具，因为农具的需要量最大，有广大的国内市场。秦时除有众多的私营冶铁业外，还有官营的冶铁业，秦有铁官，如司马迁之先昌，“昌为秦主铁官”[③]，可知秦时政府也大量地铸造农具。秦时还没有实行禁榷制度，故秦和汉初的私营冶铁业亦非常发达，例如“邯郸郭纵以铁冶成业，与王者埒富”；秦迁卓氏，致之临邛，“即铁山鼓铸……倾滇蜀之民”；程郑“亦冶铸，贾椎髻之民”；秦迁孔氏于南阳，“大鼓铸……因通商贾之利”；曹邴氏“以铁冶起，富至巨万”[④]。他们所冶之铁，当然都铸造为农具或工具，才能贾椎髻之民或滇蜀之民，亦才能富至巨万。实行禁榷制度后，盐铁皆收归官营，官营冶铁业亦主要是铸造农具，并于各郡县遍设铁官以推销供应。有时由于官工场的粗制滥

① 《淮南子·谬称训》。
② 《盐铁论·水旱》。
③ 《史记》卷一百三十，《太史公自序》。
④ 《史记》卷一百二十九，《货殖列传》。

造，单纯地追求数量，不顾质量，致所铸造的农具粗大笨重，不甚适用，而官僚主义的经营方式不善和推销人员的服务态度不佳，亦给农民增加了不便，致引起人们的指责：

> 今县官作铁器多苦恶，用费不省，卒徒烦而力作不尽。家人相一，父子戮力，各务为善器，器不善者不集。农事急，挽运衍之阡陌之间，民相与市买，得以财货五谷新弊易货（当作贸），或时贳，民不弃作业，置田器各得所欲，更繇省约。……今总其原，一其贾，器多坚䃂[14]，善恶无所择。吏数不在，器难得，家人不能多储，多储则镇生，弃膏腴之日，远市田器则后良时，盐铁贾贵，百姓不便。……铁官卖器不售，或颇赋与民。①
>
> 县官鼓铸铁器，大抵多为大器，务应员程，不给民用，民用钝弊，割草不痛，是以农夫作剧，得获者少，百姓苦之矣。②

上文所引述，不是要讨论官造农具的质劣价昂，以及在官工业中必然会出现的官僚主义的无能和经营管理的混乱，所有这一切当于下文论述工业的有关章节中讨论，这里是要用上引记载来证明官营的冶铁工业也主要是铸造农具，而由于犁是农具中的主体，故公私冶铁业所铸造的农具，实以犁为大宗。

近年来随着考古发掘工作的开展，出土了大量的汉代铁犁，并发现了不少绘有犁耕和牛耕的墓葬壁画，其中重要的计有：甘肃武威磨嘴子西汉末木牛犁模型、山西平陆枣园村王莽时期壁画墓牛耕图、山东滕县宏道院东汉画像石牛耕图、江苏睢宁双沟东汉画像石牛耕图、陕西绥德东汉画像石牛耕图、陕西米脂东汉画像石牛耕图、内蒙古和林格尔东汉壁画墓牛耕图。在已经发现的这些实物和图像中，东汉的数量又超过西汉[15]，说明犁耕和牛耕到东汉时又远比西汉为普及，已成为全国普遍实行的制度，到这时耒耜与犁的交错时期已经完全结束了。我们根据这些实物和图像，可以清楚地了解汉代犁耕和牛耕的具体情况。把这些材料合在一起来考察，可以归纳出以下几点③：

从犁的结构来看：一是有了犁床。由耒耜变为犁，是先在耒的下部加上

---

① 《盐铁论·水旱》。

② 《盐铁论·水旱》。

③ 参见张振新：《汉代的牛耕》，《文物》一九七七年，第八期。

一个横曲贴地的犁床，于是便成了贴地拖行的耕犁，耕的方式也不再是“却行”，而变为连续前进了，也不再是一个坑一个坑地挖掘，而变为大面积连续翻土了。二是有了犁辕。“犁辕是在耒的中下部添置的拉扛，是由耒耜发展成畜力犁不可或缺的传动部分。汉代的耕犁多是单辕……单长辕须有两头牲畜牵引，双长辕多由一头牲畜牵引。不论单长辕或双长辕，都是犁架笨重，回转不便。……这种长辕犁后世有些地区一直沿用了下来。”① 三是有了犁箭。犁箭是控制犁入土深浅的，这个部件在西汉时已经有了。

从犁的本身来看，犁铧和犁镵均已基本定型：犁铧是耕犁坺土的锋口，它在犁的前端承受最大的磨擦，“一般说，锋的前端呈锐角或钝角，前低后高，断面中部凸起，两等边三角形或菱形、扁圆形銎，这就消灭了呈板平形式的原始耒耜的遗迹，从而更便于入土和拔土”②。这一切都说明汉代的犁铧是经过许多改进的。犁镵是用以翻土的，是铧的一种复合装置。镵的形制有两种：一种呈菱形或板瓦形，向一侧翻土；另一种呈马鞍形，向两侧翻土。这说明汉代的耕犁是很进步的。

汉代耕犁中有一种大型犁，根据观察，“前端锐角，上面中部凸起，下面板平，平面和断面均呈两等边三角形，特大的，其长宽都在 40 厘米以上。如辽阳三道壕出土的西汉铁铧长 40 厘米、宽 42 厘米，山东滕县长城村出土的汉代铁铧长 48 厘米、宽 45 厘米，石家庄东岗头村出土的汉代铁铧长 41 厘米、宽 46 厘米，重 12.5 公斤，福建崇安出土的汉代铁铧重 15 公斤”③。这些大型铁犁至少要用两牛之力才能拖动，故主要是用于开沟作渠，而不是用于一般耕地。

由木制的耒耜变为铁制的耕犁以后，犁铧不管是大是小，均已不是人力所能挥动，而必须用畜力牵引，故犁耕与牛耕是永远结合在一起的，当犁耕出现的时候就是牛耕出现的时候。畜力中当然不限于牛，无牛时亦可用马，汉代文献中即有关于用马耕田的记载，例如：

> 往者未伐胡越之时，繇赋省而民富足，温衣饱食，藏新食陈，布帛充用，牛马成群。农夫以马耕载，而民莫不骑乘。④

---

① 张振新：《汉代的牛耕》，《文物》一九七七年，第八期。

② 张振新：《汉代的牛耕》，《文物》一九七七年，第八期。

③ 张振新：《汉代的牛耕》，《文物》一九七七年，第八期。

④ 《盐铁论·未通》。

庶人之乘者，马足以代其劳而已。故行则服桅[16]，止则就犁。①

但是马为重要的运载和骑乘工具，又是重要的军用物资，价格相当昂贵。汉初时，“马一匹则百金”②；武帝时，“天下马少，平牡马匹二十万”③；到东汉末叶时，“马一匹至二百万”④。在马价如此昂贵而又缺少的情况下，牛遂成了主要耕畜。中国很早就知道了穿牛鼻孔以牵引和驾驭牛的方法，到秦汉时更为普遍，故虽此等琐事，亦见诸记载。例如：

使乌获疾引牛尾，尾绝力勯，而牛不可行，逆也（高注：乌获，秦武王力士也，能举千钧。勯，读曰单，尽也）；使五尺童子一引其棬，而牛恣所以之，顺也。⑤

今使乌获、藉蕃（皆多力人）从后牵牛尾，尾绝而不从者，逆也；若指之桑条以贯其鼻，则五尺童子牵而周四海者，顺也。⑥

这样，用一根柳条或桑条（棬）作牛环，就可以使牛驯服，听从指挥和调遣，以从事田间工作。初用一牛挽犁，后改为二牛挽犁，这是到汉武帝末年时，搜粟都尉赵过推行代田法，对牛耕的方法作了一些改进，“用耦犁，二牛三人”，但如“苦少牛，亡以趋泽”，又“教民相与庸挽犁”⑦。关于代田法的具体情况，当于下文详之。总之，汉代虽不是犁耕和牛耕的开始，但却是犁耕和牛耕的完全确立。作为一个制度其已经基本定型了，漫长的耒耜时代和耦耕方式，到汉代已基本上结束了，尽管还没有完全绝迹。西汉政府对推广牛耕实不遗余力，并常以“假贷犁牛种食”来赈济贫民：

〔元凤三年（公元前七十八年）春正月〕诏曰：“乃者民被水灾，颇匮于食。朕虚仓廪，使使者振困乏。……边郡受牛者勿收责（应劭曰：武帝始开三边，徙民屯田，皆与犁牛。后丞相御史复间有

① 《盐铁论·散不足》。

② 《史记》卷三十，《平准书》。

③ 《汉书》卷六，《武帝纪》。

④ 《后汉书》卷八，《灵帝纪》。

⑤ 《吕氏春秋·重己》。

⑥ 《淮南子·主术训》。

⑦ 《汉书》卷二十四上，《食货志》。

所请)。”[1]

〔宣帝以为勃海太守〕遂见齐俗奢侈，好末技，不田作，乃躬率以俭约，劝民务农桑。……民有带持刀剑者，使卖剑买牛，卖刀买犊，曰：“何为带牛佩犊!”春夏不得不趋田亩，秋冬课收敛。[2]

〔元始二年（公元二年）夏四月〕罢安定呼池苑，以为安民县，起官寺市里，募徙贫民，县次给食。至徙所，赐田宅什器，假与犁、牛、种、食。[3]

大司马司允费兴为荆州牧。……连年久旱，百姓饥穷，故为盗贼。兴到部，欲令明晓告盗贼归田里，假贷犁牛种食，阔其租赋，几可以解释安集。[4]

经过这样的大力提倡，实行牛耕的区域自日益扩大。但是，尽管如此，到了东汉前期时，仍然有个别地方不知牛耕为何物，不论边区或内地都有这样的情况，例如：

建武初……诏征为九真太守。……九真俗以射猎为业，不知牛耕（《东观汉记》曰：九真俗烧草种田）。民常告籴交阯，每致困乏。延乃令铸作田器，教之垦辟，田畴岁岁开广，百姓允给（《后汉书补注》卷十七《华峤书》曰：教民以牛耕，置吏巡行）。[5]

〔建初八年（公元八十三年）〕迁庐江太守。先是百姓不知牛耕，致地力有余而食常不足。郡界有楚相孙叔敖所起芍陂稻田。景乃驱率吏民，修起芜废，教用犁耕。田是垦辟倍多，境内丰给。[6]

在东汉时期，这样的情况毕竟是个别的了。东汉政府对推广牛耕，实远比西汉为努力，往常由朝廷出钱市犁牛以赈贷贫民，遇有荒歉，即假贷犁牛种食，以进行救济。由此类记载数量之多，可知东汉政府对牛耕比西汉为重

---

① 《汉书》卷七，《昭帝纪》。
② 《汉书》卷八十九，《循吏·龚遂传》。
③ 《汉书》卷十二，《平帝纪》。
④ 《汉书》卷九十九下，《王莽传》。
⑤ 《后汉书》卷七十六，《循吏·任延传》。
⑥ 《后汉书》卷七十六，《循吏·王景传》。

视，下引几条是酌选其中的一部分：

〔永元十六年（公元一〇四年）〕夏四月，遣三府掾分行四州，贫民无以耕者，为雇犁牛直。①

觊书与荀彧曰："关中膏腴之地，顷遭荒乱，人民流入荆州者十余万家，闻本土安宁，皆企望思归。而归者无以自业。……夫盐，国之大宝也，自乱来散放，宜如旧置使者监卖，以其直益市犁牛。若有归民，以供给之。勤耕积粟，以丰殖关中。远民闻之，必日夜竞还。……"或以白太祖，太祖从之。②

〔公〕令曰："……其举义兵已来，将士绝无后者，求其亲戚以后之，授土田，官给耕牛。……"③

太祖辟矫为……魏郡西部都尉。曲周民父病，以牛祷，县结正弃世。矫曰："此孝子也。"表赦之。④

〔颜斐〕为京兆太守。……斐到官，乃令属县整阡陌，树桑果。是时民多无车牛。……又课民无牛者，令畜猪狗，卖以买牛。始者民以为烦，一二年间，家家有丁车、大牛。⑤

诸如此类的记载，都充分说明了牛在农业生产中的重要性，要进行农业生产，就必须先有犁牛，贫民或徙民如无力购置，则政府"假贷犁牛种食"，实是赈济贫民的一项有效措施。牛既如此重要，故一旦发生牛疫，就会造成饥荒，政府对此极为重视，并对发生牛疫的郡县进行紧急救济——这也是表示耕牛重要性的一个方面：

〔建初元年（公元七十六年）春正月〕丙寅，诏曰："比年牛多疾疫，垦田减少，谷价颇贵，人以流亡。方春东作，宜及时务。二千石勉劝农桑，弘致劳来。……"⑥

〔元和元年（公元八十四年）〕二月甲戌，诏曰："……自牛疫

---

① 《后汉书》卷四，《和帝纪》。
② 《三国志》卷二十一，《魏书·卫觊传》。
③ 《三国志》卷一，《魏书·武帝纪》。
④ 《三国志》卷二十二，《魏书·陈矫传》。
⑤ 《三国志》卷十六，《魏书·仓慈传》注。
⑥ 《后汉书》卷三，《章帝纪》。

已来，谷食连少，良由吏教未致，刺史、二千石不以为负。其令郡国募人无田欲徙他界就肥饶者，恣听之。到在所，赐给公田，为雇耕佣，赁种饷，贳与田器，勿收租五岁，除算三年。其后欲还本乡者，勿禁。”①

〔太和中，上疏曰〕“往年牛死，通率天下十能损二；麦不半收，秋种未下。若二贼游魂于疆场，飞刍挽粟，千里不及。”②

牛疫的影响如此之大，反映了牛在农业生产中作用之大，所以严格说来，东汉才是犁耕和牛耕的完全确立的时代。在西汉，犁牛耕田虽已成为生产的主流，但是耒耜不仅没有完全绝迹，而且还有不少的地方或不少的人在继续使用，即仍然可以看到有人“木耕、手耨、土櫌”。到东汉，耒耜才结束了它的漫长的历史而完全成为陈迹，不再实际应用了。由于当时已普遍使用犁、牛，故近年来考古学家几乎在全国各地都发现了汉代的铁犁。据已发表的各地考古发掘报告的不完全统计，在南起云、贵，北到辽宁，东起东海，西至陕甘，共十三个省的五十多个地点，发现了汉代的铁犁铧和犁铧的铸范，这与上引文字记载的历史，基本上是一致的。

犁为主要农具，除耕犁外，还有各种辅助农具，见诸记载的，计有：

秦人家富子壮则出分，家贫子壮则出赘。借父櫌锄[17]，虑有德色；母取箕帚[18]，立而谇语。③

臿，燕之东北、朝鲜、洌水之间谓之斛斜（汤料反，此亦锹[19]声转也），宋魏之间谓之铧，或谓之铈（音韦），江淮南楚之间谓之臿，沅湘之间谓之畚，赵魏之间谓之喿（字亦作锹），东齐谓之梩（音骇。江东又呼鍫刃为鐅，普蔑反）。

杷（无齿为朳），宋魏之间谓之渠挐（今江东名亦然。诺猪反），或谓之渠疏（语转也）。

佥（今连架，所以打谷者），宋魏之间谓之摄殳（音殊，亦杖名也），或谓之度（今江东呼打为度，音量度也）。自关而西谓之棓（蒲项反），或谓之柫（音拂）。齐楚江淮之间谓之柍（音怅，快亦

① 《后汉书》卷三，《章帝纪》。

② 《三国志》卷十六，《魏书·杜畿传附子恕传》。

③ 《汉书》卷四十八，《贾谊传》。

音，为车鞅。此皆打之别名也），或谓之桲（音勃）。

刈钩，江淮陈楚之间谓之鉊（音昭），或谓之鐹（音果）。自关而西或谓之钩，或谓之镰，或谓之锲（音结）。

碓机（碓梢也），陈魏宋楚自关而东谓之梴（音延）硙，或谓之䃺（即磨也，错碓反）。[①]

汉朝人已经深切了解了生产工具的好坏，对农业生产力的增减起着重要作用，故于锐意推广犁耕和牛耕外，又十分留意于改良农具。在这一方面亦取得了具有历史意义的成绩，先后出现了一些精巧的改良农具，其中重要的计有：其一是赵过于推行代田法时，曾特制了一些“便巧”的农具。这是在赵过的指导下，由具有专门技术的工匠制造的，“过使教田太常、三辅，大农置工巧奴与从事，为作田器”，“其耕耘下种田器，皆有便巧”[②]。可知赵过改制的田器不止一种，而是包括了所有耕耘下种的各种田器。既云“皆有便巧”，当必远胜于旧有农具。有关情况，均于下节详之。其二是东汉初年南阳太守杜诗改造的农具。史称：

〔建武〕七年（公元三十一年），迁南阳太守。……造作水排，铸为农器，用力少，见功多，百姓便之。[③]

杜诗所造的水排，是一种水力发动的排灌器械，至于他所铸造的农具究竟是一些什么农具，史文简略，无从判断。不过有可注意的两点：一是既云“铸为农器”，则所铸造的农具必为铁器无疑；二是既云“用力少，见功多”，必是耕田播种的主要农具，而不是钱、镈、铚、艾等辅助农具。

赵过在推行代田法时，曾制造一种播种器械，名耧犁。据崔寔《政论》说：赵过“教民耕殖，其法：三犁共一牛，一人将之，下种挽耧，皆取备焉，日种一顷，至今三辅犹赖其利。今辽东耕犁，辕长四尺，回转相妨……二人挽耧，凡用两牛六人，一日才种二十五亩，其悬绝如此”[④]。东汉时，除边远地区外，内地郡县无不使用耧犁下种，边地亦逐渐在普及中，例如三国时

① 以上所引均见杨雄：《方言》卷五。
② 《汉书》卷二十四上，《食货志》。
③ 《后汉书》卷三十一，《杜诗传》。
④ 贾思勰：《齐民要术·耕田篇》，引崔寔：《政论》。

（魏太和中）皇甫隆为敦煌[20]太守，“初，燉煌不甚晓田，常灌溉滀水，使极濡洽，然后乃耕。又不晓作耧犁，用水及种，人牛功力既费，而收谷更少。隆到，教作耧犁，又教衍溉，岁终率计，其所省庸力过半，得谷加五”①。皇甫隆在敦煌“教作耧犁”，是将内地早已为农民普遍使用的农具传授给敦煌农民，并不是新的创作，可知这是在汉代定型的一种农具，后世长期沿用，直到近代。

关于耧犁的构造，据王祯《农书》解释说：

> 耧车，下种器也。《通俗文》曰：覆种曰耧。一云耧犁。其金似镵[21]而小。……夫耧，中土皆用之，他方或未经见，恐难成造。其制两柄上弯，高可三尺，两足中虚，阔合一垅，横桄四匝，中置耧斗，其所盛种粒，各下通足窍，仍旁挟两辕，可容一牛，用一人牵，旁一人执耧，且行且摇，种乃自下。此耧种之体用。②

（二）水利的开发与灌溉面积的扩大

秦汉两代，在中国古代[22]历史上是兴修水利工程最多和扩大灌溉面积最广的时代。如《中国封建社会经济史》第一卷所指出的，秦蜀守李冰凿离碓，穿二江成都之中，以灌溉诸郡，于是蜀变为沃野千里，号为陆海，遂成为秦的一个粮食基地；“秦始皇元年，作郑国渠”③，“渠就，用注填阏之水，溉泽卤之地四万余顷，收皆亩一钟[23]。于是关中为沃野，无凶年，秦以富强，卒并诸侯”④。秦之所以能富国强兵，终于吞并诸侯，统一全国，两大水利工程的兴修和大面积灌溉所造成的农业发达，实起着决定性的作用。水利在经济上和政治上所产生的这种效果，后世历代王朝特别是继秦而起的汉王朝是了解得很清楚的，它既吸取了前朝的成功经验，又正视了前朝的失败教训，知道秦是怎样由兴修水利以发展农业，使“秦以富强，卒并诸侯”的；是怎样因水利的开发而得到了“田野之辟、仓廪之实”的结果，从而产生了一系列的连锁反应：“田垦，则粟多；粟多，则国富；国富者兵强，兵强者战

① 《三国志》卷十六，《魏书·仓慈传》注引《魏略》。
② 王祯：《农书》卷十二，《农器图谱二·耒耜门》。
③ 《史记》卷十五，《六国表》。
④ 《史记》卷二十九，《河渠书》。

胜，战胜者地广。”秦王朝成功的秘诀就在这里。

但是秦王朝迅速失败的惨痛教训又是非常清楚的：它于统一了全国之后，没有再贯彻原来的农战政策，不再致力于兴修水利，发展农业，以求粟多、国富、民安，而是不停止地穷兵黩武，不停止地兴修劳民伤财的巨大工程，“北有长城之役，南有五岭之戍，外内骚动，百姓罢敝，头会箕敛，以供军费，财匮力尽，民不聊生”①。这样，便打断了农民的正常再生产，使“男子力耕不足粮饷[24]，女子纺绩不足衣服，竭天下之资财以奉其政，犹未足以澹（同赡）其欲也，海内愁怨，遂用溃畔”②。结果，一个庞然的大帝国，转瞬之间即被农民起义所推翻。

成功的经验和失败的教训，都清楚明白地摆在继起的汉王朝的面前，何去何从，选择的道路也清楚明白地摆在汉王朝的面前。汉王朝接受了前者，而摈弃了后者。首先，它采取了清静无为的放任政策，通过“不扰民”来达到迅速恢复社会经济的自然生机，使经济发挥其自身的调整作用：

> 孝惠高后之时，海内得离战国之苦，君臣俱欲无为。……而天下晏然，刑罚罕用，民务稼穑，衣食滋殖。③
>
> 当孝惠高后时，百姓新免毒蠚，人欲长幼养老。萧、曹为相，填以无为，从民之欲而不扰乱，是以衣食滋殖，刑罚用稀。④

其次，汉王朝以极大的热忱和坚持不懈的努力兴修水利，以扩大灌溉面积，提高土地的单位面积产量，并保持农业的高产和稳产。总之，汉王朝在农业生产方面充分发挥了中央政府应该发挥的职能，这个职能就是马克思所说的：

> 在亚洲……由于文明程度太低，幅员太大，不能产生自愿的联合，所以就迫切需要中央集权的政府来干预。因此亚洲的一切政府都不能不执行一种经济职能，即举办公共工程的职能。这种用人工方法提高土地肥沃程度的设施靠中央政府办理，中央政府如果忽略

① 《史记》卷八十九，《张耳陈余列传》。
② 《汉书》卷二十四上，《食货志》。
③ 《汉书》卷三，《高后纪赞》。
④ 《汉书》卷二十三，《刑法志》。

灌溉或排水，这种设施立刻就荒废下去，这就可以说明一件否则无法解释的事实，即大片先前耕种得很好的地区现在都荒芜不毛。①

我们在亚洲各国经常可以看到，农业在某一个政府统治下衰落下去，而在另一个政府统治下又复兴起来。收成的好坏在那里决定于政府的好坏，正像在欧洲决定于天气的好坏一样。②

汉王朝在这方面充分发挥了积极的职能，从而收到了立竿见影的效果。汉初采取的清静无为和不扰民政策，到了文帝时即已成效大著，呈现出一幅农村兴旺、人民安居的升平景象：

历至孝文即位……百姓无内外之繇，得息肩于田亩，天下殷富，粟至十余钱，鸣鸡吠狗，烟火万里。③

文帝时，会天下新去汤火，人民乐业，因其欲然，能不扰乱，故百姓遂安。自年六七十翁亦未尝至市井，游敖嬉戏如小儿状。④

但是这个结果的取得，并不都是得之于消极等待，即静候农业的自然恢复，而是新旧建造的水利工程实发挥了很大作用。战国年间曾掀起过一个兴修水利的热潮，其具体情况已见于《中国封建社会经济史》第一卷，当时所开凿的大大小小的渠道，“此渠皆可行舟，有余则用溉，百姓飨其利。至于它，往往引其水，用溉田，沟渠甚多，然莫足数也”⑤。汉去战国不远，这些大小沟渠，汉时都还在继续发挥作用，在这个基础上，汉王朝在初年即开始兴建大规模的水利工程，如羹颉侯刘信在庐州舒城修建的“七门三堰”，溉田两万余顷，蜀守文翁穿湔江口，溉田千七百顷，皆不见于正史记载：

公非刘氏《七门庙记》曰：予为庐州从事，始以事至舒城，观所谓七门三堰者。问于居人，其田溉几何。对曰：凡二万顷。考于

① 马克思：《不列颠在印度的统治》，《马克思恩格斯选集》第二卷，人民出版社一九七二年版，第五十六页。

② 马克思：《不列颠在印度的统治》，《马克思恩格斯选集》第二卷，人民出版社一九七二年版，第六十五页。

③ 《史记》卷二十五，《律书》。

④ 《史记》卷二十五，《律书》。

⑤ 《汉书》卷二十九，《沟洫志》。

图书，则汉羹颉侯信始基，而魏扬州刺史刘馥实修其废。……而信，至今民犹思之。按此汉初之事，史所不载。然溉田二万顷，则其功岂下于李冰文翁邪？愚读公非集，表而出之，以补遗轶。①

孝文帝末年，以庐江文翁为蜀守，穿湔江口，溉灌繁田千七百顷。是时世平道治，民物阜康。②

汉文帝以文翁为蜀郡太守，穿煎洩口，溉灌繁田千七百顷，人获其饶。③

到了汉武帝时期，兴修水利成为一个时代热潮，自中央到地方，大小渠道纷纷兴建，这由下引文献可以看出其梗概：

是时（元光中）郑当时为大农，言曰："异时关东漕粟从渭中上，度六月而罢，而漕水道九百余里，时有难处。引渭穿渠起长安，并南山下，至河三百余里，径，易漕，度可令三月罢；而渠下民田万余顷，又可得以溉田，此损漕省卒，而益肥关中之地，得谷。"天子以为然，令齐人水工徐伯表，悉发卒数万人穿漕渠，三岁而通。通，以漕，大便利。其后漕稍多，而渠下之民颇得以溉田矣。④

其后番系欲省底柱之漕，穿汾、河渠以为溉田，作者数万人；郑当时为渭漕渠回远，凿直渠自长安至华阴，作者数万人；朔方亦穿渠，作者数万人；各历二三期，功未就，费亦各巨万十数。⑤

其后庄熊罴言："临晋民愿穿洛以溉重泉以东万余顷故卤地。诚得水，可令亩十石。"于是为发卒万余人穿渠，自征引洛水至商颜山下。岸善崩，乃凿井，深者四十余丈。往往为井，井下相通行水，水颓[25]以绝商颜，东至山岭十余里间。井渠之生自此始。穿渠得龙骨，故名曰龙首渠。作之十余岁，渠颇通，犹未得其饶。⑥

自是之后，用事者争言水利。朔方、西河、河西、酒泉皆引河及川谷以溉田；而关中辅渠、灵轵引堵水；汝南、九江引淮；东海

① 《文献通考》卷六，《田赋考》。
② 《华阳国志》卷三，《蜀志》。
③ 《通典》卷二，《食货·水利田》。
④ 《史记》卷二十九，《河渠书》。
⑤ 《史记》卷三十，《平准书》。
⑥ 《史记》卷二十九，《河渠书》。

引巨定；泰山下引汶水：皆穿渠为溉田，各万余顷，佗小渠披山通道者，不可胜言。①

右扶风：有灵轵渠，武帝穿也。郿，成国渠首受渭，东北至上林入蒙笼渠。②

上述的龙首渠，就是后世所说的坎儿井，这在水利工程上是一个创举，在凿井技术上也是一大成就，井深四十余丈，没有一定的技术水平是不可能办到的。

在武帝时期所开凿的许多溉渠中，以六辅渠和白渠两渠的灌溉利益为最大，六辅渠建于郑国渠的上流，溉郑国渠不能溉到的田畴，为郑国渠的一个辅助渠；白渠引泾水，灌溉的面积广袤达二百里，两渠的情况大致如下：

自郑国渠起，至元鼎六年（公元前一一一年），百三十六岁，而儿宽为左内史，奏请穿凿六辅渠，以益溉郑国旁高卬之田。上曰："农，天下之本也。泉流灌浸[26]，所以育五谷也。左、右内史地，名山川原甚众，细民未知其利，故为通沟渎，畜陂泽，所以备旱也。今内史稻田租挈重，不与郡同，其议减。令吏民勉农，尽地利，平繇行水，勿使失时。"③

宽表奏开六辅渠（师古曰：此则于郑国渠上流南岸更开六道小渠以辅助灌溉耳。今雍州云阳、三原两县界此渠尚存，乡人名曰"六渠"，亦号"辅渠"，故《河渠书》云："关内则辅渠、灵轵"是也），定水令以广溉田。④

太始二年（公元前九十五年），赵中大夫白公复奏穿渠。引泾水，首起谷口，尾入栎阳，注渭中，袤二百里，溉田四千五百余顷，因名曰白渠。民得其饶，歌之曰："田于何所？池阳、谷口。郑国在前，白渠起后。举臿为云，决渠为雨。泾水一石，其泥数斗，且溉且粪，长我禾黍。衣食京师，亿万之口。"言此两渠饶也。⑤

---

① 《史记》卷二十九，《河渠书》。
② 《汉书》卷二十八上，《地理志上》。
③ 《汉书》卷二十九，《沟洫志》。
④ 《汉书》卷五十八，《儿宽传》。
⑤ 《汉书》卷二十九，《沟洫志》。

汉代政府除了在关内京师附近郡县大兴水利外，在西北边区以及过去为匈奴出没而新近收复的地区或戍边屯田的地区，亦利用当地的天然河流和沼泽，开渠道，广灌溉，使荒沙不毛之地变为良田，例如：

骠骑封于狼居胥山，禅姑衍，临翰海而还。是后匈奴远遁，而幕南无王庭。汉度河自朔方以西至令居，往往通渠置田，官吏卒五六万人，稍蚕食，地接匈奴以北。①

张掖郡：觻得，千金渠西至乐涫入泽中。②

〔五凤中（公元前五十五年左右）乌孙内乱〕汉遣破羌将军辛武贤将兵万五千人至敦煌，遣使者案行表，穿卑鞮侯井以西（孟康曰：大井六通渠也。下泉流涌出，在白龙堆东土山下。《补注》徐松曰：胡注谓时立表穿渠于卑鞮井以西，案今敦煌县引党河穿六渠，往县西下，流入疏勒河归哈喇淖尔，淖尔西，即大沙碛，岂古六通渠遗迹欤?），欲通渠转谷，积居庐仓以讨之。③

敦煌郡：冥安，南籍端水出南羌中，西北入其泽，溉民田（应劭曰：冥水出北，入其泽）。龙勒。氐置水出南羌中，东北入泽，溉民田。④

汉王朝除了由中央政府组织人力物力在内地或边郡大兴水利外，地方官中亦有不少所谓“循吏”各在其治内大力开沟筑堰，沟通天然河道或湖泊沼泽，以灌溉农田，其中最著名的是南阳太守召信臣，利用了淮河支流和湖沼等天然水道，开通沟渎，修建了许多水门堤堰，使灌溉面积达三万余顷。信臣功在南阳，业绩可与李冰、史起、西门豹先后媲美。其他等而下之，各朝皆不乏其人，这里各举一例如下：

〔元帝朝〕迁南阳太守。……信臣为人勤力有方略，好为民兴利，务在富之。躬劝耕农，出入阡陌，止舍离乡亭，稀有安居时。行视郡中水泉，开通沟渎，起水门提阏凡数十处（师古曰：阏，所

① 《史记》卷一百十，《匈奴列传》。
② 《汉书》卷二十八下，《地理志下》。
③ 《汉书》卷九十六下，《西域·乌孙国传》。
④ 《汉书》卷二十八下，《地理志》。

以壅水。《补注》齐召南曰：案提，应作堤。又案：信臣于南阳水利，无所不兴，其最巨者，钳卢陂、六门堨，并在穰县之南，灌溉穰、新野、昆阳三县。后汉杜诗修其故迹，民有召父杜母之歌。晋杜预复其遗规，地有二十九陂之利；故读《后书》、《晋书》及《水经注》、《通典》，而叹信臣功在南阳，并于蜀李冰、邺史起也），以广溉灌，岁岁增加，多至三万顷。民得其利，畜积有余。信臣为民作均水约束（师古曰：言用之有次第也。《补注》沈钦韩曰：《长安志泾渠图制》云：立三限闸以分水，立斗门以均水，凡用水，先令斗吏入状，官给申帖，方许开斗。自十月一日放水，至六月遇涨水歇渠，七月往罢。每夫一名，溉夏秋田二顷六十亩，仍验其工。给水行水之序，须自下而上，昼夜相继，不以公田越次，霖潦辍功，此均水之法也），刻石立于田畔，以防分争。……其化大行，郡中莫不耕稼力田，百姓归之，户口增倍，盗贼狱讼衰止。吏民亲爱信臣，号之曰召父。①

〔王莽时〕以广汉文齐为〔益州〕太守，造起陂池，开通灌溉，垦田二千余顷。②

由武帝时掀起的兴修水利的高潮，由于成效大著，故历久不衰，召信臣又树立了一个富国利民的成功样板，各郡地方官为了自己的考绩，也不得不群起仿效，力求能在其治内寻到水源，以便能开通渠道，增多垦田。进入东汉以后，这个高潮便衰落下来。东汉王朝虽然也同样注意农田水利事业，但是整个东汉一代，是一个退缩保守的时期，在一切方面，只求能恢复西汉旧观，而不思有所进取，故对水利事业亦只是修旧利废，对西汉固有的水利工程，遇有渠道堙塞荒废者，则疏浚沟通之；遇有堤堰倾圮崩坏者，则增补修复之；而且都是地方性的小修小补，很少开凿兴建新的大规模的水利工程。这种情况，可由下引文献中充分看出：

〔建武初〕拜渔阳太守。……乃于狐奴开稻田八千余顷，劝民耕种，以致殷富。百姓歌曰："桑无附枝，麦穗两歧。张君为政，乐

① 《汉书》卷八十九，《循吏·召信臣传》。

② 《后汉书》卷八十六，《西南夷传》。

不可支。”①

〔建武〕七年（公元三十一年），迁南阳太守。……又修治陂池，广拓土田，郡内比室殷足。时人方于召信臣，故南阳为之语曰：“前有召父，后有杜母。”②

〔援拜陇西太守，击破先令羌〕是时，朝臣以金城破羌之西，涂远多寇，议欲弃之。援上言……帝然之，于是诏武威太守，令悉还金城客民。归者三千余口，使各反旧邑。援奏为置长吏，缮城郭，起坞候，开导水田，劝以耕牧，郡中乐业。③

〔建武〕十三年（公元三十七年），复为汝南太守。……晨兴鸿却[27] 陂数千顷田（鸿却，陂名，在今豫州汝阳县东。成帝时，关东水陂溢为害，翟方进为丞相，奏罢之），汝土以殷，鱼稻之饶，流衍它郡。④

〔建武中〕拜武威太守。……河西旧少雨泽，乃为置水官吏，修理沟渠，皆蒙其利。⑤

永平五年……后拜汝南太守。郡多陂池，岁岁决坏，年费常三千余万。昱乃上作方梁石洫，水常饶足，溉田倍多，人以殷富。⑥

建初元年（公元七十六年），迁山阳太守。……兴起稻田数千顷。⑦

元和元年（公元八十四年）征，再迁，拜赵相。……永元二年，迁东郡太守。丕在二郡，为人修通溉灌，百姓殷富。⑧

〔元和〕三年（公元八十六年），迁下邳相。徐县北界有蒲阳坡（《东观记》曰：坡水广二十里，径且百里，在道西，其东有田可万顷），傍多良田，而堙废莫修。禹为开水门，通引灌溉，遂成孰田数百顷。劝率吏民，假与种粮，亲自勉劳，遂大收谷实。邻郡贫者归三千余户，室庐相属，其下成市。后岁至垦千余顷，民用温给

① 《后汉书》卷三十一，《张堪传》。

② 《后汉书》卷三十一，《杜诗传》。

③ 《后汉》卷二十四，《马援传》。

④ 《后汉书》卷十五，《邓晨传》。

⑤ 《后汉书》卷七十六，《循吏·任延传》。

⑥ 《后汉书》卷二十九，《鲍永传附昱传》。

⑦ 《后汉书》卷七十六，《循吏·秦彭传》。

⑧ 《后汉书》卷二十五，《鲁恭传附丕传》。

(《东观记》曰：禹巡行守舍，止大树下，食糒饮水而已。后年，邻国贫人来归之者，茅屋草庐千户，屠沽成市。垦田千余顷，得谷百万余斛)。[①]

章和元年（公元八十七年)，迁广陵太守。时谷贵民饥……兴复陂湖，溉田二万余顷。吏民刻石颂之（《东观记》曰：棱在广陵……兴复陂湖，增岁租十余万斛)。[②]

〔永元中〕迁汝南太守。……又修理鲖阳旧渠，百姓赖其利，垦田增三万余顷。吏人共刻石，颂敞功德。[③]

《御览》卷六十六引《会稽记》曰：汉顺帝永和五年（公元一四〇年)，会稽太守马臻创立，镜湖在会稽山阴两县界，筑塘蓄水，高丈余，田又高海丈余，若水少，则泄湖灌田；如水多，则开湖泄田中水入海，所以无凶年。堤塘周回五百一十里，溉田九千余顷。[④]

〔顺帝朝〕迁汲令……为人开稻田数百顷。视事七年，百姓歌之。[⑤]

蜀郡：广都。任豫《益州记》曰：县有望川源，凿石二十里，引取郫江水灌广都田，云后汉所穿凿者。[⑥]

由上引记载可以看出，在整个东汉一代，虽然也有不少所谓循良之吏各在其治内就原有渠道修修补补，或进行一些区域不大的小型灌溉，但东汉王朝却从来没有以中央政府的力量兴建过一个大型水利工程，这与西汉特别是西汉前期相比，实不可同日而语。地方官各在其境内修旧利废，朝廷也以此相号召，只要求整理旧渠，不要求有所创建，这由朝廷的历次诏书可以看出：

〔永元〕十年（公元九十八年）春三月壬戌，诏曰："堤防沟渠，所以顺助地理，通利壅塞。今废慢懈弛，不以为负。刺史、二千石其随宜疏导。勿因缘妄发，以为烦扰，将显行其罚。"[⑦]

① 《后汉书》卷四十四，《张禹传》。
② 《后汉书》卷二十四，《马援传附棱传》。
③ 《后汉书》卷四十三，《何敞传》。
④ 《后汉书补注续》。
⑤ 《后汉书》卷五十二，《崔骃传附瑗传》。
⑥ 《后汉书》志第二十三，《郡国志五》。
⑦ 《后汉书》卷四，《和帝纪》。

〔元初二年（公元一一五年）春正月〕修理西门豹所分漳水为支渠，以溉民田。[①]

〔元初〕三年（公元一一六年）春正月甲戌，修理太原旧沟渠，溉灌官私田。[②]

可见东汉王朝不但自己不兴建新的水利工程，而且也禁止地方官这样做，如果擅自开凿新的渠道，那就是“因缘妄发”，就要被“显行其罚”。这样一来，地方官自然就多一事不如少一事了，境内原有前代旧渠而现已堙废者，则奉令修理之，如原无旧渠道可资修理，即使有天然水源可流浚以溉民田，也不敢“因缘妄发，以为烦扰”，全境人民就只好靠天吃饭了。

三国时期，本是一个干戈扰攘的时期，又是在东汉末年的大混乱和大破坏之后，生民涂炭，满目疮痍。在三个割据政权之中，东吴占有广大的江南地区，具有优越的自然条件；蜀汉以巴蜀为基地，而巴蜀富饶，自古为天府之国；曹魏统治区则是经过长期斗争、于消灭了许多大小军阀割据之后才逐步统一起来的，其中包括已被破坏殆尽的中原和关中两大古老经济区，这里到处是积尸盈路，荆棘载途，社会经济的凋敝残破本来不足以与安定的东吴和富庶的西蜀相抗衡，但由于曹魏始终坚持了农战政策，特别是曹操，他深切了解“田野之辟”和“仓廪之实”的重要性，他知道地垦、粟多、兵强、战胜、地广的道理，他亲眼看到“自遭丧乱，率乏粮谷，诸军并起，无终岁之计，饥则寇略，饱则弃余，瓦解流离，无敌自破者，不可胜数”[③]，所以他明说：“夫定国之术，在于强兵足食。秦人以急农兼天下，孝武以屯田定西域，此先代之良式也。”[④] 于是将广屯田、兴水利定为国策：“是岁乃募民屯田许下，得谷百万斛。于是州郡例置田官，所在积谷。征伐四方，无运粮之劳，遂兼灭群贼，克平天下。”[⑤] 所以曹魏的历届政府无不把广屯田、兴水利奉为富国强兵、克敌制胜的根本大计，都是不遗余力地在推行。因此，史籍中此类记载亦极多，这里仅酌举数例：

---

① 《后汉书》卷五，《安帝纪》。

② 《后汉书》卷五，《安帝纪》。

③ 《三国志》卷一，《魏书·武帝纪》注。

④ 《三国志》卷一，《魏书·武帝纪》注。

⑤ 《三国志》卷一，《魏书·武帝纪》注。

太祖方有袁绍之难，谓馥可任以东南之事，遂表为扬州刺史。馥既受命，单马造合肥空城，建立州治……广屯田，兴治芍陂及(茹)〔茄〕陂、七门、吴塘诸堨以溉稻田，官民有畜。……建安十三年卒。……及陂塘之利，至今为用。①

〔文帝朝〕逵为豫州刺史。……外修军旅，内治民事。遏鄢、汝，造新陂，又断山溜长溪水，造小弋阳陂，又通运渠二百余里，所谓贾侯渠者也。②

〔文帝朝〕迁阳平、沛郡二太守。郡界下湿，患水涝，百姓饥乏。浑于萧、相二县界，兴陂遏，开稻田。郡人皆以为不便，浑曰："地势洿下，宜溉灌，终有鱼稻经久之利，此丰民之本也。"遂躬率吏民，兴立功夫，一冬间皆成。比年大收，顷亩岁增，租入倍常，民赖其利，刻石颂之，号曰郑陂。转为山阳、魏郡太守，其治放此。③

〔魏〕青龙元年，开成国渠，自陈仓至槐里筑临晋陂，引汧[28]洛溉舄卤之地三千余顷，国以充实焉。《水经注》云：渠，魏尚书左仆射卫臻征蜀所开也，号成国渠，引以浇田。其渎上承汧水于陈仓东，东径郿及武功槐里县北。④

魏除在内地各郡大兴水利，以垦田积谷外，在边区屯戍之地亦不忘广开水利，例如：

馥子靖，黄初中从黄门侍郎迁庐江太守。……后迁镇北将军，假节都督河北诸军事。靖以为"经常之大法，莫善于守防，使民夷有别"。遂开拓边守，屯据险要。又修广戾陵渠大堨，水溉灌蓟南北；三更种稻，边民利之。⑤

明帝以凉州绝远，南接蜀寇，以邈为凉州刺史，使持节领护羌校尉。……河右少雨，常苦乏谷，邈上修武威、酒泉盐池以收虏谷，又广开水田，募贫民佃之，家家丰足，仓库盈溢。⑥

① 《三国志》卷十五，《魏书·刘馥传》。
② 《三国志》卷十五，《魏书·贾逵传》。
③ 《三国志》卷十六，《魏书·郑浑传》。
④ 《晋书》卷二十六，《食货志》；《水经注》卷十九，《渭水》。
⑤ 《三国志》卷十五《魏书·刘馥传》。
⑥ 《三国志》卷二十七，《魏书·徐邈传》。

〔正始中，俭征高句丽〕过沃沮千有余里，至肃慎氏南界，刻石纪功……穿山溉灌，民赖其利。①

在魏先后所修建的溉渠中，以邓艾在淮南北所建渠道为最重要，这使两淮地区成为魏晋两朝富国强兵的经济基础，并直接成为战胜吴蜀、统一全国的物质条件：

〔魏正始四年（公元二四三年）〕帝以灭贼之要，在于积谷，乃大兴屯守，广开淮阳、百尺二渠，又修诸陂于颍之南北，万余顷。自是淮北仓庾相望，寿阳至于京师，农官屯兵连属焉。②

时欲广田畜谷，为灭贼资，使艾行陈、项已东至寿春。艾以为“田良水少，不足以尽地利，宜开河渠，可以引水饶溉，大积军粮，又通运漕之道”。乃著《济河论》以喻其指。又以为“昔破黄巾，因为屯田，积谷于许都以制四方。今三隅已定，事在淮南，每大军征举，运兵过半，功费巨亿，以为大役。陈、蔡之间，土下田良，可省许昌左右诸稻田，并水东下，令淮北屯二万人，淮南三万人，十二分休，常有四万人，且田且守。水丰常收三倍于西，计除众费，岁完五百万斛以为军资。六七年间，可积三千万斛于淮上，此则十万之众五年食也。以此乘吴，无往而不克矣。”宣王善之，事皆施行。正始二年，乃广开漕渠，每东南有事，大军兴众，泛舟而下，达于江、淮，资食有储而无水害，艾所建也。③

这样，从秦汉至三国，在这一漫长的历史时期内，这一兴修水利以发展农业生产的高潮，除了在东汉时期由于统治者的因循保守致有所衰退低落外，始终保持着一种继长增高的势头，就是在兵荒马乱的三国鼎峙时期，曹魏王朝也以极大的热忱，全力以赴地在进行。进行的结果收到了明显的效果，达到了国富兵强的预期目的，成为东吴和西蜀终于被剪灭的一个决定性因素。

---

① 《三国志》卷二十八，《魏书·毌丘俭传》。
② 《晋书》卷一，《宣帝纪》。
③ 《三国志》卷二十八，《魏书·邓艾传》。

第三节　代田法与区田法

（一）赵过的代田法

在汉代，农业生产方法上的一次重大改革，是赵过的代田法。这是在西汉中叶——汉武帝末年，为了发展农业，提高土地的单位面积产量，而由政府下令赵过进行试验，成功后由政府大力推广的，从而取得了显著效果。改革的范围包括了农业生产过程中的各个环节，从土地利用到耕作方法，从生产工具的改革到动力使用方法的调整，而所改革的生产工具中，包括了耕田工具、播种工具、中耕工具等，总之，这个改革是全面的。《汉书·食货志》对赵过的代田法有着比较详细的记载：

> 武帝末年，悔征伐之事，乃封丞相为富民侯（师古曰：欲百姓之殷实，故取其嘉名也）。下诏曰："方今之务，在于力农。"以赵过为搜粟都尉。过能为代田，一亩三甽。岁代处，故曰代田（师古曰：代，易也），古法也。后稷始甽田，以二耜为耦，广尺深尺曰甽，长终亩。一亩三甽，一夫三百甽，而播种于甽中。苗生叶以上，稍耨陇草（师古曰：耨，锄也），因隤其土以附（根苗）〔苗根〕（师古曰：隤谓下之也），故其《诗》曰："或芸或芓，黍稷儗儗（师古曰：《小雅·甫田》之诗，儗儗，盛貌）。"芸，除草也。（秄）〔芓〕，附根也。言苗稍壮，每耨辄附根，比盛暑，陇尽而根深，能风与旱（师古曰：能读曰耐），故儗儗而盛也。其耕耘下种田器，皆有便巧。率十二夫为田一井一屋，故亩五顷（邓展曰：九夫为井，三夫为屋。夫百亩，于古为十二顷。古百步为亩，汉时二百四十步为亩，古千二百亩，则得今五顷），用耦犁，二牛三人，一岁之收常过缦田亩一斛以上［师古曰：缦田，谓不为（亩）〔甽〕者也］，善者倍之（师古曰：善为甽者，又过缦田二斛以上也）。过使教田太常、三辅，大农置工巧奴与从事，为作田器。二千石遣令长、三老、力田及里父老善田者受田器，学耕种养苗状。民或苦少牛，亡以趋泽（师古曰：趋读曰趣。趣，及也。泽，雨之润泽也），故平都令

> 光教过以人挽[29]犁。过奏光以为丞，教民相与庸挽犁［师古曰：庸，功也，言（挽）〔换〕功共作也。义亦与庸赁同］。率多人者田日三十亩，少者十三亩，以故田多垦辟。过试以离宫卒田其宫壖地（师古曰：离宫，别处之宫，非天子所常居也。壖，余也。宫壖地，谓外垣之内，内垣之外也。诸缘河壖地，庙垣壖地，其义皆同。守离宫卒，闲而无事，因令于壖地为田也），课得谷皆多其旁田亩一斛以上。令命家田三辅公田（韦昭曰：命谓爵命者，命家，谓受爵命一爵为公士以上，令得田公田，优之也），又教边郡及居延城。是后边城、河东、弘农、三辅、太常民皆便代田，用力少而得谷多。①

先要明了赵过推行代田法的时代背景：汉武帝时期本是西汉的鼎盛时期，社会经济曾显示出空前繁荣的景象，那时是“人给家足，都鄙廪庾皆满，而府库余财京师之钱累巨万，贯朽而不可校。太仓之粟陈陈相因，充溢露积于外，至腐败不可食。众庶街巷有马，阡陌之间成群”②。但由于他不停地内兴功役、“外事四夷”，以致“功费愈甚，天下虚耗，人复相食”③。到了“末年”，才“悔征伐之事”，感到需要改弦易辙，即必须发展经济，安定民生，才能巩固统治的基础。他赐丞相以“富民侯”的嘉名，就是表示今后的方针路线将是求富，而不再是求强。这只有通过“田野之辟，仓廪之实”，即发展农业，提高农业劳动生产率，才能达到田垦、粟多、民富的目的。所以，汉武帝下诏说：“方今之务，在于力农。”于是遂以赵过为搜粟都尉——主管农事之官，来负责进行技术改革，以提高土地的单位产量。所以赵过推行代田法，是在汉武帝的授意和督促下，凭借着政府力量来大力推行的，故所有农官如教田太常三辅和大农都参与其事，并由“二千石遣令长、三老、力田及里父老善田者”，在赵过的指导下作为推行新法的骨干分子。

赵过的代田法所改革的，不只是限于耕作技术方面，而是包括了生产工具的改革和动力使用方法的调整，即包括了农业生产过程中的各个环节。他是把农业生产作为一个整体来考虑改革方案的。

所谓代田法，据《汉书·食货志》称：

---

① 《汉书》卷二十四上，《食货志》。

② 《史记》卷三十，《平准书》。

③ 《汉书》卷二十四上，《食货志》。

过能为代田，一亩三甽。岁代处，故曰代田，古法也。后稷始甽田，以二耜为耦，广尺深尺曰甽，长终亩。

可见代田法并不全是赵过的新发明，而是他在前人经验的基础上作了一些必要的改进，故曰“古法也”。但是这个古法却不一定古到后稷时代，那时还不可能有这样精耕细作的耕作方法。不过如只就耕地的互相更代而言，这是古代轮耕方法的遗迹，早在《诗经》时代就已经实行了，但古代的轮耕方法是整块耕地的交替轮换，所谓菑、新、畬，都是大面积土地，代田法则系整地成沟垄，而逐年互换：即今年为沟之处，明年成垄；今年为垄之处，明年成沟，这是《吕氏春秋》中所说“上田弃甽，下田弃亩”畦耕方法的发展，不过畦种法的“甽”和“亩”并不年年互易——不是“岁代处”，而且作物也不是专播在甽中，而是以墒情的具体情况来决定种子应播在何处，或则弃甽，或则弃亩。代田法则系固定不变地播种于甽中，明年甽垄地置轮换后仍播种于甽中，甽则同，而甽的位置已不同，土地已进行了轮换。可见代田法比畦种法又前进了一大步，因耕地的“岁代处”，每年都得到一次休耕的机会，用以恢复肥力，这是得到了轮耕的效果，却不浪费土地。播种之甽系深一尺、宽一尺的沟，这样，耕地的形状就成为由三条长垄间隔着三条长沟，二者都是“长终亩”。所谓代田，简单说就是这三条沟和垄的逐年互易。

作物必播于沟中，这是针对关中黄土高原地区的土地墒情并为适应旱作的需要而设计的。西北气候干旱，将作物播种于一尺深的沟中，土壤中水分较多，外有高垄挡风，水分散发亦慢，种子容易发芽生长，待苗生叶后即进行中耕覆土，以垄土壅根，既可以保持水分，又使作物根深苗壮，不易倒伏：

苗生叶以上，稍耨陇草，因隤其土以附（根苗）〔苗根〕。故其《诗》曰：“或芸或芓，黍稷儗儗。”芸，除草也。（秄）〔芓〕，附根也。言苗稍壮，每耨辄附根，比盛暑，陇尽而根深，能风与旱，故儗儗而盛也。

这是代田法的一个首要内容和中心环节，是畦种法的一种重要改进。整地作甽，是进行这种精耕细作的预备阶段，挖成了沟，同时就筑成了垄，垄既有保墒护苗作用，又可供耨土壅根之用，这样，便把中耕除草与培土壅根结合在一起，一举而完成两种作业，故同样收到用力少而见功多的效果。

改革生产工具，以提高农业的劳动生产率，是赵过推行代田法的另一个重要内容：

> 其耕耘下种田器，皆有便巧。
>
> 过使教田太常、三辅，大农置工巧奴与从事，为作田器。二千石遣令长、三老、力田及里父老善田者受田器，学耕种养苗状。

这些改良农具都是什么，究竟怎样便巧，史未明言，不得而知，但既云“耕耘下种田器”，可知这些改良的新田器实不止一种，又知这些田器都是由大农特置的“工巧奴”——即有专门技术的工匠制造的，使用这些新农具也不像使用旧农具那样简单，须先培训使用这些农具的骨干分子——“三老、力田及里父老善田者”来“受田器”，俟学会“耕种养苗状”以后，再负责传授推广。其中下种田器，据东汉人崔寔所说，知系耧犁：

> 崔寔《政论》曰：“武帝以赵过为搜粟都尉，教民耕殖，其法三犁共一牛，一人将之，下种挽耧，皆取备焉，日种一顷，至今三辅犹赖其利。今辽东耕犁，辕长四尺，回转相妨。既用两牛，两人牵之，一人将耕，一人下种，二人挽耧，凡用两牛六人，一日才种二十五亩，其悬绝如此（原注：案三犁共一牛，若今三脚耧矣，未知耕法如何）。”①

关于耧犁的使用和推广情况，上文已经述及，兹不赘。关于耕田的工具，《食货志》中说：“以二耜为耦，广尺深尺曰甽，长终亩。”实际上，这句话的意思不是指用两张耜由两人去耦耕。消灭耒耜和耦耕，推广犁耕和牛耕，乃是赵过推行代田法的目的之一，并且实行新的耕作方法，先要挖掘一尺深和一尺宽而又“长终亩”的沟，同时还要筑成同样高宽和长的垄，使用落后的木制工具——耒耜，是不可能完成这个任务的。这里所谓“以二耜为耦”，系一种笼统说法，与下文“用耦犁，二牛三人”之义相同，意思是用二牛犁地，因挖沟筑垄，非犁牛莫办。

赵过推行代田法的又一个内容是推广牛耕：

① 贾思勰：《齐民要术》卷一，《耕田》第一。

用耦犁，二牛三人。

民或苦少牛，亡以趋泽，故平都令光教过以人力挽犁。过奏光以为丞，教民相与庸挽犁。率多人者田日三十亩，少者十三亩，以故田多垦辟。

由于史文记载得不甚明确，关于“用耦犁，二牛三人”的确切含义殊难断定，故后人遂有种种不同的解释。大体上可以归纳为三种：第一种说法是，耦犁是两张犁，各用一牛牵引，二人各扶一犁，一人在前牵牛，共为二牛三人；第二种说法是，耦犁是两张并行的犁联结在一起，用二牛挽犁，一人扶犁，二人在前各牵一牛，亦合为二牛三人；第三种说法是，“耦、犁……都是动名词，指的是田间操作。耦是指合犋的两头牛，犁是犁地的意思。所谓二牛三人，是二人牵牛，一人扶犁（一张犁），计共三人”①。这三种说法以第三种为可取，中华人民共和国成立前在云南少数民族地区仍可以看到这种耕作方法，可用以印证赵过的二牛三人耕田法：

中华人民共和国成立前，云南省宁蒗纳西族地区还残留着二牛三人的耕作方法。……该犁呈二牛抬杠的形式，由犁梢、犁床、犁辕、犁箭、铁犁铧、挡泥板和犁衡组成。……

纳西族木犁用二牛挽拉，三人操作。除牵牛和扶犁者外，还有一人专门掌辕。由于这种犁的犁箭是固定的，也就决定了犁床和犁辕的夹角也是固定的，铧锋一般入土十厘米。为了深翻土地，或者犁沟作垄，纳西族利用一人掌辕的办法来调节耕地深浅。在犁床和犁辕角度不变的前提下，掌辕人下压犁辕，犁床和犁铧也随着下沉，入土则深；反之，掌辕人上抬犁辕时，犁床和犁铧上升，入土则浅，从而达到调整耕地深浅的目的。

掌辕人是站在犁辕一侧操作的，他背依犁衡，双手扶犁，却步而行。不仅要时时观察耕土深度，还要防止犁辕左右摇摆。拐弯抹角时还要协同扶犁者抬转犁架，调头转向。……

① 《中国农学史（初稿）》上册，科学出版社版，第一五三页。

通过以上分析，使我们认识到赵过推广的耦犁，就是由二牛挽拉、三人操作的耕作方法。甘肃武威出土的木犁模型①，其形制与赵过推行的耦犁基本吻合，可以依靠人力掌辕来控制耕地深度。由此推测，赵过推行的耦犁的木结构部分是由犁床、犁梢、犁箭、长辕和犁衡等组成的。驾牛的方法仍然是二牛抬杠的形式。人力的分工是一人在前边牵牛，一人在辕头一侧控制犁辕，一人在后边扶犁。

代田法的首要条件是深翻土地，划沟培垄，这是一般无箭犁所不能胜任的，二牛三人的耦犁正是克服了原始耕犁的缺点，它以人力调节深浅，加上犁壁的应用，一是利于深耕犁圳，二是速度快，不误农时，有效地改进了耕作技术。

> 总之，从西汉武帝到西汉晚期，我国的犁耕技术有很大发展，不仅使用以人力掌握深浅的二牛三人耦犁，还发明了以活动式犁箭控制深浅的二牛一人犁，并且装有不同形式的犁铧和犁壁，既可以开荒、深翻，又能中耕培土。还有庞大的开沟犁，有利于水利灌溉的推广。同时还利用耧犁播种。此外在栽培和施肥方面也有许多发明创造，形成了我国所独有的精耕细作的优良传统。这些农业技术是相当进步的，在整个古代处于世界的前列。②

犁耕和牛耕本是一个不可分割的整体，二者是互为条件的，没有牛，有些重的犁铧——如大型开沟犁就不能使用。一般穷苦农民，资力有限，犁尚可购置，而买牛则往往缺乏资力，如仍以个人之力耕田，则速度慢，效率低，常耽误农时，即所谓“民或苦少牛，亡以趋泽”。于是平都令光向赵过建议，实行换工办法，以便用较多的人力挽犁——“教民相与庸挽犁”。人多的换工组可以日耕三十亩，人少的亦可日耕十三亩，“以故，田多垦辟”。

赵过在推行代田法时，态度是谨严的，方法是科学的。他一方面参考了“古法”，总结了前人的经验，吸取了长期以来农业生产中的各种优良传统；另一方面，密切结合着客观自然条件，并通盘考虑了农业生产的各个环节，然后制定了全部改革方案。在新法付诸实施之前，先是培训出一批试行新法

---

① 参阅《武威磨咀子三座汉墓发掘简报》，《文物》一九七二年，第十二期。

② 宋兆麟：《西汉时期农业技术的发展——二牛三人耦犁的推广和改进》，《考古》一九七六年，第一期。

的骨干分子，使之按照学会的新法进行试验，于取得了确实可靠的良好效果和实际经验之后，然后再从点到面地逐步推广。试验也是有步骤进行的：先命“离宫卒田其宫壖地”，结果是“课得谷，皆多旁田亩一斛以上”。这是由于：一是用二牛三人的耦犁耕田法作甽整地效率高；二是使用䅽犁播种快，不误农时。“率十二夫为田一井一屋，故亩五顷。”日种五顷，可能有所夸张，但即如崔寔所说：“日种一顷”，效率还是很高的。在离宫壖地试验成功后，又“令命家田、三辅公田”再进行试验，其后“又教边郡及居延城”，即在西北边郡硗确贫瘠之地进行试验，都证明“用耦犁，二牛三人，一岁之收，常过缦田一斛以上，善者倍之”，即实行甽种法和不实行甽种法相比较，产量的增加是十分显著的，增加的数量也是相当可观的，这就充分证明了新法确属优越，故很快即推广于各地：“是后，边城、河东、弘农、三辅、太常民皆便代田，用日少，而得谷多。”

（二）汉代精耕农业的发展与氾胜之的卓越贡献

1. 汉代农业的发展方向与《氾胜之书》的指导思想

汉代农业不仅有显著的发展，而且它的发展方向一直是沿着精耕细作的发展道路而不断取得新的成就。本来赵过的代田法，就是在这种精耕细作的发展道路上的一个里程碑，其种种情况已见上文。发展并没有到此中止，而是在这个基础上又大大前进了一步，大约自西汉中叶以后，农业生产的精耕细作程度又有不断地提高和深化了，所有耕田整地、作物栽培、灌溉施肥、中耕除草、田间管理、防旱防虫、选种留种、产品加工等，总之，从农业生产过程的各个环节中，总结出了一整套的优良经验和符合科学原理的操作技术。直到今日，这些经验和技术仍有一定的指导意义。所有这些宝贵的经验和技术，都由氾胜之在实验的基础上加以总结和使之系统化，并写成了中国古代第一部具有科学价值的农书，这在中国农业发展史上实具有划时代的意义。

氾胜之是西汉成帝时人，《汉书》无传，其生平事迹无可考，仅见于《汉书·艺文志》之《农家》有《氾胜之十八篇》，注云：“成帝时为议郎。师古曰：刘向《别录》云使教田三辅，有好田者师之，徙为御史。”① 又据《晋书·食货志》载晋元帝太兴元年（公元三一八年）诏曰：“……昔汉遣轻

① 《汉书》卷三十，《艺文志》。

车使者氾胜之督三辅种麦，而关中遂穰。”[①] 可知氾胜之原官轻车使者，因督导三辅种麦有效，遂改任农官。《氾胜之十八篇》——后世称为《氾胜之书》，大概就是他在三辅“教田”时写成的，成为中国古代最杰出的一部农书[②]，在当时即已广泛地受到重视，东汉著名的经师曾据以注经。例如，《周礼·地官》云：“草人，掌土化之法以物地，相其宜而为之种。”郑玄注云：“土化之法，化之使美，若氾胜之术也。以物地，占其形色。为之种，黄白宜以种禾之属。”又如《礼记·月令》云，孟春之月：“草木萌动”。郑玄注：“《农书》曰：土长冒橛，陈根可拔，耕者急发。”孔颖达云，《正义》曰：“郑玄所引《农书》，先师以为氾胜之书也。”经师一再引用氾书以注经，说明氾书在汉时已广泛流传，家喻户晓了。可知书中所总结的优良经验和所传授的先进技术必已为当时广大农民所接受，并已实际使用于农业生产的操作之中了。这部农书之所以受广大农民的欢迎并享有很高的声誉，是因为这部农书汇集了高额丰产的丰富经验和成套的合乎科学原理的生产技术，适应了提高劳动生产率以增加土地的单位面积产量这样一种强烈的时代要求。《氾胜之书》的全部指导思想和它的卓越贡献，正是在于根据这一时代要求提出了具体的丰产办法和科学的操作技术。赵过的代田法虽然也是在精耕细作的发展道路上迈出了一大步，但是精耕细作的程度还不够高，因为代田法的指导思想仍然以广种薄收的大面积种植为主。氾胜之所倡导的耕作方法，特别是他的溲种法和区田法，则是对代田法的一个重大改进，即缩小了代田法的经营范围，以高度集约的方法使大田种植园田化，即以园艺种植方法来种植大田作物，全部的指导思想是少种多收，在小面积上集中人力物力以争取高产，而不再是大面积的广种薄收。

这一种指导思想的形成，换句话说，这样一种发展方向的确定，并不是来自任何人的主观意图，而是在强烈的时代要求下产生的。这个时代要求乃是由具体的历史条件和客观的自然条件所决定的。

所谓历史条件，主要包括两点：一是汉代的政治经济和文化中心，还是自古以来开发最早的两大经济区，即以“三河”为中心的黄河中下游地带和以京师为中心的关中地带。这两个地区经过几千年的生聚繁衍，都早已成为

① 《晋书》卷二十六，《食货志》。

② 《氾胜之书》在南宋时已散佚，幸而宋及以前古书如《齐民要术》《艺文类聚》《太平御览》等多征引此书，今有万国鼎先生将散见于各书之氾文辑为《氾胜之书辑释》，由中华书局出版，以下引文即根据此书，页数不另注。

人口稠密、土地相对狭小的地带，这种情况早已被司马迁敏锐地看出，由于“三河在天下之中”，“建国各数百千岁”，造成“土地小狭，民人众”；关中地区由于“汉都长安”，“四方辐凑，土地小狭，民人众”①，在人口不断增长和耕地日益不足的情况下，实行广种薄收的粗放经营，显然不能适应广大人民的生活需要。二是随着地主制经济的确立和土地兼并的发展，土地占有两极化的情况日益严重。关于这些问题的具体情况，前文已多所论述。这些现象的结果之一，是小块土地所有制——即所谓小农制经济——的形成，不论是大多数的佃农还是少数的小自耕农，都不得不在租来的或占有的小块土地上投入较多的人力和物力，以图获得最多的收获。事实上，汉代农业生产技术已经有了高度的发展，已经在使大田种植园田化，并且在技术上有了惊人的成就，例如温室栽培法的发明就是其中之一，能于隆冬严寒之际生产出夏季的瓜果蔬菜：“太官园种冬生葱韭菜茹，覆以屋庑，昼夜热蕴火，待温气乃生。”② 此“不时之物”最初虽是为了供应宫廷需要，但久之必然会普及到民间，成为农产品商品化的一个项目。氾胜之正是在这样一个时代要求的背景下，来倡导和推广他的科学种植方法的。

所谓自然条件，是指汉代的两大主要经济区都位于黄河流域干旱地带，年雨量既不充沛，而又非常集中，少数几条大河，支流港汊不多，没有形成河网；湖泊沼泽，更为数有限，总之，自然水系灌溉之利不大。秦和汉代前期虽曾兴修了一些水利排灌工程，也都收到了一定的效果，但就整个地区来看，灌溉面积还是有限的，所以广大地区经常处于干旱缺水状态。在这种干旱地区实行广种薄收的粗放经营，显然不能充分利用土地，更不能保证人民的衣食之需。因此，把粗放经营方式改变为集约经营方式，就成为迫切需要，《氾胜之书》就是针对这种情况来设计他的全套方案的。这个设计的基本原则就是缩小耕作范围，把大田经营改为园田经营，换言之，把人力物力集中使用在小面积土地上，使作物生长所必需的养料水分，都能得到充分保证，借以达到高产丰收的目的。所以氾胜之在教导区田法时，先即指出：“作为区田，教民粪种，负水浇稼”，因“区田以粪气为美，非必须良田也”；又说：“区田不耕旁地，庶尽地力”。只有把力量集中在小块土地上，“不耕旁地”，才能实行粪种和负水浇稼，大田广种是做不到的。经过对自然的长期观察，

① 《史记》卷一百二十九，《货殖列传》。

② 《汉书》卷八十九，《循吏・召信臣传》。

经过具体的生产实践，他总结了针对旱作的六个基本环节："凡耕之本，在于趣时和土，务粪泽，早锄早获。"这都是干旱地区进行农业生产所必须遵循的科学原则。

2. 氾胜之的耕作和栽培技术

耕是进行农业生产的第一步，是作物栽培的物质基础和必要的准备工作，故氾书先讲耕田。耕田的基本指导原则，是以黄河流域特别是关中地区的气候干旱和地狭人稠、耕地不足的情况为前提，针对客观的具体情况，考虑了一切必要和可能的条件之后，提出了农业生产的六个基本环节所必须奉行的一套完整的操作技术，要求：①根据土壤的土质不同和干湿程度不同，应进行适时的和合理的耕作，以便能充分发挥土地的生产力；②实行区种法以尽量利用过去不便利用的"山陵近邑高危倾阪及丘城上"的荒闲土地，这样就扩大了耕地面积，多少缓和了关中地区耕地不足的矛盾；③区种法可进行复种套种，以提高土地利用率，如在瓜间种豆，桑黍合播，既增加了一季收获，又节省了田间除草劳动。

农业的季节性很强，而合适的耕作和播种时机又稍纵即逝，故早在《吕氏春秋》时代就特别提出"审时"的重要性。由于耕田和播种的及时和不及时（《吕氏春秋》称为得时、先时和后时）差别很大，故氾胜之于讲耕田之道时，亦先提出这个问题："凡耕之本，在于趣时"，趣时就是及时或得时。氾胜之在这里还特别提出占验节气的方法：

> 春候地气始通：椓橛木长尺二寸，埋尺，见其二寸；立春后，土块散，上没橛，陈根可拔。此时二十日以后，和气去，即土刚。以时耕，一而当四。和气去耕，四不当一。

这是由于土壤冬时冻结凝缩，春暖消冻溶解，以致容积涨大，向上坟起，把露在地面上的二寸木橛埋没，说明地气已通，土块已散，可以抓紧时间进行春耕了。除了用这种方法来测验地气变化，以保证及时耕作外，还可以观察其他植物对气候的反应，来确定不同作物的不同耕作或播种时期，例如：

> 杏始华荣，辄耕轻土弱土，望杏花落，复耕。
> 三月榆荚时雨，高地强土可种禾。
> 三月榆荚时有雨，高田可种大豆。

〔小豆〕椹黑时，注雨种，亩五升。

掌握了节令并抓紧时间来分别耕作不同的土壤，就可以收到事半功倍之效，否则将适其反，劳而无功，甚至使土地成为“腊田”和“脯田”，贻误了农时就不能把土地耕好，以致“二岁不起稼，则一岁休之”，就完全失败了。氾书对此进行了详细论述：

春冻解，地气始通（按地气系泛指土壤中温度、湿度以及土中水分和空气的流通情况），土一和解（和解谓土壤湿润柔和，容易破碎而不胶结）。夏至，天气始暑，阴气始盛（阴气即地气，指土温开始升高），土复解。夏至后九十日，昼夜分，天地气和。以此时耕田，一而当五，名曰膏泽（谓肥沃湿润之田），皆得时功。

春地气通，可耕坚硬强地黑垆土（《说文》：垆，黑刚土也），辄平摩其块以生草，草生复耕之，天有小雨复耕和之，勿令有块以待时。所谓强土而弱之也（意谓使坚硬强土变为柔和松软之土）。

杏始华荣，辄耕轻土弱土。望杏花落，复耕。耕辄藺之（藺谓践踏压实）。草生，有雨泽，耕重藺之。土甚轻者，以牛羊践之。如此则土强。此谓弱土而强之也。

春气未通，则土历适不保泽（历适有稀疏松散之意，言土壤互不密接），终岁不宜稼，非粪不解。慎无旱耕。须草生，至可耕时，有雨即耕，土相亲（指土壤既疏松而又密集），苗独生，草秽烂，皆成良田。此一耕而当五也。不如此而旱耕，块硬，苗秽同孔出，不可锄治，反为败田。秋天雨而耕，绝土气，土坚垎，名曰腊田。及盛冬耕，泄阴气，土枯燥，名曰脯田。脯田与腊田，皆伤田，二岁不起稼，则一岁休之。

凡麦田，常以五月耕，六月再耕，七月勿耕，谨摩平以待时。五月耕，一当三。六月耕，一当再。若七月耕，五不当一。

得时之和，适地之宜，田虽薄恶，收可亩十石。[①]

---

① 据万国鼎教授的计算：汉一亩 = 0.691 5 余市亩，汉十石 = 1.996 8 余市石。因此，汉一亩收获十石，折合为市亩市石，即每亩可收获 2.887 5 市石。见《氾胜之书辑释》第二十八页。

土地耕好以后，就要掌握播种的适宜节令，并要严格掌握各种不同作物的生长规律和播种的适当时机，因为各种不同的作物各有其不同的习性，有的播种宜早，有的宜迟；有的苗宜疏，有的苗宜密；有的早熟，有的晚熟；有的作物喜湿耐水，有的作物恶湿耐旱；有的是春种秋收，有的是秋种夏收；有的收获物是籽粒，有的收获物是块根。这样，就必须对不同作物作具体研究，找出其种植和管理的科学方法，在这一方面，氾胜之作出了卓越的贡献，他对最主要的十几种农作物各根据其不同的习性和生长规律，经过具体研究之后，找出了它们的种植和管理的科学方法，对于播种、灌溉、施肥、中耕除草、防旱防虫、防霜露，直到收获、产品加工、选种留种等，都进行了详细说明：

禾：种禾无期，因地为时。三月榆荚时雨，高地强土可种禾。

黍：黍者暑也，种者必待暑。先夏至二十日，此时有雨，强土可种黍，一亩三升。

麦：凡田有六道，麦为首种。种麦得时无不善。夏至后七十日，可种宿麦。早种则虫而有节，晚种则穗小而少实。

当种麦，若天旱无雨泽，则薄渍麦种以酢浆并蚕矢，夜半渍，向晨速投之，令与白露俱下。酢浆令麦耐旱，蚕矢令麦忍寒（按：酢浆即醋，为什么用醋渍麦种就能耐旱，有待进一步实验证明）。

春冻解，耕和土，种旋麦。麦生根茂盛，莽锄如宿麦（莽锄谓粗率速锄之）。

稻：种稻，春冻解，耕反其土。种稻区不欲大，大则水深曳不适。冬至后一百十日可种稻。稻地美，用种亩四升。

三月种秔稻，四月种秫稻。

稗：稗既堪水旱，种无不熟之时，又特滋茂盛，易生芜秽。良田亩得二三十斛。宜种之备凶年。

稗中有米，熟时捣取米炊食之，不减粱米；又可酿作酒。

大豆：大豆保岁易为，宜古之所以备凶年也。谨计家口数，种大豆，率人五亩，此田之本也。

三月榆荚时有雨，高田可种大豆。土和无块，亩五升；土不和，则益之。种大豆，夏至后二十日尚可种。戴甲而生，不用深耕。种之上，土才令蔽豆耳。厚则折项，不能上达，屈于土中而死。

小豆：小豆不保岁，难得。

椹黑时，注雨种，亩五升。

枲：种枲，春冻解，耕治其土。春草生，布粪田，复耕，平摩之。

种枲太早，则刚坚、厚皮、多节；晚则皮不坚（指纤维不坚韧）。宁失于早，不失于晚。

麻：种麻，豫调和田。二月下旬，三月上旬，傍雨种之。

桑：种桑法，五月取椹著水中，即以手溃之（谓以手搓椹使破碎），以水灌洗，取子阴干。治肥田十亩，荒田久不耕者尤善，好耕治之。每亩以黍、椹子各三升，合种之。黍、桑当俱生，锄之，桑令稀疏适。黍熟获之。桑生正与黍高平，因以利镰摩地刈之，曝令燥；后有风调，放火烧之，常逆风起火。桑至春生（按烧去桑枝和黍秆，因桑实行截干法后，则来年苗木生长茂盛；草木灰可作肥料）。

除了耕田和播种两个基本环节外，灌溉和施肥则是另一个重要环节，因为保证作物在生长过程中能得到充足的养料和水分，对实现高产丰收的目的实起着决定性的作用，也是精耕细作的农业经营赖以成功的关键。在干旱的和开发已久的古老农业区种植作物，如得不到充足水分和充足肥料，即使耕田播种都符合要求，依然得不到丰收的保证，所以在田间管理的各个环节中，灌溉和施肥实居于首要地位。氾胜之所倡导的栽培方法主要是区田法（详后），而保证水、肥，乃是实行区田法的主要目的，所以他在论述区田法时，开宗明义第一句话就说：

汤有旱灾，伊尹作为区田，教民粪种，负水浇稼（粪种即施肥下种之意）。

接着又说：

区种，天旱常溉之。

于分论各种不同作物的种植和管理时，对于几种特别需要水分较多的作物，他又着重提出灌溉方法和应注意事项，例如：

麻：天旱，以流水浇之，树五升；无流水，曝井水，杀其寒气以浇之。雨泽时适，勿浇。浇不欲数。

瓠：区种四实。蚕矢一斗，与土粪合。浇之，水二升；所干处，复浇之。

区种瓠法：用蚕沙与土相合，令中半，著坑中，足蹑令坚。以水沃之。候水尽，即下瓠子十颗；复以前粪覆之。

灌溉时控制水温，是一个值得重视的先进经验。井水太寒，直接浇灌是不适宜的，故先要“曝井水，杀其寒气以浇之”。对于稻田灌溉，他实行了下述巧妙的办法：

始种稻欲温，温者缺其塍（塍即塍字，亦作畻，音乘。《说文》：塍，稻田中畦埒也），令水道相直；夏至后大热，令水道错。

“令水道相直”，是使稻田的进水口与出水口相对，冷水对流较快，稻田中水温不致骤然下降；“水道错”，则水不能直流，田中冷水增多，水温可以下降。

在施肥方面，当时也积累了不少先进经验，已经知道在作物种植之前，先要施用大量底肥，如上文所说的粪种——施肥之后下种，就是施用底肥，并且施用的数量还相当多，例如种瓠：

区种四实，蚕矢一斗，与土粪合。

用蚕沙与土相和，令中半，著坑中，足蹑令坚。以水沃之。候水尽，即下瓠子十颗，复以前粪覆之。

在作物生长中间要施用追肥，一般用蚕矢或经过腐熟的人畜粪便，这里以种麻为例：

树高一尺，以蚕矢粪之，树三升；无蚕矢，以溷中熟粪粪之亦善，树一升。

除了施用底肥和追肥外，还要施用种肥，即在播种时用肥料拌种，然后一同下到土中。氾胜之有名的“溲种法”，则是将肥料粘着在种子上，乃是施用种肥的一种巧妙技术。氾胜之提出两种方法，实际上则是大同小异，作用亦基本相同，其法如下：

> 薄田不能粪者，以原蚕矢杂禾种种之，则禾不虫。
>
> 又马骨剉一石，以水三石，煮之三沸；漉去滓，以汁渍附子五枚；三四日，去附子，以汁和蚕矢羊矢各等分，挠令洞洞如稠粥（洞洞，搅拌稠粥之声）。先种二十日时，以溲种如麦饭状。常天旱燥时溲之立干；薄布数挠，令易干。明日复溲。天阴雨则勿溲。六七溲而止。辄曝谨藏，勿令复湿。至可种时，以余汁溲而种之，则禾不蝗虫（意谓不生害虫）。无马骨，亦用雪汁，雪汁者，五谷之精也，使稼耐旱。常以冬藏雪汁，器盛埋于地中。治种如此，则收常倍。

另一种方法是：

> 验美田至十九石，中田十三石，薄田一十石，尹择取减法，神农复加之（意谓尹择采取较低标准，神农又将标准提高）。骨汁粪汁溲种。剉马骨牛羊猪麋鹿骨一斗，以雪汁三斗，煮之三沸。以汁渍附子，率汁一斗，附子五枚，渍之五日，去附子。捣麋鹿羊矢等分，置汁中熟挠和之。候晏温（指晴天温暖之时），又溲曝，状如后稷法，皆溲汁干为止。若无骨，煮缲蛹汁和溲。如此则以区种，大旱浇之，其收至亩百石以上，十倍于后稷。此言马蚕皆虫之先也，及附子令稼不蝗虫；骨汁及缲蛹汁皆肥，使稼耐旱，终岁不失于获。

溲种不同于上文所说的“教民粪种”。“粪种”之名初见于《周礼·草人》，注疏家谓系粪其地以种禾，即上文所说施底肥的意思。溲种是给种子套上一层用蚕矢或羊矢等混合而成的粪壳，由于蚕矢或羊矢松散，粪汁不易固着在种子上，遂煮马骨碎屑以熬出胶质，与粪和成稠粥，反复溲之（浸沃），使粪粘着在种子上，成为一层厚的粪壳。附子为毒药，粪汁中浸渍附子的作用何在，不甚了然，可能是为了杀虫。据农学家解释："这种粪壳包在种子外面，随种子一同下到地里，相当于今日的所谓种肥（或称补肥）。由于基肥中施入的养料分布在全耕作层，种子发芽生长后的幼苗根所能接触到的，只是很小的一部分。即使土中有效性养料的数量不算少，但是太分散了，幼苗根系范围内的养料，特别是有效性磷的供应还不够幼苗的需要，因此幼苗的生长发育就受着限制。所以需要在幼苗的根系分布范围内，及时供应足够的有效性养料。现代的先进办法是用颗粒肥料拌和种子，一同下到土里，这就是所谓种肥。这种套上一层粪壳的种子播种后，种子发芽生长，粪壳在土中起着复杂变化，微生物把粪中一部分养料逐渐变为有效性，所以幼苗根系可以及时地在它附近吸取足够养料，生长旺盛，根系迅速向下及四周分布，……可以从较大范围内……取得较多的水分。这就是它能抗旱的原因。生长旺盛的，也就是生活力强、体质比较雄厚的，也就较能抗虫。……因此就可以导致丰收。"①

除了灌溉施肥外，氾书对于田间管理的其他环节，也都巨细无遗地阐述得非常明确，其中主要有：

其一，锄草间苗和覆土壅根：

> 凡种黍，覆土锄治，皆如禾法；欲疏于禾。
>
> 麦生黄色，伤于太稠。稠者锄而稀之。
>
> 秋锄以棘柴耧之，以壅麦根。故谚曰："子欲富，黄金覆。"黄金覆者，谓秋锄麦曳柴壅麦根也。至春冻解，棘柴曳之，突绝其干叶（指用棘刺枯叶，使之脱离麦苗），须麦生复锄之。到榆荚时，注雨止，候土白背复锄。如此则收必倍。
>
> 豆生布叶，锄之；生五六叶，又锄之。
>
> 麻生数叶，锄之。率九尺一树（按九尺一树实太稀，恐字有误，《齐民要术》引此作二尺）。

其二，防霜、防露、防雨水浸穗。黄河流域无霜期不很长，早霜对晚熟作物颇多损害。露不同于霜，对作物无直接伤害，但在穗将成熟时如有过多露水浸沃，易致霉烂，故对露亦必须注意防治：

---

① 万国鼎：《氾胜之书辑释》，第五十九——六十页。

黍心未生，雨灌其心，心伤无实。

稙禾：夏至后八十九十日，常夜半候之，天有霜若白露下，以平明时，令两人持长索相对，各持一端，以概禾中，去霜露，日出乃止，如此，禾稼五谷不伤矣。

黍心初生，畏天露。令两人对持长索，搜去其露，日出乃止。

其三，麦田积雪。冬雪对麦田有保温保墒作用，兼可杀虫，故雨雪之后，应进行人工踏实，使雪尽可能多地积在麦田，勿令被风吹去：

冬雨雪止，辄以蔺之（蔺，蹂蔺，意谓踏之使实），掩地雪，勿使从风飞去；后雪复之；则立春保泽，冻虫死，来年宜稼。

冬雨雪止，以物辄蔺麦上，掩其雪，勿令从风飞去。后雪，复如此。则麦耐旱、多实。

其四，特殊的田间管理和应注意事项。对于作物除根据上述基本原则进行一般的田间管理外，还必须根据不同作物的不同习性和生长规律，加以区别对待，进行个别、特殊的管理，这正是精耕细作栽培法的精神所在。氾书在这方面提出了许多宝贵经验，例如：

大豆：豆花憎见日，见日则黄烂而根焦也。

大豆小豆不可尽治也（不可尽量摘取豆叶作菜蔬），古所以不尽治者，豆生布叶，豆有膏（《说文》膏，肥也。豆有膏，系指豆叶中富有养料汁液，故损伤了膏，将减少产量），尽治之则伤膏，伤则不成。而民尽治，故其收耗折也。故曰：豆不可尽治。

瓠，著三实，以马棰[30] 殻其心（马棰即马鞭，所以策马。《说文》殻，从上击下也，从殳㱿声。苦角切。心即蔓之尖端，谓用马鞭击去蔓之尖端，使不再徒长），勿令蔓延；多实，实细。以稿荐其下，勿令亲土多疮瘢。度可作瓢，以手摩其实，从蒂至底，去其毛，不复长，且厚。八月微霜下，收取。

其五，收获和加工。播种要得时，收获也要得时。先时早收，实不成熟；

后时晚收，会造成损失；如大豆，过熟则乍荚，豆尽崩落，会造成高产而不丰收，故必须在豆茎下部已开始发黑而上部豆荚还青时即须收割，使“豆熟于场”，即在打谷场上获豆，不能在豆田里待熟。收获其他作物虽不像豆这样急迫，亦各有其合适的收获时期，迟或早都不相宜。如麻、如瓠，于收获后尚须进行加工，才能完成全部的收获任务：

> 禾：获不可不速，常以急疾为务。芒张叶黄，捷获之无疑。
>
> 获禾之法，熟过半断之。
>
> 大豆：获豆之法，荚黑而茎苍，辄收无疑；其实将落，反失之。故曰：豆熟于场。于场获豆，则青荚在上，黑荚在下。
>
> 枲：获麻之法，穗勃勃如灰（勃，粉末，如做面食时干粉，俗称勃面。《齐民要术·种麻子》：“既放勃，拔去雄”，与此处“穗勃勃如灰，拔之”，意同），拔之。夏至后二十日沤枲，枲和如丝。
>
> 麻：获麻之法，霜下实成，速斫之，其树大者，以锯锯之。
>
> 瓠：八月微霜下，收取。
>
> 掘地深一丈，荐以稿，四边各厚一尺。以实置孔中，令底下向。瓠一行，覆上土厚三尺。二十日出，黄色好，破以为瓢。其中白肤，以养猪致肥；其瓣，以作烛致明。

其六，选种和留种。农事的最后一道工序是选种和留种。选择优良种子，是获致高产的基础条件之一，所以于收获完毕之后，要选择“穗大强者”，备来年播种之用。选定之后，要妥为保存，不能使种子受潮，种子中不能有虫，要设法防治。一切完毕之后，要把种子高悬在燥处：

> 种伤湿郁热则生虫也。
>
> 取麦种，候熟可获，择穗大强者，斩束立场中之高燥处，曝使极燥。无令有白鱼，有辄扬治之。取干艾杂藏之，麦一石，艾一把；藏以瓦器竹器。顺时种之，则收常倍。
>
> 取禾种，择高大者，斩一节下，把悬高燥处，苗则不败。

至此，完成了农业生产的全部过程，所有这些符合科学原理的宝贵经验和先进技术，不仅使当时农业获致了高产丰收，而且对后世农业一直有指导作用，特别是区田法，更是氾胜之的重大贡献，其情况当于下文详之。

3. 氾胜之的区田法

区田法虽不一定是氾胜之的发明，但却是由氾胜之把这个高产的经验加以总结、提高和推广的，从而取得了农业生产的空前高产，成为古代农业经营的一个突出成就。这个先进技术产生的前提和指导思想，一是在干旱的自然环境中，多风少雨，自流灌溉面积很少，为了保证作物生长所必需的水分和养分，必须把人力物力集中在小面积土地上，进行集约经营。分区的目的是把作物播种在沟里，以便挡风、浇水、施肥和保墒；二是在人稠地狭，耕地不足的环境中，分区是为了扩大土地的利用率，把过去不能利用或不便利用的山坡土堆等畸零土地和硗确瘠薄土地亦尽量加以利用，以解决耕地不足的矛盾。所以氾胜之在论述区田法时，先把实行区田法的目的说得清清楚楚：

> 汤有旱灾，伊尹作为区田，教民粪种，负水浇稼。
>
> 区田以粪气为美，非必须良田也。诸山陵近邑[31] 高危倾阪及丘城上，皆可为区田。
>
> 区田不耕旁地，庶尽地力。
>
> 凡区种，不先治地，便荒地为之。

这清楚说明了区田法主要是靠施肥和灌溉，以保证作物的充足养料和水分来获致高产，土地的好坏倒不是重要条件，故其明说："区田以粪气为美，非必须良田也。""不耕旁地"，是为了集中人力物力于小面积上，不把有限的力量分散使用。总之，把大田园艺化，是区田法的主旨所在。区田的划法或为长方形，或为小方块形，就是根据土地的具体情况来尽量加以利用。长方形的划法是：令长十八丈、阔四丈八尺的一亩地，横分为十五町，町与町之间留出十四条人行道，道宽一尺五寸，町长四丈八尺，宽一丈五寸，在町里取直每隔一尺掘一条深宽各一尺的沟，掘出之土即堆在沟内，如积土容纳不下则展宽为二尺，沟与沟相距为一尺。小块方形区的做法是：上农夫区，六寸见方，深亦六寸，区与区相去九寸；中农夫区和下农夫区都是九寸见方，深各六寸，区间距离前者为二尺，后者为三尺：

> 长方形区：以亩为率，令一亩之地，长十八丈，广四丈八尺；当横分十八丈作十五町；町间分十四道，以通人行，道广一尺五寸；

町皆广一丈五寸，长四丈八尺。尺直横凿町作沟，沟一尺，深亦一尺。积壤于沟间，相去亦一尺。尝悉以一尺地积壤，不相受，令弘作二尺地以积壤。

种禾黍于沟间，夹沟为两行，去沟两边各二寸半，中央相去五寸，旁行相去亦五寸。一沟容四十四株。一亩合万五千七百五十株。种禾黍，令上有一寸土，不可令过一寸，亦不可令减一寸。

凡区种麦，令相去二寸一行。一行容五十二株。一亩凡九万三千五百五十株。麦上土令厚二寸。

凡区种大豆，令相去一尺二寸。一行容九株。一亩凡六千四百八十株。

区种荏（荏即苏子，可榨油），令相去三尺。

胡麻（即芝麻）相去一尺。

区种，天旱常溉之，一亩常收百斛。

方块形区：上农夫区（按《孟子·万章下》："一夫百亩。百亩之粪，上农夫食九人，上次食八人，中食七人，中次食六人，下食五人。"赵岐注："一夫一妇，佃田百亩，加之以粪，是为上农夫，其所得谷，足以食九上。"可知上农夫、中农夫、下农夫，是指土地的肥瘠等级而言），方深各六寸，间相去九寸。一亩三千七百区。一日作千区。区种粟二十粒；美粪一升，合土和之。亩用种二升。秋收区别三升粟，亩收百斛。丁男长女治十亩。十亩收千石。岁食三十六石，支二十六年。

中农夫区，方九寸，深六寸，相去二尺。一亩千二十七区。用种一升。收粟五十一石。一日作三百区。

下农夫区，方九寸，深六寸，相去三尺。一亩五百六十七区。用种半升。收二十八石。一日作二百区。

区中草生，茇之。区间草以刬刬之，若以锄锄。苗长不能耘之者，以刨镰比地刈其草矣。

在说明了两种区田的做法以后，又进一步以不同的作物，来具体说明区田的栽培和管理方法：

麦：区种麦，区大小如上农夫区。禾收，区种。凡种一亩，用子二升；覆土厚二寸，以足践之，令种土相亲。麦生根后，锄区间秋草。缘以棘柴律土壅麦根（律，耙耰之意）。秋旱，则以桑落时浇之。秋雨泽适，勿浇之。春冻解，棘柴律之，突绝去其枯叶。区间草生锄之。大男大女治十亩。至五月收，区一亩，得百石以上，十亩得千石以上。

大豆：区种大豆法：坎方深各六寸（坎，地凹下处为坎，此处指区），相去二尺，一亩得千二百八十坎。其坎成，取美粪一升，合坎中土搅和，以内坎中。临种沃之，坎三升水。坎内豆三粒；覆上土，勿厚，以掌抑之，令种与土相亲。一亩用种二升，用粪十二石八斗。豆生五六叶，锄之，旱者溉之，坎三升水。丁夫一人，可治五亩。至秋收，一亩中十六石。

瓜：区种瓜：一亩为二十四科（科亦坎也）。区方圆三尺，深五寸。一科用一石粪，粪与土和合，令相半。以三斗瓦瓮埋著科中央，令瓮口上与地平，盛水瓮中，令满。种瓜瓮四面各一子。以瓦盖瓮口。水或减，辄增，常令水满。种常以冬至后九十日、百日，得戊辰日种之。又种薤十根，令周回瓮，居瓜子外。至五月瓜熟，薤可拔卖之，与瓜相避。又可种小豆于瓜中，亩四五升，其藿可卖。此法宜平地，瓜收亩万钱。

瓠：种瓠法：以三月耕良田十亩。作区方深一尺。以杵筑之，令可居泽。相去一步，区种四实。蚕矢一斗，与土粪合。浇之，水二升；所干处，复浇之。

区种瓠法，收种子须大者。若先受一斗者，得收一石；受一石者，得收十石（意谓原来容量一斗的，区种后可以得到容一石的；原来容量一石，可以得到容十石的）。先掘地作坑，方圆、深各三尺。用蚕沙与土相和，令中半，著坑中，足蹑令坚。以水沃之。候水尽，即下瓠子十颗；复以前粪覆之。既生，长二尺余，便总聚十茎一处，以布缠之五寸许，复用泥泥之。不过数日，缠处便合为一茎。留强者，余悉掐去。引蔓结子。子外之条，亦掐去之，勿令蔓延。留子法，初生二、三子不佳，去之；取第四、五、六子，留三子即足。旱时须浇之，坑畔周匝小渠子，深四五寸，以水停之，令其遥润，不得坑中下水。

在上述瓠的区种法中，有应特别加以注意的一点，是嫁接方法的发明。上文所谓总聚十茎于一处，以布缠之五寸许，不过数日，缠处便合为一茎，然后留一茎强者，余悉掐去。这就是后世园艺栽培果木常用的嫁接法，早在汉代即已实行，这是中国古代农业技术的一项重要成就。

芋：种芋，区方深皆三尺。取豆萁内区中，足践之，厚尺五寸。取区上湿土与粪和之，内区中萁上，令厚尺二寸，以水浇之，足践令保泽。取五芋子置四角及中央，足践之。旱数浇之。萁烂。芋生子，皆长三尺。一区收三石。

又种芋法，宜择肥缓土近水处，和柔粪之。二月注雨，可种芋，率二尺下一本。芋生根欲深。劚[32] 其旁以缓其土。旱则浇之，有草锄之，不厌数多。治芋如此，其收常倍。

实行氾胜之的区田法能够达到高产丰收的目的，是毫无疑义的，这正是这种先进技术在后世长期流传的原因所在。唯一引起人们怀疑和争论之点，是亩收百石之说。因为即使是在今天，完全应用科学方法来种植，这个数字仍然是不易达到的一个特大高产的数字，故农学家们大都认为亩产百石之说，实失于夸大，例如有人说："氾氏在二千年前的技术条件下，把每亩产量提到这样高，是非常夸大了的。"① 但是氾胜之在当时是主管农业的朝廷命官，而且又是在皇帝脚下的京师一带"教田三辅，有好田者师之"，正因为他推行区田法成效卓著，才"徙为御史"，他似乎不必要也不可能虚报产量，并且亩产究竟多少，是有目共睹的客观事实，又是年年照法种植，能产多少，一试可知，岂能容主管官吏任意夸大？正因为区田法行之有效，故后世王朝经常以政府命令倡导推广，例如：

是时下令禁民二业，又以郡国牛疫，通使区种增耕……般上言："……又郡国以牛疫、水旱，垦田多减，故诏勅[33] 区种，增进倾亩，以为民也。……"②

〔武帝初〕议郎段灼上疏理艾曰："……昔姜维有断陇右之志，

① 万国鼎：《氾胜之书辑释》，第九十三页。

② 《后汉书》卷三十九，《刘般传》。

艾修治备守，积谷强兵。值岁凶旱，艾为区种，身被乌衣，手执耒耜，以率将士。上下相感，莫不尽力。……”①

武帝即位，灼上疏追理〔邓〕艾曰：“……会值洮西之役，官兵失利……先帝以为深忧重虑……故授之以兵马，解狄道之围。面解，留屯上邽。承官军大败之后，士卒破胆，将吏无气，仓库空虚，器械殚尽。艾欲积谷强兵，以待有事。是岁少雨，又为区种之法，手执耒耜，率先将士。……”②

可见在东汉和三国时，区种法系从内地到边疆都在普遍实行，如果产量是虚报，不足以取信，就不可能被后人历久奉行了。可见亩产百石之说不是虚构，而是由于计算方法不同产生了误解。上文已指出，区种法是播种于区内沟中的，区内除有实际播种之沟外，一亩地的区内有十四条人行道，道广一尺五寸，沟与沟相去一尺，留此空地以堆积挖沟之土，不能容纳时还要展宽为二尺，这样，区内不耕之地占了一个很大的比重。氾胜之所谓“区一亩得百石”，“区种一亩收百斛”，是按实际播种的面积来计算的；其他不耕的人行道和沟与沟之间的荒地，都不计算在内。这样，“上农夫区，一亩作3 700区，实播面积占百分之15.42，实产粟：100石×15.42%＝15.42石。折合市亩产：15.42×0.288 75×135市斤＝600市斤。中农夫区，一亩作1 027区，实播面积占百分之9.36，实产麦：100石×9.36%＝9.36石，折合市亩产：9.36×0.288 75×145市斤＝400市斤。这个产量对汉代来说无疑是特大丰产了”③。

第四节　畜牧业

在秦汉时代的整个国民经济中，畜牧业已不占重要的地位。五谷桑麻是人民的衣食来源，是农业经营的主要对象，畜牧业早已成为农业的副业，而退居次要地位。但是在当时的两大主要经济区中，关中经济区的后方，连接着广袤无垠的大西北，那里大部分是畜牧区，小部分是半农半牧区，畜牧业

① 《三国志》卷二十八，《魏书·邓艾传》。

② 《晋书》卷四十八，《段灼传》。

③ 参见李孟扬、刘介菊：《亩收百石之谜》，《文史哲》一九六四年，第二期。计算法见万国鼎：《氾胜之书辑释》，第二十八和九十二页。

在那里的国民经济生活中仍然占主导地位。其实就是对全国整个国民经济来说，对畜牧业在经济生活中的重要性也不能低估，因为在全国的疆域中，牧区的面积要比农耕区的面积大得多，特别是：

> 天水、陇西、北地、上郡与关中同俗，然西有羌中之利，北有戎翟之畜，畜牧为天下饶。①
>
> 龙门、碣石北多马牛羊旃裘筋角。②
>
> 自武威以西……地广民稀，水草宜畜牧，（古）〔故〕凉州之畜为天下饶。③

就是在内地，畜牧业虽已是农业的一种副业，但却是一种重要的副业，是对农民经济生活的一个重要补充，故同样可作为专业经营——即成为人们的主要职业，因而同样可以发财致富，所以司马迁说：

> 陆地牧马二百蹄，牛蹄角千，千足羊，泽中千足彘……此其人皆与千户侯等，然是富给之资也。④

事实上，由经营畜牧而大发其财的，实大有人在：

> 乌氏倮畜牧，及众，斥卖，求奇缯物，间献遗戎王。戎王什倍其偿，与之畜，畜至用谷量马牛。秦始皇帝令倮比封君，以时与列臣朝请。⑤
>
> 始皇之末，班壹避坠于楼烦（师古曰：坠，古地字。楼烦，雁门之县），致马牛羊数千群。值汉初定，与民无禁。当孝惠、高后时，以财雄边，出入弋猎，旌旗鼓吹，年百余岁，以寿终，故北方多以“台”为字者。⑥
>
> 〔秦楚之际，曲宜任氏以田畜致富〕富人争奢侈，而任氏折节

① 《史记》卷一百二十九，《货殖列传》。
② 《史记》卷一百二十九，《货殖列传》。
③ 《汉书》卷二十八下，《地理志》。
④ 《史记》卷一百二十九，《货殖列传》。
⑤ 《史记》卷一百二十九，《货殖列传》。
⑥ 《汉书》卷一百上，《叙传》。

为俭，力田畜。田畜人争取贱贾，任氏独取贵善。富者数世。然任公家约，非田畜所出弗衣食，公事不毕则身不得饮酒食肉，以此为闾里率，故富而主上重之。①

塞之斥也，唯桥姚已致马千匹，牛倍之，羊万头，粟以万钟计。②

畜牧既然可以发财致富，是经济活动的一个重要方面，故一般农民无不兼营牧业，尽可能多地豢养马牛猪羊或鸡鸭犬兔等大小家畜，如人手不足，就雇人放牧，故农村中到处可见牧童，这给出现很早而又缺乏需要的雇佣劳动，提供了少量的就业机会，从农村游离出来的无地农民，他们除了做佣保（如酒家保）杂作外，佣耕和放牧是早期雇佣劳动的主要形式，例如：

〔范增劝项梁立楚后〕于是项梁然其言，乃求楚怀王孙心民间，为人牧羊，立以为楚怀王，从民所望也。③

公孙弘，菑川薛人也，少时为狱吏，有罪，免。家贫，牧豕海上。④

农民中自然也有不少专门经营畜牧业，并自行管理，或亲自放牧，例如：

初，卜式者，河南人也，以田畜为事。亲死，式有少弟，弟壮，式脱身出分，独取畜羊百余，田宅财物尽予弟。式入山牧十余岁，羊致千余头，买田宅。而其弟尽破其业，式辄复分予弟者数矣。⑤

后为郡督邮，送囚至司命府，囚有重罪，援哀而纵之，遂亡命北地。遇赦，因留牧畜，宾客多归附者，遂役属数百家。转游陇汉间。……因处田牧，至有牛马羊数千头，谷数万斛。⑥

〔梁鸿〕牧豕于上林苑中。曾误遗火延及它舍，鸿乃寻访烧者，问所去失，悉以豕偿之。其主犹以为少，鸿曰："无它财，愿以身居

① 《史记》卷一百二十九，《货殖列传》。
② 《史记》卷一百二十九，《货殖列传》。
③ 《史记》卷七，《项羽本纪》。
④ 《汉书》卷五十八，《公孙弘传》。
⑤ 《史记》卷三十，《平准书》。
⑥ 《后汉书》卷二十四，《马援传》。

作。”主人许之。因为执勤，不懈朝夕。邻家耆老见鸿非恒人，乃共责让主人，而称鸿长者。于是始敬异焉，悉还其豕。鸿不受而去。①

在畜牧业中，牛马是畜养的主要牲畜。因为牛是耕田拖犁的动力，故被称为犁牛。自赵过实行代田法，改善和推广牛耕的技术之后，牛在农业生产中的地位日益重要。到东汉时牛耕已普遍应用，因而牛便成了决定收成丰歉的重要前提，这是由于缺了牛就无法耕田，确如马克思所说，一头母牛的死亡，就可以使农民不能按原来规模继续其再生产，汉代正充分体现了这种情况。上文已指出，一旦发生牛疫，从而造成牛的大量死亡，就会立刻造成农业的荒废或减产，其严重性不下于水旱天灾，故古人对此特别重视：

牛乃耕农之本，百姓所仰，为用最大，国家之为强弱也。建武之初，军役亟动，牛亦损耗，农业颇废，米石万钱。②

关于汉代特别是东汉一代重视耕牛的情况，前文已多所论列，这里不再赘述。

马的重要性又远远超过牛，因为马的用处比牛要大得多，也重要得多。一是马可代替牛作为耕田的动力，在牛耕没有普及以前，曾使用过马力耕田，汉代即有关于马耕的记载，其情况已见上文。二是马是运载和交通工具，陆路行旅主要依赖车马，虽然有时也用牛车，但牛行缓慢，不能应急，只有在严重缺马时，才不得已改用牛车，例如：

汉兴，接秦之弊……自天子不能具钧驷（《索引》天子驾驷马，其色宜齐同。今言国家贫，天子不能具钧色之驷马），而将相或乘牛车。③

这是在长期兵革之后，马匹大量死亡，以致天子的车也不能找到颜色相同的四匹马，将相更不得不改用牛车。三是马是重要的军用物资，远道行军和作战更必须用马。因此，马匹的有无和多少，直接关系着兵之强弱和国之

---

① 《后汉书》卷八十三，《逸民·梁鸿传》。

② 《艺文类聚》卷八十五；《太平御览》卷八百三十七，引《风俗通议》。

③ 《史记》卷三十，《平准书》。

安危，所以汉代政府遂不遗余力地提倡发展畜牧业，所有马、牛、驴、橐驼等的畜养，无不大力加以推进，而尤以养马为重点，除鼓励私人养马外，政府还特设养马专官，作为政府机构中的一个重要部门，下设诸苑三十六所，来大量饲养马匹。在这样的大力推动下，造成了公私养马业的飞跃发展。除了政府的大力提倡外，经济的和政治的刺激因素也起了直接的促进作用。所谓经济的因素，是指在多年干戈扰攘之后，马匹死亡过多，以致马匹奇缺，马价奇昂，政府为了鼓励私人养马，亦把马价定得很高：

> 汉兴……米至石万钱，马一匹则百金。①
>
> 〔元狩五年（公元前一一八年）春三月〕天下马少，平牡马匹二十万（如淳曰：贵平牡马贾，欲使人竞畜马）。②
>
> 梁期侯任破胡……太始四年（公元前九十三年），坐卖马一匹贾钱十五万，过平，臧五百以上，免（如淳曰："贵平其价，使人竞畜。"此贱其直，故以过平罪之，又犯臧五百以上，免官也）。③

在价格高和利润厚的刺激下，马匹畜养头数遂迅速增加起来。所谓政治的因素，是指汉王朝不断对外用兵，致马匹死亡殆尽，结果，影响了国家的对外政策和军事力量，又不能完全依赖民间马匹的自然增长，政府遂不得不自设诸苑养马。

民间马匹的迅速增长，是价高利厚的刺激的一个直接结果，到汉武帝时已成效大著：

> 至今上即位数岁，汉兴七十余年之间，国家无事，非遇水旱之灾，民则人给家足……众庶街巷有马，阡陌之间成群，而乘字牝者傧而不得聚会（《汉书·食货志》师古注：言时富饶，故耻乘特牝）。④

到汉武帝初年时迅速增加起来的公私马匹，经过前后几十年不停地对外

① 《史记》卷三十，《平准书》。
② 《汉书》卷六，《武帝纪》。
③ 《汉书》卷十七，《景武昭宣元成功臣表》。
④ 《史记》卷三十，《平准书》。

用兵，其损耗十分严重，仅下述几次征匈奴的战役，即造成了马匹的大量死亡。下引几例都是比较严重，并对当时的政治和经济都产生了深刻影响[34]：

〔元朔六年（公元前一二三年）〕大将军将六将军仍再出击胡，得首虏万九千级……而汉军之士马死者十余万。①

〔元狩三年（公元前一二〇年）〕匈奴浑邪王率众来降，汉发车二万乘。县官无钱，从民贳马。民或匿马，马不具。上怒，欲斩长安令。②

其明年（《集解》徐广曰，元狩四年）大将军、骠骑大出击胡，得首虏八九万级，赏赐五十万金，汉军马死者十余万匹，转漕车甲之费不与焉。③

〔元狩四年（公元前一一九年）春，大将军青、骠骑将军去病大举出塞〕两军之出塞，塞阅官及私马凡十四万匹，而复入塞者，不满三万匹。④

初，汉两将军大出围单于，所杀虏八九万，而汉士卒物故亦数万，汉马死者十余万。匈奴虽病，远去，而汉亦马少，无以复往。⑤

经过多年放牧饲养始逐渐繁殖起来的公私马匹，不过四五年间即已消亡殆尽。这还只是就马匹而言，至于飞刍挽粟所需的其他各种运载牲畜，实亦不在少数，其情况可由下引记载看出：

〔太初三年（公元前一〇二年），益兵伐宛〕赦囚徒材官，益发恶少年及边骑。岁余而出敦煌[35]者六万人，负私从者不与。牛十万，马三万余匹，驴骡橐它以万数。多赍粮，兵弩甚设，天下骚动。⑥

马——包括其他可供运载之用的大牲畜，消耗如此之大，说明它们的需

① 《史记》卷三十，《平准书》。
② 《史记》卷一百二十，《汲郑列传》。
③ 《史记》卷三十，《平准书》。
④ 《史记》卷一百十一，《卫将军骠骑列传》。
⑤ 《史记》卷一百十，《匈奴列传》。
⑥ 《史记》卷一百二十三，《大宛列传》。

要量也是非常大，从国家的政治和军事的角度来考虑，显然不能坐等民间畜牧业的缓慢发展和牲畜数目的自然增长，这就决定了官家必须自行养马，以加快马匹的增长速度，方能适应军事的和政治的紧急需要。“马政”在汉代行政组织中之所以占有重要地位，其原因即在此。官设苑囿以牧马，原是从秦以来的传统制度，秦设太仆，就是主管马政的最高行政官吏，下设家马官、牧师苑官或牧师官，分置于北边和西边各郡：

太仆，秦官，掌舆马。……又边郡六牧师菀令，各三丞（师古曰：《汉官仪》云：“牧师诸菀三十六所，分置北边、西边，分养马三十万头。”《补注》先谦曰：续志，牧师菀皆令官，主养马，分在河东六郡界中，中兴皆省。菀、苑，通用字）。[1]

太原郡：有家马官（臣瓒曰：“汉有家马厩，一厩万匹。时以边表有事，故分来在此。家马后改曰挏马也。”《补注》何焯曰，《咸宣传》：卫青充使，买马河东太原，家马官其以此时置邪？先谦曰：家马改挏马，见百官表）。

北地郡，灵州有河奇苑、号非苑（师古曰：“苑谓马牧也。水中可居者曰州，此地在河之州，随水高下，未尝沦没，故号灵州，又曰河奇也。二苑皆在北焉”）。归德，有堵苑、白马苑。郁郅，有牧师菀官。

西河郡：鸿门，有天封苑。

辽东郡：襄平，有牧师官。[2]

官马诸苑在景帝时曾大加扩充，因当时匈奴频繁内侵，故扩大诸苑马牧规模，借以加强军备，抗击匈奴：

孝景时……益造苑马以广用（《索隐》：谓增益苑囿，造厩而养马以广用，则马是军国之用也），而宫室列观舆马益增修矣。[3]

由于北边和西边诸郡所设牧马各苑，皆接近匈奴，故经常被匈奴劫掠，

---

① 《汉书》卷十九上，《百官公卿表》。

② 以上均见《汉书》卷二十八上及下，《地理志上》《地理志下》。

③ 《史记》卷三十，《平准书》。

例如：

〔中元六年（公元前一四四年）〕六月，匈奴入雁门，至武泉，入上郡，取苑马（如淳曰："《汉仪注》太仆牧师诸苑三十六所，分布北边、西边。以郎为苑监，官奴婢三万人，养马三十万匹"），吏卒战死者二千人。①

政府为了迅速发展牧业，以增加马匹数量，除了官设诸苑，自行放牧外，复千方百计地奖励民牧，鼓励人民到缘边牧区去牧马，官假马母——设"亭母马"，取息什一，并除复缗钱，免除徭役，称为"马复令"，其详如下：

〔元鼎五年（公元前一一二年）〕天子始巡郡国……于是上北出萧关，从数万骑，猎新秦中，以勒边兵而归。新秦中或千里无亭徼，于是诛北地太守以下，而令民得畜牧边县（《集解》《汉书音义》曰："令民得畜牧于边县也。"瓒曰："先是，新秦中千里无民，畏寇不敢畜牧，令设亭徼，故民得畜牧也。"）。官假马母，三岁而归，及息什一，以除告缗，用充仞新秦中（《集解》李奇曰："边有官马，今令民能畜官母马者，满三岁归之也。及有蕃息，与当出缗算者，皆复令居新秦中，又充仞之也。谓与民母马，令得为马种，令十母马还官一驹，此为息什一也。"瓒曰："前以边用不足，故设告缗之令，设亭徼，边民无警，皆得田牧。新秦中已充，故除告缗，不复取于民。"）。②

〔征和中（公元前九十年）〕上乃下诏，深陈既往之悔，曰："……当今务在禁苛暴，止擅赋，力本农，修马复令（师古曰：马复，因养马以免徭赋也），以补缺，毋乏武备而已。郡国二千石各上进畜马方略补边状，与计对（师古曰："与上计者同来赴对也）。"③

〔始元五年（公元前八十二年）〕夏，罢天下亭母马及马弩关（应劭曰："武帝数伐匈奴，再击大宛[36]，马死略尽，乃令天下诸亭养母马，欲令其繁孳，又作马上弩机关，今悉罢之。"孟康曰：旧马

① 《汉书》卷五，《景帝纪》。

② 《史记》卷三十，《平准书》。

③ 《汉书》卷九十六下，《西域传》。

高五尺六寸齿未平，弩十石以上，皆不得出关，今不禁也）。[①]

东汉王朝承长期丧乱之后，社会经济十分凋敝，同时匈奴的威胁已大为缓和，其他外患亦不若西汉急迫，故其初年时曾将缘边诸郡官牧一度罢省，其后亦兴废无常，新置更少，说明东汉王朝对于加强军备、整饬国防，实远不及西汉之关切，其情况可由下引记载看出：

又有牧师菀，皆令官，主养马，分在河西六郡界中，中兴皆省，唯汉阳有流马菀，但以羽林郎监领。[②]

〔永元五年，公元九十三年〕二月戊戌，诏有司省减内外厩及凉州诸苑马。[③]

〔永初〕六年（公元一一二年）春正月庚申，诏越嶲置长利、高望、始昌三苑，又令益州郡置万岁苑，犍为置汉平苑。[④]

但是畜牧业毕竟是农业的一个组成部分，在人民的经济生活中起着十分重要的作用，就是作为副业，也是农业的一个必不可少的补充，至于牲畜中的牛马还是重要的生产资料，更不是可有可无的，所以发展农业，必须同时抓紧畜牧业这一重要环节，古人也正是把这二者作为“劝农”的共同内容的。例如：

〔太祖既定河北，以畿为河东太守〕是时天下郡县皆残破，河东最先定，少耗减。畿治之，崇宽惠，与民无为。……渐课民畜牸牛、草马，下逮鸡豚犬豕，皆有章程。百姓劝农，家家丰实。[⑤]

---

① 《汉书》卷七，《昭帝纪》。

② 《后汉书》志第二十五，《百官志二》。

③ 《后汉书》卷四，《和帝纪》。

④ 《后汉书》卷五，《安帝纪》。

⑤ 《三国志》卷十六，《魏书·杜畿传》。

第五章　手工业

第一节　手工业的组织形式与管理机构

秦汉时代手工业的生产和经营方式，基本上与秦以前相同，仍然是官营与民营两大类。

由官家直接经营的各种工矿业，生产的目的主要是满足统治阶级（包括宫廷和官府）的需要，更具体地说，是为了满足皇帝、后妃等人的生活需要，特别是为了满足他们的高一级的奢侈需要以及朝廷各部门衙署的公用需要而设置的。这种由官家自设作坊的官手工业制度实由来已久，至周而成为一个明确的制度，为此《周礼·考工记》还作了系统的论述，其情况已见前卷。官手工业制度到了秦汉时代又有了进一步的发展，在组织形式上和管理机构上都已经定型化，后世历代官手工业的愈来愈繁多的门类、愈来愈庞大的规模，以及愈来愈细密的分工，都是以秦汉的官手工业制度为基础而逐渐扩大发展起来的。这样，官手工业作为一种制度，不但从古代到近代一脉相承地延续下来，成为不变的传统，而且还一代超过一代地继续发展，即手工业种类在不断增加，生产规模在不断扩大，政府的管理部门和管理人员亦在累进增多，成为中国封建经济结构中的一个特殊现象。

中国古代的官手工业，是一个明确的和体系完整的经济制度，它的产生和发展不但不偶然，而且有其深邃的思想根源和经济根源。关于这个问题的全面论述，将于后文第十章论经济政策的有关章节中详之，这里仅简单指出，官手工业制度产生的根本目的之一，是为了彻底贯彻抑商政策。这是统治阶级从其本身的根本利益出发，为了使国家能长治久安，借以巩固其统治地位，他们知道必须使社会成为一种安定不变的静止状态，并使人们的一切行为都受习惯和传统支配。为了达到这个目的，就必须使商品经济特别是商业永久处于一种不发达的状态中，因为商业的发达，是引起变化的起点，因而也是产生不满和要求变革的起点，这些变化最终又是造成“作乱犯上”的起点。但是，在一个以自然经济为主体的封建社会中，统治阶级恰恰是一个需要多种商品供应的最大消费者，并且是拥有最大的购买力因而是能促进市场繁荣的最大消费者，如果他们所需要的一切生活必需品、便利品和奢侈品都以商品形式从市场上购买，那将是对商业发展的一个强有力的刺激。我们知道在欧洲，正是这一股强大的刺激力量，对欧洲资本主义的产生和发展起了直接的推动作用，即直接成为促进商品经济发展的一股强大的动力。在中国，却走了一条与此相反的道路，很早就产生了可以抑制商品经济发展的官手工业制度。因为在官手工业不断发展的情况下，社会上这个最大的商品购买者，基本上可以从种类繁多而又集中了全国的能工巧匠而形成的官手工业来获得他们所需要的一切物品，从而不再需要通过普通的买卖程序，以商品形式由市场获得，这样一来，商品经济的发展道路就被堵塞了。社会上最大的主顾不通过市场，而广大自给自足的农民又不需要市场，国内市场自然就萎缩了。这是中国的资本主义萌芽虽然产生很早，却又长期停滞在萌芽状态而不能发展为资本主义生产方式的原因所在。

从周代即已开始的官手工业制度，到了秦代，各个工业部门都设有专官管理。官制基本上都是依据《周礼》，大体上不出《考工记》的范围。秦代文献存世很少，没有关于官制的系统记载，但是汉代官制继承了秦制，故可以根据汉代的官制来间接推知。秦汉两代的工官设置基本上是相同的，系根据手工业的性质分属于两个系统，一是略似现代意义的重工业和人民大众生活必需品手工业，如各种采矿业、炼铜业、铜器制造业、冶铁业、铁器铸造业、煮盐业、酿酒业等。官营这些工矿业的目的之一，是为了增加财政收入，故划归财政部门来管辖，此官秦名治粟内史，汉武帝时改为大司农。此官除了主管财务和农政外，还主管采矿、冶金、盐、酒等生产和运销：

> 治粟内史，秦官，掌谷货，有两丞。景帝后元元年（公元前一四三年）更名大农令，武帝太初元年（公元前一〇四年）更名大司农。属官有太仓、均输、平准、都内、籍田五令丞，斡官、铁市两长丞（如淳曰，斡音筦，或作幹。斡，主也，主均输之事，所谓斡盐铁而榷酒，酤也）。[①]

① 《汉书》卷十九上，《百官公卿表上》。

秦没有实行禁榷制度，但是这个制度原是古已有之的，秦王朝为了增加政府的财政收入，亦可能参与经营盐铁酒酤等有利事业，如秦有铁官，明确见于记载，例如司马迁的先人昌，“昌为秦主铁官，当始皇之时”①。秦代的其他各种工官，除由汉代官制推知一二外，余均不见记载。

二是各种手工制造业，其主管部门是少府，汉仍其旧。少府是皇帝的后勤部，凡属皇帝、后妃和宫廷所需要的各种手工业制造品和一切需要加工的物品，均由少府备办供应，能自行制造的，则设置官办作坊；不能自制或生产不足的，则向民间工商业者征收赋税或实物：

> 少府，秦官，掌山海池泽之税，以给供养（师古曰：大司农供军国之用，少府以养天子也），有六丞。属官有尚书、符节、太医、太官、汤官、导官、乐府、若卢、考工室、左弋、居室、甘泉居室、左右司空、东织、西织、东园匠十（二）〔六〕官令丞（如淳曰：若卢，官名也，藏兵器。《品令》曰：若卢郎中二十人，主弩射，《汉书注》有若卢狱令，主治库兵将相大臣。臣瓒曰：冬官为考工，主作器械也。师古曰：太官主膳食，汤官主饼饵，导官主择米。若卢，如说是也。左弋，地名。东园匠，主作陵内器物者也）。……武帝太初元年更名考工室为考工……河平元年（公元前二十八年）省东织；更名西织为织室。……王莽改少府曰共工。②

东织和西织在更名前统名为织室，是专门织造和缝制皇帝、后妃等人的衣着特别是命服的御用作坊：

> 〔惠帝四年（公元前一九一年）十月〕丙子，织室灾（师古曰：织作之室）……织室所以奉宗庙衣服，与《春秋》御廪同义。③

宫室、官府等建筑和其他土木工程及其所需砖、瓦、石、木等作，由将作少府主管，汉更名曰将作大匠：

① 《史记》卷一百三十，《太史公自序》。
② 《汉书》卷十九上，《百官公卿表上》。
③ 《汉书》卷二十七上，《五行志》。

将作少府，秦官，掌治宫室，有两丞、左右中候。景帝中元六年（公元前一四四年）更名将作大匠，属官有石库、东园主章、左右前后中校七令丞（如淳曰：章谓大材也。旧将作大匠主材吏名章曹掾。师古曰：东园主章掌大材，以供东园大匠也），又主章长丞（师古曰：掌凡大木也）。武帝太初元年更名东园主章为木工。①

炼铜、铜器铸造和铸钱业，其主管机关是水衡都尉，这是汉代新增设的官制，因为采铜、铸钱和铜器制造，在汉代是一个重要的手工业部门，无论是官营或私营，都是一种获利丰厚的经营，故汉代于大司农、少府、将作大匠等官府之外，又分设专官以管理铜政：

水衡都尉（张晏曰：主都水及上林苑，故曰水衡。主诸官，故曰都。有卒徒武事，故曰尉），武帝元鼎二年（公元前一一五年）初置，掌上林苑，有五丞。属官有上林、均输、御羞、禁圃、辑濯、钟[1]官、技巧、六厩、辨铜九官令丞（如淳曰：钟官，主铸钱官也。辨铜，主分别铜之种类也）。②

于是悉禁郡国无铸钱，专令上林三官（《集解》：《汉书·百官表》：水衡都尉，武帝元鼎二年初置，掌上林苑，属官有上林均输、钟官、辨铜令。然则上林三官，其是此三令乎?）铸。钱既多，而令天下非三官钱不得行，诸郡国所前铸钱皆废销之，输其铜三官。③

设在京师附近的铁官，系由京兆尹直接管理，故京兆属官有铁官长丞：

内史，周官，秦因之，掌治京师。景帝二年（公元前一五五年）分置左〔右〕内史。右内史武帝太初元年更名京兆尹，属官有长安市、厨两令丞，又都水、铁官两长丞。④

---

① 《汉书》卷十九上，《百官公卿表上》。

② 《汉书》卷十九上，《百官公卿表上》。

③ 《史记》卷三十，《平准书》。

④ 《汉书》卷十九上，《百官公卿表上》。

除了在中央设立专官，主管各种手工制造业外，又在若干郡县设置专业性的官办作坊，以就地制造，其中从事各种杂项工艺制造的称工官，专门织造文彩缯帛的称服官。设置工官、服官之处，大都是该项手工业的原料产地或由于该地区有地方特点的传统工艺。设有工官的共八处：

河内郡：怀；河南郡；南阳郡：宛；济南郡：东平陵；泰山郡；泰山郡：奉高；广汉郡：雒；蜀郡：成都。①

工官所属的作坊，制造的都是具有高度技术水平的工艺品，其中主要有漆器、宗庙祭器和礼器、金银首饰和器皿等，总之，都是供装饰之用的奢侈品。由于作坊的规模大、产品多、费用巨，故成为政府财政的一项大宗支出，据贡禹在一次上书中说：

蜀广汉主金银器，岁各用五百万。三工官官费五千万（如淳曰：《地理志》：河内怀、蜀郡成都、广汉皆有工官。工官，主作漆器物者也。师古曰：如说非也。三工官，谓少府之属官，考工室也，右工室也，东园匠也。上已言蜀汉主金银器，是不入三工之数也）。②

设有服官的地方，都是盛产蚕丝的地方，或是自古以来就是以盛产丝织品而著名的地方，这主要是设在：

齐郡：临淄；陈留郡：襄邑。③

其中尤以齐郡的临淄为最重要，它自古以来就以盛产文彩布帛而有冠带衣履天下的称号。齐三服官的织丝作坊，规模都很宏大，都是各有数千工人的大型工场手工业，据贡禹说：

故时齐三服官输物不过十笥（师古曰：三服官主作天子之服，在齐地。笥，盛衣竹器），方今齐三服官作工各数千人，一岁费数巨

① 《汉书》卷二十八上，《地理志上》。
② 《汉书》卷七十二，《贡禹传》。
③ 《汉书》卷二十八上，《地理志上》。

万。……东西织室亦然。①

自汉武帝时期实行禁榷制度后，所有盐铁的生产和运销一律收归官营，于各郡国设置盐官和铁官，计设置盐官三十一处，铁官四十九处。设置盐官之郡或县，计有：

河东郡：安邑；太原郡：晋阳；南郡：巫；钜鹿郡：堂阳；勃海郡：章武；千乘郡；北海郡：寿光；东莱郡：曲成、东牟、巾弦、昌阳、当利；琅邪郡：海曲、长广；会稽郡：海盐；蜀郡：临邛；犍为郡：南安；益州郡：连然；巴郡：朐忍；陇西郡；上郡：独乐、龟兹；西河郡：富昌；朔方郡：沃野[2]；五原郡：成宜；雁门郡：楼烦；渔阳郡：泉州；辽西郡：海阳；辽东郡：平郭；南海郡：番禺；苍梧郡：高要。②

设置铁官的郡或县共四十九处，凡其处有铁矿可资开采和冶炼，或者于冶炼之外，又利用冶出之铁作原料，兼铸造铁器而成为一种冶铸联合企业，则设大铁官，如郡县不产铁，只能利用附近铁矿炼出之铁专门铸造铁器，则设小铁官。《汉书·地理志》于设有铁官之郡或县只注明“有铁官”，而不言大小，不知所设之铁官究属何种。但据后来的文献资料和地下发现的考古资料来看，凡是设有铁官的地方，大都是铁矿所在地或距离铁矿不远而又交通便利和商业发达的城市。据《汉书·地理志》所载，设有铁官的郡或县计有：

京兆尹：郑；左冯翊：夏阳；右扶风：雍、漆；弘农郡：宜阳；河东郡：安邑、皮氏、平阳、绛；太原郡：大陵；河内郡：隆虑；河南郡；颍川郡：阳城；汝南郡：西平；南阳郡：宛；庐江郡：皖；山阳郡；沛郡：沛；魏郡：武安；常山郡：蒲吾、都乡；涿郡；千乘郡：千乘；济南郡：东平陵、历城；泰山郡：嬴；齐郡：临淄；东莱郡：东牟；琅邪郡；东海郡：下邳、朐；临淮郡：盐渎、堂邑；

① 《汉书》卷七十二，《贡禹传》。

② 《汉书》卷二十八，上、下，《地理志上》《地理志下》。

桂阳郡；汉中郡：沔阳；蜀郡：临邛；犍为郡：武阳、南安；陇西郡；渔阳郡：渔阳；右北平郡：夕阳；辽东郡：平郭；中山国：北平；胶东国：郁秩；成阳国：莒；东平国；楚国：彭城；广陵国。①

采铜和炼铜业则设有铜官，知均为官营。大概是于收回了造币权之后，必同时禁止私人采铜。由于铜矿发现不多，故铜官设置亦不多，见诸记载的只有：

丹扬郡（有铜官）；越巂郡：邛都（南山出铜）；益州郡：俞元（怀山出铜）、来唯（从陆山出铜）。②

银锡的采炼亦设有专官，设银锡官之处，计有：

犍为郡：朱提（山出银）；益州郡：贲古（西羊山出银、铅，北采山出锡，南乌山出锡）。③

东汉官制完全继承西汉，但对工官则大为裁并，说明东汉官手工业的规模实远不及西汉。东汉的各种官手工业，皆划归少府管辖，所设之官只有：

少府，卿一人，中二千石。本注曰：掌中服御诸物，衣服宝货珍膳之属。……守宫令一人，六百石。本注曰：主御纸笔墨，及尚书财用诸物及封泥。……尚方令一人，六百石。本注曰：掌上手工作御刀剑诸好器物。④

民营手工业的组织形式，主要有两大类：一是家庭手工业；二是作坊手工业。

家庭手工业虽然是一种农村副业，但却是农民生活的一个重要补助，绝不是可有可无的；换言之，这种与小农业紧密结合在一起的小手工业，乃是

① 《汉书》卷二十八，上、下，《地理志上》《地理志下》。

② 《汉书》卷二十八上，《地理志上》。

③ 《汉书》卷二十八上，《地理志上》。

④ 《后汉书》志第二十六，《百官志三》。

形成长期封建社会经济结构的一个重要内容。在家庭手工业中，纺织业是这种工业生产的主要部门，所以就成为家家户户从事的一种职业，而负担这项生产任务的则主要是女子，纺织的原料是丝和麻，织成品是需求最多的布帛（包括各种高贵的精美丝织品）。正由于男耕女织是人民生活资料（衣食之需）的唯一来源，故最为人们所重视，因而论及的地方亦特别多，这里仅酌引数例，来说明这一生产部门的重要性：

至于始皇，遂并天下，内兴功作，外攘夷狄……男子力耕不足粮饷[3]；女子纺绩不足衣服。竭天下之资财以奉其政，犹未足以澹其欲也。①

郦生〔谓汉王〕曰："楚汉久相持不决，百姓骚动，海内摇荡，农夫释耒，工女下机（《索隐》：谓女工，是工巧也），天下之心未有所定也。"②

〔武帝〕遣两将军将兵诛闽越。淮南王安上书谏曰："……士卒罢倦[4]，食粮乏绝，男子不得耕稼（种树）〔树种〕，妇人不得纺绩织纴……"③

安世尊为公侯，食邑万户，然身衣弋绨，夫人自纺绩。④

王丹……哀平时仕州郡。……丹资性方洁[5]，疾恶豪强。时河南太守同郡陈遵，关西之大侠也。其友人丧亲，遵为护丧事，赙助甚丰。丹乃怀缣一匹，陈之于主人前曰："如丹此缣，出自机杼。"遵闻而有惭[6] 色。⑤

太祖始有丁夫人……太祖忿之，遣归家，欲其意折。后太祖就见之，夫人方织，外人传云公至，夫人踞机如故。⑥

〔许〕允后为景王所诛，门生走入告其妇，妇正在机，神色不变，曰："早知尔耳。"⑦

核上疏曰："……今吏士之家，少无子女，多者三四，少者一

① 《汉书》卷二十四上，《食货志》。
② 《史记》卷九十七，《郦生陆贾列传》。
③ 《汉书》卷六十四上，《严助传》。
④ 《汉书》卷五十九，《张汤传附子安世传》。
⑤ 《后汉书》卷二十七，《王丹传》。
⑥ 《三国志》卷五，《魏书·武宣卞皇后传》注引《魏略》。
⑦ 《三国志》卷九，《魏书·夏侯尚传》注引《魏氏春秋》。

二，通令户有一女，十万家则十万人，人织绩一岁一束，则十万束矣。使四疆之内同心戮力，数年之间，布帛必积。恣民五色，惟所服用。"①

有些边远或闭塞之区，生活贫困落后，往往不注意纺绩，甚至有的地方还根本不知道纺绩，以致缺衣少穿，其甚者，因"冬月无衣，积细草而卧其中，见吏则衣草而出"，遇到较好的地方官吏，便大力提倡，为之购买纺织器械，聘请织师，以教民纺织，例如：

〔建初八年（公元八十三年）〕迁庐江太守。……又训令蚕织，为作法制，皆著于乡序。②

〔桓帝朝〕出为五原太守。五原土宜麻枲，而俗不知织绩；民冬月无衣，积细草而卧其中，见吏则衣草而出。寔至官，斥卖储峙，为作纺绩、织纴、练缊之具以教之，民得以免寒苦。③

崔寔《政论》曰：卖储峙得二十余万，诣雁门广武迎织师，使巧手作机，及纺以教民织，具以上闻。④

从事商品生产的各种手工业，大都是作坊手工业，特别是那些产量巨大的采矿、炼铜、铸钱、冶铁、铸造、煮盐等，都不可能以个体方式进行小量的生产，而必须是大规模经营，这是由手工业本身的性质，决定了它本身应有的组织形式。毕竟，组织这类企业都需要大量的固定资本和流动资本，都需要雇用很多的工人，生产出来的产品都需要有广大的国内市场，所以进行小本经营是根本不可能的。在汉武帝实行禁榷制度以前，所有这些企业都是在"开关梁，弛山泽之禁"的放任政策下，完全听任私人自由经营的。正由于这些企业都是具有资本多、雇工多、产量多、利润多的特点，所以很早就使这些企业的经营含有资本主义萌芽的性质，因为：

第一，所有这些企业的经营者或所有者，都是占有货币财富的富商大贾，换句话说，他们都是资本所有者，他们是把所占有的商业经营资本（商业资

① 《三国志》卷六十五，《吴书·华核传》。

② 《后汉书》卷七十六，《循吏·王景传》。

③ 《后汉书》卷五十二，《崔骃传附子寔传》。

④ 《后汉书补注》卷十二。

本）和货币经营资本（如高利贷资本），通过对这些企业的经营——即对这些企业的投资而转化为产业资本——这是促使资本主义萌芽产生和发展的一个本质的要素。在这些产业中起主导作用的是资本，客观的经济规律也是围绕着资本这个轴心来旋转运行的。司马迁早就敏锐地看出，像冶铸煮盐等大型企业的全部生产和营运，都是在所谓“蹛财役贫”即在资本的命令下进行的。他指出：

> 富商大贾或蹛财役贫（蹛，停也。一曰贮也），转毂百数，废居居邑（言其乘时射利也）……冶铸煮盐，财或累万金。[①]

可见投资于这些企业的都是富商大贾或地方上的豪强大家，总之，都是先通过各种不同的途径于发财致富之后，才具有充分的资力来从事这些经营的。

第二，由于这些企业都是规模大、产量多、利润高，生产出来的产品又是人人所必需，因而有广大的国内市场，所以经营的人往往大发其财，如我们不断引证过的司马迁的论述，就足以充分说明这些情况。为了进一步全面地阐明这个问题，这里仍有酌引数例的必要：

> 而巴（蜀）寡妇清，其先得丹穴，而擅其利数世，家亦不訾（同资）。清，寡妇也，能守其业，用财自卫，不见侵犯。秦皇帝以为贞妇而客之，为筑女怀清台。[②]
>
> 猗顿用盬盐起。而邯郸郭纵以铁冶成业，与王者埒富。[③]
>
> 蜀卓氏之先，赵人也，用铁冶富。秦破赵，迁卓氏。……致之临邛，大喜，即铁山鼓铸，运筹策，倾滇蜀之民，富至僮千人。田池射猎之乐，拟于人君。[④]
>
> 程郑，山东迁虏也，亦冶铸，贾椎髻之民，富埒卓氏，俱居临邛。[⑤]

---

① 《史记》卷三十，《平准书》。

② 《史记》卷一百二十九，《货殖列传》。

③ 《史记》卷一百二十九，《货殖列传》。

④ 《史记》卷一百二十九，《货殖列传》。

⑤ 《史记》卷一百二十九，《货殖列传》。

宛孔氏之先，梁人也，用铁冶为业。秦伐魏，迁孔氏南阳。大鼓铸……因通商贾之利，有游闲公子之赐与名。[1]

鲁……曹邴氏……以铁冶起，富至巨万。[2]

〔东郭〕咸阳，齐之大煮盐，孔仅，南阳大冶，皆治生累千金。[3]

〔建武中〕迁桂阳太守。……又耒阳县（山）〔出〕铁石，佗郡民庶常依因聚会，私为冶铸，遂招来亡命，多致奸盗。[4]

在汉初实行放任政策时，不仅采矿、冶铁、煮盐等业均听任民营，而且连向来由政府垄断的造币权也曾一度放弃，于是采铜、铸钱遂成为一项最有利的经营，因为它可以直接形成财富，结果便造成如贾谊所说：

今农事弃捐而采铜者日蕃，释其耒耨，冶熔炊炭，奸钱日多。[5]

由于铸钱业生产出来的不是普通商品——消费品，而是货币——财富的主要形态，或者说是财富随时可用的绝对社会形态，只要铸出了钱，就获得了等量的财富，所以从事铸钱的人，无不立成豪富，其甚者，如邓通、吴王濞等，都因自铸钱之故，成为地方上的割据势力：

吴以诸侯即山铸钱，富埒天子，后卒叛逆。邓通，大夫也，以铸钱财过王者。故吴、邓钱布天下（《补注》叶德辉曰：《西京杂记》云：文帝赐邓通蜀铜山，听自铸钱，文字肉好，皆与天子钱同。时吴王亦有铜山，铸线微重，文字肉好，皆与汉钱不异）。[6]

文帝之时，纵民得铸钱、冶铁、煮盐，吴王擅鄣海泽，邓通专西山，山东奸猾，咸聚吴国；秦、雍、汉、蜀因邓氏，吴邓钱布天下。[7]

---

① 《史记》卷一百二十九，《货殖列传》。
② 《史记》卷一百二十九，《货殖列传》。
③ 《史记》卷三十，《平准书》。
④ 《后汉书》卷七十六，《循吏・卫飒传》。
⑤ 《汉书》卷二十四下，《食货志》。
⑥ 《汉书》卷二十四下，《食货志》。
⑦ 《盐铁论・错币》。

到景帝时，鉴于吴楚七国的叛变，于中元六年（公元前一四四年）定铸钱伪黄金弃市律[①]，由政府收回了被文帝放弃的造币权。法禁虽严，但由于利益优厚，谁也不甘放弃，于是遂纷纷转入地下，照旧鼓铸，以致盗铸日炽，奸钱日多，从此成为历代王朝一个无法解决的老大难问题。

铸钱业收归官营后，并没有消灭私铸，而呈现一种官私竞铸的局面，但由于产量大，需要多，故公私铸钱业都非常繁荣，据元帝时贡禹说：

> 今汉家铸钱，及诸铁官皆置吏卒徒，攻山取铜铁，一岁功十万人已上……凿地数百丈……斩伐林木亡有时禁。[②]

第三，在禁榷制度实行以前，所有私营的探铁石、鼓铸、煮盐以及采铜、铸钱等，都是大型的作坊工业，亦即工场手工业。上文曾指出，由于手工业本身性质的限制，不论是官营或私营，都必须是大规模经营，而不可能由个体的小生产者以小手工业的方式来进行，单就冶炼铜、铁和铸造铜铁器而言，其所用高炉，都是体积庞大、结构复杂（详见下节），生产过程的各个环节，已经有了内部技术分工的雏形：采矿、烧炭、选矿、筛矿、配料、掌火、鼓风等工序，都各由一定数目的、具有相当熟练程度的技术工人负责。这样，每一个单位所雇的工人数目，都是少则数百人，多则千余人。据桑弘羊说：

> 往者豪强大家，得管山海之利，采铁石、鼓铸、煮盐，一家聚众，或至千余人，大抵尽收放流人民也。远去乡里，弃坟墓，依倚大家，聚深山穷泽之中。[③]

把上引文献仔细地分析一下，便可以看出其中有可注意的三点：一是所有采铁石、鼓铸、煮盐等大型企业的所有者，都是“得管山海之利”的“豪强大家”，上文已经指出，这些人都是财富所有者，亦即资本所有者，生产所需要的大量固定资本和流动资本，都是他们以所有主的身份提供的，所以他们都是地地道道的资本家或企业主，这时在企业的全部营运中起支配作用的是资本。二是所有这些企业都是商品生产，生产的目的完全是为了营利，因

① 《汉书》卷五，《景帝纪》。
② 《汉书》卷七十二，《贡禹传》。
③ 《盐铁论·复古》。

而所有产品都是以交换价值的形态出现，而不是以使用价值的形态出现的。从上引几段文献已经可以清楚看出：巴蜀寡妇清的丹穴，因“擅其利数世”而大发其财；蜀卓氏于“即山鼓铸”之后，便“运筹策，贾滇蜀之民”；程郑冶铸的铁器，因“贾椎髻之民”，而“富埒卓氏”；以冶铁为业的宛孔氏，则“连车骑”，“因通商贾之利”；可见这些企业所进行的都是商品生产。三是所有这些企业使用的众多工人，都是为赚取工资而被招募来的雇佣劳动者。有人毫无根据地认为这些人都是奴隶，使用他们的企业主都是奴隶主，即所谓“工商奴隶主”，实是一种非常错误的说法，因为经营这一类的大企业，使用奴隶劳动，既是不可能的，也是不必要的。这需要从以下几个方面来进行分析：

第一，在炼铁、炼铜、鼓铸铜铁器、煮盐等大型作坊或工场中做工的工人，不可能是奴隶，因为他们都是有相对的迁徙自由的自由民，是自己劳动力的完全所有者，不属于自己以外的任何人所有，即对于任何人没有人身依附关系。所谓“尽收放流人民”，意思是说这些人可以流徙各地，可以“远去乡里，弃坟墓”，到自己选择的任何地方去寻觅雇佣机会。如果是一个身有所属的奴隶，他就不可能任意“放流”，不可能“远去乡里，弃坟墓”了。所谓“依倚大家”，是说工人受雇于“大家”，以换取工资，而不是卖身于“大家”，为“大家”所“豢养”。

第二，我们在《中国封建社会经济史》第一卷和本卷第三章中讨论劳动问题时已经指出，中国的雇佣劳动出现很早，它是封建土地制度变革的一个必然结果。在土地买卖制度确立以后，随着土地兼并的不断发展，失掉土地的人愈来愈多，这些失掉土地的人如果不能“或耕豪民之田”，去佃耕土地，又不愿“亡逃山林，转为盗贼”，便只有出卖自身仅有的劳动力去当雇工。这是雇佣劳动出现很早的原因所在。但又由于社会上缺乏相应的就业机会，使大量的准备出卖劳动力的人常常找不到雇主，换句话说，当社会上已经有了充沛的雇佣劳动力的供给时，却没有同时产生对这种劳动力的需要，即有大量的卖主，却很少有买主，于是就造成劳动力价值的十分低廉，这给豪强大家提供了一个极好的机会，使他们能利用这种廉价劳动力来兴办各种企业，而无不大获其利。不利用这些现成的有利条件，而使用不经济的和无效率的奴隶劳动，是不可想象的。

第三，奴隶劳动不但效率非常低，而且供给和监督管理的费用也非常大，资本所有者在筹建这些企业时，首先就要垫支一大笔购买奴隶的费用，其次还得垫支雇用大批监督和管理人员的薪俸，二者加在一起，实远过所雇工人的工资，这样，客观的价值规律决定了这类企业不可能使用奴隶劳动。这些企业特别是冶炼和铸造企业，其生产的各个环节，都要求强度很大的劳动和很高的技术，这绝不是愚昧、消极怠慢、怀有敌意而又缺乏技术训练的奴隶所能胜任的。据近年在云梦出土的秦简《工人程》中一条秦律，曾对比了奴隶与普通工人的劳动效率，可用以说明这个问题：

> 冗隶妾二人当工一人，更隶妾四人当工〔一〕人，小隶臣妾可使者五人当工一人。①

可见奴隶的劳动生产率是远比普通工人为低的，不用廉价的雇佣劳动，而用成本高、效率低的奴隶劳动，显然是不合情理的。

既然这些企业都使用了雇佣劳动以进行商品生产，而生产品又是大量的和畅销于广大国内市场的商品，则这些生产显然都是含有资本主义萌芽性质的生产。正是为了要从摇篮里把这一点刚刚萌芽的、稀疏的资本主义成分加以扼杀，才把这些销路广、获利丰的工矿业一律从私人手里夺取过来，改为官营。实行这个政策时，在当时虽另有其具体的原因，如为了讨伐匈奴而迫切需要筹措军费，为了消弭地方割据势力的增长等，都促使汉武帝坚定不移地来实行盐铁官营，但除了这些财政的和政治的目的外，还有一个更为深远的目的，便是用以贯彻抑商政策。关于这个问题的全面论述，将于本卷第十章中详之，这里从略。

由桑弘羊设计和负责执行的盐铁官营政策，对上述三个目的而言，都是圆满成功的，但对于整个社会经济的发展而言，则是十分有害的，因为这个政策贯彻的结果，把刚刚发展起来的商品经济特别是商业进一步发展的生机和动力，完全堵塞窒息了。我们知道在自然经济仍占主导地位的封建社会中，盐铁是人生活中的绝对必需品，而又不能由小生产者自行生产，必须向市场购买，即所谓“非编户齐民所能家作，必卬于市，虽贵数倍，不得不买”②。所以盐铁是仅有的能够大量生产和大量运销、因而也是最容易发财致富的经营。现在把这些仅有的能扩大国内市场和促进商品经济发展的部门，一举而

---

① 云梦秦简整理小组：《云梦秦简释文二·工人程》，《文物》一九七六年，第七期。

② 《汉书》卷二十四下，《食货志》。

囊括于政府之手，而后世历代王朝又一脉相承地奉行这个政策，并不断地变本加厉，以扩大禁榷的范围和规模，不论是商业还是手工业，只要销路广、利润大、生产或运销的数量多，无不一网打尽，概不许私人染指。这样一来，私人可能经营的种类已寥寥无几，而且也无关紧要[7]了。当商品经济的正常发展道路完全被堵死，一点微弱的生机已被窒息时，资本主义的萌芽自然就不可能茁壮生长了。

当这些大规模企业由私人经营时，企业的所有人是自负盈亏的，所以一切营运活动都严格受价值规律的支配，经营者无不兢兢业业，力求做到“趋时若猛兽鸷鸟之发”，“若伊尹吕尚之谋，孙吴用兵，商鞅行法”。如果不根据合理主义、不遵循经济规律而胡乱指挥，必立即招致失败的结局，所谓“能者辐凑，不肖者瓦解”，对于每一个营业者而言，这是谁也不能侥幸逃避的铁则。在营运中，尽管竞争是激烈的甚至是残酷的，但是它的促进发展的力量则是强大的。改为官营之后，企业的所有者是政府，企业的管理机构是衙门，主持业务的人是一些不谙经济事务的官吏。在整个营运中，都是一套规矩，一种模式，一个规格，没有比较，没有竞争，没有刺激，因而也就不要求发展，不要求改进。至于伴随而俱来的低效无能、贪污浪费和粗制滥造等，就更不用说了。所以在禁榷制度实行之后，不久便出现了产品质量低劣，价格昂贵的现象[8]，很快就招致了两败俱伤的结果：既僵化了这些企业本身，又妨碍了经济的正常发展。这种情况，可由下引文献略见梗概：

〔卜〕式既在位（御史大夫），见郡国多不便县官作盐铁，铁器苦恶（《集解》瓒曰：谓作铁器，民患苦其不好），贾贵，或强令民卖买之。①

县官鼓铸铁器，大抵多为大器，务应员程，不给民用，民用钝弊，割草不痛，是以农夫作剧，得获者少，百姓苦之矣。②

贤良曰：卒徒工匠，故民得占租鼓铸煮盐之时，盐与五谷同贾，器和利而中用。今县官作铁器多苦恶，用费不省，卒徒烦而力作不尽。家人相一，父子戮力，各务为善器，器不善者不集。农事急，挽运衍之阡陌之间，民相与市买，得以财货五谷新弊易货（当作

① 《史记》卷三十，《平准书》。
② 《盐铁论·水旱》。

贸)，或时贳，民不弃作业，置田器各得所欲，更繇省约。……民便之。今总其原，一其贾，器多坚䃭[9]，善恶无所择，吏数不在，器难得，家人不能多储，多储则镇生，弃膏腴之日，远市田器，则后良时。盐铁贾贵，百姓不便，贫民或木耕手耨，土耰淡食。铁官卖器不售，或颇赋与民。卒徒作不中呈，时命助之，发征无限，更繇以均剧，故百姓疾苦之。①

官营手工业的这种有害结果，特别是它对社会经济发展的阻碍作用，在当时即已为司马迁的敏锐眼光所洞察，他对以官营盐铁为中心的整个禁榷制度，是深恶痛绝的。虽然他并不否认实行盐铁官营的结果，增加了财政收入，暂时缓和了朝廷所面临的经费困难，所谓“大农以均输调盐铁助赋，故能赡之”②，能使“天子北至朔方，东到太山，巡海上，并北边以归。所过赏赐，用帛百余万匹，钱金以巨万计，皆取足大农”③，故能“民不益赋而天下用饶”④。但却认为不应当为了眼前的利益，破坏社会经济的正常发展。他明确指出，自然所赋予的各种物产或各地特产，“皆中国人民所喜好，谣俗被服饮食奉生送死之具也。待农而食之，虞而出之，工而成之，商而通之。此宁有政教发征期会哉？人各任其能，竭其力，以得所欲。故物贱之征贵，贵之征贱，各劝其业，乐其事，若水之趋下，日夜无休时，不召而自来，不求而民出之。岂非道之所符，而自然之验？周书曰：‘农不出则乏其食，工不出则乏其事，商不出则三宝绝，虞不出则财匮少。’财匮少而山泽不辟矣。此四者，民所衣食之原也。原大则饶，原小则鲜。上则富国，下则富家。贫富之道，莫之夺予（言贫富自由，无夺予），而巧者有余，拙者不足”⑤。人们对这种自然运行、自我调整的经济有机体，只能因势利导，促使其沿着固有轨道正常发展，不应横加干预或扰乱，如果它在运行中发生了故障，也只能从旁协助，加以调理，辅助它继续发展，如不此之图，而从中上下其手，乘机争夺，那就是走向下流了。所以司马迁说：“善者因之，其次利道之，其次教诲之，其次整齐之，最下者与之争。”⑥

① 《盐铁论·水旱》。
② 《史记》卷三十，《平准书》。
③ 《史记》卷三十，《平准书》。
④ 《史记》卷三十，《平准书》。
⑤ 《史记》卷一百二十九，《货殖列传》。
⑥ 《史记》卷一百二十九，《货殖列传》。

禁榷制度的主要作用，恰恰是与民争利。并且这个制度是在当时军费浩大、财政窘迫，而又罗掘俱穷（如实行卖官鬻爵、告缗遍天下、频繁改铸铜钱、行施白金皮币等）之后，于饥不择食之际，匆忙决定的："于是以东郭咸阳、孔仅为大农丞，领盐铁事；桑弘羊以计算用事，侍中。咸阳，齐之大煮盐，孔仅，南阳大冶，皆致生累千金，故郑当时进言之。弘羊，雒阳贾人子，以心计，年十三侍中。故三人言利事析秋毫矣。"① 司马迁不仅对桑弘羊等三人的为人颇多微词[10]，而且于叙述禁榷制度的实行经过时，更是于言里言外大加贬抑：

> 大农上盐铁丞孔仅、咸阳言："山海，天地之藏也，皆宜属少府（《索隐》韦昭曰：少府，天子私所给赐经用也。公用属大司农也），陛下不私，以属大农佐赋。愿募民自给费，因官器作煮盐，官与牢盆。浮食奇民欲擅管山海之货，以致富羡，役利细民。其沮事之议，不可胜听。敢私铸铁器煮盐者，钛[11]左趾，没入其器物。郡不出铁者，置小铁官（《集解》邓展曰：铸故铁），便属在所县。"使孔仅、东郭咸阳乘传举行天下盐铁，作官府，除故盐铁家富者为吏，吏道益杂，不选，而多贾人矣。②

可见司马迁不给桑弘羊等人立传，决非事出偶然，如疏忽或遗漏等，而是由于鄙弃其人，不屑于为之浪费笔墨。因为他坚定地认为要保证经济的正常发展，先要维持农、虞、商、工四者间的自然平衡，而抑商（即抑末）政策，恰恰是破坏了这个平衡，并且在抑末的同时，也连带抑了农，因官作铁器，"民患其苦恶"，价贵，以致造成"贫民或木耕手耨土耰淡食"，结果是农末俱病，"末病则财不出，农病则草不辟矣"③。

---

① 《史记》卷三十，《平准书》。
② 《史记》卷三十，《平准书》。
③ 《史记》卷一百二十九，《货殖列传》。

第二节　汉代手工业的发展水平与技术成就

（一）炼铁、铸铁和制钢

大体上从春秋中叶开始的冶铁业，在不长的时期内，很快即从初期的“恶金”阶段发展到一个相当高的水平，无论从文献资料来看，或从地下发掘出来的实物资料（例如在河北兴隆出土的战国铁范和在湖南出土的战国铁铲①）来看，都可以证明战国时期的铸铁技术已经有了高度的发展，铸造出来的薄件铁器，都是细致端正，表面光滑，如果没有良好的高炉，就不可能炼出高温铁水来浇铸薄壁铁件的。到了秦汉时代，又在战国已经取得的进步的基础上迈进到一个新的高度[12]，所有生产过程的各个环节——包括建造高炉、鼓风设备、冶炼生铁、铸造铁器、炒铁成钢等，在技术上都取得了辉煌成就[13]，比之工业革命前英国手工冶铁业的技术成就，实有过之而无不及。所有这时在炼铁铸造方面所达到的技术造诣，大都成为后世奉行的典范，一直沿用到近代。

冶铁业的迅速发展，是由两方面的原因促成的：一方面，铁的需要量激增，公私所产之铁，供不应求。因为这时所有农具、工具、兵器等，均已不再使用青铜而改为铁制，而冶铁又是必须有大量资本和众多设备才能进行的，并由其本身性质决定了它的组织形式和应有规模，使这种手工业不能人人自行来干，即所谓“非编户齐民所能家作，必仰于市，虽贵数倍，不得不买”。这种手工业既然不是到处都能干，也不是人人都能干，而其产品又是人人所必需，自然就成为“盐铁均输，万民所戴仰而取给者”②。由于产销两旺，经营此业的人无不获利倍蓰，故从战国时期开始出现的许多富商大贾和豪强大家，十之九都是以冶铁起家，都是与王者埒富。利之所在，自然是群起追逐，从而促进了冶铁业的迅速发展。另一方面，秦汉时代的冶铁业具有迅速发展的物质条件，这包括：①如前文所指出，兴办冶铁业需要大量的固定资本和流动资本，恰好投资该项手工业的人都是拥有巨大财富的富商大贾或豪强大

① 参见《考古通讯》一九五六年第一期和《考古学报》一九六〇年第一期，郑绍宗和华觉明两位考古学者的论文。

② 《盐铁论·本议》。

家。有了充足的资本，才能完善各项生产设备，亦才能扩大生产规模和使用先进技术。②这时期土地兼并的不断发展，使社会经常存在着大量的相对过剩人口，他们迫切需要出卖劳动力，寻觅雇佣机会，从而给冶铁业提供了廉价劳动力的充沛来源，成为私营冶铁业能迅速发展和大获其利的难得机会。在私营冶铁业日益兴旺发达时，官家亦不甘落后，遂亦设铁官，兴办铁工场。官办的冶铁业，资本更雄厚，设备更齐全，工人更众多，规模更宏大，确如桑弘羊所说："卒徒工匠，以县官日作公事，财用饶，器用备。"[①] 可知官私冶铁业在实行禁榷制度以前系处在互相竞争的地位，这就更加促进了冶铁业的发展，并促成了生产技术的进步。

汉代设有冶铁作坊的地方很多，实行盐铁官营后，在产铁之地设有铁官的共四十九处，其情况已见上文。近年来考古学家在全国各地发现了许多汉代冶铁遗址，有许多遗址是未设铁官之地，可知汉代冶铁作坊所在地不限于设有铁官的四十九处，例如河南早在战国时期就是一个著名的产铁地区，尤以南阳所产的钢铁为最著名，到了秦汉时代，较早的宛孔氏和后来主管禁榷盐铁的盐铁丞孔仅，便都是南阳的铁商巨头。在《汉书·地理志》所载设有铁官的四十九处之中，属于河南郡县的有六处，即弘农郡之宜阳，河内郡之隆虑，河南郡之南阳，颍川郡之阳城，汝南郡之西平，南阳郡之宛，但是新发现的冶铁遗址则有十五处之多[②]。其中，对巩县铁生沟、南阳北关瓦房庄和郑州市古荥镇三处还进行了大规模的发掘，出土了大量的铸范、铁器、铁块和高炉残骸等，对于研究汉代冶铁工业的发展水平和技术成就，提供了极为宝贵的资料。从出土的器物、遗址的面积、高炉的结构等情况来看，可知公私冶铁工场的规模都相当大，技术水平也是相当高的。

汉代所设的铁官，本有两种，"郡不出铁者，置小铁官"，以地下发现的遗址征之以文献记载，知这种铁官分大小，系反映出汉代冶铁业有一定的分工：凡郡有铁者，即有铁矿的地方，铁场即设在矿区，主要是就地冶炼生铁，是单纯的炼铁场，如在巩县铁生沟、桐柏张畈和新安孤灯村的冶铁遗址中很少或者没有发现铸范，说明这些铁场是以冶炼生铁为主，而不铸造铁器；有些遗址系位于城镇，而又邻近矿区，如郑州古荥镇、鲁山望城岗等，从这些遗址可以看出，它们除冶炼生铁外，也兼铸铁器，是一种冶铸联合企业。另

① 《盐铁论·水旱》。

② 河南省博物馆、石景山钢铁公司炼铁厂中国冶金史编写组：《河南汉代冶铁技术初探》，《考古学报》一九七九年，第一期。

有一些遗址完全位于城镇，距离矿区较远，故主要是从事铸铁、锻铁和炒钢，即史所谓“设小铁官”之处，《史记·集解》释为“铸故铁”是完全正确的，“故铁”即已经炼成之铁。

关于汉代冶铁技术的发展水平，可从以下几个方面分别加以说明：

1. 高炉的构造、体积和产量

高炉的出现和发展，是汉代冶铸业已有高度发展的一个重要标志，也是中国古代劳动人民对人类物质文明的一个重要贡献。

汉代高炉的体积之大，在汉代历史文献中已有记载，是由于发生了事故，被当作异常现象而载诸史册的，至于这样大的化铁炉始于何时，是怎样逐步扩大发展而来的，已无可考，但汉代不是它的开始时期，则是肯定的。这两次事故的具体情况是：

征和二年（公元前九十一年）春，涿郡铁官铸铁，铁销，皆飞上去，此火为变使之然也。[①]

成帝河平二年（公元前二十七年）正月，沛郡铁官铸铁，铁不下，隆隆如雷声，又如鼓音，工十三人惊走。音止，还视地，地陷数尺，炉分为十，一炉中销铁，散如流星，皆上去，与征和二年同象。[②]

其实这两次事故都不是什么变异，而是炼炉内部变化的自然现象。前者显然是由于高炉体积大、容量多，待铁矿熔化后，炉内温度过高，压力过大，铁水冲破炉口迸出；后者据冶铁专家刘云彩的解释，是由于“高炉相当高，悬料（料难下）很久，高炉下部有很长一段炉料已经烧空、熔化，炉缸聚积了很多铁水，当上部炉料突然下落时，因炉缸承受的压力过大，才会将炉子破坏”[③]。

由这两条史文记载，可知汉代的炼铁高炉体积是很大的，但是更进一步的具体情况，文献资料就完全缺乏了，所幸近年来考古工作者的大量发掘，发现了许多汉代冶铁遗址，其中有些残存的高炉还相当完整，经过复原，可以从这些实物看出汉代高炉不仅形式多样，而且结构复杂，在炉料的选用配制上，在高炉的建造技术上，都表现了高度的成就，特别是在两千多年前的

① 《汉书》卷二十七上，《五行志》。

② 《汉书》卷二十七上，《五行志》。

③ 刘云彩：《中国古代高炉的起源和演变》，《文物》一九七八年，第二期。

古代，我国冶铁工人就已经掌握了合乎科学原理的、如此高超的技术，实令人赞叹不已。这里酌引几则考古工作者和冶铁工作者的发掘简报，来说明这些技术造诣：

巩县铁生沟的六座圆炉，炉缸直径0.8～1.8米，残高一米左右。根据炉的内形、炉内残留的炉料和熔渣以及附近出土的生铁，可以肯定是炼铁高炉。鹤壁的高炉断面是椭圆形的，最大的一座炉缸长轴3.1米，短轴2.4米，面积约5.8平方米。在十三座高炉中，有一座残高3米。古荥发现的两座高炉也是椭圆的，炉缸长轴约4米，短轴约2.8米，面积约8.5平方米。在一号高炉南端5米处的坑内，挖出属于同一时代的积铁，重20余吨。积铁和炉底的形状吻合。两块大积铁，应是拆炉时取出的，由于没有更好的处理方法，就在出铁场挖个深坑，将积铁从炉底挖出，埋在坑里。在最后一次清理后，高炉并未重建，因此炉底的原始状况得到完整的保留。它为现在的复原，提供了可靠的依据。[①]

东汉以前，冶铁已经达到较高的水平。古荥冶铁遗址中发现的炼铁炉是迄今已知汉代炼铁炉中最大的。重达二十余吨的大积铁反映了当时的冶炼效能。两座炉基用耐火土加小卵石穷筑，厚近四米；炉子不同部位选择了不同要求的耐火材料；基础坑处理为凸字形。这些是在长期冶炼中不断改进竖炉性能以达到大规模生产的经验的总结。为了提高生产效率，需要扩大炉子容积，但由于鼓风设施限制，炉腔加大后风量不足，于是在实践中创造了椭圆形的炉腔，这样就较易在扩大炉腔面积后满足鼓风的要求。在熔铸过程中也可能有意识地使用了热风的技术。以上说明，早在汉代，我国劳动人民就用自己的智慧发展了冶铁的独特道路，使我国的冶铁业走在当时世界的前列。[②]

椭圆形高炉的出现，说明汉代冶铁工匠对扩大炉的容积作了巨大的努力，对鼓风与炉径的相互关系已有深入的认识。即使当时的橐已做得较大，可是风压有限，炉缸扩大后，风力达不到中心，高

① 河南省博物馆、石景山钢铁公司炼铁厂：《河南汉代冶铁技术初探》，《考古学报》一九七八年，第一期。

② 郑州市博物馆：《郑州古荥镇汉代冶铁遗址发掘简报》，《文物》一九七八年，第二期。

炉就不能维持正常生产。冶铁工匠从长期实践特别是对停产高炉多次拆修中，逐渐认识到高炉中心不能充分发挥作用的原因，创造了椭圆形炼炉，既增大了炉缸面积，又能缩短风管和高炉中心区的距离。①

可见椭圆形高炉的出现，完全是为了适应鼓风能力而设计的。西汉时期的鼓风器仍然是沿用春秋战国以来的橐。关于先秦用橐的情形，《中国封建社会经济史》第一卷业已论述，从近年在山东滕县宏道院出土的汉画像石，我们看到了橐的具体形状②。橐的使用方法是在鼓风器与高炉之间用陶质风管连接起来。在古荥镇和铁生沟冶铁遗址的发掘中，都有大量风管残片和少量较完整的风管残段出土。风管为两层，内层是陶质，厚 10~20 毫米。为了减少漏风和避免碰坏或烧毁，在陶管外又糊上一层草拌泥，厚 30~60 毫米。出土的陶管大都是烧过的，有的表层成玻璃状，并有熔化后向下的流痕。风管伸入炉内的一段，因被火烧，容易断裂，须经常更换，故遗址中有大量风管残片。

早期的橐一直是使用人力，后到东汉初年时，南阳太守杜诗曾加以改进，发明了水排，即使用水力鼓风。后又有人作马排，即使用畜力鼓风，这是针对缺水的地方为代替人力而设计的，但如有水力可资利用，仍以水排的功效为最大：

〔建武〕七年（公元三十一年），迁南阳太守。……造作水排铸为农器（冶铸者为排以吹炭，今激水以鼓之也。排，当作橐，古字通用也），用力少，见功多，百姓便之。③

太祖平荆州，辟为丞相士曹属。……徙监冶谒者。旧时冶，作马排（为排以吹炭），每一熟石用马百匹；更作人排，又费功力〔朝暨乃因长流为水排，计其利益，三倍于前〕。④

---

① 河南省博物馆、石景山钢铁公司炼铁厂：《河南汉代冶铁技术初探》，《考古学报》一九七八年，第一期。

② 山东博物馆：《汉画像石冶铁图说明》，《文物》一九五七年，第一期。

③ 《后汉书》卷三十一，《杜诗传》。

④ 《三国志》卷二十四，《魏书·韩崔高孙王传》。

鼓风器使用了动力，加大了风量。炼炉改为椭圆形，是为了缩短炉缸的半径——比同样面积的圆半径为短，这样，从距离炉中心较近的两侧鼓风，可以达到炉的中心，从而克服了风力达不到炉中心的困难，使炉料得以充分熔化。

炼炉的另一重要改进是："炉子下部炉墙向外倾斜，与水平所成角（在冶金上叫炉腹角）为62°。如果炉墙是直壁，在风力不大的情况下，风量大部分就会沿炉墙上升，煤气（鼓进炉内的风与碳燃烧生成的气体）顺炉墙经过最多，不能在中心部分很好地起作用，也就浪费了煤气，多消耗了燃料。古荥高炉的炉墙外倾，边缘炉料和煤气接触就较充分，可以弥补这个缺陷。这种高炉下部炉墙外倾是高炉发展史上一大跃进，反映了人们对冶金炉认识的深化。"①

高炉的日产量不见记载，但根据考古资料加以推算，可以得出一个概略数目："我们从古荥冶铁遗址中采集到汉代冶炼用的矿石和炼得的生铁、炉渣，又依据当地所出木炭和石灰石的成分，加上每分钟入炉风量，列出铁、碳、氧化钙、二氧化硅、渣量、煤气量和煤气中含碳气体量等七个平衡方程。根据方程计算，一号高炉每生产一吨生铁，约需铁矿石二吨，石灰石一百三十公斤，木炭七吨左右，渣量六百多公斤，日产约五百公斤。一号高炉的上述铁产量是按四个风口各用一个橐计算的。但是这种橐按画像石所示是用于锻炉的，大型高炉所用的鼓风器应当比它大。因此这个日产量只能看作是它的下限。英国从1778年到1887年，在三十呎高炉上使用冷风、木炭熔炼，日产量约为三吨，炉缸直径二米。所用鼓风器也是皮橐，但比我国东汉画像石上的要大。参照这些情况，我们初步认为古荥一号高炉的日产量可能在半吨到一吨左右。这在二千年前，是很杰出的技术成就。"②

2. 炼铁及其在技术上的两大成就

汉代冶铁业迅速发展的突出表现之一，是炼铁有了高超的技术，其中尤为突出的两个重大成就，一是炼铁使用了熔剂，二是对铁矿石进行了破碎和筛分。就炼铁熔剂这项成就而言，主要是石灰石，在古荥镇和铁生沟的冶铁遗址中均发现有未用过的石灰石。使用石灰石为熔剂，是为了使石灰与炉渣的二氧化硅化合，因为炉渣中含二氧化硅过多，则炉渣甚粘，使高炉操作困

① 刘云彩：《中国古代高炉的起源和演变》，《文物》一九七八年，第二期。

② 河南省博物馆、石景山钢铁公司炼铁厂：《河南汉代冶铁技术初探》，《考古学报》一九七八年，第一期。

难，加入石灰石后，二氧化硅与氧化钙化合，可降低炉渣熔点，使炉渣有流动性，如遗址中大量炉渣多呈玻璃状，就是流动性较好的明证。此外，使用石灰石后，还可降低生铁的含硫量，提高生铁的质量，如遗址中保留的生铁，经化验，含硫量都很低。使用熔剂炼铁始于何时，有待进一步考证，但汉代使用石灰石为熔剂，已有实物证明，这是冶铁技术的一大发明，为冶铁工业的进一步发展奠定了技术基础。

就碎矿和筛矿这项成就而言，我们知道鼓风器力量不够，风力不足，是限制高炉进一步发展的严重障碍。椭圆形炉体的出现，虽然改善了风力进入炉中心的困难，但并不能因此减少炉中的炉料阻力，因炉料密集不透风，炉气不能通达全体，不能很好熔化，这就严重限制了炼炉的增高和扩大。汉代冶铁工人从长期的反复实践中找到了解决办法，即将矿石破碎，并筛去粉末，使矿石成为小块，并大小均匀，把可以在炉中增加阻力的粉末筛去，这样，炉料就上下通气，从而加快了熔化速度，提高了生产效率。古荥镇和铁生沟的冶铁遗址中，除出土了大量矿粉外，还有破碎矿石的石砧和铁锤等，说明这种均匀矿石粒度的冶炼技术，在汉代已普遍应用，这是汉代冶铁工人在生产技术上的又一重大贡献，并一直为后世历代所沿用。

3. 铸铁和制钢

上文曾指出，汉代的冶铁业已经有了分工，炼铁与铸铁，各自成为一种专营的生产部门，官办铁工业于设立铁官时有大小之分，就是这种分工的结果。从地下发掘的实物资料来看，也可以清楚地看出汉代有专门铸造铁器的化铁炉，如从南阳瓦房庄、巩县铁生沟、郑州古荥镇和鲁山望城岗等冶铁遗址来看，化铁炉的构造形式和建筑材料，都与炼铁炉不同，说明二者的技术分工是很清楚的。化铁炉所用的原料是已经炼成的铁锭或废旧铁器（即史文所谓“铸故铁”）。用这种化铁炉炼出来的铁，不同于白口铁或马口铁，而是一种高碳低硅的灰口铸铁①。由于铁水的质量较高，能用以浇铸各种铁器和机械构件，成为汉代铁工业在技术上的又一重大成就，这种先进的工艺，至今仍在生产中应用。

根据对出土器物的观察，可推知化铁炉熔化操作的若干技术措施：

> 熔炉经熔炼后，炉衬被侵蚀烧流，需经补修，才能继续使用。

---

① 参见李众：《我国封建社会前期钢铁冶炼技术的探讨》，《考古学报》一九七五年，第二期。

> 出土的炉衬，断面明显地分成三层，至少已经过两次停炉和补炉。补炉的材料和耐火砖用料相同。
>
> 炉中残留木炭凝块，有的与表面微熔的铁块凝结在一起，某些器形尚能辨认。这种现象似是分层装料的表现。
>
> 这样大的熔炉，当是半连续操作的，每过一定时间，出一次铁水，浇注一批铸范。当熔炼过久或铸范已浇毕，须适时停炉。这说明汉代冶铸工匠已很好地掌握了熔炉的操作程序。①

从出土的器物中检查出的汉代铸铁件有铺性铸铁件，这些铸件不但在形制上继承和发展了战国铸铁器的特色，而且质量相当稳定。据冶金工作者分析："汉代铸造生产，从熔化铁液制备泥范、浇注成形到高温退火和出炉冷却，各个工艺环节的运行是比较正常和稳定的。在当时的技术条件下，既要防止铸件退火不足，韧化度差，又要避免温度过高，发生过烧的缺陷，没有高度熟练的技术和精细操作很难办到。"汉代韧性铸铁，不少工件和现代韧性铸铁已无本质区别。又据说："瓦房庄所出经检验的十二件铁农具中，有九件是韧性铸铁，两件是铸铁脱碳钢。……铁生沟出土的一件铁镬，经检定，也是韧性铸铁。其他省份汉代冶铁遗址所出铁器，凡经检验的大抵如此。说明汉代铁农具主要是用的韧性铸铁件。对于抗冲击能力要求更高的手工工具和兵器，是分别选用铸铁脱碳钢或其他钢件……在材质使用上，确实表现出相当高的水平。同时，也表明铸铁的韧化处理，在汉代铁官所属各类冶铁作坊中（无论是铁生沟那样以炼铁为主，兼营锻、铸的联合工场，或是瓦房庄那样只铸铁、锻炼，不炼铁的冶铸作坊），已成为普遍应用的生产方法。"②

中国的制钢技术，在全世界的冶金史上是遥遥领先的。欧洲进入铁器时代虽然并不迟，但能够炼钢却是很晚的，长期以来一直是由铁匠小炉把生铁反复加热锤锻，直到铁中所含碳质及其他杂质烧去为止。产量既小，质量也低，在英国直到十八世纪五十年代，才先后由冶铁工人克伦芮吉兄弟（Thomas and George Cranage）和钟表匠赫茨曼（Benjamin Huntsman）发明了用生铁炼钢，才结束了小炉锤锻的方法，并成为英国工业革命的一个重要内容。中国则早在春秋末年至战国初年即已有了铸铁脱碳钢件，这不仅有文献

① 河南省博物馆：《河南冶铁技术初探》，《考古学报》一九七八年，第一期。

② 河南省博物馆：《河南冶铁技术初探》，《考古学报》一九七八年，第一期。

记载，而且有出土的大量器物为证，汉代又在这个基础上继续发展。在汉代冶铁遗址出土的铁器中即有铸铁脱碳钢件，例如南阳瓦房庄出土的铁斧，中心部分是白口铁，表层是钢，其他遗址也有类似的发现，它们都是用生铁为坯，经过氧化退火，使外层脱碳，变为钢质，由于铁坯没有完全脱碳，故内部仍然是生铁。另有钢件是经过完全脱碳，生铁已全部成钢，如瓦房庄出土的一件铁凿，经检验，完全是钢的组织；出土的另一件铁凿，经检验，也是脱碳而成的钢质工具。两件从外形看，都好像是铸钢件，但这时还没有发展到这个阶段，因为没有一千五百度的高温和相应的耐火材料，是不可能用钢水铸造的。

即使这时钢件是由铸铁脱碳而成，这在世界冶金史上的领先地位也是很突出的。其技术造诣的高度，由出土的实物可以充分看出：

> 汉代铸铁脱碳钢件的成就，突出地表现于郑州市博物馆在东史马发掘到的六件铁剪上。剪作交股式，保存均较完好，至今仍具弹性。按一般的工艺观点，无论就形状和性能看，不可能是铸成的，其中有一件经金相检验，发现剪的整个断面都是含碳量为1%的碳钢，组织均匀，渗碳体成良好的球状，与现代工业所用碳素滚珠钢相似，而且质地非常纯净，几乎找不到夹杂。经仔细观察，见到有微小的石墨析出，证明这把剪刀是以铸铁为材料经脱碳处理而成的。它的制作方法，应是先用白口铁铸造出成形铁条，脱碳成钢材后，磨砺刃部（开刃），而后热弯成8字形。瓦房庄出土的二件东汉铁凿，一把含碳约0.6%，另一把含碳约1%，也是和剪一样的铸铁脱碳钢件。这些器件虽是生铁铸造而成，但已经脱碳而成为钢件。这种工艺，实际上已从铸铁脱碳处理演变为新颖的制钢方法，即铸铁脱碳成钢的方法。
>
> 值得注意的是，古荥、瓦房庄和鲁山望城岗等冶铁遗址中都有成形铁板出土（梯形或长方形），数以百计。这些铁板有明显的披缝，是用铁水在铸范中直接浇铸而成的。古荥出土的二件梯形铁板，经金相检定，其金属组织为低碳钢，在铁素体晶粒内还有弥散的碳化铁。另外的十余块铁板，用火花鉴别法，并与工业纯铁和低碳钢的标样作比较，其含碳量在0.1%~0.2%之间。很明显，它们也是经过脱碳处理，从铁材变成了钢材。这个事实有着重要的意义，说

> 明在汉代，铸铁脱碳成钢不但广泛用于生产工具或生活用具，如上述的铁凿、铁剪等；而且突破了原来的铸铁件脱碳成钢的范畴，利用铸铁固态脱碳成钢，得到成形钢材，再锻成工件。这样就扩大了生铁的使用范围，增加了优质钢材的来源，对于钢铁生产有重大的作用。

从北京、河南等地出土实物的检验中，已一再证实了这一点①。由固态铸铁脱碳成钢的制钢方法，再进一步的发展便转变为在铸铁半熔状态下，把生铁炒炼以脱碳成钢的新的炼钢法。

这是将生铁加热至半熔状态，将铁液搅拌，以增加铁液和氧气的接触面，使铁中的碳和其他杂质氧化，与氧化铁生成硅酸盐夹杂。搅拌要在适当时候中止，如继续搅拌使氧化完全，就成了低碳熟铁；如在适当时候中止，使脱碳不完全，就可以得到中碳钢或高碳钢，然后再加锻炼，使组织致密，挤出渣滓，便可以锻成各种钢件。这些炒钢方法，后世一直在沿用，直到近代，各地冶铁作坊的土法制钢，与汉代的炒钢方法仍基本相同。

汉代炼钢方法的发明和钢铁业的发展，对于整个社会经济特别是对于农业、手工业、交通、运输、建筑、军事国防以及人们的物质文化生活等，都有极其深刻的影响，在生产技术的造诣上，在钢铁的质量和产量上，比之十八世纪英国工业革命时钢铁工业所达到的水平也毫不逊色，而中国却早了两千年。但是在中国，汉代即已达到成熟阶段的冶炼技术和有巨大产量的冶铁业，却没有成为商品经济发展的支柱，更没有像英国那样，冶铁业的发展和炼钢方法的发明，成为工业革命的一个重要组成部分，当它还处于方兴未艾的初期阶段时，便被扼杀窒息了。

（二）丝织业和丝织品

中国是世界上育蚕和织丝最早的国家，在没有文字记载的久远历史以前，就已经掌握了育蚕、缫丝和织丝的技术，并达到一定的熟练程度。随着时间的推移和需要的增长，缫丝和织丝技术亦在不断进步，发展到汉代，织丝技术已达到了相当高度的水平，许多种丝织品的绚丽多彩和精湛技术，实使人为之赞叹不置。汉代的丝织业不但织造技术有了很高的成就，而且产量也非

---

① 河南省博物馆：《河南冶铁技术初探》，《考古学报》一九七八年，第一期。

常巨大，这主要表现在以下两个方面：

其一，在丝织业日益发达的情况下，扩大了国内市场，使丝织品成为广大人民衣着材料的重要来源之一，并日益显示其重要性。在秦汉以前，由于丝织品还受着产量和价格的限制，主要是统治阶级才有资格和资力穿着丝质衣服，普通老百姓多数不敢问津，因而也就不许问津，只有少数高年耄耋之人才能穿着，这就是《孟子》所说“五亩之宅，树之以桑，五十者可以衣帛矣”①；《盐铁论》曾申述其义说：“古者庶人耋老而后衣丝，其余则麻枲而已，故命曰布衣。”② 作为一个社会制度，这虽然是由封建礼法和等级观念所造成的，实际上则是丝织品产量不足和价值昂贵等经济因素在意识形态上的反映。到了秦汉时代，随着丝织业的不断发展和产量品种的不断增多，这种限制也就慢慢被打破，即衣丝的人日益增多，丝织品慢慢在社会的各个阶层普及。变化自然是渐进的，然而发展却是迅速的。最初还只是麻、丝兼用，不久，罗纨文绣即公然穿着，《盐铁论》曾指出当时的变化说：

> 及其后，则丝里枲表，直领无袆，袍合不缘。夫罗纨文绣者，人君后妃之服也；茧紬缣练者，婚姻之嘉饰也；是以文缯薄织，不粥于市。今富者缛绣罗纨，中者素绨冰锦，常民而被后妃之服，亵人而居婚姻之饰。夫纨素之贾倍缣，缣之用倍纨也。③

有钱的人甚至使“犬马衣文绣”④，这都说明丝织品已日益成为通用的衣着材料，它的国内市场因之迅速扩大了。

其二，汉代的对外贸易非常发达，其具体情况当于下章中详之，这里仅简单指出，汉代的对外贸易是一种顺差贸易，即出口远超过进口，在出口商品中又主要是丝织品。中外商人将大量的文绣缯帛罗纨锦绮运往中亚和西亚各国，并远达欧洲之罗马帝国，故当时世界称中国为“丝国”，并把沟通欧亚的陆上商路——即通过西域到达中亚和欧洲的道路称为“丝路”。近代考古学家曾沿这条丝路在我国新疆的尼雅、古楼兰遗址罗布淖尔和甘肃的武威，以及今蒙古国的诺因乌拉等地[14]，先后发现不少汉代丝织品和衣物，有的是

① 《孟子·梁惠王上》。
② 《盐铁论·散不足》。
③ 《盐铁论·散不足》。
④ 《盐铁论·散不足》。

成捆的缯帛埋没在干燥的沙漠中，得以经历了两千余年的悠久岁月而仍能完好地保存下来。关于当时中西贸易往来的具体情况，可惜记载不多，见诸史册的大都是东汉时的记录，例如：

〔大秦王〕常欲通使于汉，而安息欲以汉缯彩与之交市。①

〔大秦国〕又常利得中国丝，解以为胡绫，故数与安息诸国交市于海中。②

这两条记载都比较晚出，但与大秦通商则由来已久，而安息之转贩中国丝织品，更是早已实行了。

汉与南海诸国的贸易，则主要是输出缯帛，来换取各种珍奇宝货等奢侈品：

市明珠、璧流离、奇石异物，赍黄金杂缯而往。③

与沿边诸少数民族的互市，也主要是输出丝织品，以换取这些地区的土产品——主要是畜牧产品：

初，匈奴好汉缯絮食物。④

然匈奴贪，尚乐关市，嗜汉财物，汉亦尚关市不绝以中之。⑤

所谓“嗜汉财物”，所嗜的就是汉的丝织品，特别是罗纨文绣彩帛锦绮等精美丝织品，这些东西成了羁縻匈奴的一个有效工具：

汝、汉之金，纤微之贡，所以诱外国而钓胡羌之宝也。夫中国一端之缦（《说文》缦，缯无文也），得匈奴累金之物，而损敌国之用。是以骡[15]驴馲[16]驼[17]，衔尾入塞，驒騱[18]騵[19]马，尽为

① 《后汉书》卷八十八，《西域传》。
② 《三国志》卷三十，《魏书·乌丸鲜卑东夷传》注引《魏略·西戎传》。
③ 《汉书》卷二十八下，《地理志下》。
④ 《史记》卷一百十，《匈奴列传》。
⑤ 《史记》卷一百十，《匈奴列传》。

我畜，鼲貂狐貉，采旃文罽，充于内府。[1]

总之，不论是汉代的国内贸易或对外贸易，丝织品是所贩商品中的主要货物，尤其是日益发达的对外贸易，所有与西域诸国、南海诸国以及沿边互市，大量输出的商品几乎全部是丝织品。外国商人正是为了要贩运汉朝的丝织品，才不惜跋涉万里，历尽艰辛，使汉朝精美的绫罗锦绮得以畅销欧亚两大洲的许多国家和地区。

丝织品是重要的衣着材料，其保温性能和美观实用，都远过于麻枲的植物材料，故为人所乐用。到汉代时，既已打破了旧封建礼法所加的种种限制，则其需要量必然陡增，亦使丝织品的国内市场迅速扩大，这对丝织业的发展，实起了很大的促进作用。

汉代的织丝业除了有规模宏大的官办织丝工场或作坊（如各郡服官）外，在民间，则是分布最广的家庭手工业，几乎是家家户户在树桑、育蚕、缫丝、织帛，成为与农业紧密结合的小农制经济的一个重要支柱，是所谓“男耕女织”的一个重要组成部分。织，除了麻枲以外就是丝。丝织品——特别是精美丝织品，基本上都是商品生产，是有广大的国内外市场的畅销物品。为了能在市场上得到更高的卖价，亦即为了能赚取更多的利润，必然要在生产技术上力求进步，以提高产品质量。如能在生产实践中摸索出技术诀窍，能织造出比别人更精美或者别人不能织出的产品，自然要把这种独得的技术垄断起来，对别人严守秘密，成为历久相沿的“家传”技术。因为保住了技术秘密，就独占了固定市场，同时生存也就得到了保证。这种情况，可由下引一段记载看出：

霍光妻遗淳于衍蒲桃锦二十四匹，散花绫二十五匹。绫出钜鹿陈宝光家，宝光妻传其法，霍显召入其第，使作之。机用一百二十镊，六十日成一匹，匹直万钱。[2]

这一条记载系出于东汉人的追述，可能是得之于传闻。但是这种技术保密和由家庭垄断的情况，是由来已久的普遍现象，各种手工业都是如此，可

① 《盐铁论·力耕》。

② 《西京杂记》卷一。

知《西京杂记》的记载是有根据的，这对了解汉代丝织业的生产情况提供了一个重要线索。

汉代丝织业虽然很发达，技术造诣虽然很精湛，但有关记载实很缺乏，我们只能从偶尔涉及的一些丝织品名称，由其种类之繁多、品质之精美、色彩之绚丽，来间接推知其织造技术的精巧高超。由于这些物品都是朝廷用以赏赐，或亲友用以馈赠，其品质自然都比较高级。尽管这些偶尔涉及的零星记载还很不系统、不全面，但也可以从中窥见一点梗概：

〔高祖令〕贾人毋得衣锦绣绮縠絺[20] 纻罽（师古曰：绮，文缯也，即今之细绫也。《通鉴》胡注：锦，织文也；绣，刺文而五采备者也；縠，绉纱也）①

尉佗献高祖鲛鱼、荔枝，高祖报以蒲桃锦四匹。②

孝文皇帝前六年（公元前一七四年），汉遗匈奴……“服绣袷绮衣、绣袷长襦、锦袷袍各一……绣十匹，锦三十匹，赤绨、绿缯各四十匹，使大夫意、谒者令肩遗单于。”③

公主上书，愿令女比宗室入朝……遂来朝贺……赐以车骑旗鼓，歌吹数十人，绮绣杂缯琦珍凡数千万。④

〔齐〕其俗弥侈，织作冰纨绮绣纯丽之物（师古曰：冰，谓布帛之细，其色鲜洁如冰者也。纨，素也。绮，文缯也，即今之所谓细绫也）。⑤

〔建初二年（公元七十七年）夏四月〕癸巳，诏齐相省冰纨、方空縠、吹纶絮（纨，素也。冰言色鲜洁如冰。《释名》曰：縠，纱也。方空者，纱薄如空也。或曰空，孔也，即今之方目纱也。纶，似絮而细。吹者，言吹嘘可成，亦纱也。《前书》齐有三服官，故诏齐相罢之）。⑥

空桐子曰：“……京城阿缟，譬之蝉羽，制为时服，以适寒

① 《汉书》卷一下，《高祖纪下》。

② 《西京杂记》卷三。

③ 《史记》卷一百十，《匈奴列传》。

④ 《汉书》卷九十六下，《西域·渠犁传》。

⑤ 《汉书》卷二十八下，《地理志下》。

⑥ 《后汉书》卷三，《章帝纪》。

暑……此舆服之丽也”。①

景初二年（公元二七八年）六月，倭女王遣大夫难升米等诣郡，求诣天子朝献……引见劳赐遣还。今以绛地交龙锦五匹，绛地绉粟罽十张，蒨绛五十匹，绀青五十匹，答汝所献贡直。又特赐汝绀地句文锦三匹，细班华罽五张，白绢五十匹。②

夫珍玩必中国，夏则缣总绡繐，其白如雪；冬则罗纨绮縠，衣叠鲜文，未闻衣布服葛也。③

这些种类繁多、名称各殊的丝织品，虽然也多少反映了它们本身质量之美和织造手艺之高，但是究竟美到怎样程度，手艺如何精巧，仅仅从物品的名称上是很难得出一个清晰和具体的概念的，当然就更难确切地说明汉代丝织业的发展水平和具体情况了。一九七二年长沙马王堆一号汉墓的发掘，出土了大批西汉初年的文物，其中有大量色彩绚丽的纺织品和各种服饰，仅成衣即有五十多件，是这次发现的一个重要项目。在历次发现的汉墓中，以这一次为年代较早，而且出土器物数量之大和品种之多以及器物的程度之完好，都是过去所罕见的。特别使人感到惊异的是，这些色彩绚丽的纺织品在地下埋没了两千多年，除了少数衣物因长期浸泡在尸液中，致色泽褪减模糊外，多数仍完好如新。出土衣物中绝大部分是丝织品，只有少量是苎麻和大麻织物。经对出土纺织品的纤维进行物理机械性能的科学测定，知当时所用蚕丝非常纤细，说明这时[21] 古人对育蚕缫丝已有了丰富经验，经过战国到汉初时，缫丝技术又有了高度的发展。发掘报告中说：

轻而薄的素纱织物，突出地反映了西汉初期缫纺蚕丝技术的发展情况。素纱的纬丝拈度，每米一般为 2 500~3 000 回，接近于目前电机拈丝每米 3 500 回之数。而褐色纱、藕色纱和素纱单衣所用丝纤维，经测定换算，其单丝条份为 10.2~11.3 旦（denier，表示纤维粗细的单位，即九千米纤维克重）。起毛锦的底经、地纹经和地纬，分别由 10、13、17 粒茧子缫成一根生丝，而绒圈经则由四根以

① 《艺文类聚》卷五十七，引张衡：《七辩》。
② 《三国志》卷三十，《魏书 · 倭人传》。
③ 《全上古三代秦汉三国六朝文》之《全三国文》卷六。

> 上的生丝组成，相当于底经的五倍粗。这充分说明，当时的劳动人民已经掌握了相当完善的缫纺技术，能够应用蚕丝中各茧层丝纤维的不同纤度配茧，进行较科学地煮茧、添绪和缫丝，并能均匀地提制蚕丝的条份。
>
> 麻布的纤维原料，经鉴定细麻布为苎麻，粗麻布为大麻。从出土麻布的麻纱观察，其支数较细而不匀率较低，纤维长度较长，强韧性较好。这说明，当时麻纤维的纺绩技术，也是相当进步的。①

出土的丝织品种类很多，根据其织造方法的不同，可分为平纹和提花两种：平纹的有绢、纱；提花的有素色提花的绮和罗，以及彩色提花的锦。

绢是丝织品中使用最多和最普遍的一种，故常被用为丝织品的通称。这种平纹织物汉时亦叫做缟或素（有时泛称缟素），质地更细密的则称之为缣。《说文》："缣，并丝缯也。"《释名·释采帛》："缣，兼也，其丝细致，数兼于绢。"可知缣就是质量细密的绢。反之，如绢的经纬织得稀疏，现出明显方孔，则称之为纱。平纹织物中有一种特别轻薄的织物，名之曰"纨"，即上文所谓"譬之蝉羽""其白如雪"，故又名"冰纨"，上引《汉书·地理志》和《后汉书·章帝纪》提到的"冰纨"就是此物，确如颜注所说"其色鲜洁如冰者也"。

纱，即上文所说密度较疏而有方孔的绢。纱的织造技术是要求很高的，因而难度也是很大的，因为纱要求轻如蝉翼，结构既要精密细致，而又经纬稀疏，方孔须均匀清晰，可知在纺织时如果没有特殊的纺车和织机，是不可能织成的。

绮和罗绮都是提花织物，一般将素色平纹提花的织物叫做"绮"，而将罗花组织纤经提花的织物叫做"罗"。但古人往往不加细分，凡是素色提花织物统之为"绮"，或"罗绮"，在一些文学作品中常用"罗绮"来表示丝织品的高贵精美，例如司马相如的《长门赋》中有"张罗绮之幔帷兮，垂楚组之连纲"；张衡的《西京赋》有"始徐进而嬴形，似不任乎罗绮"。前者用以描写其华贵，后者用以描写其轻盈，说明在汉朝绮和罗绮都是高级的丝织品。就马王堆出土的丝织品来看，绮与罗绮显然是有区别的，绮是指素花平纹织

① 关于纺织品和衣物部分的发掘报告，见湖南省博物馆、中国科学院考古研究所：《长沙马王堆一号汉墓》上集，文物出版社，第四十六——六十五页，下引同，不另注。

物，这次出土的有两种名色：一为菱纹绮，一为对鸟菱纹绮。罗或罗绮是罗花组织的提花织物，织造技术十分复杂，需要高度熟练的技术，发掘报告称：

从织造技术看来，罗绮的工艺是比较复杂的。地纹部分为大罗孔，四梭一个循环，菱纹部分为小罗孔，两梭一个循环。以 340-18 号为例，一个组织循环有经丝 332 根，纬丝 204 根。经丝中，地经和绞经各占一半，即均为 116 根，二者相间排列，地经有 81 根是对称的（在实纹处），需 41 个提升动作，其余 85 根为非对称性的动作，共需 120 个单独提升动作加以控制。而绞经则可由绞经综统一控制。纬丝的半数系绞经动作，可由踏木控制，另外 102 根因图案上下对称，需 52 个动作。据推测，这样错综复杂的动作，上机时需要有提花束综装置和绞经综装置相配合，并需二人协同操作，一人专司绞综和下口综踏木，并投梭工作，另一人专司挽花，才能织成这种罗孔清晰、花地分明的菱花罗绮。①

丝织品中最高的一级是锦，马王堆汉墓出土的共四幅，都是经线提花的重经双面织物，图案由五种不同形状的几何纹组成，花纹通贯全幅。另两种都是纹锦，图案分别为花卉纹和水波纹。还有一个更高级的品种叫起毛锦：

这里所说的起毛锦，或称起绒锦、绒圈锦，是三枚经线提花并起绒圈的经四重组织。这种锦，花型层次分明，绒圈大小交替，纹样具立体效果，因而外观甚为华丽。……组织结构如此复杂，织造工艺这样高超的起毛锦，是这批汉代丝织物中一项重要的发现。②

在马王堆汉墓出土的大量衣物中，除最多的部分是丝织品外，还有少量的麻织品，有粗细两种，都是平纹组织，经纬加拈，在织造技术上也表现了高度成就，据发掘报告称：

粗麻布三块。黄褐色，幅宽 45 厘米，最长 1.36 米，密度为每

① 《长沙马王堆一号汉墓》。
② 《长沙马王堆一号汉墓》。

> 平方厘米 18×19 根。织纹较粗，经线有粗细不匀的现象。细麻布的织纹较细……每厘米经密 32~38 根，纬密 36~54 根，幅宽 20.5 厘米，长 36—150 厘米不等；白色的十六块，每厘米经密 34~36 根，纬密 30 根，幅宽有 51 厘米和 20 厘米左右的两种。有的细麻布，经过上浆和碾轧加工。根据《仪礼·丧服》郑注“布八十缕为升”的记载，这次发现的粗麻布幅面经线总数 810 根，应为十升；细麻布幅面总数 1 734~1 836 根（按幅面 51 厘米计），应为二十一至二十三升。过去发现的战国至汉代麻布实物，最精细的是 1953 年长沙 406 号楚墓出土的，经密每厘米 28 根，约为十七升布。据《仪礼·士冠礼》“爵弁服”郑注，古代制作弁冕用最细密的三十升布，这次发现的细麻布算是相当细密了。①

绚丽多彩的丝织品，织造技术的精工细致，是表现手艺高超的一个重要方面，而色泽的鲜明艳丽，则是表现手艺高超的另一个重要方面。实物证明，汉代丝织业中的染色和印花技术亦达到了同样高的水平。马王堆汉墓出土的丝织品，包括刺绣所用的丝绒，按其颜色大略区分，共有二十余种色泽，许多品种大都是根据不同色泽而命名的，见于记录的计有：绛紫绢、烟色绢、金黄绢、酱色绢、香色绢、青绢、驼色绢、深棕色绢、棕色绢、藕色纱、泥金银印花纱、印花敷彩纱、褐色纱、绛色菱纹绮、香色对鸟菱纹绮、烟色菱纹罗绮、朱红菱纹罗绮、花卉纹锦、水波文锦、红青矩纹锦、水波纹锦。其中主要颜色是朱红、深红、绛紫、墨绿和香、黄、蓝、灰、黑等色，其他则是由这几种[22] 互相配合而成的。各种颜色都浸染得很熟透，色调也配合得很均匀，说明汉代染色工人已经很熟练地掌握了各种染料的性能和染色的技巧。经科学方法分析鉴定，知朱红色系用矿物染料硫化汞，即朱砂；深红色和青蓝色系用植物染料茜草和靛蓝染成[23]。“朱砂染料染出的织物颗粒分布均匀，覆盖良好，织物孔眼清晰，没有堵塞的现象。可能是采用适当的胶粘剂浸染加工的，也可能是用涂染方法加工的，反映了我国古代染色工艺方面的成就。另外，据对印花敷彩纱残片的分析鉴定，证明印制时所用涂料除朱砂外，银灰色为硫化铅，粉白色为绢云母。若干实物的分析鉴定又说明……当时进行织物染色的方法主要有两种：一种是先染后织的线染法，见于织锦，

① 《长沙马王堆一号汉墓》。

如矩文锦，用红青和棕色两色丝线织成；另一种是先织后染的匹染法，用于单色的织物，色泽较为匀称。从织物的色泽一般染得透入纤维看来，当时可能是通过多次浸染，并且是采取染色与媒染相结合的方法加工的。某些深色，则是先染一种颜色打底，媒染后再套染另一种颜色。"①

出土的印花丝织品有两种：一种是泥金银印花纱，另一种是印花敷彩纱。

泥金银印花纱，图案系由均匀细密的曲线和一些小圆点组成，曲线为银灰色和银白色，小圆点为金色或朱红色。图案外廓略作菱形。经观察发现，"图案的线条有三个特点：①分布较密，间隔不足一毫米；②光洁挺拔，无溃版胀线情形；③交叉连接较多，无断纹现象。根据这些特点分析，这种纱应是用雕刻凸版印制的。又根据对两幅纱上图案的全面观察，发现各个图案单位之间，由于套印不够准确而造成间隔不均以致互相叠压的现象较多，几乎个个特殊，找不出大面积分版的根据。但是，对比各个图案单位的具体相应部位，则线条特征完全一致。因此，可进一步推测，这种纱应是用较小的凸版套印的"。

印花敷彩纱的花纹色彩，就发现的实物来看，共有五种：朱红、粉白、墨色、银灰和深灰，大概都是涂料印花的制品。据实物观察，"图案为藤本科植物的变形纹样，由枝蔓、蓓蕾、花穗和叶组成，外廓略作菱形。单位面积较小……四方连续，错综排列，通幅共有二十个图案单位。图案的枝蔓部分，线条蜿转[24]，交叉处有明显的断纹现象，很可能是用镂空版印制的，也有可能仍是用雕刻凸版印制的；而蓓蕾、花穗和叶则具有笔触的特征，应是描绘而成"②。

可见古代帝王后妃礼服上的日、月、星辰、龙凤、云海等花纹以及百官命服上的黼黻文章，除了印花和刺绣外，还直接加以彩绘，以补印花和刺绣的不足。这种服制实由来已久，《周礼·考工记》云："画缋之事，杂五色。"郑注："此言画缋六色所象及布采之第次，缋以为衣。"《疏》云："云缋以为衣者，案《虞书》云：予欲观古人之象日、月、星辰、山龙、华虫作缋。"可见画衣之制是起源很古的。《考工记》又云："凡画缋之事，后素功。"郑注："素，白采也，后布之，为其易渍污也。不言绣，绣以丝也。郑司农说以《论语》曰：缋事后素。"按今本《论语》"缋"作"绘"，《集解》引郑注：

① 《长沙马王堆一号汉墓》。

② 《长沙马王堆一号汉墓》。

“绘，画文也，凡绘画，先布众色，然后以素分布其间，以成其文。”可见“画繢”就是画绘的意思，古人服制是兼用印花、刺绣和绘画的。长沙马王堆一号汉墓中大量丝织衣物的发现，又使古代画衣之制得到了实物证明。

总之，马王堆汉墓的发掘和对出土的大量丝织衣物的观察、鉴定，可以清楚地看出汉代丝织技术高度发展的具体情况，从而得知当时在织造和印染两方面，都取得了惊人的成就，特别是那时已能织造出纱、罗绮、纹锦、起毛锦或绒圈锦等一些极其精美的丝织品，更显示了汉代织丝工人的技术造诣之高，实已达到了使人难以置信的程度。如上文所述，轻如蝉翼的纱，其单丝条份达到 10.2~11.3 袋，丝的拈度已接近于今天电机拈丝每米 3 500 回之数，在那样早的时代能有如此高度的成就，在古代历史上实属罕见。至于起毛锦或绒圈锦，更是当时丝织品中一种登峰造极的产物，因为这种精美纤巧的提花织物，其织造技术错综复杂，在现代也是难度很大的，而中国却早在两千多年以前，便有了结构复杂的提花机和与之相配合的起绒装置。汉代丝织业有如此高度的发展，这就是为什么汉代中国被当时世界称为丝国，以及汉之丝织品能畅销于欧亚两大洲许多国家和地区的原因所在。

织造如此精美的丝织品，当然需要投入很多的劳力，耗费很多的工时，因而织出的丝织品必然是价格昂贵，也不能大量生产，可知上文所述陈宝光家织纱，“六十日成一匹，匹直万钱”，是完全符合实际情况的。

（三）其他手工业

1. 炼铜和铸钱业

炼铜和铸铜为器，在中国已经有了悠久的历史，大体说来，早在商代即已进入青铜时代，故传世的和先后出土的商代铜器很多。到了周代，铸铜工业又进入它的鼎盛时期，传世的和出土的西周与东周的铜器，其数量之大和种类之多，都非过去时代所能比，从礼器、兵器到生产工具和日用器皿，应有尽有，在工艺制造上，也都是备极精工，表现出高度的技术成就。在生产技术上已总结出一套成熟的经验，如《周礼·考工记》所谓：“金有六齐”，即根据不同器物要求不同硬度而从实践中总结了六种不同的铜锡配合比例，已成为铸铜必须遵循的操作规程，其种种具体情况，《中国封建社会经济史》第一卷已进行了说明。到了秦汉时代，铜器工业便开始从高峰阶段迅速下降，陷入一种衰退停滞状态中，铜器的黄金时代已经过去了。因为这时已经完全进入铁器时代，铁器取代了铜器的原有地位，所有应用最广和数量最大的农具、手工工具等已完全为铁制，不再用铜了。其他祭器、礼器和生活日用器皿，也大都为漆器或陶器、磁器所代替，铜的用处不多了。其仍然必须用铜制造的如乐器、镜鉴和一些零星物品，都为数有限，用铜不多，故在历来发掘的汉墓中，出土的铜器都很少，如在长沙马王堆一号汉墓出土的大量文物中，只有铜镜一枚，不见有其他铜器，说明汉代铜器的使用已经大为减少，因而制铜工业自然就跟着衰落了。

在汉代，铜的最大用处是铸钱。如前文所指出，汉初政府曾一度放弃本应独占的造币权，听任私人自由铸钱，而铸钱又“为利甚厚”，于是便完全如贾谊所说，“人操造币之势，各隐屏而铸作”；又说：“今农事弃捐而采铜者日蕃，释其耒耨，冶熔炊炭，奸钱日多。”[①] 所谓“奸钱”，就是私人所铸之钱，而最初私钱的质量并不比官钱差，如吴邓所铸之钱还略优于官钱：

> 文帝时，邓通得赐蜀铜山，听得铸钱，文字肉好，皆与天子钱同，故富侔人主。时吴王亦有铜山铸钱，故有吴钱，微重，文字肉好，与汉钱不异。[②]

正由于私钱的质量不下于官钱，故能畅通无阻。

由于铜钱系与黄金并列为法定的两种主要货币之一，即所谓黄金为上币，铜钱为下币，则铜钱系直接代表财富，是财富随时可用的绝对社会形态，所以铸成的钱越多，形成的财富也就越大，铸钱业遂日益发达，人“各隐屏而铸作”，造成如后来贡禹所说，“铸钱采铜，一岁十万人不耕，民坐盗铸陷刑者多”[③]。特别是豪强大家如吴邓等人所经营的铸钱业，规模都相当宏大，靡用的工人也都非常多，所谓“山东奸猾，咸聚吴国，秦、雍、汉、蜀因邓氏”[④]。邓通铸钱所用的炼铜炉到南北朝时依然相当完好，南齐政府曾加以利用，铸造了不少铜钱：

> 永明八年（公元四九〇年），〔刘〕悛启世祖曰：“南广郡界蒙

① 《汉书》卷二十四下，《食货志》。
② 《西京杂记》，卷三。
③ 《汉书》卷二十四下，《食货志》。
④ 《盐铁论·错币》。

山下，有城名蒙城，可二顷地，有烧炉四所，高一丈，广一丈五尺。从蒙城渡水南百许步，平地掘土深二尺，得铜。又有古掘铜坑，深二丈，并居宅处犹存。邓通，南安人，汉文帝赐严道县铜山铸钱，今蒙山近青衣水南，青衣（在）〔左〕侧并是故秦之严道地，青衣县又改名汉嘉。且蒙山去南安二百里，案此必是通所铸。近唤蒙山獠出，云'甚可经略'。此议若立，润利无极。"并献蒙山铜一片，又铜石一片，平州铁刀一口。上从之。遣使入蜀铸钱，得千余万，功费多，乃止。①

这一个炼铜工场内并列着四座高一丈、广一丈五尺的巨大炼炉，仅此一端，这个手工工场的规模之大和用人之多，已可概见。邓通获罪后，家产被没收，当然炼铜场亦收归官有，不久，造币权也由朝廷以明令收回，景帝中元六年（公元前一四四年）定盗铸钱弃市律，从此严禁私人铸钱。但是法令虽严，而盗铸仍十分猖獗：

民坐盗铸陷刑者多。②

吏民之坐盗铸金钱死者数十万人。其不发觉相杀者，不可胜计。赦自出者百余万人。然不能半自出，天下大抵无虑皆铸金钱矣。③

这是说铸钱业收归官营后，私营铸钱业仍很发达，只是由合法的和公开的大规模经营，变为地下的非法活动，即所谓"各隐屏而铸作"。但是隐屏盗铸是犯罪行为，自然就不可能再明目张胆地建造巨大的炼铜高炉，只能化整为零，以小规模方式秘密进行。所以盗铸之风虽然没有被戢止——实际上也不可能被戢止，但却大大缩小了经营规模，当然也就大大缩小了铜钱的产量。因此，总体而言，铸钱业改为官营，对于这一工业部门，无疑是一个沉重的打击，若如上引《平准书》所说，坐盗铸钱死者已有数十万人，赦自出者还有百余万人，又不能半自出，说明私营铸钱业已经基本上被扼杀了，尽管仍有不少人在继续冒险，为了博取一点奸利而不惜以身试法，但是作为一个工业生产部门来说，其正常的发展道路已被完全堵塞了。

① 《南齐书》卷三十七，《刘悛传》。

② 《汉书》卷二十四下，《食货志》。

③ 《史记》卷三十，《平准书》。

从景帝时起，铸钱业完全为官营，成为官手工业中的一个重要项目，所有过去由私人经营的大型炼铜炉和铸钱炉，都一律收归官有，到武帝时又把造币权完全收归中央，连设在各郡国而就地生产的炼铜和铸钱工业皆一律下马，“于是悉禁郡国无铸钱，专令上林三官铸”。“令天下非三官钱不得行，诸郡国所前铸钱皆废销之，输其铜三官。”① 除盗铸之钱不计外，计“自孝武元狩五年（公元前一一八年），三官初铸五铢钱，至平帝元始中（公元三年），成钱二百八十亿万余云”②。由其铸造数量之巨大，可推知三官的铸钱工场，规模是很大的。

2. 漆器业

漆器是从春秋末年开始兴起的一种新工艺。

在中国广大的温带和亚热带地区，有很多地方盛产漆，有发展漆器工业的物质条件，故这一工艺出现很早，到了战国年间，便有了相当高度的发展，在制作技术上也达到了很高的水平，而尤以楚国所产的漆器最为著名，其近年来在长沙地区曾不断出土。一九五二年，北京历史博物馆曾举行过楚出土文物展览，在展品中以种类繁多的漆器最为引人注目③。因为那些漆器虽然在地下埋藏了两千二三百年之久，而仍然完好如新，都是色彩鲜明，光洁照人。根据实物观察，所有漆器的胎型、色彩、绘画、图案等，在工艺技巧上都表现出了很高的造诣[25]。以胎型为例，有用木头旋成的，有用薄木片加裱麻布的，有用夹纻的，也有用皮胎的。出土的漆器，种类繁多，从生活日用品到各种装饰品和玩好品，如杯、盘、盆、几、案等，以及兵器的盾与矛柄等。此外还有彩漆雕花板。彩饰方法有彩绘、针刻、银扣和施金彩漆等，图案有云龙纹和鸟兽纹等。所有漆器的花纹图案，都色泽鲜明，笔法生动，如漆奁上彩绘的车马人物，姿态活泼，栩栩如生，描绘了当时的现实生活。

在战国年间即已高度发展起来的漆器业，到了汉代又有了进一步的发展，特别是在技术上，又在战国已有的基础上前进了一大步。在汉代，漆器的应用更普遍，产量更巨大，制作更精巧，为人人所乐用，也为人人所喜爱。由于在工艺技巧上有了更高的造诣，生产出来的各种漆器，不论是日用品、装饰品或珍玩品，都是色泽鲜艳，光彩夺目，而一些高级制品，更是银镂金错，雕文彩绘，备极精巧，故都是旷时费功，价比金玉，较同类的铜制品要昂贵

① 《史记》卷三十，《平准书》。
② 《汉书》卷二十四下，《食货志》。
③ 关于展品中的漆器概况，参见沈福文：《谈漆器》，《文物参考资料》一九五七年，第七期。

得多，《盐铁论》曾反复指陈过这一点：

> 今富者黼绣帷幄，涂屏错跗；中者锦绨高张，采画丹漆。①
>
> 故一杯棬用百人之力，一屏风就万人之功，其为害亦多矣。②
>
> 唯瑚琏觞豆，而后雕文彤漆。今富者银口黄耳，金罍玉钟；中者舒玉纻器，金错蜀杯。夫一文杯，得铜杯十，贾贱而用不殊。③

正由于漆器在当时是一种既名贵而又时髦的物品，故朝廷常以赏赐漆器来表示特殊恩遇，例如：

> 〔贡〕禹奏言："……禹尝从之东宫（师古曰：从天子往太后宫），见赐杯案，尽文画金银饰，非当所以赐食臣下也。"④

贡禹之拒绝重赏，不过聊以表示自己的清廉和耿直而已，这在当时之人看来实有点矫情，因为高级的精美漆器，价值昂贵，一般人不容易获得，逢此殊荣，机会也是难得的。不过这一故事更反映出汉代漆器的名贵，因而就更加促进了漆器业的发达，这就是为什么司马迁在论述各地区的特殊物产和新兴的商品生产时一再提到漆和漆器的原因所在：

> 山东多鱼、盐、漆、丝、声色。……陈、夏千亩漆……此其人皆与千户侯等。然是富给之资也。⑤
>
> 木器髤者千枚（《集解》徐广曰：髤，音休，漆也。《正义》颜云：以漆物谓之髤）……此亦比千乘之家。⑥

可见漆在汉时已经是一种重要的工业原材料，是农产品商品化的一个重要项目，制漆业已成为一种专业化的生产领域，不仅可以单独经营这一种商品生产，而且许多经营者大发其财，富到与千户侯等，有"木器髤者千枚"

---

① 《盐铁论·散不足》。
② 《盐铁论·散不足》。
③ 《盐铁论·散不足》。
④ 《汉书》卷七十二，《贡禹传》。
⑤ 《史记》卷一百二十九，《货殖列传》。
⑥ 《史记》卷一百二十九，《货殖列传》。

这样一个生产规模，就可以富比千乘之家。

近年来汉代的漆器出土甚多，完全可以根据实物来考察汉代漆器工业的发展水平和技术成就。

汉代漆器的发现较战国漆器为早。一九一六年，有日本考古学者在朝鲜旧东浪郡发现了一大批汉代漆器，一九二四年，又在原处继续发现了不少漆器，器上多有铭文，如在王盱墓中发现有“五官椽王盱印”“王盱印信”，另有漆杯一只，铭文为“建武二十一年”，画有神仙、龙、虎、象的漆盘一只，铭文为“永平十二年”，知为东汉初年时物。其后的一九三三年，他们又在该处发掘王先墓，发现漆器八十四件，铭文中有“始元二年”字样，知为西汉昭帝时物。从许多铭文来看，知漆器的原产地是蜀，铭文中很多是西蜀工匠的名字，就工种而言，有素工、髹木、上工、金铜耳扣、黄涂工、画工、雕工、清工等，可推知蜀漆器作坊或工场都是规模宏大，工人众多，并已实行了内部技术分工，每一种工序上的劳动者，都是具有专门技能的劳动者——专业技工。不管这种作坊或工场是私营还是官营，这都是值得注意的一点。

此外还有一个重要的考古发现，是黄文弼氏在罗布淖尔发现的少量西汉漆器，据黄氏说：

> 余在苇草堆中，发现漆杯一件，椭圆形，有两耳，以纻布为胎。内髹朱漆，外涂黑漆，形如小舟，古时称为羽觞。……在周时即已有此物。……日本人在朝鲜发掘乐浪郡王盱之墓，发现漆器甚多，漆杯形式与此正同，但内为木胎，外髹漆，与余器纯纻麻胎者有异。此器形样完整，颜色鲜明，如同新作。汉代文明遗留于东西边陲者，当以此为最精美。①
>
> 余在罗布淖尔所获漆器，共十余件，除漆桶状杯系古坟中出土者外，余均在烽燧亭中出土。两耳杯：麻布胎质，周身髹漆，椭圆形。……有两耳……全身以麻布作胎，厚二厘米，里外涂漆，厚一厘米。里四围涂朱漆，底涂黑漆，刻画云雷纹，并刻双曲线为缘。上微缺。两耳作半圆形，微仰，涂黑漆，划曲线两道，以直线条缀之。外围及底通涂黑漆，并内外加光，故极显光平细腻。……余器

① 黄文弼：《罗布淖尔考古记》，第一〇八页。

> 与汉简同出土，有汉宣帝黄龙元年年号，当为西汉故物。……颜色鲜明，其胎质全用纻麻布作地，不杂木料，为天朝夹纻佛像之先导，则为独异耳。此器在当时皆饮器。《考古图》载有玉杯，形制与此正同。[①]

从上文所述可知前后出土的汉代漆器，都为时较晚，是西汉中叶以后和东汉初年的产物，均不能据以说明秦和西汉前期的情况，人们对那时漆器工业的发展状况和技术水平的了解都还是空白，直到一九七二年长沙马王堆一号汉墓的发掘，一次出土了一百八十四件精美漆器之后，这个空白才得以填补。

这次出土的漆器，不但数量很大，而且保存完好，其中绝大部分都是色彩鲜明，光泽照人，有如新制，使人难以置信这些东西在地下已经埋藏了两千多年之久。所有漆器都制作精巧，颜色鲜艳，很少有剥落褪色之处。考古学者对这些器物进行了科学的考察和鉴定，种种情况已有详细报导[②]，这里仅指出以下几点：

胎骨及其制作。漆器胎骨主要有两种：一是木胎，普通漆器多用之。做法有三种：①用木头旋成。此类漆器都比较厚重，如鼎、盒、钟、盂、盘等日用器皿都是用这一种胎骨；②斫木胎，系将木头斫削成器形，如椭圆形的具杯盒、耳杯、匜、钫、匕、案等均用此法制成，其厚重不减于旋木胎；③卷木胎，系用薄木片卷成筒形，以木钉接合，底部钉接圆木片，一般于卷成器形后再加裱麻布，然后上漆，如卮、奁等，属于这一类。二是竹胎，系削竹片为之，卷成器形后用竹钉接合。此法不常用，故出土竹胎漆器不多。胎骨的另一种制法是夹纻，制作工艺难度较大，高级漆器多用此法，系先以木或泥做成器形作内胎，外面裱以纻布或缯帛，器成后再将木胎或泥胎去掉，即成夹纻胎，与原来器形相同，只微有胀大而已。胎成后再内外髹漆，如卮、奁和其他高级制品，多用此法，有的还加以金银镶嵌，或鎏金铜纽或铜环等。

漆器的花纹和图案。出土的一百八十四件大小漆器，其中绝大部分都绘有各种花纹或图案。花纹绘制的方法，主要有三种：

一是漆绘。系将半透明的生漆加入所需要的颜料，在髹漆好的器物上进

---

① 黄文弼：《罗布淖尔考古记》，第一五〇页。

② 《长沙马王堆一号汉墓》上册，第七十六——九十四页。

行描绘。上述已出土的带有花纹的漆器，大都是这种漆绘。或者是在黑漆地上绘红、赭、灰绿色漆，或者是在红漆地上绘黑色漆，色泽鲜艳，光彩夺目，而且未见脱落。鼎、盒、钟、钫、盒、盘、案、耳环等器物上的花纹大都是这种漆绘。

二是油绘。系用油料（大概是桐油）调以各种颜料如朱砂、石绿等，然后在已髹漆的器物上进行绘画，色彩有红、黄、金、灰、绿等。金色颜料可能是黄铜粉，因已有部分金色锈蚀成孔雀蓝。器物中如食奁、几、屏风和一些精致漆器如双层九子奁以及放在双层九子奁和单层五子奁内的大部分小奁，都是在黑漆地上用油绘彩画。但油绘不如漆绘耐久，因油脂年久老化，容易脱落。

三是针刻。就是在已髹漆的器物上用针雕刻成花纹，有时还在针刻的花纹中填入油彩，多用于卮、奁等小型器物。这类器物都是高级制品，十分精巧纤丽。

漆器上的花纹图案主要有三种类型：一是几何纹类型，主要有方连变体花纹、鸟兽形图案、几何云纹、环纹、菱形纹、点纹等。二是龙凤、云鸟、花草纹类型，有云龙纹、云凤纹、云兽纹、凤纹、龙纹、云气纹、卷云纹等。三是写生动物纹类型，有猫纹和龟纹两种，见于十件食盘内。

这批漆器在制作和彩绘上，都表现了汉代漆器工人的高超技术[26]，发掘报告称："这批漆器纹饰细致、流畅。花纹除平涂外，大量使用线条勾勒。几何类型的花纹线条，一般比较刚劲；龙凤、云鸟、花草类型的花纹线条，一般比较柔和；至于猫龟绘画，则类似近代写生的线条。有些器物上的花纹，同时使用几种线条勾勒，使画面更加生动活泼。这批漆器的色彩使用上，也达到了很高的水平。一般以黑色作地，或者在黑地外加红色作衬色，用朱红或赭色，或用朱红色和灰绿色作画。彩绘与地色对比强烈，显得非常富丽，色彩有明有暗，十分协调。"①

在出土的一百八十四件漆器中，既有生活日用品，也有高贵装饰品，而以后者为最多，故制作皆极精美。以器型来分类，计有鼎、钫、钟、盒、匕、卮、勺、耳环、具杯盒、盘、盂、案、匜、奁、几、屏风十六种。所有这些漆器，都是制作精美，保存完好。从器物类型、制作方法、彩绘技艺等方面来看，与前此在长沙出土的战国楚漆器是一脉相承的，汉代漆器显然是继承

① 《长沙马王堆一号汉墓》上册，第七十七页。

了战国时期已有高度成就的技术，而又进一步提高和发展的。

3. 造纸业

纸是中国古代的四大发明之一，这是世界公认的，也是中国劳动人民对人类文明的一个重大贡献，在人类文化的传播上产生了巨大的和深远的影响。根据文献记载，纸是公元二世纪初即东汉和帝元兴元年（公元一〇五年），由纸的发明者蔡伦正式奏呈给皇帝的，并受到了皇帝的嘉奖和表扬。尽管蔡伦在将纸的成功样品正式奏上皇帝之前，还有一段从开始到成功的漫长和曲折过程，但不妨把和帝元兴元年作为纸的正式诞生时期，从此结束了自古以来书契使用竹简或缣帛的时代，文书用纸书写，这在中国文化史上也是一件划时代的大事。史称：

> 伦有才学，尽心敦慎……每至休沐，辄闭门绝宾，暴体田野。后加位尚方令。永元九年（公元九十七年），监作秘剑及诸器械，莫不精工坚密，为后世法。自古书契多编以竹简，其用缣帛者谓之为纸。缣贵而简重，并不便于人。伦乃造意，用树肤、麻头及敝布、鱼网以为纸。元兴元年奏上之，帝善其能，自是莫不从用焉，故天下咸称“蔡侯纸”。①

其实蔡伦造纸成功后，在他还没有奏上皇帝之前，纸已经在宫庭中有了广泛的应用：

> 〔永元十四年（公元一〇二年），立为皇后〕是时，方国贡献，竞求珍丽之物，自后即位，悉令禁绝，岁时但供纸墨而已。②
>
> 案蔡伦造纸，在永元年间，元兴元年始奏上。此在元兴前已流用于宫掖，少复用札矣。③
>
> 《贾逵传》：“赐与简纸经传各一通。”寿昌案：简是旧传，纸是后写者，自是遂多用纸，而竹简希矣。④

---

① 《后汉书》卷七十八，《宦者·蔡伦传》。

② 《后汉书》卷十上，《和熹邓皇后纪》。

③ 《后汉书注补正》，卷二。

④ 《后汉书注补正》，卷四。

蔡伦发明的纸，不但很快被普遍应用，而且在技术上也很快得到提高，故不久即出现了名纸，如左伯纸，当为一种精工抄制的高级纸：

> 汉人能为纸者，蔡伦之外，又有左伯。《书断》云：伯字子邕，东莱人。汉兴，用纸代简，至和帝时，蔡伦工为之，而子邕尤得其妙。故萧子良答王僧虔书云：子邕之纸，妍妙辉光。案韦诞亦谓工欲善其事，必先利其器，用张芝笔，左伯纸，及臣墨，兼此三具，然后可以逞径丈之势，其为时所贵重如此。①

这说明纸在发明之后不久，即有了迅速发展，在造纸技术上也有了相当高度的成就，这由地下发现的实物可以证明。一九七四年，考古工作者在甘肃省武威县旱滩坡附近发现了一座汉墓，在出土器物中最值得注意的，是在一辆木牛车模型上粘有带字的古纸。根据墓葬和出土器物的形制考察，断定这是东汉后期古墓，约在公元二世纪后半叶，纸是那时的文书用纸，去蔡伦生时不远。纸上字迹不易辨认，但书体是汉隶。经光学显微镜检验，知原料系麻类纤维，纤维帚化度相当高。在放大镜下观察，发现纤维交结匀细，无大纤维束，纸质紧密，透眼少，也相当薄，这一切都说明纸的质量是相当高的，可知在造纸过程中对原料进行过碱液蒸煮、反复捣舂和漂洗，以制成纤维分散较高级的纸浆，再用细密而又滤水性能良好的抄纸器具，抄成纸张。旱滩坡纸的发现，说明东汉后期造纸工业发展迅速，技术造诣很高，且在蔡伦之后不久，已流传到西北边远地区了。②

但是近来有些考古学家根据在新疆、甘肃、陕西等省（自治区）[27] 的几个地方发现了西汉纸——实际上是似纸的纤维物，遂把纸的发明上限上推到西汉中叶，于是“蔡侯纸”就不再是最早的纸，蔡伦也就不再是纸的最初发明者了。要弄清楚这个问题，需要列举几个主要发现来看一看所谓西汉纸的具体情况，换言之，需要弄清楚西汉纸究竟是不是真正的纸——可供书写之用的纸，然后才能确定纸的发明时间究竟是西汉还是东汉：

（1）罗布淖尔纸。这是黄文弼在罗布淖尔考察时，于古烽燧亭中发现的：

---

① 《后汉书补注续》。

② 关于旱滩坡纸的出土和鉴定情况，参见潘吉星：《谈旱滩坡东汉墓出土的麻纸》，《文物》一九七七年，第一期。

纸麻质，白色，作方块薄片。四周不完整。长约四〇厘，宽约一〇〇厘。质甚粗糙，不匀净，纸面尚存麻筋。盖为初造纸时所作，故不精细也。按此纸出罗布淖尔古烽燧亭中，同时出土者有黄龙元年之木简，为汉宣帝年号，则此纸亦当为西汉故物也。但《后汉书蔡伦传》曰：……是纸创始于蔡伦。而蔡伦乃后汉和帝时人也，然则纸不始于西汉乎？按《前汉书·外戚传》云："武发箧中，有裹药二枚，赫蹄书。"孟康注曰："蹄，犹地也，染纸素令赤而书之，若今黄纸也。"应劭曰："赫蹄，薄小纸也。"据此，是西汉时已有纸可书矣。今余又得实物上之证明，是西汉有纸，毫无可疑。不过西汉时纸较粗，而蔡伦所作更为精细耳①。

（2）金关纸，亦名居延纸。"甘肃省北部额济纳河流域，古代泛称居延，或弱水流沙，绵延三百公里，遍地沙碛。肩水金关是一座烽塞关城，位于金塔县天仓北二十五公里额河上游谷地北口的东岸。作为进出河西腹地、北通居延都尉的咽喉门户，拱卫着南面不远的肩水都护府。"麻纸就是在这个古代屯戍重地发现的：

〔金关出土实物很多。中有珍贵麻纸二种〕纸［Ⅰ］：出土时团成一团，经修复展平，最大一片长宽21×19厘米，色泽白净，薄而匀，一面平整，一面稍起毛，质地细密坚韧，含微量细麻线头。显微观察和化学鉴定，只含大麻纤维。同一处出土的简最晚年代是宣帝甘露二年。纸［Ⅱ］：长宽11.5×9厘米。暗黄色，似粗草纸，含麻筋、线头和碎麻布块，较稀松。出土地层属于平帝建平以前。②

（3）中颜纸。一九七八年，陕西扶风县博物馆在该县太白公社中颜生产队的一个汉代窖藏中发现了古纸，发现的是一个陶罐，其中盛满铜器、麻织布和钱币等。古纸填塞在作为漆器附件的扁钉铜泡中间的空隙内。根据对出土文物的分析，断定窖藏时间在平帝之前，罐中钱币多是宣帝时物，麻纸可

① 黄文弼：《罗布淖尔考古记》，第一六八页。

② 甘肃居延考古队：《居延汉代遗址的发掘和新出土的简册文物》，《文物》一九七八年，第一期。

能即造于此时。经过物理结构观察及显微分析，结果如下：

> 此纸外观呈淡黄色，间有白色。纸质粗厚，纸面有不少铜绣绿斑。出土时已揉成团，展平后最大一片略呈方形，长宽为 6.8×7.2 厘米。用自动厚度计测得纸样厚度为 0.022～0.024 厘米。因纸已有皱褶，这一厚度当比实际值大些。在放大镜下观察，见到纸上纤维束较多，表面不平滑，也未经研光处理，个别部位有未及捣碎的细小麻绳头。迎光看，纸浆分布不匀，透眼较多，无帘纹。由于保存情况较好，此纸至今仍有足够的机械强度和较好的色泽，没有被蛀蚀。纸样经碘氯化锌溶液处理后，在显微镜下观察，纤维呈黄色，细胞结构特点属于麻类纤维，纤维帚化程度高低不匀。结合上述物理结构观察及显微分析，我们认为，中颜纸与罗布淖尔纸及金关纸在技术上属于同一类型，其制造时期当在宣帝时，而中颜纸有可能更早于罗布淖尔纸及金关纸。①

（4）灞桥纸。一九五七年五月，西安灞桥砖瓦厂在挖土时发现了一座西汉墓穴，出土了不少文物，其中有铜镜三面，镜下垫有残布数片，布下有类似丝质纤维的纸，纸上有明显的布纹②。经考古工作者鉴定，认为这种古纸是西汉武帝时遗物，是世界上迄今已知的最早的纸。初出土时认为是丝质纸，后经取样化验，发现它是用麻类原料制成，在显微镜下观察，显示灞桥纸所用的是单一原料——大麻韧皮纤维。化验结果称：

> 灞桥纸通过激光显微光谱分析，发现含有钙、铜、镁、铝、硅，其中尤以钙和铜的相对含量较高，其比例是 1∶1。……钙含量较高，证明西汉时制造纸浆采用石灰发酵的沤麻方法，在沤麻过程中加入石灰起发热升温、促进脱胶作用。因为这种方法条件缓和，纤维损伤较小，所以纸边纤维较完整，纸中甚至还混有一些未处理好的麻束，至于纸中含铜量较高的原因，还需要继续弄清。……从灞桥纸的激光光谱分析中看出，其中残留着一些镁、铝、硅等无机元

① 潘吉星：《喜看中颜村西汉窖藏出土的麻纸》，《文物》一九七九年，第九期。
② 其发现经过，参见《文物工作报导》，《文物参考资料》一九五七年，第七期。

> 素，说明纸纤维曾经受过石器处理，另外，在光学显微镜甚至在扫描电子显微镜下，灞桥纸纤维的结构都较完整，分丝程度不大。……经北京造纸研究所应用自动测厚仪测定，厚度是0.139毫米，比今天的52克/米^{2}新闻纸（厚度0.090毫米）稍厚。由于大麻韧皮纤维质地较粗，早期的打浆作用有局限，因此纸的匀度、纤维交织状况不够理想，但是仍有一定的牢度。①

以上四种古纸都是近年来重要的考古发现。如果这四种古纸确实是真正的纸，即可供书写之用的纸，则东汉时期出现的“蔡侯纸”，不过是对这些早已出现了的西汉古纸进行了一点改良或提高，蔡伦自然也就不是纸的发明者了。这样，作为中国四大发明之一的纸，其出世时间要比蔡伦早了二百年左右。但是轻于下这样的结论是不甚确切的，因为，如上文所述，从先后发现的武帝时期的灞桥纸到宣帝时期的罗布淖尔纸、居延纸和中颜纸，实际上都不是真正的纸，如较早的灞桥纸，不过是一堆纤维物因用作填充物而被铜镜压成扁平的纸状物，年深日久而纠结牢固。据上文所述，经过分析化验之后，发现纸中有很多未经处理好的麻束，纤维结构完整，分丝程度不大，这就充分说明灞桥纸还只是一些纤维物的堆积，而没有形成为真正的纸。其他几种所谓古纸，也只是仅具纸的雏形，都还不是可供书写之用的纸，看作纸的先驱或雏形是可以的，当作纸的正式诞生就不恰当了。关于这个问题，轻工业部造纸工业科学研究所对几种古纸进行了科学的化验和分析，提出了正确的结论②。经过分析鉴定之后，认为只有“蔡侯纸”才是真正的纸，正是这种纸对世界造纸工业的发展和人类文化的传播产生了深远影响，说纸是中国古代四大发明之一，指的就是这种纸。为什么说蔡伦以前的所谓古纸实际上还不是纸，即纸是蔡伦发明的呢？是因为蔡伦掌握了造纸的基本工序，如果没有经过这几道必不可少的基本工序，则所造出来的产物就不能算作纸。

（1）剪切：麻和树皮纤维都很长，不剪短不能用以制纸浆，因纤维不易分散。

（2）沤、煮和洗涤：在古代条件下，这是使纤维脱胶的过程，特别是树皮，含有大量果胶，使纤维胶结在一起，不经过沤煮，以去掉胶和杂质，则

① 刘仁庆、胡王熹：《我国古纸的初步研究》，《文物》一九七六年，第五期。

② 王菊华、李玉华：《从几种汉纸的分析鉴定试论我国造纸术的发明》，《文物》一九八○年，第一期。

不能成浆。洗涤是为了净化。

（3）舂捣：经过舂捣的机械作用，使编织在一起的破布纤维分散为单纤维，并提高纸的强度。这是使纤维帚化的一个重要工序。

（4）抄造成型：这是把纸浆抄成纸，是造纸的主要工序。

（5）定型干燥：纤维干燥时收缩性很大，必须加以砑整，使其原形保持稳定，否则皱缩，不能用以书写。

由于蔡伦掌握了这些基本工序，故造出来的纸平整光滑，能上贡于皇帝，完全代替了简帛，故“帝善其能”，可见蔡伦所造之纸质量相当高，具备了纸的一切应有的性能。

据造纸工业科学研究所对灞桥纸进行化验鉴定的结果，“认为灞桥纸不能以纸定论，很可能是沤过的纺织品的下脚料如乱麻、线头等纤维的堆积物，放在铜镜下面作衬垫用，年深日久，在潮湿的地下因镜身压力而形成片状；由于结构松弛，沿堆积时自然形成的纤维走向，可以把片状物分离为若干不规则的部分”①。对于居延纸的分析鉴定，专家认为：“居延纸是由本色的废旧麻絮、绳头、线头、布头等制成的。纤维经受了在水中的膨润和机械处理，造成相当程度的帚化。但未经过良好的悬浮成浆和抄造过程，所以纤维交织状态差，同向排列多，匀度也较差。也没有经受过压榨或贴在某种平面上的定型干燥过程。纸质粗糙松弛，纸面凹凸不平，并且起毛，因此这种纸不宜作为书写材料。但由于经历了纤维切断和打浆的基本工序，我们认为它可以算作纸的雏形（或可称为原始纸）。”② 这个结论与原发现者黄文弼所说“质甚粗糙不匀净，纸面留存麻筋，盖为初造纸时所作，故不精细也”是一致的。

造纸工业科学研究所对扶风中颜纸也进行了分析鉴定，得出了相同的结果。从麻质结构来看，二者属于同一类型，也像居延纸那样是麻质废料经过简单的机械处理，舂或捶打成薄片，虽略有纸的形态，但却十分疏松粗糙，不能用于书写，事实上所谓西汉纸都没有字迹，故不能认为是真正的纸，也只能算作纸的雏形或原始纸。总之，造纸工业科学研究所通过对汉代古纸的逐一分析鉴定，得出了正确结论，认为：

> 灞桥纸不是纸，而是一些废旧麻絮、绳头、线头等的堆积物。

---

① 王菊华、李玉华：《从几种汉纸的分析鉴定试论我国造纸术的发明》，《文物》一九八〇年，第一期。

② 王菊华、李玉华：《从几种汉纸的分析鉴定试论我国造纸术的发明》，《文物》一九八〇年，第一期。

> 扶风纸和居延纸原料来自回收纺织下脚料和破布，粗略地经历了造纸的两三个基本工序，但加工简单，纸质粗糙，不宜用于书写，更谈不上代替缣帛，可以称为纸的雏形。……因此，如果认为“西汉时期就出现了原始纸，人们用它来代替竹简、木简、缣帛等作为书写的主要材料”，是缺乏根据的。[①]

肯定蔡伦在造纸工业上的巨大贡献，承认蔡伦的发明者的地位，丝毫没有贬低西汉劳动人民在造纸工业——即使是雏形纸——上作为先驱者的功绩。任何科学技术上的重大成就或发明，都有一个漫长而曲折的发展过程，绝不是出于任何个人偶然的灵机一动，而是在前人经验——成功的和失败的经验的基础上不断改进和提高的结果。毫无疑义，蔡伦是吸取了西汉雏形纸的制造经验，他总结了剪切、沤煮、洗涤、舂捣、漂絮、抄造、定形等全部处理程序，扩大了原料（如树皮、渔网等），改革了工艺，然后才抄造出真正的纸。没有西汉的雏形纸作先驱，他的发明是不可能的。这是事物发展的科学规律，所有科学技术的重大发明，无不如此。例如蒸汽机，世界公认是在十八世纪八十年代为詹姆斯·瓦特（James Watt）所发明，但是使用蒸汽动力则可上溯到公元前一世纪。就是作为蒸汽机，在十七世纪末叶也已具雏形了，所以马克思说：“十七世纪末工场手工业时期发明的、一直存在到十八世纪八十年代初的那种蒸汽机，并没有引起工业革命。”[②] 当时仅在英国，先后曾有考斯（Salomon de Caus，一六〇一——一六六七年）、萨瓦利（Thomas Savery，一六五〇——一七一五年）和纽考门（Thomas Newcomen，一六六三——一七二九年）等人制成蒸汽机问世，而纽考门的“火机”（fire-engine）更是风行一时，为煤矿、运河和城市供水所普遍应用。瓦特所发明的蒸汽机，实际上是“火机”的改良——把直线运动变为旋转运动，从而使蒸汽机真正成为大机器的一个组成部分——动力机，而不再是一个唧筒。很显然，没有上述的各种蒸汽机作先驱，瓦特的发明是不可能的。明乎此，一些考古学者降低蔡伦的发明者的地位，把纸的产生时期上推到西汉，这样既是没有根据的，也是没有必要的。

① 王菊华、李玉华：《从几种汉纸的分析鉴定试论我国造纸术的发明》，《文物》一九八〇年，第一期。

② 《资本论》第一卷，第四一二页。

4. 造船业

秦汉时代，是春秋战国以后造船业迅速发展的时代。造船业是随着航运业的发展而发展的。从春秋后期到战国年间，由于航道的大量开辟，不仅内河航行日益发达，并且已经开始了沿海航行，而海上航行反过来又促使造船业向大型化发展，并对造船技术提出了更多和更高的要求。故在战国时期造船业已经有了相当高度的发展，不论在生产规模上和生产技术上都有了很大成就。到了秦汉时代，造船业又在原有的基础上，突飞猛进地发展起来，成为古代造船业的一个空前繁荣时期。

造成造船业迅速发展的原因，总体而言，当然先是整个社会经济发展的结果。随着国家的统一，生产力获得了解放，而开发交通，便利运输，又是维系大一统帝国的首要条件。随着国民经济体系的形成，这时各个经济区域都已交织在一个整体之中而息息相关，特别是随着商品经济的发展，富商大贾已经在“周流天下”，全国各地的形形色色的生活必需品、便利品、奢侈品在不停地从一地输往另一地，即从一个市场转往另一个市场。正如枚乘所说：“夫汉并二十四郡，十七诸侯，方输错出，运行数千里……陆行不绝，水行满河。”① 所以这时任何地方的一个消费者，都可以把远方异域的特殊物产，换言之，都可以把“陇蜀之丹砂旄羽，荆扬之皮革骨象，江南之楠[28]梓竹箭，燕齐之鱼盐旃裘，兖豫之漆丝絺纻”等，作为自己的“谣俗被服饮食奉生送死之具”。作为交通运输工具的船舶，乃是实现这一切的基本条件之一。没有足够大和足够多的船舶，则上述基本任务是很难完成的。

除了这一总的原因之外，造成秦汉时代特别是西汉时代造船业突飞猛进的发展，还另有两个特殊的原因，正是这两个特殊因素直接促使造船业不仅要迅速增加产量，而且要提高技术。这两方面的原因：

一是军事需要。在先是秦始皇、后来是汉武帝进行统一全国的活动时，对于岭南“百越”的用兵，完全是使用水师的：

〔秦〕又使尉（佗）屠睢将楼船之士南攻百越；使监禄凿渠运粮，深入越。②

① 《汉书》卷五十一，《枚乘传》。
② 《史记》卷一百十二，《平津侯主父列传》。

《淮南子》记述当时秦向岭南进军的情况较详，并记载了南征军的数目：

> 乃使尉屠睢发卒五十万为五军：一军塞镡城之岭，一军守九疑之塞，一军处番禺之都，一军守南野之界，一军结余干之水。三年不解甲弛弩。使监禄无以转饷，又以卒凿渠而通粮道，以与越人战。①

可见五军中只有一军突破了越人的防御，进军番禺，其余四军都驻扎在五岭之北通岭南的咽喉要道上。孤军驻在番禺，给养是个大问题，为了“通粮道”，监禄又率卒凿通了灵渠。水师所用的战船都是楼船，楼船是在甲板上建有双层或三层楼的大船。据应劭《汉书注》说：“作大船，上施楼，故号曰楼船。”刘熙《释名》云：“楼船者，船建楼三重，列女墙、战格，树旗帜、弩窗、矛穴，状如小垒。”原来最早的船是没有甲板的，这样，不仅船内行动不便，而且在航行时水易侵入，发生危险。后来人们慢慢知道在船面上装甲板，解决了上述困难，这已经是造船技术的一大进步。到了战国时期，不但船面早已装上了甲板，而且出现了在甲板上建二层或三层楼的大船。如一九五一年在河南辉县赵固镇战国墓中出土的宴乐射猎铜鉴，一九六四年在成都百花潭出土的嵌错铜壶，这两件铜器上都刻有楼船图像，均两重，下层有水手在划桨，上层有战士在击鼓、使枪、射箭。由实物证明，可知战国时期楼船已普遍应用在军事上了。秦始皇以五十万大军向岭南进发，以及通过灵渠向番禺戍军输送粮饷，其所用楼船和运粮船舶的数目之大，是可想而知的。

如果说秦始皇时代的楼船是在战国已有的基础上有了进一步的发展，则汉武帝时代的楼船显然又是在秦的基础上有了更大的发展。这由下述记载可窥知其梗概：

> 是时越欲与汉用船战逐，乃大修昆明池，列观环之。治楼船，高十余丈，旗帜加其上，甚壮。②
>
> 〔元鼎五年秋（公元前一一二年）[29]〕遣伏波将军路博德出桂

---

① 《淮南子·人间训》。

② 《史记》卷三十，《平准书》。

阳，下湟水；楼船将军杨仆出豫章，下浈水；归义越侯严为戈船将军，出零陵，下离水；甲为下濑将军，下苍梧。皆将罪人，江淮以南楼船十万人。越驰义侯遣别将巴蜀罪人，发夜郎兵，下牂柯江，咸会番禺。①

其明年（元鼎五年）南越反……于是天子……因南方楼船卒二十余万人击南越。②

汉对南越大举用兵，而以善造舟著名的南越人又完全是“用船战逐”，故整个战争都是在水上进行的，没有发达的造船工业为后盾，进行这样一种旷日持久的大规模水战是不可能的。汉武帝除以楼船之士对南越用兵外，同时又对东越进行了同一方式的进攻，规模不在前者之下：

〔武帝将伐闽越〕淮南王安上书谏曰：“……会天暑多雨，楼船卒水居击櫂，未战而疾死者过半……”③

上拜买臣会稽太守。……买臣顿首辞谢。诏买臣到郡，治楼船，备粮食、水战具，须诏书到，军与俱进。④

〔元鼎六年秋（公元前一一一年）〕，遣横河将军韩说、中尉王温舒出会稽，楼船将军杨仆出豫章，击之（东越）。⑤

这样，在军备的大量需要下，造船业遂出现了空前繁荣。数量巨大的船舶除了用为战船外，还有一些变相的军事用途也需要大量船舶，如皇帝不断进行的带有示威性质的巡游，即含有炫耀武力以示威慑的作用，秦皇、汉武就经常使用这一策略。他们周游各地，常常是水陆并进，由于扈从如云，陆行则千军万马，鼓乐喧天；水行则舳舻千里，旌旗蔽日，形成一支浩浩荡荡的船队。例如：

〔武帝〕行幸河东，祠后土，顾视帝京欣然，中流与群臣饮燕，

① 《汉书》卷六，《武帝纪》。
② 《史记》卷三十，《平准书》。
③ 《汉书》卷六十四上，《严助传》。
④ 《汉书》卷六十四上，《朱买臣传》。
⑤ 《汉书》卷六，《武帝纪》。

上欢甚。乃自作《秋风辞》……“泛楼舡兮济汾河，横中流兮扬素波。”①

〔元封〕五年（公元前一〇六年）冬，行南巡狩，至于盛唐……自寻阳浮江……舳舻千里，薄枞阳而出，作《盛唐枞阳之歌》。②

二是航海需要。适应海上航行的需要，是使造船业向大规模生产发展的一个直接刺激。本来早在春秋末叶到战国时期，人们已经开始了沿海航行，其情况已见《中国封建社会经济史》第一卷。到了秦和汉初时，随着造船业的发达和航海技术的进步，时人便逐渐开始了远离海岸的外海航行，例如：

自威、宣、燕昭使人入海求蓬莱、方丈、瀛洲，此三神山者，其传在勃海中，去人不远。盖尝有至者。……及秦始皇至海上……使人赍童男女入海求之。③

〔王景〕八世祖仲，本琅邪不其人。……诸吕作乱……及济北王兴居反，欲委兵师仲，仲惧祸及，乃浮海东奔乐浪山中，因而家焉。④

海上交通虽早已开始，但是勇于冒波涛之险而航行海上的人却不多，因为仍然受着造船技术和航海技术的限制。到了汉代，随着造船业的飞速发展，已能造出适于远海航行的大船，同时也积累了更多的航海知识和经验。所以正式的海运史主要是从汉武帝时代开始的。促成这一发展的原因，一是军事，二是贸易。

上文曾指出，当汉武帝以楼船之士大举向南越进军时，同时又以楼船之士由海道进攻闽越，对北面，也一度以水师浮海攻朝鲜：

〔建元三年（公元前一三八年）秋七月〕闽越围东瓯，东瓯告

① 汉武帝：《秋风辞·并序》，《昭明文选》卷四十五。
② 《汉书》卷六，《武帝纪》。
③ 《汉书》卷二十五上，《郊祀志》。
④ 《后汉书》卷七十六，《循吏·王景传》。

急。遣中大夫严助持节发会稽兵，浮海救之。①

元鼎五年（公元前一一二年），南越反，东越王余善上书，请以卒八千人从楼船将军击吕嘉等。兵至揭扬，以海风波为解，不行，持两端……天子遣横海将军韩说出句章，浮海从东方往。②

〔元封二年（公元前一〇九年）〕天子募罪人击朝鲜。其秋，遣楼船将军杨仆从齐浮勃海，兵五万，左将军荀彘出辽东，诛右渠。③

中国早在汉以前即已与南海诸国有了贸易关系，到了西汉武帝前后更是盛况空前，不仅有大批南海诸国的商人到中国来，而且有大批中国商人浮海而去，他们赍黄金、缯帛到南海诸国市明珠、琉璃、奇石、异物而还，其具体情况当于下一章论述对外贸易时详之，这里仅简单指出商船往来的情况。南海商船来华者皆麇[30]集番禺，司马迁说，“番禺亦其一都会也，珠玑、犀、玳瑁、果、布之凑”④，可知这些珍奇宝货都是由南海诸国辐凑在番禺的舶来品中的。中国商人则是由合浦郡的徐闻县出海，历经缅甸沿岸和马来半岛沿岸各土邦，然后横渡浩瀚的印度洋，到达印度的最南端，并远至锡兰岛（今斯里兰卡）。这条航线除有一部分是沿岸航行外，其余大部分航程是远洋航行。印度洋上波涛汹涌，航行其间，不仅要求船舶本身要足够大和足够坚固，并且要求有齐全的辅助设备，如推进船舶航行的樯、帆、桨、橹，操纵航向的舵，泊船制动的锚等，这些东西都是在长期实践中逐步出现的，到汉时已经完全具备了。

到了汉代，造船业虽然已经有了很大的发展，无论在生产规模上和制造技术上都已达到相当高的水平，但是史书上的有关记载，却又非常简略和非常不明确，更无一字涉及船舶的制造过程或有关生产技术的说明，故只能从船舶的使用情况来笼统地推知当时造船工业十分发达，其他更具体的情况就无法确定了。一九七四年，广州市文化局在建筑工地挖土时，发现了一处秦汉时期的造船工场遗址，使这一缺陷得到了弥补。从对遗址的试掘和初步得到的资料来看，可知这是一个规模宏大的造船工场，有三个平行排列的造船

① 《汉书》卷六，《武帝纪》。

② 《史记》卷一百十四，《东越列传》。

③ 《汉书》卷九十五，《朝鲜传》。

④ 《史记》卷一百二十九，《货殖列传》。

台，还有木料加工场地。关于我国古代造船工场遗址的发现，这还是第一次。通过对这些实物的分析鉴定，使我们对汉代造船工业的生产规模、造船场的器材设备和造船的技术水平等，都有了具体了解。发掘报告对这几个方面都作了详细说明：

> 船台的木墩用格木，滑板用樟木和格木，大枕木用杉材，格、樟、杉同是造船的优质木材。而格木的材质坚重，纹理密致，耐水湿，用以作架承船体的木墩，适合需要质坚抗弯力强的功能要求。樟木坚硬，纹理斜行，结构细密，耐磨蚀，耐水湿而又防虫，宜作滑板。杉木质轻富于弹性，用作枕木可分散船的重压而不易折断。三个不同的部件选取三种材质不同的木料，反映出当日造船工匠在选材方面的丰富经验。遗址中船台结构的基础处理，也是相当先进的，它成功地运用铺设枕木的办法来加大受压面积，保持滑道受压均匀，避免局部下沉，以取得造船所需的水平度。同时，还从力学的观点考虑，在两行滑板的接口地方，用大枕木垫承，以防止造船或船体下水时接口处因受压不匀会出现高低错位而使船体倾倒的危险。船场需要选在容易下水的江河之滨。河滨土质湿软抗压力差，而船台滑道要求基础稳定，抗压力大，由于采用枕木的基础设计，使矛盾得到解决。用铺垫枕木作基础，使建筑实体取得平稳牢固的办法，已见于长沙等地战国时期的木椁墓中。秦代的造船工匠正是总结了前人在土木工程中积累的经验加以发展，把它们应用到建造船台滑道的设计上去。可以认为，早在秦代，我国已进入了建台造船的阶段。另一方面，滑道中两行滑板与枕木之间、木墩与滑板之间，不作固定处理，这样滑道宽距根据不同需要，可窄可宽，两个船台可以分别造大小不同的船，也可以造同一规格的船。至于船场的整体布局及船台滑道下水结构的基本原理，就是到了近代的船厂还没有什么两样。①

广州秦汉造船场遗址的发现，除了如上文所述，使我们清楚地了解造船技术所达到的水平外，还为我们推算当时所造船只的大小提供了重要依据：

---

① 广州市文物管理处：《广州秦汉造船工场遗址试掘》，《文物》一九七七年，第四期。

“一号船台两滑板中心间距为 1.8 米，所造船只的宽度应为这间距的二至三倍，即3.6 米至5.4 米。二号船台两滑板中心间距为2.8 米，适合造5.6 米至8.4 米宽的船。又查当时从中原通往南越的孔道灵渠中的陡门宽度一般为5.5 米左右，最窄的只有 4.7 米。因此可以认为当时常用船的宽度不超过5 米，少数特殊的大船可能宽达 8 米左右。至于长度……汉代船模的长宽比为 5 至 7，以此推算当时常用船的长度为 20 米左右，载重约五百斛至六百斛(即合 25 吨至 30 吨)，少数大船可能要大些。”①

① 上海交通大学造船史话组：《秦汉时期的船舶》，《文物》一九七七年，第四期。

第六章　商　业

第一节　国内商业

（一）汉初的放任政策与商业发展

前文已经指出，中国古代的商品经济是从春秋后期开始发展的，到了战国时期，已经发展到了一定的高度，并且已经产生了巨大影响，从而引起了社会经济的巨大变化。所谓商品经济的发展，先是商业的发展，是生产物因商业的出现而变成了商品，即先是由商业引起了生产物的商品化，而不是商品以其自身的运动形成商业。所以在一个以自然经济为基础的封建社会中，商业的出现是引起一切变化的起点，战国年间社会经济的许多重大变革，都是由商业直接或间接引起的，所有这一切，都说明商业在战国年间已经很发达了。秦汉是战国的继续，秦王朝的存在时间不长，可以略而不论，到了两汉时期——特别是到了西汉时期，商业又有了进一步的发展，无论是国内商业或对外贸易，都非常繁荣和兴旺。由于经商最容易发财致富，因而成为人们最热衷[1] 追求的一种职业，当然也是从业人数很多的一种行业，所以司马迁直截了当地说：

> 夫用贫求富，农不如工，工不如商，刺绣文不如倚市门，此言末业，贫者之资也。①

“末业”即商业，“贫者”可由之转贫为富，故人们趋之若鹜，认为这是除了仕宦为吏以外唯一的一条发财致富的途径，一个人如果“不得推择为吏，

---

① 《史记》卷一百二十九，《货殖列传》。

又不能治生为商贾”，像韩信青年时那样“常从人寄食”，就要为社会所不齿。

人们把商业与发财致富联系为同义语，并不是出于偶然，汉初政府所采取的放任政策，给商业的自由发展提供了充分条件，使经营商业的人大发其财。汉王朝初年之所以要采取放任政策，是为了使久经战乱而残破不堪的社会经济得以迅速恢复：

孝惠、高后之时，海内得离战国之苦，君臣俱欲无为，故惠帝拱己，高后女主制政，不出房闼，而天下晏然，刑罚罕用。①

当孝惠、高后时，百姓新免毒蠚，人欲长幼养老。萧、曹为相，填以无为，从民之欲，而不扰乱，是以衣食滋殖，刑罚用稀。及孝文即位，躬修玄默，劝趣农桑，减省租赋。而将相皆旧功臣，少文多质，惩恶亡秦之政，论议务在宽厚，耻言人之过失。化行天下，告讦之俗易，吏安其官，民乐其业，畜积岁增，户口浸[2]息。风流笃厚，禁网疏阔。②

在这种“天下晏然”的和平环境中，汉王朝又对商人的活动采取了自由放任政策，对他们的商业经营，完全听之任之，不加干预：

汉兴，海内为一，开关梁，弛山泽之禁，是以富商大贾周流天下，交易之物莫不通，得其所欲。③

汉兴，接秦之弊……而不轨逐利之民，畜积余业以稽市物，物踊腾粜，米至石万钱，马一匹则百金。④

〔伍〕被曰：“……重装富贾，周流天下，道无不通，故交易之道行。……”⑤

枚乘复说吴王曰：“……夫汉并二十四郡，十七诸侯，方输错出，运行数千里不绝于道……陆行不绝，水行满河。……”⑥

---

① 《汉书》卷三，《高后纪》。

② 《汉书》卷二十三，《刑法志》。

③ 《史记》卷一百二十九，《货殖列传》。

④ 《史记》卷三十，《平准书》。

⑤ 《史记》卷一百十八，《淮南衡山列传》。

⑥ 《汉书》卷五十一，《枚乘传》。

当“重装富贾，周流天下”，而他们所进行的各种贩运营业活动又是“交易之物莫不通，得其所欲”时，这一切都说明商人是左右逢源，财运亨通，许多从事这个行业的商贾，都腰贯累累，成为名副其实的“富商大贾”，即巨额的货币财富所有者。货币乃是一切权力的权力，正如马克思所说，“谁有了它，谁就成为他想要的一切东西的主人。有了金，甚至可以使灵魂升入天堂”①。司马迁很了解这个道理，所以他明说：“渊深而鱼生之，山深而兽往之，人富而仁义附焉。富者得势益彰……谚曰：‘千金之子，不死于市。’此非空言也。故曰：‘天下熙熙，皆为利来；天下攘攘，皆为利往。’”又说，“富者，人之情性，所不学而俱欲者也”；“富相什则卑下之，伯则畏惮之，千则役，万则仆，物之理也”②。这是说追逐货币是“人之情性”，因为金钱是一种权威，谁有了钱谁就有了权，这时商人在社会上已经成为一种巨大的力量，他们的势力已不限于仅仅作为一个“邑有人君之尊，里有公侯之富”了，连真正的“封君”都在“低首仰给”。关于当时商人生活之豪华和声势之显赫的情况，可由下引文献窥见一斑：

> 晁错复说上曰：“……而商贾大者积贮倍息，小者坐列贩卖，操其奇赢，日游都市，乘上之急，所卖必倍。故其男不耕耘，女不蚕织，衣必文采，食必（梁）〔粱〕肉；亡农夫之苦，有阡陌之得。因其富厚，交通王侯，力过吏势，以利相倾；千里游敖，冠盖相望，乘坚策肥，履丝曳缟。此商人所以兼并农人，农人所以流亡者也。”③

直到汉武帝采取坚决的抑商政策，并有目的、有计划地打击商人以前，商人们一直保持了如上所述的繁荣兴旺景况，并不断地有所发展：

> 于是（元狩中）县官大空。而富商大贾或蹛财役贫，转毂百数，废居居邑（《集解》徐广曰：废居者，贮蓄之名也。有所废，有所蓄，言其乘时射利也。如淳曰：居贱物于邑中，以待贵），封君

① 《资本论》第一卷，第一五一页。
② 《史记》卷一百二十九，《货殖列传》。
③ 《汉书》卷二十四上，《食货志》。

皆低首仰给。冶铸煮盐，财或累万金，而不佐国家之急。[①]

汉武帝虽然采取了严厉的抑商政策，采用了从改变币制（改铸铜钱）到出告缗令（参见下文第十章第三节）等各种办法，以狠狠地打击商人，但是商人并没有被消灭，商业也没有被扼杀，不久又都兴旺起来，连王公贵戚也加入了商人行列，利用他们的特权地位来亲自经商谋利。贵族如此，则其他一般商贾当然就更为活跃了。例如：

是时（成帝朝）起昌陵，营作陵邑，贵戚近臣子弟宾客多辜榷为奸利者（《补注》宋祁曰：《学林》云：辜榷者，乃阻障而独阻其利。《后汉灵帝纪》光和四年，豪右辜榷马，一匹至二百万。章怀注引《前书音义》曰：辜，障也，谓障余人卖买，而自取其例，此训是也）。[②]

〔贡禹为御史大夫〕数言得失……又言……富人积钱满室，犹亡厌足。民心（摇动）〔动摇〕，商贾求利，东西南北各用智巧，好衣美食，岁有十二之利，而不出税租。[③]

〔符所著《潜夫论》〕《浮侈篇》曰："……今举俗舍本农，趋商贾，牛马车舆，填塞道路，游手为巧，充盈都邑，务本者少，游食者众。'商邑翼翼，四方是极。'今察洛阳，资末业者什于农夫，虚伪游手什于末业。……天下百郡千县，市邑万数，类皆如此。"[④]

〔统所著《昌言》〕《理乱篇》曰："……汉兴以来，相与同为编户齐民，而以财力相君长者，世无数焉。而清洁之士，徒自苦于茨棘之间，无所益损于风俗也。豪人之室，连栋数百，膏田满野，奴婢千群，徒附万计。船车贾贩，周于四方；废居积贮，满于都城。琦赂宝货，巨室不能容；马牛羊豕，山谷不能受，妖童美妾，填乎绮室；倡讴（妓）〔伎〕乐，列乎深堂。宾客待见而不敢去，车骑交错而不敢进。三牲之肉，臭而不可食；清醇之酎，败而不可饮。睇盼则人从其目之所视，喜怒则人随其心之所虑。此皆公侯之广乐，

① 《史记》卷三十，《平准书》。
② 《汉书》卷八十四，《翟方进传》。
③ 《汉书》卷七十二，《贡禹传》。
④ 《后汉书》卷四十九，《王符传》。

君长之厚实也。……”①

永安二年（公元二五九年）三月，诏曰：“……今欲偃武修文，以崇大化。推此之道，当由士兵之赡，必须农桑。……自顷年已来，州郡吏民及诸营兵，多违此业，皆浮船长江，贾作上下，良田渐废，见谷日少，欲求大定，岂可得哉？亦由租入过重，农人利薄，使之然乎？……”②

可见从西汉到三国，在整个两汉时期，商业发展的势头并没有被打断，尽管在一个以小农制经济为基本核心的社会经济的结构中，商品的国内市场极为有限，且又经常处在抑商政策、抑奢政策、禁榷制度等千方百计地打击、压迫、阻挠、干扰之下，而失去活动自由，但是它仍然在层层压力的夹缝中为自己开拓活动的园地，不论被拘囚在多么狭小的樊笼内也能找到一线的出路，于艰难险阻之中，照旧买贱鬻贵，以大获其利。正如马克思所说：“古代的商业民族存在的状况，就像伊壁鸠鲁（Epicurus）的神存在于世界的空隙中（注：古希腊哲学家伊壁鸠鲁认为有无数世界。这些世界是照它们本身的自然规律产生和存在的。神虽然存在，但存在于世界之外，存在于世界之间的空隙中，对宇宙的发展和人的生活没有任何影响），或者不如说，像犹太人存在于波兰社会的隙缝中一样。最初的独立的、颇为发达的商业城市和商业民族的商业，是作为纯粹的转运贸易建立在生产民族的野蛮状态的基础上的。这些商业城市和商业民族对这些生产民族起着中介人的作用。”③ 这就充分说明了古代商业为什么能够在小农制经济的限制下，在抑商政策和抑奢政策等的种种压迫和打击下，而仍能发展的原因所在。

小农制经济的自给性和国内市场的不发达，虽然大大地限制了商品经济的发展，从而堵塞了商业由纯粹的贩运贸易向近代型的大规模商业发展的道路转变，但是对于以奢侈品为主要经营内容的贩运贸易则影响不大，因为自给自足的小农民本来就不是商业供应的对象，他们不需要奢侈品，也无力购买奢侈品，可以说，广大农民是在商业供应范围之外的；此外，纯粹的贩运贸易是“建立在生产民族的野蛮状态的基础上的”，只要生产民族的这种落

---

① 《后汉书》卷四十九，《仲长统传》。
② 《三国志》卷四十八，《吴书·孙休传》。
③ 《资本论》第三卷，第三六九页。

后状态不改变，由生产物的地区差别造成的价格差别必然是很大的，这给贩运的存在和发展提供了充分的条件。这是由于：一方面，各生产民族之间需要由商人来起中介作用，需要由商业来把各地方的特殊物产，即原来并非商品的生产物转化为商品；另一方面，生产民族的落后状态，使生产物存在着明显的地区差别和巨大的价格差别，这就成为商人买贱鬻贵、从事贩运活动的基本条件。

（二）商业资本家的大量出现

中国从春秋时期就出现了专业商人，如弦高、子贡、范蠡（陶朱公）等，都是财拥巨万的大商业资本家，其情况已见上文。如果说春秋后期的商品经济还不够发达，还处在刚刚发展的初期阶段，因而这些大商业资本家自然亦只是稀疏地出现。那么到了战国时期，随着商品经济和货币经济的进一步发展，这时从事商业贩运活动的所谓“富商大贾”，就已经不再是个别地、稀疏地出现，而是成批地、大量地出现了。到了秦汉时期，由于一切都是在原来的基础上向各个方面的扩大，因而这个发展趋势不论在量的方面和质的方面，或者说不论在深度方面还是广度方面，又都大大地前进了。

从西汉初年起，先是商业大大地发展了，它不仅取得了有利于商业发展的外部条件，如由政府的放任政策所获得的营业自由等，而且取得了商业本身的有利于发展的内部条件，如经济区域的扩大、国民经济体系的确立、生产物商品化的发展、商品构成的充实与贩运范围的扩大等，从而使“交易之物莫不通，得其所欲”。随着这一切的形成和发展，一个相随而至的自然结果是：商业从业人数的增多，使财累千金、万金乃至数十万金的富商大贾——一个新兴的商人阶级，像雨后春笋一样，一个接一个地茁生出来，他们或者是“周流天下”，或者是“废居居邑”，所谓“天下熙熙，皆为利来，天下攘攘，皆为利往”的主要就是这些人。很显然，这些新产生的暴发户，不是出身于封建诸侯，也不是渊源于权门豪右，他们原来都是“无秩禄之奉，爵邑之入”的“庶民”，甚至过去还都是为王公贵族所不屑于齿数的贩夫走卒，即都是一些“服牛骆马，以周四方”的市侩商贩，而现在却富比王侯，“田池射猎之乐，拟于人君”。由于这是一个新兴的社会阶级，已完全不同于过去富有的领主贵族，所以司马迁特别给这些暴发户起了一个名字，叫作“素封”：

富无经业，则货无常主，能者辐凑，不肖者瓦解。千金之家比一都之君，巨万者乃与王者同乐，岂所谓“素封”者邪？非也？①

所谓“素封”，是说这些人虽没有封爵，而富则过之，财富的多少与封爵的大小，所得享受是完全相同的，实等于无爵而有爵，事实上是一个无秩禄的封君。

随着商品经济和货币经济的不断发展，这些富商大贾的人数也在不断增加，也就是作为一个新兴的财富所有者阶级而在不断壮大。关于先秦的情况，已见《中国封建社会经济史》第一卷。从秦汉起，富商大贾的数目，更是多不胜数了。下引诸例，都是“其章章尤异者”，其中有的是专营商业的，有的是兼营工业而自产自销的，其中多数都是专业性经营，偶尔也有少数是业余从事的：

宣曲任氏之先，为督道仓吏。秦之败也，豪桀皆争取金玉，而任氏独窖仓粟。楚汉相距荥阳也，民不得耕种，米石至万，而豪桀金玉尽归任氏，任氏以此起富。②

这是靠囤积居奇，即所谓“废居居邑”来赚取商品价格的差额的，由于物价特别是粮价因丰歉不同而波动甚大，谷贱时石仅数钱，贵时“米石至万”，这种天渊悬殊的价格差额遂成了囤积者的商业利润。这就说明了为什么“废居居邑”会成为商业经营的一个重要方式。

〔元狩中〕于是以东郭咸阳、孔仅为大农丞，领盐铁事；桑弘羊以计算用事，侍中。咸阳，齐之大煮盐，孔仅，南阳大冶，皆致生累千金，故郑当时进言之。弘羊，洛阳贾人子，以心计，年十三侍中，故三人言利事析秋毫矣。③

在禁榷盐铁以前，富商大贾大都以经营盐铁起家，所以在这些新兴的暴发户中，绝大多数都亦工亦商，也就是以生产盐铁为主，并都是自产自销，

① 《史记》卷一百二十九，《货殖列传》。
② 《史记》卷一百二十九，《货殖列传》。
③ 《史记》卷三十，《平准书》。

使工与商密切结合在一起。如上引文中的东郭咸阳是大煮盐，孔仅是大冶，桑弘羊是商人阶级出身，尽管当时因年少自己还没有经商经验。由他们三人设计和主管均输平准与盐铁酒酤等官办事宜，必然深知这些行业的生产和销售的全部过程与有关的一切情况，可见他们三个人都是背叛了本阶级的根本利益，于仕宦为吏之后全心全意地推行损害本阶级利益和打击本阶级生存的抑商政策。汉武帝时推行抑商政策之所以比较有效，就是由于直接负责主持其事的都是商人，他们深切明了商人的底细，知道富商大贾是怎样形成的，他们是怎样发财致富的，总之，由于完全掌握了商人们的情况，所以便彻底明了抑商应当从何处下手最为有效[3]。

其他富商大贾的形成和发展过程，大都类此，这里举几个比较突出的例子：

周人既纤，而师史尤甚，转毂以百数，贾郡国，无所不至。洛阳街居在齐秦楚赵之中，贫人学事富家，相矜以久贾，数过邑不入门，设任此等，故师史能致七千万。①

蜀卓氏之先，赵人也，用铁冶富。秦破赵，迁卓氏。……致之临邛，大喜，即铁山鼓铸，运筹策，倾滇蜀之民，富至僮千人。田池射猎之乐，拟于人君。②

程郑，山东迁虏也，亦冶铸，贾椎髻之民，富埒卓氏，俱居临邛。③

宛孔氏之先，梁人也，用铁冶为业。秦伐魏，迁孔氏南阳。大鼓铸，规陂池，连车骑，游诸侯，因通商贾之利……家致富数千金，故南阳行贾尽法孔氏之雍容。④

鲁人俗俭啬，而曹邴氏尤甚，以铁冶起，富至巨万。然家自父兄子孙约，俯[4] 有拾，仰有取，贳贷行贾遍郡国。邹、鲁以其故多去文学而趋利者，以曹邴氏也。⑤

鲁俗贱奴虏，而刁间独爱贵之。桀黠奴，人之所患也，唯刁间

① 《史记》卷一百二十九，《货殖列传》。
② 《史记》卷一百二十九，《货殖列传》。
③ 《史记》卷一百二十九，《货殖列传》。
④ 《史记》卷一百二十九，《货殖列传》。
⑤ 《史记》卷一百二十九，《货殖列传》。

收取，使之逐渔盐商贾之利，或连车骑，交相守，然愈益任之。终得其力，起富数千万。故曰“宁爵毋刁”，言其能使豪奴自饶而尽其力。①

刁间既衰，至成、哀间，临菑姓伟訾五千万。②

关中富商大贾，大抵尽诸田，田啬、田兰。韦家栗氏，安陵、杜杜氏（徐广曰：安陵及杜二县名，各有杜姓也，宣帝以杜为杜陵），亦巨万。此其章章尤异者也。③

前富者既衰，自元、成讫王莽，京师富人杜陵樊嘉，茂陵挚纲，平陵如氏、苴氏，长安丹王君房，豉樊少翁，王孙大卿，为天下高訾。樊嘉五千万，其余皆巨万矣。……其余郡国富民兼业颛利，以货赂自行，取重于乡里者，不可胜数。④

中山大商张世平、苏双等资累千金，贩马周旋于涿郡，见而异之，乃多与之金财。先主由是得用合徒众。⑤

以上都是许许多多的富商大贾之中的所谓“章章尤异者”，也就是在商业经营中的成功者。但是营业既然是自由的，则竞争必然是剧烈的，每一个营业者都是“人各任其能，竭其力，以得所欲”，各人都在“运筹策”以竭尽自己的聪明才力和财力，来把握一切有利机会的来临，而在窥伺此机会时，又要如“猛兽鸷鸟之发”，在运筹决策时，更要如“孙吴用兵，商鞅行法”。正如恩格斯所说，“商人是很多的，他们谁都不知道谁在做什么。商品现在已经不仅是从一手转到另一手，而且是从一个市场转到另一个市场”⑥，这就是司马迁所说，谁也“不余力而让财”。这样激烈竞争的结果，必然是“巧者有余，拙者不足”，必然是“能者辐凑，不肖者瓦解”。所以，能够经营成功、大发其财的胜利者固然不少，而折阅失败的亦大有人在。如果自己缺乏如范蠡、白圭等大商人那样的条件，或者在经营中没有按照经营商业应遵循的原则来经营，或者没有按照经济规律来办事，结果都必然要受到惩罚，造成事业失败。此外，如突然遭遇到什么意外或不幸，也会招致损失或失败。

---

① 《史记》卷一百二十九，《货殖列传》。

② 《汉书》卷九十一，《货殖传》。

③ 《史记》卷一百二十九，《货殖列传》。

④ 《汉书》卷九十一，《货殖传》。

⑤ 《三国志》卷三十二，《蜀书·先主传》。

⑥ 恩格斯：《家庭、私有制和国家的起源》，《马克思恩格斯选集》第四卷，第一七一页。

《史记》中的《货殖列传》和《汉书》中的《货殖传》[5] 只记载了其中“章章尤异者”——即成功者，没有记载其中的失败者，事实上经营不成功而折阅赔累的，亦不乏其人，例如：

> 李岳，字祖仁，官至中散大夫。尝为门客所说，举钱营生，广收大麦，载赴晋阳，候其寒食，以求高价。清明之日，其车方达，又从晋阳载向邺城，路逢大雨，并化为泥。息利既少，乃至贫迫。当世人士，莫不笑之。①

李岳的失败，一半是由于经营不善，运输缓慢，时间过长；一半是由于意外不幸，路逢大雨，致所载货物并化为泥——其实这也是经营不善的结果之一，因运输贻误，回程时正赶上“清明时节雨纷纷”[6] 的时候，又不携带防雨工具，遭受损失，就成为难免的了，但根本原因还是由于李岳不是一个专业商人，没有经过“父兄之教”与“子弟之学”的专业训练，没有经商的基本知识，不知道应当如何“审时事，观国变”，他不是在一切都已了如指掌之后，才“服牛骆马，以周四方”，并在充分了解各地市场情况和物价差别的基础上来买贱鬻贵，不如此，未有不失败的。李岳对此一切茫然，以为经商是件轻而易举的事，便冒冒然“举钱营生”，遂致所运货物，并化为泥。看来早在春秋时期给商人下的定义中所列举的那些条件，实是缺一不可的。

（三）贩运性商业与商品

秦汉时代的商业，从性质上看，依然是古代型的贩运性商业，这是由客观的经济规律所决定的必然形成的一种经营方式，因为中国古代的社会经济结构，虽然从春秋后期到战国年间发生了巨大的和深刻的变化，但是自然经济仍然是占支配地位的结构形态，以男耕女织为主要形式的小农业与家庭手工业相结合的经济，是这个结构形态的基本核心。在这样的一种经济结构中，人们的生产是各自独立的——在一定程度上还是孤立的，生活则是自给自足的。每一个人都主要是直接在与自然打交道而不是与社会相交往，这是说人们尽可能直接与自然相交换而不求与社会相交换来满足自己的需要。不求与社会相交换，就是在经济生活上交换的要求不迫切，因而商业的发展是没有

① 《太平御览》卷八百三十八，引《三国典略》。

基础的。当人们满足生活所需的各种物品都是由消费者自己生产时，商业就失去了大部分的经营对象，也就是失去了大部分的市场，因而国内市场自然也就跟着萎缩下去，甚至连存在的必要性也失去了。没有国内市场，或国内市场不发达，自然也就不可能有国内商业，或者是国内商业非常不发达。

前文已指出，由春秋后期到战国年间，随着商品经济和货币经济的发展，整个社会经济也发生了一系列的重大变化，土地制度的改变是这个变化的结果之一。随着土地制度的改变——以土地自由买卖为基础的土地私有制度的确立，领主制经济变成了地主制经济，剥削方式自然亦由领主以劳动的自然形态（即劳役地租，由农奴无偿地耕种公田和服各种劳役的形式获得）对农奴的剥削，变为地主通过土地的租佃关系以劳动生产物的形式（即实物地租）对农民的剥削。经济的结构形态变了，支配它的客观经济规律自然也就跟着变了，由于受不同的经济规律的支配，使地主对农民的剥削，具有过去领主对农奴的剥削所不能达到的残酷程度。在这里，随着土地制度的变革和剥削方式的改变，产生了不利于商业发展的两个消极因素：

其一，土地制度变革的开始，同时就是土地兼并问题的开始，因为既然土地和其他普通商品一样可以自由买卖，当然谁有钱谁就可以尽量购买。但是土地又有不同于普通商品的一面，即它不是生活资料，而是生产资料，是一种能生息的资本，地主之所以要大量购买土地，是要通过土地的租佃关系来获得地租，故对于他是一种营利手段。同时，土地是不动产，它不忧水火，不怕盗贼，把金钱变为土地后，是财富的最稳妥的一种存在形态。因此，一般财富所有者遂都趋之若鹜。所以土地买卖一开始，即出现了土地占有的两极化：一极是“富者田连阡陌”，另一极是“贫者亡立锥之地”。当大多数农民因丧失了土地而变成“贫者亡立锥之地”的时候，随着他们的生产资料的丧失，他们的生活资料也就跟着丧失了，这时他们的生活出路不外：①“或耕豪民之田”，即佃耕地主的土地，而忍受着残酷的剥削；②“亡逃山林，转为盗贼”，即成无业游民，流浪各地。不管属于哪一种，他们都穷到如马克思所说“最后除了自己的皮以外没有可出卖的东西”，而市场上恰恰是：没有不出卖的购买。尽管这些人对各种商品的需要是非常迫切的，但由于缺乏购买力，所以在市场上就不能成为有效需要，换言之，这些人都被迫退出了购买，结果是市场萎缩，商业不振。

其二，在私有土地制度和地主制经济所特有的经济规律支配之下，必然形成小块土地所有制即小农制经济，这主要是由于贫穷的农民没有资本来与土地相结合，不能像圈地运动后的英国那样，出现一种农业资本家来大量地租佃土地，进行资本主义式的经营。中国古代的贫穷农民只能用自己仅有的一点劳动力来与土地相结合，佃耕三五亩或七八亩，又因剥削残酷，不仅被剥削去全部剩余劳动部分，而且经常被剥削去一大部分必要劳动，以致不但不能保证正常的再生产，而且不能保证最低限度的生存，所以有力量也不敢多佃。自耕农民又因要购买土地耗尽了所有资力，不再有余力来扩大经营规模，结果，自耕农民也都必然成为小块土地所有者。这样，不论是佃耕或自耕农，他们所经营的都是小块土地，即都是小农制经济。这些贫苦的小农民都不能完全依靠农业为生，而必须以家庭手工副业来作为补充，因而家庭手工业绝不是可有可无的，于是便造成了小农业与小手工业紧密结合而不可分离的局面。这样，他们的一切生活必需品都尽可能地由自己生产，而不仰赖于市场，结果，市场萎缩了，即使有商业，商业也不能把没有购买力的贫穷农民当作主顾，更不能把根本没有市场需要的生活日用品作为经营的对象。

所以，土地制度的变革和剥削方式的改变，系从根本上妨碍了商业的发展，后来中国商品经济的发展迟滞，早已出现的资本主义因素迟迟不能成长，是有其复杂的经济根源和深邃的历史根源的。

如果广大农民——人口中的最大多数——不需要仰赖市场，不需要商业供应，则商业活动的范围便大大地缩小了，它只能以少数富有阶级——主要是统治阶级——作为服务对象，而富人所需要却不是一般的生活必需品，因这些东西他们早已大量地具有了，他们所要求的，是于满足了生活的基本需要之后——即于饱暖之余，要求满足物质的和精神的高级需要，这就是司马迁所说：“耳目欲极声色之好，口欲穷刍豢之味，身安逸乐，而心夸矜执能之荣使。”[①] 这几句话包括两个方面的内容：一方面，要求提高物质生活的享受，即要求有质量高的精美物品，来满足奢侈欲望；另一方面，要求提高精神生活的享受，所谓“心夸矜执能之荣使”，即既要有华丽的排场以炫示富有，又要有显赫的声势来夸耀威权，这都需要有高贵的物品来作为点缀和装饰，这一切都说明，富有的统治阶级所需要由商业供应的，主要是奢侈品和便利品，而不是生活必需品。

这里必须着重指出，古代的贩运性商业不是生产过程的一个组成部分或必经阶段，也就是说生产过程并没有把流通过程吸收进来，这种商业主要是

---

① 《史记》卷一百二十九，《货殖列传》。

把已有的生产物从有的地方运到无的地方，从多的地方运到少的地方，一句话，从有余的地方运到缺乏的地方，以买贱鬻贵的不等价交易，来赚取价格差额，以之作为利润的唯一来源。这样，由经济规律决定了古代商业必然是贩运性商业。这种商业所贩运的物品愈是来自远地或异域，即地区间的差距愈大，售价的差额也必愈大。所以早在春秋时给商业下定义，就已明确指出“奇怪时来，珍异物聚”，这一语道破了商业贩运的主要内容，换言之，古代商业所贩运的，主要是“奇怪”和“珍异”。

同时，在古代，交通运输条件的限制，也决定了商品贩运的内容不可能是体积笨重和单位价值不高的生活必需品。汉时社会上流行着一个谚语：“百里不贩樵，千里不贩籴”①，这充分说明，笨重的生活必需品是不能进行远程运输的。所以，商业所贩运的，只能是奢侈品。奢侈品的市场虽然是有限的，但是奢侈品的购买者都是有钱的，商人正可以用少量的物品，从富人的荷包中赚取高额利润，这与商业的性质和商人的利益都是完全吻合的。所以，不论是从商业的主观条件来看还是从客观条件来看，或者换句话来说，不论从商品的需要方面来看或从商品的供给方面来看，都决定了古代商业的性质必然是奢侈品。在这里，唯一的例外是盐铁，在盐铁酒酤没有实行禁榷以前，这几种商品特别是盐铁，乃是商业贩运的大宗。盐铁虽然也是体积笨重、单位价值不高，但由于是绝对必需，又不是消费者自己所能生产的，也不是到处都能生产，所以必须向市场购买，故其运销数量极为庞大，成为商业经营中一项最有利可图的事业。

这里所谓奢侈品，系就其广义而言，不是专指狭义的“奇怪”“珍异”，或者“雕文刻镂，锦绣纂组”。凡不是由农民自己生产、自己消费的生活日用品，而是由外地、远地或异域贩运来的土特产，可一律列入奢侈品项目之内，因为都是作为新奇物品从远方运来的。原来这些东西并不是商品，或者根本即不为外地人所知，只是由于商人把它们从外地运来，才慢慢地变成“皆中国人民所喜好，谣俗被服饮食奉生送死之具”，成为生活必需品。这是生产物因商业而变形为商品，即商业发展了生产物的商品形态。这是商品经济发展的第一步，这个变化在西汉时是普遍发生的，司马迁曾扼要地指出了这个变化过程的内容：

① 《史记》卷一百二十九，《货殖列传》。

> 陆地牧马二百蹄，牛蹄角千，千足羊，泽中千足彘，水居千石鱼陂，山居千章之材。安邑千树枣；燕、秦千树栗；蜀、汉、江陵千树橘；淮北、常山已南，河济之间千树萩；陈、夏千亩漆；齐、鲁千亩桑麻；渭川千亩竹，及名国万家之城，带郭千亩亩钟之田，若千亩卮茜，千畦姜韭：此其人皆与千户侯等，然是富给之资也。①

所有这些农产品、林产品、畜牧产品、渔产品等，原来在产地都不是商品，只是由于被商人所发现和被看中，从而变成商业贩运的对象，都变成了商品。当天然生产物的商品化过程展开之后，另一个过程——由商品生产而促进商业的发展——接着就开始了，生产者生产这些物品都不是为了自己要消费，根本就是为了要出卖才生产的，换言之，所有生产物都是当作商品来生产的：

> 通邑大都，酤一岁千酿（《正义》曰：酿千瓮），醯酱千𤮾（徐广曰：长颈罂），浆千甔，屠牛羊彘千皮，贩谷粜千钟[7]，薪稾千车，船长千丈，木千章，竹竿万个，其轺车百乘，牛车千两，木器髤者千枚（徐广曰：髤，漆也），铜器千钧，素木铁器若卮茜千石（徐广曰：百二十斤为石），马蹄躈千，牛千足，羊彘千双，僮手指千，筋角丹砂千斤，其帛絮细布千钧，文采千匹，榻布皮革千石（榻布，白叠也），漆千斗，糵曲[8] 盐豉千荅（瓦器，受斗六合），鲐鮆千斤（《说文》云：鲐，海鱼也；鮆，刀鱼也），鲰千石（《正义》曰：鲰，杂小鱼也），鲍千钧，枣栗千石者三之，狐鼦裘千皮，羔羊裘千石，旃席千具，佗果菜千钟。……贪贾三之，廉贾五之（《汉书音义》曰：贪贾未当卖而卖，未可买而买，故得利少，而十得三；廉贾贵而卖，贱乃买，故十得五），此亦比千乘之家，其大率也。②

如前所述，所有这些东西，其生产者都不是为了满足自己的需要来生产的，而是当作交换价值来生产可供出卖的商品，其中多数还是原来的农产品、

① 《史记》卷一百二十九，《货殖列传》。
② 《史记》卷一百二十九，《货殖列传》。

林产品、畜牧产品和渔产品等，但这时已经不再是自然产品了，它们也不再是因商业而变成商品了，而是这些商品以其自身运动形成商业。

但是商业贩运最多的，还是那些纯奢侈品以及含有奢侈品性质的各地土特产和新奇罕见之物，这是汉代商业经营的主要内容，司马迁曾概括为以下几种：

> 夫山西饶材、竹、榖、纑[9]（《索隐》曰：榖，木名，皮可为纸。纑，山中纻，可以力布）、旄、玉石；山东多鱼、盐、漆、丝、声色；江南出楠[10]、梓、姜、桂、金、锡、连（徐广曰：连，铅之未炼者）、丹沙、犀、玳[11]瑁、珠玑、齿革；龙门、碣石北多马、牛、羊、旃裘、筋角；铜、铁则千里往往山出棋置（《正义》曰：言出铜铁之山方千里，如围棋之置也）：此其大较也。皆中国人民所喜好，谣俗被服饮食奉生送死之具也。故待农而食之，虞而出之，工而成之，商而通之。①

既然这些各地区的特殊物品“皆中国人民所喜好”，并且已经成为“谣俗被服饮食奉生送死之具”，可知这些“纷华靡丽”现在已经不再是可望而不可即了。但是事实上这些东西能成为真正有效需要的，仍然是少数，即能够把这些东西当作“谣俗被服饮食奉生送死之具”的只限于富人，一般老百姓特别是广大的贫穷农民是不敢问津的。到了西汉中期时，商业的内容没有什么变化，桑弘羊亦作过同样概括：

> 大夫曰：“……陇蜀之丹漆旄羽（别本作丹沙毛羽），荆扬之皮革骨象，江南之楠梓竹箭，燕齐之鱼盐旃裘，兖豫之漆丝絺[12]纻，养生送终之具也，待商而通，待工而成。”②

可见商业所贩运的都是各地方的土特产，而土特产便都是当作奢侈品来贩运的。这些东西显然都是由于有了商业来贩运它们，才促成了这些东西的商品化，在它们没有被商业贩运之前，不但不是商品，甚至不为外人所知，

① 《史记》卷一百二十九，《货殖列传》。
② 《盐铁论·本议》。

现在经由商人把它们从一个市场转到另一个市场之后，它们都成了“养生送终之具”，亦即都成了“待商而通，待工而成”的商品了，可见商业的性质就是要使“奇怪时来，珍异物聚”，物品越“奇怪”、越“珍异”，就越能成为商业贩运的对象：

> 今世俗坏而竞于淫靡，女极纤微，工极技巧，雕素朴而尚珍怪，钻山石而求金银，没深渊求珠玑，设机陷求犀象，张网罗求翡翠，求蛮貉之物以眩中国，徙邛筰之货致之东海，交万里之财，旷日费功，无益于用。①

这揭示了古代贩运商业的基本内容。本来商业的发展是商品经济发展的开始，而商品经济的发展又是资本主义生产方式发展的历史前提，这就是马克思所说：

> 商人资本的存在和发展到一定的水平，本身就是资本主义生产方式发展的历史前提。①因为这种存在和发展是货币财产集中的先决条件；②因为资本主义生产方式的前提是为贸易而生产，是大规模的销售，而不是面向个别顾客的销售，因而需要有这样的商人，他不是为满足他个人需要而购买，而是把许多人的购买行为集中到他的购买行为上。另一方面，商人资本的任何一种发展，会促使生产越来越具有以交换价值为目的的性质，促使产品越来越转化为商品。②

但是贩运商业不但起不到上述作为资本主义生产方式发展的历史前提的作用，还适得其反地起着消极阻滞作用，因为从贩运商业的性质和它必然要起的作用来看，本来就是与一般社会经济的发展以及与资本主义生产方式的发展成反比例的。先从贩运商业的性质来看，它的全部营运过程都是局限在流通领域之内的，它不与生产过程相结合，所以生产过程与流通过程是各自独立的，流通不支配生产，而是把生产当作已经存在的前提，它加入进来，

---

① 《盐铁论·通有》。

② 《资本论》第三卷，第三六五页。

并不是要支配生产，而只是在各个不同的生产部门之间起一点中介作用。这样，商业的发展与生产的发展是彼此无关的。马克思对此作了极为深刻的分析：

资本作为商人资本而具有独立的、优先的发展，意味着生产还没有从属于资本，就是说，资本还是在一个和资本格格不入的、不以它为转移的社会生产形式的基础上发展。因此，商人资本的独立发展，是与社会的一般经济发展成反比例的。

独立的商人财产作为占统治地位的资本形式，意味着流通过程离开它的两极而独立，而这两极就是进行交换的生产者自己。这两极对流通过程来说仍然是独立的，而流通过程对这两极来说也是独立的。产品在这里是由商业变为商品的。在这里，正是商业使产品发展为商品，而不是已经生产出来的商品以自己的运动形成商业。因此，资本作为资本，在这里首先是在流通过程中出现的。在流通过程中，货币发展成为资本。在流通中，产品首先发展成为交换价值，发展成为商品和货币。……流通过程使各生产部门通过一个第三者而互相结合起来，流通过程的这种独立化表明两个情况：一方面，流通还没有支配生产，而是把生产当作已经存在的前提。另一方面，生产过程还没有把流通作为单纯的要素吸收进来。相反地，在资本主义生产中，这两方面的情况都已经具备。①

从以上的分析，我们了解了贩运商业由于与生产无关，因而它的发展自然就不可能造成生产的发展。那么，为什么它还适得其反地发挥着严重的消极作用呢？即贩运商业独立的发展，恰恰与社会的一般经济的发展成反例——即贩运商业越发展，社会的一般经济越不发展。马克思对此又作了如下的深入分析：

商人资本的独立发展与资本主义生产的发展程度成反比例这个规律，在例如威尼斯人、热那亚人、荷兰人等经营的转运贸易（carrying trade）的历史上表现得最为明显。在这种贸易上，主要利

① 《资本论》第三卷，第三六六——三六七页。

润的获取不是靠输出本国产品，而是靠对商业和一般经济都不发达的共同体的产品交换起中介作用，靠对两个生产国家进行剥削。在这个场合，商人资本是纯粹的商业资本，同两极即以它作为媒介的各个生产部门分离了。这就是商人资本形成的一个主要源泉。但是，转运贸易的这种垄断权，从而这种贸易本身，是随着这样一些民族的经济发展而衰落下去的，这些民族从两方面受这种垄断的剥削，其不发达状况成了这种垄断的存在基础。①

商业对于那些互相进行贸易的共同体来说，会或多或少地发生反作用……它由此使旧的关系解体。它增进了货币流通。它已经不再是仅仅攫取生产的余额，而且是逐渐地侵蚀生产本身，使整个生产部门依附于它。……只要商业资本是对不发达的共同体的产品交换起中介作用，商业利润就不仅表现为侵占和欺诈，而且大部分是从侵占和欺诈中产生的。撇开商业资本榨取不同国家的生产价格之间的差额不说，那些生产方式也造成了这样的结果：商人资本占据了剩余产品的绝大部分。②

可见贩运商业的基础，是建立在社会的一般经济和各个生产民族或各个生产组织的落后状态之上的，它利用了供需关系的不平衡，通过不等价交换，来榨取不同国家、不同地区或不同生产单位之间的价格差额并以之作为利润，可知这些商业利润完全是由侵占和欺诈获得的，它还不仅仅攫取生产的余额，而且侵蚀了生产本身，它把剩余产品的绝大部分攫为已有，故终于促成了旧的生产结构的解体。所以，它与社会的一般经济发展成反比例，完全是由商业本身的运动规律决定的。

第二节　商业都会与市场

（一）商业都会的勃兴

秦汉时代是商业都会大量兴起的时代。早在春秋末期到战国年间，商业

① 《资本论》第三卷，第三六七——三六八页。

② 《资本论》第三卷，第三六九页。

都会即已随着水陆交通的开发和商业的发展而纷纷出现，其情况已见《中国封建社会经济史》第一卷。到了秦汉时期，这一发展趋势又在进一步增强和扩大。除了原有的大都会仍保持其固有的兴旺和繁荣外，又增加了许多新的商业都会，所有这些新旧大小都会，都比过去更加兴旺和繁荣。造成商业都会大量兴起的原因，主要有二：

第一，交通的开发和国民经济体系的确立，为商业都会的出现奠定了基础。因为在具备了这两个前提之后，全国各个地区和各个生产部门都交织在一个总的国民经济体系之中，打破了过去的政治疆界和各种人为的限制，汉初政府又采取了完全放任政策，“开关梁，弛山泽之禁”，使富商大贾可任意周流天下，自由从事商业贩运活动。当商品需要从一个市场转到另一市场时，自然就必须有一些位置适中的城市来作为商货的聚散地点，尽管这些城市大都是早已存在的古城，其自身仍然保持着古城的特色，不言而喻，它的最初建立也不是为了适应商业的需要，并且大都是远在商业没有发达以前，就已经适应着当时统治和防御的需要而兴建起来的。在水陆交通开发之后，总有若干城市适位于交通孔道或河川渡口，适宜于作商货聚散中心，从而使本来不是为商业需要而兴建的城市现在都很自然地发展为商业都会。例如前文述及之陶，由一个内地的偏僻小县，于运河开通之后，遂即变成“诸侯四通，货物所交易”的大商业都会，就是一个很明显的例子。

第二，由商业性质决定了商业必须向城市集中。这是由需要和供给两方面的条件形成的。首先，从需要一方面看，上文已指出，古代商业所贩运的商品主要是奢侈品，所谓奢侈品，实际上就是单位价值很高的精美昂贵物品，这些物品不是广大贫穷农民或其他一般人所需要的，并且由于他们没有购买力，即使有需要也是无效的，所以能够消费这些昂贵物品的，只限于少数统治阶级，他们于满足了生活基本需要之后，仍有充分的购买力来获得“雕文刻镂，锦绣纂组”，以满足高一级的需要，所谓“奇怪时来，珍异物聚”，主要都是为少数富有者服务的。城市是各级统治阶级等财富所有者的聚居地点，城也是由他们根据其政治的和军事的需要而建立的。正由于定居城内的是财富所有者，是奢侈品的主要消费者，是渴望能获得“奇怪”和“珍异”的人，故于建立城的时候，还特别在城内划出一个固定地点作为市场区域，专供商贾交易之用，并且限定一切交换行为必须在市内进行，即便在建城时商业并不发达，甚至或许商业还根本不存在。其次，从供给一方面看，商业所贩运的物品既然主要是奢侈品，而奢侈品的供应对象又主要居住在城内，则商业荟萃的地点必然是购买者集中所在的城市。上文所谓商品从一个市场转到另一个市场，实际上就是从一个商业都会转到另一个商业都会。这样，所谓商业经营，实际上就是商人从各地把商货运到一个商业都会，或者在那里“废居居邑”，待价而沽；或者从那里再转运到另一个商业都会去出售，出售地点就是商业都会中所划定的那个固定市场。因此，在各个大都会的市中，既有众多的行商，又有不少的坐贾，故大都是人烟稠密，车马填塞，摩肩接踵，熙熙攘攘。

商业都会的所在都是交通便利、四通八达之区，例如《盐铁论》即一再指出：

> 大夫曰：“自京师东西南北，历山川，经郡国，诸殷富大都，无非街衢五通，商贾之所臻（俞樾云：臻字无义，乃凑字之误），万物之所殖者。……宛、周、齐、鲁，商遍天下。故乃商贾之富，或累万金，追利乘羡之所致也。”①
>
> 大夫曰：“燕之涿蓟，赵之邯郸，魏之温轵，韩之荥阳，齐之临淄，楚之宛丘（丘应作陈，说见前），郑之阳翟，三川之二周，富冠海内，皆为天下名都。非有助之耕其野而田其地者也，居五诸侯之衢，跨街冲之路也。”②

可见商业都会的勃兴，完全是交通便利的结果。汉时具有全国性规模的大商业都会共有五个，号称五都，即：洛阳、邯郸、临淄、宛、成都。五都市场均设有市长，由中央委派，其地位极似现在的直辖市，王莽时曾一度更名：

> 〔莽〕遂于长安及五都立五均官，更令长安东西市令及洛阳、邯郸、临淄、宛、成都市长皆为五均司市（称）师。东市称师，西市称畿，洛阳称中，余四都各用东西南北为称，皆置交易丞五人，钱府丞一人。③

当时大大小小的商业都会遍布全国各地，在已开发的和尚未开发的四大

① 《盐铁论·力耕》。
② 《盐铁论·通有》。
③ 《汉书》卷二十四下，《食货志》。

经济区——山西（关中）、山东（中原）、龙门碣石以北和江南各地，皆有大小不等、繁华不一的商业都会，对此《史记》和《汉书》都有详细记载，现以类相从，分述于下，其他文献的有关描述则附录于后：

长安：长安是全国的政治中心，也是全国的经济中心。长安城内有东西两市，皆规模宏大，货赂山积，“鬻者兼赢，求者不匮”，可知市内交易，十分兴旺：

关中自汧、雍以东至河、华，膏壤沃野千里。……及秦文、（孝）〔德〕、缪居雍，隙陇蜀之货物而多贾。献（孝）公徙栎邑，栎邑北却[13] 戎翟，东通三晋，亦多大贾。（武）〔孝〕、昭治咸阳，因以汉都，长安诸陵，四方辐凑并至而会，地小人众，故其民益玩巧而事末也。①

汉兴，立都长安……是故五方杂厝，风俗不纯。其世家则好礼文，富人则商贾为利……又郡国辐凑，浮食者多，民去本就末。②

班固和张衡曾详细描述了长安的城市、都市人民的生活以及市场情况和交易营业活动：

建金城之万雉，呀周池而成渊，披三条之广路，立十二之通门。内则街衢洞达，闾阎且千，九市开场，货别隧分，人不得顾，车不得旋。阗城溢郭，旁流百廛，红尘四合，烟云相连。于是既庶且富，娱乐无疆，都人士女，殊异乎五方，游士拟于公侯，列肆侈于姬姜。……③

徒观其城郭之制，则旁开三门，参途夷庭，方轨十二，街衢相经，廛里端直，甍宇齐平。……尔乃廓开九市，通阛带阓，旗亭五重，俯察百隧，周制大胥，今也惟尉。瑰货方至，鸟集鳞萃，鬻者兼赢，求者不匮。尔乃商贾百族，裨贩夫妇，鬻良杂苦，蚩眩边鄙，何必昏[14] 于作劳，邪赢优而足恃。彼肆人之男女，丽美奢乎许史。若夫翁伯浊质，张里之家，击钟鼎食，连骑相过，东京公侯，

① 《史记》卷一百二十九，《货殖列传》。

② 《汉书》卷二十八下，《地理志下》。

③ 班固：《西都赋》。

壮何能加。……郊甸之内，乡邑殷赈，五都货殖，既迁既引，商旅联槅，隐隐展展，冠带交错，方辕接轸，封畿千里，统以京尹。①

洛阳：洛阳在西汉为陪都，在东汉为首都，扼关中与山东交通之咽喉，地位十分重要，故其繁华程度不下于西京长安：

洛阳东贾齐、鲁，南贾梁、楚。②

周人既纤，而师史尤甚，转毂以百数，贾郡国，无所不至。洛阳街居在齐、秦、楚、赵之中，贫人学事富家，相矜以久贾，数过邑不入门。设任此等，故师史能致七千万。③

今察洛阳，资末业者什于农夫，虚伪游手什于末业。……天下百郡千县，市邑万数，类皆如此。④

傅子曰：南尹内掌帝都，外统京畿，并古六乡六遂之士。其民异方杂居，多豪门大族，商贾胡貊，天下四（方）会，利之所聚，而奸之所生。⑤

杨、平阳：

杨、平阳陈西贾秦、翟（《索隐》杨、平阳，二邑名，在赵之西。“陈”盖衍字。以下有“杨平阳陈椽”，因此衍也），北贾种、代（《正义》种在恒州石邑县北，盖蔚州也。代，今代州）。种、代，石北也（《集解》徐广曰：石邑县也，在常山）。⑥

温轵：

温、轵西贾上党，北贾赵、中山。⑦

---

① 张衡：《西京赋》。
② 《史记》卷一百二十九，《货殖列传》。
③ 《史记》卷一百二十九，《货殖列传》。
④ 《后汉书》卷四十九，《王符传》引《潜夫论·浮侈篇》。
⑤ 《三国志》卷二十一，《魏书·傅嘏传》注。
⑥ 《史记》卷一百二十九，《货殖列传》。
⑦ 《史记》卷一百二十九，《货殖列传》。

陶、睢阳：两县原都是僻居内地的小县，后邗沟与淮泗菏济沟通后，两城都位于运河之滨，于是便随着商货云集而变成了重要的商业都会。

> 陶、睢阳亦一都会也。①
>
> 朱公以为陶天下之中，诸侯四通，货物所交易也，乃治产积居，与时逐（《汉书音义》曰：逐时而居货。韦昭云：随时逐利也）而不责于人。②

邯郸：邯郸是赵国的都城，赵为大国，而邯郸又适“居五诸侯之衝，跨街冲之路”，故在战国时即已为“天下名都”，是一个重要的政治、经济和文化中心，到西汉时，其盛不减：

> 然邯郸亦漳、河之间一都会也。北通燕、涿，南有郑、卫。③

邺：邺为魏都，是东汉末年曹操“挟天子以会诸侯”时，鉴于华北的两大古老经济区经过两次大破坏之后，已残破不堪，一时难于恢复，而东西二京又被董卓烧成一片瓦砾，无法寄居。于是遂挟汉献帝建都于邺，他又在两淮之地大兴屯田，以足食足兵，邺遂成为一个新的政治、经济和文化中心，商业亦跟着发展起来：

> 廓三市而开廛，籍平逵而九达，班列肆以兼罗，设阛阓以襟带，济有无之常偏，距日中而毕会，抗旗亭之峣薛，侈所眺[15]之博大。百隧毂击，连轸万贯，凭轼捶马，袖幕纷半，壹八方而混同，极风采之异观，质剂平而交易，刀布贸而无算。财以工化，贿以商通，难得之货，此则弗容。器周用而长务，物背窳而就攻，不鬻邪而豫贾，著驯风之醇醲。④

---

① 《史记》卷一百二十九，《货殖列传》。

② 《史记》卷一百二十九，《货殖列传》。

③ 《史记》卷一百二十九，《货殖列传》。

④ 左思：《魏都赋》。

燕、蓟：两地皆地连辽东，东北边胡，东接秽貉、朝鲜、真番，是沟通中外的重镇，又盛产鱼盐枣栗，故也是商货聚散的重要都会。

> 夫燕亦勃、碣之间一都会也，南通齐、赵，东北边胡。上谷至辽东，地踔远……有鱼盐枣栗之饶。北邻乌桓、夫余，东绾秽貉、朝鲜、真番之利。①
>
> 蓟，南通齐、赵，勃、碣之间一都会也。……上谷至辽东，地广人希……有鱼盐枣栗之饶。北隙乌丸[16]、夫余，东贾真番之利。②

临淄：临淄原为齐国的都城，在战国时即已是一个工商业集中的大都会，人口达七万户，皆殷实富有。据苏秦对齐王说：临淄之途，车毂击，人肩摩，举袂成幕，挥汗成雨。语虽夸张，但可知临淄是一个非常繁荣的大都会，到汉时仍盛况如前，人口又增加到十万户，市租千金，是长安之外五都中最繁华的一都。

> 临菑亦海岱之间一都会也。……其中具五民。③
>
> 王夫人者，赵人也，与卫夫人并幸武帝，而生子闳。闳且立为王时，其母病，武帝自临问之，曰："子当为王，欲安所置之？"王夫人曰："陛下在，妾又何等可言者。"帝曰："虽然，意所欲，欲于何所王之？"王夫人曰："愿置之雒阳。"武帝曰："雒阳有武库敖仓，天下冲阸，汉国之大都也。先帝以来，无子王于雒阳者。去雒阳，余尽可。"王夫人不应。武帝曰："关东之国无大于齐者。齐东负海而城郭大，古时独临菑中十万户，天下膏腴地莫盛于齐者矣。"王夫人以手击头，谢曰："幸甚。"④
>
> 主父偃方幸于天子，用事，因言："齐临菑十万户，市租千金，人众殷富，巨于长安，此非天子亲弟爱子不得王此。……"⑤

---

① 《史记》卷一百二十九，《货殖列传》。
② 《汉书》卷二十八下，《地理志下》。
③ 《史记》卷一百二十九，《货殖列传》。
④ 《史记》卷六十，《三王世家·褚先生补述》。
⑤ 《史记》卷五十二，《齐悼惠王世家》。

宛：宛即南阳，是汉、江、淮之间的交通孔道，又是铁的产地，冶铁工业非常发达，是工商业荟萃的中心。

南阳西通武关、郧关，东南受汉、江、淮。宛，亦一都会也。俗杂好事，业多贾。①

宛，西通武关，东受江、淮，一都之会也。②

于是沛公乃夜引兵……围宛城三匝。南阳守欲自刭。其舍人陈恢……乃逾[17]城见沛公曰："臣闻足下约，先入咸阳者王之。今足下留守宛，宛，大郡之都也，连城数十，人民众，积蓄多，吏人自以为降必死，故皆坚守乘城。……"③

陈：陈滨淮水，为淮河流域的水陆交汇重镇。

陈在楚夏之交（《正义》：言陈南则楚，西及北则夏，故云楚、夏之交），通鱼盐之货，其民多贾。徐、僮、取虑（《正义》：徐即徐城，故徐国也。僮、取虑二县，并在下邳，今泗州），则清刻，矜已诺。④

江陵：江陵是楚国的故都，为江南经济区开发较早的地区之一，由于具有比较优越的自然条件，故商业的发达亦比较早。

江陵，故郢都，西通巫、巴，东有云梦之饶，亦一都会也。⑤

寿春、合肥：战国时楚徙都寿春，为淮河流域的重镇，合肥受南北湖[18]，为南北商货交流聚散之处。

郢之后徙寿春，亦一都会也。而合肥受南北潮，皮革、鲍、木

① 《史记》卷一百二十九，《货殖列传》。
② 《汉书》卷二十八下，《地理志下》。
③ 《史记》卷八，《高祖本纪》。
④ 《史记》卷一百二十九，《货殖列传》。
⑤ 《汉书》卷二十八下，《地理志下》。

输会也。①

寿春、合肥受南北湖，皮革、鲍、木之输，亦一都会也。②

成都：蜀地是开发很早的一个独立的经济区，在战国时期就已经成为关中经济区的一个重要组成部分，对当时经济和政治都产生了深刻影响。成都又是一个重要的丝织业中心，所产锦缯，驰名中外，不仅畅销国内，而且远销西域各国，中外商人通过著名的丝绸之路贩运出去的大量丝织品，其中大部分就是成都的织锦和杂缯，故商贾云集，生意兴隆，其盛况可由下引一段描述看出：

于是乎金城石郭，兼匝中区，既丽且崇，实号成都。辟二九之通门，画方轨之广途。……亚以少城，接乎其西，市廛所会，万商之渊。列隧百重，罗肆巨千，贿货山积，纤丽星繁。都人士女，袨服靓妆，贾贸墆鬻，舛错纵横。异物崛诡，奇于八方。布有橦华，面有桄榔，邛杖传节于大夏之邑，蒟酱流味于番禺之乡。舆辇杂沓，冠带混并，累毂叠迹，叛衍相倾。喧哗鼎沸，则哤聒宇宙，嚣尘张天，则埃壒曜灵。阛阓之里，伎巧之家，百室离房，机杼相和，贝锦斐成，濯色江波，黄润比筒，籝金所过。侈侈隆富，卓郑埒名，公擅山川，货殖私庭，藏镪巨万，鈲[19] 摫[20] 兼呈，亦以财雄，翕习边城。③

吴：在汉代，江南经济区开发较早的区域是以吴为中心的江左地带，除有三江五湖之利和海盐之饶外，又有章山之铜，吴王濞招致天下亡命，即山铸钱，民人无赋，国用饶足，故吴之商品经济和货币经济都比较发达，吴都的兴隆繁华景象，可由下引一赋的描述看出：

徒观其郊隧之内奥，都邑之纲纪，霸王之所根柢，齐国之所基趾。郛郭周匝，重城结隅，通门二八，水道陆衢。……于是……水

① 《史记》卷一百二十九，《货殖列传》。
② 《汉书》卷二十八下，《地理志下》。
③ 左思：《蜀都赋》。

浮陆行，方舟结驷，唱櫂转毂，昧旦永日。开市朝而并纳，横阛阓而流溢，混品物而同廛，并都鄙而为一。士女伫眙，商贾骈坒，纻衣绨服，杂沓傱萃。轻舆按辔以经隧，楼船举颿而过肆，果布辐凑而常然，致远流离与珂珹[21]。缲[22] 赙纷纭，器用万端，金镒磊砢，珠琲阑干，桃笙象簟，韬于筒中，蕉葛外越，弱于罗纨。……挥袖风飘，而红尘昼昏，流汗霡霂，而中逵泥泞。富中之甿，货殖之选，乘时射利，财丰巨万。①

番禺：番禺即今之广州，自古为对外交通之门户，又为“奇怪”和“珍异”之所聚，所有中国商货之出口与南海诸国商货之入口，均径由此门户，故自古即为中外商贾所麇[23] 集。当江南广大地区还处于尚未开发的榛莽状态时，番禺即已一枝独秀，成为一个人烟稠密、交易繁忙的大都会。

番禺，亦其一都会也，珠玑、犀、玳瑁、果、布之凑（韦昭曰：果谓龙眼、离支之属。布，葛布）。②

粤地……处近海，多犀、象、毒冒、珠玑、银、铜、果、布之凑，中国往商贾者多取富焉。番禺其一都会也。③

姑臧：姑臧位于西北边区的河西，原为经济落后的畜牧区，商品经济本来是不发达的，但在东汉时期，由于中原大乱，河西一带变成乐土，人物归之，而通西域的陆上贸易以及与缘边少数民族的互市，均以姑臧为商贾荟萃和通货贸易之所，于是姑臧遂成为西北缘边的一个大都会。

时（建武中）天下扰乱，唯河西独安，而姑臧称为富邑，通货羌胡，市及四合，每居县者，不盈数月辄致丰积。④

① 左思：《吴都赋》。
② 《史记》卷一百二十九，《货殖列传》。
③ 《汉书》卷二十八下，《地理志下》。
④ 《后汉书》卷三十一，《孔奋传》。

（二）市场的组织与管理

上文曾指出，古人在建城时，不管商业已否发达，不管有无实际需要，都要在城内的一定地点，划定一个区域作为市的所在，而这个区域也不是随意划定，而是根据封建的礼法制度——具体说是根据《周礼》的规定——区划在城内的固定地点。所有大小城市，都必须照此规划来确定城内的各种建置，不容有丝毫逾越或改变。以王城为例，除了“择国之中而立宫，择宫之中而立庙”① 外，按照《周礼》规定，是“国中九经九纬……左祖右社，面朝后市”②。可知市必须建在城内的北部地区，位于宫庙之后。这就充分说明市不是自由发展起来的，不是工商业者根据其自身需要而自然形成的，所有市都是政府以命令设立的，并且是由政府出资建立的，这是从古城建立之始就已确立起来的一个固定不移的制度。有关的各种制度，《周礼》中有详细的说明，此书虽是战国时人的伪托，但所记制度却非出于虚构。秦承周制，汉又继承秦制，汉王朝严格奉行这个制度，一切市都是官立，换言之，自京师至郡县，所有大小不等的市，都是官市，例如：

〔高帝六年（公元前二〇一年）[24] 〕立大市。③

〔惠帝六年（公元前一八九年）〕起长安西市（《补注》沈钦韩曰：《文选·西都赋》注，《汉宫阙疏》曰：长安立九市，其六市在道西，三市在道东。《黄图》云：西市在醴泉坊）。④

〔孝惠六年〕立太仓西市。⑤

交门市（在渭桥北头也），李里市（在雍门东），交道亭市（在便桥东），细柳仓市（在细柳仓）。⑥

元始四年（公元四年）……长安城南北为会市，但列槐树数百行为队，无墙屋。诸生朔望会此市，各持其郡所出货物及经书、传记、笙磬、器物，相与卖买，雍容揖让，或论议槐下。⑦

---

① 《吕氏春秋，慎势》。
② 《周礼·考工记》。
③ 《史记》卷二十二，《汉兴以来将相名臣年表》。
④ 《汉书》卷二，《惠帝纪》。
⑤ 《史记》卷二十二，《汉兴以来将相名臣年表》。
⑥ 《太平御览》卷八百二十七，引《汉宫殿疏》。
⑦ 《太平御览》卷八百二十八，引《三辅黄图》。

元始四年……又为方市阓门，周环列肆，商贾居之，都商亭在其外。[①]

长安市有九，各方二百六十六步，六市在道西，三市在道东。凡四里为一市。致九州之人……市楼皆重屋。……直市在富平津西南二十五里，即秦文公造，物无二价，故以直市为名。[②]

市是城的一个部分，城既然是官家根据其自身统治的需要有目的有计划地建立起来的，不是自由发展而成的，则城中之市当然也是由官家设立，并且是由官家管理的。这种官立的城和市与欧洲封建时代的城市的性质和作用完全不同，这个不同，实是欧洲的封建制度与中国的封建制度重大的分歧点之一。简单说，欧洲中世纪的城市是独立于封建统治体系之外的，因而是自治的和自由的。城市既然不受封建制度的羁绊，那就必须自行管理，为了有效地实施自治，那就必须把所有市民按其职业种类组成行会来共同管理。这一系列的变化和发展，形成了欧洲的城市和行会制度的特点。中国封建时代的城，都是当时统治体系的行政中心，是统治者发号施令的神经中枢，又是统治者抵抗敌人、保卫自己的防御据点，这样的城当然只能由统治者来建立，并由统治者来管理，绝不能由被统治的人民来自己建城，更不能赋予居住在城内的市民以自行管理的自治权。这个根本性的区别乃是所有大小城中的市为什么必由官立的原因所在。

市既然是官立，则政府必然要设专官治理，故各级大小城市皆有等级不同的市官，大市设市长及其辅佐的属官，小市则设有市令，边远偏僻小市则多由县官兼领：

内史，周官，秦因之，掌治京师，景帝二年分置左〔右〕内史。右内史武帝太初元年更名京兆尹，属官有长安市、厨两令丞，又都水、铁官两长丞。左内史更名左冯翊，属官有廪牺令丞尉。又左都水、铁官、云垒、长安四市四长丞皆属焉。[③]

〔迁之先名毋怿〕毋怿为汉市长（《补注》先谦曰：《百官表》

① 《太平御览》卷八百二十七，引《三辅黄图》。

② 《三辅黄图》卷二，据《经训堂丛书》毕沅校本。

③ 《汉书》卷十九上，《百官公卿表》。

四市有四长）。[①]

王孙卿以财养士，与雄傑交，王莽以为京司市师，汉司东市令也。[②]

莽乃下诏曰："夫《周礼》有赊贷，《乐语》有五均，传记各有斡焉。今开赊贷，张五均，设诸斡者，所以齐众庶，抑并兼也。"遂于长安及五都立五均官，更名长安东西市令及洛阳、邯郸、临菑、宛、成都市长皆为五均司市〔称〕师（《补注》王念孙曰：案称字涉下四称字而衍。五均司市师者，司市师即上文所云市令、市长。《货殖传》云：王莽以王孙卿为京司市师，是也。师上不当有称字）。东市称市，西市称畿，洛阳称中，余四都各用东西南北为称，皆置交易丞五人，钱府丞一人。[③]

市长是一市的最高长官，其职权实不限于市区之内，实管辖全城，其作用可由下引记载看出：

是时大将军霍光秉政，诸霍在平阳，奴客持刀兵入市斗变，吏不能禁，及翁归为市吏，莫敢犯者。[④]

〔宣帝〕于是制诏御史："其以胶东相敞守京兆尹。"自赵广汉诛后，比更守尹……皆不称职。京师浸废，长安市偷盗尤多，百贾苦之。上以问敞，敞以为可禁。敞既视事，求问长安父老，偷盗酋长数人，居皆温厚，出从童骑，闾里以为长者。敞皆召见责问，因贳其罪，把其宿负，令致诸偷以自赎。……敞皆以为吏，遣归休。置酒。小偷悉来贺，且饮醉，偷长以赭污其衣裾。吏坐里闾阅出者，污赭辄收缚之，一日捕得数百人，穷治所犯，或一人百余发，尽行法罚。由是枹鼓稀鸣，市无偷盗，天子嘉之。[⑤]

〔京兆尹阎〕兴即召伦为主簿。时长安铸钱多奸巧，乃署伦为

① 《汉书》卷六十二，《司马迁传》。
② 《汉书》卷九十一，《货殖传》。
③ 《汉书》卷二十四下，《食货志》。
④ 《汉书》卷七十六，《尹翁归传》。
⑤ 《汉书》卷七十六，《张敞传》。

督铸钱掾，领长安市。伦平铨衡，正斗斛，市无阿枉，百姓悦服。①

市既然是在城内的固定地点，而且是城内的一个特殊区域，为了不使其与普通民居混杂，特别是为了便于管理，故市必由官立，而所谓立某市，就是为某市区建立围墙，把划定的市区用围墙圈起来，如长安有九市，就是用围墙圈围成九个特殊区，“凡四里为一市”，占地为二百六十六平方步，可知市区系方形，四面设肆，供商贾列肆货卖之用。四面各设一门，供交易出入，即所谓阛阓：“阛，市垣也；阓，市门也。”② 由于每面只有一门，又有固定的启闭时间，故每晨开市启门，人皆侧肩争门而入，罢市之后，又须夺门而出，人众拥挤，车马阗塞，为市的最热闹所在，所以司马迁说的“用贫求富，农不如工，工不如商，刺绣文不如倚市门”，就是指此门而言。市内除于四周设肆，供交易之用外，还必须于市的适中地点建立市楼，作为市政官吏的治所，前引《三辅黄图》所谓“市楼皆重屋”，即系指此，汉时俗称旗亭：

臣为郎时，与方士考功会旗亭下（注云：旗亭，市楼也，立旗于上，故取名焉）。③

可知市政官舍都是楼房，并立旗于上，以为标志。据《西京赋》所述，“旗亭五重，俯察百隧”，薛综注云：“旗亭，市楼也。”则市楼系高五重，登楼远眺，可瞭望全市，故称“俯察百隧”。

市是一个特殊区域，是“方市阓门，周环列肆，商贾居之”，可知能在这里居住的都不是一般的所谓“编户齐民”，而是专门从事商业贩运的商贾，他们要获得在市内的定居和营业权，就必须到市政官府去登记，在户籍上注册为商贾，即所谓“市籍”，一入市籍，就低于“齐民”，根据传统的抑商政策，要遭遇一般“齐民”不用受到的种种歧视和苛遇，如不得衣丝，不得弄兵乘马，不得“名田为吏”等，朝廷如征兵，又必须率先应征服役。而且市籍要追溯三代，即先征本人有市籍者，继则征父母和大父母尝有市籍者：

① 《后汉书》卷四十一，《第五伦传》。

② 崔豹：《古今注》。

③ 《史记》卷十三，《三代世表·褚先生补述》。

错复言守边备塞……曰："臣闻秦时北攻胡貉，筑塞河上，南攻扬粤，置戍卒焉。……先发吏有谪及赘婿、贾人，后以尝有市籍者，又后以大父母、父亲尝有市籍者，后入闾，取其左。……"①

〔天汉〕四年（公元前九十七年）春正月……发天下七科谪［张晏曰：吏有罪一，亡（人）〔命〕二，赘婿三，贾人四，故有市籍五，父母有市籍六，大父母有市籍七，凡七科也］及勇敢士，遣贰师将军李广利将六万骑、步兵七万人出朔方。②

武兄弟五人，皆为郡吏，郡县敬惮之。武弟显家有市籍，租[25]常不入，县数负其课。市啬夫求商捕辱显家，显怒，欲以吏事中商。③

〔成帝朝〕赏以三辅高第选守长安令……乃部户曹掾史，与乡吏、亭长、里正、父老、伍人，杂举长安中轻薄少年恶子、无市籍商贩作务，而鲜衣凶服被铠扞，持刀兵者，悉籍记之，得数百人。④

这些有市籍的商贾即经常在市内营业的商人，亦称市人，从下引记载可知定居在市内的商贾人数是很多的：

〔征和二年（公元前八十九年），戾太子为江充所谮，发兵反，屈氂[26] 击之〕太子引兵去，殴四市人（《补注》先谦曰：四市人犹言诸市人耳。四者，广博之词），凡数万众。⑤

市虽然是"周环列肆"，市内寄居着不少商贾，但仍然保持着"日中为市"的古老传统，市内交易有一定时间，营业时间一到，即由市吏打开市门，放买卖人等入市交易，罢市之后，又都各自散去，在非交易时间，即将市门关闭，逗留不去者要受处罚，可知闭市之后，是不许有任何交易行为的：

时（建武初）天下扰乱，唯河西独安，而姑臧称为富邑，通货

① 《汉书》卷四十九，《晁错传》。
② 《汉书》卷六，《武帝纪》。
③ 《汉书》卷八十六，《何武传》。
④ 《汉书》卷九十，《酷吏·尹赏传》。
⑤ 《汉书》卷六十六，《刘屈氂传》。

羌胡，市日四合（古者为市，一日三合。《周礼》曰：大市日侧而市，百族为主；〔朝市〕朝时而市，商贾为主；〔夕市〕夕时而市，贩夫贩妇为主。今既人货殷繁，故一日四合也）。①

费长房者，汝南人也。曾为市掾。市中有老翁卖药，悬一壶于肆头，及市罢，辄跳入壶中。市人莫之见，唯长房于楼上睹之，异焉。②

夜籴。俗说市买者当清旦而行，日中交易所有，夕时便罢。今乃夜籴，明其痴骙[27] 不足。③

这种有固定交易时间的市场制度，起源很早，而延续的时间又非常长，其所以能长期存在，不仅仅是由于商业本身的不发达，而实是传统的抑商政策的一种反映，是限制商人营业活动的方式之一。因为既已限定了一切交易都必须在市内进行，而市场的营业时间却又非常短促，时间一过，即关闭市门，停止一切营业，这样，就大大限制了商人的营业数量，减少了他们的营利机会。所以尽管历代朝廷都知道这种市场制度对买卖双方都是非常不便的，但却长期奉行，坚持不改，实际上是另有其内在原因的。

第三节　对沿边各少数民族地区和对外的贸易

（一）对西域的贸易

中国的对外贸易主要是从汉代开始的，在此以前，中外关系还没有沟通，外国商人很少能来中国通商，中国商业方在萌芽之际，不需要有外商参与，也没有外商参与的可能；中国商贾亦方在产生初期，国内有足够的活动余地，没有远涉异域的必要与可能。偶有商货阑出境外，亦系缘边少数民族（如匈奴）统治者在不断骚扰或战争中由掳掠或由互市而获得的少量“汉物”，辗转运出，这基本上还不能称为贸易。中国之有经常的、大量的对外贸易，即经常不断地有外国商人和货物的进口，又有中国商人和货物

① 《后汉书》，卷三十一，《孔奋传》。

② 《后汉书》卷八十二下，《方术·费长房传》。

③ 《太平御览》卷七百三十九，引《风俗通》。

的出口，这种有进有出的正式贸易，是从西汉武帝时开始的，并且是先由中国采取了主动。与此同时，汉朝时期，内地和沿边各兄弟民族地区的贸易也日益发展，交往增多。对西域的贸易，其中就有一部分是与缘边少数民族的。

汉武帝为了彻底解除多年来匈奴统治集团骚扰的威胁，制定了一个抗击匈奴的战略计划，并进行了政治的、经济的、财政的、军事的、外交的多方面的大量准备工作：通西域以断匈奴右臂，联朝鲜以断匈奴左臂，是整个战略计划的一部分，而联合西域各政权，结成抗击匈奴的统一战线，又是这个计划的重点，使张骞通西域，就是这个战略计划的具体步骤之一。但是开创性的通西域本身，却是一件异常艰苦繁难的工作，由于路途遥远，山河阻隔，沿途又尽皆高山、大漠、盐泽等荒野不毛之地，奉使跋涉，没有艰苦卓绝的毅力和百折不回的勇气，实无法肩负此使命。如张骞之第一次出使月氏，往返均为匈奴截留，居匈奴十余岁始脱险归来。但毕竟与西域沟通了信息，得知西域各政权亦极愿与汉交往：

> 骞以郎应募，使月氏，与堂邑氏（故）胡奴甘父（《索隐》曰：案谓堂邑县人家胡奴名甘父也）俱出陇西。经匈奴，匈奴得之，传诣单于。单于留之，曰："月氏在吾北，汉何以得往使？吾欲使越，汉肯听我乎？"留骞十余岁，与妻，有子，然骞持汉节不失。居匈奴中，益宽，骞因与其属亡向月氏，西走数十日至大宛。大宛闻汉之饶财，欲通不得，见骞，喜，问曰："若欲何之？"骞曰："为汉使月氏，而为匈奴所闭道。今亡，唯王使人导送我。诚得至，反汉，汉之赂遗王财物不可胜言。"大宛以为然，遣骞，为发导译，抵康居（《索隐》曰：发导谓发驿，令人导引而至康居也），康居传致大月氏。大月氏王已为胡所杀，立其太子为王。既臣大夏而居（《索隐》曰：谓月氏以大夏为臣，而为之作君也），地肥饶，少寇，志安乐，又自远汉，殊无报胡之心。骞从月氏至大夏，竟不能得月氏要领。留岁余，还，并南山，欲从羌中归，复为匈奴所得。留岁余，单于死，左谷蠡王攻其太子自立，国内乱，骞与胡妻及堂邑父俱亡归汉。汉拜骞为太中大夫，堂邑父为奉使君。骞为人强力，宽大信人，蛮夷爱之。堂邑父故胡人，善射，穷急射禽兽给食。初，骞行时百余人，去十三岁，唯二人得还。骞身所至者大宛、大月氏、大夏、康

居，而传闻其旁大国五六，具为天子言之。①

张骞的第二次出使，又改道西南行，以避开匈奴的侵扰，想通过身毒国（按，即今之印度北部）以通西域，这是根据张骞的设想，认为蜀去身毒不远，而身毒国又居大夏东南数千里，有蜀物，则这条路可能是通西域的捷径，又无匈奴的干扰。“天子欣然以骞言为然”，张骞亦毅然应命，遂令骞从蜀犍为（《正义》曰：犍为郡今之戎州也，在益州南一千余里）出发，间使四道并出。目的虽然没有达到，但却附带沟通了“西南夷”各少数民族地区：

> 大夏民多，可百余万。其都曰蓝市城，有市，贩贾诸物。其东南有身毒国（孟康云：即天竺也）。骞曰：“臣在大夏时，见邛竹杖、蜀布。问曰：‘安得此？’大夏国人曰：‘吾贾人往市之身毒。身毒在大夏东南可数千里。其俗土著，大与大夏同，而卑湿暑热云。其民乘象以战。其国临大水焉。’以骞度之，大夏去汉万二千里，居汉西南。今身毒国又居大夏东南数千里，有蜀物，此其去蜀不远矣。今使大夏，从羌中，险，羌人恶之；少北，则为匈奴所得；从蜀宜径，又无寇。”天子既闻大宛及大夏、安息之属皆大国，多奇物，土著，颇与中国同业，而兵弱，贵汉财物；其北有大月氏、康居之属，兵强，可以赂遗设利朝也。且诚得而以义属之，则广地万里，重九译，致殊俗，威德遍于四海。天子欣然，以骞言为然，乃令骞因蜀犍为发间使，四道并出：出駹，出冉，出徙，出邛、僰，皆各行一二千里，其北方闭氐、筰，南方闭嶲、昆明。昆明之属无君长，善寇盗，辄杀略汉使，终莫得通。然闻其西可千余里有乘象国，名曰滇越，而蜀贾奸出物者或至焉。于是汉以求大夏道始通滇国。初，汉欲通西南夷，费多，道不通，罢之，及张骞言可以通大夏，乃复事西南夷。②

在张骞两次奉使大月氏归来之后，汉武帝决定大力经营，遂对开发西域采取了具体步骤，所有政治的、军事的、国防的种种设施，遗址至今犹可考

① 《史记》卷一百二十三，《大宛列传》。
② 《史记》卷一百二十三，《大宛列传》。

见，其规模之宏伟，部署之周密，实使人叹为观止。曾几次亲到古楼兰进行考古的黄文弼氏，根据其目睹之实况，证之以古史记载，作了详细考证，有足资参考之处，兹摘引其中的一段如下：

自纪元前一三八年，张骞奉使大月氏还，言通西域之利，武帝从之，甘心欲通大宛诸国，先之以军事，次之以政治，而汉文化故亦随军事与政治以俱入。兹就《史记》《汉书》所记，及实地考察所得，概略言之：自张骞第一次联结大月氏之谋失败后，因乌孙与匈奴接壤，复献联乌孙以制匈奴之策。元狩中，骞复奉使乌孙，图结为昆弟，迫之东迁，又分遣副使使大宛、康居、大月氏、大夏、安息、身毒、于阗、扜罙及旁诸国。骞还，拜为大行，列于九卿。后岁余，骞卒，骞所遣副使通大夏之属者，皆颇与其人以俱来，于是西北诸国始通于汉矣，此武帝元鼎二年（公元前115年）事也。汉亦置酒泉郡以统之，然是时张骞已死，但开通西域之迹者，自张骞始也。骞死后，益发使抵安息、奄蔡、黎轩、条枝、身毒诸国，使者相望于道。一辈大者数百，少者百余，人人所赍操，大放博望侯时。使者既多，而外国亦厌汉币，不贵其财物，而楼兰、姑师当汉道之冲，负水担粮，迎送汉使，颇以为苦，尝劫掠汉使王恢等。时匈奴日逐王盘据天山东麓，即今哈密、镇西一带，中无高山间隔，匈奴骑兵出入为寇。设楼兰与匈奴相结，即可阻汉使之通行。故汉为防御北虏，保障汉道之安全，不能不对楼兰加以注意。元封三年，乘平西南夷之威，遣从票侯赵破奴率属国骑兵及郡兵数万击姑师，王恢以轻骑七百人先至，虏楼兰王，遂破姑师，因举兵威以困乌孙、大宛之属，汉遂得由酒泉列亭障至玉门矣。此汉通西域后，对于西域之初次军事行动也。自此以后，汉与乌孙联合，以宗女江都翁主妻乌孙王，而收夹击匈奴之效。初汉使之使安息者，安息亦发使随与俱来，观汉广大，及宛西小国欢潜、大益，宛东姑师、扜罙、苏薤之属，皆随汉使献见天子，则葱岭以东各国，均服属于汉。所谓通西域以断匈奴之右臂者此也。唯宛以西，自以绝远，尚骄恣晏然，凭匈奴之势，未可诎以藩属之礼。汉为申大汉之声威于绝域，威服乌孙、仑头诸国，不能不从事大宛之征讨。太初元年，因大宛之攻杀汉使，掠取财物，即拜李广利为贰师将军，发属国六千骑及郡国

> 恶少年数百人以伐大宛。适以兵少饥疲，为郁成所败。太初二年，复出兵伐宛，益发恶少年及边骑，出敦煌者六万人，负私从者不与。益发戍卒十八万筑居延、休屠以卫酒泉。又发天下七科谪，载精给贰师转车人徒相连属至敦煌。于是贰师得以屠仑台、破宛城，擒杀郁成王。汉复发使十余辈，至宛西各国，风以伐宛之威德。于是西域震惧，多遣使来贡献。汉遂自敦煌西至盐泽，往往起亭，而仑台、渠犁皆有田卒数百人，置使者校尉领护，以给使外国者。此汉第二次出兵西域之经过也。①

由上述可知汉武帝对开发西域，采取了稳扎稳打的方针，每有一次军事行动，即继之以边防建设，如第一次攻楼兰，即筑亭障至玉门；第二次伐大宛，又起亭至盐泽。亭障对边防的作用至为重要，据中外考古学者的实地考察和实际测量的结果，即可以看出亭障的重要作用。黄文弼说："试思自肃州以北，北抵外蒙，西至天山之东麓，皆为寸草不生之冈峦戈壁。自敦煌以西，经龙堆碱地，达孔雀河末流而至楼兰，北穿噶顺戈壁而至哈密，亦皆乾山沙岭。时匈奴正盘据于阿尔泰山及天山一带，游骑南下，则至肃州，出噶顺戈壁，则至敦煌，偏西，则及楼兰。时汉通西域唯一孔道，自敦煌西行，经盐泽地带而至楼兰，转西诣龟兹，为唯一之径道。宛贵人所言：'汉去我远，而盐水中数败。出其北，有胡寇；出其南，乏水草。'并无大误。则汉为克服此自然之困难，防御敌人之奇袭，久保汉道之安全，为汉时军略家苦思之问题也。……余于民十七年赴西北考察，始自居延海，沿额济纳河南行，至毛目之北，沿途烽墩林立。……每隔约十里或三十里距离，即有墩或堡垒。凡堡垒附近之处必有一小城遗址，以为居人之所，其旁高地，炭渣遍地，为当时烽火之余烬无疑，间能得少许铜矢镞。……二十三年正月，复往踏勘，在居延海附近，又发现规模较大之堡垒群，八十余座，包涵二小城，余疑此地为居延都尉所治之地也。附近车行辙迹，宛然如新，上覆浮土，约三尺许。若非目睹，难以起信。沿额济纳河旁烽墩林立，复联以双墙，自居延至天仓皆如此，疑史书所称之居延塞城即指此。此一带城址，右临深河，间以沙碛，则所以防御匈奴之马蹄者，可谓至矣。"② 这充分说明了沟通西域是一件异常

① 黄文弼：《罗布淖尔考古记》第七〇——七一页。

② 黄文弼：《罗布淖尔考古记》，第七十一页。

艰苦繁难和耗费巨大的工作，但是经过了长期的努力、周密的部署和宏伟的建置之后，终于打通了与西域交通的道路，并且扫除了道路上的障碍，所谓通西域的丝路，实际上是在亭障遍地、烽墩林立和烟火相接的严密保护下才畅通无阻的。当政治的、军事的关系沟通之后，经济的、文化的交流便继之而起，所以紧踏着使臣的足迹，所谓西域贾胡便蜂拥而来了。

丝绸之路虽然在汉军事力量保护之下变成了平安之路，但却不是一条坦途。如上文所述，沿途非寸草不生之冈峦戈壁，即高山峻谷，人背马驮，跋涉万里，其艰难险阻之状，可由下引文献窥见一斑：

奉献者皆行贾贱人，欲通货市买，以献为名，故烦使者送致县度，恐失实见欺。凡遣使送客者，欲为防护寇害也。起皮山南，更不属汉之国四五，斥候士百余人，五分夜击刁斗[28]自守，尚时为所侵盗。驴畜负粮，须诸国禀食，得以自赡。国或贫小不能食，或桀黠不肯给，拥强汉之节，馁山谷之间，乞丐[29]无所得，离一二旬则人畜弃捐旷野而不反。又历大头痛、小头痛之山，赤土、身热之阪，令人身热无色，头痛呕吐，驴畜尽然。又有三池、盘石阪，道狭者尺六七寸，长者径三十里。临峥嵘不测之深。行者骑步相持，绳索相引，二千余里乃到县度。畜坠，未半坑[30]谷尽靡碎；人堕，势不得相收视，险阻危害，不可胜言。①

交通如此险阻，运输自极困难，只能靠人背马驮，则商人所贩运的商品只能是单位价值极昂的高贵物品。中国盛产丝织品，锦绮纱縠文彩缯帛等，驰名中外。西域的“行贾贱人”，冒着生命危险，越过头痛之山与身热之阪，可能贩运和值得贩运的只有丝织品，故被商人贩运西去的只此一宗，因此，把商路称为丝路是符合实际的，至今仍不时在沿线沙漠中发现成捆的汉代丝织品。当时欧亚商人之所以蜂拥东来争贩丝织品，是因为汉朝的精美丝织品早已为欧洲人所羡慕。据考古学家的考证，大概是在汉以前，丝织品已由内地传入新疆的疏勒，后又由疏勒辗转传入欧洲：

中国以产丝著闻于世界，初见记载于希腊历史家希罗多德《上

① 《汉书》卷九十六上，《西域传》。

古史》，称中国为“Seres”，希腊语“绢”之义。又纪元前一五〇年，托拉美《地理书》中亦记希腊商人实到“绢国之都”。此地据一般学者解释，相当于今日疏勒，为中国古时极西部之国际市场。《汉书·西域传》称疏勒有列市，亦指此地也。据此，是中国丝绢早已运至新疆之疏勒，再转运至欧洲。及汉武帝通西域，交通大开，汉使臣尝以财物贿赂西域各国，而西域各国亦贪汉财物，丝绢之类，尝居奇以为交易之媒介物。例如：《后汉书·大秦传》云：“安息欲以汉缯彩与之交市，故遮闭汉使，不得自达。”则中国丝织品由安息输入于罗马，益可信也。但当时贩丝之道，必经塔里木盆地，而楼兰扼其咽喉。斯坦因尝于楼兰遗址中发现一捆绢彩，为当时贩运所遗，或楼兰人亦作贩丝之业也。余在楼兰虽未发现娟彩，但在孔雀河沿岸之衣冠冢中，死者衣文绮绢彩，甚为都丽，虽黄发小儿，亦皆披服锦绣，则楼兰必早已接受汉丝织文明，毫无可疑。①

由汉武帝时期开始发展起来的对西域的贸易，后来一直继续不断地发展下来，商贾往来，络绎不绝，商品构成，亦始终如一。有些少数民族商贾为了谋取方便，或骗取赏赐，常常冒充供使。汉朝政府也明知“奉献者皆行贾贱人，欲通货市买，以献为名”，但为了博取“万国来朝”的虚名，将错就错，不予拆穿，只有当他们过于“骄嫚”时，才不得不明斥其诈，例如：

至成帝时，康居遣子侍汉，贡献，然自以绝远，独骄嫚，不肯与诸国相望。都护郭舜数上言：“……而康居骄黠，讫不肯拜使者。都护吏至其国，坐之乌孙诸使下，王及贵人先饮食已，乃饮啗都护吏，故为无所省以夸旁国。以此度之，何故遣子入侍？其欲贾市为好，辞之诈也（《补注》先谦曰：胡注谓，特欲行贾以市易，其为好辞者，诈也）”。②

汉代对西域的贸易，出口物资除丝织品外，另一单位价值较高而又轻便的可供出口的物资便是金银，贵金属的输出虽不是主要的，但由于年深日久，

① 黄文弼：《罗布淖尔考古记》，第七十一页。
② 《汉书》卷九十六上，《西域传》。

总的数量还是庞大的，这是造成汉代黄金逐渐减少的原因之一：

自大宛以西至安息……其地皆无丝漆，不知铸钱器，及汉使亡卒降，教铸作他兵器。得汉黄白金，辄以为器，不用为币。[①]

到了东汉时期，对西域的贸易，在性质上没有什么变化，在数量上却有较大程度的发展，由于班超的活动范围远比张骞为广大，故东来互市的国家和地区亦远比西汉时为众多，少数民族商贾可自由旅居内地，故到处可见：

〔和帝朝，征拜谒者〕使持节领西域副校尉。西域殷富，多珍宝，诸国侍子及督使贾胡数遗恂奴婢、宛马、金银、香厨之属，一无所受（《袁山松书》曰：西域出诸香、石蜜。罽，织毛为布者）。[②]

〔文帝朝〕迁大鸿胪。龟兹王遣侍子来朝，朝廷嘉其远至，褒赏其王甚厚。余国各遣子来朝，间使连属。林恐所遣或非真的，权取疏属贾胡，因通使命，利得印绶，而道路护送，所损滋多。劳所养之民，资无益之事，为夷狄所笑，此曩时之所患也。乃移书燉煌喻指，并录前世待遇诸国丰约故事，使有恒常。[③]

太和中，迁敦煌太守。……又常日西域杂胡欲来贡献，而诸豪族多逆断绝；既与贸迁，欺诈侮易，多不得分明。胡常怨望，慈皆劳之。欲诣洛者，为封过所；欲从郡还者，官为平取，辄以府见物与共交市，使吏民护送道路，由是民夷翕然称其德惠。数年卒官，吏民悲感如丧亲戚，图画其形，思其遗像。及西域诸胡闻慈死，悉共会聚于戊己校尉及长吏治下发哀；或有以刀画面，以明血诚，又为立祠，遥共祠之。[④]

东汉时期与西域的交通贸易情况，《后汉书》曾概括如下：

---

① 《史记》卷一百二十三，《大宛列传》。
② 《后汉书》卷五十一，《李恂传》。
③ 《三国志》卷二十四，《魏书・崔林传》。
④ 《三国志》卷十六，《魏书・仓慈传》。

论曰：西域风土之载，前古未闻也。汉世张骞怀致远之略，班超奋封侯之志，终能立功西遐，羁服外域。自兵威之所肃服，财赂之所怀诱，莫不献方奇，纳爱质，露顶肘行，东向而朝天子。故设戊己之官，分任其事；建都护之帅，总领其权。先驯则赏籯金而赐龟绶，后服则系头颡而衅北阙。立屯田于膏腴之野，列邮置于要害之路。驰命走驿，不绝于时月；商胡贩客，日款于塞下。其后甘英乃抵条支而历安息，临西海以望大秦，距玉门、阳关者四万余里，靡不周尽焉。①

（二）对海外诸国的贸易

汉代的对外贸易虽然是以通西域诸国的陆路贸易为主，但与欧洲、南亚和其他海外诸国的交往贸易也早已开始，例如罗马商人主要就都是循海道而来，他们初由陆路至红海，再乘船越波斯湾渡印度洋，先至日南、扶南或交趾，再辗转来华。他们曾长期被波斯商人所阻隔，不能与汉直接通商，其所得汉之缯彩，均为波斯商人所转贩，直至东汉末，他们始循海道直接与中国通商：

〔大秦〕与安息、天竺交市于海中，利有十倍。……其王常欲通使于汉，而安息欲以汉缯彩与之交市，故遮阂不得自达。至桓帝延熹九年（公元一六六年），大秦王安敦遣使自日南徼外献象牙、犀角、玳瑁，始乃一通焉。其所表贡，并无珍异，疑传者过焉。②

这个自称为大秦王安敦的使臣，显然是商人的伪托，他所贡献的象牙、犀角、玳瑁，也不是产自大秦，而是商人到日南后就地购置的。不过经过这一次贡献——朝贡之后，罗马与中国的直接通商关系终于建立起来了：

汉桓帝延熹九年，大秦王安敦遣使自日南徼外来献，汉世唯一通焉。其国人行贾，往往至扶南、日南、交趾，其南徼诸国人少有

① 《后汉书》卷八十八，《西域传》。
② 《后汉书》卷八十八，《西域传》。

到大秦者。孙权黄武五年（公元二二六年），有大秦贾人字秦论来到交趾，交趾太守吴邈遣送诣权，权问方土谣俗，论具以事对。时诸葛恪讨丹阳，获黝、歙短人。论见之曰："大秦希见此人。"权以男女各十人，差吏会稽刘咸送论，咸于道物故，论乃径还本国。[①]

《魏略·西戎传》曰：〔大秦国〕又常利得中国丝，解以为胡绫，故数与安息诸国交市于海中。海水苦不可食，故往来者希到其国中。[②]

《魏略·西戎传》曰：大秦道既从海北陆通，又循海而南，与交趾七郡外夷比，又有水道通益州永昌，故永昌出异物。[③]

这一条海道交通，在汉代只有罗马商人循之东来，却不见有汉朝商人航海西去。这不是由于汉人的航海技术不进步，中国的海上交通早在春秋时即已开始；到了汉代，必又有了更大的发展，没有航海西征，是因为中国商人除了在近海活动外，大都奔往南洋一途。属于近海活动之例的，如在西汉武帝时把今之海南岛略以为儋耳、珠厓郡，就是以有海上的便利交通为前提的：

自合浦徐闻南入海，得大州，东西南北方千里，武帝元封元年（公元前一一〇年）略以为儋耳、珠厓郡。民皆服布如单被，穿中央为贯头。男子耕农，种禾稻纻麻，女子桑蚕织绩。亡马与虎，民有五畜，山多麈麖，兵则矛、盾、刀、木弓弩、竹矢，或骨为镞。自初为郡县，吏卒中国人多侵陵之，故率数岁壹反。元帝时，遂罢弃之。[④]

南海航行，是中国商人经营海上贸易的主要方向，活动范围包括整个中南半岛、印尼群岛，以及沿印度东海岸各小邦，直到印度的最南端。大都是从合浦、徐闻或从日南障塞下海南行，由于无法计算距离，故皆以日数纪行，所到达最远的目的地，船行时间在一年以上。所到之处，都是以所赍黄金杂缯购买明珠、璧、流离（琉璃）、奇石、异物，总之，全部是奢侈品，所贩

① 《梁书》卷五十四，《诸夷·中天竺国传》。
② 《三国志》卷三十，《魏书·乌丸鲜卑东夷传》注。
③ 《三国志》卷三十，《魏书·乌丸鲜卑东夷传》注。
④ 《汉书》卷二十八下，《地理志下》。

明珠有大至围二寸以下者，价值之昂是不言而喻的。其具体情况，可由下引记载略见梗概：

> 自日南障塞、徐闻、合浦船行可五月，有都元国；又船行可四月，有邑卢没国；又船行可二十余日，有谌离国。步行可十余日，有夫甘都卢国。自夫甘都卢国船行可二月余，有黄支国，民俗略与珠厓相类。其州广大，户口多，多异物，自武帝以来皆献见。有译长，属黄门，与应募者俱入海市明珠、壁、流离、奇石异物，赍黄金杂缯而往。所至国皆禀食为耦，蛮夷贾船，转送致之。亦利交易，剽杀人。又苦逢风波溺死，不者数年来还。大珠至围二寸以下。平帝元始中，王莽辅政，欲燿威德，厚遗黄支王，令遣使献生犀牛。自黄支船行可八月，到皮宗；船行可（八）〔二〕月，到日南、象林界云。黄支之南，有已程不国，汉之译使自此还矣。[①]

这说明汉代商人的海上贸易，已包括了全部南海诸国和整个印度洋区域。黄支国和已程不国系在印度东海岸，而已程不国更远在印度之最南端。每年不仅有大批中国商人西去，亦有印度各邦国或地区的商人东来。中外商人能经常越过浩瀚的印度洋，并建立了经常的贸易关系，说明汉代的航海术已经有了很大的进步，所建立的中外贸易关系也是良好的，汉朝商人“赍黄金杂缯而往”，“蛮夷贾船转送致之”，并且“所至国皆禀食为耦”。当然“风波溺死”，也是难免的。

（三）对沿边各少数民族地区的贸易

在汉代的各沿边少数民族中，唯匈奴为最强大，并且长期以来一直是汉王朝的劲敌。但匈奴在当时还是一个游牧部族，其经济和文化都远比汉族为落后，手工业生产则更原始，故一切工业制造品特别是他们的统治阶级所十分喜爱的丝织品，都完全仰赖与汉人互市，而汉王朝也就利用匈奴的极端“嗜汉财物”，拿互市作为羁縻匈奴之策，所谓“开关市不绝以中之”。故汉对沿边各少数民族的贸易，以对匈奴的贸易为大宗：

---

① 《汉书》卷二十八下，《地理志下》。

孝景帝立，而赵王遂乃阴使人于匈奴。吴楚反，欲与赵合谋入边；汉围破赵，匈奴亦止。自是之后，孝景帝复与匈奴和亲，通关市，给遗匈奴，遣公主，如故约。终孝景时，时小入盗边，无大寇。今帝即位，明和亲约束，厚遇，通关市，饶给之。匈奴自单于以下皆亲汉，往来长城下。汉使马邑下人聂翁壹奸兰[31]（《集解》骃[32]案：奸，音干，干兰，犯禁私出物也）出物与匈奴交（骃案：私出塞与匈奴交市），佯为卖马邑城以诱单于。……自是之后，匈奴绝和亲，攻当路塞，往往入盗于汉边，不可胜数。然匈奴贪，尚乐关市，嗜汉财物，汉亦尚关市不绝以中之。①

汉对匈奴的贸易，本来是互利的，通过贸易，匈奴得到了渴望得到的东西；汉则由此达到了政治的和经济的双重目的：政治的目的是用以羁縻匈奴，其情况已如上述；经济的目的则完全如桑弘羊所说：

大夫曰：……汝汉之金，纤微之贡，所以诱外国而钓羌胡之宝也。夫中国一端之缦，得匈奴累金之物，而损敌国之用，是以骡驴馲驼衔尾入塞，驒騱骡马，尽为我畜，鼲貂狐貉，采旃文罽充于内府，而壁玉珊瑚琉璃咸为国之宝，是则外国之物内流，而利不外泄也。异物内流则国用饶，利不外泄则民用给矣。②[33]

尽管对匈奴的贸易是有利的贸易，但却不是由商人进行的自由贸易，而是在政府严密管制下的官营贸易，对商贾，则严禁“私出塞与匈奴交市”，这是防范人们越境私自与匈奴往来；对商货，则严防将违禁物品私自售与匈奴，尤严禁贩运铁器出境，因铁为制造兵器的材料。此外，亦严禁私人购买匈奴物品，例如：

宋子侯许瘛，孝景中元二年（公元前一四八年），侯九坐买塞外禁物罪，国除。③

〔元狩二年（公元一二一年）〕匈奴浑邪王率众来降……及浑

① 《史记》卷一百十，《匈奴列传》。

② 《盐铁论·力耕》。

③ 《史记》卷十八，《高祖功臣侯年表》。

> 邪至，贾人与市者，坐当死者五百余人。黯请间，见高门，曰："……浑邪率数万之众来降，虚府库赏赐，发良民侍养，譬若奉骄子，愚民安知市买长安中物而文吏绳以为阑出财物于边关乎（《集解》应劭曰：阑，妄也。《律》胡市，吏民不得持兵器出关，虽于京师市买，其法一也）。"①

到东汉时，匈奴的威胁已基本解除，匈奴自武帝时被击溃之后，大部分西去，其屯留未去者乃其部分残余，又已分裂，南单于内附，北单于势孤，惧被夹攻，遂"更乞和亲"，要求互市，东汉政府对此顾虑重重，经过严密部署之后，始重开关市，其经过有如下述：

> 〔建武〕二十八年（公元五十二年），北匈奴复遣使诣阙，贡马及裘，更乞和亲，并请音乐，又求率西域诸国胡客与俱献见。帝下三府议酬答之宜。司徒掾班彪奏曰："臣闻孝宣皇帝敕[34]边守尉曰：'匈奴大国，多变诈。交接得其情，则却敌折冲，应对入其数，则反为轻欺。'今北匈奴见南单来附，惧谋其国，故数乞和亲，又远驱牛马与汉合市，重遣名王，多所贡献。斯皆外示富强，以相欺诞也。……"②
>
> 时〔永平六年（公元六十三年）〕北匈奴犹盛，数寇边，朝廷以为忧。会北单于欲合市，遣使求和亲。显宗冀其交通，不复为寇，乃许之。③
>
> 元和元年（公元八十四年），武威太守孟云上言北单于复愿与吏人合市，诏书听云遣使迎呼慰纳之。北单于乃遣大且渠伊莫訾王等，驱牛马万余头来与汉贾客交易。诸王大人或前至，所在郡县为设官邸，赏赐待遇之。南单于闻，乃遣轻骑出上郡，遮略生口，钞掠牛马，驱还入塞。④

匈奴衰落后，大部分人马西逃，小部分内附，故到东汉时，中国历史上

① 《史记》卷一百二十，《汲郑列传》。
② 《后汉书》卷八十九，《南匈奴传》。
③ 《后汉书》卷八十九，《南匈奴传》。
④ 《后汉书》卷八十九，《南匈奴传》。

长期存在的匈奴威胁已基本消失，但鲜卑、乌桓等游牧部族又继之而起，成为东汉王朝来自北方和东北方的劲敌，其势力虽不若西汉时的匈奴那样强大，但也常骚扰边陲，寇掠人民。东汉政府采取了与西汉政府对待匈奴相同的羁縻之策，即“岁时通胡市”以适其意，有时还采取分化之策，募鲜卑之众以征讨叛羌。因鲜卑兵力较强，据蔡邕说：“自匈奴遁逃，鲜卑强盛，据其故地，称兵十万，才力劲健，意智益生。加以关塞不严，禁网多漏，精金良铁，皆为贼有；汉人逋逃，为之谋主，兵利马疾，过于匈奴。”① 正是在这样的客观形势下，贸易起了缓和当时紧张局势的安抚绥靖作用：

> 时〔建武二十五年（公元四十九年）〕司徒掾班彪上言：“乌桓天性轻黠，好为寇贼，若久放纵而无总领者，必复侵掠居人，但委主降掾史，恐非所能制。臣愚以为宜复置乌桓校尉，诚有益于附集，省国家之边虑。”帝从之。于是始复置校尉于上谷宁城，开营府，并领鲜卑，赏赐质子，岁时互市焉。②
>
> 〔乌桓校尉〕拥节。长史一人，司马二人，皆六百石。并领鲜卑。客赐质子，岁时胡市焉。③
>
> 《魏书》曰：乌丸者，东胡也。……俗识鸟兽孕乳，时以四节，耕种，常用布谷[35] 鸣为候。地宜青穄、东墙，东墙似蓬草，实如葵子，至十月熟。能作白酒，而不知作曲蘖米，常仰中国。④

鲜卑和乌桓两个后起的游牧部族，远不及西汉时的匈奴那样强大，因此，东汉和他们的关系也不像西汉与匈奴那样紧张，边患虽仍属难免，但已远不如过去匈奴之烈，双方用兵时少，交往时多，两部族首长不断“诣阙朝贺”，在这里，“通胡市”实起了很大的融和作用：

> 安帝永初中，鲜卑大人燕荔阳阙朝贺，邓太后赐燕荔阳王印绶，赤车参驾，令止乌桓校尉所居宁城下，通胡市，因筑南北两部质馆，

① 《后汉书》卷九十，《乌桓鲜卑传》。
② 《后汉书》卷九十，《乌桓鲜卑传》。
③ 《后汉书》志第二十八，《百官志》注。
④ 《三国志》卷三十，《魏书·乌丸鲜卑东夷传》注。

鲜卑邑落百二十部，各遣入质。①

《魏书》曰：安帝时，鲜卑大人燕荔阳入朝，汉赐鲜卑王印绶，赤车参驾，止乌丸校尉所治宁下，通胡市，筑南北两部质宫，受邑落质者〔百〕二十部。②

顺帝阳嘉四年（公元一三五年）冬，乌桓寇云中，遮截道上商贾车牛千余两，度辽将军耿晔率二千余人追击，不利，又战于沙南，斩首五百级。乌桓遂围晔于兰池城，于是发积射士二千人，度辽营千人，配上郡屯，以讨乌桓，乌桓乃退。③

〔中平二年（公元一五八年）皇甫〕嵩请发乌桓三千人。北军中侯邹靖上言："乌桓众弱，宜开募鲜卑。"……劭驳之曰："鲜卑隔在漠北，犬羊为群，无君长之帅，庐落之居，而天性贪暴，不拘信义，故数犯障塞，且无宁岁。唯至互市，乃来靡服。苟欲中国珍货，非为畏威怀德。计获事足，旋踵为害。是以朝家外而不内，盖为此也。往者匈奴反叛，度辽将军马续、乌桓校尉王元发鲜卑五千余骑，又武威太守赵冲亦率鲜卑征讨叛羌。斩获丑虏，既不足言，而鲜卑越溢，多为不法。裁以军令，则忿戾作乱；制御小缓，则陆掠残害。劫居人，钞商旅，噉人牛羊，略人兵马。得赏既多，不肯去，复欲以物买铁。边将不听，便取缣帛聚欲烧之。边将恐怖，畏其反叛，辞谢抚顺，无敢拒违。今狡寇未殄，而羌为巨害，如或致悔，其可追乎？……"④

〔梁习〕建安十八年（公元二一三年）……更拜议郎、西部都督从事，统属冀州（注，《魏略》曰：鲜卑大人育延，常为州所畏，而一旦将其部落五千余骑诣习，求互市。习念不听则恐其怨；若听到州下，又恐为所略，于是乃许之往与会空城中交市。遂敕郡县，自将治中以下军往就之。市易未毕，市吏收缚一胡，延骑皆惊，上马弯弓围习数重。吏民惶怖不知所施。习乃徐呼市吏，问缚胡意，而胡实侵犯人。习乃使译呼延，延到，习责延曰："汝胡自犯法，吏不侵汝，汝何为使诸骑惊骇邪？"遂斩之。余胡破胆不敢动。是后无

① 《后汉书》卷九十，《乌桓鲜卑传》。

② 《三国志》卷三十，《魏书·乌丸鲜卑东夷传》注。

③ 《后汉书》卷九十，《乌桓鲜卑传》。

④ 《后汉书》卷四十八，《应奉传附劭传》。

寇虏）。①

〔黄初三年（公元二二二年）〕比能帅部落大人小子、代郡乌丸脩武卢[36]等三千余骑，驱牛马七万余口交市，遣魏人千余家居上谷。②

由上引文献可以看出，鲜卑、乌桓等都是经济落后的游牧部族，他们与汉朝互市，除了用牛羊等牲畜及其产品来换取汉地的物品外，没有其他物品可用以交换，而汉朝的出口货物，则是以缯彩绮绣等丝织品为主以及除铁器以外的各种应用品，这在对方看来，当然都是珍奇宝货，这是沿边各族坚决要求通关市的原因所在。所以商品的输出，实际上就是文化的交流，在这里，贸易实肩负着特殊的历史使命，而丝织品更起着先锋的作用。

① 《三国志》卷十五，《魏书·梁习传》。

② 《三国志》卷三十，《魏书·乌丸鲜卑东夷传》。

第七章　秦汉时代的货币经济与货币制度

第一节　秦汉时代国民经济体系的确立与统一货币制度的必要性

我们在《中国封建社会经济史》第一卷第五章中已经指出了发生在春秋战国年间的经济变化，其中包含着国民经济体系的形成过程。但是那一章由于为体例所限，不可能从中全面展开对这个问题的阐述。现在为了说明与本章有关的问题，即在国民经济体系完全确立的过程中，货币制度的统一和货币经济的进一步发展，乃是本质的要素，故必须对国民经济体系在秦汉时期臻于完全确立和进一步发展的情况，作一些必要的补充。

国民经济体系是一个历史范畴，是社会经济的发展达到一定的历史阶段时的一种经济结构形态。人类在漫长的历史发展过程中，曾经有很长的时期，其社会经济的结构形态不能称之为国民经济。率先阐述这个问题的，是德国历史学派经济学家卡尔·比雪（Karl Bttcher）。我们知道从这个学派的创始人李斯特（F. List）起，每一个经济学家都在根据自己所坚持的理论和特殊的见解，来划分社会经济的发展阶段，也就是各有各的经济史分期。关于各人的分期标准和所划分的阶段是否正确，这里不进行讨论，仅就比雪的意见略加申论。

比雪认为人类的经济生活，也就是社会经济的结构形态在其漫长的发展过程中，最初都是自己生产、自己消费的，例如在早期的原始社会中，一个人的生产所得仅仅能维持自己的生存，没有除满足自己需要以外的剩余生产物，来用以养活自己以外的任何人，这时生产与消费之间没有距离，生产者就是消费者，生产者直接控制消费者，消费者也直接支配生产者，所以生产与消费的关系是直接的，生产者完全知道自己产品的结果将是怎样。等到社会经济的发展达到了产生家庭时，这时生产不再是以个人为单位，而是以家族为单位，于是消费自然也是以家族为单位，即不再是自己生产、自己消费，而是在家庭成员之间有了某种程度和某种形式的分工：性别的、年龄的、生产种类的以及其他简单分工。这时任何一种生产物已不再是由生产者自己直接消费，而是在家庭成员之间实行某种形式的分配。于是生产与消费之间便出现了距离，尽管这种距离还是非常短小的。这样的经济结构，一般称之为家庭经济。

继家庭经济之后而出现的经济形态，也就是生产与消费之间的距离逐渐有所扩大之后从而形成的社会经济结构形态，是地区经济和城市经济。这在欧洲的历史上，主要是指中世纪而言，因为在封建的中世纪，经济结构是二元的，即农村和城市各自成为一个独立的体系，二者是有联系的，但又是各自独立的。农村经济是以庄园制度为基础的一种自给自足的自然经济，每一个庄园是一个独立的同时也是孤立的经济单位，各个庄园之间没有任何必然的关系，每一个人的经济生活，都是在庄园之内得到满足，除了少数几种不可缺少的必需品，如盐、铁器、染料、药品、磨石等，由于不是到处都能生产，也不是人人都能生产，而必须从城市或集市购买——即通过交换来获得外，基本上他们不需要与外部交往，故各庄园之间最初连固定的道路也没有。这时生产与消费之间是有距离的，因为农民的生产物已不尽为农民自己及其家族所消费，其中的一部分要以地租和贡赋的形式缴纳给领主，另一部分要用以交换上述的各种必需品，可见生产与消费之间的距离还是不大的，而且是地方性的，故只能称之为地区经济。

城市虽是工商业中心，但其中大都是控制在城市的行会商人和手工业行会之手的小型工商业，商人与顾客之间，生产者与消费者之间的关系，几乎都是固定的，所以不论是商业还是手工业，市场都是非常狭小的，商品的购买者都是本城中的居民。由于中世纪的城市是一种自治的或独立的特权城市，因而城市居民也都是具有市民权的特权市民，如不能获得市民权，就不能在这个城市中定居和营业。所以商品的出卖者和商品的购买者都是同一城市中的老邻居或老相识，彼此之间除了商品交换关系或买卖关系外，还有乡党邻里之间的社会关系，而这种人与人之间的关系，在人们的经济生活中还起着相当大的作用。这样的一种经济结构被称为城市经济。可见在中世纪的欧洲，不仅庄园制度是反映封建制度的主要形式，城市经济也同样是封建经济结构的一个重要方面。城市的工商业虽然已经是一种商品生产，但却是一种小商品生产，生产与消费之间没有流通过程，不需要经过中间人之手，而是由生产者直接把生产物交给了消费者。总之，不论是庄园经济还是城市经济，生产与消费之间虽然已经有了距离，但是距离还是很短的，所以在性质上二者都属于地区经济的范畴。

商人的出现和商品生产的发展，使这种生产直接联系消费的关系彻底改变了，所谓彻底改变，是说商业出现之后，不仅改变了生产与消费之间的直接关系，而且改变了生产的性质，即商业使生产物变为商品，它把原来非商品的生产物——即不是为了出卖而生产的物品，现在由于有了商人来购买和贩运而变成了商品。所以有了商人，便会立即引起变化。商人的出现之所以能引起社会的革命性变革，是因为商人的主要作用，是调整各地区之间的供需关系，扩大商品流通的范围，把原来非商品的生产物——不论是天然生产物还是劳动生产物，从生产过剩的地方或因产量超过需要而失去使用价值固有效用的地方，简单说就是从价值最低廉的地方，贩运到不能生产或产量不足以满足需要和价格最昂贵的地方[1]，因为地区之间的距离越大，价格之间的差额也往往越大。通过商人的贩运活动，可以使各地区之间的供需状况得到调整，使“多者不独衍，少者不独馑”①，即不致使盛产某物的地方因“独衍”（过多）而变为无用，不出产或出产少的地方则严重缺乏（独馑）。所以商业一开始便是一种以全国各个地区和各个生产部门的生产为贩运对象的远程贸易，从事这种经营的商人都是一种专业性的商人，不再是物物交换之间的一种偶然的中介人了。这时全国各地方的物产都必须由“商而通之”，即“待商而通”之后才能成为全国各地人民的“谣俗被服饮食奉生送死之具”。这样一来，商人把生产者与消费者之间的距离大大地扩大了，消费者用以满足需要的生活必需品、便利品乃至奢侈品，不但不是自己生产的，也不是本地生产的，而是由商人从山南海北的遥远地方，甚至是由前所未闻的远方异域运来的，这时的生产者已经完全失去对自己生产品的控制，而是被商人所控制了；消费者也已不再是受生产者支配，而是受商人支配了。因为在生产与消费之间的距离扩大之后，生产品就不能由生产者直接交给消费者了，生产品是被商人贩运分散于全国各地，生产者无法知道他们的命运是怎样的；消费者所获得的消费品很多是来自远方，自己更无法控制。在生产与消费之间表面上的唯一联系是商人，实际上真正起支配作用的是国民经济体系的客观的自然经济规律，因为这时国民经济体系已经完全确立了。

---

① 《盐铁论·通有》。

恩格斯在这个问题上有许多深刻的看法，上述的全部发展过程，恩格斯概括为如下的论述：

> 在先前的一切社会发展阶段上，生产在本质上是共同的生产，同样，消费也归结为产品在较大或较小的共产制公社内部的直接分配。生产的这种共同性是在极狭小的范围内实现的，但是它的伴侣是生产者对自己的生产过程和产品的支配。他们知道，产品的结局将是怎样：他们把产品消费掉，产品不离开他们的手；只要生产在这个基础上进行，它就不可能越出生产者的支配范围，也不会产生鬼怪般的、对他们来说是异己的力量，像在文明时代经常地和不可避免地发生的那样。
>
> 但是，分工慢慢地侵入了这种生产过程。它破坏生产和占有的共同性，它使个人占有成为占优势的规则，从而产生了个人之间的交换……商品生产逐渐地成了统治的形式。
>
> 随着商品生产，即不是为了自己消费而是为了交换的生产的出现，产品必然易手。生产者在交换的时候交出自己的产品；他不再知道产品的结局将会怎样。当货币以及随货币而来的商人作为生产者之间的中介人插进来的时候，交换过程就变得更加错综复杂，产品的最终命运就变得更加不确定了。商人是很多的，他们谁都不知道谁在做什么。商品现在已经不仅是从一手转到另一手，而且是从一个市场转到另一个市场；生产者丧失了对自己生活领域内全部生产的支配权，这种支配权商人也没有得到。产品和生产都任凭偶然性来摆布了。①

这里所谓“产品和生产都任凭偶然性来摆布”，就是我们在上面所说的“实际上真正起支配作用的是国民经济体系的客观的自然经济规律”，因为自然的经济规律常常在表面上表现出一些偶然性，实际上则都是以铁的必然性在发生作用，所以恩格斯接着上文说：“一种社会活动，一系列社会过程，愈是越出人们的自觉的控制，愈是越出他们支配的范围，愈是显得受纯粹的偶然性的摆布，它所固有的内在规律就愈是以自然的必然性在这种偶然性中为

① 恩格斯：《家庭、私有制和国家的起源》，《马克思恩格斯选集》第四卷，第一七〇——一七一页。

自己开辟道路。”①

在中国的历史上，上述一系列社会经济的发展变化和国民经济体系的形成与发展过程，系发生在春秋末年到整个战国时期，它是由多方面的条件共同形成的并包含有多种因素的经济结构形态。其中关于春秋战国时期的情况，我们在《中国封建社会经济史》第一卷第五章的有关各节中分别进行了阐述，关于秦和西汉时代的情况，在本卷的第一、第六等章中亦详略不同地作了说明。为了系统地阐明这个问题，有必要把散见各处、原来为说明别的问题而涉及的有关论点集中起来，但为了避免重复，这里仅列举出有关条目，并概括地加以简单说明，不再作深入讨论。其所以还需要将条目列出，是因为这几项都是形成国民经济体系的基本条件和主要内容：

第一，水陆交通的开发，是形成国民经济体系的前提。因为国民经济是以商品经济为基础，商品经济又是以拥有广大的国内市场为条件的，而便利的交通则是形成全国性市场的一个关键性的前提。过去人们的经济生活之所以长期地被限制在狭小的地域性范围内，交通阻塞是主要原因。中国的国民经济体系之所以从春秋末年开始形成，到了战国年间而大量地发展起来，先是由于这时对水陆交通进行了大规模的建置和开发，其具体情况已见于《中国封建社会经济史》第一卷，特别是运河的开凿，在经济上立即产生了效果，例如僻居内地的陶——定陶，在运河沟通之后，便立刻在经济上成了“天下之中，诸侯四通，货物所交易也”，范蠡便在这里“治产积居，与时逐”，结果遂于“十九年之中，三致千金”，如果没有新开的运河为商业贩运提供充分的便利条件，取得这样的结果是不可能的。从这个时期起富商大贾纷纷出现，所有这些新兴的工商业大资本家，他们或者是“连车骑，游诸侯，因通商贾之利”；或者是“贳贷行贾遍郡国”；或者是“连车骑，逐鱼盐商贾之利”；或者是“转毂以百数，贾郡国，无所不至”。诸如此类，都是由于战国时已经有了四通八达的道路，使上述那些大规模的和远程的贩运才成为可能，也只有这样，才能把全国的各个地区和各种生产部门都交织在经济的总体之中，而成为一个新的体系。这种情况，到了秦汉时代又有了进一步的发展，因为秦汉两代对于水陆交通的开发和建置，在量的方面和质的方面都远远超过了战国，其具体情况在本卷第一章中已作了说明。正由于秦汉时代交通运输条件有了很大的发展，具备了商业发展的前提，于是便出现了这样的兴旺

① 恩格斯：《家庭、私有制和国家的起源》，《马克思恩格斯选集》第四卷，第一七一页。

景象，所谓“富商大贾周流天下，交易之物莫不通，得其所欲”①；“重装富贾，周流天下，道无不通，故交易之道行”②，“汉并二十四郡，十七诸侯，方输错出，运行数千里不绝于道……转粟西乡，陆行不绝，水行满河”③。只有具备了这些前提，商品经济特别是商业才有发展的可能，商品才能从一个市场转到另一个市场，也才能把全国的各个地区和各个生产部门都结合在国民经济体系的总体之中。

第二，专业性商人阶级的出现。当人们的交换行为从地方性的日中为市和剩余生产物的偶然交换，变为全国性的商业时，同时就扩大了生产与消费之间的距离，生产者已不再能知道自己产品的命运，产品也不再是从一手转到另一手，而是从一个市场转到另一个市场，这时商业的性质和经营方法就都发生了根本性的变化，这些变化的主要内容是：①扩大了营运范围，改变了商品构成。这时商业营运的范围已打破了地域性限制，不再是本地有限物产的小量交易，而变为远程的和运销全国各地物产的大宗商货贩运，贩运的内容则是以全国各地区的天然产品和各种生产部门的人工产品为对象，不管这些产品原来是不是商品。只要这些物品可以运销，而运销又有利可图，就会被列为经营项目，而使之商品化。②经营这种大宗的、远程的贩运性商业，不仅需要大量的资本（既需要大量的固定资本，如车马舟船等交通运输工具，所谓“连车骑”“转毂以百数”，即属于固定资本项目；又需要大量的流动资本，如“周流天下”和“交通王侯”等活动费以及购进大宗货物特别是那些单位价值高昂的奢侈品，如丹砂、犀象、玳[2] 瑁、珠玑、齿革、旄羽等），而且需要经营商业的专门知识和技能，这是由于商品贩自全国各地，商品的种类又是千差万别，性质繁杂，并且还要不停地、即不失时机地从一个市场转到另一个市场。有时为了追逐正在变动的物价或要迎头赶上将要发生的变动，这种转移还必须迅速进行，因为有利的机会常常稍纵即逝。在商业的全部营运活动中起着决定性作用的，是商业利润主要来自各地区之间或各市场之间的商品价格的差额，正是这种差额，才是富商大贾周流天下，来买贱鬻贵的主要动力。我们知道各地商品价格的差额是由各地供需关系的失调造成的，有的地方是“多者独衍”，而另一些地方是“少者独馑”，用现在的话来

① 《史记》卷一百二十九，《货殖列传》。
② 《史记》卷一百十八，《淮南衡山列传》。
③ 《汉书》卷五十一，《枚乘传》。

说，一个地方因生产过剩、供给超过需要，以致商品的价格大跌，而另一些地方因生产减少，供给不足，以致商品的价格飞涨。例如当有些地方丰收而另一些地方荒歉时，这个时机便是商人争先恐后、兴风作浪的好机会。因此，商人必须对各地方物产的分布、种类、产量、用途和可能运销的地点、各地市场的供需状况、变动趋势等，都了如指掌，正如前引恩格斯所说："商人是很多的，他们谁都不知道谁在做什么。"这是说每一个营业者都各自有其独特的经营方法。

当众多的商人各自"运筹策"，各使用自己的财力和才智去追求最大可能的盈利时，彼此间的竞争必然是剧烈的，确如司马迁所说，谁也"不余力而让财"，其结果自然是"能者辐凑，不肖者瓦解"①。因此，一个善于经商的成功者，确实需要具备战国时大商人白圭所总结出来的经验来作为自己应有的基本条件："趋时若猛兽鸷鸟之发……吾治生产，犹伊尹、吕尚之谋，孙吴用兵，商鞅行法。"② 这是说要想使营业成功，作为一个商人就必须时时刻刻以锐利的眼光，密切注视着市场的动态，窥伺着有利机会的来临，一旦时机到来，要像鹰隼攫食一样，敏捷果敢地行动起来。因竞争有如作战，临阵时不能犹豫迟缓，坐失良机。这样的商人，不经过专业训练，不具备专门知识，肯定是不能胜任愉快的，所以荀子说："通货财，相美恶，辨贵贱，君子不如贾人。"③ 对于这种专业商人所具有的特征和必备的条件，早在春秋时就有了一个十分明确的定义："今夫商……观凶饥，审国变，察其四时，而鉴其乡之货，以知其市之贾（价），负任担荷，服牛辂马，以周四方，料多少，知贵贱，以其所有，易其所无，贸贱鬻贵。"④ 所谓"观凶饥，审国变，察其四时"，是要求商人能密切注意供需关系的可能变化和物价涨落的趋势，因收获的丰歉凶饥、社会的安危治乱以及在四季循环交替中经常出现的旺季与淡季等，都是扰乱供需关系的平衡和造成物价波动的原因。商人对这些变化和变化可能的趋势都必须认真掌握，心中有数，对各地市场情况能"料多少，知贵贱"，只有具备了这些知识和技能，才能不失时机地把握营利的机会，做到"趋时若猛兽鸷鸟之发"。从春秋历战国到秦汉，关于这一个新兴的商人阶级像雨后春笋般地纷纷出现及其对当时社会经济所起的作用，我们在本书

---

① 《史记》卷一百二十九，《货殖列传》。

② 《史记》卷一百二十九，《货殖列传》。

③ 《荀子·儒效篇》。

④ 《管子·小匡》。

前文已多所论列，这里不再重述。正是这些专业商人阶级的大量出现，社会经济的巨大革命性变革就从他们那里开始，这是这一历史时期许多重大变革的主要内容，而国民经济体系的形成和确立，是这个内容的重要项目之一。

第三，商业都市的勃兴。这是商品经济特别是商业发展的结果，同时又是商业发展的基本条件。因为商业的发展，是以有广大的市场为前提的，在受着地域或政治疆界限制的狭小市场上，就不可能有大规模商业，即以贩运全国各地物产为经营对象的远程的和大宗的贸易。故商业一发展，特别是当商品已不再是从一手转到另一手，而是从一个市场转到另一个市场时，就必须首先冲破任何限制——自然的或人为的，以自由出入全国市场，所以“富商大贾”必然要“周流天下”，必然要“贾郡国，无所不至”。市场既然是交易之所，即商人会集和商货聚散的地方，它们必然都是位于水陆孔道和交通枢纽之处，所以随着商人往来的频繁和商货运输的发达，这些城市大都发展成为商业都市，即商货聚散的市场。这是从战国年间开始的一个重大的历史变化，司马迁是率先观察到这一重大变化的伟大历史学家，我们在本书前文曾根据他的《史记·货殖列传》作了全面阐述，这里仍须指出几个要点，来着重说明一下这些商业都市在整个国民经济体系中是怎样发挥着沟通全身脉络的作用：

> 及秦文、(孝)、缪居雍，隙陇蜀之货物而多贾。献（孝）公徙栎邑，栎邑北却戎翟，东通三晋，亦多大贾。……南则巴蜀。巴蜀亦沃野，地饶卮、姜、丹沙、石、铜、铁、竹、木之器。南御滇僰，僰僮。西近邛笮，笮马、旄牛。然四塞，栈道千里，无所不通……以所多易所鲜。……杨、平阳陈西贾秦、翟，北贾种、代。……温、轵西贾上党，北贾赵、中山。……然邯郸亦漳、河之间一都会也。北通燕、涿，南有郑、卫。……夫燕亦勃、碣之间一都会也。南通齐、赵，东北边胡。上谷至辽东，地踔远……有鱼盐枣栗之饶。北邻乌桓、夫余，东绾秽[3] 貉、朝鲜、真番之利。……洛阳（引者注：应为濮阳，说见前）东贾齐、鲁，南贾梁、楚。……临淄亦海岱之间一都会也。……而邹、鲁滨洙、泗……好贾趋利，甚于周人。……陶、睢阳，亦一都会也。……江陵故郢都，西通巫、巴，东有云梦之饶。陈在楚、夏之交，通鱼盐之货，其民多贾。徐、僮、取虑……吴……亦江东一都会也。……郢之后徙寿

春，亦一都会也。而合肥受南北潮，皮革、鲍、木输会也。……江南……多竹木。豫章出黄金，长沙出连、锡……番禺亦其一都会也，珠玑、犀、玳瑁、果、布之凑。……南阳西通武关、郧关，东南受汉、江、淮。宛亦一都会也。……业多贾。①

正是这些商业都市星罗棋布地散布在全国各交通要道上，成为整个国民经济体系的一个有机组成部分，在经济的整体之中，起着沟通全体和联络各部的作用，这时任何一个商业都市，不但不再是孤立的，而且也不再是地方性的，而是成为一个与全国各个地区和各个生产部门互相联系的枢纽。这里可引用下述两段精辟的概括，来说明这种关系：

燕之涿、蓟，赵之邯郸，魏之温、轵，韩之荥阳，齐之临淄，楚之宛丘，郑之阳翟，三川之二周，富冠海内，皆为天下名都。非有助之耕其野，而田其地者也，居五诸侯之衢，跨街冲之路也。故物丰者民衍，宅近市者家富。②

自京师东西南北，历山川，经郡国，诸殷富大都，无非街衢五通，商贾之所臻，万物之所殖者。……宛周齐鲁，商遍天下，故乃万贾之富，或累万金，追利乘羡之所致也。③

这清楚地说明了商业都市的大量出现，是形成国民经济体系的一个重要条件，没有散布全国、深居内地的许多商业都市来作为全国性的商货贩运的联系纽带，并把各地区经济捏合在全国经济的整体之中，则国民经济体系就无从建立。反过来说，当整个国民经济体系已经建立，并已经有了一定程度的发展之后，全国人民的养生送死之具，不但不能完全依靠自己的生产，而且也不能完全依赖本地的生产，而必须通过市场，依靠商人贩运来的外地物产、远方物产来得到满足，任何地方和任何个人，再也不能回到原来的孤立主义的经济体系内，靠个人生产或本地生产来满足自己的需要了。西汉时的人，对这个问题已经看得很清楚：

① 《史记》卷一百二十九，《货殖列传》。
② 《盐铁论·通有》。
③ 《盐铁论·力耕》。

> 今吴越之竹，隋唐之材，不可胜用，而曹、卫、梁、宋采棺转尸；江湖之鱼，莱黄之鲐，不可胜食，而邹、鲁、周、韩藜藿蔬食。天地之利无不赡，而山海之货无不富也，然百姓匮乏，财用不足，多事不调，而天下财不散也。①
>
> 农商交易，以利本末。山居泽处，蓬蒿垅埆，财物流通，有以均之，是以多者不独衍，少者不独馑。若各居其处，食其食，则是橘柚不鬻，朐卤之盐不出，旃罽不市，而吴唐之财不用也。②

这是说如果“天下财不散”，各地方的人都“各居其处，食其食”，这样就会造成各地区之间的“多寡不调”和“财用不足”，即所谓多者独衍、少者独馑的不平衡现象，以致各地方的物产有的因生产过多，超过需要，不但不能令这些物品产生交换价值[4]，连它们作为使用价值的资格也失去了，另外一些没有这种产品或出产不多的地方则又感到奇缺，例如盛产竹木的吴越隋唐，因产量过多而废弃无用，不产木材的曹、卫、梁、宋则缺乏到连棺材都不容易获得。由这种地方孤立主义所造成的停滞瘫痪状态，只有在国民经济体系建立后才能彻底改变，因为国民经济的基础正是建立在全国各地的息息相通上，任何地方出现了“多寡不调”，在物价发生巨大差额与高额利润的促动下，供需的不平衡状态会很快得到纠正。在这样的调节活动中，商人实起着重要作用，在“天下熙熙，皆为利来；天下攘攘，皆为利往”的营利动机驱使下，形成了“竹箭有余于国，羽旄不求而至，奇怪时来，珍异物聚”的局面，使地区间的不平衡恢复平衡。

第四，生产物的商品化和商品生产的发展。国民经济体系的形成，是这两个相反而又相成的过程共同作用的结果，同时这两个过程又是构成国民经济的主要内容和基本条件。因为所谓国民经济，就是商品流通范围的扩大，是商品市场由地方性变为全国性。由于扩大了生产与消费之间的距离，生产者无法知道自己的产品将来会怎样，这时支配生产与消费的已经不是任何个别的生产者，也不再是任何一个地区或一个市场，其情况正如前引恩格斯所说，商品不是从一手转到另一手，而是从一个市场转到另一个市场。在这样一种扩展的过程中，实包含着两个内容：一是随着商品流通范围的扩大，改

---

① 《盐铁论·通有》。

② 《盐铁论·通有》。

变了商品构成，增加了商品种类。过去在地区性的范围限制下，人们所能消费的物品，都是在本地区就地生产的，在一定的自然条件和社会条件支配下，品类是有限的，物品的性质和使用的方式是固定的，因而消费的内容必然是贫乏的。当商品的流通范围扩大为全国性时，意思是说任何一个地方的生产品已经不是为了供应本地的需要，而是可以运销于任何一个市场，这样一来，便使许多原来并非商品的地方物产都变成了商品。这是商业发展了生产物的商品形态，我们称之为生产物的商品化。二是随着市场的扩大和消费者的增多，商人的贩运范围不能停留在已有的和少数的产品上，而必然要适应着各地市场的需要而扩大经营范围；生产者也不能只是消极地坐等商人来贩运，也必然会适应着各地市场和远方市场的需要，而主动地、有目的地把自己的生产结合在整个国民经济体系之中。这样一来，便把原来的商业关系颠倒了过来，即不再是由商业来促成生产物的商品化，而是商品以其自身的运动形成商业。

从前一个过程来看，所谓“陇蜀之丹漆旄羽，荆扬之皮革骨象，江南之楠[5] 梓竹箭，燕齐之鱼盐旃裘，兖豫之漆丝绨[6] 纻”等，原来都不是商品，是在商业变为全国性的商业之后，才把它们贩运到全国各地的市场而变成了商品。这一个过程乃是形成国民经济体系的第一步，从表面上来看，这个变化并不巨大，也不显著，然而却是一个划分社会经济发展阶段的变化。这个关系重大而又隐约不显的变化，先为司马迁所觉察：

> 陆地牧马二百蹄，牛蹄角千，千足羊，泽中千足彘，水居千石鱼陂，山居千章之材。安邑千树枣；燕、秦千树栗；蜀、汉、江陵千树橘；淮北、常山已南，河、济之间千树楸；陈、夏千亩漆；齐、鲁千亩桑麻；渭川千亩竹；及名国万家之城、带郭千亩亩钟[7] 之田，若千亩卮茜，千畦姜韭：此其人皆与千户侯等。然是富给之资也。①

所有上述各地方的农产品、林产品、畜牧产品、渔猎产品等，原本都是些自然产物，远在没有商人来贩运它们以前就早已存在，并且都各自按照自己所处的自然环境年年照旧生产，即使没有人来使用它们，听其自生自灭，

① 《史记》卷一百二十九，《货殖列传》。

也不会改变它们的生产状况。只是由于商业发达了，看到这些东西有利可图，而把它们贩运到外地和远方市场上，从而使这些东西变成了商品。正由于这些东西已经变成了交换价值，所以经营其中的任何一种，都可以成为发财致富的源泉——“富给之资”，而且可以富到“与千户侯等”。

当产生了上述第一个过程时，接着就出现了第二个过程，即生产变成了商品生产，不管生产的是什么，都是为了出卖而生产，这时已经不是商业引导生产，而是生产过程把流通过程吸收进来，作为自己的一个组成部分或必经阶段，生产不是受商业的支配，正相反，是生产支配了商业。这种细微难见的变化，也是发生在战国到秦汉时的一项重大经济变化，同样是为司马迁所先看出，他说：

> 通邑大都，酤一岁千酿，醯酱千坻，酱千甔，屠牛羊彘千皮，贩谷粜千钟，薪稿千车，船长千丈，木千章，竹竿万个，其轺车百乘，牛车千两，木器髤者千枚，铜器千钧，素木铁器若卮茜千石，马蹄躈千，牛千足，羊彘千双，僮手指千，筋角丹砂千斤，其帛絮细布千钧，文采千匹，榻布皮革千石，漆千斗，蘖曲[8] 盐豉千荅，鲐鮆千斤，鲰千石，鲍千钧，枣栗千石者三之，狐鼦裘千皮，羔羊裘千石，旃席千具，佗果菜千钟。……此亦比千乘之家，其大率也。①

所有上述各种农副业加工品、林牧业产品、手工业制造品、矿产冶炼品等，都不再是自生自灭的天然产品，不是生产者为了满足自己的需要而生产的消费品，更不是生产的偶然剩余，而是为了出卖生产出来的商品。生产这些东西的目的不是为了谋生，而是为了谋利。很显然，这些专业化的商品生产，是以国民经济体系的存在为前提的，没有一个全国性的广大市场，没有一个贯通全国、无远弗届的商品流通，这样一种性质的生产方式，是不可能存在的。

把上述的两个发展过程具体到欧洲的历史上，其整个过程是作为资本主义产生的前提，伴随着资本主义的产生而产生的，所以国民经济体系的形成，实质上就是资本主义最初因素的萌芽和发展，其产生时期大体上是在十四和

① 《史记》卷一百二十九，《货殖列传》。

十五世纪，到十六世纪便是国民经济体系的完全确立时期，而这个时期也正是资本主义经济的正式揭幕时期。在中国，这样的一系列变化系发生在春秋末年到战国时期，至秦汉而达到完全确立的阶段。这一段历史时期，也正是中国古代社会经济发生剧烈变革的时期，其具体情况已见《中国封建社会经济史》第一卷第五章，变化的结果虽然为中国特殊的经济因素和具体的历史条件所限制，没有继续向前发展到资本主义阶段，但是在当时的变化中也具备了一些资本主义的萌芽，对封建经济结构起了极其强烈的冲击和破坏作用。在这一方面，与欧洲的情况颇多相似之点，尽管就产生的根源和所起的作用而言，彼此的差异是很大的。由于它对封建制度起了巨大的冲击和破坏作用，使变化的波澜汹涌壮阔，大有天翻地覆之慨[9]。随着封建制度遭到重大破坏，过去各种经济的和政治的地方孤立主义和形形色色的人为障碍，现在都不断地被克服，这为国民经济体系的建立，开拓了广阔的道路。

第五，与商品经济平行发展的货币经济和有待解决的币制不统一问题。关于商品经济与货币经济二者的相互依存和相辅而行的密切关系，前文已多所论列。二者都是国民经济体系的主要内容，又是国民经济依以形成的重要条件，因为国民经济体系是以商业的发达为基础的，前文已指出，所谓商业发达，就是商品流通范围的扩大和商品种类的增多，商人能把全国各个地方的物产辗转运销于全国各地的市场。在这样的商业活动中，货币起着辅助的作用和滑润的作用，这是由于商业不同于物物交换，它把原来的直接交换过程，分解为两个相反而又相成的商品形态的转化过程，即由商品转化为货币——卖，再由货币转化为商品——买。这种变化的总过程形成了一个切不断的连环，即卖与买永远是同时发生的：每一次的卖都伴随着买，而买又随伴着卖，所以在这个转化的总过程中，从商品一方面看是卖，从货币一方面看是买，卖和买原是相反的对立两极，但又是密切联结在一起的整体，是一件事物的两个方面。这样，就从根本上说明了商品经济的发展和货币经济的发展，二者既是互为因果的，又是互为条件的，我们说某一时期的商品经济有了某种程度的发展，不言而喻地包含着货币经济在那时也有了同等程度的发展之意，如果没有与之相辅而行的货币经济达到同等程度的发展水平，则商品经济不但不能单独地或孤立地得到那样的发展，而且商品流通还会随时有中断之虞。所以有了全国性的商业，就必然要辅之以全国性的货币，如果商货已经运销全国，而货币则有此疆尔界，各被限制在一个狭小的地区之内，不能越雷池一步，则全国性的商品流通就成为不可能的了。可见不统一的货币制度，实是国民经济体系在形成过程中的一个非常严重的障碍。

我们在《中国封建社会经济史》第一卷的有关章节中，详细阐述了东周时期货币经济的发展和列国货币制度的具体情况。从那些说明中可以看出，当时货币经济确已有了相当高度的发展——我们曾称之为突出的发展，并对当时的社会经济产生了极其强烈的影响，其所造成的后果，亦都具有划分历史时代的重大意义。但是，尽管如此，在战国时期的货币经济中却存在着一个严重障碍，就是货币制度的不统一，当时的具体情况是：商业已经变成了全国性的商业，而货币之中除了贵金属黄金外，其他类型的货币还都是地方性货币。列国流通中的货币，不仅品类繁多，杂用着各种自然物货币和金属货币，可得而数的计有：珠玉、黄金、铜块、铜钱、刀、布、绢帛、龟、贝、银、锡，刀币中又有齐刀、赵刀、燕刀、明刀、小刀和大小不等的铸有地名的刀；布币中先后有产地不同、形状不一的空首布、尖足布、方足布、圆足布等，而且这些货币还各有其固定的流通区域，各限制在人为的疆界之内，除黄金外都不能越出疆界。当全国性的商业经常要把商货从一个市场转到另一个市场时，必须与之相辅而行的货币却寸步难行。

本来黄金在当时已经大量流通，充分发挥着货币的一切职能，特别是被广泛用为大宗价值的支付手段和贮藏手段，使黄金在当时具有一定程度的“世界货币”的职能，因为黄金是贵金属，不论在什么地方，它也能够以其商品的自然形式来作为货币形式，即作为抽象人类劳动力的直接的社会实现形式。正因为如此，所以早在春秋年间，当黄金一进入流通领域而具有货币的职能之后，就立刻打破了任何限制，在任何地方都是畅通无阻，都是一切价值的代表，是“财富的随时可用的绝对社会形式”[①]。因此，在春秋时期，凡是涉及大宗的价值授受关系时，大都用黄金作为支付手段，这里特重引下述两例，来看一看黄金通行于各国的具体情况：

> 公子夷吾……退而私于公子贽曰：……黄金四十镒，白玉之珩无双，不敢当公子，请纳之左右。[②]
>
> 朱公居陶，生少子。少子及壮，而朱公中男杀人，囚于楚。朱公曰：“杀人而死，职也。然吾闻千金之子不死于市。”告其少子往

---

① 《资本论》第一卷，第一五一页。

② 《国语·晋语二》。

视之。乃装黄金千镒，置褐器中，载以一牛车。且遣其少子，朱公长男固请欲行……朱公不得已而遣长子，为封书遗故所善庄生。曰："至则进千金于庄生所，听其所为，慎无与争事。"①

从春秋后期到战国年间，金属货币虽然已经有了长足的发展，但是事实上只有黄金具有上引两例的作用，即不受当时列国诸侯政治疆界的限制，由于都是要对不同的列国诸侯行贿，只有黄金能用作这样一种支付手段，其他货币都不能越出自己的疆界，甚至不能越出自己的产地。当富商大贾要周流天下，商货要频繁地和大量地自由进出于全国各地的市场时，货币制度却仍然主要是地方性的，显然这是与当时正在发展中的商品经济完全不相适应的。虽然有黄金可以发挥"世界货币"的职能，不受任何限制，但是黄金是贵金属，单位价值很高，又是以"镒"为单位的称量货币，不便于在民间的普通市场上供日常交易之用；此外，在古代，黄金的供应和流通量还不可能十分充沛，因而比较难得，不可能普遍流通于社会的各个阶层。为适应市场上的日常交易之需，必须有一种单位价值小、便于流通和便于保存的金属货币来与黄金并行，不论这种金属货币是作为黄金的辅币，还是作为与黄金同为无限法偿的复本位，其作用就是使这种金属货币具有黄金价值的若干分之一，在法律上或事实上规定二者的兑换比例，然后使它和黄金一样，成为通行全国的法偿币。只有这样，才能适应全国性的商品流通的需要，也才能使国民经济成为一种具备一切条件的完整体系。

正是在这样一种客观形势的要求之下，把货币制度统一起来以适应正在发展中的商品经济的需要，就成为一种迫切的时代要求，而必然要提上日程。至于由谁来完成这个重大的历史任务，在什么时候和以什么方式来完成这个任务，则是由另外一些具体的历史条件所决定的，并且在本质上是一个次要的问题。因为社会经济形态的发展是一种自然历史过程。这种自然历史过程的发展变化，不是从任何人的主观意志中想象出来的，而是由社会经济形态的发展逐步形成的。中国古代第一次统一货币制度，是在秦统一六国、消灭割据之后，秦始皇为了建立一个中央集权的大一统帝国，而进行了一系列的重大改革，除了统一文字（书同文）、统一交通制度（车同轨）、统一度量衡等之外，又实行了币制改革，统一了货币制度。尽管这一改革与其他改革一

① 《史记》卷四十一，《越王勾践世家》。

样，在中国历史上具有划时代的重要意义，但却不能仅仅拿秦始皇个人的雄才大略来作解释，因为从根本上说，这是客观经济规律发生作用的结果，而不是因为秦始皇个人的聪明才智，不管他的贡献有多大，也不过是顺应时代的要求，把早已存在的事实，用法律固定下来罢了。很清楚，没有长期以来商品经济和货币经济的发展，没有国民经济的形成，则确立一种通行全国的统一货币制度，既是不必要的，也是不可能的。

以上五点，都是形成国民经济体系不可缺少的条件，而能够通行全国的统一货币，则是其中一个基础环节。因为所谓国民经济，其基本内容主要是打破过去的经济地方主义和孤立的闭关主义，而把全国的各个生产地区和各个生产部门都交织在一个经济的总体之中，不管生产与消费之间的距离是多么大，各个组成部分之间也都是息息相通的。这一切都是建立在商品的自由流通基础上，而有了全国性的商业，就必须有一个能够通行全国的货币体系[10] 来与之相辅而行，否则上述一切都是不可能的。从春秋到战国，货币经济虽然有了相当长时期的发展，并且还发展到了一定的高度，但却始终是不健全的，因为诸侯列国各自有其独特的货币制度，不但不能互相通用，而且品类繁多，价值不等，也无法越界交流，总之，除了黄金外，其他各种都是地域性货币，而黄金又因价值过昂，数量有限，不能供民间日常零星交易之需。所以不统一的货币，实是商品经济进一步发展的严重障碍，也是国民经济体系停留在初期阶段的主要原因。这个障碍到了秦代才被彻底肃清，所以我们称秦汉时代是国民经济体系的完全确立时期。

第二节　秦和西汉的货币制度

（一）货币制度的统一与金铜并用的复本位

在货币经济的发展过程中，长期存在的严重障碍——货币制度的不统一，历战国至秦，于具备了必要条件和可能条件之后，在时代的迫切要求下，随着政治的统一，一举而将其彻底铲除，即把列国通用的形制繁多、品类庞杂的各种自然物货币和刀、布、银、锡等各种金属货币，一律加以废止，使它们退出流通，只作器饰宝藏，即回到它们原来的普通商品形态，并以国家法令明确规定黄金与官铸的铜钱为正式法定货币：

> 太史公曰：……虞夏之币，金为三品，或黄，或白，或赤；或钱，或布，或刀，或龟贝。及至秦，中一国之币为二等，黄金以溢名（《集解》孟康曰：二十两为溢），为上币；铜钱识曰半两，重如其文，为下币。而珠玉、龟贝、银锡之属为器饰宝藏，不为币。然各随时而轻重无常。①

> 秦兼天下，币为二等：黄金以溢为名，上币（孟康曰：二十两为溢。师古曰：改周一斤之制，更以溢为金之名数也。高祖初赐张良金百溢，此尚秦制也。上币者，二等之中，黄金为上而钱为下也）；铜钱质如周钱，文曰“半两”，重如其文。（《补注》，叶德辉曰：宋洪迈《泉志》：“秦半两”下引敦素曰：常得此钱，径寸三分，重八铢。案《平准书》亦云，半两重如其文，而本志又云，各随时而轻重无常，是秦钱或亦重八铢者。汉权八铢，今重一钱五分，十二铢则当秦之半两，今世所存秦半两，最薄者重一钱五分，最厚者重二钱，即其明证。然则敦素所见八铢重者，乃其钱之轻者耳。先谦曰：《平准书》有“为下币”三字，《索隐》，顾氏案，《古今注》云，秦钱半两，径寸二分，重十二铢）而珠玉龟贝银锡之属为器饰宝藏，不为币，然各随时而轻重无常。②

虽然这只是把久已存在的事实用法律形式固定了下来，但却是解决了一个长期未解决的困难，扫清了国民经济发展道路上的障碍，对当时和后世都产生了极其深远的影响，所以成为历史上一件划分时代的大事，其中至少包括以下几点：

第一，这一次币制改革，是中国历史上第一个法定的货币制度的确立，并且是第一次用国家法令把原来应用的许多实物货币和金属货币完全废除，即停止了它们的货币资格。所以这一次颁布的新货币制度，实含有币制改革的意思。同时，这个新货币制度是中国历史上第一次实行的金铜并用的复本位制，如此高度发展水平的货币制度，出现在这样早的时代，这在人类货币发展史上实是罕见的。法令规定并用黄金与铜钱两种货币，并明定以黄金为上币，铜钱为下币，这里所谓“上”和“下”，只是表明两种金属的价值有

---

① 《史记》卷三十，《平准书》。

② 《汉书》卷二十四下，《食货志》。

高低之分，而不是表明两种货币身份有主次之别，所以虽有上币和下币之名，而下币却不是上币的辅币，铜钱和黄金一样，具有相同的法偿资格，即黄金和铜钱都是无限法偿，不论要表现哪一种的货币职能，也不论是多大的价值支付，使用任何一种都是合法的，都是没有数量限制的。

第二，确定黄金与铜钱为法定货币，而将各种自然物货币和其他各种金属货币一律加以废止，这在货币发展史上是很大的一个进步，是完全符合货币经济发展的自然规律的。

首先，就黄金来看，黄金是贵金属，是最理想的一种币材，因为它具有充分发挥货币职能的一切优点，如价值均匀，能任意分割而不减损其价值，故不管把它分割成多么微小的一个金量，仍然是原来单位金价的若干分之一；性质稳定，经久不变，最适于作价值贮藏，是用以积累货币财富的最好手段；单位价值高而又体积不大，最便于作大宗的价值支付手段，适宜于供赏赐、贿赂、馈赠、赎买等之用。所有这一切，都是造成黄金能大量流通的主要原因。珠玉的价值虽然也很高，并且深为人们所宝贵，但却容易损坏，不能分割，用作币材，显然是不适宜的，其终于被逐出流通领域，也是势所必然的。其他金属货币虽杂用过铜块、银、锡等，由于都不充分地具备黄金所具有的那些优点，故不能与黄金抗衡。至于各种自然物货币，原是货币制度的落后表现，本身又都是一般的使用价值，大都价值不高，而又体积笨重，不能适应大宗的和远程的商业贩运的需要，因此它们被新货币制度所淘汰也是必然的。

其次，就铜钱来看，在战国时期的旧货币制度中，除了黄金以外，被采用到新货币制度中的只有铜钱一种。原来铜钱的流通范围并不甚广，只通用于周的王畿之内，是周人的专用货币。不管“太公为周立九府圜法：黄金方寸，而重一斤；钱圜函方，轻重以铢”① 的记载是否可靠，铜钱的流通范围不越出周王畿之外，则是无疑的。周景王二十一年（公元前五二四[11] 年）铸大钱，是“废轻而作重”②，显然是对旧货币的一次改革，是废止旧的小钱，而改铸为新的大钱，并不是铜钱的开始。周景王力排众议，拒绝了单穆公提出的并用大小两种铜钱、使之收“母权子而行”和“子权母而行”的错误主张，而坚决地“卒铸大钱”，是完全符合货币流通的规律的。秦于统一

① 《汉书》卷二十四下，《食货志》。

② 《国语·周语下》。

币制时，除以黄金作为“上币”外，独选中铜钱作为“下币”，而废除了其他各种曾长期使用的货币，也是完全符合货币发展的规律的。新货币制度所选定的铜钱是“铜钱质如周钱，文曰半两，重如其文”，就是仿造周景王所铸的大钱。秦之所以选定铜钱为“下币”，使之与黄金并行，而废除其他，是因为铜钱是铸币，有固定的成色、重量和法定铸形，便于辨认、计算和保存，而且体积不大，单位价值不高，便于携带和授受，对民间市场的日常交易尤其是零星交易极为方便，因铜钱可计枚使用，如价值稍高，复可贯千为缗，以缗计数。既然在民间日常交易中黄金比较难得，而又价值过大，不便反复剪凿，于是铜钱遂成为事实上的主要货币，其他刀币、布币等虽亦为铜铸币，但由于种类繁多，重量不一，大小不等，使用时需要兑换折算，为交易增加了不少困难，故终于被淘汰而为铜钱所代替。

第三，在新货币制度中被推崇为“上币”的黄金，从春秋战国以来——即自成为货币以来，一直是一种称量货币，秦以前是以斤为计算单位，即所谓“黄金方寸而重一斤”，可知作为货币使用的黄金并无一定的铸形，而以一方寸大小和重一斤的金条或金块为单位，与近代的“金块本位”制颇为近似。秦于统一币制时虽确定了黄金的上币地位，但在流通的方法上则继承了前代制度，只是把计算单位改斤为重二十两的镒，即仍然是一种称量货币。西汉的货币制度完全沿袭秦制，只是将黄金的称量单位恢复为周制，又把溢（或作镒）改为斤：

> 汉兴……于是为秦钱重难用，更令民铸钱，一黄金一斤。①
>
> 汉兴，以为秦钱重难用，更令民铸荚钱。黄金一斤。（师古曰：复周之制，更以斤名金。《补注》先谦曰：《平准书》黄金上有一字，《索隐》引臣瓒云，秦以一镒为一金，汉以一斤为一金，一字似不可少。）②

于此可见，西汉时上下通用的黄金，仍是以斤为计算单位的称量货币，而不是金铸币。后来汉武帝太始二年（公元前九十五年），曾一度铸造过金币，其经过如下：

① 《史记》卷三十，《平准书》。

② 《汉书》卷二十四下，《食货志》。

> 二年春正月，行幸回中。三月，诏曰："有司议曰，往者朕郊见上帝，西登陇首，获白麟以馈宗庙，渥洼水出天马，泰山见黄金，宜改故名。今更黄金为麟趾马蹄[12]，以协瑞焉。"（师古曰：既云宜改故名，又曰更黄金为麟趾马蹄，是则旧金虽以斤两为名，而官有常形制，亦由今时吉字金挺之类矣。武帝欲表祥瑞，故普改铸为麟足马蹄之形，以易旧法耳。今人往往于地中得马蹄金，金甚精好，而形制巧妙）因以班赐诸侯王。①

这种"形制巧妙"的麟趾马蹄金虽然有了一定的铸形，却仍然是称量货币，而不是金铸币。并且汉武帝铸造的麟趾马蹄金，并没有流通，只是作为一种纪念品，用以"班赐诸侯王"，以协祥瑞。

铜钱是铸币，钱的成色、重量、形制，均由法律规定，并且是由政府以国家的名义来统一铸造的，例如前述周景王铸大钱，就说明了造币权从一开始就完全是由政府垄断的，私人铸钱，悬为厉禁，后世一直称私人铸钱为"盗铸"，朝廷对这种违法行为，经常以严刑峻法进行取缔。故秦在统一币制时，除了明确规定铜钱在货币制度中的地位外，还以法令规定了铜钱的铸形、重量、成色和钱面上的铸文，这就表明了钱是官铸的，也只有官家才能铸钱。汉兴，"以为秦钱重难用"，曾屡次改铸，初铸荚钱（即榆荚钱），后又以其太轻，改"行八铢钱"②，事在高后二年（公元前一八六年）。据《汉书·高后纪》注引应劭曰："本秦钱，质如周钱，文曰'半两'，重如其文，即八铢也。汉以其太重，更铸荚钱，今民间名榆荚钱是也。民患其太轻，至此复行八铢钱。"③ 据此，则八铢钱实即秦之半两钱，是于荚钱难行之后又恢复了旧制，但是不久又反复：

> 〔六年（公元前一八二年）六月〕行五分钱（应劭曰：所谓荚钱者）。④

汉初铜钱虽屡次改铸，但造币权始终是掌握在政府之手，不论是荚钱、

① 《汉书》卷六，《武帝纪》。
② 《史记》卷二十二，《汉兴以来将相名臣年表》。
③ 《汉书》卷三，《高后纪》。
④ 《汉书》卷三，《高后纪》。

八铢钱或五分钱，都是出于官铸。只有在汉文帝时为了迅速恢复汉初以来社会经济的凋敝状况，曾一度采取自由放任政策，不仅“开关梁，弛山泽之禁”，而且连政府垄断的造币权也放弃了，任何私人都可以自由铸钱：

〔孝文五年（公元前一七五年）〕除钱律，民得铸钱。①

孝文五年，为钱益多而轻，乃更铸四铢钱，其文为“半两”。除盗铸钱令，使民放铸。②

这个政策曾遭到贾山、贾谊等人的强烈反对，而文帝仍一意孤行，不久便在经济上和政治上都产生了严重后果。在经济上是公私钱币充斥市场，以致“钱益多而轻”，不仅物价上涨，而且“市肆异用，钱文大乱”；在政治上则造成地方割据势力的增长：

吴有豫章郡铜山，濞则招致天下亡命者益铸钱，煮海水为盐，以故无赋，国用富饶。③

至孝文时……令民纵得自铸钱，故吴，诸侯也，以即山铸钱，富埒天子，其后卒以叛逆。邓通，大夫也，以铸钱财过王者。故吴、邓氏钱布天下，而铸钱之禁生焉。④

汉王朝经历了吴楚七国叛乱的教训之后，感到放任政策有严重的副作用，遂于景帝中元六年（公元前一四四年），将一度放弃了的造币权重行收回，定“铸钱弃市律”。从此以后，造币权便一直为政府所专有，直到近代，迄未有任何变更，故后世称铜钱为“制钱”，即钱为官铸之意。

其实私人所铸的钱，大都是官钱的仿制品，即私钱必须保持与官钱大致相同的形式与质量，才能与官钱一样地畅通无阻。因为铜钱与黄金实有所不同，黄金的货币价值与它的金属价值大体上是一致的，价值如有变动，也是以相等的比例来增减的。铜钱则不然，它的货币价值和它的金属（包括铜、锡、铅和其他薪炭、人工等铸造成本）价值，有时一致，有时则差距很大，

---

① 《史记》卷二十二，《汉兴以来将相名臣年表》。

② 《汉书》卷二十四下，《食货志》。

③ 《史记》卷一百六，《吴王濞列传》。

④ 《史记》卷三十，《平准书》。

铜钱的货币价值在市场上能保持相对的稳定，除受它的铸造成本决定外，国家的权威和法律的保证实起着一定的作用，正如不兑现的纸币能发挥货币职能是一样，这是私钱必须与官钱无殊才易于流通的原因所在。如上文所述吴邓钱之所以能“布天下”，除钱质较好外，主要是由于与汉钱无殊。据《汉书补注·食货志》引叶德辉曰：“《西京杂记》云：文帝赐邓通蜀铜山，听自铸钱，文字肉好，皆与天子钱同。时吴王亦有铜山，铸钱微重，文字肉好，与汉钱不异。据此，则吴、邓所铸钱，悉遵汉制，故能流行天下也。”[①]

第四，复本位制度不论是金铜并用或金银并用或银铜并用，总是由两种贵贱不同的金属同为无限法偿。这正是复本位制无法克服的一个先天弱点。因为复本位制，必须使两种金属货币之间有一个固定的比价，并且应尽可能地使之保持稳定。但是实际上这个固定的比价却又随时被破坏，这是由于两种货币的金属价值时常在变动，即使变动的只是其中的一种金属，亦同样影响二者的比价。

秦代确立的复本位制，是黄金与铜钱并用。黄金的价值比较稳定，而铜钱的价值则时有波动。因此，二者的固定比价是不容易确立的，但是既然是复本位制，则两种货币之间必须有一个比价，至少在确立这个制度、颁布改制法令时，要公布一个官定比价，否则复本位制是无法实行的。但是这个比价——不管是由法令规定的还是由事实规定的，却又不见记载，不知这是由于法令的疏忽，还是由于史文的遗漏。事实上二者的比价肯定是有的，后来到了西汉末年王莽摄政时才见于明文记载：“黄金重一斤，直钱万。”[②] 又如王莽以女为平帝后，“有司奏：故事，聘皇后黄金二万斤，为钱二万万”[③]。主管有司既然说这是“故事”，可知这个官定比价已相沿很久了，政府的一切收支必都是按照这个比价来收进或支出的。据《汉书·惠帝纪》注引师古曰：“诸赐言黄金者，皆与之金。不言黄者，一金与万钱也。”[④] 可见这个官定比价，终西汉一代，始终未变。

黄金与铜钱之间的比价之所以不易稳定，除了上述铜钱的金属价值——或者广义地说铜钱的铸造成本不断有所变动外，铜钱的经常改铸，也是造成二者比价“各随时而轻重无常”的重要原因。秦王朝的统治时间不长，自铸

---

① 《汉书补注·前汉》二十四下。

② 《汉书》卷二十四下，《食货志》。

③ 《汉书》卷九十九上，《王莽传》。

④ 《汉书》卷二，《惠帝纪》。

造半两钱后，没有再改铸铜钱，故金铜的官定比价亦变动不大。进入汉代以后，从初年到末年，屡屡改铸，可得而数的，先后计有：榆荚钱、八铢钱、五分钱、四铢钱、三铢钱、五铢钱、官赤侧等，武帝时为了贯彻抑商政策，打击富商大贾和遏止土地兼并，经常以改变币制为手段，所谓“改币以约之”。铜钱本身既然忽大忽小、忽轻忽重，则铜钱的价值必然是忽高忽低，因而金铜的比价亦必然是忽涨忽落的。可知上述的官定比价与市场上的实际比价，差距必然是很大的。

（二）秦和西汉时代的黄金

中国早在战国年间就出现了一个黄金大量流通的高潮，我们曾称之为事实上而不是法律上的金本位时代，这个高潮历秦代而延续下来，在整个西汉一代，这个高潮又涌向一个新的高峰。在一种复本位的货币制度中，名义上黄金的地位与铜钱是平等的，但是实际上黄金却处于主币的地位，不但一切应表现的货币职能大都是使用黄金，而且使用的数量还庞大惊人，一次用金之数，动则数十斤、数百斤、千斤、万斤，甚至多达数十万斤，在近代实行金本位的国家中，这种情况也是不常有的。凡此种种，均说明汉代货币经济的发展水平是相当高的，这种事实上的金本位也是表现得非常突出的。在金属货币特别是贵金属货币高居支配地位的情况下，不仅那些形形色色的自然物货币都退出流通界，失去货币资格，销声匿迹，就是名义上与黄金平起平坐的铜钱，相形之下，亦黯然失色。

黄金的货币职能表现在各个方面，诸如价值尺度、交换媒介、贮藏手段、支付手段等，都可以用黄金表现，特别是大宗的价值支付，如赏赐、贿赂、馈赠、购求、赎买等，更非金莫办。因为黄金单位价值高，体积小，携带方便，容易传递授受，若为昏夜行贿，暗中勾结离间，所递之物，既要价值高，又要体积小，必如此，才能达到目的，而又不露形迹，难于觉察，以便能在不动声色、不惊耳目的情况下完成支付。这样的任务，铜钱显然是无法肩负的。

在秦汉两代的历史文献中，有关用金的记载非常多，这里特以类相从，各引用一些比较重要的例证，来看一看在秦和西汉时黄金的流通情况。

第一，用作价值尺度。

楚人曹丘生，辩士……及曹丘生归，欲得书请季布。……曹丘至，即揖季布曰："楚人谚曰：'得黄金百斤，不如得季布一诺'。足下何以得此声于梁楚间哉？……"①

〔陆生使南越，南越王佗〕乃大说陆生，留与饮数月。……赐陆生橐中装直千金，他送亦千金。②

〔陆贾〕乃病免家居。以好畤田地善，可以家焉。有五男，乃出所使越得橐中装卖千金，分其子，子二百金，令为生产。……宝剑直百金。③

第二，用于馈赠。

沛公为汉王，王巴蜀。汉王赐良金百镒，珠二斗，良具以献项伯。④

高后时，齐人田生游，乏资，以画奸泽。泽大说之，用金二百斤为田生寿。田生已得金，即归齐。⑤

〔陆生为陈平画策，交欢绛侯〕陈平用其计，乃以五百斤为绛侯寿，厚具乐饮；大尉亦报如之。此两人深相结，则吕氏谋益衰。⑥

梁王始与胜、诡有谋，阳争以为不可，故见谗。……及梁事败，胜、诡死，孝王恐诛，乃思阳言，深辞谢之，赍以千金，令求方略解罪于上者。⑦

〔爰叔〕与〔董〕偃善，谓偃曰："足下私侍汉主，挟不测之罪，将欲安处乎？"偃惧曰："忧之久矣，不知所以。"爰叔曰："顾城庙远无宿宫，又有萩竹籍田，足下何不白主献长门园？此上所欲也。如是，上知计出于足下也，则安枕而卧，长无惨怛之忧。久之不然，上且请之，于足下何如？"偃顿首曰，"敬奉教！"入言之主，主立奏书献之，上大说，更名窦太主园为长门宫。主大喜，使偃以

① 《史记》卷一百，《季布列传》。
② 《史记》卷九十七，《郦生陆贾列传》。
③ 《史记》卷九十七，《郦生陆贾列传》。
④ 《史记》卷五十五，《留侯世家》。
⑤ 《汉书》卷三十五，《燕王刘泽传》。
⑥ 《史记》卷九十七，《郦生陆贾列传》。
⑦ 《汉书》卷五十一，《邹阳传》。

黄金百万为爰叔寿。①

上拜主父为齐相。至齐，遍召昆弟宾客，散五百金予之。②

大将军既还，赐千金。是时王夫人方幸于上，宁乘说大将军曰："将军所以功未甚多，身食万户，三子皆为侯者，徒以皇后也。今王夫人幸，而宗族未富贵。愿将军奉所赐千金为王夫人亲寿。"大将军乃以五百金为寿。③

第三，用于赏赐。这是用金最多的一项。朝廷经常以大量黄金赏赐臣下，用以褒奖有功，也用以赐予亲贵或近幸，有时赏赐的数量非常巨大，成为形成个人财富的一个重要来源：

项王使项悍拜平为都尉，赐金二十镒。④

〔叔孙通定朝仪，试之〕竟朝置酒，无敢欢[13]哗失礼者。于是高帝曰："吾乃今日知为皇帝之贵也！"乃拜叔孙通为太常，赐金五百斤。……叔孙通出，皆以五百斤金赐诸生。⑤

〔田肯说高祖曰〕："……非亲子弟，莫可使王齐矣。"高祖曰："善！"赐黄金五百斤。⑥

〔吴王举兵反〕发使遗诸侯书曰："……能斩捕大将者，赐金五千斤，封万户；列将，三千斤，封五千户；裨将二千斤，封二千户；二千石，千斤，封千户；千石，五百斤，封五百户：皆为列侯。……寡人金钱，在天下者，往往而有，非必取于吴，诸王日夜用之弗能尽。有当赐者告寡人，寡人且往遗之。"⑦

〔帝幸平阳主家〕是日武帝起更衣，子夫侍尚衣轩中，得幸。上还坐，欢[14]甚，赐平阳主金千斤。⑧

〔上〕更置酒北宫，引董君从东司马门。东司马门更名东交门。

① 《汉书》卷六十五，《东方朔传》。
② 《史记》卷一百十二，《平津侯主父列传》。
③ 《史记》卷一百十一，《卫将军骠骑列传》。
④ 《史记》卷五十六，《陈丞相世家》。
⑤ 《史记》卷九十九，《刘敬叔孙通列传》。
⑥ 《史记》卷八，《高祖本纪》。
⑦ 《史记》卷一百六，《吴王濞列传》。
⑧ 《史记》卷四十九，《外戚世家》。

赐朔黄金三十斤。①

明年〔元朔六年（公元前一二三年）〕，大将军将六将军仍再出击胡，得首虏万九千级。捕斩首虏之士，受赐黄金二十余万斤。②

〔元朔六年，出塞〕大将军既还，赐千金。③

寿王对曰："……昔秦始皇亲出鼎于彭城而不能得，天作有德而宝鼎自出，此天之所以兴汉，乃汉宝，非周宝。"上曰："善！"群臣皆称万岁，是日，赐寿王黄金十斤。④

〔元鼎四年（公元前一一三年）〕又以卫长公主妻之（栾大），赍金万斤，更命其邑曰当利公主。⑤

上曰："东郡河决，流漂二州，校尉〔王〕延世隄防三旬立塞。……其以延世为光禄大夫，秩中二千石，赐爵关内侯，黄金百斤。"⑥

第四，用于贿赂。这是仅次于赏赐的用金最多的项目之一，因为行贿都是为了要借金钱的力量，达到原来不易达到或者根本无法达到的目的，这就需要所给予的价值足够大，否则无济于事；同时又要求所给予的财物必须轻便微小，便于夤夜传递，而不为人发觉。黄金正具备了这一切优点：它是财富的随时可用的绝对的社会形态，而又价昂体微，执方寸之金于掌握之中，一转手而暗投万钱之值，实最便于行使和接受贿赂，故这一功能遂完全为黄金所垄断：

〔十年（公元前二三七年）〕大梁人尉缭来，说秦王曰："以秦之强，诸侯譬如郡县之君，臣但恐诸侯合纵，翕而出不意，此乃智伯、夫差、湣王之所以亡也。愿大王毋爱财物，赂其豪臣……不过亡三十万金，则诸侯可尽。"秦王从其计。⑦

汉王谓陈平曰："天下纷纷，何时定乎？"曰："……彼项王骨

① 《汉书》卷六十五，《东方朔传》。

② 《史记》卷三十，《平准书》。

③ 《史记》卷一百十一，《卫将军骠骑列传》。

④ 《汉书》卷六十四上，《吾丘寿王传》。

⑤ 《史记》卷二十八，《封禅书》。

⑥ 《汉书》卷二十九，《沟洫志》。

⑦ 《史记》卷六，《秦始皇本纪》。

鲠之臣，亚父、锺离昧、龙且、周殷之属，不过数人耳。大王诚能出捐数万斤金，行反间，间其君臣，以疑其心，项王为人，意忌信谗，必内相诛。汉因举兵而攻之，破楚必矣。”汉王以为然，乃出黄金四万斤，与陈平，恣所为，不问其出入。①

其后人有上书告勃欲反……下廷尉。廷尉下其事长安，逮捕勃治之。勃恐，不知置辞。吏稍侵辱之。勃以千金与狱吏。②

建元中（公元前一三八年左右），武安侯田蚡为汉太尉，亲贵用事。安国以五百金物遗蚡，蚡言安国太后。天子亦素闻其贤，即召以为北地都尉，迁为大司农。③

〔大行王恢献马邑之谋，未成〕于是下恢廷尉。廷尉当恢逗桡，当斩。恢私行千金丞相蚡，蚡不敢言上，而言于太后曰：“王恢首造马邑事，今不成而诛恢，是为匈奴报仇也。”④

尊立卫皇后，及发燕王定国阴事，盖偃有功焉。大臣皆畏其口，赂遗累千金。⑤

〔宪王舅张博怨王〕王乃遣人持黄金五十斤送博。博喜，还书谢，为谄语，盛称誉王。⑥

后皇太后同母弟苟参为水衡都尉，死，子伋，为侍中，参妻欲为伋求封，汤受其金五十斤，许为求比上奏。⑦

第五，用于购求。悬赏购求，大都为政治军事上的大敌，或为务求逮捕法办的重犯，或用以保护准备寻访的重要人物。凡此，均必须以重金悬赏，才有收效之望：

秦灭魏数岁，已闻此两人魏之名士也，购求有得张耳千金，陈余五百斤。⑧

---

① 《史记》卷五十六，《陈丞相世家》。
② 《史记》卷五十七，《绛侯周勃世家》。
③ 《史记》卷一百八，《韩长孺列传》。
④ 《史记》卷一百八，《韩长孺列传》。
⑤ 《史记》卷一百十二，《平津侯主父列传》。
⑥ 《汉书》卷八十，《淮阳宪王钦传》。
⑦ 《汉书》卷七十，《陈汤传》。
⑧ 《史记》卷八十九，《张耳陈余列传》。

〔项王败于垓下〕顾见汉骑司马吕马童，曰：“若非吾故人乎？”……项王乃曰：“吾闻汉购我头千金，邑万户，吾为若德。”①

〔汉军破赵〕信乃令军中毋杀广武君，有能生得者购千金。②

〔陈豨反，高祖自将击之〕于是上曰：“陈豨将谁？”曰：“王黄、曼丘臣，皆故贾人。”上曰：“吾知之矣。”乃各以千金购黄、臣等。③

〔汉兵破吴王濞〕购吴王千金。④

第六，用于罚款或赎罪。汉律有罚金条款，皆系罪不过重，罚款后可以免刑释放，所罚之款，皆以金计：

〔文帝拜释之为廷尉〕顷之，上行出中渭桥，有一人从桥下走出，乘舆马惊。于是使骑捕，属之廷尉。释之治问。曰：“县人来，闻跸，匿桥下。久之，以为行已过，即出，见乘舆车骑，即走耳。”廷尉奏当，一人犯跸，当罚金（如淳曰：《乙令》：跸先至而犯者，罚金四两）。⑤

〔元年（公元前一五六年）秋七月〕诏曰：“吏受所监临，以饮食免，重；受财物，贱买贵卖，论轻。廷尉与丞相更议著令！”廷尉信仪与丞相议曰：“吏及诸有秩受其官属所监、所治、所行、所将，其与饮食计偿费，勿论。它物，若买故贱，卖故贵，皆坐臧为盗，没入臧县官。吏迁徙免罢，受其故官属所将监治送财物，夺爵为士伍，免之。无爵，罚金二斤，令没入所受。有能捕告，畀其所受臧。”⑥

第七，用作价值贮藏，以积累财富。这是黄金在一切货币职能中一个重要的职能，虽然铜钱也同样具有这一职能，但却远不能与黄金相比拟。确如马克思所说：“自从有可能把商品当作交换价值来保持，或把交换价值当作商

① 《史记》卷七，《项羽本纪》。
② 《史记》卷九十二，《淮阴侯列传》。
③ 《史记》卷九十三，《韩王信卢绾列传》。
④ 《史记》卷五十七，《绛侯周勃世家》。
⑤ 《史记》卷一百二，《张释之冯唐列传》。
⑥ 《汉书》卷五，《景帝纪》。

品来保持以来，求金欲就产生了。随着商品流通的扩展，货币——财富的随时可用的绝对社会形态——的权力也日益增大。‘金真是一种奇妙的东西！谁有了它，谁就成为他想要的一切东西的主人。有了金，甚至可以使灵魂升入天堂’（哥伦布 1503 年寄自牙买加的信）。”① 这是说黄金一旦成为货币，求金欲——拜金狂便油然而生，而积累黄金也就成了永远不能填满的欲壑：

> 梁多作兵器弩弓矛数十万，而府库金钱且百巨万（《索隐》如淳云：“巨亦大，与大百万同也。”韦昭云：“大百万，今万万。”），珠玉宝器多于京师。②
>
> 孝王未死时，财以巨万计，不可胜数。及死，藏府余黄金尚四十余万斤，他财物称是。③
>
> 〔董偃得幸于馆陶公主〕以主故，诸公接之，名称城中，号曰董君。主因推令散财交士，令府中曰：“董君所发，一日金满百斤，钱满百万，帛满千匹，乃白之。”④
>
> 〔莽末年〕时省中黄金万斤者为一匮，尚有六十匮，黄门、钩[15] 盾、臧府、中尚方处处各有数匮。⑤

从上引诸例可以看出，由春秋战国年间开始一直在不断发展的货币经济，随着贵金属货币的发展，把古代突出发展起来的货币经济又推向一个新的高峰。我们称之为事实上的金本位时代，是一点也不过分的。当社会经济随着黄金的货币权力的日益增长，随着“求金欲”的日益强烈，谋利（司马迁称之为求富）的思想意识便弥漫于整个社会，过去反映封建制度思想意识形态的“不言利”或鄙视谋利的思想，现在为“天下熙熙，皆为利来；天下攘攘，皆为利往”的谋利或求富的思想所代替，而且认为谋利或求富是人性的自然表现，有如“水之趋下，日夜无休时，不召而自来，不求而民出之”，这完全是“道之所符，而自然之验”⑥。这与亚当·斯密所说每个人背后有一只“看不见的手”，推着人们奔向自己选择的最有利之途，去争取可能取得

① 《资本论》第一卷，第一五一页。
② 《史记》卷五十八，《梁孝王世家》。
③ 《史记》卷五十八，《梁孝王世家》。
④ 《汉书》卷六十五，《东方朔传》。
⑤ 《汉书》卷九十九下，《王莽传》。
⑥ 《史记》卷一百二十九，《货殖列传》。

的最大利益的意见是完全相同的。可见从东周后期开始、历秦至西汉而完全得到确立的社会经济变革，其所以非常剧烈、非常深刻，就是由于这个变化不仅改变了社会经济的结构形态，而且影响了人们的意识形态。上引司马迁所指出的当时风靡一时的思想意识，已经是具有资本主义色彩的思想意识，这种思想意识之形成，一方面是商品经济和货币经济发展的结果，另一方面，又是二者进一步发展的条件，因为在商品经济和货币经济突出发展之后，营利思想不但已成为社会上占重要地位的思想，以致许多人都在孜孜求利，而且还都在在寻找迅速致富的捷径，例如人们认为“用贫求富，农不如工，工不如商”①，经商可以迅速地发财致富，故群起赴之，有如万壑奔流，朝宗于海。这样一来，越发促进了商品经济和货币经济的发展。这股强大的促进力量不是来自别处，而是产自本身，所以商品经济和货币经济发展到一定阶段后，便自己成为自己的一个进一步发展的动力。

在这样的情况下，金钱遂成为社会上强大的支配力量，它所向披靡，无坚不克，使封建制度发生了巨大的演变，结果，土地制度改变了，农奴制度消灭了，剥削方式不同了，农奴对农奴主的人身依附关系不存在了，总之，典型的封建制度崩溃了。在这个基础上如果能再前进一步，就可以跨进资本主义阶段。但是在许多的必然因素和偶然因素的互相结合之下，在具体的历史条件支配之下，在西汉时期已经确立起来的国民经济，不但没有自然地和循序地发展下去，从已有的基础上再前进一步，从而过渡到资本主义阶段，正相反，这样的发展到西汉末年时突然中断了。从西汉末年，中经王莽之乱和赤眉起义，直到东汉初年，前后约半个世纪的大混乱、大破坏所造成的一次巨大经济波动，使整个国民经济由前进倒转为后退。这种倒退虽表现在各个方面，而货币经济的衰落及其伴随的商品经济的衰落，是构成这种倒退的主要内容。

（三）秦和西汉时代的铜钱

下引的一条记载，在中国历史上具有划时代的重要意义：

> 秦始皇帝三十七年（公元前二一〇年），复行钱。②

---

① 《史记》卷一百二十九，《货殖列传》。

② 《史记》卷十五，《六国表》。

秦始皇帝在位的第三十七年，是他统治中国历史上第一个中央集权的大一统帝国的最后一年，也是他的政治生命和自然生命同时结束的一年，但是在中国的货币史上，却是新货币制度正式开始的一年，特别是与黄金并用的铜钱，从这一年开始，根据法律规定，以无限法偿币的资格正式登上了历史舞台，从此开始了它的漫长而曲折的历史。

秦以前虽然早已有了铜钱，但是，如上文所指出，在春秋战国时期，铜钱只是周人的货币，其流通范围始终不出周王畿之外，它是东周列国的许多种货币当中的一种，由于它比较适宜于表现货币的各种职能，故于淘汰了各种杂币之后，被新货币制度选中为“下币”。所以秦以前的铜钱流通史，可称之为钱币的前史，而钱币的正史，就是从秦始皇当政的第三十七年正式开始的。从这一年起，铜钱开始了它的漫长的行程，即百折不挠地经历了两千多年，贯穿了秦以后的全部历史，一直行使到二十世纪初年，在内地交通不便之区和边外地带，则行使到了二十世纪三十年代[16]，然后才逐渐被形形色色的银角子、铜元、地方钱票、铜元券等所代替，又由于严重缺铜之故，将铜钱熔化，改作他用，至此才结束了铜钱的历史。总之，铜钱经历的道路是曲折的，时间是悠久的，遭遇的挫折和打击也是很多的：它曾几次被废止，几次遭排斥，但在长期的颠沛跋涉中，又曾几次大放异彩，深受人们的欢迎，以致它的流通范围不仅已遍达全国各地，而且在相当长的时期内，还越出国界，成为当时已知世界的“世界货币”，即与中国有贸易关系的所有南海诸国和西域有很多是“使用中国铜钱”，以致长约八百年的“市舶”贸易，中国主要是用铜钱支付进口，因而造成“边关重车而出，海舶饱载而回”，使国内出现“钱荒”现象，故当时之人纷纷表示抗议：“钱乃中国宝货，今乃与四夷并用。”这可以说是铜钱的黄金时代。所以具有“世界货币”资格的黄金，倒没有真正成为“世界货币”，而没有这样资格的铜钱，反而真正变成了“世界货币”。

秦始皇所确立的新货币制度，虽然尊黄金为“上币”，但是黄金作为货币的寿命却不长，它的辉煌历史到东汉初年时便突然中断了，以后更是一蹶不振，实际上是退出了流通领域，只作为器饰宝藏，而不再用为货币。其具体情况当于后文详之。在低一级的贵金属白银进入流通领域以前，铜钱是唯一的金属货币，故事实上长期起着本位币作用的是铜钱，尽管它经常受到布帛谷粟等实物货币的排挤，受着“盗铸”恶钱的干扰——特别是受着格雷欣法则的作用的考验，但是它仍能一脉相承地延续下来，这一切都说明中国铜钱流通的漫长历史是很不平凡的。所以“秦始皇三十七年，复行钱”这一历史的开端，就具有重大的和深远的意义。

铜钱的历史虽正式从秦代开始，但是秦始皇“行钱”的这年，他就死去，铸造出来的铜钱的数量是不可能很多的，秦始皇死后，就立刻进入了大混乱时期，更没有给秦王朝留下再次铸钱和“行钱”的时间。三年之后，这个庞大的大一统帝国，便像摧枯拉朽一样，倒塌崩溃下去。不过秦王朝颠覆之后，它所确立的各种制度，并没有随着秦王朝的消灭而废除，而是为汉王朝所继承，并且对每一种制度又都作了进一步的充实和发展，这里面就包括货币制度。如前文所指出，汉初颁行的货币制度，除改变了一下黄金的计量单位——易镒为斤——外，其他一切都是沿袭秦代制度，铜钱仍是与黄金——“上币”并用的“下币”。把这一段历史概括起来说就是：铜钱在周代是地方性货币，至秦被选中为复本位币制的一个组成部分，从而成为一种全国性的无限法偿币，但秦王朝不旋踵而亡，所以钱币正式流通的历史，实际上是从西汉开始的。

西汉不只是铜钱流通史的真正开始时代，也是铸造铜钱最多的一个朝代。在整个西汉一代，特别是前半叶，不但铜钱的铸造数量很大，而且还屡次改铸，先后行使过的种类也很多，有时还以改铸铜钱来作为实现某种政策的手段，故钱的成色、重量、大小、形式等，色样繁多。尽管后来由于市场力量作用的结果，逐渐使兴废不常的货币趋向稳定和统一，但在没有达到这个阶段以前，必然要造成金融混乱、物价波动，给人民带来很大的不便或损失。特别是由于铜钱与黄金之间还有由法律规定的固定比率，即金和铜钱[17]的相互兑换率，现在铜钱本身既变动不居，则二者的比率必然是“各随时而轻重无常”，这样，复本位制度就被自己破坏了。由于金融、物价直接关系着民生，自然要引起人们的深切关注，故早在两汉时期，就围绕着铜钱，而产生了一些朴素的货币思想，例如：关于由政府垄断的造币权应否放弃的问题——即“放民私铸”的问题、盗铸问题、劣钱的影响问题、货币经济与重农政策的关系问题等。后世历代都有这一类的问题，但是它们的最初产生时期是在西汉，或者说所有这些问题，都是在西汉时期提出来的。

汉王朝的第一次铸钱，是废除秦半两钱而改铸小钱，曾前后两次行使榆荚钱，即小如榆荚：

> 汉兴，以为秦钱重难用，更令民铸荚钱。[1]
>
> 高后六年〔（公元前一八二年）六月〕行五分钱。（应劭曰：所谓荚钱者）[2]

据《十七史商榷》引《通典》注云："荚钱重铢半（《索隐》云：重三铢），径五分，文曰'汉兴'。又云：高后所行五分钱，即荚钱也。"[3]

"钱重"为什么"难用"？这个问题是由货币的两种作用造成的。一方面是：当时的商品经济还没有发展到足够的高度，因而出现"产品的商品性质越是不发达，交换价值越是没有占领生产的全部高度和深度，货币就越是表现为真正的财富本身，表现为一般的财富"[4]。在这样的情况下，使人们对货币产生强烈的需要。另一方面是："商品形式越没有成为产品的一般形式，货币就越难获得。"[5] 这是在货币经济发展初期时的普遍现象。货币越是难于获得，则货币的购买力就越高，也就越为人所重视。这种情况可由下引一段故事看出：

> 高祖以吏繇咸阳，吏皆送，奉钱三，何独以五。[6]

大家为刘邦送行，只奉三钱，萧何为了表示特殊友谊，亦仅以五文相赠，现在看来，未免太少，但在秦时，虽一文亦作用很大，因人生一日之用常不满一文：

> 近世患国用不足，以为钱少，故夹锡当十等交具，卒未尝有补。盖钱之多寡，系币之轻重，不在鼓铸广狭也。又曰：如魏文侯相李悝言：一夫治田百亩，亩收粟一石半，为粟百五十石；一夫五口，人月食一石半，百亩之入，以其十五石为税，九十石为食，余四十五石，石钱三十，计钱千三百五十，而社闾尝新春秋之祠，只用钱三百，而其余钱，以为五口之衣（人衣，率用钱三百，五人终岁用

① 《汉书》卷二十四下，《食货志》。
② 《汉书》卷三，《高后纪》。
③ 《十七史商榷》卷十二，《汉书六·钱制》。
④ 《资本论》第三卷，第六七六页。
⑤ 《资本论》第三卷，第六七七页。
⑥ 《史记》卷五十三，《萧相国世家》。

千五百，今只余千五十，不足四百五十）则固不嫌钱之少也。然正使币轻，何至是？盖日用犹不满一钱，不知何以为生。①

可见汉初之一再改铸榆荚钱以解决“钱重”所造成的困难，是适应着客观需要而进行的改革。但是由一个极端走向另一个极端，不一定是解决问题的最恰当的办法，秦钱重固然难用，荚钱又太轻，同样难用，故于高后二年（公元前一八六年），又恢复重钱：

〔二年秋七月〕行八铢钱。（应劭曰：本秦钱，质如周钱，文曰“半两”，重如其文，即八铢也。汉以其太重，更铸荚钱，今民间名榆荚钱是也。民患其太轻，至此复行八铢钱。）②

按铢系重量[18] 单位，所谓：“轻重以铢者，钱最轻者一铢，最重者十二铢也。孙子《算经》卷上云‘称之所起，起于黍，十黍为一累，十累为一铢，二十四铢为一两’是也。”③ 钱币的首要职能是用为价值尺度，砝码本身的重量究竟应该多少，不能由主观决定。秦钱重，而荚钱又太轻，故有此反复。由于榆荚钱和八铢钱都不能恰当地解决问题，所以到汉文帝时又采取了折中办法，他于五年（公元前一七五年）颁发了一个重要法令：

夏四月，除盗铸钱令，更造四铢钱（应劭曰：文帝以五分钱太轻小，更作四铢钱，文亦曰“半两”，今民间半两钱最轻小者是也）。④

就钱币本身而论，四铢钱相比过重的半两钱或过轻的榆荚钱确已前进了一大步，但是汉文帝的这一改革法令，不但没有解决当时不难解决的币制问题，反而使整个货币金融陷入更大的混乱，并在经济上和政治上产生了极其严重的后果，特别是由此造成的地方割据势力的增长和吴楚七国的叛乱，几乎把汉王室的统治地位推翻。这一切，表面上看是偶然的，实际上则是必然

① 《文献通考》卷八，《钱币考》。
② 《汉书》卷三，《高后纪》。
③ 《十七史商榷》卷十二，《汉书六·金钱布帛》。
④ 《汉书》卷四，《文帝纪》。

的。造成这一切的关键因素，就是马克思所指出的，“货币是一切权力的权力”，具体说，当货币经济确立了它的支配地位，能发挥社会大蒸馏器的作用之后，它就会具有冲破一切的不可抗拒的力量，越是在货币经济的早期阶段，这种威力就显得格外突出、格外强大。中国古代的统治者，很早就从长期的实践中和丰富的历史经验中认识到了这一点，了解到造币权必须掌握在代表国家统治机器的朝廷之手，使它成为“人主之操柄”，而不能太阿倒持，使被统治者掌握一种可以产生强大权力的源泉。有关这一类的历史经验和朴素认识，在《管子》书中有若干篇章还都发展为系统的理论，从经济上和政治上阐述了“人主”应如何善御轻重之权。可知古人对这个问题是极为重视的。

在汉文帝的上引法令中，包含着两个内容：一是“更造四铢钱”，二是“除盗铸钱令”。后一法令，别的史文记载比较更明确：

> 除钱律，民得铸钱。①

可知原来是有“钱律”的，其内容不外由政府专有造币权，严禁个人私自铸钱，即所谓“盗铸钱令”，并以严刑峻法惩治犯法者，以防止私钱——恶钱或劣钱自发地驱逐官钱，从而扰乱金融和物价。这原是自古以来的传统制度，历久相沿，视为当然。汉文帝继承了从汉初以来所执行的自由放任政策，为了能迅速恢复国家元气和社会经济，贯彻这个政策是完全必要的，但是汉文帝把这个政策推向了极端，把历来由政府垄断的造币权全部放弃了，不仅“令民纵自铸钱”，而且还把铸钱当作一种致富特权，用以赏赐近幸。例如：

> 上使善相者相通，曰：“当贫饿死。”文帝曰：“能富通者在我也，何谓贫乎?”于是赐通蜀严道铜山，得自铸钱。“邓氏钱”（《正义》：《钱谱》云：文字称两，同汉四铢文）布天下，其富如此。②

当时朝廷之上，对于汉文帝放弃造币权的做法纷纷反对，他们各抒己见，

---

① 《史记》卷二十二，《汉兴以来将相名臣年表》。

② 《史记》卷一百二十五，《佞幸列传》。

各陈利害，成为中国历史上第一次关于货币问题的大讨论。这里仅就贾山和贾谊两人的意见，择要引述如下：

> 其后文帝除铸钱令，山复上书谏，以为变先帝法，非是。……章下诘责，对以为“钱者，亡用器也，而可以易富贵。富贵者，人主之操柄也，令民为之，是与人主共操柄，不可长也”。①
>
> 〔孝文五年（公元前一七五年[19]），除盗铸钱令，使民放铸〕贾谊谏曰：法使天下公得顾租铸铜锡为钱，敢杂以铅铁为它巧者，其罪黥。然铸钱之情，非殽杂为巧，则不可得赢；而殽之甚微，为利甚厚。夫事有召祸而法有起奸，今令细民人操造币之势，各隐屏而铸作，因欲禁其厚利微奸，虽黥罪日报，其势不止。乃者，民人抵罪，多者一县百数，及吏之所疑，榜笞奔走者甚众。夫县法以诱民，使入陷阱，孰积于此！曩禁铸钱，死罪积下；今公铸钱，黥罪积下。为法若此，上何赖焉？又民用钱，郡县不同：或用轻钱，百加若干（应劭曰：时钱重四铢，法钱百枚，当重一斤十六铢，轻则以钱足之若干枚，令满平也）；或用重钱，平称不受（应劭曰：“用重钱，则平称有余，不能受也。”）。法钱不立，吏急而壹之呼，则大为烦苛，而力不能胜；纵而弗呵呼，则市肆异用，钱文大乱。苟非其术，何乡而可哉？今农事弃捐，而采铜者日蕃，释其耒耨，冶熔炊炭，奸钱日多，五谷不为多，善人怵而为奸邪，愿民陷而之刑戮……令禁铸钱，则钱必重；重则其利深，盗铸如云而起，弃市之罪又不足以禁矣。奸数不胜而法禁数溃，铜使之然也（《补注》先谦曰：贾子《铜布篇》：“铜布于下，为天下灾[20]。何以言之？铜布于下，则民铸钱者，大抵必杂石铅铁焉，黥罪日繁，此一祸也。铜布于下，伪钱无止，钱用不信，民愈相疑，此二祸也。铜布于下，采铜者弃其田畴，家铸者损其农事，谷不为则邻于饥，此三祸也。故不禁铸钱，则钱常乱，黥罪日积，是陷阱也。且农事不为，有疑为灾，故民铸钱不可不禁。上禁铸钱，必以死罪，铸钱者禁，则钱必还重，钱重则盗铸钱者起，则死罪又复积矣，铜使之然也。”）故铜布于天下，其为祸博矣。今博祸可除，而七福可致也。何谓

① 《汉书》卷五十一，《贾山传》。

七福？上收铜勿令布，则民不铸钱，黥罪不积，一矣。伪钱不蕃，民不相疑，二矣。采铜铸作者反于耕田，三矣。铜毕归于上，上挟铜积以御轻重，钱轻则以术敛之，重则以术散之，货物必平，四矣。以作兵、器，以假贵臣，多少有制，用别贵贱，五矣。以临万货，以调盈虚，以收奇羡，则官富实而末民困，六矣。制吾弃财，以与匈奴逐争其民，则敌必怀，七矣。故善为天下者，因祸而为福，转败而为功。今久退七福而行博祸，臣诚伤之。上不听。①

这是中国历史上第一次全面讨论货币和金融问题的记载，也是中国货币史上一篇影响深远的重要文献，其中每一个论点，都是于掌握了问题的实质之后而提出来的切实可行的建议。贾谊与后来的保守主义者不同，他不否认货币的重要性，更不是笼统地反对货币经济，而只是反对听任私人铸钱，以致盗铸盛行，恶钱充斥，使“钱文大乱，市肆异用”，把本来是通行全国的法钱，弄得“郡县不同”，这事实上是把统一的货币制度肢解割裂了。汉文帝不肯接受贾谊的合理建议的后果，是除了在经济上造成如贾谊上文所指陈的那些弊病外，还在政治上产生了对汉王朝的致命威胁，成为吴楚七国之乱的基本原因之一，这点前已论述。

汉统治者接受了这一现实教训之后，不得不改弦易辙，到景帝中元六年（公元前一四四年），遂彻底改变汉文帝的自由放任政策，把一度放弃了的造币权又收归国有，定铸钱弃市律，严禁私人铸钱。从此以后，造币权便一直为历代朝廷所垄断，直到近代，无所改变。

在西汉一代，铸钱最多的是在武帝一朝，改铸最勤的也是在武帝一朝，先后铸造的计有：三铢钱、半两钱、三分钱、五铢钱、官赤侧等，其经过情况，大致如下：

〔建元元年（公元前一四〇年）春二月〕行三铢钱（师古曰：新坏四铢钱造此钱也，重如其文，见《食货志》）。②

〔建元〕五年（公元前一三六年）春，罢三铢钱，行半两钱（师古曰：又新铸作也）。③

① 《汉书》卷二十四下，《食货志》。
② 《汉书》卷六，《武帝纪》。
③ 《汉书》卷六，《武帝纪》。

〔建元五年〕行三分钱（引者按：《汉书》作半两钱，恐《史记》有误）。①

〔元狩四年（公元前一一九年）〕于是县官大空。……于是天子与公卿议，更造钱币以赡用，而摧浮淫并兼之徒。……自孝文更造四铢钱，至是岁四十余年，从建元以来，用少，县官往往即多铜山而铸钱，民亦间盗铸钱，不可胜数。钱益多而轻（《集解》如淳曰：磨钱取熔故也。瓒曰：铸钱者多，故钱轻，轻亦贱也），物益少而贵。……令县官销半两钱，更铸三铢钱，文如其重。盗铸诸金钱罪皆死。②

〔元狩五年（公元前一一八年）〕罢半两钱，行五铢钱（《补注》先谦曰：《通鉴》作罢三铢钱，更铸五铢钱。《考异》云：《食货志》，前已销半两钱，铸三铢钱。明年以三铢钱轻，更铸五铢钱，此误）。③

有司言三铢钱轻，轻钱易作奸诈，乃更请郡国铸五铢钱，周郭其质，令不可得磨取熔（孟康曰："周匝为郭，文漫皆有。"）。④

郡国铸钱，多民奸铸，钱多轻，而公卿请令京师铸官赤仄〔应劭曰：所谓"子绀钱"也。如淳曰："以赤铜为其郭也。令钱郭见有赤者，不知作法云何也。"《补注》先谦曰：官本考证云，《史记》作铸钟官赤仄，注令字应作今，旧本亦讹。周寿昌云：《史记》仄作侧，《索隐》钟官掌铸赤仄之钱，此云官，即钟官省文也。当时赤仄甫行，严防私铸，直以官赤仄呼之。先谦按：《集解》引如说，"今钱郭见有赤者"，作"今钱见有赤侧者"，又引《汉书音义》，子绀钱作紫绀钱。《索隐》韦昭云，侧，边也，《泉志》亦作紫绀钱），一当五，赋官用非赤仄不得行（师古曰：充赋及给官用，皆令以赤仄）。……其后二岁，赤仄钱贱，民巧法用之，不便，又废。于是悉禁郡国毋铸钱，专令上林三官铸（《补注》齐召南曰：三官钱即水衡钱也。据百官表，水衡都尉掌上林，其属有均输、钟官、辨铜三令丞。《盐铁论》曰："废天下诸钱，而专命水衡三官作"，即言

① 《史记》卷二十二，《汉兴以来将相名臣年表》。
② 《史记》卷三十，《平准书》。
③ 《汉书》卷六，《武帝纪》。
④ 《汉书》卷二十四下，《食货志》。

此事）〕。钱既多，而令天下非三官钱不得行，诸郡国前所铸钱皆废销之，输入其铜三官。而民之铸钱益少，计其费不能相当，唯真工大奸乃盗为之。①

武帝一朝先后铸造的各种铜钱，其中只有五铢钱因大小适中，后来被长期沿用下来，其余都是旋兴旋废，有的无异昙花一现。铜钱改铸的频繁，固有其本身原因，非太轻，则太重，但是此外还有另一个重要原因，就是汉武帝系用经常变更币制的办法来作为他贯彻抑商政策的手段之一。因为西汉到武帝时期，正是商品经济和货币经济的发展又迈向新的高峰时期，这时社会上积累着庞大的商业资本和高利贷资本，它们以货币经营资本的形态——游资形态，像洪水泛滥一样，在社会上横冲直撞，到处发挥着它的社会大蒸馏器的作用，要把一切都熔化为商品，于是土地兼并和高利贷盘剥更趋严重，给西汉社会埋伏下一个爆炸性的潜在危机。汉武帝面对这个严重的社会问题，亟思采取一些措施加以解决，至少是遏止。他不断废止旧币，发行新币，就是这些措施当中的一种：

于是天子与公卿议，更造新币以赡用，而摧浮淫并兼之徒。②

会浑邪等降，汉大兴兵伐匈奴，山东水旱，贫民流徙，皆仰给县官，县官空虚。于是丞上指，请造白金及五铢钱，笼天下盐铁，排富商大贾，出告缗令，锄[21] 豪强并兼之家，舞文巧诋以辅法。③

〔元狩六年（公元前一一八年）〕六月，诏曰："日者有司以币轻多奸，农伤而末众，又禁兼并之涂[22]，故改币以约之。"④

汉武帝想通过改变钱币的办法来达到抑商的目的，肯定是不可能取得收效的，因为：①钱币只是两种法币当中的一种，而且是价值较低的"下币"，一般富商大贾乃至所谓"浮淫并兼之徒"的动产——货币形态的财富，决不会不使用单位价值高、体积小而又便于保存的黄金来作为贮藏手段，而专用单位价值低而又非常笨重的铜钱来进行积累，特别是在黄金上下通用、流布

① 《汉书》卷二十四下，《食货志》。
② 《史记》卷三十，《平准书》。
③ 《史记》卷一百二十二，《酷吏列传》。
④ 《汉书》卷六，《武帝纪》。

很广的西汉时期，出现上述情况的可能性是不大的，所以改变钱币，徒然制造纷扰，从而使政府自己处于被动地位；②铜钱是金属铸币，它的货币价值是以它的金属价值为基础的。旧钱废止后，虽有损失其货币价值的可能，但是它的金属价值是不会丧失的。改币之后，财富所有者可以用旧钱换新钱，也可以把旧钱熔化，改铸新钱——这是当时盗铸之风日炽的原因之一。总之，改变钱币，不会使富人成为穷人，兼并之徒也不会因此敛迹。汉武帝以为改变了币制就可以一举“而摧浮淫并兼之徒”，未免想得太简单了。

由于钱币的频繁改变，兴废无常，铸出来的钱还没有来得及全部流通出去，就已经宣布作废，另换新钱了。这样一来，就给私钱的泛滥提供了方便条件，盗铸之风遂发展到不可收拾的地步：

> 会更五铢钱（《集解》徐广曰：元狩五年行五铢钱），民多盗铸钱，楚地尤甚。①
>
> 后会五铢钱白金起，民为奸，京师尤甚。②
>
> 自造白金五铢钱后五岁，赦吏民之坐盗铸金钱死者数十万人。其不发觉相杀者，不可胜计。赦自出者百余万人。然不能半自出，天下大抵无虑皆铸金钱矣。犯者众，吏不能尽诛取，于是遣博士褚大、徐偃等分曹循行郡国，举兼并之徒守相为吏者。……郡国多奸铸钱，钱多轻。……③

犯罪人数如此之多，说明盗铸之风非常盛，而“奸钱”充斥的结果，又必然造成货币金融乃至整个国民经济的进一步混乱，如贾谊所说：“伪钱不止，钱用不信，民念愈疑”，这就给反对使用货币的保守主义者提供了口实，成为他们反对金属货币和否定货币经济的借口。在西汉，第一个货币反对论者是贡禹，他主张取消一切金属货币，使社会退回到没有商业、没有货币的原始时代，以便“使百姓一归于农”，如有价值授受时，“租税禄赐，皆以布帛及谷”。贡禹的反对主张，主要是下述一段议论：

> 〔初元五年（公元前四十四年），拜御史大夫〕自禹在位，数言

① 《史记》卷一百二十，《汲郑列传》。
② 《史记》卷一百二十二，《酷吏列传》。
③ 《史记》卷三十，《平准书》。

> 得失，书数十上。……又言古者不以金钱为币，专意于农，故一夫不耕，必有受其饥者。今汉家铸钱，及诸铁官皆置吏卒徒，攻山取铜铁，一岁功十万人已上，中农食七人，是七十万人常受其饥也。凿地数百丈，销阴气之精，地臧空虚，不能含气出云，斩伐林木亡有时禁，水旱之灾未必不由此也。自五铢钱起已来七十余年，民坐盗铸钱被刑者众，富人积钱满室，犹亡厌足。民心〔动摇〕，商贾求利，东西南北各用智巧，好衣美食，岁有十二之利，而不出税租。农夫父子暴露中野，不避寒暑，捽草杷土，手足胼胝，已奉谷租，又出稿税，乡部私求，不可胜供。故民弃本逐末，耕者不能半。贫民虽赐之田，犹贱卖以贾，穷则起为盗贼。何者？末利深而惑于钱也。是以奸邪不可禁，其原皆起于钱也。疾其末者绝其本，宜罢采珠玉金银铸钱之官，亡复以为币。市井勿得贩卖，除其租铢之律，租税禄赐皆以布帛及谷，使百姓一归于农，复古道便。[①]

贡禹的主张颇有一定的代表性，后世的货币反对论者的言论，大都没有脱出这一窠臼。由于贡禹的主张涉及社会经济结构的性质问题，是一种极端的重农抑商思想，所以贡禹奏议又被列入这一思想范畴之中，而为更多的人所欣赏传诵。但是这个主张显然是在开历史的倒车，不足以解决当时的实际问题，故一经提出，即遭到一般人的反对，他的建议亦被搁置起来：

> 〔元帝朝〕贡禹言："铸钱采铜，一岁十万人不耕，民坐盗铸陷刑者多。富人臧钱满室，犹无厌足。民心动摇，弃本逐末，耕者不能半，奸邪不可禁，原起于钱。疾其末者绝其本，宜罢采珠玉金银铸钱之官，毋复以为币，除其贩卖租铢之律，租税禄赐，皆以布帛及谷，使百姓一意农桑。"议者以为交易待钱，布帛不可尺寸分裂。禹议亦寝。[②]

武帝以后，钱币未再改铸，五铢钱成为唯一通用的法钱，其他先后所铸各种钱币，除有少量残存与五铢掺杂混用外，大都销毁，由公家或私人改铸

① 《汉书》卷七十二，《贡禹传》。
② 《汉书》卷二十四下，《食货志》。

为五铢钱，所以汉代的铜钱，经过自身的互相淘汰之后，五铢钱终于取得了支配地位：

自孝武元狩五年（公元前一一八年），三官初铸五铢钱，至平帝元始中（公元五年），成钱二百八十亿万余云。[①]

汉王朝铸钱虽不少，但朝廷的库存量并不大，据哀帝时王嘉奏封事称：

孝元皇帝奉承大业，温恭少欲，都内钱四十万万（《补注》沈钦韩曰：《御览》六百二十七引桓谭《新论》，汉百姓赋敛，一岁为四十余万万，吏俸用其半，余二十万万藏于都内，为禁钱。少府所领园地作务八十三万万，以给宫室供养诸赏赐），水衡钱二十五万万，少府钱十八万万。[②]

这在汉朝人眼里可能是一个不少的数目，但是实际上则为数有限，不用说现在，就连宋朝人也认为是微不足道：

石林叶氏曰：《汉书·王嘉传》，元帝时，都内钱四十万万，水衡钱一十五万万，少府钱十八万万，言其多也。以今计之，才八百三十万贯耳，不足以当榷货务盛时一钱之入。盖汉时钱极重而币轻，谷价甚贱时，至斛五钱（耿寿昌以谷贱伤农，建常平之议，其年斛五钱），故嘉言：是时外戚资千万者少。正使有千万，亦是今一万贯，中下户皆有之。汉律，丞相、大司马、大将军，月俸六万，乃今六十贯；御史大夫四万，而大将军米，月三百五十斛，下至佐吏，秩百石，犹月八斛有奇。其赐臣下黄金，每百斤、二百斤，少亦三十斤……梁孝王死，有金四十余万斤。币轻，故米贱金多。近世患国用不足，以为钱少，故夹锡当十等交具，卒未尝有补。盖钱之多寡，系币之轻重，不在鼓铸广狭也。[③]

① 《汉书》卷二十四下，《食货志》。
② 《汉书》卷八十六，《王嘉传》。
③ 《文献通考》卷八，《钱币考》。

汉朝所铸的铜钱，在绝对的数量上虽不算大，但由于钱币本身价值高，购买力大，因而支出的数量就比较小，如丞相、大司马、大将军的月俸才六十贯，似乎不多，若以谷计算一斛仅五钱，则数量就很可观了。所以，西汉时的钱币虽不很多，但所起的作用是很大的。

（四）白金、皮币和布帛

西汉在武帝一朝，除了不断改变钱币外，还短暂地实行过一种超越时代的货币制度，即“白金三品”——三种不同形式和不同价值的银铸币，以及一种含有不兑换纸币性质的皮币。这两种新币实行后都寿命不长，转瞬即归于失败——也不可能不失败，但是在那样早的时代，能有这样一种设计和想法，则是很奇特的。我们说这是一种超越时代的货币制度，是因为西汉毕竟还是处于货币经济的早期阶段，即处于商品从一般价值形态到货币形态的过渡时期，这时货币还都是刚刚从商品形态转变为一般等价形态，即转变为货币商品，它们还不能完全脱离它的商品价值来执行货币的职能。马克思曾这样指出货币的形成过程：

> 一般等价形式是价值的一种形式。因此，它可以属于任何一种商品。另一方面，一种商品处于一般等价形式（第三种形式），是因为而且只是因为它被其他一切商品当作等价物排挤出来。这种排挤最终限制在一种特殊的商品上，从这个时候起，商品世界的统一的相对价值形式才获得客观的固定性和一般的社会效力。
>
> 等价形式同这种特殊商品的自然形式社会地结合在一起，这种特殊商品成了货币商品，或者执行货币的职能。在商品世界起一般等价物的作用就成了它特有的社会职能，从而成了它的社会独占权。……有一种商品在历史过程中夺得了这个特权地位，这就是金。①

马克思接着又进一步分析了黄金为什么能成为货币，它是怎样成为货币的：

---

① 《资本论》第一卷，第八十五页。

> 金能够作为货币与其他商品相对立，只是因为它早就作为商品与它们相对立。与其他一切商品一样，它过去就起等价物的作用：或者是在个别的交换行为中起个别等价物的作用，或者是与其他商品等价物并列起特殊等价物的作用。渐渐地，它就在或大或小的范围内起一般等价物的作用。一当它在商品世界的价值表现中独占了这个地位，它就成为货币商品。①

上文曾指出，在早期，货币的价值是以它有的商品价值为基础的，它之所以能从一件普通商品，被选中——即马克思所谓被排挤出来在商品世界中起一般等价物的作用，以执行货币职能来作为它的特有的社会职能，就是由于它本身有价值，能够作为一般等价物来使用。很显然，脱离这种关系，就不可能执行货币职能。西汉时期的货币发展，还远没有超过这个阶段。汉武帝在既无任何根据、又不符合客观经济规律的情况下，贸然[23] 推行了一种为当时社会无法接受、也不能理解的货币制度。他推行这个制度的主观意图，同样是为了要“摧浮淫并兼之徒”，打击难于制止的盗铸之风，以贯彻其锐意推行的抑商政策，并缓和一下土地兼并的趋势。总之，这也是“改币以约之”的一个组成部分。发行这两种货币的缘起和经过如下：

> 〔元狩〕四年（公元前一一九年）冬，有司言关东贫民徙陇西、北地、西河、上郡、会稽凡七十二万五千口，县官衣食振业，用度不足，请收银锡造白金及皮币以足用。②
>
> 于是县官大空，而富商大贾……财或累万金，而不佐国家之急，黎民重困。于是天子与公卿议，更钱造币以赡用，而摧浮淫并兼之徒。是时禁苑有白鹿而少府多银锡。自孝文更造四铢钱，至是岁四十余年，从建元以来用少，县官往往即多铜山而铸钱，民亦间盗铸钱，不可胜数。钱益多而轻，物益少而贵。有司言曰：古者皮币，诸侯以聘享。金有三等，黄金为上，白金为中，赤金为下（《集解》：《汉书·音义》曰：白金，银也。赤金，丹阳铜也。《索隐》：《说文》云，铜，赤金也。注云“丹阳铜”者，《神异经》云西方金

① 《资本论》第一卷，第八十六页。

② 《汉书》卷六，《武帝纪》。

山有丹阳铜也）。今半两钱，法重四铢（韦昭曰：文为半两，实重四铢），而奸或盗摩钱里取鋊[24]，钱益轻薄而物贵，则远方用币烦费不省。乃以白鹿皮方尺，缘以藻缋，为皮币，直四十万。王侯宗室朝觐聘享，必以皮币荐璧，然后得行。又造银锡为白金。以为天用莫如龙，地用莫如马，人用莫如龟，故白金三品：其一曰重八两，圜之，其文龙，名曰“白选”，直三千（《索隐》顾氏案：《钱谱》：其文为龙形，隐起，肉好皆圜，文又作云霞之象。《尚书大传》云，夏后氏不杀不刑，死罪罚二千馔。马融云，馔，六两。《汉书》作“撰”，二字音同也。晋灼案：《黄图》直三千三百）；二曰以重差小，方之，其文马，直五百（《索隐》谓以八两差为三品，此重六两；下小隋重四两也。云以重差小者，谓半两为重，故差小重六两，而其形方。《钱谱》：肉好皆方，隐起马形，肉好之下又有连珠文也）；三曰复小，椭之，其文龟，直三百（《索隐》：《尔雅注》：“椭者，狭长也”，谓长而方，去四角也。《钱谱》：肉圆好方，为隐起龟甲文）。……盗铸诸金钱罪皆死，而吏民之盗铸白金者不可胜数。①

上文中所谓“有司”，就是素以酷吏著称的御史大夫张汤，此人阴险狠毒，诡计多端，汉武帝推行的许多极端措施，其中很多都是张汤的建议：

于是汤益尊任，迁为御史大夫。会浑邪等降，汉大兴兵伐匈奴，山东水旱，贫民流徙，皆仰给县官，县官空虚。于是承上指，请造白金及五铢钱，笼天下盐铁，排富商大贾，出告缗令，锄豪强并兼之家，舞文巧诋以辅法。②

这是汉武帝推行白金和皮币的动机和经过以及两种货币的具体情况。两种新币原来的货币价值和它们被赋予的名义价值是远不相称的。白金中虽含有银，但汉时银价并不高，史称：“黄金重一斤，直钱万。朱提银重八两为一流，直一千五百八十。他银一流直千。”③ 据顾炎武《日知录》引方勺《泊

① 《史记》卷三十，《平准书》。
② 《史记》卷一百二十二，《酷吏列传》。
③ 《汉书》卷二十四下，《食货志》。

宅编》云："当时黄金一两才直钱六百，朱提银一两才直钱二百。"[1] 皮币为一块仅方尺的鹿皮，定价为四十万，可知系一种不兑现纸币，但纸币有其自身的发展规律，不兑现纸币是由兑现纸币发展而来的，由于它有各种形式的保证，它虽然不能直接兑现，而仍然是硬通货的代表，它的价值直接间接联系着黄金或外汇，而不是由任何法令凭空规定的。汉武帝的皮币，其本身既没有商品价值，又不是钱币的代表，四十万的票面价值是由皇帝的主观意志赋予的。这样的货币，不论背后的政治支持力量有多大，也是根本不可能存在的。

白金皮币发行后，汉武帝以严刑峻法随其后，排除一切反对和阻挠，雷厉风行，志在必成，伪制盗铸，必绳以法：

> 后会五铢钱白金起，民为奸，京师尤甚，乃以纵为右内史。[2]
>
> 慎阳侯栾说。元狩五年，侯买之坐铸白金弃市，国除。[3]
>
> 〔元狩四年（公元前一一九年）〕而大农颜异诛。初，异为济南亭长，以廉直稍迁至九卿。上与张汤既造白鹿皮币，问异，异曰："今王侯朝贺以苍璧，直数千，而其皮荐反四十万，本末不相称。"天子不说。张汤又与异有卻，及有人告异以它议，事下张汤治异。……论死。[4]

但在经济事务中起支配作用的是经济规律，而不是任何权威或法令，皇帝的意志在这里是作用不大的。既然白金和皮币的发行不是货币发展的自然产物，不符合货币制度自身的发展规律，其失败是必然的，所以这两种新币都不旋踵而亡：

> 盗铸诸金钱罪皆死，而吏民之盗铸白金者不可胜数。[5]
>
> 白金稍贱，民不宝用，县官以令禁之，无益。岁余，白金终废

① 《汉书》卷二十四下，《食货志》。
② 《史记》卷一百二十二，《酷吏列传》。
③ 《史记》卷十八，《高祖功臣侯年表》。
④ 《史记》卷三十，《平准书》。
⑤ 《史记》卷三十，《平准书》。

不行。[1]

自造白金五铢钱后五岁，赦吏民之坐盗铸金钱死者数十万人。其不发觉相杀者，不可胜计。赦自出者百余万人。然不能半自出，天下大抵无虑皆铸金钱矣。[2]

造成这样的结果，都是在意料之中的，白金的实际价值与货币价值过于悬殊，致群起盗铸，也是势所必然的。皮币实行后未见记载，当因皮币系仅供诸侯王朝聘燕享之用，不在民间市场上流通，实际上是一种礼券，不像白金那样系与黄金和铜钱并用，致盗铸之风甚烈，如上引文中所谓“盗铸诸金钱”，金即系指白金而言，黄金有其自然价值，不可能盗铸，而盗铸黄金又无利可图，因而也就不必要去盗铸了。总之，汉武帝先后铸造的多种货币，除了五铢钱被后来长期沿用外，其他均如昙花一现，转瞬即烟消云散了。

布帛是自古以来一直在流通的货币，与其他各种实物货币都共同地执行着货币的职能，故《汉书·食货志》在言货时，一开始就说：

凡货，金钱布帛之用。夏殷以前其详靡记云。太公为周立九府圜法：黄金方寸而重一斤；钱圜函方（孟康曰：外圆而内孔方也），轻重以铢；布帛广二尺二寸为幅，长四丈为匹。故货宝于金，利于刀，流于泉，布于布（如淳曰：布于民间），束于帛（如淳曰：束，聚也）。[3]

这是说一般等价物形态还没有固定在一种商品上，故有多种商品同时执行货币的职能。这是造成在货币经济的初期阶段多种实物货币同时杂用的原因。秦始皇统一货币制度的主要作用，就在于通过法令正式取消多种落后的、不利于货币经济发展的实物货币，除黄金与法定的铜钱外，一律不许流通，换言之，这是把执行货币职能的作用固定在黄金和铜钱上，其他各种实物货币都被取消了货币资格，而只作“器饰宝藏，不为币”。但是法令明文取消了货币资格的，是珠玉、龟贝、银锡之属，而未明言布帛，大概是因为布帛

① 《史记》卷三十，《平准书》。
② 《史记》卷三十，《平准书》。
③ 《汉书》卷二十四下，《食货志》。

系日用必需品，既然是人生不可一日缺，则“农有余粟、女有余布”的交换，必经常地和大量地在进行之中，作为一般交换物的普通商品和作为一般等价物的货币商品之间，是没有明显的界线的，这是即使在货币经济非常发达的时代，布帛仍然被当作货币使用的原因所在。在西汉，关于用帛的记载并不多，但偶有记载，也显然是作为货币使用的。例如：

孝文时，言治乱之道，借秦为谕，名曰《至言》。其辞曰：“……陛下即位，亲自勉以厚天下，损食膳，不听乐，减外徭卫卒，止岁贡；省厩马以赋县传，去诸苑以赋农夫，出帛十万余匹以振贫民。”①

于是天子北至朔方，东到泰山，巡海上，并北边以归。所过赏赐，用帛百余万匹，钱金以巨万计，皆取足大农。②

〔董偃得幸于馆陶公主〕以主故，诸公接之，名称城中，号曰董君。主因推令散财交士，令府中曰：“董君所发，一日金满百斤，钱满百万，帛满千匹，乃白之。”③

前两例都是用于赏赐，第一例还主要是为了救济贫民，汉文帝“用帛十万余匹，以振贫民”，显然是把帛当作救济金来发放的，不是赏赐贫民以衣料，如果要赐给贫民衣服，那尽可以使用廉价的布匹，而不必用贵重的丝织品了。武帝“所过赏赐，用帛百余万匹”，是与钱、金并用的，更显然是货币，而不是普通物品。至于董偃每日可自由支用黄金百斤、铜钱百万和帛千匹，都系供日常开销之用，这里的帛更显然是指货币了[25]。

第三节　王莽的货币制度

西汉末年曾出现过一个短暂的新莽政权。我们在本卷第二章第四节讨论新莽的王田制度时曾指出，王莽所进行的一系列不符合经济规律、不适应客观情况、甚至是荒谬绝伦的所谓改革，在中国历史上是一段滑稽的插曲——一幕悲剧性的闹剧。他先后实行的五花八门的货币制度，就是他的一系列改

① 《汉书》卷五十一，《贾山传》。
② 《史记》卷三十，《平准书》。
③ 《汉书》卷六十五，《东方朔传》。

革当中的一种，其荒唐可笑更远甚于他的王田制度。因为他的新货币制度不但没有任何实行的必要和可能，而且实际上都是一些胡思乱想，其产生根源只能说是来自一种复古狂，造成了他的思想错乱，故其荒唐怪诞，实远甚于儿戏。由于王莽用严刑峻法来强制推行他的货币制度，故对人民正常经济生活的扰乱和对人民利益的侵犯，又远比他实行王田制度和禁止买卖奴婢二事为甚。当他的政权被推翻，他也终于被一些愤怒的小商人割去了头颅，最后还有许多小市民争割他的舌头，说明他的所谓“改革”——包括货币制度的改革，引起的民愤是很大的。

王莽推行的新货币制度，大体上的时间——代汉以前和代汉以后划分为两个阶段：“居摄”时期，他的幻想还没有成熟，设计也没有就绪，故只是“初露锋芒”，即除使汉五铢钱照旧流通外，更造错刀、契刀和大钱，四品并行；代汉以后，即全面推行了他的所谓“改革”，定新货币为宝货五品，细分之有：钱货六品、银货二品、龟货四品、贝货五品、布货十品，“凡宝货五物、六名、二十八品”。仅就种类繁多，使“百姓愦乱”一点而言，就根本违背了货币发展的自然规律，因货币的自然发展都是由复杂而趋向简单，由繁多而归于统一，由实物而变为金属，最后复由低级金属而变为贵金属。王莽恰恰是反其道而行之，走的是复古倒退的道路：

居摄二年（公元七年）五月，更造货：错刀，一直五千；契刀，一直五百；大钱，一直五十，与五铢钱并行。民多盗铸者。禁列侯以下不得挟黄金，输御府受直，然卒不与直。①

王莽居摄，变汉制，以周钱有子母相权，于是更造大钱，径寸二分，重十二铢，文曰“大钱五十”（《补注》沈钦韩曰：《泉志》张台曰：此钱亦有数种，有对文者，有穿上一星者，有泉字诸画并方者。朱彝尊《曝书亭集》有跋新莽钱范云：范形正方，中央轮廓四，其二有文曰，大泉五十，即此钱范也）。又造契刀、错刀。契刀，其环如大钱，身形如刀，长二寸，文曰：“契刀五百”。错刀，以黄金错其文，曰：“一刀直五千”（师古曰：王莽钱刀今并尚存，形质及文与志相合，无差错也）。与五铢钱凡四品，并行。②

① 《汉书》卷九十九上，《王莽传》。

② 《汉书》卷二十四下，《食货志》。

王莽说周钱有子母相权，完全是为了复古而找到的托辞，主张大小钱并用，使子权母而行或母权子而行，原是单穆公反对周景王废小而作大的错误主张，周景王并没有接受，而单行一种。现在王莽不但使大小钱并用，而且于铜钱之外又恢复了战国时的刀币，这种落后的地方性货币，早在秦始皇统一币制时就以明文法令取消了。四品并行完全不符合经济规律，遭到阻力和失败是必然的，而王莽却以严刑峻法强制推行，结果造成了严重危害，破坏了国民经济的正常运行，致使“农商失业，食货俱废”：

> 是时百姓便安汉五铢钱，以莽钱大小两行难知，又数变改不信，皆私以五铢钱市买。讹言大钱当罢，莫肯挟。莽患之，复下书：“诸挟五铢钱，言大钱当罢者，比非井田制，投四裔。”于是农商失业，食货俱废，民人至涕泣于市道。及坐卖买田宅奴婢，铸钱，自诸侯卿大夫至于庶民，抵罪者不可胜数。①
>
> 〔始建国元年（公元九年），冬，莽〕又遣谏大夫五十人分铸钱于郡国。②

说明王莽在严峻的事实面前，不但没有收敛，更没有改弦易辙，而是一意孤行，狂想又升级了。他于代汉之后，便全面实行了“宝货五品”：

> 〔始建国二年（公元十年），冬十二月〕莽以钱币讫不行，复下书曰：“民以食为本，以货为资，是以八政以食为首。宝货皆重则小用不给，皆轻则僦载烦费，轻重大小各有差品，则用便而民乐。”于是造宝货五品，语在《食货志》。百姓不从，但行小大钱二品而已。盗铸钱者不可禁，乃重其法，一家铸钱，五家坐之，没入为奴婢。吏民出入，持布钱以副符传（师古曰：旧法，行者持符传，即不稽留。今更令持布钱，与符相副，乃得过也），不持者，厨传勿舍，关津苛留。公卿皆持以入宫殿门，欲以重而行之。③

实行“宝货五品”，是王莽对货币制度进行的又一次“改革”。进行这

① 《汉书》卷九十九中，《王莽传》。
② 《汉书》卷九十九中，《王莽传》。
③ 《汉书》卷九十九中，《王莽传》。

一次大变动，主要是从迷信出发的。因为他的政权是从汉王朝篡夺来的，汉朝的皇帝姓刘，而刘字为卯金刀，如继续使用五铢钱，等于是在他的头上悬着一把“金刀”，这对他是不吉利的，为了消除这个不吉之兆，必须彻底废除汉钱，而恢复古制：

莽即真，以为书“刘”字有金刀，乃罢错刀、契刀及五铢钱，而更作金、银、龟、贝、钱、布之品，名曰“宝货”。①

由于宝货品类繁多，这里特分类引述如下：

（1）钱货六品：

小钱径六分，重一铢，文曰：“小钱直一”（《补注》沈钦韩曰：尝见小如榆荚，而铜质精好，文分明，非如宋二铢之流也。《泉志》李孝美曰：莽大小钱，文无钱字，而皆曰泉，与《食货志》所载不同。按《周官》注并作泉字。又云泉或作钱。段玉裁《周礼汉读考》曰：《檀弓》注，古者谓钱曰泉，知汉时谓钱曰泉也。此志文作钱，钱文作泉，不可拘耳）。次七分，三铢，曰“么钱一十”。次八分，五铢，曰“幼钱二十”。次九分，七铢，曰“中钱三十”。次一寸，九铢，曰“壮钱四十”。因前“大钱五十”，是为钱货六品，直各如其文。

（2）银货二品：

黄金重一斤，直钱万。朱提银重八两为一流，直一千五百八十。它银一流直千。是为银货二品。

（3）龟宝四品：

元龟岠冉长尺二寸，直二千一百六十，为大贝十朋（苏林曰：两贝为朋，朋直二百一十六，元龟十朋，故二千一百六十也）。公龟

① 《汉书》卷二十四下，《食货志》。

九寸（《补注》王念孙曰：九寸下有“以上”二字，与下“侯龟”“子龟”文同一例，而今本脱之。《礼器正义》《初学记·麟介部》引此，皆作“九寸以上”），直五百，为壮贝十朋。侯龟七寸以上，直三百，为幺贝十朋。子龟五寸以上，直百，为小贝十朋。是为龟宝四品。

(4）贝货五品：

大贝四寸八分以上，二枚为一朋，直二百一十六。壮贝三寸六分以上，二枚为一朋，直五十。幺贝二寸四分以上，二枚为一朋，直三十。小贝寸二分以上，二枚为一朋，直十。不盈寸二分，漏度不得为朋，率枚直钱三，是为贝货五品。

(5）布货十品：

大布、次布、弟布、壮布、中布、差布、厚布（《补注》叶德辉曰：蔡云《癖谈》云：“厚”乃“序”之误。莽泉货六品，曰小、曰幺、曰中、曰壮、曰大。布货十品则于大壮间增其二，曰次、曰弟；于中幼间增其二，曰差、曰序。所增四名，文异义同。若作厚，则过乎中，而几乎壮矣，岂宜在中之下，幼之上乎？“序”与“厚”，古文相类，传写误也)、幼布、幺布、小布。小布长寸五分，重十五铢，文曰“小布一百”。自小布以上，各相长一分，相重一铢，文各为其布名，直各加一百。上至大布，长二寸四分，重一两，而直千钱矣。是为布货十品（师古曰：布亦钱耳。谓之布者，言其分布流行也。《补注》顾炎武曰：案本文钱布自是二品，而下文复载改作货布之制，安得谓布即钱乎？莽传曰：“货布长二寸五分，广一寸，直货钱二十五”。今货布见存，上狭下广，而歧其下，中有一孔，师古当日，或未之见也)。

凡宝货五物、六名、二十八品。

铸作钱布皆用铜，殽以连锡（《补注》沈钦韩曰：连与铅声同，李奇云：铅锡璞者是也。《说文》云：链，铜属，取大概耳。《广雅》《王篇》并云：连，铅矿也)。文质周郭放汉五铢钱云。其金银与它物杂，色不纯好，龟不盈五寸，贝不盈六分，皆不得为宝货。元龟为蔡，非四民所得居，有者，入大卜受直。[①]

这是王莽锐意推行的宝货五品，共有二十八种之多，金银钱布龟贝无所不有，品类是五花八门，价值又大小不等，并且又都是畸零错杂，互不相干，一齐投入市场，恐王莽自己也不知应如何使用、如何折算。推行的结果如何，自然是不问可知：

百姓愦乱，其货不行。民私以五铢钱市买。莽患之，下诏："敢非井田挟五铢钱者为惑众，投诸四裔以御魑魅。"于是农商失业，食货俱废，民涕泣于市道。坐卖买田宅奴婢铸钱抵罪者，自公卿大夫至庶人，不可称数。莽知民愁，乃但行小钱直一，与大钱五十，二品并行，龟贝布属且寝。[②]

是岁（始建国五年，公元十三年），以犯挟铜炭者多，除其法。[③]

这是说王莽被碰得头破血流之后，在全国人民的反对下，不得不放弃他的宝货五品，同时也放松了法律制裁，对犯挟铜炭者除其法，可知连盗铸也不取缔了。

王莽之被迫取消新币，放松管制，完全是出于不得已，而不是他自己有所觉悟，所以转瞬又故态复萌，改头换面地来推行他的幻想：

天凤元年（公元十四年），复申下金银龟贝之货，颇增减其贾直。而罢大小钱。改作货布，长二寸五分，广一寸，首长八分有奇，广八分。其圜好径二分半（师古曰：好，孔也），足枝长八分，间广二分，其文右曰"货"，左曰"布"，重二十五铢，直货泉二十五。货泉径一寸，重五铢，文右曰"货"，左曰"泉"，枚直一，与货布二品并行。又以大钱行久，罢之，恐民挟不止，乃令民且独行大钱，

① 《汉书》卷二十四下，《食货志》。
② 《汉书》卷二十四下，《食货志》。
③ 《汉书》卷九十九中，《王莽传》。

与新货泉俱枚直一，并行尽六年，毋得复挟大钱矣。[1]

是岁，罢大小钱，更行货布，长二寸五分，广一寸，直货钱二十五。货钱径一寸，重五铢，枚直一。两品并行。敢盗铸钱及偏行布货，伍人知不发举，皆没入为官奴婢。[2]

既然是情况相同，必然是再试再败，而每一次又都是以严刑峻法来阻止失败，结果所招致的是更大的失败：

每一易钱，民用破业，而大陷刑。莽以私铸钱死，及非沮宝货投四裔，犯法者多，不可胜行，乃更轻其法：私铸作泉布者，与妻子没入为官奴婢；吏及比伍，知而不举告，与同罪；非沮宝货，民罚作一岁，吏免官。犯者愈众，及五人相坐皆没入，郡国槛车铁锁，传送长安钟官，愁苦死者什六七。[3]

民犯铸钱，伍人相坐，没入为官奴婢。其男子槛车，儿女子步，以铁锁琅当其颈，传诣钟官，以十万数。到者易其夫妇，愁苦者什六七。[4]

王莽终于作了他的幻想的殉葬品，他后来被广受其害的群众割去头颅，并割去舌头，是一点也不奇怪的。

第四节　东汉和三国的货币制度

（一）货币经济的衰落和贵金属货币的消失

中国历史上存在着许多重大特点，货币经济在较早的时期——比欧洲早了两千多年，即有大量的和突出的发展，就是其中之一；后来又突然衰落下去，衰落到成为一个历史的大倒退，则是中国历史上的另一个巨大特点。

---

① 《汉书》卷二十四下，《食货志》。
② 《汉书》卷九十九下，《王莽传》。
③ 《汉书》卷二十四下，《食货志》。
④ 《汉书》卷九十九下，《王莽传》。

从春秋后期历战国至秦汉，经过五百多年的持续发展而壮大起来的货币经济，其所达到的高度和所产生的影响，在人类历史上是罕见其俦的，特别是贵金属黄金早在战国年间即已经在事实上——不是在法律上，成为一个雏形的金本位制度，这也是各国的历史罕有匹敌的。这种现象的形成，其本身固然是商品经济发展的结果，但同时又是商品经济发展的条件，关于二者的必然关系和相互促进作用，前文已反复论述过了。随着由此而形成的国民经济体系的成长，促成了货币制度的统一，而统一的货币制度转而又成为货币经济进一步发展的条件。在这些关系的相互促动下，到西汉年间，货币经济无论在深度方面或广度方面又都大大超过了战国时期，已经具有向资本主义转化的基本条件，换言之，就西汉年间商品经济和货币经济的发展已经达到的水平来看，向前迈进到资本主义阶段，实际上不过是一步之遥了。这个估计的根据就是马克思所说，资本主义与其产生条件是同时出现的，这个条件就是贵金属必须有一个充足供给，从十六世纪起新世界的金银大量流入欧洲，这对资本主义的发展是一个本质的要素。因为资本主义生产是从流通过程开始，并以流通过程终结的，简单说，是从货币开始，并以获得更多的货币来完成一个生产过程的，没有一个充足的货币资本来执行这个任务，资本主义的生产是不可能实现的。欧洲的资本主义在十四世纪即已萌芽，到了十六世纪方才正式揭幕，新世界的金银输入实起了决定性的作用。

中国古代长期发展起来的货币经济，到了西汉时期又向自己的发展高峰迈进，特别是黄金的各种货币职能的充分发挥和黄金用于支付时其授受转移的数量之大，如与十六世纪的欧洲相比，实使之黯然失色。从这样雄厚的基础上再向前迈进一步，而跨入资本主义阶段，当是完全可能的。但是事实却非如此，因这样的发展趋势没有继续发展下来；具体说，货币经济发展到西汉末年那样的高度水平时，没有从已有的基础上再向前发展一步，而跨入资本主义阶段，正相反，几百年来的连续发展，到了西汉末年时突然中断了，并且这个中断不是停顿，而是一百八十度地倒转过来，由自己发展到的顶峰上陡然一落千丈地下堕到深渊。大体上从西汉末新莽时期起到东汉明帝永平初止（约从公元八年起到五十八年止），约半个世纪之久，成为中国历史上一次巨大的经济波动时期，由长时间的天灾人祸所造成的大混乱和大破坏，使多年来经济文化的发展所取得的成就均为之毁灭殆尽。从这时起，已经发展起来的货币经济又大大地衰落了。这又是中国历史上的一个重大特点，和它过早地突出发展起来一样，这时又突然衰落下去，并成为一个历史大倒退，其对国民经济的影响也是非常深远的。

在货币经济的大倒退中，表现得最为突出而又不易解释的一个特殊现象，就是黄金不但失去了“上币”的资格，而且失去了货币的资格，进入东汉以后，事实上它已退出了流通界，不再当作货币使用，并且从此很少见于史文记载。这与不久以前的西汉情况，简直是判若霄壤。如前文所指出，在整个西汉一代，黄金始终是上下通行的，而且用金之数，少则十斤、百斤，多则千斤、万斤，甚至高达数万斤、数十万斤。至于公私窖藏之数，更是庞大惊人，如梁孝王死时，藏府余黄金尚四十余万斤；王莽禁列侯以下不得挟黄金，输御府受直，至其将败，省中黄金万斤者为一匮，尚有六十匮，黄门钩盾藏府中尚方处，处各有数匮。不但公家贮金甚多，民间亦所在多有，例如：

王莽末，天下旱蝗，黄金一斤易粟一斛。[①]

王莽乱后，货币杂用布，帛，金，粟。[②]

时（建武初）百姓饥饿，人相食，黄金一斤易豆五升。[③]

这显然是旧时代的残余，不久黄金就大量减少，不但民间罕见，连官家也很少使用，朝廷以黄金赏赐见诸明文记载的仅有灵帝时一条，数目亦少得可怜：

〔光和元年（公元一七八年）〕，以功封都亭侯，千五百户，赐黄金五十斤。[④]

至于公家库存，亦远不能与西汉相比，例如：

〔卓〕又筑坞于郿，高厚七丈，号曰“万岁坞”。……坞中珍藏有金二三万斤，银八九万斤，锦绮缋縠纨素奇玩，积如丘山。[⑤]

---

① 《后汉书》卷一上，《光武帝纪》。
② 《后汉书》卷一下，《光武帝纪》。
③ 《后汉书》卷十七，《冯异传》。
④ 《后汉书》卷七十一，《朱俊传》。
⑤ 《后汉书》卷七十二，《董卓传》。

这是由东汉历届朝廷积存下来被董卓劫持的库存黄金总额，还不够西汉皇帝的一次赏赐之用。

黄金之突然退出流通，而且日益难得，古人曾作过种种解释，例如宋太宗问学士杜镐曰："汉赐予多用黄金，而后代遂为难得之货，何也?"对曰："当时佛事未兴，故金价甚贱。"① 塑造佛像金身，诚然耗费了不少黄金，但不可能把全国黄金耗尽。清代历史学家赵翼又作了一些补充，他说："后世黄金日少，金价亦日贵，盖由中土产金之地，已发掘净尽；而自佛教入中国后，塑像涂金，大而通都大邑，小而穷乡僻壤，无不有佛寺，即无不用金涂，以天下计之，无虑几千万万，此最为耗金之蠹。加以风俗侈靡，泥金写经，贴金作榜，积少成多，日消月耗。故老言，黄金作器，虽变淡而金自在，一至泥金、涂金，则不复还本，此其所以日少一日也。"② 这当然是一个重要补充，说明黄金缺少，一方面是由于消耗日增，另一方面还由于来源枯竭，即"中土产金之地，已发掘净尽"。但是这样的减少，应当是逐渐的，而从东汉开始的黄金枯竭则是突然的。在货币经济的兴衰荣枯上，东汉和西汉俨然有如两个不同的世界，一进入东汉，黄金就突然减少甚至不见了。当然，产量减少和消耗增加，无疑是一个重要原因，但不可能是唯一原因，更不是突然消失的原因。

对外输出，当然也是造成黄金减少的原因之一。西汉的对外贸易非常发达，其具体情况，已见本卷第六章。当时对外交通之道主要有陆海两途，陆路系越西域、经中亚而达欧洲，通过这一条著名的"丝绸之路"，中外商人往来不绝，除了输出汉朝的缯帛等丝织品外，还大量输出黄金，用以支付输入的各种奇器宝货，特别是在交通困难的古代，跋涉万水千山，历尽艰难险阻，携带单位价值高的黄金，实比驮运过多的货物要方便得多。故凡与中国通商的西域诸国，大都保有汉朝的黄金，例如：

> 自大宛以西至安息国……其地皆无丝漆，不知铸钱器。及汉使亡卒降，教铸作他兵器。得汉黄白金，辄以为器，不用为币。③

汉代的海上贸易，其盛况不减于陆路，贸易的范围包括南海诸国，航程

---

① 顾炎武：《日知录集释》卷十一，《黄金》条引。
② 赵翼：《廿二史札记》卷三，《汉多黄金》。
③ 《史记》卷一百二十三，《大宛列传》。

远达印度之最南端。船舶的运载量非陆路上的人背马驮所能比，故海运贸易量必远超于陆路贸易。汉朝商人出海贸易的很多，他们除输出大量缯帛外，还输出了大量黄金，来换取明珠、宝石、犀象、玳瑁和各种奇器珍玩，所谓“多异物”，汉朝商人系“赍黄金缯帛而往”，“市明珠、璧、流离、奇石异物，……大珠至围二寸以下”[①]。富有的统治阶级本是黄金的主要持有者，他们又是明珠、璧、流离（琉璃）、奇石、异物的主要购买者，而古代的商人又主要都是为这些人服务的，他们冒着生命危险，跋涉万里，远越重洋，贩运一些珍奇宝货，其目的就是为了从这些挥金如土的人们的荷包中赚取一本万利。并且由于古代交通条件的限制，商人们只能贩运体积轻便而单位价值很高的奢侈品，而不能贩运笨重的一般生活必需品。为了抵偿大量昂贵物品的输入，遂造成了黄金的大量外流。

黄金既有上述的种种漏卮，其逐渐减少是完全可以理解的。但是难于解释的，是在它的减少的突然性上。如上文所指出，进入东汉以后，黄金突然不见了，它不但不再执行“上币”的职能，几乎连普通货币的职能也完全消失了。这里必须指出，这种情况的出现，是在长期的大动乱、大破坏之后，这时必然有两种情况出现，成为社会经济发生巨大波动的自然结果，而这两种情况都直接影响货币——特别是黄金，一是由于商品经济突然地大量衰落，造成了对金属货币——特别是对黄金需求的急剧减少，以致原来由黄金所执行的各种货币职能，到了东汉时期都已成为不必要。本来货币的一切职能，都是由商品交换孳生出来的，所以货币经济总是随着商品经济的发展而发展的。二者的必然关系前文已反复论述过了。进入东汉以后，社会经济遭受了一次空前惨烈的大破坏，使整个国民经济陷于全盘崩溃，这时商品经济和货币经济已是皮之不存，毛将焉附了。二是由于窖藏。促成这一点的原因也有二：其一是在烽火遍地、狼烟滚滚的不太平时期，一般财富所有者不得不把他们的动产财富中最宝贵而又易于丧失的黄金，严密地窖藏起来，以免有丧失之虞。这样，黄金不但不在日常的价值授受关系中使用，而且人们尽可能严守秘密，不轻易泄漏消息，为外人所知。也就是把黄金突然从流通中抽出来，使它消失在流通过程之外。其实这并不是东汉所特有的现象，而是在每一次的兵荒马乱之后都会出现的，只不过东西汉之间正值金属货币由盛而衰的交替时期，黄金的单位价值高，最为人们所宝重，故对社会动乱的反应也

---

① 《汉书》卷二十八下，《地理志下》。

最敏感。其二是劣币驱逐良币的结果。如下文即将论述的，从东汉开始，是实物货币的复兴时期。由于商品经济的衰落，这时不但对黄金没有需要，连对铜钱的需要也不大，所以东汉年间，铜钱是时兴时废，连应当不应当铸钱，甚至应当不应当使用铜钱为货币，也成为一个争论不休的问题。在这样的情况下，一股强烈的复古逆流竟席卷了整个一代，所有过去早被废止了的各种实物货币，又都死灰复燃，纷纷进入流通领域而成为重要货币，甚至成为主要货币。金属货币中只有铜钱在苟延残喘，又处在一片诅咒声中，其命运朝不保夕。加以盗铸盛行，劣钱充斥。这时各人为了保障自己的利益，谁也不肯拿出最宝贵、最难得的黄金，来作日常交易或支付价值之用，更不会用来与布帛谷粟或低劣铜钱争一日之长，结果，黄金被收藏起来，泛滥于市场的只有布帛谷粟与低劣铜钱。本来格雷欣[26]法则主要是指同种货币而言，即货币的名目相同而实质不同，但杂用多种货币，而优劣不等，亦同样发生劣币驱逐良币的现象，这种作用，也是造成东汉时黄金突然销声匿迹的原因之一。

（二）东汉和三国的铜钱

东汉建国之初，自己没有铸钱，只是把王莽禁止使用的五铢钱予以恢复：

〔汉兵诛莽〕后二年，世祖受命，荡涤烦苛，复五铢钱，与天下更始。①

初，王莽乱后，货币杂用布、帛、金、粟。是岁〔建武十六年（公元四十年）〕，始行五铢钱。②

五铢钱系西汉武帝时所铸，王莽时废，而且废除此钱时带有迷信色彩，为了消除“金刀”的不吉之兆，销毁必然彻底，必然很多，只沿用旧钱，当然为数有限，不敷应用，等到有人建议应当自行铸造时，便遇到主管有司的强烈反对，经过旷日持久的激辩之后，始勉强通过：

初，援在陇西上书，言宜如旧铸五铢钱。事下三府，三府奏以

① 《汉书》卷二十四下，《食货志》。

② 《后汉书》卷一下，《光武帝纪》。

为未可许，事遂寝。及援还，从公府求得前奏，难十余条，乃随牒解释（《东观记》曰：凡十三难，援一一解之，条奏其状也），更具表言。帝从之，天下赖其便。[①]

上引记载建武十六年“始行五铢钱”，就是在马援的坚决主张下，并经过反复辩论，于驳斥了三府的十三条反对意见之后，才勉强铸造了一次铜钱——东汉自己的五铢钱。但一开始用钱，就招致了盗铸猖獗，致恶钱充斥，良币减少，市肆紊乱。于是乃特署第五伦为督铸线掾，领长安市，加以整顿：

时长安铸钱多奸巧，乃署伦为督铸钱掾，领长安市［《东观记》曰：时长安市未有秩，又铸钱官奸轻所集，无能整齐理之者。〔阎〕兴署伦督铸钱掾，领长安市……市无奸枉］。伦平铨衡，正斗斛，市无阿枉，百姓悦服。[②]

可知这一次试行五铢钱的结果是很不理想的。第五伦虽然改善了长安市的社会秩序，使盗铸之风有所收敛，但却无法改变铜钱的滥恶情况，因为只要盗铸一起，即使抛到市场上的恶钱不及官钱之多，亦必立即发生劣币驱逐良币的现象。流通中的铜钱既然非常滥恶，不能很好地执行货币的职能，于是遂给钱币反对论者提供了更加有力的反对理由，故铜钱取消论一时又甚嚣尘上。经过反复辩论，后来到章帝时反对派终于取得胜利：

是时〔章帝元和中（公元八十四——八十七年）〕谷贵，县官经用不足，朝廷忧之。尚书张林上言：“谷所以贵，由钱贱故也。可尽封钱，一取布帛为租，以通天下之用。……”于是诏诸尚书通议。晖奏据林言不可施行，事遂寝。后陈事者复重述林前议，以为于国诚便，帝然之，有诏施行。晖复独奏曰：“……布帛为租，则吏多奸盗，诚非明主所当宜行。”帝卒以林等言为然，得晖重议，因发怒，切责诸尚书，晖等皆自系狱。[③]

① 《后汉书》卷二十四，《马援传》。
② 《后汉书》卷四十一，《第五伦传》。
③ 《后汉书》卷四十三，《朱晖传》。

这也就是正式废止了铜钱，并由政府明文规定布帛为货币。政府既不再铸钱，民间流通的铜钱，大都是私人盗铸的恶钱，而铜钱滥恶的结果，反过来又加强了布帛在流通领域中的地位，所以整个东汉一代，是实物货币占统治地位的时期，可以说是以布帛为本位的货币制度。后来到东汉末年的桓帝朝，虽有人提出改铸大钱的建议，但立刻引起反对派的群起责难，一时议论纷纷，其中尤以太学生刘陶的上书为朝廷所重视。这一篇奏议，可以说是古代保守主义者主张复古倒退，反对货币经济的一篇代表作，在中国的货币发展史中是一篇重要文献。这里仅引述其中的主要论点：

> 〔桓帝朝，陶游太学〕时有上书言人以货轻钱薄，故致贫困，宜改铸大钱。事下四府群僚及太学能言之士。陶上议曰："……臣伏读铸钱之诏，平轻重之议……盖以为当今之忧，不在于货，在于民饥。……由是言之，食者乃有国之所宝，生民之至贵也。窃见比年已来，良苗尽于蝗螟之口，杼柚空于公私之求，所急朝夕之餐，所患靡盐之事，岂谓钱货之厚薄，铢两之轻重哉？就使当今沙砾化为南金，瓦石变为和玉，使百姓渴无所饮，饥无所食，虽皇羲之纯德，唐虞之文明，犹不能以保萧墙之内也。盖民可百年无货，不可一朝有饥，故食为至急也。议者不达农殖之本，多言铸冶之便，或欲因缘行诈，以贾国利。国利将尽，取者争竞，造铸之端于是乎生。盖万人铸之，一人夺之，犹不能给；况今一人铸之，则万人夺之乎？虽以阴阳为炭，万物为铜，役不食之民，使不饥之士，犹不能足无厌之求也。夫欲民殷财阜，要在止役禁夺，则百姓不劳而足。陛下圣德，愍海内之忧戚，伤天下之艰难，欲铸钱齐货以救其敝，此犹养鱼沸鼎之中，栖鸟烈火之上。水木本鱼鸟之所生也，用之不时，必至燋烂。……伏念当今地广而不得耕，民众而无所食。……诚恐卒有役夫穷匠，起于板筑之间，投斤攘臂，登高远呼，使愁怨之民，响应云合，八方分崩，中夏鱼溃。虽方尺之钱，何能有救？……"帝竟不铸钱。①

刘陶的中心思想，是要使整个社会经济倒退到纯粹自然经济时代，他认

① 《后汉书》卷五十七，《刘陶传》。

为只要有农业生产可以保证人们的“朝夕之餐”和“靡盐之事”，使百姓渴有所饮，饥有所食，就可以了，根本不需要什么商品和货币，“造铸之端”，只有引起“争竞”，招致祸端，等到“民众而无所食”，攘臂而起，“愁怨之民”又“响应云合”时，虽钱大方尺，亦难救危亡。在这危言耸听之下，使桓帝不敢再铸钱。他的“民可使百年无货，不可一朝有饥，故食为至急也”几句话，成为后世历代保守主义者反对货币经济的主要论据。

后来到东汉临近覆亡时，又铸过两种铜钱，一是汉灵帝铸的四出文钱，二是董卓当政时铸的小钱：

〔中平三年（公元一八六年）春二月〕又铸四出文钱。[①]

灵帝作钱，犹五铢两。有四道，连于边轮。识者……窃言：“钱有四道，京师将破坏，此钱四出散于四方乎?”还如其言。[②]

〔灵帝〕又铸四出文钱，钱皆四道。识者窃言侈虐已甚，刑象兆见，此钱成，必四道而去。及京师大乱，钱果流布四海。[③]

看来灵帝所铸的四出文钱，重与五铢同，质量不坏，故能“流布四海”。不过当时朝政混乱，危机四伏，铸钱数量恐不可能很多，铸出之后，即广泛流通，故“四道而去”，就货币而言，四出文钱是成功的，社会上的需要也是很大的，史文记载把钱文四道与“京师大乱”联系起来，是没有什么根据的。至于董卓所铸的小钱，则钱质恶劣，完全是敲剥人民的一种暴政：

〔初平元年（公元一九〇年）六月〕董卓坏五铢钱，更铸小钱（注：光武中兴，除王莽货泉，更用五铢钱）。[④]

〔卓〕又坏五铢钱，更铸小钱，悉收洛阳及长安铜人、钟虡、飞廉、铜马之属，以充铸焉，故货贱物贵，谷石数万。又钱无轮郭文章，不便人用。[⑤]

〔卓〕悉椎破铜人、钟虡及坏五铢钱，更铸为小钱，大五分，

① 《后汉书》卷八，《灵帝纪》。
② 《后汉书补注》卷四，引《献帝春秋》。
③ 《后汉书》卷七十八，《宦者·张让传》。
④ 《后汉书》卷九，《献帝纪》。
⑤ 《后汉书》卷七十二，《董卓传》。

> 无文章，肉好无轮郭，不磨鑢[27]。于是货轻而物贵，谷一斛至数十万。自是后钱货不行。①

董卓铸小钱时，正值汉王朝覆亡前夕，天灾人祸的煎熬，政治的昏暗狂暴，全国已经开始了陷百姓于水深火热之中的大动乱和大破坏，小钱的出现，使谷一斛至数十万，又加剧了社会的恐慌，所谓“钱货不行”，是说当时已处于奄奄一息的商品经济和货币经济，经过小钱的扰乱，就完全窒息了。

总之，终东汉一代，不仅贵金属黄金丧失了它几百年以来在货币经济中的支配地位，事实上已经退出流通领域，不再执行货币职能，而且连铜钱也很少铸造，有时还以明令废止，“封钱”不用。民间只是自发地在沿用西汉的旧钱。每当有人建议应当铸造铜钱，即遭到保守主义者的强烈反对，他们喋喋不休地重复着西汉贡禹和东汉刘陶的意见，认为社会上“奸邪不可禁，其原皆起于钱”，“疾其末者绝其本”，所以解决这个问题的根本办法，自然一方面是“罢采金银铸钱之官”，从根本上断绝钱的来源，使社会上永远不再有货币；另一方面，使“市井勿得贩卖”，即根本消灭商业。没有商业，自然也就没有货币了。由于“民可百年无货，不可一朝有饥”，故应当使社会倒退到没有商业、没有货币的纯粹自然经济时代。这与西汉年间的“富商大贾，周流天下”，黄金上下通行和公私铸钱的盛行情况相比，不仅有天渊之别，而且简直是两个不同的世界。

由此可见，铜钱的反对论者，都是盲目的复古主义者，他们看不到历史是向前发展的，商品经济和货币经济的发展是社会进步的表现；他们要求历史的车轮倒转回去，退回到没有商业、没有货币的原始自然经济时代。所以他们的见解是极其迂腐的，思想是极其反动的。

三国时期，魏、蜀、吴三个割据政权各有其自己的货币制度。在曹魏统治区，除魏文帝时一度“使百姓以谷帛为市”外，一直在沿用旧五铢钱，也没有铸造过新钱，虽曾一再“罢五铢”，但罢后不久即又恢复：

> 〔黄初二年（公元二二一年）三月〕初复五铢钱。……冬十月，……以谷贵，罢五铢钱。②

---

① 《三国志》卷六，《魏书·董卓传》。

② 《三国志》卷二，《魏书·文帝纪》。

〔太和元年（公元二二七年）〕夏四月，乙亥，行五铢钱。[①]

及献帝初平中，董卓乃更铸小钱，由是货轻而物贵，谷一斛至钱数百万。至魏武为相，于是罢之，还用五铢。是时不铸钱既久，货本不多，又更无增益，故谷贱无已。及黄初二年，魏文帝罢五铢钱，使百姓以谷帛为市。至明帝世，钱废谷用既久，人间巧伪渐多，竞湿谷以要利，作薄绢以为市，虽处以严刑而不能禁也。司马芝等举朝大议，以为用钱非徒丰国，亦所以省刑。今若更铸五铢钱，则国丰刑省，于事为便。魏明帝乃更立五铢钱，至晋用之，不闻有所改创。[②]

桓玄时议欲废钱用谷帛，琳之议曰："……谷帛为宝，本充衣食。今分以为货，则致损甚多。又劳毁于商贩之手，耗弃于割截之用，此之为弊，著于自曩。故锺繇曰：'巧伪之民，竞蕴湿谷以要利，制薄绢以充资。'魏世制以严刑，弗能禁也。是以司马芝以为用钱非徒丰国，亦所以省刑。钱之不用，由于兵乱积久，自至于废，有由而然，汉末是也。……魏明帝时，钱废谷用，三十年矣。以不便于民，乃举朝大议。精才达治之士，莫不以为宜复用钱，民无异情，朝无异论。彼尚舍谷帛而用钱，足以明谷帛之弊，著于已试。世或谓魏氏不用钱久，积累巨万，故欲行之，利公富国。斯殆不然。……于时名贤在列，君子盈朝，大谋天下之利害，将定经国之要术。若谷实便钱，义不昧当时之近利，而废永用之通业，断可知矣。斯实由困而思革，改而更张耳。……"[③]

曹魏统治区，原是自古以来的主要经济区，这个区域包括华北平原、关中和淮河流域，在这个辽阔的范围内，正是古代商品经济的主要活动舞台。现在这个地区的金属货币既然是兴废无常，并且还长期以谷帛为市，说明这里的商品经济已经衰落到若有若无了。

上引司马芝和孔琳之的恢复铜钱的奏议，同样是中国古代货币发展史中的重要文献，为后世历代主张行使铜钱、反对以谷帛为市的理论根据，特别

① 《三国志》卷三，《魏书·明帝纪》。
② 《晋书》卷二十六，《食货志》。
③ 《宋书》卷五十六，《孔琳之传》。

是所谓“劳毁于商贩之手，耗弃于割截之用”，系谷帛等实物货币无法克服的缺点。这两篇奏议与前引贡禹和刘陶的议论，恰恰是针锋相对，两派之间长期辩难的结果，多数是后者占上风，故铜钱得以连绵不断地延续下来。

西蜀只于刘备初入蜀时铸过一次当百大钱，余则未见记载，当系未再铸钱，非史文有缺：

> 初攻刘璋，备与士众约：“若事定，府库百物，孤无预焉。”及拔成都，士众皆舍干戈，赴诸藏竞取宝物。军用不足，备甚忧之，巴曰：“易耳。但当铸直百钱，平诸物价，令吏为官市。”备从之，数月之间，府库充实。①

三国时东吴的统治区还处在初期的开发阶段，江南一带的火耕水耨、饭稻羹鱼的原始状态还没有完全改变过来，商品经济当然是不发达的，因而货币的使用自亦不会成为迫切需要，故在孙吴的存在期间，只铸造过两次大钱：

> 〔嘉禾〕五年（公元二三六年）春，铸大钱，一当五百。诏使吏民输铜，计铜畀直。设盗铸之科。②
>
> 赤乌元年（公元二三八年）春，铸当千大钱。③
>
> 孙权嘉禾五年，铸大钱，一当五百。赤乌元年，又铸当千钱。故吕蒙定荆州，孙权赐钱一亿。钱既太贵，但有空名，人间患之。权闻百姓不以为便，省息之，铸为器物，官勿复出也。私家有者，并以输藏，平卑其直，勿有所枉。④
>
> 是岁〔赤乌九年（公元二四六年）〕，权诏曰：“谢宏往日陈铸大钱，云以广货，故听之。今闻民意不以为便，其省息之，铸为器物，官勿复出也。私家有者，敕以输藏，计畀其直，勿有所枉也。”⑤

在一个基本上还是以自然经济为主体的区域内，不但行使当千大钱不需

① 《三国志》卷三十九，《蜀书·刘巴传》注引《零陵先贤传》。
② 《三国志》卷四十七，《吴书·孙权传》。
③ 《三国志》卷四十七，《吴书·孙权传》。
④ 《晋书》卷二十六，《食货志》。
⑤ 《三国志》卷四十七，《吴书·孙权传》注引《江表传》。

要，就是行使普通钱币也同样不需要。所谓“民意不以为便”，正反映了这一情况，孙权及时加以废止，改铸为器物，即彻底将货币取消，是完全正确的。这样，在整个三国时期，货币经济是极端衰微不振的，其中除曹魏统治区因系开发最早的古老经济区，其中断断续续地行使过旧五铢钱外，西蜀和东吴基本上都是不用货币的。

（三）实物货币的复兴

由东汉开始，当黄金已事实上退出流通，而铜钱又时兴时废、若有若无时，货币的各种职能，主要是由布帛（有时还有谷粟）来执行的。

布帛原是很古老的一种实物货币，古代文献中有不少关于使用布帛为货币的记载，战国以前的情况，《中国封建社会经济史》第一卷已经论述过了。从战国到秦汉，本是古代货币经济特别发展的时期，秦汉又进一步确立了货币制度，正式以国家法令的形式规定了黄金与铜钱为法币，并明令废止了其他各种实物货币，但是布帛却仍被保留下来，至少是未被明文废止，所以还能残存在流通领域中，根据传统习惯，照旧充当货币，只是使用的机会较少，不过偶然一用而已。关于在西汉年间使用布帛的情况，已见本章第二节。

进入东汉以后，情况就完全改变了。最初是金属货币与实物货币并用：

> 初，王莽乱后，货币杂用布、帛、金、粟。①
>
> 时〔建武三年（公元二十七年）〕百姓饥饿，人相食，黄金一斤易豆五升。道路断隔，委输不至，军士悉以果实为粮。诏拜南阳赵匡为右扶风，将兵助异，并送缣谷，军中皆称万岁。②

很显然，赵匡在军情紧急时给冯异送来的“缣谷”，并不只是一些简单的衣食之需，同时也是用以维持军中一切开销的一笔经费。

东汉王朝建立之后，仍然是杂用诸种货币，经过长期争论，始于光武朝建武十六年（公元二一一年）勉强铸造了一次铜钱，既非积极主动，自然铸造不可能很多，而且非议横生，责难四起，故勉强维持到章帝时，便正式废止了铜钱，明令规定专以布帛为币。从此，终东汉一代，便一直是以布帛为

① 《后汉书》卷一下，《光武帝纪》。
② 《后汉书》卷十七，《冯异传》。

主币，货币应发挥的职能，主要都是由布帛来表现的：

第一，用为价值尺度，即所有商品的价值，都是用布帛来衡量的：

〔安帝朝，句丽王〕遂成还汉生口，诣玄菟降。诏曰："……自今以后，不与县官战斗而自以亲附送生口者，皆与赎直，缣人四十匹，小口半之。"①

〔任〕昭先名嘏。《别传》曰：嘏，乐安博昌人。……又与人共买生口，各雇八匹。后生口家来赎，时价直六十匹。共买者欲随时价取赎，嘏自取本价八匹。共买者惭，亦还取本价。②

《献帝记》曰：诏卖厩马百余匹，御府大司农出杂缯二万匹，与所卖厩马直。③

《江表传》曰：〔何〕定又使诸将各上好犬，皆千里远求，一犬至直数千匹。④

《襄阳记》曰：〔李〕衡每欲治家，妻辄不听，后密遣客十人于武陵龙阳汜洲上作宅，种甘橘千株。临死，敕儿曰："汝母恶我治家，故穷如是。然吾州里有千头木奴，不责汝衣食，岁上一匹绢，亦可足用耳。"衡亡后二十余日，儿以白母，母曰："此当是种甘橘也，汝家失十户客来七八年，必汝父遣为宅。汝父恒称太史公言，江陵千树橘，当封君家。……"吴末，衡甘橘成，岁得绢数千匹，家道殷足。⑤

第二，用为支付手段，即所有赠遗、赏赐、贿赂、借贷、购求等的价值转移授受，过去使用成千上万斤黄金的，现在都改用布帛：

兄为县吏，颇受礼遗，均数谏止，不听。即脱身为佣，岁余，得钱帛，归以与兄。曰："物尽可复得，为吏坐臧，终身捐弃。"兄感其言，遂为廉洁。⑥

---

① 《后汉书》卷八十五，《东夷·句丽传》。
② 《三国志》卷二十七，《魏书·王昶传》注。
③ 《三国志》卷六，《魏书·董卓传》注。
④ 《三国志》卷四十八，《吴书·孙皓传》注。
⑤ 《三国志》卷四十八，《吴书·孙皓传》注。
⑥ 《后汉书》卷二十七，《郑均传》。

〔党锢祸起，馥〕乃自剪须变形，入林虑山中，隐匿姓名，为冶家佣。亲突烟炭，形貌毁瘁，积二三年，人无知者。后馥弟静，乘车马，载缣帛，追之于涅阳市中。遇馥不识，闻其言声，乃觉而拜之。①

奂少立志节……及为将帅，果有勋名。董卓慕之，使其兄遗缣百匹。奂恶卓为人，绝而不受。②

文帝在东宫，尝从洪贷绢百匹，洪不称意。③

《世语》曰：〔王〕经字彦伟，初为江夏太守。大将军曹爽附绢二十匹令交市于吴；经不发书，弃官归。④

《魏略》曰：玄既迁，司马景王代为护军。护军总统诸将，任主武官选举，前后当此官者不能止货赂。故蒋济为护军时，有谣言，“欲求牙门，当得千匹；百人督，五百匹”。宣王与济善，间以问济，济无以解之，因戏曰：“洛中市买，一钱不足则不行。”遂相对欢笑。玄代济，故不能止绝人事。⑤

《魏略》曰：豫罢官归，居魏县。会汝南遣健步诣征北，感豫宿恩，过拜之。……还为故吏民说之。汝南为具资数千匹，遣人饷豫，豫一不受。⑥

《晋阳秋》曰：〔质子〕威字伯虎。少有志尚，厉操清白。质之为荆州也，威自京都省之。家贫，无车马僮仆，威自驱驴单行，拜见父。停厩中十余日，告归。临辞，质赐其绢一匹，为道路粮。威跪曰：“大人清白，不审于何得此绢？”质曰：“是吾俸禄之余，故以为汝粮耳。”威受之，辞归。⑦

〔祜镇荆州，与吴为界〕祜出军行吴境，刈谷为粮，皆计所侵，送绢偿之。⑧

《会稽典录》曰：揭阳县贼率曾夏等众数千人，历十余年，以

---

① 《后汉书》卷六十七，《党锢传·夏馥》。
② 《后汉书》卷六十五，《张奂传》。
③ 《三国志》卷九，《魏书·曹洪传》注。
④ 《三国志》卷九，《魏书·夏侯尚传》注。
⑤ 《三国志》卷九，《魏书·夏侯尚传附子玄传》注。
⑥ 《三国志》卷二十六，《魏书·田豫传》注。
⑦ 《三国志》卷二十七，《魏书·胡质传》注。
⑧ 《晋书》卷三十四，《羊祜传》。

侯爵杂缯千匹，下书购募，绝不可得。牧遣使慰譬，登皆首服，自改为良民。①

《云别传》曰：云有军资余绢，〔诸葛〕亮使分赐将士，云曰："军事无利，何为有赐？其物请悉入赤岸府库，须十月为冬赐。"亮大善之。②

第三，用为价值贮藏，即用于财富积累。在西汉时，货币形态的财富，主要是黄金和铜钱，现在黄金已不作为货币，而铜钱又被废止，不能再作为贮藏手段，故货币形态的财富只能以布帛来代表：

建武末，上疏自陈曰："……昔在更始，太原执货财之柄，居苍卒之间，据位食禄二十余年，而财产岁狭……家无布帛之积，出无舆马之饰。"③

亮自表后主曰："……若臣死之日，不使内有余帛，外有赢财，以负陛下。"及卒，如其所言。④

从上引记载可以充分看出，由东汉到三国，实物货币已完全代替了金属货币而成为主要货币，这种情况的确立，反过来又使金属货币进一步衰落下去，因为既然货币的各种职能都主要是由布帛来执行，则铜钱的货币作用也就愈来愈削弱。自章帝"封钱"不用，"一取布帛为租，以通天下之用"后，虽然朝廷并没有用正式法令禁止铜钱流通，但是官家收支已不用铜钱，并从此也不再铸钱，而铜钱废止后，前代旧钱，销毁必多，民间虽相沿成习，私相授受，实亦为数有限，无源之水，枯竭可待，事实上在流通领域中已不起作用。所以到了魏文帝时，便正式通过政府法令废止了铜钱的货币资格，规定以布帛谷粟为法定货币：

及黄初二年（公元二二一年），魏文帝罢五铢钱，使百姓以谷帛为市。至明帝世，钱废谷用既久，人间巧伪渐多，竞湿谷以要利，

① 《三国志》卷六十，《吴书·锺离牧传》注。
② 《三国志》卷三十六，《蜀书·赵云传》注。
③ 《后汉书》卷二十八下，《冯衍传》。
④ 《三国志》卷三十五，《蜀书·诸葛亮传》。

作薄绢以为市，虽处以严刑而不能禁也。[①]

魏文帝黄初二年的法令，是秦以后中国货币发展史上又一个划时代的重要法令，不过前后两个法令，在性质上和作用上是刚刚相反的。前一个法令——即秦始皇统一货币制度的法令，其本身既是货币经济长期发展的结果，又是货币经济进一步发展的条件，因为这个法令以明文取消了多种实物货币的流通权，确立了黄金和铜钱的主币地位，故随着这个法令而来的是西汉一代货币经济的大发展；而魏文帝统一货币制度的法令，走的是倒转一百八十度的回头路，它所确立的是实物货币，明文废止的是金属货币，这样统一的结果必然是货币经济的大倒退，同时也是整个国民经济的大倒退。所以，前者的统一是改革，是适应着整个国民经济发展的需要而为之提供了一个进一步发展的条件；后者的统一是倒退，是整个国民经济长期衰落和凋弊的一个具体反映，并对社会经济的进一步发展，又起着强有力的制动作用。

第五节　由各种物价反映出来的货币购买力

上文曾指出，商品经济越是发展得不够充分，货币就越是难于获得，而货币的购买力也就相对地越大，当这种购买力由各种物价反映出来时，就显得物价非常低廉，有时低廉到使现代人无法想象。例如上文亦曾提到，在西汉宣帝时，谷价曾低至石五钱：

宣帝即位，用吏多选贤良，百姓安土，岁数丰穰，谷至石五钱，农人少利。[②]

〔元康四年（公元前六十二年）〕比年丰，谷石五钱。[③]

在以农业为主体的封建社会中，谷价是一切物价的代表，谷价如此低廉，其他各种物价亦必以此为准绳而保持一定的比例。这些情况都说明秦汉时铜钱的购买力是很强的。但是铜钱常常变更，度量衡亦古今异制，很难从史文

① 《晋书》卷二十六，《食货志》。
② 《汉书》卷二十四上，《食货志》。
③ 《汉书》卷八，《宣帝纪》。

的简略记载中得一明确概念，正如清人王鸣盛所说：

> 钱之制，随时而变，量又古今不同。且秦汉时，以百二十斤为石，乃权之名，非量之名，未可据以考今日之价。今以十升为一斗，五斗为一斛，二斛为一石。每升重一斤四两，每斗十二斤八两，每斛六十二斤八两，每石一百二十五斤。[①]

秦汉史籍中关于物价虽有一些零星记载，但既不全面，也不系统，大都是于记述他事时连带涉及，故不易从中看出全貌，但如把各条记载排比起来，加以分析观察，仍可以寻出其变动趋势，例如在丰歉不同的时期，或在治乱的不同的环境中，物价——特别是谷价，会悬殊到天渊之别。一般说来，在天下太平、农村秩序安定、农民能安心以进行正常的再生产时，必然会连年取得丰收，以致造成谷价至低，成为马克思所说“丰收也会成为不幸”，这就是自古以来常说的“谷贱伤农”。由于各时代的钱制不同、量制不同，物价的具体数目当然不可能一律，但是大体趋势却仍然鲜明地反映了出来：

> 〔三十一年（公元前二一六年）〕米石千六百。[②]
>
> 至孝文即位……百姓无内外之繇，得息肩于田亩，天下殷富，粟至十余钱，鸣鸡吠狗，烟火万里，可谓和乐者乎?[③]
>
> 〔神爵元年（公元前六十一年），汉发兵击羌，帝〕以书敕让充国曰：“……今张掖以东粟石百余，刍槁束数十（师古曰：皆谓直钱之数，言其贵），转输并起，百姓烦扰。……[④]
>
> 是岁〔永平十二年（公元六十九年）〕天下安平，人无徭役，岁比登稔，百姓殷富，粟斛三十，牛羊被野。〔《后汉书注又补》：十斗曰斛，一斛三十钱，是一斗仅三钱也，与元初四年（公元一一七年）《三公山碑》中所云“国界大丰，谷斗三钱”之语正合。《光武纪》，王莽末，天下旱蝗，黄金一斤，易粟一斛。《献帝纪》兴平

---

① 《十七史商榷》卷十二，《汉书六·米价》。

② 《史记》卷六，《秦始皇本纪》。

③ 《史记》卷二十五，《律书》。

④ 《汉书》卷六十九，《赵充国传》。

元年，谷一斛五十万，豆麦一斛二十万，治世乱世，丰歉相悬如此〕。①

但在天下大乱之秋，或荒歉饥馑之日，谷价即高得惊人。即在荒歉之中，不同时期或不同地区，亦悬殊甚大，例如：

楚、汉相距荥阳也，民不得耕种，米石至万。②

汉兴，接秦之弊……齐民无藏盖……物踊腾粜，米至石万钱，马一匹则百金。③

汉兴，接秦之弊，诸侯并起，民失作业，而大饥馑。凡米石五千（《补注》周寿昌曰：沈彤云：前石五十者，周景王大钱也，重半两。此石五千者，荚钱也，视李悝时米价，已十六七倍），人相食，死者过半。④

元帝即位，天下大水，关东郡十一尤甚。二年，齐地饥，谷石三百余，民多饿死，琅邪郡人相食。⑤

是岁〔永光二年（公元前四十二年）〕时比不登，京师谷石二百余，边郡四百，关东五百（《补注》周寿昌曰：此元帝永平二年事，《食货志》云，元帝初元二年，齐地饥，谷石三百余，视宣帝时京师谷石五钱，边郡谷斛八钱，丰歉大不侔矣），四方饥馑。⑥

王莽大司空王邑辟升为议曹史。时莽频发兵役，征赋繁兴，升乃奏记邑曰："……方春岁首，而动发远役，藜藿不充，田荒不耕，谷价腾跃，斛至数千，吏人陷于汤火之中，非国家之人也。如此，则胡、貊守关，青、徐之寇，在于帷帐矣。……"⑦

〔地皇二年（公元二十一年），盗贼蜂起。田〕况上言："盗贼始发，其原甚微……因饥馑易动，旬日之间更十余万人，此盗贼所

① 《后汉书》卷二，《明帝纪》。
② 《史记》卷一百二十九，《货殖列传》。
③ 《史记》卷三十，《平准书》。
④ 《汉书》卷二十四上，《食货志》。
⑤ 《汉书》卷二十四上，《食货志》。
⑥ 《汉书》卷七十九，《冯奉世传》。
⑦ 《后汉书》卷三十六，《范升传》。

以多之故也。今雒阳以东，米石二千。……”①

〔莽〕末年……北边及青、徐地人相食，雒阳以东米石二千。②

《东观记》曰：时米石万钱，人相食，伦独收养孤兄子、外孙，分粮共食，死生相守，乡里以此贤之。③

时（建武初）百姓饥饿，人相食，黄金一斤易豆五升。④

建初中，南阳大饥，米石千余。⑤

〔永初二年（公元一〇八年）〕其冬〔西羌〕遂寇钞三辅，断陇道，湟中诸县粟石万钱，百姓死亡不可胜数。⑥

〔永初〕四年，羌寇转盛，兵费日广，且连年不登，谷石万余。⑦

〔永初中〕拜巨鹿太守。时饥荒之余，人庶流迸，家户且尽，准课督农桑，广施方略，期年间，谷粟丰贱数十倍。⑧

〔安帝朝，迁武都太守〕诩始到郡，户裁盈万。及绥聚荒余，招还流散，二三年间，遂增至四万余户。盐米丰贱，十倍于前。（注：《续汉书》曰：诩始到，谷石千，盐石八千，见户万三千。视事三岁，米石八十，盐石四百，流人还归，郡户数万，人足家给，一郡无事。）⑨

（顺帝朝〕迁张掖太守。岁饥，粟石数千，访乃开仓赈给以救其敝。……由是一郡得全。岁余，官民并丰，界无奸盗（注：袁宏《后汉纪》曰：〔访〕从骑循行田亩，劝民耕农，其年谷石百钱）。⑩

〔熹平五年（公元一七六年），平益州夷乱〕后夷人复叛，以广汉景毅为太守，讨定之。毅初到郡，米斛万钱。渐以仁恩，少年间，米至数十云。⑪

---

① 《汉书》卷九十九下，《王莽传》。
② 《汉书》卷二十四上，《食货志》。
③ 《后汉书》卷四十一，《第五伦传》注。
④ 《后汉书》卷十七，《冯异传》。
⑤ 《后汉书》卷四十三，《朱晖传》。
⑥ 《后汉书》卷八十七，《西羌传》。
⑦ 《后汉书》卷五十一，《庞参传》。
⑧ 《后汉书》卷三十二，《樊宏传附准传》。
⑨ 《后汉书》卷五十八，《虞诩传》。
⑩ 《后汉书》卷七十六，《循吏·第五访传》。
⑪ 《后汉书》卷八十六，《西南夷传》。

〔卓〕更铸为小钱，大五分，无文章，肉好无轮郭，不磨鑢。于是货轻而物贵，谷一斛至数十万。[①]

〔兴平元年（公元一九四年），秋七月〕三辅大旱，自四月至于是月。……是时谷一斛五十万，豆麦一斛二十万，人相食啖，白骨委积。[②]

〔兴平元年〕冬十月，太祖至东阿。是岁谷一斛五十余万钱，人相食，乃罢吏兵新募者。[③]

幽州岁岁不登，人相食，有蝗旱之灾，民人始知采稆，以枣椹为粮，谷一石十万钱。[④]

汉代铜钱的购买力本来是强的，不仅谷石五钱说明了铜钱的购买力之强，就是在岁比不登之年，“京师谷价二百余，边郡四百，关东五百”，也仍然说明汉代铜钱具有较强的购买力，即使在荒歉年份，也不过石仅二百，至多五百，这虽然已经偏离了商品的自然价格，改变了商品与货币的等价关系，但是这样的偏离还没有完全脱离商品与货币的正常关系，只是过多地反映了在价格变动中供需关系所起的作用。

但是，从上引的多数记载中，可以看出，谷价的狂涨不仅过千，而且过万，甚至高达数十万，这样的价格显然已经完全脱离了商品和货币的自然价值，在形成这样的价格水平时，货币的价值已经完全不起作用，而实际起作用的只是供需关系，更确切地说，是供需关系失调的严重程度成为决定价格水平的唯一力量；具体说，谷价之所以那样高，是由于粮食的来源断绝，供给缺乏到几乎等于零，而需要则紧急到了人命的生死关头，这时供给与需要之间的差距，就是价格波动的高度，所以商品价格所反映的并不是货币的价值，而只是供需关系失调的严重程度。至于供需关系之所以能如此失调，物价波动之所以能如此巨大，社会经济结构的简单和再生产基础的薄弱，是一个基本的要素。因为在一个以农业为基础的自然经济的结构中，小农民所进行的是规模狭小、基础薄弱的简单再生产，对于这样的小农民，一头母牛的死亡就可以使他不能按照原来的规模恢复其再生产，故丰收之于他也会成

① 《三国志》卷六，《魏书·董卓传》。

② 《后汉书》卷九，《献帝纪》。

③ 《三国志》卷一，《魏书·武帝纪》。

④ 《太平御览》卷三十五，引《英雄记》。

为不幸。在基础如此薄弱、积蓄如此贫乏的经济结构中，只要供需关系上有微小失调，就会在价格上引起轩然大波。上引的各条记载，正是这一现象的结果，不论上涨的是几百、几千或几万，对小农民而言都是灾难性的——价格的波动愈巨大，这种灾难也就愈深重。

由于粮价直接关系着国计民生，甚至关系着国家和个人的生死存亡，故关于粮价的高低和变动，自然就记载较多也较详，至其他各种物价即不为人们所注意，史官也没有把日常琐事载入史册的必要，故有关记载遂寥寥无几，如偶尔涉及，亦大都属于异常情况或在较大变动之际。在这些零星记载中，主要有马价、盐价、缣价、奴价、饼价等，虽然都是些一鳞半爪，不足以窥见全貌，但亦可借以略见梗概：

> 汉兴，接秦之弊……米至石万钱，马一匹则百金。[①]
>
> ［元狩五年（公元前一一八年）春三月］天下马少，平牡马匹二十万（如淳曰：贵平牡马贾，欲使人竞畜马）。[②]
>
> 梁期侯任破胡，侯当千嗣，太始四年，坐卖马一匹贾钱十五万，过平，臧五百以上，免（《补注》苏舆曰：《武纪》元狩五年，天下马少，平牡马，匹二十万。如淳曰：贵平其价，使人竞畜。此贱其直，故以过平罪之，又犯臧五百以上，免官也）。[③]
>
> ［光和］四年（公元一八一年）春正月，初置騄骥厩丞，领受郡国调马。豪右辜榷，马一匹至二百万（《前书音义》曰：辜，障也。榷，专也。谓障余人卖买而自取其利）。[④]

马是重要的交通工具，又是重要的军用物资，供不应求，自然价格昂贵，汉武帝平牡马直，匹二十万，是官定的收购价格，为了奖励民间养马，不许压价强买，当然也不许哄抬马价，致影响官家利益。至于后来到灵帝时马价涨到二百万，系豪右垄断的结果，已经偏离马的正常价格很远了。其他各种物价，可考的计有：

---

① 《史记》卷三十，《平准书》。
② 《汉书》卷六，《武帝纪》。
③ 《汉书》卷十七，《景武昭宣元成功臣表》。
④ 《后汉书》卷八，《灵帝纪》。

盐价。

贤良曰：……民得占租鼓铸煮盐之时，盐与五谷同贾，……今总其原，一其贾……盐铁贾贵，百姓不便，贫民或木耕手耨，土耰啖食。①

〔地节四年（公元前六十六年）〕九月，诏曰："……盐，民之食，而贾咸贵，众庶重困。其减天下盐贾。"②

《续汉书》曰：诩始到（武都），谷石千，盐石八千，见户万三千。视事三岁，米石八十，盐石四百，流人还归，郡户数万。③

酒价。

〔始元六年（公元前八十一年）〕秋七月，罢榷酤官，令民得以律占租，卖酒升四钱。④

孝灵末，百司湎酒，酒千文一斗。⑤

缣价。

〔宣〕出为临淮太守，政教大行。《补注》沈钦韩曰：《御览》四百九十六《风俗通》曰：临淮有一人，持一匹缣，到市卖之。道遇雨，披戴。后人求共庇荫，授与一头。雨霁，当别，因共争，各云我缣，诣府自言。丞相薛宣劾实，两人莫肯首服，宣曰："缣直数百钱耳，何足纷纷，自致县官。"呼骑吏中断缣，各与半，使追听之。后人曰："受恩！"前撮之。缣主称怨。宣曰："然！固知当尔。"固诘责之，具服，缣悉还本主。⑥

---

① 《盐铁论·水旱》。
② 《汉书》卷八，《宣帝纪》。
③ 《后汉书》卷五十八，《虞诩传》注引。
④ 《汉书》卷七，《昭帝纪》。
⑤ 《太平御览》卷八百四十五，引《典论》。
⑥ 《汉书补注》卷八十三，《薛宣传》。

饼价。

> 〔桓帝时，赵岐避仇〕因从官舍逃，走之河间，变姓字，又转诣北海，著絮巾布袴，常于市中贩胡饼。〔孙〕宾硕时年二十余，乘犊车，将骑入市。观见岐，疑其非常人也，因问之曰："自有饼耶？贩之耶？"岐曰："贩之。"宾硕曰："买几钱？卖几钱？"岐曰："买三十，卖亦三十。"宾硕曰："视处士之望，非似卖饼者，殆有故！"①

至于奴婢价，汉代奴婢公开买卖，奴隶身价自必一方面根据货币价值，另一方面根据奴婢的供需状况，而公开议价，但是见诸明文记载的则很少。本卷第三章讨论汉代奴隶制度时，曾论述了当时奴隶买卖的情况，文献中亦偶有涉及奴婢身价的，例如王褒《僮约》中自序买髯奴便了是一万五千，大概是西汉年间的一般价格；乐腽"与人共买生口，各雇八匹。后生口家来赎，时价值六十匹"②，当系东汉末年和三国时期的一般价格，前文已述及，兹从略。

---

① 《三国志》卷十八，《魏书·阎温传》注引《魏略·勇侠传》。

② 《三国志》卷二十七，《魏书·王昶传》注引《别传》。

第八章　货币财富的形成与积累

第一节　货币财富的源泉与财富的增殖——“求富欲”与“追逐狂”

我们在本卷第七章中全面阐述了接续战国而一直发展下来的货币经济，经过秦代的货币制度的统一，到西汉又发展到了一个新的高峰，即从秦代确立起来的金铜并用的复本位制度，到西汉时更臻于完善，而黄金的普遍使用和大量流通，事实上已经是一种雏形的金本位制度。在那样早的时代，有了如此高度发展的货币经济，这在同时代的各国的历史上是无与伦比的。这样一种高度的或突出的发展，其本身一方面是商品经济发展的结果，另一方面又是商品经济进一步发展的基本条件，因为商品经济与货币经济二者永远是相辅而行和相依为命的。所谓商品经济的发展，主要就是商品流通量的增多和流通范围的扩大，此二者本身就意味着货币流通数量的增多和流通范围的扩大，随着这两种情况而俱来的一个共同结果，是“求金欲”的产生，这是随着货币权力的增加而必然相随而至的，完全如马克思所说：

> 自从有可能把商品当作交换价值来保持，或把交换价值当作商品来保持以来，求金欲就产生了。随着商品流通的扩展，货币——财富的随时可用的绝对社会形式——的权力也就日益增大。①

货币权力的增大，首先表现在它具有无坚不摧、无攻不克的强大威力上，它冲垮了旧封建制度所设置的堤防，它不仅摧毁了“田里不鬻”的封建规范，使土地变成商品，而且把人的灵光扑灭了，把他们变成普通的交换价值。

---

① 《资本论》第一卷，第一五一页。

这一点前文已多所论列，这里不再重述。其次，强大的货币权力所摧毁的，不止是社会上的有形之物，而更重要的是它于不知不觉之中，影响了社会的性质和在社会上占统治地位的指导思想，甚至影响了人们的道德规范和行为准则。

所谓社会上占统治地位的指导思想，实际上就是集中反映统治阶级的根本利益的思想。在战国以前，是典型的封建制度时期，在社会经济结构中占主导地位的是自然经济，换言之，生产的主要目的是得到使用价值来满足需要，因此，这种社会经济结构的基本经济规律，或者说这种社会经济的指导原则是谋生，而不是谋利。在以生产使用价值为主的经济结构中，在以谋生为根本的指导原则下，当生产是以满足需要为目的的使用价值的生产，就为生产者自身的一个或大或小的欲望所限制，既然不能把多余的产品长期贮藏起来，用以积累价值，当然就不会产生对剩余价值的无限贪欲。同时，使用价值都是劳动生产物，是可供使用的消费物品，而消费物品可能提供的效用，是随着该物品数量的逐渐增多而逐渐递减的，超过一定的限度之后，其对于该物品的所有者而言就失去了效用，所以把超过需要的使用价值积累起来，又是不可能的。可见把谋生作为指导思想，正是这一情况的充分反映。因此，在典型的封建制度时期，都是以“不言利”或反对“求富”来作为社会的指导思想的。在欧洲的中世纪，基督教是为封建制度的根本利益服务的，它就是把反对谋利作为教义的重要一条，明言富人不能进天国，富人进天国，比骆驼穿过针孔还要难。在中国，反对谋利，更鲜明地反映着统治阶级的根本利益，完全如孟子所说：“王曰：何以利吾国？大夫曰：何以利吾家？……上下交征利而国危矣……。苟为后义而先利，不夺不餍。”①

自从货币来到世间以后，这时以交换价值为目的的生产代替了以使用价值为目的的生产，于是谋利——即求富——亦代替了谋生而成为社会经济的指导原则。

那么，为什么一定要等到有了货币，或者更确切地说，要等到货币经济有了一定程度的发展之后，财富的积累才成为可能呢？解答这个问题，先要说明到底什么是财富，它是怎样产生的。

物质是财富的要素，货币形态的财富是从物质财富中派生出来的，故只有到了货币已经存在并且已经有了一定程度的发展之后，才能以货币形态来

① 《孟子·梁惠王》。

进行积累。这样的一种发展过程，包含着由使用价值的生产到交换价值的生产这样一个全部的转变过程。本来财富的源泉是来自生产，是通过人类的有目的的劳动来改变自然物质的一种变换过程。马克思说：

……任何一种不是天然存在的物质财富要素，总是必须通过某种专门的、使特殊的自然物质适合于特殊的人类需要的、有目的的生产活动创造出来。因此……是人和自然之间的物质变换即人类生活得以实现的永恒的自然必然性。

上衣、麻布等使用价值，简言之，种种商品体，是自然物质和劳动这两种要素的结合。如果把上衣、麻布等等包含的各种不同的有用劳动的总和除外，总还剩有一种不借人力而天然存在的物质基质。人在生产中只能像自然本身那样发挥作用，就是说，只能改换物质的形态。不仅如此，他在这种改变形态的劳动中还要经常依靠自然力的帮助。因此，劳动并不是它所生产的使用价值即物质财富的唯一源泉。正像威廉·配第所说，劳动是财富之父，土地是财富之母。①

可见财富就是使用价值，是人类的劳动力与自然的物质相结合，而有目的地生产出来的，而所谓生产不过只是改变了一下物质形态，或者是改变了一下物质的结构方式，或者是改变了一下物质的存在位置，等等。但是当货币出现了以后，生产就变成了商品生产，即为了出卖而生产，这时的生产已变为以交换价值为目的的生产，而不再是以使用价值为目的的生产了。所生产的既然是商品，那就必须出卖，也就是必须流通。前文曾指出，在流通的总过程中，从一个方面看是商品流通，从另一个方面看就是货币流通，所以这时货币所起的作用，已不仅是交换媒介或价值尺度，而且具有了资本的职能，这是由于：

一个人要出卖与他的劳动力不同的商品，他自然必须占有生产资料，如原料、劳动工具等。没有皮革，他就不能做皮靴。此外，他还需要有生活资料。任何人……都不能靠未来的产品过活，也不

① 《资本论》第一卷，第五六——五七页。

> 能靠尚未生产好的使用价值过活。人从出现在地球舞台上的第一天起，每天都要消费，不管在他开始生产以前和在生产期间都是一样。如果产品是作为商品生产的，在它生产出来以后就必须卖掉，而且只有在卖掉以后，它才能满足生产者的需要。除生产时间外，还要加上出售所需要的时间。①

这是说如果生产的是商品，则生产者在生产开始以前，就必须支出一笔一定数目的货币来备办生产所必需的生产资料，如原料、劳动工具等。此外，他还必须备办在商品生产好并把它卖掉以前，维持劳动力所必需的生活资料，这是他在生产前、生产期间以及最后把商品卖掉这一段时间内的生活费用，因为他每天都要消费，而又“不能靠未来的产品过活，也不能靠尚未生产好的使用价值过活”。所有这一切的货币支出，在性质上都属于投资，即都是作为资本来使货币在生产中发生作用的。所以当货币具有了资本机能，亦即当以使用价值为目的的生产变为以交换价值为目的的生产时，“求金欲”就立刻产生了。马克思说：

> 自从有可能把商品当作交换价值来保持，或把交换价值当作商品来保持以来，求金欲就产生了。随着商品流通的扩展，货币——财富的随时可用的绝对社会形式——的权力也就日益增大。②

商品是要出卖的，所以商品的生产过程一结束，就必须马上进入流通过程，即必须有商人来贩运而运销于各地市场。商人的贩运是为了卖而来买的，全过程的开始和终结都是货币，都是交换价值。商人不停地买进卖出，也就是这个循环在不停地运动，亦即运动成为没有止境的。

> 为买而卖的过程的重复或更新，与这一过程本身一样，以达到这一过程以外的最终目的，即消费或满足一定的需要为限。相反，在为卖而买的过程中，开端和终结是一样的，都是货币，都是交换价值，单是由于这一点，这种运动就已经是没有止境的了。……每

① 《资本论》第一卷，第一九一页。

② 《资本论》第一卷，第一五一页。

> 一次为卖而买所完成的循环的终结，自然成为新循环的开始。简单商品流通——为买而卖——是达到流通以外的最终目的，占有使用价值，满足需要的手段。相反，作为资本的货币的流通本身就是目的，因为只是在这个不断更新的运动中才有价值的增殖。因此，资本的运动是没有限度的。①

这种从不断更新的运动中来增殖自身的价值，因而成为没有止境的资本运动，就使“求金欲”成为马克思所说的“追逐狂”，当这种思潮弥漫于社会时，实际上就是资本主义因素增长的标志，是资本主义经济在意识形态方面的反映，所以有的经济学家（如曼克斯·韦柏[1]）就把这种资本主义性质的社会称之为“追逐的社会”。马克思对此曾有如下深刻分析：

> 作为这一运动的有意识的承担者，货币所有者变成了资本家。他这个人，或不如说他的钱袋，是货币的出发点和复归点。这种流通的客观内容——价值增殖——是他的主观目的；只有在越来越多地占有抽象财富成为他的活动的唯一动机时，他才作为资本家或作为人格化的、有意志和意识的资本执行职能。因此，绝不能把使用价值看作资本家的直接目的。他的目的也不是取得一次利润，而是谋取利润的无休止的运动（虽然商人并不轻视已经获得的利润，但他的目光却总是盯着未来的利润）。这种绝对的致富欲，这种价值追逐狂（这种不可遏止的追逐利润的狂热，这种可诅咒的求金欲，始终左右着资本家），是资本家和货币贮藏者所共有的。不过货币贮藏者是发狂的资本家，资本家是理智的货币贮藏者。货币贮藏者竭力把货币从流通中拯救出来，以谋求价值的无休止的增殖，而精明的资本家不断地把货币重新投入流通，却达到了这一目的。②

这种谋取利润的无休止的运动，这种绝对致富欲，这种价值追逐狂，实概括了所谓“追逐的社会”的全部内容，尽管各人的“求富”——营利——的方法不同，目的则是完全相同的。例如守财奴——货币的贮藏者，是把货

---

① 《资本论》第一卷，第一七三页。

② 《资本论》第一卷，第一七四——一七五页。

币从流通中抽出来，即“拯救出来”，用一毛不拔的吝啬办法，把支出减少到最低限度，用不支出或少支出来谋求价值的无休止增殖。资本家与此相反，他是尽力之所能及来尽可能多地把货币投入流通，从扩大营运规模——多买多卖来赚取更多的利润。所以货币贮藏者——守财奴可以说是消极的资本家，而资本家则是积极的货币所有者。

积累价值，就是以货币形态积累财富。积累财富既然是无止境的，这种绝对致富欲、这种价值追逐狂，便成为一个永远填不满的欲壑，积累越多，越是感到不满足，也就更加贪婪，不仅重视已经获得的利润，又紧紧盯着未来的利润，在财富总额上每增加一个数目，不过是争取获得更大数目的起点，这样，在财富追逐的运动中，只有一站一站的起点，而没有终点，每达到一站，前面还有更远的一站。结果，追逐财富成为息息法斯[2] 式的永远作不完的苦役。马克思对此作了更为全面的分析：

> 商品作为使用价值满足一种特殊的需要，构成物质财富的一种特殊的要素。而商品的价值则衡量商品对物质财富的一切要素的吸引力的大小，因而也衡量商品所有者的社会财富。在野蛮的简单的商品所有者看来，甚至在西欧的农民看来，价值是同价值形式分不开的，因而金银贮藏的增多就是价值的增多。当然，货币的价值在变化……但是一方面，这不会妨碍200盎斯[3] 金始终比100盎斯金包含的价值多，300盎斯金又比200盎斯金包含的价值多等等，另一方面，这也不会妨碍这种物的天然的金属形式仍旧是一切商品的一般等价形式，是一切人类劳动的直接的社会化身。贮藏货币的欲望按其本性是没有止境的。在质的方面，或按形式来说，货币是无限的，也就是说，是物质财富的一般代表，因为它能直接转化成任何商品。但是在量的方面，每一个现实的货币额又是有限的，因而只是作用有限的购买手段。货币的这种量的有限性和质的无限性之间的矛盾，迫使货币贮藏者不断地从事息息法斯式的积累劳动。他们同世界征服者一样，这种征服者把征服每一个新的国家只看作是取得了新的国界。①

① 《资本论》第一卷，第一五三页。

既然金银贮藏的增多就是价值的增多，那就不管金银本身的价值会发生怎样的变化，反正数量多就是包含的价值多，因此，“贮藏货币欲望按其本性是没有止境的”。所以在历史上开始了财富的积累，同时就开始了没有止境的求富欲和追逐狂。在中国，这样的历史变化是从战国时期开始的，当时的人即已认清了问题的实质，例如：

桓公问管仲“富有涯乎”？答曰：“水之以涯，其无水者也。富之以涯，其富已足者也。人不能自止于足，而亡其富之涯乎。”（注：亡，读为忘，谓欲富无厌，忘其涯也）。①

其商人通贾，倍道兼行，夜以续日，千里而不远者，利在前也。②

战国年间还只是这一重大历史变化的开始时期，到了秦汉时代，这一现象无论在广度方面或深度方面又都大大地发展了，当司马迁在世时，这些变化仍旧在继续之中，故上述种种都还是他当前的现实。他以敏锐的眼光洞察了这一巨大的但又是隐约的时代变化，《史记·货殖列传》就是他概括的结果。上文在讨论商品经济的发展时已多所引用，现在需要结合本章主题，从另一方面加以分析，因为司马迁在同一记载中，除了论述促进商品经济发展的两个主要过程（其一是随着商业的发展促进了生产物的商品化，其二是商品生产的发展促进了商业的发展）之外，他又着重指出了财富的源泉，即怎样由人类劳动力与自然相结合而生产可以满足人类需要的物质财富，并且还指出所谓生产，不过是改变一下自然物的形态或其存在位置：

山西饶材、竹、穀、纑[4]，纻属，可以为布；穀（木名，皮可为纸）、旄、玉石；山东多鱼、盐、漆、丝、声色；江南出楠[5]、梓、姜、桂、金、锡、连（连，铅之未炼者）、丹沙、犀、玳瑁、珠玑、齿革；龙门、碣石北多马、牛、羊、旃裘、筋角；铜、铁则千里往往山出棋置（言如置棋子，往往有之）：此其大较也。皆中国人民所喜好，谣俗被服饮食奉生送死之具也。故待农而食之，虞而

① 《韩非子·说林下》。

② 《管子·禁藏》。

出之，工而成之，商而通之。①

这一段文献，除了涉及生产物的商品化和国民经济体系的形成等问题已于前文有关章节中论述外，这里需要着重指出的，是这些物质财富的源泉以及它们的生产和流通过程。原来这些东西都是些未经人手而自然存在的天然物品，但是要把这些天然物品所具有的特殊功用发挥出来，使之成为能满足人类特殊需要的消费品，还必须通过人类劳动来与这些天然存在的物质财富相结合，用司马迁的话来说，就是经过农夫的种植、虞人的采集、工人的加工、贩运，总之，是经过人类的劳动来改变它们的存在形式，或者改变它们的存在位置（贩运到别处），以适合特殊需要。只有这样，这些天然物品才能成为“中国人民所喜好，谣俗被服饮食奉生送死之具”；简言之，就是只有经过加工和贩运之后，才能成为全国各地人民的生活必需品、便利品或奢侈品。这些东西既然都是早已存在的天然物，则所谓生产，亦只能是改变它们的形式或改变它们的位置，即所谓“工而成之，商而通之”。总之，所有这些物质财富，都是经过人与自然变换之后，才成为“奉生送死之具”的。这与《盐铁论》中的一段记载意义相同：

陇蜀之丹漆旄羽（别本作丹沙毛羽），荆扬之皮革骨象，江南之楠梓竹箭，燕齐之鱼盐旃裘，兖豫之漆丝𫄨[6]纻，养生送终之具也，待商而通，待工而成。②

所有以上所述的各种物质财富，都是各地方天然存在的土特产，是根据一定的客观条件，在自然界中自生自灭的，在这一类型的生产过程中，人的劳动起着主导作用，而资本的作用是不大的，尽管生活资料和某种生产资料还是必需的。下引文献所论述的系另一种类型，这是从生产物的商品化开始向商品生产过渡，所有农、林、牧、副、渔生产品，虽然也都是天然物品，但已经不是自然存在，而是由人工培植畜养的，在整个生产过程中，资本所起的作用已显著提高，在开始经营这些生产时，都必须投下或多或少的一个货币额：

---

① 《史记》卷一百二十九，《货殖列传》。

② 《盐铁论·本议》。

> 陆地牧马二百蹄，牛蹄角千，千足羊，泽中千足彘，水居千石鱼陂，山居千章之材，安邑千树枣；燕、秦千树栗；蜀、汉、江陵千树橘；淮北、常山已南、河济之间千树萩；陈、夏千亩漆；齐、鲁千亩桑麻；渭川千亩竹；及名国万家之城，带郭千亩亩钟[7] 之田，若千亩卮茜，千畦姜韭：此其人皆与千户侯等，然是富给之资也。①

上述各种物产虽然都是农产品或与农业有关的产品，但已经不是由原来一家一户小农民经营的小生产，而是大规模的企业经营，如“陆地牧马二百蹄”，按照前章所述之马价来看，不投下一笔可观的货币——资本——额，是不可能畜养众多的马匹的。其他均以此类推。正由于每一种企业都是大规模或较大规模，投入其中的固定资本和流动资本比较多，故收获的利润亦比较大，经营各该业的货币所有者——资本家，都是“此其人皆与千户侯等，然是富给之资也”。

下面这种类型不仅全部都是商品生产，而且都是需要大量资本才能经营的大企业，其中有很多是在“通邑大都”设置的大型作坊或手工业工场：

> 通邑大都，酤一岁千酿，醯酱千瓨（瓨，长颈罂），浆千甔（大罂缶），屠牛羊彘千皮，贩谷粜千钟，薪稾千车，船长千丈，木千章，竹竿万个，其轺车（小车也）百乘，牛车千两，木器髹者千枚（髹，音休，漆也），铜器千钧（钧三十斤），素木铁器若卮[8] 茜千石（百二十斤为石，素木，素器也），马蹄躈千（躈，音料，口也。蹄与口共千，则为二百匹），牛千足，羊彘千双，僮手指千，筋角丹沙千斤，其帛絮细布千钧，文采千匹，榻布皮革千石，漆千斗，糵曲[9] 盐豉千荅[10]，鲐鮆千斤（鲐，海鱼也；鮆，刀鱼也），鲰千石（鲰，杂小鱼也），鲍千钧，枣栗千石者三之，狐鼦裘千皮，羔羊裘千石，旃席千具，佗果菜千钟。……此亦比千乘之家，其大率也。②

① 《史记》卷一百二十九，《货殖列传》。
② 《史记》卷一百二十九，《货殖列传》。

上引文献我们在讨论古代商品经济的发展时曾引述过，因为文中所论及的情况，不仅是司马迁当时的现实情况，而且是从战国以来一直在发展中的情况。所有生产出来的物品，不论是农林牧渔等收获品或是手工业制造品，都完全是劳动生产品，而不再是如前引文献所述都是原已存在于自然界的天然物品。它们当然各具特殊的使用价值，能用以满足人类的特种需要，但是它们的生产者则是把它们当作交换价值的担当者来生产的；换言之，这些东西都是为了出卖而当作商品来生产的。这一切都说明，古代的商品经济已经发展到不再是由商业的发展促进生产物的商品化，而是由商品生产以其自身运动形成商业。

除此以外，上引文献中还包括了更多的内容：一是企业的种类包括了农工商各个部门，而任何一种企业都是大规模经营，如“酤一岁千酿”“醯酱千瓨”“浆千甔”“船长千丈”“牛车千两”“铜器千钧”“帛絮细布千钧”“文采千匹”“狐貂裘千皮”等。既然产量都很大，则生产它们的作坊或工场必然都是大规模的，并且都是设在交通运输条件比较便利的“通邑大都”，这显然是由于大规模的商品生产，必须紧密地与国内各地市场相联系。二是所有这些作坊手工业或工场手工业都是专业化的生产，它们既不再是农村的家庭副业，也不再是个体小手工业者进行的小商品生产。上引文中均以千标数，意谓成千上万，极言其多，不能理解为整整一千。如“铜器千钧”，一个作坊能处理三万斤铜来制造各种铜器，则其规模之大和使用工人之多，是不言而喻的。有“牛车千两”和“船长千丈”，不论所指的是制造还是贩运，其经营的规模都是很大的。三是从事规模如此宏大的生产或贩运，其所需要的固定资本和流动资本必都不在少数，企业的经营者“此亦比千乘之家”，可知都是资本所有者。他们投资于这些企业，来生产供运销于全国市场的商品，是为了赚取利润，换言之，是作为积累财富的一种手段来从事经营的。据司马迁所述，不论经营其中的任何一种，都可以发财致富，比千乘之家，说明商品生产是财富积累的一个重要源泉，是利润追逐狂的一个产生根源。四是由于上述各种企业都是大规模经营的商品生产，经营的人都是货币所有者——即资本所有者，则企业的生产结构和营运方式，必然都是根据资本的利益来形成，并且是在资本的命令下来进行的。很显然，在这里起支配作用的经济规律是资本主义性质的经济规律，因而所有上述的各种企业亦必然都是具有资本主义萌芽性质的企业。所以我们说早在战国时期，中国的社会经济结构中已经含有资本主义萌芽的因素，或者说资本主义的因素已经开始萌芽。这比欧洲几乎早了两千年。其实这并没有什么可以惊异之处，因为所谓资本主义，不过是一种发展了的商品生产以及作为它的发展条件的货币经济的发达，而这二者都在中国战国时期即已有了大量的和突出的发展，特别是以黄金为主币的货币经济的发展，更比欧洲早了两千年以上，这一点，我们在前文已经反复阐述过了。

尽管资本主义性质的企业所生产的同样是使用价值，但是资本家经营生产的直接目的，却又不是使用价值，而只是把使用价值当作交换价值的一个担当者或体现者来生产的。上文曾引用马克思的话说明了所谓资本家，不过是资本的人格化，是资本职能的有意识和意志的执行者，这个职能就是积累财富，所以积累价值就成为资本家一切活动的唯一动机。“他的目的也不是取得一次利润，而是谋取利润的无休止的运动。”因此，他必须时时刻刻像“猛兽鸷鸟之发，孙吴用兵、商鞅行法”一样，既要不失时机地攫取当前的利润，也要虎视眈眈地盯着未来的利润。这种绝对致富欲同样是一种客观的自然规律，是不以人们的意志为转移的。它以铁的必然性发生作用的结果，使资本所有者陷入“货币的量的有限性和质的无限制之间的矛盾之中”，迫使他们不自觉地但又无休止地从事息息法斯式的积累劳动。

从战国历秦到西汉，随着商品经济和货币经济的不断发展，这种绝对致富欲和价值追逐狂就风靡一时，司马迁把他所观察到的从社会经济基础到意识形态各个方面的深刻变化，概括为《货殖列传》这篇奇文，作为《史记》的末篇。之所以称之为奇文，是因为这篇文章的主要思想，与英国古典经济学的奠基人亚当·斯密（Adam Smith）在《国富论》一书中所阐述的思想，有许多共同点，但在时间上却早了两千年，这个偏早的时间，就是资本主义萌芽因素过早出现的时间。《货殖列传》的全文较长，内容亦很广泛，这里仅就其中阐述“求富欲”的狂热情况，指出以下几点：

第一，认为人类一切经济行为的出发点，是获得最大可能的利益。自从商品经济和货币经济出现在历史舞台并且有了一定程度的发展之后，这个最大可能的利益，就是追逐最大可能的价值积累，这就是前引马克思所说：“自从有可能把商品当作交换价值来保持，或把交换价值当作商品来保持以来，求金欲就产生了。”司马迁根据自然主义的思想在这里所强调的自由放任，与亚当·斯密所说每一个人的背后有一只“看不见的手”在起着督促作用的思想，基本上是相同的。

〔详述各地物产后〕皆中国人民所喜好，谣俗被服饮食奉生送死之具也。故待农而食之，虞而出之，工而成之，商而通之。此宁有政教发征期会哉？人各任其能，竭其力，以得所欲。故物贱之征贵，贵之征贱，各劝其业，乐其事，若水之趋下，日夜无休时，不召而自来，不求而民出之。岂非道之所符，而自然之验耶？①

这是说人之求利，完全是符合客观规律的一种自然表现，故其运行，“若水之趋下，日夜无休时，不召而自来，不求而民出之”，意谓如听其自然，“各任其能，竭其力，以得所欲”，则每一个人便可以各得其所，即所谓“劝其业，乐其事”。一切顺应自然，就是符合了客观规律，所以说这是“道之所符，而自然之验”。这正是道家的中心思想，即所谓“道法自然”的意思。其实道家所说的道，用现在的话来说，就是宇宙万物的自然运行规律，一切发展变化都是遵循着自然程序来运行的。这种自然主义的思想，对欧洲在资本主义萌芽时期的启蒙哲学产生了深刻影响，当时在欧洲出现了历时相当长的所谓“中国热”。在经济科学方面，最早为经济学奠基的法国重农学派，其思想渊源就是来自中国的道家哲学，他们常用的“自由放任”一词，其原义就是听其自然。

第二，绝对致富欲或价值追逐狂。司马迁用“求富”一词概括了上述的两个概念。求富是人类经济行为的自然表现，实际上是人的一种本能，即所谓“富者人之情性，所不学而俱欲者也”。人们的思想意识本来是由社会的经济基础决定的，而经济活动的目的，则完全是为了求富，所以营利精神很自然地会成为社会的一种指导原则：

上则富国，下则富家。贫富之道，莫之夺予，而巧者有余，拙者不足。……故曰：“仓廪实而知礼节，衣食足而知荣辱。”礼生于有而废于无。故君子富，好行其德；小人富，以适其力。渊深而鱼生之，山深而兽往之，人富而仁义附焉。富者得埶益彰，失埶则客无所之，以而不乐。夷狄益甚。谚曰：“千金之子，不死于市。”此非空言也。故曰：“天下熙熙，皆为利来；天下壤壤（壤、穰通用，《盐铁论》此语作穰穰），皆为利往。”夫千乘之王，万家之侯，百

① 《史记》卷一百二十九，《货殖列传》。

室之君，尚犹患贫，而况匹夫编户之民乎！

当这种绝对致富欲或价值追逐狂日益高涨起来并日益变为狂热时，很自然地会成为人们的思想行为的准则，当人人都被黄金的魔杖一点而中了疯魔之时，利之所在，如群蚁附膻，谁都想从中夺取最大的一份，甚至不惜采取任何不正当的手段：

贤人深谋于廊庙，论议朝廷，守信死节隐居岩穴之士设为名高者安归乎？归于富厚也。是以廉吏久，久更富，廉贾归富（《集解》：归者，取利而不停货也）。富者，人之情性，所不学而俱欲者也。故壮士在军，攻城先登，陷阵却敌，斩将搴旗，前蒙矢石，不避汤火之难者，为重赏使也。其在闾巷少年，攻剽椎埋，劫人作奸，掘冢铸币，任侠并兼，借交报仇，篡逐幽隐，不避法禁，走死地如骛[11] 者，其实皆为财用耳。今夫赵女郑姬，设形容，揳鸣琴，揄长袂，蹑利屣，目挑心招，出不远千里，不择老少者，奔富厚也。游闲公子，饰冠剑，连车骑，亦为富贵容也。……吏士舞文弄法，刻章伪书，不避刀锯之诛者，没于赂遗也。农工商贾畜长，固求富益货也。此有知尽能索耳，终不余力而让财矣。……若至家贫亲老，妻子软弱，岁时无以祭祀进醵，饮食被服不足以自通，如此不惭耻，则无所比矣。……无岩处奇士之行，而长贫贱，好语仁义，亦足羞也。

这是唯物主义者的无情揭露：不论是深谋于廊庙之上的“贤人”，还是斩将搴旗的大将；也不论是偷坟掘墓的恶少，还是沦为娼妓的赵女郑姬，虽然各人的社会地位悬殊，但大家的目的完全相同——“奔富厚也”。

第三，鼓吹自由竞争。既然谁都“不余力而让财”，则各人势必要各自根据自己的聪明才智和能力技巧等，去争取获得最大的利益，那就不能在营利或求富的前进道路上设置任何人为的或自然的障碍，一旦出现就必须彻底肃清，以保证每一个营业者都有充分竞争的自由。司马迁为了透彻地说明这个问题，还以白圭的成功经验为例，并以白圭自己的话来说明他是怎样进行竞争，并获得成功的。白圭的经验是：每个营业者都必须以敏锐的眼光，密切注视着一切有利的机会，一旦机会来临，就要像猛虎搏兔、鸷鸟攫食那样地敏捷迅猛，决不能徘徊瞻顾，犹豫不决，致坐失良机，因此，要求一个营业者必须像伊尹、吕尚那样有深谋远虑，像孙吴用兵那样勇敢果决，像商鞅行法那样严肃认真。竞争既然是自由的，必然是剧烈的，自由竞争的结果一定是优胜劣败，在竞争中的胜利者，就是在营业上的成功者：

> 贫富之道，莫之夺予，而巧者有余，拙者不足。
> 富无经业，则货无常主，能者辐凑，不肖者瓦解。

第四，货币是一切权力的权力，又是一个彻底的平均主义者，它能摧毁一切有形之物，又能改变人的社会关系和消灭一切差别。在人们已堕入利网，在一切都是唯利是视和唯利是图的这样一个社会中，财富或者更具体地说金钱就成为社会的最高权威，也就是金钱成为人们的最高主宰，“谁有了它，谁就成为他想要的一切东西的主人”。所谓“千金之子，不死于市”这样一个在春秋时期即已尽人皆知的谚语，说明绝对致富欲或价值追逐狂那时已经弥漫于社会了，这与后来的另一谚语“有钱能使鬼推磨”实反映了同一思想。人之所以不惜舍命以追逐金钱，是因为有了钱就有了一切，所以司马迁感慨地说：

> 渊深而鱼生之，山深而兽往之，人富而仁义附焉。

同时，有了金钱，也就有了权势，不仅穷人受制于富人，而且钱少的也受制于钱多的：

> 凡编户之民，富相什则卑下之，伯则畏惮之，千则役，万则仆，物之理也。……若至力农畜，工虞商贾，为权利以成富，大者倾郡，中者倾县，下者倾乡里者，不可胜数。……千金之家比一都之君，巨万者乃与王者同乐，岂所谓“素封”者邪？非也？[①]

所有农畜工虞商贾和其他各色财富所有者，他们的财力之雄和势力之大，都是“大者倾郡，中者倾县，小者倾乡里”，但是从这些概括的语言中我们

① 以上所引司马迁语，均见《史记》卷一百二十九，《货殖列传》。

很难得出一个清晰具体的概念：他们究竟怎样在倾郡、倾县、倾乡里？这里可引用仲长统的一段话来作为补充：

> 井田之变，豪人货殖，馆舍布于州郡，田亩连于方国。身无半通青纶之命，而窃三辰龙章之服；不为编户一伍之长，而有千室名邑之役。荣乐过于封君，埶力侔于守令。财赂自营，犯法不坐。刺客死士，为之投命。①

这里还需要着重指出的是，封建社会是一个有严格等级制度的社会，很早就形成了一整套无所不包的封建礼法，即所谓“自天子公侯卿大夫士至于皂隶抱关击柝者，其爵禄奉养宫室车服棺椁祭祀死生之制各有差品，小不得僭大，贱不得逾贵。”② 所以一个人的社会地位之高低，完全由他的爵位、官阶、门第、身份等的高低尊卑来体现，谁也不能丝毫有所逾越，越则为僭，乃是封建礼法所不能容许的。现在金钱的力量则破坏着这一切，只要是“千金之家”，就可以“比一都之君”，如果是“巨万者”，更可以“与王者同乐”，不管这个拥有千金、万金的暴发户原来是什么人，更不去追问他们是什么爵位、官阶、门第和身份了。司马迁看出了这个表面上虽无显赫之迹，而实际上则系改变了历史性质的巨大变化，他举了几个发人深省的例子来说明这个问题：

> 乌氏倮畜牧，及众，斥卖……畜至用谷量马牛。秦始皇帝令倮比封君，以时与列臣朝请。而巴（蜀）寡妇清，其先得丹穴，而擅其利数世，家亦不訾（资）。清，寡妇也，能守其业，用财自卫，不见侵犯。秦皇帝以为贞妇而客之，为筑女怀清台。③
>
> 蜀卓氏……富至僮千人，田池射猎之乐，拟于人君。④
>
> 关中富商大贾，大抵尽诸田，田啬、田兰。韦家栗氏，安陵、杜杜氏，亦巨万。此其章章尤异者也。皆非有爵邑奉禄弄法犯奸而富，尽椎埋去就，与时俯仰，获其赢利，以末致财，用本守之，以

① 《后汉书》卷四十九，《仲长统传》引《昌言·损益篇》。

② 《汉书》卷九十一，《货殖传》。

③ 《史记》卷一百二十九，《货殖列传》。

④ 《史记》卷一百二十九，《货殖列传》。

武一切，用文持之，变化有概，故足术也。①

始皇之末，班壹避坠于楼烦……当孝惠、高后时，以财雄边，出入弋猎，旌旗鼓吹。②

这个能消灭一切差别的彻底平均主义者——货币，使人们拜倒在黄金拜物教的祭坛之前，成为一种头脑怅热的黄金追逐狂，使卑贱变成尊贵，懦夫变成勇士；过去被认为不能登大雅之堂之人，今则与列臣共朝请；过去为穷乡寡妇，今则为朝廷上宾。这一切，在过去的典型封建制度时期都是不能想象的，现在则都是眼前的现实了。

当欧洲发生这样的变化时，是在资本主义诞生的前夕，作为形成资本主义的基本环节而出现的，所以紧接着这个变化而来的，便是资本主义生产方式的产生，因为这些变化，本来就是资本主义因素在成长过程中的表现。但是这个变化发生在中国古代时，却只有变化的前半段，而没有变化的后半段，即这个变化虽同样是商品经济和货币[12] 经济发展的结果，但是由于中国的具体历史条件所决定，使这样的历史变化岔向一个不同的方向，从而打断了社会经济的发展趋势，以致没有——也不可能迈向资本主义阶段；具体地说，由于以特殊的封建土地制度和地主制经济为基础而形成的小农制经济，对整个社会经济起了制动作用，特别是由于它严重妨碍着商品经济的进一步发展，使已经出现的资本主义因素几乎窒息而亡。变化的结果，虽然没有产生资本主义，但却打乱了原来封建制度的经济结构，使它从土地制度到意识形态都发生了重大的变化，这一点《中国封建社会经济史》第一卷已经分别论述过了。

总之，在没有进一步不断发展的商品经济，特别是没有日益发展的工业生产来吸收大量不停流动的货币财富，使之转化为产业资本，并使之逐步向资本主义生产方式过渡的情况下，简言之，即只有变化的前半段而没有变化的后半段时，则突出发展起来的货币经济及由此产生的绝对致富欲或价值追逐狂，其所产生的消极影响是十分严重的。对此，古人亦多能看出它的危害作用。例如：

① 《史记》卷一百二十九，《货殖列传》。

② 《汉书》卷一百上，《叙传》。

崔寔《政论》曰：……暴秦隳坏法度，制人之财，既无纪纲，而乃尊奖并兼之人。乌氏以牧竖致财，宠比诸侯；寡妇清以攻丹殖业，礼以国宾。于是巧猾之萌，遂肆其意。上家累巨亿之资，斥地侔封君之土，行苞苴以乱执政，养剑客以威黔首，专杀不辜，号无市死之子，生死之奉，多拟人主。故下户踦距，无所跱足。乃父子低首奴事富人，躬帅妻孥为之服役。故富者席余而日炽，贫者蹑短而岁跛，历代为虏，犹不赡于衣食。生有终身之勤，死有暴骨之忧，岁小不登，流离沟壑，嫁妻卖子，其所以伤心腐藏，失生人之乐者，盖不可胜陈。①

第二节　形成货币财富的主要途径

（一）经济的途径

1. 经营商业

司马迁说："夫用贫求富，农不如工，工不如商。"② 可见在各种行业中，经商是致富的捷径。经商之所以容易致富，并且还容易获致巨大的货币财富，乃是由商业的性质决定的，这里面包括着几个方面的内容，就其主要之点来说：

第一，商业营运，实际上是货币运动，因为商品流通永远伴随着货币流通，二者实际上是一件事物的两个方面，所以我们曾一再指出，商品经济与货币经济永远是相辅而行的。由于商品流通的每一个环节都是以货币开始，又以货币告终，没有充足的货币作媒介，商品流通是不可能的，所以商业资本，实际上就是货币资本，商业的发展，也就是货币额的增多。中国早在春秋战国年间，社会上就流传着"长袖善舞，多钱善贾"的谚语，据《韩非子》解释说："此言多资之易为工也。"③ 这是说商人手中的货币起着资本的作用，它是在不停的周转中——即流通中来不停地使自己增殖的，所以商业

① 《通典》卷一，《食货一·田制上》。

② 《史记》卷一百二十九，《货殖列传》。

③ 《韩非子·五蠹》。

经营规模的扩大，就是货币形态的商业资本的增多。

第二，商业利润主要是来自商品价格的差额。古代商业主要是买贱鬻贵的贩运性商品，这样性质的商业说明生产与流通不是一个统一的过程，换言之，生产过程还没有把流通过程吸收进来，作为自己的一个组成部分或必经阶段，而是各自独立的，具体说，不是商品生产以其自身的运动形成商业，而是商业在贩运已成之物（天然存在的或人工生成的），使之商品化，即商业发展了生产物的商品形态。所以直到汉代，这种商业的性质并没有改变，基本上还没有越出《国语》所下的定义的范围："负任担荷，服牛辂[13] 马，以周四方，料多少，知贵贱，以其所有，易其所无，贸贱鬻贵"。贵贱的差额愈大，则商业的利润愈高。那么商品价格是怎样出现差额，特别是较大的差额的？这主要为两种原因所造成的：其一，受自然条件特别是地理条件的限制，使许多物产的有无多寡之间出现很大差异，成为《盐铁论》所说的多者独衍、少者独馑，即在盛产该物品的地方，价格奇廉，而不产或少产的地方，则价极昂贵；其二，是意外灾害（如战争、饥馑、疾疫等）和荒歉造成的物价波动。总之，只要供需之间一不协调，便是商人大显身手的好机会，商人常常于不旋踵之间即已腰贯累累。

第三，商业主要是为富有阶级服务，故商人也主要是从财富所有者的丰盈荷包中来赚取高额利润的。这也是由两方面的原因所造成的：其一，是受交通运输条件的限制。在古代交通运输还不甚方便，特别是在缺乏近代交通运输工具的时候，使商品贩运的对象除了极少数必不可少的特需物品如盐、铁等之外，不可能是单位价值很低而又体积笨重的日用生活必需品，而只能是单位价值昂贵而又体积轻便的奢侈品或便利品。不言而喻，就这些东西而言，只有富人的需要，才是有效需要。上文在论述秦汉时代的商品经济时，曾根据司马迁所列举当时四大经济区的特殊物产，虽然都已是"中国人民所喜好，谣俗被服饮食奉生送死之具"，故皆待"商而通之"，但是这里所说的"中国人民"却并不是一般的穷苦老百姓，特别是广大农民，他们都穷到或则"常衣牛马之衣，而食犬彘之食"，或则"亡逃山林，转为盗贼"，则他们对于这些物品，当然都是无效需要。这样，对于这些东西真正"喜好"，而又能够把这些东西作为自己"谣俗被服饮食奉生送死之具"的，只有具有充分购买力的财富所有者。其二，是受市场条件的限制。在广大农民因地主制经济的残酷剥削而成为贫无立锥之地的穷人时，他们没有购买力，因而他们的生活需要不能仰赖于市场，上述那些"谣俗被服饮食奉生送死之具"，于他们是无关的。从社会经济的结构性质来看，在以地主制经济为基础而形成的小块土地所有制或小农制经济中，小农业和家庭手工业的紧密结合是社会经济结构的基本核心，每一家农户都力求成为一个自给自足的单位，而割断与市场的任何联系，这样一来，国内市场大为缩小，从而妨碍了商品经济的发展，并迫使商业只能从事贩运奢侈品和便利品，专门从少数富有阶级手中赚取多的利润，不仅赚取大的利润量，而且要赚取高的利润率，即力求能以较少量的货物卖得惊人的高价。这样，商人所贩运的物品，不但都是产自外地的罕见之物，而且都是产自远地的特殊之物，地理的差距愈遥远，价格的差额也愈巨大，于是陇蜀的丹砂毛羽，荆扬的皮革骨象，江南的楠梓竹箭，燕齐的鱼盐旃裘，兖豫的漆丝绨纻等，便都成了商业贩运的主要内容。

这样性质的商业，从春秋历战国一直在不断发展之中，到了西汉年间，商业的发展又远远超过了战国，成为中国古代商业最发达的一个时期。史称："汉兴，海内为一，开关梁，弛山泽之禁，是以富商大贾周流天下，交易之物莫不通，得其所欲。"① 司马迁以具体事例，描述了从春秋战国到西汉时期的富商大贾的具体情况。很显然，司马迁不是为那些暴发的资本家写个人的发家史，而是要通过那些暴发户来说明贯穿[14] 那个历史时代的社会经济的巨大变化。这些富商大贾都是兼营工商业或兼营农牧业，这里特分类引述如下：

程郑，山东迁虏也，亦冶铸，贾椎髻之民，富埒寻卓氏……

宛孔氏之先，梁人也，用铁冶为业。秦伐魏，迁孔氏南阳。……因通商贾之利……家致富数千金，故南阳行贾尽法孔氏之雍容。鲁人俗俭啬，而曹邴氏尤甚……贳贷行贾遍郡国。

齐俗贱奴虏，而刀闲独爱贵之。桀黠奴，人之所患也，唯刀闲收取，使之逐渔盐商贾之利，或连车骑，交守相，然愈益任之。终得其力，起富数千万。故曰"宁爵毋刀"，言其能使豪奴自饶而尽其力。

周人既纤，而师史尤甚，转毂以百数，贾郡国，无所不至。洛阳街居在齐秦楚赵之中，贫人学事富家，相矜以久贾，数过邑不入门，设任此等，故师史能致七千万。

关中富商大贾，大抵尽诸田，田啬、田兰。韦家栗氏，安陵、杜杜氏，亦巨万。此其章章尤异者也。皆非有爵邑奉禄……与时俯

① 《史记》卷一百二十九，《货殖列传》。

仰，获其赢利……行贾，丈夫贱行也，而雍乐成以饶。贩脂，辱处也，而雍伯千金。卖浆，小业也，而张氏千万。[①]

所有这些人都是“公擅山川铜铁鱼盐市井之入，运其筹策，上争王者之利，下锢齐民之业”[②]。汉代这样的富商大贾既非常多，说明汉代商业资本积累得非常大。这里再酌举几则概括性的论述，来看一看汉代一般富商大贾的财力之雄厚、生活之豪华、声势之赫赫，达到了怎样的程度：

鼂错复说上曰：……商贾大者积贮倍息，小者坐列贩卖，操其奇赢，日游都市，乘上之急，所卖必倍。故其男不耕耘，女不蚕织，衣必文采，食必粱肉，亡农夫之苦，有阡陌之得。因其富厚，交通王侯，力过吏势，以利相倾；千里游敖，冠盖相望，乘坚策肥，履丝曳缟。此商人所以兼并农人，农人所以流亡者也。[③]

〔武帝时〕于是县官大空。而富商大贾或蹛财役贫，转毂百数，废居居邑（《集解》徐广曰：废居者，贮畜之名也。有所废，有所畜，言其乘时射利也。如淳曰：居贱物于邑中，以待贵），封君皆低首仰给。冶铸煮盐，财或累万金，而不佐国家之急。[④]

〔元狩中〕商贾以币之变，多积货逐利……商贾滋众。[⑤]

刀闲既衰，至成、哀间，临菑姓伟訾（同资）五千万。……师史既衰，至成、哀、王莽时，雒阳张长叔、薛子仲訾亦十千万。

程、卓既衰，至成、哀间，成都罗褒訾至巨万。初，褒贾京师，随身数十百万……擅盐井之利，期年所得自倍，遂殖其货。[⑥]

〔符所著《潜夫论》〕《浮侈篇》曰：今举俗舍本农，趋商贾，牛马车舆，填塞道路，游手为巧，充盈都邑，务本者少，游食者众。“商邑翼翼，四方是极。”今察洛阳，资末业者什于农夫。……天下百郡千县，市邑万数，类皆如此。[⑦]

---

① 《史记》卷一百二十九，《货殖列传》。
② 《汉书》卷九十一，《货殖传》。
③ 《汉书》卷二十四上，《食货志》。
④ 《史记》卷三十，《平准书》。
⑤ 《汉书》卷三十，《平准书》。
⑥ 《汉书》卷九十一，《货殖传》。
⑦ 《后汉书》卷四十九，《王符传》。

〔统所著《昌言》〕《理乱篇》曰：汉兴以来，相与同为编户齐民，而以财力相君长者，世无数焉。……豪人之室，连栋数百，膏田满野，奴婢千群，徒附万计。船车贾贩，周于四方；废居积贮，满于都城。琦赂宝货，巨室不能容；马牛羊豕，山谷不能受。妖童美妾，填乎绮室；倡讴伎乐，列乎深堂。宾客待见而不敢去，车骑交错而不敢进。三牲之肉，臭而不可食；清醇之酎，败而不可饮。睇盼则人从其目之所视，喜怒则人随其心之所虑。此皆公侯之广乐，君长之厚实也。[①]

汉代商业之所以能有这样大量的发展，是因为有便利的货币制度与之相辅而行，有充足的货币供应在充分发挥着“多钱善贾”的作用。这样，随着商业的发展，商业资本必然会有大量的积累，这是不言而喻的。上引的几条记载，正充分说明这种情况。但是，这样大量积累起来的商业资本，如果只是封闭在流通领域内，使其机能仅在媒介成商品交换，所以它的存在，只需要有简单的商品流通和货币流通作为条件，或者说，货币流通就是它的存在条件。这就是商业资本为什么会在资本支配生产以前很久，就表现为资本的历史形态，这是说商业资本远在没有支配生产以前，或者换句话说，远在它还没有与生产相结合，也没有足够发达的商品生产能够与之相结合以前，商业资本就只以货币流通为条件而单独地或者说孤立地发展起来了。

我们知道，与生产紧密结合的商业资本，是商业资本向产业资本的转化过程，其结果是：“商业上的霸权造成了工业上的优势。”[②] 用通俗的话来说，就是商业为工业开路，商业的发展促进了工业的发展，这是由前资本主义走上资本主义阶段的转化过程。但是不结合生产、也没有相应的生产与之相结合的商业资本，自己在那里独立地、突出地——或优势明显地发展，则其对国民经济所产生的影响，只能是消极的破坏作用。马克思说：“资本作为商人资本而具有独立的、优先的发展，意味着生产还没有从属于资本，就是说，资本还是在一个和资本格格不入的、不以它为转移的社会生产形式的基础上发展。因此，商人资本的独立发展，是与社会的一般经济发展成反比例的。”[③] 这是因为流通过程是独立于生产过程之外的，“在这里，正是商业使

① 《后汉书》卷四十九，《仲长统传》。

② 《资本论》第一卷，第八二二页。

③ 《资本论》第三卷，第三六六页。

产品发展为商品，而不是已经生产出来的商品以自己的运动形成商业。因此，资本作为资本，在这里首先是在流通过程中出现的。在流通过程中，货币发展成为资本”①。这样，在商业的领域里，货币就是资本，资本就是货币，二者是一而二、二而一，实际上是合成一体的。由贫求富之所以是农不如工、工不如商，是因为商业经营就是货币经营，而“赚钱是人类最终的和唯一的目的”②，是与人们的“绝对致富欲”相一致的。

在流通过程内存在着大量的货币形态的资本，并经常处于流动状态，即人们常说的游资，这种不结合生产的资本——即流动在生产过程之外的资本，当然只能从不停歇的流通中来增殖它自身的价值，换言之，只能从不停歇的买贱鬻贵的活动中来赚取价格的差额，作为这种资本增殖的唯一途径。所以，它的基础完全是建立在供需关系的失调上，上文所述的“废居居邑”“蹛财役贫”“坐列贩卖，操其奇赢”“乘上之急，所卖必倍”等，就是这种商业活动的主要方式。一句话，这种商业是建基于社会一般经济的落后和人们的不幸之上的。只要在时间上或空间上的供需一有失调，物价一发生波动，如在收获的青黄不接之际，或在有的地方发生灾荒饥馑，而另一些地方则又苦于谷贱伤农之际；以及有的地方因盛产某物而供给过剩，而另一些地方则又因供给不足而价格狂涨，这些不正常情况却正是它“乘上之急”以兴风作浪的好机会。总之，社会一般经济越不发展，正是这种商业越能发展的必要条件。所以说，“商人资本的独立发展，与社会一般经济的发展是成反比例的”。

在流通中大量积累起来的商业资本，既没有足够发达的商品生产与之相结合，亦即不能把商业资本转化为产业资本，而仅仅当作流通手段来媒介商品交换，作衡量价值的尺度，执行一些普通的货币职能，当它的积累数量超过了一定限度，作为商品的流通手段和其他职能也都成为不必要时，这个超过部分就不得不退出流通领域，当作贮藏手段，以货币形态的财富窖藏起来。但窖藏是不能增殖的，要使这种货币财富能够增殖，在古代的具体历史条件支配下，生息之道只有两途：其一是购买土地，土地是农业社会的主要生产手段，土地对土地所有者来说，既是一种有利的生息资本，又是保障财富安全的一个稳妥途径，故手有余资的人无不想方设法去购买尽可能多的土地，这就形成了历史上长期无法解决的土地兼并问题，并成为一次又一次社会动

① 《资本论》第三卷，第三六六——三六七页。

② 《资本论》第一卷，第八二二页。

乱和农民起义的总根源。关于这个问题，我们在上文已经反复论述过了。其二是转化为高利贷资本，这是货币经营资本的主要形式。这种资本的运动方式是从货币到货币，二者之间不但不经过生产过程，而且连商品交换过程也不经过，完全是货币自身在进行直接交换，故只能表现在量的不同上，即于支出一定数额的货币之后而收入更多的货币，这就是通过重利盘剥来增殖其自身。很显然，这种增殖过程只能是吮吸小生产者的膏血而使之枯萎，并使生产遭受破坏来完成的。关于这个问题当于下文详之。总之，不论是进行土地兼并还是经营高利贷，对整个社会经济所起的都是消极甚至破坏作用，这就是为什么中国古代商业越发展、商业资本积累得越巨大，反而使整个社会经济越不发展、越发不能过渡到资本主义阶段的原因所在。

2. 经营工矿业

从春秋战国以来，那些新兴的工商业主，其中有不少是专门经营商业的。一般周流天下的富商大贾，他们或则“转毂以百数”“贾郡国无所不至”，或则“废居居邑”“操其奇赢”，无一不大发其财，即使是贩脂、卖浆、洒削、胃脯，亦都是鼎食击钟，或“比一都之君”，或“与王者同乐”。这些人又大都兼营工矿业，或者以经营工矿业为主，而兼营商业和贩运，一般大都是自行运销其工矿业产品，所以都是亦工亦商。

在各种工矿企业中，以经营盐铁业的为最多，因为这两种产品是人生一日不可缺的绝对必需品，在禁榷制度——即盐铁官营——没有实行以前，这是两个销路最广和获利最丰的部门，故从战国到秦汉时期，新兴的富商大贾十之八九都是以经营盐铁起家。这两个行业不但从业的人数很多，而且生产规模都很大，使用的雇工人数亦最多。这些大规模企业都是由资本所有者投资经营的，故企业的性质上已含有浓厚的资本主义萌芽因素。次之是冶铜铸钱，在西汉景帝以前，曾一度放弃政府专有的造币权，“令民放铸”，于是铸钱遂成为仅次于盐铁的可以自由经营的有利事业。此外则是其他金属矿产和非金属矿产的采掘和冶炼，如银、锡、连、丹砂等。

关于各种工矿企业的生产和组织情况，在本卷第五章中已经阐述过了，这里仅就这些工矿企业的性质略加分析。

由于各种工矿企业都是获利很丰的事业，故各个经营单位从业的人数都很多，不论采铜、炼铁、铸钱或其他坑冶业无不如此。据贡禹说：

今汉家铸钱，及诸铁官皆置吏卒徒，攻山取铜铁，一岁功十万人已上……凿地数百丈，销阴气之精……斩伐林木亡有时禁，水旱之灾未必不繇此也。①

采矿受自然条件的限制，从业家数不可能很多，但从业总人数“一岁功十万人已上”，说明每一个单位所用的人工是很多的。试单就采矿而言，在完全是手工作业的情况下，凿地数百丈去采掘矿石，再从深坑驮运到地面，再经过磨碎筛选，然后送入炼炉，没有众多的人手是办不到的。不论是炼铜或炼铁，都需要大量燃料，故“斩伐林木，亡有时禁”。伐木烧炭，也非有大量人手莫办，故仅以众多的工人一项而言，就绝不是小手工业或小作坊所能胜任的，而生产的性质，又决定了企业的规模，即无论是采矿或冶炼，都不能是小规模的经营和小量的生产，而必须是规模大和产量大的大企业，否则，不但是不经济的，而且是不可能的。雇用众多的工人，备办大量的原料和燃料，则所需要的固定资本和流动资本的数量，都是非常庞大的，没有富于资财的大资本家来进行投资，这些大规模的工矿企业是办不起来的。

在这些大型工矿企业中劳动的工人，根据工作的性质要求使用雇佣工人，事实上也主要都是雇佣工人，这是由两方面的原因造成的：其一，工矿企业不适于使用奴隶劳动，因为奴隶劳动是生产效率最低的劳动，他们既缺乏必要的生产技术，又缺乏生产的积极性和主动性，不能适应工矿业繁重而又紧张的作业，特别是能掌握原料配合和焰炼火候的炉前工，更非不积极主动的奴隶所能胜任的；其二，雇佣劳动工资低廉，容易招募，使用雇佣劳动能获得更大的经济利益，符合企业管理的经济原则。关于这个问题，我们在第五章已经论述过了。但仍有以下三点，应该提出来加以进一步分析：

第一，所有采铁石、鼓铸、煮盐等工矿企业，都是必须具有足够大的规模才能经营的企业，如只在小作坊内进行小量生产，不但是不经济的，而且是不可能的。上文曾以采矿业为例，说明了经营这类企业，所需要的固定资本和流动资本的数量都是非常巨大的，这绝不是一个小商品生产者所能问津的。煮盐虽然是一种简单加工，生产程序比较简单，所需要的固定资本亦远比采铁石、鼓铸为少，但是盐的销售量极大，必须是大规模生产才能适应市场的需求。因此，不论是采矿、冶炼还是煮盐，都是雇工在千人以上的大企业。这样的生产结构，显然已不是以谋生为目的的小商品生产，而是以谋利

① 《汉书》卷七十二，《贡禹传》。

为目的的具有资本主义性质的企业了。

第二，采铁石、鼓铸、煮盐等企业的所有者，都是“得管山海之利”的“豪民”或“豪强大家”，而且是“非豪民不能通其利”，这就是说非富有资力的资本所有者是不能经营这些企业的。企业的主人既然都是资本家，可知这些企业都是在资本的命令下来营运的，因而也都是在经济原则的支配下进行的。所以在企业中起支配作用的是资本，而不是任何人的主观意志。主人对于他的企业，是以资本的化身出现在企业中，并代表资本的利益来行使职权的。换言之，在企业中起支配作用的是资本，而不是人。

第三，在工人数目均达千人以上的各种工矿企业中，上文曾指出，它所使用的工人，由生产的性质决定了只能是雇佣工人，而不可能是奴隶，奴隶劳动是不能适应这种生产的需要的。文献明确指出“大抵尽收放流人民”①，可知这些人都是由四面八方招募来的佣工。所谓“放流人民”，就是说他们是已从一切生产资料中自由出来——游离出来——的自由劳工，是原来的农民于丧失了土地之后，在农村中没有生活之道，而不得不“亡逃山林”的那些无产者，他们虽然已经穷到最后除了自己的皮以外一无所有，但是他们却是自由民，而不是属于任何人的奴隶，他们虽然已经与生产资料的所有权分离了，但是却还保持着自己的人身的自由，都还是自己劳动力的完全所有者，因而也还有自由处分自己劳动力的全权，可以任意选择自己认为合适的雇主来卖掉自己的劳动力。正由于他的人身是自由的，对任何人都没有人身依附关系，所以他们可以“远去乡里，弃坟墓，依倚大家，聚深山穷泽之中”②，如果是身有所属的奴隶，他们就不可能这样流浪各处，到外地去“依倚大家”了。就雇主而言，当社会上经常存在着大量的失业群众，准备接受雇主提出的任何雇佣条件而卖掉自己的劳动力，以便能到工矿企业中做一名雇佣工人时，劳动力的供给既十分充沛，而工资又非常低廉，这正是资本家剥削绝对剩余价值的良好机会，可以迅速达到资本增殖的目的。这时如再使用生产效率低而又与工作性质不相适应的奴隶劳动，显然是非常不经济的，且不说因生产积极性不高和效率低所造成的损失，仅养活奴隶的衣食之需一项已所费不赀，另外还必须雇用一大批奴隶管理人员，从而更增加了支出，这就越发不符合经济原则了。总之，在大规模的工矿企业中使用奴隶劳动，是得

① 《盐铁论·复古》。

② 《盐铁论·复古》。

不偿失的。客观的经济规律以铁的必然性发生作用的结果，是雇佣劳动代替了任何形式的不自由劳动，这就使这些大规模企业日益加深地带有资本主义色彩，如果在这样的基础上连续不断地、继续增高地发展下去，未尝没有过渡到资本主义阶段的可能。不幸的是这样的发展趋势没有继续下来，而是到西汉武帝时中断了。

3. 经营农林牧渔等业

司马迁认为“用贫求富，农不如工，工不如商”，是说经营农业——包括林业、牧业和渔业等，是致富的一个最缓慢的途径，不像工商业那样，常因特殊的机会而暴富。以农林牧渔等业为致富之道，其积累过程虽然是缓慢的，但却是稳妥的，故在这时期的豪富之中，以“力田畜”或“以田农而甲一州”的仍大有人在。其所形成的财富，并不在其他“富商大贾”或“豪强大家”之下。并且田农的基础又比工商业为牢固，在经营上没有什么风险，都是“不窥市井，不行异邑，坐而待收”[①]。即使经营的规模不大，由于这些农产物都直接联系着商业，是因商业的率先发展而促成了商品化的物品，故经营的人“皆与千户侯等”，同样是“富给之资”。司马迁亦列举了农业中的“章章尤异者”，其中如前述的乌氏倮、班壹等[②]，再如：

> 宣曲任氏之先，为督道仓吏。秦之败也，豪杰皆争取金玉，而任氏独窖仓粟。楚汉相距荥阳也，民不得耕种，米石至万，而豪杰金玉尽归任氏，任氏以此起富。富人争奢侈，而任氏折节为俭，力田畜。田畜人争取贱贾，任氏独取贵善。富者数世。然任公家约，非田畜所出弗衣食；公事不毕则身不得饮酒食肉。以此为闾里率，故富而主上重之。塞之斥也，唯桥姚已致马千匹，牛倍之，羊万头，粟以万钟计。[③]

4. 经营高利贷

高利贷资本是最古老的一种生息资本，它和它的孪生兄弟商业资本一样，是属于洪水期前的资本形态之一，在中国，也是远在没有文字记载的历史以前就出现了，总之是当社会上有了商品交换、并随着商品交换有了货币的时

① 《史记》卷一百二十九，《货殖列传》。
② 《史记》卷一百二十九，《货殖列传》。
③ 《史记》卷一百二十九，《货殖列传》。

候，高利贷活动就跟着产生了，因为在货币的各种职能发展了以后，则作为货币经营资本形式之一的高利贷资本，亦必然会发展起来。

关于秦汉时代以前的情况，我们在《中国封建社会经济史》第一卷中已经有所论述，到了秦汉时代，只是同一问题的延续，在性质上并没有什么变化，但在程度上却又远比以前为发达，其所以特别活跃，是因为秦汉时代的货币经济比以前又有了更大的发展，货币已经成了最主要的支付手段，一切价值的授受转移都是使用货币，而不再杂用其他的有价物。这样，当人们有紧急需要，而一时又没有其他途径可以获得所需要的货币时，便只有以高利举债。同时，汉代的货币经济虽然有了大量的发展，但是相对而言，货币的供应量并不是十分充沛的，如前文所指出，汉代的货币购买力是很高的，谷石五钱，固然是丰收的结果，但也反映了货币的稀少，货币越是稀少，则获得货币就越发困难，特别是在商品形态成为生产物一般形态的程度越是浅，货币就越是难以获得，这就给高利贷活动提供了充分条件。

小农制经济的确立，又给高利贷活动提供了另一方面的条件——盘剥对象。

历战国至秦汉，是以地主制经济为基础的小块土地所有制——即小农制经济的完全确立的时代，在地主阶级的残酷剥削下，在小农制经济所必然具有的种种先天的弱点支配下，小生产者特别是小农民的经济基础是非常薄弱的，任何一点内在的或外来的扰乱因素，甚至是一头母牛的死亡，都可打乱他们经济生活的正常秩序，使他们不能按照原来的规模继续其再生产，这就成为高利贷的一个寄生点。这里以西汉的情况为例，汉初的晁错曾根据一个自耕农民的具体情况，分析了他是怎样陷入了高利贷的罗网，而永世不得翻身的：

> 今农夫五口之家，其服役者不下二人，其能耕者，不过百亩，百亩之收不过百石。春耕夏耘，秋获冬藏，代薪樵，治官府，给徭役；春不得避风尘，夏不得避暑热，秋不得避阴雨，冬不得避寒冻，四时之间亡日休息；又私自送往迎来，吊死问疾，养孤长幼在其中。勤苦如此，尚复被水旱之灾，急政暴虐（《补注》王念孙曰：景祐本“暴虐”作“暴赋。”案：景祐本是也。“政”读为“征”，征、赋、敛，其意同，言急其征，暴其赋，而敛之又不以时也。下文卖田宅，鬻子孙，皆承急征暴赋言之，作“政”者，借字耳），赋敛

不时，朝令而暮改。当具有者半贾（价）而卖，亡者取倍称之息，于是有卖田宅鬻子孙以偿责（债）者矣。①

可见，一般小农民“在急征暴赋，赋敛不时”的剥削和压迫下，为了应付紧急开支，不得已而饮鸩止渴，以加倍的高利——“倍称之息”举债。在这样的重利盘剥下，小农民自然是愈陷愈深，几乎没有一个不是到后来得到一个“卖田宅鬻子孙”的悲惨结局的。其实这不是汉朝独有的现象，而是历史上长期共有的现象，汉代的高利贷者之所以显得特别活跃，是因为汉代的货币经济有了突出的发展，商业资本有了大量的积累之故。所以在西汉时期，不仅有许多专门经营高利贷的“子钱家”，而且任何一个富商大贾无不兼营高利贷，此外还有不少封建王侯和达官贵族也参加到高利贷者的行列中来。汉代的文献中有关的记载非常多，这里酌引几例，以示梗概：

子贷金钱千贯……此亦比千乘之家。②

鲁人俗俭啬，而曹邴氏尤甚，以铁冶起，富至巨万。……贳贷行贾遍郡国。③

吴楚七国兵起时，长安中列侯封君行从军旅，赍贷子钱。子钱家以为侯邑国在关东，关东成败未决，莫肯与。唯无盐氏出捐千金贷，其息什之。三月，吴楚平。一岁之中，则无盐氏之息什倍，用此富埒关中。④

从上引记载可以看出，汉代的“子钱家”是很多的，无盐氏即其中之一。各家各有自己的营业方法和贷款方针，彼此之间，竞争激烈，谁也“不余力而让财”。无盐氏由于充分运用了白圭的求富之术，善于“趋时”，能不失时机地把握住有利机会，敢于做同行户所不敢做，故一岁之中，即获利“什倍”。于此可知，高利贷的利率之高是十分惊人的，这就使各种财富所有者无不趋之若鹜，不用说富商大贾都是“贳贷行贾遍郡国”，就连王公贵族也不例外，有的还勾结商人，合伙经营。例如：

---

① 《汉书》卷二十四上，《食货志》。
② 《史记》卷一百二十九，《货殖列传》。
③ 《史记》卷一百二十九，《货殖列传》。
④ 《史记》卷一百二十九，《货殖列传》。

旁光侯殷，元鼎元年（公元前一一六年），坐贷子钱不占租，取息过律，会赦，免。[①]

〔谷永上言〕建始、河平之际（公元前三十二年——公元前二十五年），许、班之贵，顷动前朝……至为人起责（债），分利受谢（师古曰：言富贾有钱，假托其名，代之为主，放与他人，以取利息而共分之，或受报谢，别取财物）。[②]

至成、哀间，成都罗褒訾（资）至巨万。初，褒贾京师，随身数十百万，为平陵石氏持钱。其人强力。石氏訾次如、苴，亲信，厚资遣之，令往来巴蜀，数年间致千余万。褒举其半赂遗曲阳、定陵侯，依其权力，除贷郡国，人莫敢负。[③]

高利贷资本虽然和商业资本一样，也是以货币形态出现，也是流动在生产过程之外，运动的起点和终点都是货币，但是高利贷资本对社会一般经济所起的消极危害作用，却远远超过于商业资本，因为商业资本在促使生产物的商品化方面，还有一定的积极作用，并且在一定的历史条件下，又是使商品生产向资本主义生产方式过渡的一个前提。高利贷资本则不然，它没有任何积极因素，从头到尾都是社会经济的一种强烈的腐蚀剂，它所起的纯粹是破坏作用。关于这个问题，我们在《中国封建社会经济史》第一卷中已经阐述，这里只简单指出高利贷资本之所以只有消极破坏作用，而没有积极作用，是因为高利贷资本只有资本的剥削方式，而没有资本的生产方式，换言之，它不改变原来的生产方式，而只是寄生在旧生产方式的机体内，吮吸它的脂膏血液，使被寄生的机体日益陷于枯萎，这就是马克思所说："高利贷在生产资料分散的地方，把货币财产集中起来。高利贷不改变生产方式，而是像寄生虫那样紧紧地吸在它身上，使它虚弱不堪。高利贷吮吸着它的脂膏，使它精疲力竭，并迫使再生产在每况愈下的条件下进行。"[④] 这概括了高利贷活动的全部内容。

尽管谁都清楚地知道，高利贷是阎王债，是一个专为陷溺人和坑杀人的

---

① 《汉书》卷十五上，《王子侯表》。

② 《汉书》卷八十五，《谷永传》。

③ 《汉书》卷九十一，《货殖传》。

④ 《资本论》第三卷，第六七四——六七五页。

陷阱，一旦陷入，则必遭灭顶之灾，但人们却又常常被贫困和不幸逼迫着跳进这个陷阱。完全如马克思所说：“小生产者是保持还是丧失生产条件，则取决于无数偶然的事故，而每一次这样的事故或丧失，都意味着贫困化，使高利贷寄生虫得以乘虚而入。对小农民来说，只要死一头母牛，他就不能按原有的规模来重新开始他的再生产。这样，他就坠入高利贷者的摆布之中，而一旦落到这种地步，他就永远不能翻身。”① 最后都落得如晁错所说：“亡者取倍称之息”，而不得不“卖田宅鬻子孙以偿责者矣”。

（二）超经济的途径

形成货币财富的正常途径，是经济的途径。所谓正常的经济途径，是说不管所形成的货币财富其数量是多么巨大，都是通过生产过程和交换过程的正常程序，由价值本身的增殖形成的。如上文所述，不论是从事商业、工矿业、农林牧渔等业，都不外是司马迁所说，“农而食之，虞而出之，工而成之，商而通之”，从而形成了物质财富，通过对这些物质财富的生产和交换，而转换为货币形态，并以货币形态增殖其价值，一句话，所有这一切都是经济行为的结果。即使是高利贷资本，它所进行的重利盘剥，不管对社会经济起了多么大的破坏作用，但是它本身的价值增殖仍是交换行为的结果，即货币与货币相交换，这种交换亦有它自身的客观经济规律，并且由这种经济规律决定了它的交换过程不同于商品交换，即作为交换起点的货币与作为交换终点的货币，只能有量的不同，不可能有质的不同。总之，它的运动也同样是以铁的必然性在发生作用的。

所谓超经济的途径，是说形成财富的全部过程，不是经济行为的结果，即这些财富既不是从生产过程中形成，也不是从交换过程中形成，而是依靠封建特权，实际上是依靠各种形式的暴力形成的。这种暴力细别之亦可以分为两类：一是披着合法的外衣而形成的各种官僚资本，其来源主要是爵邑之入——租税、俸禄、赏赐、遗产继承等；二是赤裸裸的非法剥削和掠夺，其来源主要是贪污、贿赂、敲诈、勒索、霸占以及横征暴敛等。实际上这两种方式——合法的和非法的——只有程度之差，并无本质之异，所以可把二者合称之为封建财富，因为这种财富都是通过封建特权即非经济的力量形成的。

属于第一类型的封建财富，主要有封建王侯的爵邑之入，这是由被封食

① 《资本论》第三卷，第六七八页。

邑的土地户口以赋税形式征敛来的，这样积累起来的动产和不动产往往数量非常庞大，所以司马迁常常用“与千户侯等”来形容富商大贾的财富之多，并以“素封”来称这些暴发户。此外，官吏的俸禄和赏赐等，也是形成大量财富的重要来源，即使这些大小官僚个个都是奉公守法，不额外诛求，也是官久必富，腰贯累累。这些情况可由下引记载看出：

〔梁〕孝王未死时，财以巨万计，不可胜数。及死，藏府余黄金尚四十余万斤，他财物称是。①

夫不喜文学，好任侠，已然诺，诸所与交通，无非豪桀大猾。家累数千万，食客日数十百人。陂池田园，宗族宾客为权利，横于颍川。……灌夫家居虽富，然失势，卿相侍中宾客益衰。②

文学曰：……今公卿处尊位，执天下之要，十有余年，功德不施于天下，而勤劳于百姓。百姓贫陋困穷，而私家累万金。③

〔班氏之先况〕成帝之初，女为倢伃，致仕就第，资累千金，徙昌陵。④

〔萬章〕与中书令石显相善……至成帝初，石显坐专权擅势免官，徙归故郡。显资巨万，当去，留床席器物数百万直，欲以与章，章不受。⑤

〔哀帝朝〕举直言。嘉复奏封事曰：……孝元皇帝奉承大业，温恭少欲……赏赐节约。是时外戚资千万者少耳。⑥

〔贤败〕县官斥卖董氏财凡四十三万万。⑦

官俸是形成官僚财富的主要来源，他们即使不到处伸手，搜括百姓，亦因官高禄厚，可使家累万金。例如：

杜周初征为廷史，有一马，且不全；及身久任事，至三公列，

① 《史记》卷五十八，《梁孝王世家》。
② 《史记》卷一百七，《魏其武安侯列传》。
③ 《盐铁论·国病》。
④ 《汉书》卷一百上，《叙传》。
⑤ 《汉书》卷九十二，《游侠·萬章传》。
⑥ 《汉书》卷八十六，《王嘉传》。
⑦ 《汉书》卷九十三，《佞幸·董贤传》。

子孙尊官，家訾累数巨万矣。①

延年为人安和，备于诸事，久典朝政，上任信之，出即奉驾，入给事中，居九卿位十余年，赏赐赂遗，訾数千万。②

官僚家庭常常有大宗遗产由后嗣继承，此类遗产来源如何，不得而知，但既属官宦人家，如非由贪墨掠夺而来，当亦不外来自俸禄赏赐。例如：

德宽厚，好施生，每行京兆尹事，多所平反罪人。家产过百万，则以振昆弟。③

初，恽受父财五百万，及身封侯，皆以分宗族。后母无子，财亦数百万，死皆予恽，恽尽复分后母昆弟。再受訾千余万，皆以分施。④

〔和帝朝，后族以罪废〕永初四年（公元一一〇年），邓太后诏赦阴氏诸徙者悉归故郡，还其资财五百余万。⑤

父为定陶令，有财三千万。父卒，暠悉以赈恤宗族及邑里之贫者。⑥

属于第二类型的封建财富，其形成过程不仅是依靠封建特权，而且依靠了各种非法手段，即通过各种不正当的途径来获得财富，其中主要包括贪赃枉法，收受贿赂，霸占别人财产，公然掠夺人民，等等。所以这一类的财富形成过程，就是对社会经济的破坏过程，也是促成阶级斗争尖锐化的过程。实际上，它对社会经济所起的危害作用，实不下于灾荒，甚至不下于战争，所以每一次的农民起义和农民战争，无不以此为其直接的或间接的导火线。有关情况，这里酌引几例如下：

汤数行丞相事，知此三长史素贵，常凌折之。以故三长史合谋

① 《史记》卷一百二十二，《酷吏列传》。
② 《汉书》卷六十，《杜周传附子延年传》。
③ 《汉书》卷三十六，《楚元王传附德传》。
④ 《汉书》卷六十六，《杨敞传附子恽传》。
⑤ 《后汉书》卷十上，《和帝阴皇后纪》。
⑥ 《后汉书》卷五十六，《种暠传》。

曰："……吾知汤阴事。"使吏捕案汤左田信等，曰汤且欲奏请，信辄先知之，居物致富，与汤分之，及他奸事。事辞颇闻。上问汤曰："吾所为，贾人辄先知之，益居其物，是类有以吾谋告之者。"汤不谢。汤又佯惊曰："固宜有。"……天子果以汤怀诈面欺，使使八辈簿责汤。汤具自道无此，不服。于是上使赵禹责汤……遂自杀。①

〔始建国五年（公元十三年）〕天下吏以不得奉禄，并为奸利，郡尹县宰家累千金。莽下诏曰："……诸军吏及缘边吏大夫以上为奸利增产致富者，收其家所有财产五分之四，以助边急。"②

扶风人士孙奋居富而性吝，冀因以马乘遗之（挚虞《三辅决[15]录注》曰：士孙奋字景卿，少为郡五官掾起家，得钱资至一亿七千万，富闻京师也），从贷钱五千万，奋以三千万与之，冀大怒，乃告郡县，认奋母为其守臧婢，云盗白珠十斛，紫金千斤以叛，遂收考奋兄弟，死于狱中，悉收资财亿七千余万。③

〔冀败〕收冀财货，县官斥卖，合三十余万万，以充王府，用减天下税租之半。散其苑囿，以业穷民。④

《典略》载卓表曰："……张让等侮慢天常，操擅王命，父子兄弟并据州郡，一书出门，便获千金，京畿诸郡数百万膏腴美田皆属让等，至使怨气上蒸，妖贼蜂起。⑤

像梁冀、张让等外戚宦官之专权恣肆、大为民害的事，虽然还不是太多，但也不是很少，更不是个别，而是在任何一个朝代中都屡见不鲜的，其他具体而微或等而下之的就更是车载斗量了。其实即使不这样无法无天地去公然进行侵占劫掠，甚至号为傲骨嶙峋，清风两袖的，也是"仕也禄在其中矣"，仅俸禄一项亦可以使家道丰盈，像杜周那样，初做官时，"有一马，且不全"，但由于"身久任事，至三公列"，亦能使"家资累数巨万"。至于他的儿子杜延年，更是一个"为人安和"的循良之吏，亦由于"久典朝政"，"居九卿位十余年"，故也是"赏赐赂遗，资数千万"。这就是人们为什么要千方

① 《史记》卷一百二十二，《酷吏列传》。

② 《汉书》卷九十九下，《王莽传》。

③ 《后汉书》卷三十四，《梁统传附玄孙冀传》。

④ 《后汉书》卷三十四，《梁统传附玄孙冀传》。

⑤ 《三国志》卷六，《魏书·董卓传》注。

百计地、梦寐以求地挤进仕途的原因所在。官成了发财的重要途径，甚至是一条最好的捷径，因为有了官，就有了权；而有了权，就有了钱。即使秉性清廉，耿介自守，绝不广布爪牙，四张囊橐，也是官高禄厚，收入可观，此外兵、刑、钱、谷等项赋入中也都有主官应得的一份（官场中称为提成），所以过去向有“三年穷知府，十万雪花银”之谚，说明官吏应得的合法收入是为数相当多的。若幸而被调派到所谓“肥缺”之所，则更是一下子探入金穴，左右逢源了。例如南齐时有人说，如能作广州刺史“但经城门一过，便可得三千万”。这就不是经营任何经济事业所能与之比拟的了。所以在中国历代王朝中，一直把升官与发财作为同义语[16]，就绝不是偶然的了。

第九章　秦汉时代的经济波动

第一节　造成经济波动起伏的原因

中国古代[1] 历史的巨大特点之一，是社会经济的发展不但是停滞不前的，而且是动荡反复的，就其全部的历史过程来看，时间经过了两千多年，而社会经济的基本结构形态还依然如故，这样的一种历史特点，就是从秦汉时代开始形成的。

就社会经济的全部发展概况来看，中国自进入以地主制经济为基础的封建社会以后，即陷入一种发展迟滞的状态中，从战国到近代，在长达两千多年的漫长岁月中，社会经济的基本结构形态始终没有任何质的变化，始终没有从原有的发展阶段向前迈进一步而跨入一个新的发展阶段，正相反，它在原来的基础上踏步不前，反复进行着同一的经济体的再生产，不管这种再生产已反复了多少次，其结果依然是原样不动。这种情况具体说就是：社会经济经常遭受破坏，而每当社会经济经过一次破坏之后，又以同一方式、同一规模、在同一地点——即原来的废墟上，把同一的经济结构原封不动地再生产出来。所以尽管时间经历了两千多年，而基本的生产方式还依然如故，也只能如故，任何改变或更新，反而是没有根据的。

然而，这不是说中国过去的社会经济结构是僵死不变的，正相反，它一直是在不停地发展变化之中，并且这种发展和变化还是相当显著的，有时进展也是十分迅速的，但是由于为中国的具体历史条件和社会经济自身所具有的客观经济规律所决定，使这种发展不能连绵不断地、继长增高地、一代超过一代地延续下来，并把长期发展所取得的成就积累起来，而是动荡反复，整个发展状况倏起倏落、一盛一衰、屡进屡[2] 退，成为一种波浪形。如用曲线表示，其上下波动的幅度是很大的，即在经济发展的上升曲线达到一定的高度时，便突然因内在的和外来的种种破坏因素的打击摧毁而陡然下降，经过一个或长或短的萧条凋敝时期之后，再慢慢地恢复起来。在过去悠久的历史时期中，它经历了多次这样的动荡起伏，其中有几次由于震动特别强烈，波动非常巨大，有如毁灭性的强烈地震一样，往往使多年来的经济发展所取得的成就毁于一旦，造成社会经济的大混乱和大倒退，甚至把整个国家社会破坏成一片废墟，然后又在这样的废墟上，经过少则几十年、多则一两百年的所谓“休养生息”，孑遗之民又重整家园，使被彻底破坏了的社会经济又慢慢恢复了生机，并遵循着原来的轨道，按照原来的方式，向已经达到过的水平迈进。这时，下降的曲线开始回升。

动荡起伏的产生根源主要是在社会经济结构的自身之中，即使有若干破坏因素形式上看来似乎都是属于外力，实际上它们也都是通过经济自身的内在因素并与这些因素相结合而发挥了作用。正如病根不除，病就会经常复发一样，社会经济的动荡起伏是频繁发生的，常常是还没有等到把被破坏得残破不堪的社会经济恢复到原来的规模和水平，就陷入另一次的大动荡、大破坏和大混乱之中，再把刚刚复兴起来而疮痍未平或者还正在复苏之中的社会经济加以破坏，甚至彻底加以毁灭。这时，经济发展的上升曲线又陡然下降。经济以基本上相同的形式在波动，历史也就以基本上相同的形式在重复。同时，经济上的每一次这样的巨大波动，表现在政治上，往往就是朝代的兴亡和统治人物或种族的更迭。这种情况，完全如马克思所说：

> 在东方各国，我们经常看到社会基础不动而夺取到政治上层建筑的人物和种族不断更迭的情形。①

又说：

> 这些自给自足的公社不断地按照同一形式把自己再生产出来，当它们偶然遭到破坏时，会在同一地点以同一名称再建立起来，这种公社的简单的生产机体，为揭示下面这个秘密提供了一把钥匙：亚洲各国不断瓦解、不断重建和经常改朝换代，与此截然相反，亚洲的社会却没有变化。这种社会的基本经济要素的结构，不为政治

① 马克思：《中国记事》，《马克思恩格斯全集》第十五卷，人民出版社一九六三年十二月版，第五四五页。

领域中的风暴所触动。①

这种“社会的经济基本要素的结构”之所以成为一种“简单生产有机体”，并由此造成社会经济在漫长的时期中一直踏步不前——“依然依照旧样”，乃是由地主制经济的特殊经济规律所决定的。关于地主制经济的产生和确立及其所具有的种种特点和这些特点所产生的影响，《中国封建社会经济史》第一卷已有专章论述，这里只着重说明为什么地主制经济是造成社会经济频繁发生波动的主要原因。地主制经济是从战国时期开始形成的，到秦汉时就完全确立了，经济波动的历史主要就是从秦汉时开始的。战国以前，社会经济并不是完全没有波动，所有造成经济衰退的因素如天灾人祸等，也并不是完全不存在，但是社会经济的基本结构不同，性质不同，因而经济形态的发展变化系由不同的经济规律所支配，并沿着不同的轨道在前进，所以即使经济有所波动，其性质和作用亦与秦汉以后的情况完全不同。由于前文已经论述，这里只举出以下几点：

第一，地主阶级的残酷剥削与农民的贫穷。

如前文所指出，地主制经济与领主制经济的一个最大的不同点，即地主制经济不是以农民经济的存在为条件的，故地主制经济对租地农民的剥削，具有领主制经济所不能达到的残酷程度，故地主对农民的剥削，常常越出剩余劳动的界限，而将农民的必要劳动夺去一部分，即“或耕豪民之田”的农民，被剥夺去的不只是“见税什五”，此外还有公赋的沉重负担：“又加月为更卒，已复为正，一岁屯戍，一岁力役，三十倍于古；田租口赋，盐铁之利，二十倍于古。”② 结果，被剥削的农民不得不过一种“常衣牛马之衣，而食犬彘之食”的贫困悲惨生活，他们的情况完全如马克思所说：“最后除了自己的皮以外没有可出卖的东西。大多数人的贫穷和少数人的富有就是从这种原罪开始的……”③ 当他们于丧失了土地之后而又走投无路，最后不得不“亡逃山林，转为盗贼”时，他们成了真正的“自由”农民，“自由得一无所有，没有任何实现自己的劳动力所必需的东西”④。

第二，小土地所有制与小生产方式本身的弱点。

① 《资本论》第一卷，第三九六——三九七页。

② 《汉书》卷二十四上，《食货志》。

③ 《资本论》第一卷，第七八一——七八二页。

④ 《资本论》第一卷，第一九二页。

广大被剥削的农民既然都如此贫穷，都是除了自己的皮以外而“自由”得一无所有，没有任何实现自己的劳动力所必需的东西，换言之，他们所有的只是自己的一点劳动力，即靠自己乃至全家的一点劳动力来向地主租佃一点土地，来借以维持生存。只靠自己的劳动力而没有资本来与土地结合，则受其本人的主客观条件的限制，能够租佃的土地实为数有限，这样一来，便大大限制了农业经营的规模。同时，由于剥削残酷，使农民有力也不敢多佃。因为农民一旦能租田到手，则各种经济的和超经济的剥削便接踵而来，“幸而收成，公私之债，交争互夺，谷未离场，帛未下机，已非己有”，以致终岁勤劳，仍不免饥寒，又不得不“今日完租，明日乞贷”，成为高利贷的牺牲品。而一旦堕入高利贷的网中，便永世不得翻身，这就是前引马克思所指出的，高利贷吸取贫苦小生产者的膏血，它使生产方式变为贫乏，使生产力变得麻痹，并迫使再生产在日益悲惨的条件下进行。这还是在正常的情况下，处境已如此悲惨，一遇荒歉，则更是无比灾难，不但全家老小涕饥号寒，求生无术，而追租逼债之人又日日络绎于门，初则折辱百端，继则撤瓦拆屋，终则扭送官府，如刑盗贼，鞭笞拷打，血肉横飞。这样，佃农不仅经常要赔血汗，而且有时要赔子女，甚至要赔性命。在这样残酷的剥削和压迫下，农民有力也不敢多佃土地。这样，一方面，农民力量有限，不能多佃；另一方面，农民经不起过多剥削，又不敢多佃，于是由客观的经济规律决定了土地的经营单位只能是小规模。所以中国的土地兼并虽然在形式上与英国的圈地运动颇为相似：同样是封建土地制度崩溃后而形成了地主制经济，同样是造成土地占有的两极化，但由于二者的产生根源不同，造成的结果自然也不同，在英国，是农业资本主义化的结果，故随之而出现的是资本主义性质的租地经营的大地产；在中国，随着农民贫困化的不断增长，土地的经营规模亦相对缩小，于是小土地所有制或小农制生产方式，遂成为中国社会经济的基本结构。

农民中除了绝大多数都是佃农外，还有一小部分自耕农，他们是从获得自由后的农奴中分化出来的一些小的土地所有者。由于他们作为一个生产劳动者还没有与其劳动条件的所有权相分离，也就是说他们还是一个有产者，所以他们的生产和生活情况，比起佃农来要略胜一筹。但是他们却又有一个无法克服的矛盾，限制了他们去进行扩大再生产，这就是自耕农的土地都必须由购买而来，因为他们都是普通的贫穷农民，既不能越过买卖程序来获得土地，也没有形成大量财富的条件，他们用以购买土地的资本，乃是长期积累的结果。他们把仅有的一点财力都用在购买土地上，自然就不再有余力来用于改善经营方法或扩大生产规模。马克思认为这是小农业特有的弊病之一，这一点前文已经阐述过了。

在地主制经济的客观自然规律支配下，无论是佃农还是自耕农，其经营单位必然都是小规模。小土地所有制或小农制经济有其自身所具有的先天弱点，而这些弱点又都是妨碍生产力发展的重要因素，因为小农制经济本身就在排斥一切发展的动力，这里必须重引马克思的论述："小块土地所有制按其性质来说就排斥社会劳动生产力的发展、劳动的社会形式、资本的社会积聚、大规模的畜牧和科学的不断扩大的应用。……生产资料无止境地分散，生产者本身无止境地分离。人力发生巨大的浪费。生产条件日趋恶化和生产资料日益昂贵是小块土地所有制的必然规律。对这种生产方式来说，好年成也是一种不幸。"[①] 可见，小块土地所有制或小农制经济，其本身就是生产力发展的严重障碍，它排除了生产力发展的一切动力，并使自己日益陷于僵死、陷于萎缩。

第三，小农制经济缺乏抗拒自然灾害的社会力量。

如上文所述，小块土地所有制或小农制经济，对社会经济的发展，显然是在起着双重的——或者更确切地说是在起着交互的阻碍作用：即一方面，由于"小块土地所有制按其性质来说就排斥社会劳动力的发展、劳动的社会形式、资本的积聚"等，使其自身的"生产条件日趋恶化和生产资料日益昂贵"，从而削弱了自己的经济基础，使自己天然地成为经济基础非常薄弱、生产条件非常贫乏的一种经济结构的简单有机体，根本缺乏任何进步发展的动力；另一方面，由生产的性质所决定，也就是由客观的经济规律所决定，使生产成为孤立的、个别的小生产。生产资料既然是分散的、个别的，则生产者之间就不可能有任何联合或集中，所以他们之间既不能有协作，也不能有分工，每一个生产者都是直接在与自然打交道，而不是与社会打交道，这就是马克思所说：

> 这种生产方式是以土地及其他生产资料的分散为前提的。它既排斥生产资料的集聚，也排斥协作，排斥同一生产过程内部的分工，排斥社会对自然的统治和支配，排斥社会生产力的自由发展。它只

① 《资本论》第三卷，第九一〇页。

同生产和社会的狭隘的自然产生的界限相容。①

这种以小块土地所有制为基础的经济结构，既然从其本身的性质而言就排斥“社会对自然的统治和支配”，这就是说，它既不能用社会的集体力量去共同促进“社会生产力的自由发展”，也不能用社会的集体力量去共同“统治和支配”自然，以防止来自自然方面或社会方面的妨害生产力自由发展的各种灾害——即所谓天灾人祸；简单说就是，既不能用社会力量去兴利，也不能用社会力量去除害，由前者造成了社会经济的长期停滞，由后者造成了社会经济的频繁波动。

正由于生产资料是分散的，每一个生产者都是个别地和孤立地在与自然打交道，各把自己的一小块土地当作生产和生活的全部领域，并且都把自己拘囚在这个狭小的领域里，不接触外部世界，因而社会结构是松弛的，所谓社会，实际上只是一家农户、另一家农户以至许多家个别农户的集合体，但却不是一个有机体。因此，“各人自扫门前雪”，不仅是当然的，而且是必然的，因为谁也没有余力去扫更多的雪。可见在这样的社会里，即使是对人人有利的事，小农民也没有力量来自己兴办。马克思曾经深刻地指出了这一点：

在亚洲……由于文明程度太低，幅员太大，不能产生自愿的联合，所以就迫切需要中央集权的政府来干预。因此亚洲的一切政府都不能不执行一种经济职能，即举办公共工程的职能。这种用人工方法提高土地肥沃程度的设施靠中央政府办理，中央政府如果忽略灌溉或排水，这种设施立刻就荒废下去，这就可以说明一件否则无法解释的事实，即大片先前耕种得很好的地区现在都荒芜不毛。②

又说：

我们在亚洲各国经常可以看到，农业在某一个政府统治下衰落下去，而在另一个政府统治下又复兴起来。收成的好坏在那里决定

① 《资本论》第一卷，第八三〇页。

② 马克思：《不列颠在印度的统治》，《马克思恩格斯选集》第二卷，人民出版社一九七二年五月版，第六十四页。

于政府的好坏，正像在欧洲决定于天气的好坏一样。[①]

小农民既然根本缺乏主动地征服自然、统治和支配自然，并进而改变自然环境的力量，必然又缺乏被动地适应环境以保护自己和免于遭受侵害的能力，正如一个虚弱的机体因缺乏抵抗病毒感染的内在活力，而容易成为疾病缠绕的对象一样。

中国过去历代灾荒之多，是任何国家的历史罕有其俦的，故从前外国人常称中国为“灾荒之国”（land of famine），这基本上是符合实际情况的，因为水旱虫蝗冰雹等自然灾害，确实是充满了中国的历史记录，在过去每一个朝代的历史文献中，有关灾荒、饥馑、疾疫等的记载，都是连篇累牍，说明各种自然灾害一直是在频繁发生的，其中有很多次特别严重的水旱虫蝗等灾往往是同时发生，或者连年发生的，以致灾区广阔，后果严重，对整个社会经济具有毁灭性的影响。过去中外学者对中国历代的灾荒曾作过不少的统计，尽管各人的标准不同，得出的结果也不同，但是基本情况大体上还是一致的。作者曾根据二十四史的《本纪》《五行志》《天文志》，以及《通志》和《续通志》的《灾祥略》中的记载，选择其灾情较重、灾区较广的水旱虫蝗等灾（冰雹、淫雨、大风及地区性小灾除外）来累计一下，其次数之多，实足以惊人。计自汉高帝元年（公元前二〇六年）起，至明崇祯十七年（公元一六四四年）止，在一千八百五十年之中，重灾年份竟有一千二百四十二年之多。其中有些是区域性的，但多数是全国性的或范围广阔的，有时是间隔数年一发，有时是连年不断。古人早就从实际经验中认识到灾荒的频繁发生有一定的周期性：

三岁而一饥，六岁而一衰，十二岁一康（注：王念孙曰：康之为言荒也，康荒皆虚也。康、荒古字通）。[②]

水旱天之所为，饥穰阴阳之运也，非人力故。太岁之数，在阳为旱，在阴为水，六岁一饥，十二岁一荒。[③]

---

① 马克思：《不列颠在印度的统治》，《马克思恩格斯选集》第二卷，第六十五页。

② 《淮南子·天文训》。

③ 《盐铁论·水旱》。

英国学者李约瑟（Joseph Needham）曾据此进行统计，说："中国每六年有一次农业失收，每十二年有一次大饥荒。在过去的二千一百多年间，中国共计有一千六百多次大水灾，一千三百多次大旱灾，很多时候旱灾及水灾会在不同地区同时出现。"① 总之，中国历代灾荒之多，危害之大，在世界历史中是罕见的。

上文曾经指出，灾荒之频繁发生，实与小农民的贫穷状况直接有关。具体说，当广大农民都被贫穷所困倒，过着"常衣牛马之衣，而食犬彘之食"的可怜生活，整天挣扎在饥饿线上而救死不遑，以致连最低限度的生存都不易维持时，当然他们就不再有余力来进行农田水利的基本建设，没有资力去改良土壤、植树造林，以调节气候、防止水土流失，没有一种集体力量去建设完善的沟渠堤堰等排水和灌溉工程，也没有一种集体力量来共同采取有效的除虫灭蝗等消灭病虫害的办法，结果，遂给各种自然灾害的频繁发生提供了充分条件。总之，以小农制经济为基础的社会组织是松弛散漫的，农民相互之间，既没有分工，也没有合作，一家一户各自成为一个独立的实际上是孤立的生产和生活单位，而抵抗自然灾害，非有社会的集体力量不可，绝不是一家一户的个体小农民所能胜任，社会既缺乏有组织的集体力量，结果，只有逆来顺受，听任自然力量的摆布而无可奈何。于是"人相食啖""白骨委积""庐落丘墟""田畴芜秽""千里无烟""荆棘载途"等的惨状，遂充满了历代的史乘。

本来在以小农制经济为基础的社会中，中央政府是唯一的一个有组织的集体力量，故一切兴利除弊的公共事务只能由中央政府来兴办，特别是灌溉或排水的水利工程，既需要众多的人力，又涉及广大的区域，更不是任何个人的力量所能从事，所以马克思明确指出，在亚洲各国，收成的好坏取决于政府的好坏，正像在欧洲取决于天气的好坏一样。这就可以充分看出，灾荒虽然是由自然力量所造成，不是人力所能统治和支配的，但是灾荒的发生如此频繁，其破坏力量如此强烈，却不能完全归咎于自然，而人谋之不臧，实应负一部分甚至相当大的一部分责任，换言之，灾荒饥馑所造成的严重后果，表面上看好像完全是由人力所无法控制的自然力量所造成的，实际上灾害的产生根源中的一部分或者大部分是属于人祸，所以与其说是灾荒的频繁发生

① 李约瑟是约瑟夫·尼达姆的汉名，系《中国科学技术史》的著者。他生前曾任英国皇家学会会员，剑桥大学冈维尔·凯厄斯学院院长，英中了解协会会长。此处引文，系取自一九七四年五月二十九日香港《大公报》转载的同年四月二十五日他在香港中文大学的讲演。

造成了社会经济的不断波动，并妨碍了它的正常发展，不如说是由于广大农民的极端贫穷和社会经济的不发达状态，使灾荒的发生格外频繁。历代的所谓中央政府，虽然也偶有个别帝王或循吏，注意奖励农业，兴修水利，但在每一个朝代中却又如凤毛麟角，寥寥可数，并且又都是人存政举，人亡政息，常因后继非人，其所经营和建置的为人民兴利或为人民除害的设施，转瞬即成为具文，不久便都废弃湮灭。此外，绝大多数的统治者都是高高在上，养尊处优，不关心民瘼，更有不少非昏君即暴主，非因循泄踏的官僚，即贪残邪恶的酷吏，他们只知吮吸人民的脂膏，来满足自己的贪欲，而不关心人民的死活。尤其是到了每一个朝代的后期，由于政治日益黑暗，官吏日多贪暴，大都是横征暴敛，庶政废弛，农田水利更无人过问，而听任河渠湮塞，堤堰倾圮，于是旱则赤地千里，潦则洪水横流，有蝗则飞蔽天日，牛马毛皆尽。试细看历代的记载就可以发现，虽然灾荒饥馑是不断发生，但是特别严重的灾情往往都集中在一个朝代的末年，即每当朝政混乱、残暴横行和国家多故之秋，水旱虫蝗等灾害也特别多，总是天灾与人祸纠缠在一起，辗转激荡，互相促动，使其破坏性格外强烈。

第四，随地主制经济伴生的土地兼并是造成社会动乱和战争频繁发生的直接原因。

战争是对社会经济的一个更为直接、更为强大的破坏力量，它所造成的结果，实远非任何严重的灾荒饥馑所能与之相比，因它常常于顷刻之间，把一个熙来攘往、兴旺繁华的社会，破坏成为一个积尸盈野、城郭丘墟、荆棘遍地、千里无烟的人间地狱。马克思曾这样指出亚洲国家频繁发生的战争所造成的可怕后果：

> 在亚洲……一次毁灭性的战争就能够使一个国家在几百年内人烟萧条，并且使它失去自己的全部文明。[①]

中国正是这样一个亚洲国家，中国的历史也正是一部充满毁灭性战争的历史，其中既有很多的正义战争，如历次的农民起义，也有很多非正义的战争，如历代王朝经常出现的政权争夺、外族内侵、军阀混乱、宗室内哄、宦官外戚之乱、权臣悍将之乱以及作为农民战争对立面的统治阶级对起义军的

① 马克思：《不列颠在印度的统治》，《马克思恩格斯选集》第二卷，第六十四页。

残酷镇压和屠杀，等等，一部二十四史在某种意义上讲无异于一部大砍杀、大动乱的全部血腥实录。总之，在漫长的历史时期中，一直是太平时少，丧乱时多。每经一次丧乱，也就是社会经济遭受一次破坏或毁灭，从而打断了社会的再生产过程，扭转了经济发展的上升曲线，使整个社会经济发生一次剧烈的波动。

上文所指出的种种所谓非正义战争，都是由政治的原因所造成的，其产生虽各有其具体条件和复杂背景，但都是历史上的偶然事件，而不是社会经济发展的必然结果，只有农民战争与其他各种的战争不同，它的产生根源系深深地扎在社会经济结构的机体之内，其爆发是社会经济规律以铁的必然性发生作用的结果。

土地兼并是造成历次农民起义或农民战争的根本原因，不管各时代的具体条件是什么。

关于土地兼并问题，本卷第二章第三节曾进行了全面阐述，请读者参见前文。根据前文所阐述，我们知道土地兼并是随着地主制经济的产生而产生，并随着地主制经济的发展而发展的。所谓经济规律的铁的必然性，在这里是指：土地既然是自由买卖，当然谁有钱谁就可以尽量购买，而土地之于土地所有者，不仅是主要的生息手段，而且是财富的最稳妥保障，故有钱的人必然要争先恐后地去抢购尽可能多的土地，故土地私有制度一开始，同时就开始了土地占有的两极化——即董仲舒所谓“富者田连阡陌，贫者亡立锥之地”。被兼并了土地的人，都成了最后除了自己的皮以外便一无所有的无产者。前文曾指出，土地是最主要的生产资料，是人们赖以生存的根本保证，一个生产者如果失去了生产资料，即同时失去了生存依据，因为一切生活资料的来源都断绝了。所以土地占有的两极化，就是社会贫富的两极化，也就是阶级矛盾的尖锐化。这时丧失了土地的农民，其出路不外三条：①作“或耕豪民之田”的佃农，但是能够租佃到土地的是少数，故只占无地农民中的一小部分；②离开农村，到城市或外地去作佣工，但是由于城市工商业或其他行业中没有足够多的就业机会，不容易觅到雇主，如果连出卖劳动力的机会也不易获得时，最后不得已而出卖自身，即卖身为奴，这给历代的奴隶制度的不断发展提供了一个新的来源；③“亡逃山林，转为盗贼”，这是走向农民起义或农民战争的第一步。所谓“亡逃山林，转为盗贼”，不过是无地农民所采取的一种斗争形式，这是在他们还没有汇集成为一个巨大的力量之前，而进行的零星的、个别的斗争。但涓涓细流，可汇为江河，当这些零星斗争慢慢集合在一起时，就一触即发地成为农民起义或农民战争了。

历代频繁爆发的农民战争，不管具体的形成条件是什么，有怎样不同的产生背景，而其产生的根本原因都是完全相同的，因为都是土地兼并问题严重化的结果。即使战争本身就其性质来说是完全正义的，但有反抗必然有镇压，反抗的力量愈强大，镇压的力量亦愈疯狂，故战端一开，则玉石俱焚，于是屠杀、焚烧、洗劫、掳掠等残暴和恐怖行为，遂成为报复和反报复的交战双方必用的手段。所以不论战争是由谁发动的，也不论战争的性质和目的是什么，它的直接结果必然会有一个毁灭性的破坏。当然，从长远的观点看，由于农民起义打击了封建统治，扫荡了腐朽势力，调整了生产关系，它的历史作用又与一切非正义的战争不可混为一谈。

第五，天灾和人祸的交互作用。

天灾和人祸本来各自有其不同的来源，水旱虫蝗等天灾，即使其中含有一定的人为因素，但基本上是由古代人民所无法统治和支配的自然力量所造成的，而战争则主要是社会矛盾激化的结果，二者在产生根源上是风马牛不相及的。但是在一定的时期和一定的条件下，二者又有互相激发、互相促进的情况发生，即它们常常随着各种矛盾的激化而纠结在一起，彼此互为因果，互相促进，形成一种殊途同归之势。所以特别严重的兵祸、灾荒、饥馑、疾疫等，往往以各个朝代的晚年为最多，不但纷至沓来，而且殊途并进，形式上表现为每隔若干年即集中地爆发一次。这显然是人祸加甚了天灾，天灾又促进了人祸，相激相荡，愈演愈烈。并且由于矛盾的性质基本相同，因而其表现方式亦必然基本相同，故又成为每间隔若干年复发一次。因此，从形式上看起来，这个现象带有一定的周期性，虽然周期的长短是不规则的，与资本主义的景气循环是不相同的，绝不可以把二者混为一谈，更不能用近代危机学说来解释古代的经济波动。但是从总的发展过程来看，其起伏波动成为一种循环反复状态，完全如前引马克思所说："这些自给自足的公社不断地按照同一形式把自己再生产出来，当它们偶然遭到破坏时，会在同一地点以同一名称再建立起来。"①

实际上，这并不是一种简单的周期循环，社会的经济结构也并不是停滞不动，而是在整个发展过程中经历了几次巨大的波动，由于动荡起伏的幅度很大，形成了几次起伏巨大的波状段落。具体说，在经济发展的全过程中，

---

① 《资本论》第一卷，第三九六——三九七页。

每经过少则百余年、多则二三百年的继续发展，并达到一定程度的繁荣，有时还在各个生产部门中取得了一定的成就时，又每每随着统治阶级压迫和剥削的加强，各种固有矛盾潜滋暗长和日益尖锐，结果又在上述各种因素的交互作用之下，强烈的天灾人祸从各个不同的方面一起扑来，使一度发展起来的社会经济，在沉重的打击和破坏下再度陷于凋敝和崩溃，甚至被彻底地毁灭。经过这样的一次大破坏、大动荡之后，等到政治趋于安定——多数是在王朝更迭之后，那时从一片废墟瓦砾中新建立起来的王朝，于惊涛骇浪之余，面对前朝的覆亡命运，慑于农民战争的威力，因心有余悸而不得不有所收敛，不得不“与民更始”，而饱经丧乱的孑遗之民，在社会秩序逐渐恢复之后，在封建压迫和剥削相对缓和的情况下，亦能在原来的废墟上重建家园，这一切，使一度被破坏了的“社会经济结构的基本要素”，又获得复苏的机会，即马克思所谓在同一的地点，以同一的名称，再树立起来，并以此为基础，再继续向前发展。在漫长的历史时期中，社会经济经历了几次这样巨大的波动起伏，也就是这个同一的“社会经济结构的基本要素”经历了几次的动荡反复。在成就与破坏、进步与退步互相抵销之后，整个社会经济结构，从外表上看来，成为一种踏步不前的停滞状态。

第二节　秦汉时代三次巨大的经济波动

（一）第一次经济波动

社会经济频繁发生波动的原因，既然与小农制经济生产结构的简单和社会经济基础的薄弱密切相关，则这种现象显然是随着地主制经济的产生而产生，并随着地主制经济的发展而发展的。所以巨大的经济波动有明确历史记载的，主要是从战国以后的秦汉年间开始的。

在这一段历史时期内，前后发生过三次起伏幅度非常巨大的经济波动，这在当时都是震撼社会、改变历史的重大事件，因为经济上的这三次巨大波动，表现在政治上，便是朝代和统治人物的三次兴亡与更迭，其具体过程是：前一王朝和它的统治人物随着经济的崩溃而倾覆下去，后一王朝又随着经济的苏生和社会秩序的恢复而重建起来。但是由于各种基本矛盾没有改变，故经常随着固有矛盾的发展时而尖锐、时而缓和，不断以同一形式表现出来，这就是前引马克思所说，如偶然被破坏，也会在同一地点，以同一名称再建立起来。这种同一结构的再生，也就是同一现象的反复。因此，秦汉时代可以说是经济波动现象的一个定型时期，秦汉以后的历次经济波动，尽管各次波动的具体情况不尽相同，但是问题的性质则是基本相同的，把秦汉时代的三大波动作为典型来加以分析，对于了解后世历次的波动是有很大作用的。

有明确记载可考的三次巨大的经济波动，一是发生在战国末年至秦汉之交，一是发生在西汉末年的新莽时期至东汉初年，一是发生在东汉末年至三国初年。

战国年间由于战祸的惨烈和灾荒的频繁，使日益在衰退之中的社会经济，到了秦汉之交，而陷于全盘崩溃。

秦承战国战火弥漫和长期混乱而立，它于统一全国之后，建立了一种中央集权的封建帝国，拥有一个强大无比的国家机器。随着政治统一而俱来的经济统一，本是社会经济得以恢复和发展的良好机会，而秦始皇在他的短暂的统治时期内，也确实有不少建树，建立了许多为后世奉行不替的政治和经济制度，对中国整个历史的发展，起了一定的促进作用。但是，在他的短暂的统治岁月中，却又不停地用兵，无休止地进行耗费巨大人力物力的大规模工程，从而大大加重了人民的赋税和徭役负担，而这种剥削和压迫又达到前所未有的残酷程度，再加上后来的政治黑暗和狂暴，以致民不聊生，故终于激起中国历史上第一次的农民大起义。黑暗的统治、连年不断的战争破坏和灾荒饥馑的袭击，使整个国民经济陷于全面崩溃：

> 至于始皇，遂并天下，内兴功作，外攘夷狄，收泰半之赋，发闾左之戍。男子力耕不足粮饷[3]，女子纺绩不足衣服。竭天下之资财以奉其政，犹未足以澹其欲也。海内愁怨，遂用溃畔。①
>
> 〔主父偃〕乃上书阙下。……谏伐匈奴。其辞曰："秦皇帝……又使天下蜚（同飞）刍挽粟，起于黄、腄、琅邪负海之郡，转输北河，率三十钟[4] 而致一石。男子疾耕不足于粮饷，女子纺绩不足于帷幕。百姓靡敝，孤寡老弱不能相养，道路死者相望，盖天下始叛秦也。"②

① 《汉书》卷二十四上，《食货志》。
② 《史记》卷一百十二，《平津侯主父列传》。

> 于是陈王（陈胜）以故所善陈人武臣为将军……予卒三千人，北略赵地。武臣等从白马渡河，至诸县，说其豪桀曰："秦为乱政虐刑以残贼天下，数十年矣。北有长城之役，南有五岭之戍，外内骚动，百姓罢（同疲）敝，头会箕敛，以供军费，财匮力尽，民不聊生。重之以苛法峻刑，使天下父子不相安。"①

在一个以小农制经济为基础的封建社会中，社会的经济基础非常薄弱，小生产者的力量又非常有限，对这些穷人"头会箕敛，以供军费"，进行如此残酷的剥削，此外还有不胜负担的兵役和劳役。在"民不聊生""道死相望"的情况下，终于造成"海内愁怨，遂用溃畔"这样一个必然结果。

在短暂的秦王朝统治时期，不仅战祸连绵，经久不息，而且灾荒饥馑又纷至沓来，有记载可考的，计有：

> 〔三年（公元前二四四年）〕岁大饥。②
> 〔十二年（公元前二三五年）〕当是之时，天下大旱。③
> 〔十七年（公元前二三〇年）〕民大饥。④
> 〔十九年（公元前二二八年）〕大饥。⑤

可知在秦王朝短暂的统治时期内灾荒是频繁发生的。正在"外内骚动"和"民不聊生"之际，自然灾害频频袭来，则天灾人祸必然纠结在一起，而互相促动，从而大大加重了它们对社会经济的破坏作用。秦始皇从统一到逝世不过十年左右，他虽然有不少建树，并都可以垂诸久远，对整个社会经济和文化的发展起了不小的促进作用，但是他的狂暴统治却把秦王朝的存在基础斫[5] 丧殆尽。加以后继非人，宦官专政，使政治陷于极端的黑暗和暴虐，于是在各种矛盾日益激化的情况下，爆发了以陈胜、吴广为首的农民大起义，转瞬之间，一个辉煌庞大的秦帝国，便在社会经济的巨大震荡波动之中，被摧枯拉朽一般推翻了。

---

① 《史记》卷八十九，《张耳陈余列传》。
② 《史记》卷六，《秦始皇本纪》。
③ 《史记》卷六，《秦始皇本纪》。
④ 《史记》卷六，《秦始皇本纪》。
⑤ 《史记》卷六，《秦始皇本纪》。

秦王朝倾覆之后，农民战争转为争夺政权的大混乱，所谓“诸侯并起”，就是说这些野心家都想夺取起义的胜利果实，特别是刘（邦）项（羽）的争夺，使战火连年不断，蔓延甚广，使广大人民非死于屠戮，即死于饥馑，幸存者亦转徙流亡，道死相望，致使当时的主要经济区内的整个社会经济被破坏到荡然无存。例如：

> 汉三年（公元前二〇四年）秋，项羽击汉，拔荥阳，汉兵遁保巩、洛。……汉王数困荥阳、成皋，计欲捐成皋以东，屯巩、洛以拒楚。郦生因曰：“……方今楚易取而汉反却，自夺其便，臣窃以为过矣。且两雄不俱立，楚汉久相持不决，百姓骚动，海内摇荡，农夫释耒，工女下机，天下之心未有所定也。……”①

继起的汉王朝就是在这种大混乱、大破坏之后的废墟上建立起来的。初建之时，社会经济状况仍然是满目疮痍，荒凉衰落之状不减战时：

> 汉兴，接秦之弊，丈夫从军旅，老弱转粮饷，作业剧而财匮，自天子不能具钧驷，而将相或乘牛车，齐民无藏盖。②
>
> 汉兴，接秦之弊，诸侯并起，民失作业，而大饥馑。凡米石五千，人相食，死者过半。高祖乃令民得卖子，就食蜀汉。天下既定，民亡盖臧，自天子不能具醇驷（醇，亦作钧，同均，即颜色相同的四匹马），而将相或乘牛车。③
>
> 〔高祖既定天下〕始论功而定封。讫十二年（公元前一九五年），侯者百四十有三人。时大城名都民人散亡，户口可得而数裁什二三，是以大侯不过万家，小者五六百户。④

汉以前，除了以三河地带（河南、河内、河东）为中心的古老经济区和后起的关中经济区外，只有蜀汉（汉中至四川）是一个开发较早而又比较安定的经济区，早在战国时即已成为关中经济区的一个重要后盾，而有天府之

---

① 《史记》卷九十七，《郦生陆贾列传》。

② 《史记》卷三十，《平准书》。

③ 《汉书》卷二十四上，《食货志》。

④ 《汉书》卷十六，《高惠高后文功臣表序》。

称。所以在中原和关中两个主要区域被破坏得一时无法解救饥荒时，高祖遂令民就食蜀汉。但是事实上有几人能够跋涉千里，攀越难于上青天的蜀道？高祖之令，只说明汉王朝对此灾难一筹莫展而已。社会经济的这种下降趋势，到了惠帝和高后时期才算停止，长期以来极端的衰颓萧条景象亦才开始有所好转：

> 孝惠、高后之时，海内得离战国之苦，君臣俱欲无为，故惠帝拱己，高后女主制政，不出房闼，而天下晏然，刑罚罕用，民务稼穑，衣食滋殖。①

可见这一次的经济波动前后历时约三十余年，始逐渐扭转了经济动荡下降的趋势而开始回升，至于全面恢复，乃是从汉文帝时期开始的：

> 当孝惠、高后时，百姓新免毒蠚，人欲长幼养老。萧、曹为相，填以无为，从民之欲，而不扰乱，是以衣食滋殖，刑罚用稀。
>
> 及孝文即位，躬修玄默，劝趣农桑，减省租赋。而将相皆旧功臣，少文多质，惩恶亡秦之政，论议务在宽厚，耻言人之过失。化行天下，告讦之俗易。吏安其官，民乐其业，畜积岁增，户口寖息。风流笃厚，禁罔疏阔。……是以刑罚大省……有刑错之风。②
>
> 孝文帝从代来，即位二十三年，宫室苑囿狗马服御无所增益，有不便，辄弛以利民。尝欲作露台，召匠计之，直百金。上曰："百金中民十家之产，吾奉先帝宫室，常恐羞之，何以台为！"上常衣绨衣，所幸慎夫人，令衣不得曳地，帏帐不得文绣，以示敦朴，为天下先。治霸陵皆以瓦器，不得以金银铜锡为饰，不治坟，欲为省，毋烦民。……与匈奴和亲，匈奴背约入盗，然令边备守，不发兵深入，恶烦苦百姓。……专务以德化民，是以海内殷富，兴于礼义。③
>
> 历至孝文即位，将军陈武等议曰："南越、朝鲜自全秦时内属为臣子，后且拥兵阻厄，选蠕观望。高祖时天下新定，人民小安，未可复兴兵。今陛下仁惠抚百姓，恩泽加海内，宜及士民乐用，征讨

① 《汉书》卷三，《高后纪·赞》。
② 《汉书》卷二十三，《刑法志》。
③ 《史记》卷十，《孝文本纪》。

逆党，以一封疆。”孝文曰：“……且兵凶器，虽克所愿，动亦耗病，谓百姓远方何？又先帝知劳民不可烦，故不以为意。朕岂自谓能？今匈奴内侵，军吏无功，边民父子荷兵日久，朕常为动心伤痛，无日忘之。今未能销距，愿且坚边设候，结和通使，休宁北陲，为功多矣。且无议军。”故百姓无内外之徭，得息肩于田亩，天下殷富，粟至十余钱，鸣鸡吠狗，烟火万里，可谓和乐者乎！①

太史公曰：文帝时，会天下新去汤火，人民乐业，因其欲然，能不扰乱，故百姓遂安。自年六七十翁亦未尝至市井，游敖嬉戏如小儿状。②

逮文、景四五世间，流民既归，户口亦息，列侯大者至三四万户，小国自倍（师古曰：自倍者，谓旧五百户，今者至千也。曹参初封万六百户，至后嗣侯宗免时，有户二万三千，是为户口蕃息故也。它皆类此）。富厚如之。③

太史公曰：梁孝王虽以亲爱之故，王膏腴之地，然会汉家隆盛，百姓殷富，故能植其财货，广宫室，车服拟于天子。然亦僭矣。④

汉初的帝王将相都奉行黄老之说，采取了“拱己无为”的不扰民政策，即所谓“从民之欲，而不扰乱”。到汉文帝时更把这个政策推行得十分彻底，他不仅在政治上采取了“躬修玄默”的听之任之政策，在私生活上也严格自律，使“宫室、苑囿、狗马、服御，无所增益，有不便，辄弛以利民”；而且在经济上也采取了自由放任的“从民之欲”的政策，一切有利事业，皆听任民营，而不与民争利——这一切都是发展社会生产力的重要条件。特别是汉文帝坚决反对任意用兵，即对频繁骚扰的匈奴也坚持和亲政策，力求与之相安，贯彻了“坚边、设候、结和、通使”的方针，这样，便为国家经济的从容恢复提供了一个长期的和平环境，这确是医治当时遍体疮伤、气息奄奄的社会经济的有效措施。由于“百姓无内外之徭，得息肩于田亩”，故能迅速获得“天下殷富，粟至十余钱，鸣鸡吠狗，烟火万里”这样一个可喜的结果。

---

① 《史记》卷二十五，《律书》。
② 《史记》卷二十五，《律书》。
③ 《汉书》卷十六，《高惠高后文功臣表序》。
④ 《史记》卷五十八，《梁孝王世家》。

可见西汉初年极度残破的社会经济，到了文、景年间已进入全面的恢复时期，这时经济发展的曲线已由下降转为回升。这样，经过长时期的缓慢的恢复，到了汉武帝时期（公元前一四〇年——公元前八十七年），国民经济显示了空前的繁荣，成为汉代的鼎盛时期。史称：

> 至今上（武帝）即位数岁，汉兴七十余年之间，国家无事，非遇水旱之灾，民则人给家足，都鄙廪庾皆满，而府库余货财。京师之钱累巨万，贯朽而不可校。太仓之粟陈陈相因，充溢露积于外，至腐败不可食。众庶街巷有马，阡陌之间成群，而乘字牝者傧而不得聚会。守闾阎者食粱肉，为吏者长子孙，居官者以为姓号。故人人自爱而重犯法，先行仁义而后绌耻辱焉。当此之时，网疏而民富，役财骄溢，或至并兼豪党之徒，以武断于乡曲。宗室有土公卿大夫以下，争于奢侈，室庐舆服僭于上，无限度。物盛而衰，固其变也。①

在以农业为基础的封建社会中，农业系社会的主要生产部门，故农业的兴衰直接标志着国民经济的荣枯。造成上述经济繁荣的原因，主要就是由于农村秩序恢复了正常和安定，每一个直接生产者都能“息肩于田亩”，而不再有不堪忍受的赋税和劳役或兵役负担，能够根据自己所具有的主客观条件来安排自己的再生产，这样就大大解放了农业生产力，从而使农业经济有了巨大的发展。关于汉代农业的各方面情况，我们在本卷第四章中已作了详细论述，根据前文所述的情况来看，汉代——特别是西汉一代，农业的发展出现了突飞猛进的形势，把它看作是古代农业生产的一次革命，也并不为过。农业既是国民经济的基础，农业上获得了突飞猛进的发展，也就是整个国民经济获致了空前的繁荣。这是从秦汉之交的极端衰颓之中逐渐恢复起来以后，沿着一条上升的曲线，起初是缓慢地逐步向前、向上发展，经过七十多年的休养生息和自我调整，到了汉武帝时期，由于采取了一系列发展经济的积极措施，特别是新的生产工具和耕作方法的应用和推广，大规模地兴修水利排灌工程，牛耕方法的改良和普及等，从而造成了一个以农业为主体的经济跃进的局面，使经济的发展从总的趋势来看，略近于直线上升，当然这条线本

---

① 《史记》卷三十，《平准书》。

身也是曲折的，是由一些幅度不大的上下波动曲线形成的，因为就是在经济高涨时期，也有一些规模大小不等的水旱虫蝗等天灾和徭役、兵役等沉重负担或其他干扰，都直接影响着经济生产，从而造成短暂的经济衰退。例如武帝一朝本是西汉的全盛时期，也是经济最繁荣时期，但由下引记载可以看出，这时小的波动是频繁发生的：

及至孝武即位，外事四夷之功，内盛耳目之好，征发烦数，百姓贫耗，穷民犯法，酷吏击断，奸轨不胜。[①]

〔董〕仲舒死后，功费愈甚，天下虚耗，人复相食。[②]

宣帝初即位，欲褒先帝……于是群臣大议廷中，皆曰："宜如诏书。"长信少府胜独曰："武帝虽有攘四夷广土斥境之功，然多杀士众，竭民财力，奢泰亡度，天下虚耗，百姓流离，物故者过半。蝗虫大起，赤地数千里，或人民相食，畜积至今未复。亡德泽于民，不宜为立庙乐。"[③]

武帝一朝灾荒次数之多是惊人的，而且水、旱、虫、蝗，无所不有。例如：

〔建元〕三年（公元前一三八年）春，河水溢于平原，大饥，人相食。[④]

〔建元四年〕六月，旱。[⑤]

〔建元五年〕五月，大蝗。[⑥]

〔建元六年〕遣两将军将兵诛闽越。淮南王安上书谏曰：……间者，数年岁比不登，民待卖爵赘子以接衣食，赖陛下德泽振救之，得毋转死沟壑。四年不登，五年复蝗，民生未复。……[⑦]

---

① 《汉书》卷二十三，《刑法志》。
② 《汉书》卷二十上，《食货志》。
③ 《汉书》卷七十五，《夏侯胜传》。
④ 《汉书》卷六，《武帝纪》。
⑤ 《汉书》卷六，《武帝纪》。
⑥ 《汉书》卷六，《武帝纪》。
⑦ 《汉书》卷六十四上，《严助传》。

〔元光五年（公元前一三〇年）〕八月，螟。①

〔元光六年〕夏，大旱，蝗。②

〔元朔〕五年（公元前一二四年）春，大旱。③

元狩三年（公元前一二〇年）夏，大旱。④

〔元鼎二年（公元前一一五年）〕夏，大水，关东饿者以千数。秋九月，诏曰："……今京师虽未为丰年，山林池泽之饶与民共之。今水潦移于江南，迫隆冬至，朕惧其饥寒不活。江南之地，火耕水耨，方下巴蜀之粟致之江陵，遣博士中等分循行，谕告所抵，无令重困。吏民有振救饥民免其厄者，具举以闻。"⑤

是时山东被河灾，及岁不登数年，人或相食，方二三千里。天子怜之，令饥民得流就食江淮间，欲留，留处。使者冠盖相属于道护之，下巴蜀粟以振焉。⑥

御史曰："……大河之始决于瓠子也，涓涓尔，及其卒，泛滥为中国害，菑梁楚，破曹卫，城郭坏沮，蓄积漂流，百姓木栖，千里无庐，令孤寡无所依，老弱无所归。故先帝闵悼其菑，亲省河堤，举禹之功；河流以复，曹卫以宁。……"⑦

〔元鼎三年（公元前一一四年）[6] 夏四月〕关东郡国十余饥，人相食。⑧

〔元封四年（公元前一〇七年）〕夏，大旱，民多暍死。⑨

〔元封六年（公元前一〇五年）〕秋，大旱，蝗。⑩

是岁太初元年（公元前一〇四年）也。而关东蝗大起，蜚西至敦煌。⑪

---

① 《汉书》卷六，《武帝纪》。
② 《汉书》卷六，《武帝纪》。
③ 《汉书》卷六，《武帝纪》。
④ 《汉书》卷二十七中之上，《五行志》。
⑤ 《汉书》卷六，《武帝纪》。
⑥ 《汉书》卷二十四下，《食货志》。
⑦ 《盐铁论·申韩》。
⑧ 《汉书》卷六，《武帝纪》。
⑨ 《汉书》卷六，《武帝纪》。
⑩ 《汉书》卷六，《武帝纪》。
⑪ 《史记》卷一百二十三，《大宛列传》。

〔太初二年（公元前一〇三年）〕秋，蝗。三年秋，复蝗。[①]

天汉元年（公元前一〇〇年）夏，大旱；其三年夏，大旱。[②]

太始二年（公元前九十五年）秋，旱。[③]

征和元年（公元前九十二年）夏，大旱。[④]

征和三年（公元前九十年）秋，蝗；四年夏，蝗。[⑤]

武帝以后，停止了对外用兵，从而减去了人民的一个最沉重的负担，也就是去掉了干扰经济发展的一个最大的障碍，所以从武帝以后直到平帝，约一百三十多年，虽然水旱虫蝗等自然灾害还是不断发生，有时灾情也相当严重，但是由于没有兵祸，没有突如其来的摧残破坏，并且社会秩序亦比较安定，因此，不管每次灾荒所造成的损失有多大，因没有人祸再火上浇油，这样，便减弱了天灾的为害程度，也容易恢复元气。这里就武帝以后各朝的灾荒情况列举数例，以便借以看出即使历次灾情本身有一定的严重情况，但又都为时不长，为害不烈，没有改变整个国民经济的上升趋势：

昭帝始元元年（公元前八十六年）七月，大水雨，自七月至十月。[⑥]

昭帝始元六年（公元前八十一年），大旱。[⑦]

〔本始三年（公元前七十一年）夏五月〕大旱。郡国伤旱甚者，民毋出租赋。三辅民就贱者，且毋收事，尽四年（师古曰：收谓租赋也，事谓役使也。尽本始四年而止）。[⑧]

宣帝本始三年夏，大旱，东西数千里。[⑨]

〔初元元年（公元前四十八年）〕九月，关东郡国十一大水，饥，或人相食，转旁郡钱谷以相救。[⑩]

---

① 《汉书》卷六，《武帝纪》，又见《汉书》卷二十七中之下，《五行志》。
② 《汉书》卷二十七中之上，《五行志》。
③ 《汉书》卷六，《武帝纪》。
④ 《汉书》卷二十七中之上，《五行志》。
⑤ 《汉书》卷六，《武帝纪》，又见《汉书》卷二十七中之下，《五行志》。
⑥ 《汉书》卷二十七中之上，《五行志》。
⑦ 《汉书》卷二十七中之上，《五行志》。
⑧ 《汉书》卷八，《宣帝纪》。
⑨ 《汉书》卷二十七中之上，《五行志》。
⑩ 《汉书》卷九，《元帝纪》。

是岁（初元元年）……郡国十一饥，疫尤甚。……明年二月戊午，地震。其夏，齐地人相食。①

元帝即位，天下大水，关东郡十一尤甚。二年，齐地饥，谷石三百余，民多饿死，琅邪郡人相食。②

〔元帝永光元年（公元前四十三年）〕天下大饥。③

〔鸿嘉二年（公元前十九年）春三月〕诏曰："朕承鸿业十有余年，数遭水旱疾疫之灾，黎民屡困于饥寒，而望礼义之兴，岂不难哉！"④

〔鸿嘉三年（公元前十八年）夏四月〕大旱。⑤

成帝永始三年、四年（公元前十四年、公元前十三年）夏，大旱。⑥

元延元年（公元前十二年），为北地大守。时灾异尤数，永当之官，上使卫尉淳于长受永所欲言。永对曰："……往年郡国二十一伤于水灾，禾黍不入。今年蚕麦咸恶。百川沸腾，江河溢决，大水泛滥郡国十五有余。比年丧稼，时过无宿麦。百姓失业流散……"⑦

〔平帝元始二年（公元二年）夏四月〕郡国大旱，蝗，青州尤甚，民流亡。⑧

平帝元始二年秋，蝗，遍天下。⑨

平帝时，天下大蝗，河南二十余县皆被其灾……⑩

尽管在武帝以后的一百多年当中一直是天灾频仍，饥馑荐臻，却始终没有改变已经取得的繁荣，社会经济的发展曲线，虽然没有大幅度上升，但也没有大幅度下降，基本上一直在保持着升平富裕的景象，这由下引的各条记载可以看出：

---

① 《汉书》卷七十五，《翼奉传》。
② 《汉书》卷二十四上，《食货志》。
③ 《汉书》卷二十七中之下，《五行志》。
④ 《汉书》卷十，《成帝纪》。
⑤ 《汉书》卷十，《成帝纪》。
⑥ 《汉书》卷二十七中之上，《五行志》。
⑦ 《汉书》卷八十五，《谷永传》。
⑧ 《汉书》卷十二，《平帝纪》。
⑨ 《汉书》卷二十七中之下，《五行志》。
⑩ 《后汉书》卷二十五，《卓茂传》。

昭帝既冠，遂委任光，讫十三年，百姓充实，四夷宾服。①

至昭帝时，流民稍还，田野益辟，颇有畜积。宣帝即位，用吏多选贤良，百姓安土，岁数丰穰，谷至石五钱，农人少利。②

孝昭幼冲，霍光秉政，承奢侈师旅之后，海内虚耗，光因循守职，无所改作。至于始元、元凤之间，匈奴乡化，百姓益富。③

神爵、五凤之间，天下殷（当）〔富〕。④

成帝时，天下亡兵革之事，号为安乐，然俗奢侈，不以畜聚为意。⑤

〔哀帝朝〕宫室苑囿府库之臧已侈，百姓訾（同资）富虽不及文景，然天下户口最盛矣。⑥

平帝崩，王莽居摄，遂篡位。王莽因汉承平之业，匈奴称藩，百蛮宾服，舟车所通，尽为臣妾，府库百官之富，天下晏然。⑦

可见在武帝以后，原来达到的繁荣景象，基本上是延续了下来，直到西汉末年，尽管水旱虫蝗等自然灾害频繁发生，而每一次灾荒袭击的结果亦同样造成灾区人民的饥饿流离，枕席于道路，甚至出现“人相食”的惨状，但大都为期不长，灾区不广，特别是由于“天下亡兵革之事”，使社会的正常秩序未被打乱，故不难通过救济赈恤而得到缓和，因而整个国民经济就不至于被搅乱或破坏，这是西汉的社会经济能长期保持向上发展趋势的原因所在。这就更清楚地证明，人祸是破坏经济、造成波动的主要力量，天灾不过是一些次要的辅助性的因素而已。

（二）第二次经济波动

汉代第二次的经济大波动，是在王莽篡权代汉以后开始爆发的，实际上这是内在的阶级矛盾日益尖锐化和外来的各种天灾人祸等多种因素互相激荡

① 《汉书》卷六十八，《霍光传》。
② 《汉书》卷二十四上，《食货志》。
③ 《汉书》卷八十九，《循吏传序》。
④ 《汉书》卷六十四下，《王褒传》。
⑤ 《汉书》卷二十四上，《食货志》。
⑥ 《汉书》卷二十四上，《食货志》。
⑦ 《汉书》卷二十四上，《食货志》。

的共同结果，并且是经过长时期的酝酿发展而逐渐形成的。本来西汉直到平帝之末，始终保持着繁荣兴旺景象，仍然是“匈奴称藩，百蛮宾服，舟车所通，尽为臣妾，府库百官之富，天下晏[7]然”。正是在所谓“天下晏然”的升平景象的掩盖下，阶级矛盾日益尖锐，为经济的再一次大混乱、大破坏和大动荡准备着条件。

土地兼并仍是造成这一现象的根本原因。

本来土地兼并问题是汉代始终存在的一个严重问题，到了西汉后期，这个问题就更加严重了。这一是由于西汉的商品经济和货币经济一直在继续发展之中，社会上存在着大量的商品经营资本和货币经营资本，简言之，即存在着大量的货币形态的财富，而货币必然要发挥其社会大蒸馏器的作用，把它所遇到的一切东西都熔化为可以自由买卖的商品，土地当然是首当其冲；二是由于王公贵族、达官勋戚等凭借封建特权而积累了巨量的官僚财富，这些豪富之家，更是抢购土地的主力军；三是由于在武帝时期，对“并兼之徒”尚进行了坚决的斗争，采取了各种严厉的甚至是极端的措施，如厉行抑商政策、实行告缗令、迁徙富豪、实行禁榷制度、改铸货币等，来抑制土地兼并的发展。但是武帝以后，这些措施有的放弃，有的放松了，对土地兼并不再加以任何阻挠或限制。这样一来，土地兼并，愈演愈烈。随着广大农民的丧失土地，于是“亡逃山林，转为盗贼”的农民和沦为奴隶的农民日益众多，使剥削阶级与被剥削阶级之间的矛盾和斗争亦愈来愈激化。当他们为饥寒所迫而又走投无路时，斩竿揭木而起，便成为他们死里求生的唯一出路，于是星星之火，就立即可以燎原了。

到了汉哀帝朝，危机已有一触即发之势，大臣师丹、孔光、何武等稍有头脑的人，看到了贫富过于悬殊和阶级矛盾过于尖锐，已使汉王朝的统治地位危如累卵，遂大声疾呼道，“豪富吏民，訾（资）数巨万，而贫弱愈困”，“强富豪右，田宅逾制，以强凌弱，以众暴寡”，面对如此严重的阶级对立和迫在眉睫的社会动乱，亟思寻找一种缓解补救之策，以挽回将倒之狂澜，但又找不到任何根本的解决办法，故只能提出一种非常不彻底的权宜补缀之策，要求对“名田奴婢”定一个最高限额，来稍煞兼并之风，借以缓和一下阶级矛盾。尽管限额很宽——田最高额为三十顷，奴婢为二百人，而仍然遭到丁、傅、董贤等亲信佞幸这些一般既得利益阶级的反对，使师丹等人的限田之议“遂寝不行”。这样一来，广大被压榨的农民除了起来造反——起义之外，已别无生路了。

王莽原来想解决这些矛盾，他于篡夺了汉王朝的政权之后建立了一个以“新”为号的王朝，从公元九年王莽称制（始建国元年）起，到公元二十三年（地皇四年）覆灭止，在短短的十四年之中进行了一系列的所谓改革。

对王莽而言，他虽然意识到当时土地问题的严重性，并且还揭露了矛盾的真相，但是像他这样一个只有“佞邪之材”而又惯于欺世盗名、弄虚作假的人，不可能真正了解问题的根源所在，更不可能找到解决问题的正确途径。因此除了无端制造纷扰外，不可能有其他作为。

当王莽以“王田”制度来打击“强富豪右”时，又用“五均”“六筦”[8]等官营工商业办法来打击富商大贾，用“数改币制”来打击泛滥成灾的商业资本、高利贷资本和其他各种货币财富所有者。王莽强制推行他的五花八门的货币制度与推行“王田”制度的手段是同样严厉的，引起的骚乱也是同样强烈的，这些已见前述。

总之，王莽的狂暴统治，对当时正在酝酿中的农民起义实起了火上浇油的作用，而天灾人祸、内忧外患亦都适逢其时地纷至沓来[9]，从而对整个社会经济进行了一次毁灭性的破坏，使西汉一代所积累的经济成就被破坏得几乎荡然无存。所以从整个形势来看，第二次经济波动的幅度，比第一次的波动幅度要大得多。此可由下引记载看出：

民摇手触禁，不得耕桑，徭役烦剧，而枯旱蝗虫相因。又用制作未定，上自公侯，下至小吏，皆不得奉禄，而私赋敛，货赂上流，狱讼不决。吏用苛暴立威，旁缘莽禁，侵刻小民。富者不得自保，贫者无以自存，起为盗贼，依阻山泽，吏不能禽而覆蔽之，浸淫日广，于是青、徐、荆楚之地往往万数。战斗死亡，缘边四夷所系虏，陷罪，饥疫，人相食，及莽未诛，而天下户口减半矣①。

〔地皇中〕用度不足，数横赋敛，民愈贫困，常苦枯旱，亡有平岁，谷贾翔贵。末年，盗贼群起，发军击之，将吏放纵于外。北边及青、徐地人相食，雒阳以东米石二千。莽遣三公将军开东方诸仓振贷穷乏，又分遣大夫谒者教民煮木为酪，酪不可食，重为烦扰。流民入关者数十万人，置养澹官以禀之，吏盗其禀，饥死者什七八。莽耻为政所致，乃下诏曰：“……枯旱霜蝗，饥馑荐臻，蛮夷猾夏，

① 《汉书》卷二十四下，《食货志》。

寇贼奸轨，百姓流离。予甚悼之……”①

初，王莽末，天下旱蝗，黄金一斤易粟一斛；至是野谷旅生，麻尗尤盛，野蚕成茧，被于山阜，人收其利焉。②

王莽末，南方饥馑，人庶群入野泽，掘凫茈而食之，更相侵夺。③

〔更始二年（公元二十四年）〕衍因以计说永曰：“……伏念天下离王莽之害久矣。始自东郡之师，继以西海之役，巴、蜀没于南夷，缘边破于北狄，远征万里，暴卒累年，祸拏未解，兵连不息，刑法弥深，赋敛愈重。众强之党，横击于外，百僚之臣，贪残于内，元元无聊，饥寒并臻，父子流亡，夫妇离散，庐落丘墟，田畴芜秽，疾疫大兴，灾异蜂起。于是江湖之上，海岱之滨，风腾波涌，更相骀藉，四垂之人，肝脑涂地，死亡之数，不啻太半，殃咎之毒，痛入骨髓，匹夫僮妇，咸怀怨怒。……”④

水旱虫蝗等特别严重的天灾这时频繁袭来，对于上述状况的形成，实起了很大作用，在王莽当政的十几年之内，严重的灾荒不但发生的次数很多，而且非常集中，这对当时已经“天下謷謷然”，煎迫于水深火热之中的人民，实具有毁灭性的影响。本来在平帝时已经连年是“蝗遍天下”，到王莽篡权后，更是连绵不断：

〔始建国三年（公元十一年）〕濒河郡蝗生。河决魏郡，泛清河以东数郡。⑤

天凤元年（公元十四年），缘边大饥，人相食。……边郡无以相赡。⑥

是时〔天凤六年（公元十九年）〕，关东饥旱数年。⑦

---

① 《汉书》卷二十四上，《食货志》。
② 《后汉书》卷一上，《光武帝纪》。
③ 《后汉书》卷十一，《刘玄传》。
④ 《后汉书》卷二十八上，《冯衍传》。
⑤ 《汉书》卷九十九中，《王莽传》。
⑥ 《汉书》卷九十九中，《王莽传》。
⑦ 《汉书》卷九十九下，《王莽传》。

〔地皇二年（公元二十一年）〕关东大饥，蝗。①

〔地皇三年（公元二十二年）〕夏，蝗，从东方来，蜚蔽天，至长安，入未央宫，缘殿阁。莽发吏民设购赏捕击。②

莽末，天下连岁灾蝗，寇盗蜂起。地皇三年，南阳荒饥，诸家宾客多为小盗。③

在造成第二次经济波动的各种因素中，兵祸仍占首屈一指的地位，灾荒实远不能与之相比，尽管这时期旱蝗灾情特别严重，但如与兵祸相比还是一种次要的因素，因灾荒虽然也产生了严重危害，但却远没有达到毁灭性的程度。兵祸则不然，战争不仅是直接的破坏力量，而且常常具有毁灭性。王莽无端挑起外患，是这时战端的开始，但其破坏仍然是间接的，因为这主要是加重了人民负担，而兵燹所及，限于沿边，尚未波及内地，故直接破坏还是不大的。由赤眉起义所开始的一系列内战，特别是统治阶级的残酷镇压和军事行动，才是这时真正具有毁灭性的战争，下面选录的几条记载，可以分别说明这些问题：

王莽因汉承平之业，匈奴称藩，百蛮宾服，舟车所通，尽为臣妾，府库百官之富，天下晏然。莽一朝有之，其心意未满，狭小汉家制度，以为疏阔。宣帝始赐单于印玺，与天子同，而西南夷钩[10]町称王。莽乃遣使易单于印，贬钩町王为侯。二方始怨，侵犯边境。莽遂兴师，发三十万众，欲同时十道并出，一举灭匈奴；募发天下囚徒丁男甲卒转委输兵器，自负海江淮而至北边，使者驰传督趣，海内扰矣。④

莽新即位，怙府库之富欲立威，乃拜十二部将率，发郡国勇士，武库精兵，各有所屯守，转委输于边。议满三十万众，赍三百日粮，同时十道并出，穷追匈奴，内之于丁令，因分其地，立呼韩邪十五子。莽将严尤谏……莽不听尤言，转兵谷如故，天下骚动。⑤

① 《汉书》卷九十九下，《王莽传》。
② 《汉书》卷九十九下，《王莽传》。
③ 《后汉书》卷一上，《光武帝纪》。
④ 《汉书》卷二十四上，《食货志》。
⑤ 《汉书》卷九十四下，《匈奴传》。

初，北边自宣帝以来，数世不见烟火之警，人民炽盛，牛马布野。及莽挠乱匈奴，与之构难，边民死亡系获，又十二部兵久屯而不出，吏士罢弊，数年之间，北边虚空，野有暴骨矣。①

王莽以舅后之家……遂以篡叛，僭号自立。宗庙堕坏，社稷丧亡，不得血食，十有八年。杨、徐、青三州首乱，兵革横行，延及荆州，豪杰并兼，百里屯聚，往往僭号。北夷作寇，千里无烟，无鸡鸣犬吠之声。②

王莽末，岁饥兵起……初遭贼寇，百姓莫事农桑。恭常独力田耕，乡人止之曰："时方淆乱，死生未分，何空自苦为？"恭曰："纵我不得，它人何伤。"垦耨不辍。③

从上引记载可以看出，自王莽无端挑起外患后，立即就引起了内乱，一时燎原之火，无法遏止，破坏了一切正常的经济活动，即使战火尚未延及，亦因"生死未分"，大都是男辍耕耨，女停机杼，这就使全国各地的社会经济无一不陷入残破衰落之域。这个时期的战祸之所以远比前次为惨烈，是因为军阀混战与赤眉起义纠缠在一起，搅作一团，因而破坏性就格外强烈：

是时〔更始二年（公元二十四年）〕长安政乱，四方背叛。梁王刘永擅命睢阳，公孙述称王巴蜀，李宪自立为淮南王，秦丰自号楚黎王，张步起琅邪，董宪起东海，延岑起汉中，田戎起夷陵，并置将帅，侵略郡县。又别号诸贼铜马、大彤、高湖、重连、铁胫、大抢、尤来、上江、青犊、五校、檀乡、五幡、五楼、富平、获索等，各领部曲，众合数百万人，所在寇掠。④

起义者原来都是些穷苦朴素的农民，当然其中也夹杂有不少流氓无产者，这些农民既有小生产者的狭隘思想，又抱有深重的阶级仇恨，故大都怀有强烈的报复心理。起义队伍既缺乏严密的组织，又没有正确的领导，一有机会，就难免会进行一些无意义和无目的的破坏。例如：

---

① 《汉书》卷九十四下，《匈奴传》。
② 《后汉书》志第七，《祭祀志》。
③ 《后汉书》卷三十九，《淳于恭传》。
④ 《后汉书》卷一上，《光武帝纪》。

时〔更始三年（公元二十五年）〕王匡、张卬守河东，为邓禹所破，还奔长安，卬与诸将议曰："赤眉近在郑、华阴间，旦暮且至。今独有长安，见灭不久，不如勒兵掠城中以自富，转攻所在，东归南阳，收宛王等兵。事若不集，复入湖池中为盗耳。"申屠建、廖湛等皆以为然，共入说更始。更始怒不应，莫敢复言。①

盆子乃下床解玺绶，叩头曰："今设县官而为贼如故。吏人贡献，辄见剽劫，流闻四方，莫不怨恨，不复信向。此皆立非其人所致，愿乞骸骨，避贤圣。必欲杀盆子以塞责者，无所离死。诚冀诸君肯哀怜之耳！"因涕泣嘘唏。崇等及会者数百人，莫不哀怜之，乃皆避席顿首曰："臣无状，负陛下。请自今已后，不敢复放纵。"因共抱持盆子，带以玺绶。盆子号呼不得已。既罢出，各闭营门自守，三辅翕然，称天子聪明。百姓争还长安，市里且满。〔后〕二十余日，赤眉贪财物，复出大掠。城中粮食尽，遂收载珍宝，因大纵火烧宫室，引兵而西。②

更始都长安……明年夏，赤眉樊崇等众数十万人入关，立刘盆子，称尊号，攻更始，更始降之。赤眉遂烧长安宫室市里，害更始。民饥饿相食，死者数十万，长安为虚，城中无人行。③

会〔隗〕嚣反叛，道绝，驰还……融既深知帝意，乃与隗嚣书责让之曰："……自起兵以来，转相攻击，城郭皆为丘墟，生人转于沟壑。今其存者，非锋刃之余，则流亡之孤。迄今伤痍之体未愈，哭泣之声尚闻。……"④

初，长安遭赤眉之乱，宫室营寺焚灭无余，是时唯有高庙、京兆府舍，遂便时幸焉。⑤

这些出自地主阶级文人之手的记载，自然包含着对农民起义军的诬蔑，把封建统治者的烧掠屠杀都算到农民军账上。但从中仍可以看出，当时农民

① 《后汉书》卷十一，《刘玄传》。
② 《后汉书》卷十一，《刘盆子传》。
③ 《汉书》卷九十九下，《王莽传》。
④ 《后汉书》卷二十三，《窦融传》。
⑤ 《后汉书》卷七十二，《董卓传》。

起义战争常常是与各种军阀间的混战或民族冲突互相纠结在一起，有时还互为因果，使战火燃烧得分外旺盛，因而就更加深了战争对社会经济的破坏作用。故当时从沿边到内地各郡，弄得无一片干净土，到处是“千里无烟，无鸡鸣犬吠之声”，到处是“城郭皆为丘墟，生人转于沟壑”，整个国民经济被破坏到扫地以尽。

这一次的大动乱，不仅延续的时间长——长到在整个东汉光武帝一朝内都迟迟未能恢复，荒凉之状未能改观；而且波及的区域非常广，把自古以来的两大经济区都彻底破坏了。中原一带自古就是兵家必争之地，而关中又是政治经济的神经中枢，更是在所必争，现在既然是“兵革横行”，当然就无一处能获得幸免了。过去人烟稠密、冠盖京华的全国政治经济中心，现在变成了白骨蔽野、千里无烟的人间地狱。这说明关中经济区也被彻底破坏了。除了两大古老的经济区遭受毁灭性的破坏外，战火又延烧到江淮流域，连江南的若干地区也被波及，因为内战是由“杨、徐、青三州首乱，兵革横行，延及荆州”，江淮之地也到处是“豪杰并兼，百里屯聚”，并且还都“往往僭号”，即都想大干一番，最后登上皇帝宝座，真是“天下郡国百万城，无有一城无甲兵”了。

这样的兵荒马乱、残破不堪的景象，久久未能恢复，就是在刘秀剪除了群雄割据，消灭了起义军的各股残余力量，并且已经抢到了胜利果实，建立了东汉王朝之后，战争的余烬仍在燃烧，灾荒饥馑仍不断袭来，因而残破衰落之状，自亦依然如故：

〔建武二年（公元二十六年）〕关中饥，民相食。①

时（建武二年）三辅大饥，人相食，城郭皆空，白骨蔽野……②

时〔建武三年（公元二十七年）〕百姓饥饿，人相食，黄金一斤易豆五升，道路断隔，委输不至，军士悉以果实为粮。③

自王莽末，天下旱蝗，连年百谷不成。元年之初，耕作者少，民饥馑，黄金一斤，易粟一石。至二年秋，天下野谷旅生，麻菽尤

① 《后汉书》卷一上，《光武帝纪》。
② 《后汉书》卷十一，《刘盆子传》。
③ 《后汉书》卷十七，《冯异传》。

盛，或菽菜果实，野蚕成茧被山，民收其絮，采获谷果，以为蓄积。①

是时〔建武九年（公元三十三年）〕丧乱之余，郡县残荒。②

是时〔建武十二年（公元三十六年）〕西北讨公孙述，北征卢芳。……匈奴入河东，中国未安，米谷荒贵，民或流散。③

李熊复说述曰："今山东饥馑，人庶相食；兵所屠灭，城邑丘墟。"④

可见在东汉初年，由于兵革不休，人民得不到休养生息的机会，没有建立起正常的社会秩序，特别是直接生产者不能"息肩于田亩"，故社会经济不但没有随着新王朝的建立而得到恢复，而且恢复工作还不断地受到阻碍和干扰。所以这一次的波动幅度比前一次大，延续的时间也比前一次长，主要就是由于这一次的内战规模比前一次大，而各派残余势力互相对立和互相逐鹿的时间比前一次长。后来东汉王朝经过许多艰苦的斗争，才逐步剪灭了敌对势力，使自己的统治地位终于获得巩固。到了汉明帝永平年间（公元五十八年——公元七十五年），才随着深巨的创伤渐趋平复，社会经济才得以开始恢复：

是岁〔永平九年（公元六十六年）〕，大有年。⑤

是岁〔永平十二年（公元六十九年）〕，天下安平，人无徭役，岁比登稔，百姓殷富，粟斛三十，牛羊被野。⑥

帝遵奉建武制度，无敢违者。后宫之家，不得封侯与政。……故吏称其官，民安其业，远近肃服，户口滋殖焉。⑦

本来一个以农业为主体的社会，经济结构是简单的，抵抗各种消极因素的能力很微弱，容易遭受破坏，但是恢复工作亦同样简单，其中没有什么复

① 《后汉书补注》卷一，引《东观记》。
② 《后汉书》卷三十六，《郑兴传》。
③ 《后汉书》志第十，《天文志上》。
④ 《后汉书》卷十三，《公孙述传》。
⑤ 《后汉书》卷二，《明帝纪》。
⑥ 《后汉书》卷二，《明帝纪》。
⑦ 《后汉书》卷二，《明帝纪》。

杂过程，也不用什么特殊设备，只要社会秩序安定，减轻农民的赋税和徭役负担，不妨害他们各自根据自己的计划来安排再生产[11]，农业生产就能获得复苏的机会，即所谓“天下安平，人无徭役”，这样，取得“岁比登稔，百姓殷富，粟斛三十，牛羊被野”的兴旺景象是并不难的。当然，东汉农业除了农业经济的自我调整从而获得自然恢复外，东汉政府也采取了一些有利于农业发展的积极措施，例如种植方法的讲求——特别是区种法的应用，牛耕的推广，农具的改良，以及兴修水利等，其具体情况，我们在本卷第四章中已经论述过了，请参见前文，这里不再赘述。那些情况，都是东汉社会经济赖以恢复和继续向前发展的基础，也是社会经济经过巨大的波动之后，发展曲线由下降变为回升的主要条件。

总之，在东汉前期，一方面，由于经过几十年的休养生息而获致自然恢复，另一方面，政府采取的一系列奖励农业的积极措施又产生了一定的促进作用，结果，使被彻底破坏了的社会经济，又在原来的废墟上，以同一的方式和同一的名称重建起来，并沿着与西汉大致相同的道路继续向前发展。从表面上来看，这样重新建立起来的社会经济，基本上恢复了西汉的旧观，例如在明帝和章帝年间（公元五十八年——公元八十五年），虽然比不上武帝、昭帝时的情况，但也是“岁比登稔”、“百姓殷富”和“牛羊被野”等一片升平富庶景象。但是实际上，经济回升的曲线并没有达到西汉盛时曾经达到过的高度，特别是在经济发展的深度和广度方面，都远不能与西汉鼎盛时期相比，相形之下，各个方面都是虚弱和不充实的，总的形势是退缩，不是前进。而且表面上的繁荣也没有能维持很久。当然，在西汉盛时也经常是灾荒频仍，饥馑荐臻，但是却并没有因此妨碍了西汉经济的向上发展，其不但保持了固有繁荣，而且保持了稳步上升的趋势。反观东汉的虚弱繁荣，不但为时短暂，而且到章、和以后即一直在走下坡路，并为整个国民经济陷入另一次的大动荡、大破坏准备了条件。这些条件和过去一样，是天灾和人祸，以及二者纠结在一起的联合力量，始终是破坏国民经济的元凶。例如水、旱、虫、蝗等灾害，从章帝、和帝两朝（公元七十六年——一〇五年）起，即逐年增多，危害性也愈来愈大。史籍中有关记载很多，这是仅酌引数例，以见一斑：

〔建初元年（公元七十六年）春正月〕丙寅，诏曰：“比年牛多疾疫，垦田减少，谷价颇贵，人以流亡。……”①

建初元年，大旱，谷贵。②

明年（建初二年），夏，大旱。③

建初四年（公元七十九年）冬，牛大疫。④

是岁〔建初七年（公元八十二年）〕京师及郡国螟。⑤

章帝七八年间，郡县大螟，伤稼。……⑥

建初中（公元八十年前后），南阳大饥，米石千余。……⑦

元和元年（公元八十四年）二月甲戌，诏曰：“……自牛疫已来，谷食连少……其令郡国募人无田欲徙它界就肥饶者，恣听之。……”⑧

章帝章和二年（公元八十八年）夏，旱。⑨

是岁〔永元元年（公元八十九年〕郡国九大水。⑩

〔永元四年（公元九十二年）〕是夏，旱，蝗。……十二月壬辰，诏：“今年郡国秋稼为旱蝗所伤，其什四以上勿收田租刍稾、有不满者，以实除之。”⑪

和帝永元四年，蝗，八年五月，河内、陈留蝗。九月，京都蝗，九年，蝗从夏至秋。⑫

永元十二年（公元一〇〇年）三月丙申，诏曰：“比年不登，百姓虚匮……黎民流离，困于道路。朕痛心疾首，靡知所济。瞻仰昊天，何辜今人？……”⑬

章、和以后，灾荒的侵袭更加频繁，不仅连年有灾，而且遍地是灾，其

① 《后汉书》卷三，《章帝纪》。
② 《后汉书》卷二十九，《鲍永传附子昱传》。
③ 《后汉书》卷十上，《明德马皇后纪》。
④ 《后汉书》卷三，《章帝纪》。
⑤ 《后汉书》卷三，《章帝纪》。
⑥ 《后汉书》志第十六，《五行志》。
⑦ 《后汉书》卷四十三，《朱晖传》。
⑧ 《后汉书》卷三，《章帝纪》。
⑨ 《后汉书》志第十三，《五行志》。
⑩ 《后汉书》卷四，《和帝纪》。
⑪ 《后汉书》卷四，《和帝纪》。
⑫ 《后汉书》志第十五，《五行志》。
⑬ 《后汉书》卷四，《和帝纪》。

所造成的危害作用，自然是愈来愈严重。关于这一类的记载和描述，可以说是连篇累牍，这里仅举数例如下：

永初之初（公元一〇七年左右），连年水旱灾异，郡国多被饥困，准上疏曰："臣……伏见被灾之郡，百姓凋残，恐非赈给所能胜赡，虽有其名，终无其实。可依征和元年（公元前九十二年）故事，遣使持节慰安。尤困乏者，徙置荆、扬熟郡，既省转运之费，且令百姓各安其所。今虽有西屯之役，宜先东州之急。……"太后从之。①

〔永初二年（公元一〇八年）〕五月，旱。……六月，京师及郡国四十大水，大风，雨雹（《东观记》曰：雹大如芋魁、鸡子，拔树发屋）。②

〔永初三年（公元一〇九年）〕三月，京师大饥，民相食。壬辰，公卿诣阙谢。诏曰："朕以幼冲，奉承鸿业，不能宣流风化，而感逆阴阳，至令百姓饥荒，更相瞰食。永怀悼叹，若坠渊水。……" ③

〔永初三年〕是岁京师及郡国四十一雨水雹（《续汉书》曰：雹大如雁[12] 子也）。并凉二州大饥，人相食。④

〔永初五年（公元一一一年），闰月〕戊戌诏曰："……灾异蜂起，寇贼纵横，夷狄猾夏，戎事不息，百姓匮乏，疲于征发。重以蝗虫滋生，害及成麦，秋稼方收，甚可悼也。……"⑤

〔永初〕五年夏，九州蝗。六年三月，去蝗处复蝗子生（《古今注》曰：郡国四十八蝗）。七年夏，蝗。⑥

〔元初二年（公元一一五年）〕五月，京师旱，河南及郡国十九蝗。甲戌，诏曰："……灾异不息，忧心悼惧。被蝗以来，七年于兹，而州郡隐匿，裁言顷亩。今群飞蔽天，为害广远，所言所见，

① 《后汉书》卷三十二，《樊宏传附族曾孙准传》。
② 《后汉书》卷五，《安帝纪》。
③ 《后汉书》卷五，《安帝纪》。
④ 《后汉书》卷五，《安帝纪》。
⑤ 《后汉书》卷五，《安帝纪》。
⑥ 《后汉书》志第十五，《五行志》。

宁相副邪？……”①

自太后临朝，水旱十载，四夷外侵，盗贼内起。每闻人饥，或达旦不寐，而躬自减彻，以救灾厄。……②

〔永建六年（公元一三一年）〕冬十一月辛亥，诏曰：“连年灾潦，冀部尤甚。比蠲除实伤，赡恤穷匮，而百姓犹有弃业，流亡不绝。……”③

〔永兴元年（公元一五三年）〕秋七月，郡国三十二蝗。河水溢。百姓饥穷，流穴道路，至有数十万户，冀州尤甚。诏在所赈给乏绝，安慰居业。④

永寿元年（公元一五五年）二月，司隶、冀州饥，人相食。敕州郡赈给贫弱。若王侯吏民有积谷者，一切贷十分之三，以助禀贷。⑤

〔延熹九年（公元一六六年）春正月〕己酉，诏曰：“比岁不登，民多饥穷，又有水旱疾疫之困。盗贼征发，南州尤甚。灾异日食，谴告累至。……”⑥

以上所引虽只是大量灾荒记录中的一部分，却已可充分说明，在整个东汉一代，是饥馑时多，丰穰时少，章、和以前虽略有升平之象，但实则内容空虚，孱弱无力。所以东汉章、和以后的情况与西汉武帝以后的情况是完全不同的，武帝以后，虽也是灾害频仍，饥馑荐臻，但并没有因此改变经济发展的稳定上升趋势，而东汉章、和以后，在频繁发生的灾荒饥馑打击下，整个国民经济的发展趋势是在下降。所以在第三次经济波动还没有爆发以前，社会经济已经衰落残破了。

兵祸对社会经济的破坏作用，向来比天灾为强烈，东汉自中叶以后，虽然没有发生内战，但外患却连年不断，西北各游牧部族尤其是羌族和西南沿边各族统治者，频繁进犯，并都屡屡深入内地，焚烧掳掠，汉不得不出兵抵

① 《后汉书》卷五，《安帝纪》。
② 《后汉书》卷十上，《和熹邓皇后纪》。
③ 《后汉书》卷六，《顺帝纪》。
④ 《后汉书》卷七，《桓帝纪》。
⑤ 《后汉书》卷七，《桓帝纪》。
⑥ 《后汉书》卷七，《桓帝纪》。

抗，弄得军旅不息，全国骚然，不但增加了人民的负担，而且使广大地区直接遭受兵燹之害：

永初元年（公元一〇七年），凉州先零种羌反畔，遣车骑将军邓骘讨之。参于徒中使其子俊上书曰："方今西州流民扰动，而征发不绝，水潦不休，地力不复。重之以大军，疲之以远戍，农功消于转运，资财竭于征发。田畴不得垦辟，禾稼不得收入，搏手困穷，无望来秋。百姓力屈，不复堪命。……"①

〔永初二年（公元一〇八年）〕会羌虏飚起，边方扰乱，米价踊贵，自关以西，道殣相望。②

〔永初〕四年（公元一一〇年），羌寇转盛，兵费日广，且连年不登，谷石万余。参奏记于邓骘曰："比年羌寇特困陇右，供徭赋役为损日滋，官负人责数十亿万。今复募发百姓，调取谷帛，衒卖什物，以应吏求。外伤羌虏，内困征赋。遂乃千里转粮，远给武都西郡。涂路倾阻，难劳百端，疾行则钞暴为害，迟进则谷食稍损，运粮散于旷野，牛马死于山泽。县官不足，辄贷于民。民已穷矣，将从谁求？名救金城，而实困三辅。三辅既困，还复为金城之祸矣。"③

〔元初〕五年（公元一一八年），卷夷大牛种封离等反畔，杀遂久令。明年，永昌、益州及蜀郡夷皆叛应之，众遂十余万，破坏二十余县，杀长吏，燔烧邑郭，剽略百姓，骸骨委积，千里无人。④

〔永和五年（公元一四〇年）〕会羌胡寇边，杀长吏，驱略百姓。桓帝以龟世谙边俗，拜为度辽将军。龟临行，上疏曰："今西州边鄙，土地塉埆，鞍马为居，射猎为业，男寡耕稼之利，女乏机杼之饶，守塞候望，悬命锋镝，闻急长驱，去不图反。自顷年以来，匈奴数攻营郡，残杀长吏，侮略良细。战夫身膏沙漠，居人首系马鞍。或举国掩户，尽种灰灭，孤儿寡妇，号哭空城，野无青草，室

① 《后汉书》卷五十一，《庞参传》。
② 《后汉书》卷六十上，《马融传》。
③ 《后汉书》卷五十一，《庞参传》。
④ 《后汉书》卷八十六，《西南夷传 · 邛都夷条》。

如悬磬。虽含生气，实同枯朽。”①

自羌叛十余年间，兵连师老，不暂宁息。军旅之费，转运委输，用二百四十余亿，府帑空竭。延及内郡，边民死者不可胜数，并凉二州遂至虚耗。②

桓帝之初，天下童谣曰：“小麦青青大麦枯，谁当获者妇与姑。丈人何在西击胡。吏买马，君具车，请为诸君鼓咙胡。”案元嘉中凉州诸羌一时俱反，南入蜀、汉，东抄三辅，延及并、冀，大为民害。命将出众，每战常负，中国益发甲卒，麦多委弃，但有妇女获刈之也。③

狂暴统治与暴力掠夺，是促使国家加速走向动乱和经济崩溃的强大力量。东汉自章、和以后，朝政日趋黑暗，宦官外戚，交相专政，他们之间的争权夺利，残杀火并，且不具论，其对人民的剥夺和压迫之狂暴和残酷，在古代历史上是罕有其匹的。他们对被统治的人民，完全如仲长统所说，有如“使饿狼守庖厨，饥虎牧牢豚，遂至熬天下之脂膏，斫生人之骨髓。怨毒无聊，祸乱并起，中国扰攘，四夷侵叛，土崩瓦解，一朝而去”④。这几句话，扼要地勾勒出东汉后期政治极端黑暗所造成的社会动乱的一个大体轮廓。这里仅举一例，即可说明这个问题：

梁冀骄暴不悛，朝野嗟毒。穆以故吏，惧其衅积招祸，复奏记谏曰：“……顷者，官人俱匮，加以水虫为害。京师诸官费用增多，诏书发调或至十倍。各言官无见财，皆当出民，榜掠割剥，强令充足。公赋既重，私敛又深。牧守长吏，多非德选，贪聚无厌，遇人如虏，或绝命于棰[13]楚之下，或自贼于迫切之求。又掠夺百姓，皆托之尊府。遂令将军结怨天下，吏人酸毒，道路叹嗟。……”⑤

① 《后汉书》卷五十一，《陈龟传》。
② 《后汉书》卷八十七，《西羌传》。
③ 《后汉书》志第十三，《五行志》。
④ 《后汉书》卷四十九，《仲长统传》。
⑤ 《后汉书》卷四十三，《朱晖传附孙穆传》。

（三）第三次经济波动

爆发在东汉末年的第三次经济大波动，是在上述一系列的矛盾不断发展和不断尖锐化的情况下，由天灾人祸交相煎迫而共同形成的一个总结果。

随着东汉后期土地兼并的疯狂发展，土地占有和贫富两极化日益严重；随着政治的极端黑暗，统治阶级对人民的掠夺和压迫日益残酷和狂暴，造成阶级矛盾日益加速地向尖锐的顶点发展，终于爆发了以黄巾军为首的农民大起义，这是正式揭开第三次经济大波动的帷幕的一个重大历史事变，这次起义规模之大，范围之广，历时之久，均大大超过了西汉末年的赤眉起义，更远超过秦末的陈胜吴广起义。如果暂把从章、和以后各种因素的长期发展略而不论，则这一次的天翻地覆的大变动，是有具体时间可以标出的：

〔灵帝〕中平元年（公元一八四年），黄巾“贼”张角等立三十六方，起兵烧郡国，山东七州处处应角。①

〔黄巾起〕所在燔烧官府，劫略聚邑，州郡失据，长吏多逃亡。旬日之间，天下响应，京师震动。②

起义之后，最初是“山东七州，处处应角”，继之“旬日之间，天下响应”，可见起义完全是“熬天下之脂膏，斫生人之骨髓”的必然结果，民众的阶级仇恨既非常强烈，对革命的响应自非常迅速，革命的声势亦必然非常浩大。当时之人对这次起义的原因就看得非常清楚：

是时让、忠……十二人，皆为中常侍，封侯贵宠，父兄子弟布列州郡，所在贪残，为人蠹害。黄巾既作，盗贼糜沸。郎中中山张钧上书曰：“窃惟张角所以能兴兵作乱，万人所以乐附之者，其源皆由十常侍多放父兄、子弟、婚亲、宾客典据州郡，辜榷财利，侵掠百姓，百姓之冤无所告诉，故谋议不轨，聚为盗贼。宜斩十常侍，县头南郊，以谢百姓……”③

① 《后汉书》志第十七，《五行志》。

② 《后汉书》卷七十一，《皇甫嵩传》。

③ 《后汉书》卷七十八，《宦者·张让传》。

其后四侯转横，天下为之语曰："左回天，贝独生，徐卧虎，唐两堕。"皆竞起第宅，楼观壮丽，穷极伎巧。……五侯宗族宾客虐遍天下，民不堪命，起为寇贼。①

督邮张俭因举奏览贪侈奢纵，前后请夺人宅三百八十一所，田百八十一顷。起立第宅十有六区，皆有高楼池苑，堂阁相望……破人居室，发掘坟墓。虏夺良人，妻略妇子……②

《典略》载卓表曰："臣伏惟天下所以有逆不止者，各由黄门常侍张让等侮慢天常，操擅王命，父子兄弟并据州郡，一书出门，便获千金，京畿诸郡数百万膏腴美田皆属让等，至使怨气上蒸，妖贼蜂起。"③

从上引记载可以看出，这一次的农民大起义完全是被逼出来的，是一次"官逼民反"的典型，因为所在官府"破人居室，发掘坟墓，虏夺良人，妻略妇子"，在"百姓之冤无所告诉"的情况下，人民除了"谋议不轨"，奋起造反外，实已别无活路。后来东汉王朝竭尽了所有力量才把黄巾军的主力击溃，但却只是使革命烽火化整为零，遍地燃烧起来，把汉王朝的存在基础化为灰烬：

自黄巾"贼"后，复有黑山、黄龙、白波、左校、郭大贤、于氐根、青牛角、张白骑、刘石、左髭丈八、平汉、大计、司隶、掾哉、雷公、浮云、飞燕、白雀、杨凤、于毒、五鹿、李大目、白绕、畦固、苦哂之徒，并起山谷间，不可胜数。其大声者称雷公，骑白马者为张白骑，轻便者言飞燕，多髭者号于氐根，大眼者为大目。如此称号，各有所因。大者二三万，小者六七千。"贼"帅常山人张燕，轻勇趫捷，故军中号曰飞燕。善得士卒心，乃与中山、常山、赵郡、上党、河内诸山谷寇贼更相交通，众至〔百万〕，号曰黑山"贼"。河北诸郡县并被其害，朝廷不能讨。④

是时益州"贼"马相亦自号"黄巾"，合聚疲役之民数千人，

---

① 《后汉书》卷七十八，《宦者·单超传》。

② 《后汉书》卷七十八，《宦者·侯览传》。

③ 《三国志》卷六，《魏书·董卓传》注。

④ 《后汉书》卷七十一，《朱儁[14] 传》。

先杀绵竹令，进攻雒县，杀郗俭，又击蜀郡、犍为，旬月之间，破坏三郡。马相自称“天子”，众至十余万人。[①]

在上引文献中把史臣所加的一些侮蔑贬抑之词去掉后，可以看出起义者都是一些穷苦无告、求生乏术的朴素农民，由于“怨毒无聊”“民不堪命”，才斩竿揭木，奋起于山谷之间。后来黄巾起义虽然在统治阶级的残酷镇压下而归于失败，但是继之而来的却不是天下太平，反由军阀割据而引起了更大的混乱，从此又开始了国家的大分裂，在各方互争雄长和互相吞灭的混战中，烽火遍地，兵革连年，再加上空前严重的灾荒疾疫，又都适逢其会地频繁发生，从而使社会经济遭受毁灭性的破坏，种种惨状，在历史上是空前的。这时率先发生的是所谓“董卓之祸”，这个愚昧凶残、灭绝人性的暴徒，于窃取了政权之后，就流毒四海，无恶不作，他到处焚烧掳掠，纵兵抢劫，并常常以杀人为戏：

是时〔中平中（公元一八六年左右）〕，洛中贵戚室第相望，金帛财产，家家殷积。卓纵放兵士，突其庐舍，淫略妇女，剽虏资物，谓之“搜牢”。人情崩恐，不保朝夕。[②]

卓尝遣军至阳城。时人会于社下，悉令就斩之，驾其车重，载其妇女，以头系车辕，歌呼而还。[③]

初，〔卓〕……分遣其校尉李傕、郭汜、张济将步骑数万，……掠陈留、颍川诸县，杀略男女，所过无复遗类。[④]

这说明董卓简直是一个嗜血的魔鬼，以杀人为乐。他除了这样十分凶残地进行疯狂的屠杀外，又强迫汉献帝迁都长安，临行时将京师洛阳烧成一片焦土：

大驾即西。卓部兵烧洛阳城外面百里。又自将兵烧南北宫及宗庙、府库、民家，城内扫地殄尽。又收诸富室，以罪恶没入其财物；

① 《后汉书》卷七十五，《刘焉传》。
② 《后汉书》卷七十二，《董卓传》。
③ 《后汉书》卷七十二，《董卓传》。
④ 《后汉书》卷七十二，《董卓传》。

无辜而死者，不可胜计。①

〔卓〕于是尽徙洛阳人数百万口于长安，步骑驱蹙，更相蹈藉，饥饿寇掠，积尸盈路。卓自屯留毕圭苑中，悉烧宫庙官府居家，二百里内无复孑遗。②

卓寻徙都西入关，焚烧雒邑（注引《江表》曰：旧京空虚，数百里中无烟火）。③

董卓当权的时间虽不长，但他的破坏性却很大，几年之间，整个社会经济和文化成就就被他毁灭殆尽了。董卓被杀死之后，又继之以卓将李傕、郭汜之乱，关内人民又遭到空前浩劫：

初，帝（献帝）入关，三辅户口尚数十万，自傕、汜相攻，天子东归后，长安城空四十余日，强者四散，羸者相食，二三年间，关中无复人迹。④

时三辅民尚数十万户，傕等放兵劫略，攻剽城邑，人民饥困，二年间相啖食略尽。⑤

初，卓以牛辅子婿，素所亲信，使以兵屯陕。辅分遣其校尉李傕、郭汜、张济将步骑数万，击破河南尹朱儁于中牟。因掠陈留、颍川诸县，杀略男女，所过无复遗类。⑥

卓遣李傕等出关东，所过虏略，至颍川、陈留而还。乡人留者多见杀略。⑦

董卓和他的部将实无异一群野兽，所谓“董卓之祸”，实是这时期中国人民的一次空前浩劫，无辜人民直接被屠杀的，简直是流血成河，不直接死于兵刃的，则又是“饥饿寇掠，积尸盈路”，所以不论关内关东，均已“无复孑遗”。魏文帝曾对这一段血腥的历史作了如下的概括：

---

① 《三国志》卷六，《魏书·董卓传》注引《续汉书》。
② 《后汉书》卷七十二，《董卓传》。
③ 《三国志》卷三十六，《吴书·孙坚传》。
④ 《后汉书》卷七十二，《董卓传》。
⑤ 《三国志》卷六，《魏书·董卓传》。
⑥ 《后汉书》卷七十二，《董卓传》。
⑦ 《三国志》卷十，《魏书·荀彧传》。

《典论》帝《自叙》曰：初平之元，董卓杀主鸩后，荡覆王室。是时四海既困中平之政，兼恶卓之凶逆，家家思乱，人人自危。山东牧守，咸以《春秋》之义……言人人皆得讨贼。于是大兴义兵，名豪大侠，富室强族，飘扬云会，万里相赴；兖、豫之师战于荥阳，河内之甲军于孟津。卓遂迁大驾，西都长安。而山东大者连郡国，中者婴城邑，小者聚阡陌，以还相吞灭。会黄巾盛于海、岱，山寇暴于并、冀，乘胜转攻，席卷而南，乡邑望烟而奔，城郭睹尘而溃，百姓死亡，暴骨如莽。……①

关中和京师长安已“无复人迹”，皇帝也成了饿殍，而不得不逃出长安，另寻生路，于是杨奉、韩暹、董承等“乃以天子还洛阳”，但是洛阳早已被董卓烧成了一片焦土，不要说在这里重建朝廷，就是连一个能略避风雨的栖身之所也找不到：

是时，宫室烧尽，百官披荆棘，依墙壁间。州郡各拥强兵，而委输不至，群僚饥乏，尚书郎以下自出采稆，或饥死墙壁间，或为兵士所杀。②

那些“各拥强兵”的州郡牧守之所以“委输不至”，是因为他们这时都在忙于战争——即忙于杀人，这主要有两种：一是由于黄巾之势方张，统治阶级正在对起义农民进行疯狂的大屠杀，以求彻底扑灭革命的火焰；二是各地军阀对无辜百姓无端地进行疯狂的大屠杀，常常把全县全郡的人口杀得精光[15]，至于因战争间接造成的死亡就更多了。就第一种情况而言，统治者对黄巾起义军，就是完全用斩尽杀绝的办法来进行镇压的，例如：

至中平元年（公元一八四年），黄巾“贼”起，上遣中郎将皇甫嵩、朱儁等征之，斩首十余万级。③

是时黄巾作慝，变乱天常，七州二十八郡同时俱发，命将出众，

① 《三国志》卷二，《魏书·文帝纪》评注。

② 《后汉书》卷九，《献帝纪》。

③ 《后汉书》志第十二，《天文志下》。

虽颇有所禽，然……役起负海，杼柚空悬，百姓死伤已过半矣。[①]

黄巾“贼”张角烧州郡，朝廷遣将讨平，斩首十余万级。[②]

于是发天下精兵，博选将帅，以嵩为左中郎将，持节，与右中郎将朱儁，共发五校、三河骑士及募精勇，合四万余人，嵩、儁各统一军，共讨颍川黄巾。……会帝遣骑都尉曹操将兵适至，嵩、操与朱儁合兵更战，大破之，斩首数万级。……嵩与角弟梁战于广宗。梁众精勇，嵩不能克。明日，乃闭营休士，以观其变。知“贼”意稍懈，乃潜夜勒兵，鸡鸣驰赴其陈，战至晡时，大破之，斩梁，获首三万级，赴河死者五万许人，焚烧车重三万余辆，悉虏其妇子，系获甚众。角先已病死，乃剖棺戮尸，传首京师。嵩复与钜鹿太守冯翊郭典攻角弟宝于下曲阳，又斩之。首获十余万人，筑京观于城南（积尸封土于其上，谓之京观）。[③]

初平二年（公元一九一年），青、徐黄巾三十万众入勃海界，欲与黑山合。瓒率步骑二万人，逆击于东光南，大破之，斩首三万余级。“贼”弃其车重数万辆，奔走度河。瓒因其半济薄之，“贼”复大破，死者数万，流血丹水，收复生口七万余人，车甲财物不可胜算……[④]

这里记载的只是官兵杀死起义者的数目，而在双方进行殊死战时，官兵的死亡数目也必不在少数。故大战之后“千里无烟，无鸡鸣犬吠之声”，是一点也不夸张的。要知这样被大量屠杀的都是农村中的壮劳动力，是农业生产第一线上的直接生产者，他们几乎灭绝，则社会生产力已经不是什么衰退，而是彻底被破坏了。至于因战争而造成了大量死亡，以及骄兵悍将的“所在寇略”，对无辜百姓进行的疯狂大屠杀，其死亡之数更远远超过直接被屠杀的起义农民，例如：

傕乃自为大司马。与郭汜相攻连月，死者以万数。[⑤]

---

① 《后汉书》志第十四，《五行志二》。

② 《后汉书》志第十二，《天文志下》。

③ 《后汉书》卷七十一，《皇甫嵩传》。

④ 《后汉书》卷七十三，《公孙瓒传》。

⑤ 《后汉书》卷七十二，《董卓传》。

李傕、郭汜既悔令天子东，乃来救段煨，因欲劫帝而西。杨定为汜所遮，亡奔荆州。而张济与杨奉、董承不相平，乃反合傕、汜，共追乘舆，大战于弘农东涧。承、奉军败，百官士卒死者不可胜数，皆弃其妇女辎重，御物符策典籍，略无所遗（注：《献帝传》曰：掠妇女衣被，迟[16]违不时解，即斫刺之。有美发者断取。冻死及婴儿随流而浮者塞水）。①

时残破之余，虎贲羽林不满百人，皆有离心。承、奉等夜乃潜议过河，使李乐先度具舟舡，举火为应。帝步出营，临河欲济，岸高十余丈，乃以绢缒而下。余人或匍匐岸侧，或从上自投，死亡伤残，不复相知。争赴舡者，不可禁制，董承以戈击披之，断手指于舟中者可掬。同济唯皇后、宋贵人、杨彪、董承及后父执金吾伏完等数十人。其宫女皆为傕兵所掠夺，冻溺死者甚众。②

后数月，关东诸州郡起兵，众数十万，皆集荥阳及河内。诸将不能相一，纵兵钞掠，民人死者且半。久之，关东兵散，太祖与吕布相持于濮阳……时岁大饥，人相食……③

〔绍与曹操战于官渡〕绍众大溃，绍与谭单骑退渡河。余众伪降，尽坑之（注：张瑶《汉记》云：杀绍卒凡八万人）。④

初平四年（公元一九三年），曹操击谦，破彭城傅阳。谦退保剡，操攻之不能克，乃还。过拔取虑、睢陵、夏丘，皆屠之。凡杀男女数十万人，鸡犬无余，泗水为之不流，自是五县城保，无复行迹。初，三辅遭李傕乱，百姓流移依谦者皆歼。⑤

《曹瞒传》云：自京师遭董卓之乱，人民流移东出，多依彭城间。遇太祖至，坑杀男女数万口于泗水，水为不流。陶谦帅其众军武原，太祖不得进。引军从泗南攻取虑、睢陵、夏丘诸县，皆屠之；鸡犬亦尽，墟邑无复行人。⑥

从上引记载看来，“各拥强兵”的将帅，大概都已杀人成瘾或嗜血成性，

① 《后汉书》卷七十二，《董卓传》。
② 《后汉书》卷七十二，《董卓传》。
③ 《三国志》卷十五，《魏书・司马朗传》。
④ 《三国志》卷六，《魏书・袁绍传》。
⑤ 《后汉书》卷七十三，《陶谦传》。
⑥ 《三国志》卷十，《魏书・荀彧传》注。

一日不杀，即手痒难耐。如曹操于攻陶谦不克，还军路过取虑、夏丘[17]、睢陵诸县时，竟把无辜人民屠杀得一干二净，“凡杀男女数十万人，鸡犬无余”，以致尸塞泗水，水为不流！这究竟是为什么呢？对诸如此类的疯狂大屠杀，除了用嗜血狂或丧失人性来作为解释外，实在找不出任何其他理由。但是曹操却还要惺惺作态，对苦难的人民表示怜悯，并给予一点施舍，来显示一下自己也是慈悲为怀，例如：

〔建安〕七年（公元二〇二年）春正月，公军谯，令曰：“吾起义兵，为天下除暴乱。旧土人民，死丧略尽，国中终日行，不见所识，使吾凄怆伤怀。其举义兵已来，将士绝无后者，求其亲戚以后之，授土田，官给耕牛，置学师以教之。为存者以立庙，使祀其先人，魂而有灵，吾百年之后树恨哉！”①

这真是虚伪透顶的鳄鱼[18]眼泪，因为不是别人正是他自己是造成“旧土人民，死丧略尽”的杀人魔王。当然曹操不是唯一的一个，除他以外还大有人在，所以才造成到处是烟火断绝，杳无人迹，偶有孑遗之民，非锋刃之余，即死丧之孤，则“国中终日行，不见所识”，就毫不奇怪了。

每当人祸酷烈的时候，必然又是天灾流行和疾疫猖獗的时候，这一时期，正是这样一种历史的典型时期。由灵帝到献帝期间（公元一七〇年左右至二一〇年左右），没有一年没有严重的灾荒，一直是水旱虫蝗等灾纷至沓来，而且一次比一次严重。这种严重情况，可由下引记载中略见梗概：

时岁大饥，人相食。②

是时旱蝗少谷，百姓相食。③

幽州岁岁不登，人相食，有蝗旱之灾，民人始知采稆，以枣椹为粮。谷一石十万钱。④

《魏书》曰：自遭荒乱，率乏粮谷。诸君并起，无终岁之计，饥则寇略，饱则弃余，瓦解流离，无敌自破者不可胜数。袁绍之在

① 《三国志》卷一，《魏书·武帝纪》。

② 《三国志》卷十五，《魏书·司马朗传》。

③ 《后汉书》卷七十五，《吕布传》。

④ 《太平御览》卷三十五，引《英雄记》。

河北，军人仰食桑椹。袁术在江、淮，取给蒲蠃。民人相食，州里萧条。①

袁术在寿春，百姓饥穷，以桑椹、蝗为干[19]饭。②

最严重的天灾，是献帝兴平元年（公元一九四年）的旱蝗之灾，这次灾荒对广大灾区人民实具有毁灭性的作用：

兴平元年，蝗虫起，百姓饥，谷一石五六万钱，帝敕主者尽卖厩马二百余匹及御府杂缯二万匹，赐公卿已下及贫民。③

是时，谷一斛五十万，豆麦二万，人相食啖，白骨委积，臭秽满路。④

〔兴平元年，秋七月〕三辅大旱，自四月至于是月。……是时谷一斛五十万，豆麦一斛二十万，人相食啖，白骨委积。帝使侍御史侯汶出太仓米豆，为饥人作糜粥，经日而死者无降。帝疑赋恤有虚，乃亲于御坐前量试作糜，乃知非实，使侍中刘艾出让有司。于是尚书令以下皆诣省阁谢，奏收侯汶考实。诏曰："未忍致汶于理，可杖五十。"自是之后，多得全济。⑤

这时期的自然灾害，其波及范围之广，除大部分华北地区——即两大古老的经济区之外，已蔓延到江淮地带，整个淮河流域亦遭受了同样严重的破坏，甚至使广大地区成为空无人居的地带：

〔建安二年（公元一九七年）〕是岁饥，江淮间民相食。⑥

备军在广陵，饥饿困踧，吏士大小自相啖食，穷饿侵逼，欲还小沛，遂使吏请降布。⑦

---

① 《三国志》卷一，《魏书·武帝纪》注。
② 《太平御览》卷八百五十，引《吴书》。
③ 《太平御览》卷一九十二，引《献帝春秋》。
④ 《太平御览》卷三十五，引《英雄记》。
⑤ 《后汉书》卷九，《献帝纪》。
⑥ 《后汉书》卷九，《献帝纪》。
⑦ 《三国志》卷三十二，《蜀书·先主传》注。

天旱岁荒，士民冻馁，江、淮间相食殆尽。①

〔术〕遂僭号。……而士卒冻馁，江淮间空尽，人民相食。②

淮南滨江屯候者皆彻兵远徙，徐、泗、江、淮之地，不居者各数百里。③

灾荒饥馑，本身就是瘟疫流行的条件，这时期是灾荒最严重的时期，同时也是瘟疫最猖獗的时期，因为这时一方面是流血漂[20]橹，尸骸如山；另一方面是“人相食啖，白骨委积，臭移道路”，这都是病毒繁殖的最好条件，所以正当天灾人祸交相煎迫的时候，瘟疫亦频频发生：

〔延熹九年（公元一六六年）春正月〕己酉，诏曰：“比岁不登，民多饥穷，又有水旱疾疫之困。盗贼征发，南州尤甚。”④

〔建宁四年（公元一七一年）三月〕大疫，使中谒者巡行致医药。⑤

〔熹平〕二年（公元一七三年）春正月，大疫，使使者巡行致医药。⑥

〔光和〕二年（公元一七九年）春，大疫，使常侍、中谒者巡行致医药。⑦

〔光和五年（公元一八二年）〕二月，大疫。⑧

〔中平〕二年（公元一八五年）春正月，大疫。⑨

献帝建安二十二年（公元二一七年），大疫。注：魏文帝书与吴质曰：“昔年疾疫，亲故多离其灾。”魏陈思王常说疫气云：“家家有强尸之痛，室室有号泣之哀，或阖门而殪，或举族而丧者。”⑩

《魏书》载王令曰：“去冬天降疫疠，民有凋伤，军兴于外，垦

① 《后汉书》卷七十五，《袁术传》。
② 《三国志》卷六，《魏书·袁术传》。
③ 《三国志》卷五十一，《吴书·孙韶传》。
④ 《后汉书》卷七，《桓帝纪》。
⑤ 《后汉书》卷八，《灵帝纪》。
⑥ 《后汉书》卷八，《灵帝纪》。
⑦ 《后汉书》卷八，《灵帝纪》。
⑧ 《后汉书》卷八，《灵帝纪》。
⑨ 《后汉书》卷八，《灵帝纪》。
⑩ 《后汉书》志第十七，《五行志》。

田损少，吾甚忧之。……”①

可见在灾荒兵祸交相荐臻的时候，必然又是疫病大为流行的时候，它对人口的毁灭作用，实不下于战争和饥馑。因疫瘟传染甚速，而又缺乏有效的预防和医疗条件，一旦发病，必立即造成“家家有强尸之痛，室室有号泣之哀”，其甚者则是全家死光，故很多人家是“或阖门而殪，或举族而丧”，这是说人们连逃亡躲避也来不及了。其危害到如此严重的程度，实远非前两次经济波动所能比，所以第三次的经济波动，其破坏的严重性实远远超过前两次，确如晋朝人山简所综述：

自初平之元，讫于建安之末，三十年中，万姓流散，死亡略尽，斯乱之极也。②

这样的大乱集中表现在政治上，便是朝代或统治人物的更迭，所以前后两个汉王朝都是在经济的巨大波动之后建立起来，又都是在经济的巨大波动之中倾覆下去的。目睹其变和身历其苦的仲长统曾总结过这一历史变化，可借用他的话来作为这一章的结束语：

昔春秋之时，周氏之乱世也。逮乎战国，则又甚矣。秦政乘并兼之势，放虎狼之心，屠裂天下，吞食生人，暴虐不已，以招楚汉用兵之苦，甚于战国之时也。汉二百年而遭王莽之乱，计其残夷灭亡之数，又复倍乎秦、项矣。以及今日，名都空而不居，百里绝而无民者，不可胜数。此则又甚于亡新之时也。悲夫！不及五百年，大难三起，中间之乱，尚不数焉。③

这说明在整个两汉时期，前后经历了三次巨大的经济波动，波动的幅度是一次比一次巨大，震动是一次比一次强烈，因而破坏也是一次比一次惨重。第一次波动由于经历的时间比较短，波及的面不太广，天灾人祸的交互刺激

---

① 《三国志》卷一，《魏书·武帝纪》注。

② 《晋书》卷四十三，《山涛传附简传》。

③ 《后汉书》卷四十九，《仲长统传》引《昌言·理乱篇》。

作用亦表现得不甚显著。总之，社会经济的内在生机没有被斫丧净尽，故于动乱结束之后，社会经济很快就在休养生息的自我调整中，医治好了自己的创伤，而得到了自然恢复，并且随即出现了岁比丰稔、户口繁息、烟火万里、鸣鸡吠狗的升平景象，接着又以此为基础，继续向高峰迈进，使社会经济的发展曲线长期保持着上升的趋势。第二次的经济波动，情况就严重多了，它经历的时间比较长，动乱的规模比较大，波动的范围比较广，因而造成的破坏就远比第一次为酷烈。经过这一次波动，自古以来的两个主要经济区——即中原和关中两个古老的经济区，都被彻底破坏了。由于破坏非常严重，所以新王朝虽然已经建立，秩序已经稳定，而社会经济仍迟迟未能恢复，后来虽然勉告痊可，并略有升平景象，但是躯体纤弱，内力不充，并且也没有达到西汉曾经达到的水平，为时不久，便又走向下坡路，使社会经济的发展曲线一直成为一种下降趋势，章、和以后，更是一泻千里，如丸走坂，愈降愈速。

在东汉后期，随着政治日益黑暗，剥夺日益残酷，阶级矛盾日益尖锐，天灾人祸的破坏作用亦日益严重，终于到中平之元，爆发了中国历史上一次规模空前的黄巾大起义。这次起义被残酷镇压之后，军阀割据以及他们之间的火并日趋激烈，烽火沸漫，于是广大人民便被推入到骨岳[21] 血海之中，而灾荒、饥馑、疾疫又乘虚而入，又对生民进行了一次毁灭性的扫荡。这样，在空前严重的天灾人祸交相作用之下，其结果便完全如马克思所说，一次毁灭性的战争，就可以使一个国家在几百年内人烟萧条，并失去它的全部文明。很显然，经过第三次的经济波动之后，不但社会经济的所有物质财富——整个物质文明，都几乎被彻底毁灭，而且从此丧失了自我恢复的内在机能，甚至连人也几乎死光了，偶有孑遗之民，尽皆锋刃之余或死丧之孤，他们救死不遑，社会上几乎没有劳动力来与土地相结合，谁也不能正常地从事再生产。一句话，已经很难在原来的废墟上清理瓦砾，重整家园了，其结果自然是：过去是桑麻遍野，今则是荆棘载途了。司马朗正因为这个原因才向曹操提出恢复井田制度的建议，虽然是一些迂阔之见，不可能实行，但却说明整个黄河流域的残破不堪，而过去的繁荣已经一去不复返了。

但是，正是从这时起，出现了一个新的历史变化，这个变化对后来的整个历史发展，实具有重大的影响。

当原来的两个主要经济区遭受毁灭性破坏而又难于恢复时，这种情况本身却又促成了江南经济区的加速开发。因为在北中国正处于天灾人祸交相煎迫之际，特别是在兵燹屠杀的威胁面前，一般人——特别是丁壮，只要可能都四散奔逃，其中以逃往江南者为最多。因为长江天堑，既限制了战火蔓延，又有渔猎山伐之便，具有便于谋生的优越条件，所谓“果蓏蠃蛤，食物常足”“饮食还给，不忧冻饿”。这一次由东汉末年开始的大混乱，先是从青、徐、兖、豫发动的，这一带难民遂纷纷逾淮渡江，散居于江东各地，其具体情况，本卷第一章已多所论述。人口的大量南流，不仅为农业生产直接带去了大量劳动力，而且带去了先进农业区的生产和经营技术，从而大大改变了江南经济区的落后状态，使长期以来一直是“火耕水耨，饭稻羹鱼”的粗耕农业，迅速地跨进到精耕阶段。

本来江南地区在西汉时期还十分落后，大部分地区还是林莽丛生的无人之区，较远的闽越一带，如淮南王安所描述，更是一个毒蛇猛兽出没和瘴疠霍乱盛行之区，使人们对江南大有谈虎色变之慨[22]，越发限制了中原人士的南迁。现在情况不同了，这时江南就成了可以避乱的地方。所以江南的开发，主要就是从东汉末年开始的，到三国时期，由于为时不久，得到初步开发的，亦仅江东一隅。但是由于它的自然条件比较优越，虽然开发的区域还不够大，开发的时间也不够长，但是它的经济力量已经可以支持一个割据的小王朝，使孙吴政权能够据以与曹魏和西蜀相抗衡。

总之，江南这时还刚刚在开发之初，但是由于它具有优越的自然条件，已经初步形成了一个小的经济区，尽管它的力量还不够充实，广大地区仍有待开发，但已经成为孙吴割据政权的经济基础，所以这一次政治上的大分裂，乃是全国经济重心南移的开始，这对整个历史发展的影响是重大的。

第十章　秦汉时代的经济政策

第一节　重农政策

重农政策，是中国自古以来历代相沿的传统政策。这个政策开始于春秋战国，秦沿周制，汉沿秦制，至汉而益臻系统和完整，政府推行得最用力，收到的效果亦最显著，后世历代王朝所推行的重农政策，实际上乃是汉朝制度的延续和翻版。关于这个政策为什么起源于东周时期，为什么成为历久不变的传统政策，我们在《中国封建社会经济史》第一卷第五章中曾经阐述了形成这一政策的思想根源和历史根源，指出这个政策之所以在历代的经济思想和经济政策中始终居于统治地位，是因为这个政策代表了封建统治阶级的最高利益，实行这个政策，是为统治阶级的长远利益服务的。这是因为：

第一，必须先有了经济的稳定，才能保障社会的安定与国家的太平。如果经济是波动不定的，则以经济为基础的政治必然是动乱不安的，而统治阶级的统治地位自然也就不能巩固下来。故为了保持政治的稳定，就必须先保持经济的稳定，而在当时的历史条件下，农业正是适合这一要求的一种最理想的经济部门。因为当时的农业是一种自然经济结构，所谓“处农就田野”[①]，是说农业生产可以把人口中的大多数都固着在土地上，大家都墨守成规地去进行一种简单的再生产，而简单再生产就是同一生产过程的简单重复，很自然地会因袭不变、历久相沿而成为传统，进而又会把传统造成的现状当作法律，视之为神圣不可侵犯，于是大家都变成了习惯的俘虏。这正是革命导师所说：“原封不动地保持旧的生产方式，却是过去的一切工业阶级生存的首要条件。”[②] 由于农业是变化最少的一个生产部门，把农业当作社会的主要

① 《国语·齐语》。

② 马克思、恩格斯：《共产党宣言》，《马克思恩格斯选集》第一卷，第二五四页。

生产部门，并力求使之成为唯一的——如果可能的话——生产部门，实是使旧生产方式保持原封不动的首要条件。

第二，由于农业是社会的主要生产部门，因而也是一切社会关系和政治关系的一个决定性因素，它直接关系着人民的生存和国家的安危，所以重农不仅是一个经济问题，而且也是一个带有根本性的政治问题，这个道理在《管子》中阐述得最扼要、最明确，成为后世历代人士讨论重农政策的理论根据（详见本卷第一章第一节及第四章第一节）。

《管子》中指出，“田野之辟，仓廪之实”是发展经济、巩固国家基础的根本大计①，是农业发展的两个主要目标，实际上这是一个过程的前后两个阶段，首先是要求“田野之辟”，这是要求提高农业生产力，以增加土地的单位面积产量。其次是“禁末作，止奇巧”②，这是“利农事”的手段。因为古代农业生产主要是手工操作，在生产工具还十分落后、生产方法也非常原始的情况下，农业从业人数的多寡，直接表现为农业生产力的大小。既然认为工商业不但是不生产的，而且是妨碍生产的，在各行业从业总人数不变的情况下，从事工商业的人数增多，则农业中的劳动人手便等比例地减少，“禁末作，止奇巧”，就是要减少工商业的从业人数，以增加农业生产中的劳动力。

第三，从根本上消弭社会动乱的产生根源。当社会经济的生产和生活方式一切都墨守成规和原封不动，习惯和传统成为最高的指导原则和最强大的决定力量时，那就不管什么，只要过去是这样，就应当永远是这样，凡是现实存在的，就是神圣不可侵犯的，于是一切社会关系便都僵化了，但这正是封建“礼法”“王制”所要求的，它本来就要求把每一个人都固定在他生就的阶级、地位、门阀、身份、职业等之上，也就是使每一个社会成员都固定在一种上下有序、互相隶属的关系之中，即所谓自天子公侯卿大夫士至于皂隶抱关击柝者，其爵禄奉养、棺椁祭祀，死生之制，皆有差品，小不得僭大，贱不得逾贵。这个井然有序[1] 的封建秩序能安然运行，便是封建统治阶级的最高利益的体现，打乱了这个秩序，那就是“作乱犯上”，那就动摇了统治阶级的统治地位。所以，把广大人民都固着在土地上，使他们只知日出而作，日入而息，不见可欲，使心不乱，那就从根本上堵塞了动乱之源。

① 《管子·权修》。

② 《管子·治国》。

但是，在一个一切都成为僵化状态的经济结构中，唯一能引起变化的是商业，只要商业一发展，商人在这样的社会中一出现，变化立刻就开始了，因为古代的商业都是贩运性商业，所贩运的主要是奢侈品，即所谓“奇怪时来，珍异物聚”，正是抑商政策所要抑止的“雕文刻镂，锦绣纂组”等“奇技文巧”。这些东西都是对消费欲望特别是奢侈欲望的强烈刺激。消费欲的增强，是引起变化的起点，而变化会引起不满，不满则导致动乱。这说明封建制度本身和封建统治阶级的最高利益，都要求保持安定，防止变化。这个双重目的，正是实行重农抑商政策的用意所在，即由重农以达到前者，由抑商以达到后者。形式上这是两个不同的政策，实质上则是一个政策的两个方面，只有彻底重农，才能有效抑商；只有坚决抑商，才能真正重农。

重农、抑商政策虽然开始于东周时期，但在春秋战国期间，社会经济的许多重大变革还都在刚刚开始之际，或者正在推演蜕化的变革之中，还没有完全定型，因而针对这些问题而出现的经济政策即重农抑商政策，亦处在一种初期阶段，或者说都还是一种萌芽状态。到了秦汉时代，变革已经基本结束，旧的典型的封建制度已经崩溃，各种继起的新制度都已经完全确立，经济政策亦跟着达到体系完整的阶段。所以，作为后世历代奉行的传统经济政策——重农、抑商政策，实际上是从秦汉开始的。

秦于统一六国之后，当政的时间很短，现存文献很少，其重农抑末的诏书明确见于记载的仅一条：

〔始皇二十八年（公元前二一九年）〕南登琅邪……作琅邪台，立石刻，颂秦德，明得意。曰：“……皇帝之功，勤劳本事。上农除末，黔首是富。……”①

“上（尚）农除末”的诏令虽仅此一条，亦未载明实施这一诏令的任何具体措施，但亦说明这是秦的传统政策，秦正是贯彻了商鞅所确定的农战政策，才取得了剪灭[2] 六国的最后胜利。这个政策的主要内容，可由下引两例看出：

夫民之亲上死制也，以其旦暮从事于农。夫民之不可用也，见

① 《史记》卷六，《秦始皇本纪》。

言谈游士事君之可以尊身也，商贾之可以富家也，技蓺之足以糊口也。民见此三者之便且利也，则必避农。避农，则民轻其居。轻其居，则必不为上守战也。①

民之内事，莫苦于农，故轻治不可以使之。奚为轻治？其农贫而商富，故其食贱者钱重，食贱则农贫，钱重则商富。末事不禁，则技巧之人利，而游食者众之谓也。故农之用力最苦，而赢利少，不如商贾、技巧之人。苟能令商贾、技巧之人无繁，则欲国之无富，不可得也。②

进入汉朝以后，重农政策就不再只是停留在一般的号召上，而是采取了一些具体的措施或办法，认真推行，其中有些措施或办法还是行之有效的。把汉代史籍中有关记载类别之，其所采取的措施或办法，大体上有以下几种：

一是颁发重农诏书，宣传农业的重要性。关于这方面的资料，本卷第四章第一节已经摘引过一些，这里再略举数例。例如：

〔文帝前元二年（公元前一七八年）九月〕诏曰："农，天下之大本也，民所恃以生也，而民或不务本而事末，故生不遂。朕忧其然，故今兹亲率群臣农以劝之。"③

〔景帝后元二年（公元前一四二年）〕夏四月，诏曰："雕文刻镂，伤农事者也；锦绣纂组，害女红者也。农事伤则饥之本也，女红害则寒之原也。夫饥寒并至，而能亡为非者寡矣。朕亲耕，后亲桑，以奉宗庙粢盛祭服，为天下先；不受献，减[3] 太官，省徭赋，欲天下务农蚕，素有畜积，以备灾害。强毋攘弱，众毋暴寡，老耆以寿终，幼孤得遂长。今岁或不登，民食颇寡，其咎安在？……"④

〔武帝〕外事四夷，内兴功利，役费并兴，而民去本。董仲舒说上曰："《春秋》它谷不书，至于麦禾不成则书之，以此见圣人于五谷最重麦与禾也。今关中俗不好种麦，是岁失《春秋》之所重，

① 《商君书·农战》。
② 《商君书·外内》。
③ 《汉书》卷四，《文帝纪》。
④ 《汉书》卷五，《景帝纪》。

而损生民之具也。愿陛下幸诏大司农，使关中民益种宿麦，令毋后时。”①

〔元鼎六年（公元前一一一年）〕上曰：“农，天下之本也。泉流灌浸，所以育五谷也。左、右内史地，名山川原甚众，细民未知其利，故为通沟渎，畜陂泽，所以备旱也。今内史稻田租挈重，不与郡国（师古曰：租挈，收田租之约令也，郡谓四方诸郡也），其议减。令吏民勉农，尽地利，平徭行水，勿使失时（师古曰：平徭者，均齐渠堰之力役，谓俱得水利也）。”②

〔本始〕四年（公元前七〇年）春正月，诏曰：“盖闻农者兴德之本也，今岁不登，已遣使者振贫困乏。其令太官损膳省宰，乐府减乐人，使妇就农业。丞相以下至都官令丞上书入谷，输长安仓，助贷贫民。民以车船载谷入关者，得毋用传。”③

〔永光元年（公元前四十三年）〕三月，诏曰：“……其赦天下，令厉精自新，各务农亩。无田者皆假之，贷种、食如贫民。……”④

〔阳朔〕四年（公元前二十一年）春正月，诏曰：“夫《洪范》八政，以食为首，斯诚家给刑错之本也。先帝劭农，薄其租税，宠其强力，令与孝弟同科。间者，民弥惰怠，乡本者少，趋末者众，将何以矫之？方东作时，其令二千石勉劝农桑，出入阡陌，致劳来之。《书》不云乎？服田力啬，乃亦有秋。其勖之哉！”⑤

〔中元二年（公元五十七年）〕十二月甲寅，诏曰：“方春戒节，人以耕桑。其敕有司务顺时气，使无烦扰。”⑥

〔永平〕三年（公元六〇年）春正月癸巳，诏曰：“……夫春者，岁之始也。始得其正，则三时有成。比者水旱不节，边人食寡，政失于上，人受其咎。有司其勉顺时气，劝督农桑，去其螟蜮，以及蝥贼；详刑慎罚，明察单辞，夙夜匪懈，以称朕意。”⑦

---

① 《汉书》卷二十四上，《食货志》。
② 《汉书》卷二十九，《沟洫志》。
③ 《汉书》卷八，《宣帝纪》。
④ 《汉书》卷九，《元帝纪》。
⑤ 《汉书》卷十，《成帝纪》。
⑥ 《后汉书》卷二，《明帝纪》。
⑦ 《后汉书》卷二，《明帝纪》。

在整个两汉时期，前后颁发的这一类诏书非常多，上引诸例只是其中的一部分。由这一类诏令的频繁颁发，说明两汉历届政府对于农业是非常重视的，故不厌其烦地在反复提醒人们要特别注意农业生产，地方官吏应给予农民一切方便，不得有妨碍农时的任何举措和设施。不管能否由此产生实际效果，但皇帝既谆谆告诫，有关官吏自不得不照例奉行，即使已经变成了例行公事，也得作一些有利于农田水利的安排，建一些相关设施，以便能为自己的考绩增加一条有利的记录。并且也确有不少事实，如西汉的召信臣和东汉的杜诗那一类的所谓“循吏”，他们都切实有效地推行了重农政策[4]，对农田水利的开发和农业生产的发展起了很大的促进作用。但是这一类诏令的频繁颁发，也反映了另一种不健康的情况，即这类诏令大都是内容空泛，缺乏具体办法，结果，这些空洞的说教，都变成了只为应景的官样文章，把一个具体的经济政策变成为装点门面的八股，后世历代王朝又照例奉行，于是此类诏令遂陈陈相因，千篇一律。

二是嘉奖农家，举孝弟力田者，蠲免其徭役。例如：

〔惠帝四年（公元前一九一年）〕春正月，举孝弟力田者复其身。①

〔高后元年（公元前一八七年）二月〕初置孝弟力田二千石者一人（师古曰：特置孝弟力田官而尊其秩，欲以劝厉天下，令各敦行务本）。②

〔文帝前元十二年（公元前一六八年）三月〕诏曰：“孝悌，天下之大顺也。力田，为生之本也。三老，众民之师也。廉吏，民之表也。朕甚嘉此二三大夫之行。……其遣谒者劳赐三老、孝者帛人五匹，悌者、力田二匹，廉吏二百石以上率百石者三匹，及问民所不便安，而以户口率置三老孝悌力田常员，令各率其意以道民焉。”③

“举孝弟力田”，亦系表示朝廷对农业的重视，故普遍赐帛，以示嘉奖，

① 《汉书》卷二，《惠帝纪》。

② 《汉书》卷三，《吕后纪》。

③ 《汉书》卷四，《文帝纪》。

至如吕后特置力田官而尊其秩，俸高二千石，用以劝励天下，这在历史上是不多见的。

三是减轻田租，以示鼓励，这是对重农政策除了作一般号召外，又采取了刺激农业发展的实际措施。例如：

汉兴，接秦之敝……上于是约法省禁，轻田租，什五而税一，量吏禄，度官用，以赋于民。①

〔文帝前元二年（公元前一七八年）九月〕诏曰：“农，天下之大本也，民所恃以生也，而民或不务本而事末，故生不遂。……其赐天下民今年田租之半。”②

〔文帝前元十二年（公元前一六八年）三月〕诏曰：“道民之路，在于务本。朕亲率天下农，十年于今，而野不加辟，岁一不登，民有饥色，是从事焉尚寡，而吏未加务也。吾诏书数下，岁劝民种树，而功未兴，是吏奉吾诏不勤，而劝民不明也。且吾农民甚苦，而吏莫之省，将何以劝焉？其赐农民今年租税之半。”③

〔文帝前元十三年（公元前一六七年）五月〕上曰：“农，天下之本，务莫大焉。今勤身从事而有租税之赋，是为本末者毋以异，其于劝农之道未备。其除田之租税。”④

〔景帝前元元年（公元前一五六年）〕五月，除田半租。⑤

〔元凤六年（公元前七十五年）夏〕诏曰：“夫谷贱伤农，今三辅太常谷减贱，其令以叔粟当今年赋。”⑥

〔建武六年（公元三十年）十二月〕癸巳，诏曰：“顷者师旅未解，用度不足，故行十一之税。今军士屯田，粮储差积。其令郡国收见田租三十税一，如旧制。”⑦

〔永元五年（公元九十三年）秋九月〕壬午，令郡县劝民蓄蔬

① 《汉书》卷二十四上，《食货志》。
② 《汉书》卷四，《文帝纪》。
③ 《汉书》卷四，《文帝纪》。
④ 《史记》卷十，《孝文本纪》。
⑤ 《史记》卷十一，《孝景本纪》。
⑥ 《汉书》卷七，《昭帝纪》。
⑦ 《后汉书》卷一下，《光武帝纪》。

食以助五谷。其官有陂池，令得采取，勿收假税二岁。[1]

汉文帝自称“亲率天下农，十年于今”，可知他自己认为他推行重农政策是十分认真的，甚至是全力以赴的，但是推行的结果却很不理想，“野不加辟，岁一不登，民有饥色”。事实证明其政策是无效的。于是他用减轻田租甚至全免田租的办法来刺激农业。形式上看来，汉文帝所采取的办法是相当彻底的，似乎可以收到预期的效果，但是事实上则是不可能的，因为他没有抓到问题的症结所在，而是在扬汤止沸。所谓“岁劝民种树，而功未兴”，“从事尚寡”——即人们纷纷离开土地、脱离农业生产，这主要不是由于官家租税高造成的，乃是随着土地私有制度的确立而俱来的土地占有的两极化，使很多失去土地的农民不得不离开农村，从而大大减少了农业从业人口，其他一些能够“或耕豪民之田”的佃农，虽得以暂时留在农村，却又得忍受着地主阶级的残酷剥削——这时地主制经济已成为社会经济结构的主要形态了。他们过着“常衣牛马之衣，而食犬彘之食”的贫穷生活，在客观上，如上文所指出的，小农制经济在排除着一切发展进步的积极因素；在主观上，这些穷人既没有力量来改善经营方式或扩大生产规模，又没有经济的自发性，没有提高劳动生产率的主动意图，其结果必然是“岁劝民种树，而功未兴”。这些无地的农民，是根本没有田赋负担的，所以减免田租，得到好处的只是地主，而他们并不经营农业，故减免田租与农业生产是无关的。

四是强调粮食储备的重要性。前引《管子》中的话已指出，农业发展包含着两个基本内容，也是重农政策所要实现的两个主要目标，即“田野之辟”——发展农业生产力以提高土地的单位面积产量与“仓廪之实”——增加粮食储备。这两个内容，实际上是一件事物的两个方面，也可以说是一个过程的前后两个阶段。“田野之辟”是达到“仓廪之实”的必要途径，没有农业生产力的提高，是不可能增加粮食储备的。《管子》所谓“田垦则粟多，粟多则国富，国富者兵强，兵强者战胜，战胜者地广”等一系列连锁反应，其中有一个不言而喻的前提，就是必须于粟多之后能保持“仓廪之实”，才能取得上述一系列的连锁结果。但是“仓廪之实”并不是由“田野之辟”自然形成的，因为如果不注意储备，于粟多之后任意增加消费甚至大量浪费，则粟多亦不一定会出现“仓廪之实”的自然结果，所谓“仓廪之实”，乃是

① 《后汉书》卷四，《和帝纪》。

经过人为的努力，由积蓄而来的。所以古人认为重农政策所要达到的目的是双重的，既有积极的一面，也有消极的一面，即既要积极地发展生产力，又要消极地防止浪费，减少消耗。二者是同等重要的，后者甚至更重要，所以古人说："国无九年之蓄曰不足，无六年之蓄曰急，无三年之蓄曰国非其国也。三年耕必有一年之食，九年耕必有三年之食，以三十年之通，虽有凶旱水溢，民无菜色。"① 从国家安危的角度来讨论储备粮食的重要性，以汉初人贾谊的言论为最精辟，是重农主义文库中的一篇重要文献：

> 文帝即位，躬修俭节，思安百姓。时民近战国，皆背本趋末，贾谊说上曰："《管子》曰：'仓廪实而知礼节。'民不足而可治者，自古及今，未之尝闻。古之人曰：'一夫不耕，或受之饥；一女不织，或受之寒。'生之有时，而用之亡度，则物力必屈。古之治天下，至孅至悉也，故其畜积足恃。今背本而趋末，食者甚众，是天下之大残也；淫侈之俗，日日以长，是天下之大贼也。残贼公行，莫之或止；大命将泛，莫之振救。生之者甚少而靡之者甚多，天下财产何得不蹶！汉之为汉几四十年矣，公私之积犹可哀痛。失时不雨，民且狼顾；岁恶不入，请卖爵子，既闻耳矣，安有为天下阽危者若是而不惊者！世之有饥穰，天之行也，禹、汤被之矣。即不幸有方二三千里之旱，国胡以相恤？卒然边境有急，数十百万之众，国胡以馈[5] 之？兵旱相乘，天下大屈，有勇力者聚徒而衡击，罢夫羸老易子而咬其骨。政治未毕通也，远方之能疑者并举而争起矣，乃骇而图之，岂将有及乎？夫积贮者，天下之大命也。苟粟多而财有余，何为而不成？以攻则取，以守则固，以战则胜。怀敌附远，何招而不至？今殴民而归之农，皆著于本，使天下各食其力，末技游食之民转而缘南亩，则畜积足而人乐其所矣。可以为富安天下，而直为此廪廪也，窃为陛下惜之！于是上感谊言，始开籍田，躬耕以劝百姓。"②

上文中把储备粮食的重要性和迫切性，特别是它对国家的强弱安危所起

① 《礼记·王制》。

② 《汉书》卷二十四上，《食货志》。

的重大作用，作了详尽而明确的阐述，使人们进一步了解了“田野之辟”与“仓廪之实”，二者是缺一不可的。

五是贵粟。晁错的贵粟疏，是从理论上和实际上阐述重农抑商政策的一个典型，因为它不仅从理论上进行了全面的和深入细致的分析，而且提出了贯彻这个政策的一些具体办法。它淋漓尽致地描述了农民的生产和生活状况，描述了商人的豪华阔绰情形以及他们怎样在盘剥农民，给农民带来毁灭性后果，它痛陈了农业的衰微和末业的兴旺必然产生的严重影响，并提出了解决矛盾的办法。晁错的这一篇奏疏，比前引贾谊的言论又系统得多和深刻得多，故成为后世历代人士讨论重农抑商政策的理论根据，这里有必要引述全文：

> 晁错复说上曰：“圣王在上而民不冻饥者，非能耕而食之，织而衣之也，为开其资财之道也。故尧、禹有九年之水，汤有七年之旱，而国亡捐瘠者，以畜积多而备先具也。今海内为一，土地人民之众不避汤、禹，加以亡天灾数年之水旱，而畜积未及者，何也？地有遗利，民有余力，生谷之土未尽垦，山泽之利未尽出也，游食之民未尽归农也。民贫，则奸邪生。贫生于不足，不足生于不农，不农则不地著，不地著则离乡轻家，民如鸟兽，虽有高城深池，严法重刑，犹不能禁也。夫寒之于衣，不待轻暖；饥之于食，不待甘旨；饥寒至身，不顾廉耻。人情，一日不再食则饥，终岁不制衣则寒。夫腹饥不得食，肤寒不得衣，虽慈母不能保其子，君安能以有其民哉！明主知其然也，故务民于农桑，薄赋敛，广畜积，以实仓廪，备水旱，故民可得而有也。民者，在上所以牧之，趋利如水走下，四方亡择也。夫珠玉金银，饥不可食，寒不可衣，然而众贵之者，以上用之故也。其为物轻微易臧，在于把握，可以周海内而亡饥寒之患，此令臣轻背其主，而民易去其乡，盗贼有所劝，亡逃者得轻资也。粟米布帛生于地，长于时，聚于力，非可一日成也；数石之重，中人弗胜，不为奸邪所利，一日弗得而饥寒至。是故明君贵五谷而贱金玉。今农夫五口之家，其服役者不下二人，其能耕者不过百亩，百亩之收不过百石。春耕夏耘，秋获冬臧，伐薪樵，治官府，给徭役；春不得避风尘，夏不得避暑热，秋不得避阴雨，冬不得避寒冻，四时之间亡日休息；又私自送往迎来，吊死问疾，养孤长幼在其中。勤苦如此，尚复被水旱之灾，急政暴虐（《补注》王

念孙曰：景祐本‘暴虐’作‘暴赋’。案：景祐本是也。政，读为征，征、赋、敛，其意同，言急其征，暴其赋，而敛之又不以时也。下文卖田宅，鬻子孙，皆承急征暴赋言之，作“政”者，借字耳），赋敛不时，朝令而暮改。当具有者半贾而卖，亡者取倍称之息，于是有卖田宅鬻子孙以偿责者矣。而商贾大者积贮倍息，小者坐列贩卖，操其奇赢，日游都市，乘上之急，所卖必倍。故其男不耕耘，女不蚕织，衣必文采，食必粱肉；亡农夫之苦，有仟伯之得。因其富厚，交通王侯，力过吏势，以利相倾；千里游敖，冠盖相望，乘坚策肥，履丝曳缟。此商人所以兼并农人，农人所以流亡者也。今法，贱商人，商人已富贵矣；尊农夫，农夫已贫贱矣。故俗之所贵，主之所贱也；吏之所卑，法之所尊也。上下相反，好恶乖迕，而欲国富法立，不可得也。方今之务，莫若使民务农而已矣。欲民务农，在于贵粟；贵粟之道，在于使民以粟为赏罚。今募天下入粟县官，得以拜爵，得以除罪。如此，富人有爵，农民有钱，粟有所渫。夫能入粟以受爵，皆有余者也；取于有余，以供上用，则贫民之赋可损，所谓损有余补不足，令出而民利者也。顺于民心，所补者三：一曰主用足，二曰民赋少，三曰劝农功。今令民有车骑马一匹者，复卒三人（如淳曰：复三卒之算钱也。或曰，除三夫不作甲卒也。师古曰：当为卒者，免其三人；不为卒者，复其钱耳）。车骑者，天下武备也，故为复卒。神农之教曰：‘有石城十仞，汤池百步，带甲百万，而亡粟，弗能守也。’以是观之，粟者，王者大用，政之本务。令民入粟受爵至五大夫以上，乃复一人耳，此其与骑马之功相去远矣。爵者，上之所擅，出于口而无穷；粟者，民之所种，生于地而不乏。夫得高爵与免罪，人之所甚欲也。使天下〔人〕入粟于边，以受爵免罪，不过三岁，塞下之粟必多矣。”于是文帝从错之言，令民入粟边，六百石爵上造，稍增至四千石为五大夫，万二千石为大庶长，各以多少级数为差。错复奏言：“陛下幸使天下入粟塞下以拜爵，甚大惠也。窃恐塞卒之食不足用大渫天下粟，边食足以支五岁，可令入粟郡县矣；足支一岁以上，可时赦，勿收农民租。如此，德泽于万民，民俞勤农。时有军役，若遭水旱，民不困乏，天下安宁；岁孰且美，则民大富乐矣。”上复从其言，乃下诏赐民十二年租税之半。明年，遂除民田之租税。后十三岁，孝景二年，令民半出田租，三十而税一也。①

这一篇奏疏在阐述重农抑商政策方面之所以非常重要，是因为它概括了有关这个政策的各个方面，并从理论上进行了深入细致的分析，这里应特别指出的是以下几点：

第一，从经济角度和政治角度强调了农业对国计民生的重要性，特别是晁错用唯物主义的观点，指出“人情，一日不再食则饥，终岁不制衣则寒”，“饥寒至身，不顾廉耻”，至此，一切社会关系就都荡然无存了，因“腹饥不得食，肤寒不得衣，虽慈母不能保其子，君安能以有其民哉”。这是由于“民贫则奸邪生，贫生于不足，不足生于不农”，所以说农是天下之本，没有这个本，则一切社会纽带就都完全松弛解体了。道理是如此明显，关系是如此直接。“民贫则奸邪生，贫生于不足，不足生于不农”，其结果是“不农则不地著，不地著则离乡轻家，民如鸟兽，虽有高城深池，严法重刑犹不能禁也”。这样一来，当整个社会秩序陷于混乱时，统治阶级的地位自然也就动摇了。

第二，要使游食之民尽归于农，必须抑止商品经济和货币经济的兴旺和发展，扭转“天下熙熙，皆为利来；天下攘攘，皆为利往”的社会风气，特别要堵塞人们追逐财富和谋利求富的思想，即堵塞其“趋利如水走下”的想法，就必须贬低货币所起的作用。既然“珠玉金银，饥不可食，寒不可衣”，有百害而无一利，就应当把货币彻底消灭掉，停止它的流通。人之所以“贵金玉”，是由于“上用之故也”，仅由于它“在于把握，可以周海内而无饥寒之患”。如果在上者不用，“明君贵五谷而贱金玉”，则货币自然就逐渐消灭了。

第三，农业是社会经济的基础，是主要的生产部门，农民则是唯一的直接生产者，但是农民的生活却又最辛苦，尽管“勤苦如此”，除了“尚复被水旱之灾”外，又受着公私地主阶级的残酷剥削，故最后都难逃贫穷破产的命运，“于是有卖田宅鬻子孙以偿责者矣”。把这种关系说成是必然的，而不是偶然的，是完全符合当时社会经济发展的客观规律的。

第四，谁都知道商业是不事生产的，而且是妨碍生产的，商人在一个自给自足的、以自然经济为基础的社会中出现，初则是引起变化和竞争，继则是招致欲多和不满，终则是造成社会的动荡和不安，最后还要威胁到统治阶

① 《汉书》卷二十四上，《食货志》。

级的地位。所以从封建制度的基本利益出发，要求贱商。但是在事实上，商业却保持着兴旺和繁荣，并且还具有一种发展扩大的势头，因而商人的财富是充裕的，商人的生活是优越的，商人的声势是阔绰的。晁错以生动的笔墨，把商人的煊赫豪华与农民的贫困潦倒，作了一个鲜明对比。这是对商人生活和经营的一段最系统的描写，这在古代文献中是仅见的。晁错根据这一段详细的描述，揭示出一个尖锐的问题，也是亟待解决的一个尖锐矛盾，"此商人所以兼并农人，农人所以流亡"，"今法律贱商人，商人已富贵矣；尊农夫，农夫已贫贱矣"，这样，一切关系都颠倒了，即"俗之所贵，主之所贱也；吏之所卑，法之所尊也。上下相反，好恶乖迕"。在这里，不言而喻地指出了抑商政策的全部根据即在于此。

第五，晁错提出的具体办法是贵粟——即以粟为赏罚，其办法是"募天下入粟县官，得以拜爵，得以除罪"。这确实是一个简单易行的办法，但却不能由此达到重农的目的，更不能达到抑商的目的，只能由这个办法增加一点财政收入，特别是实行"入粟塞下"，可以减少政府千里馈粮、飞刍挽粟之烦，可以增加边防戍卒的军粮供应。而且能以粟拜爵赎罪的都是富人，确如晁错所说，有"损有余补不足"的作用，但这在性质上是属于财富的再分配，与重农政策是风马牛不相及的。

减少粮食的不必要浪费，也是实施重农政策的措施之一，禁酒就是作为这个政策的一项重要措施而提出来的。因为酒为粮制，酿酒业的发达就是谷物靡费的增多，这与重农的目的是相背的。前文已指出"仓廪之实"，是有目的的储蓄的结果，而不是"田野之辟"的必然结果，故减少谷物浪费，是达到"仓廪之实"的一个必要途径，两汉历届政府对此都十分注意，无不严厉禁酒。例如：

〔文帝后元元年（公元前一六三年）春三月〕诏曰："间者数年比不登，又有水旱疾疫之灾，朕甚忧之。……意者朕之政有所失而行有过与？乃天道有不顺，地利或不得，人事多失和，鬼神废不享与？何以致此？将百官之奉养或费，无用之事或多与？何其民食之寡乏也！夫度田非益寡，而计民未加益，以口量地，其于古犹有余，而食之甚不足者，其咎安在？无乃百姓之从事于末以害农者蕃，为酒醪以靡谷者多，六畜之食焉者众与？细大之义，吾未能得其中。其与丞相列侯吏二千石博士议之，有可以佐百姓者，率意远思，无有所隐。”①

〔中元〕三年（公元前一四七年）夏旱，禁酤酒。②

〔元康中（公元前六十三年左右），相上书〕曰：“……窃伏观先帝圣德仁恩之厚，勤劳天下，垂意黎庶……禁秣马酤酒贮积，所以周急继困，慰安元元，便利百姓之道甚备。……”③

〔永元十六年（公元一〇四年）〕二月己未，诏兖、豫、徐、冀四州比年雨多伤稼，禁沽酒。④

〔汉安二年（公元一四三年）冬十月〕丙午，禁沽酒。⑤

〔永兴二年（公元一五四年）九月〕诏曰：朝政失中，云汉作旱，川灵涌水，蝗螽孳蔓，残我百谷，太阳亏光，饥馑荐臻。其不被害郡县，当为饥馁者储。天下一家，趣不糜烂，则为国宝。其禁郡国不得卖酒，祠祀裁足。⑥

时〔建安十二年（公元二〇七年）〕年饥兵兴，操表制酒禁，融频书争之，多侮慢之辞。⑦

魏国初建，为尚书郎。时科酒禁，而邈私饮至于沉醉。⑧

另一项可与重农政策连带述及的重要措施，是在西汉宣帝时由大司农中丞耿寿昌建议设立的常平仓，这是一种积谷备荒的设施，即于各郡县普遍筑仓，在丰收之年谷价低贱时，稍增其价即按平价籴谷储仓，于荒歉之年谷价翔贵时，则减价而粜即仍按平价粜卖，以防止谷价过度上涨，影响民生。设仓的目的是平衡谷价，救济灾荒，故曰常平仓。所以严格说来，设立常平仓的目的是为了救荒，而不是为了重农，其有关情况可由下引记载看出：

〔五凤四年（公元前五十四年）春正月〕大司农中丞耿寿昌奏设常平仓，以给北边，省转漕。赐爵关内侯。⑨

---

① 《汉书》卷四，《文帝纪》。
② 《汉书》卷五，《景帝纪》。
③ 《汉书》卷七十四，《魏相传》。
④ 《后汉书》卷四，《和帝纪》。
⑤ 《后汉书》卷六，《顺帝纪》。
⑥ 《后汉书》卷七，《桓帝纪》。
⑦ 《后汉书》卷七十，《孔融传》。
⑧ 《三国志》卷二十七，《魏书·徐邈传》。
⑨ 《汉书》卷八，《宣帝纪》。

时大司农中丞耿寿昌以善为算能商功利得幸于上。五凤中奏言："故事，岁漕关东谷四百万斛以给京师，用卒六万人。宜籴三辅、弘农、河东、上党、太原郡谷足供京师，可以省关东漕卒过半。"……天子皆从其计。御史大夫萧望之奏言："……今寿昌欲近籴关内之谷，筑仓治船，费直二万万余，有动众之功，恐生旱气，民被其灾。寿昌习于商功分铢之事，其深计远虑，诚未足任，宜且如故。"上不听。漕事果便，寿昌遂白令边郡皆筑仓，以谷贱时增其贾而籴，以利农，谷贵时减贾而粜，名曰常平仓。民便之。①

这本来是一种很好的制度，积谷备荒，实于民有利。但是仓系官设，由官吏主持其事，结果给贪污侵渔造成了机会，当粮价发生剧烈波动时，经手官吏与地方豪右互相勾结，于粮食籴进粜出之际，上下其手，克扣侵吞，结果使常平变成了不平，所以后来东汉明帝准备设立常平仓时，便有人提出反对。

〔永平中〕帝曾欲置常平仓，公卿议者多以为便。般对以"常平仓外有利民之名，而内实侵刻百姓，豪右因缘为奸，小民不能得其平，置之不便"。帝乃止。②

刘般的揭发显然也系实情，官僚政治向来把好事变成坏事，在东汉时常平仓已经是弊端百出。但后来明帝终于设立了常平仓，大概是不愿因噎废食，因积谷备荒原是十分必要的。

后汉明帝永平五年（公元六十二年），作常平仓。③

按《后汉书·刘般传》，显宗欲置常平仓，公卿议者多以为便，般对以为……置之不便，帝乃止。然则岂后来卒置之欤？般所言者，后世常平之弊。常平起于孝宣之时，盖至东汉，而其弊已如此矣。④

---

① 《汉书》卷二十四上，《食货志》。

② 《后汉书》卷三十九，《刘般传》。

③ 《通典》卷十二，《食货》十二，《轻重篇·常平》。

④ 《文献通考》卷二十一，《市籴考二·常平义仓租税》。

第二节　抑商政策

抑商政策开始于春秋战国，至秦汉而益臻系统，从此就成为后世历代相沿不变的一个传统政策，推行这个政策以汉代特别是西汉为最力，是因为汉代的商业在古代为最发达，其由此积累的商业资本为最巨大，它以货币财富的形态存在，经常在社会上“行如流水”，即不停地在流动，因而有如洪水泛滥，奔腾咆哮，所至溃溃，对社会经济起了严重的破坏作用。这时随着商品经济和货币经济的发展而高涨起来的资本主义营利思想和财富追逐欲正笼罩着整个社会，大家又从实践中知道了“用贫求富，农不如工，工不如商”①，一个人的成功之道如果不能“推择为吏”，就必须能“治生商贾”②，否则将为社会所不齿。这样一来，经商便成了人们向往的一种职业，遂趋之若鹜。加以汉初政府又采取了放任政策，“开关梁，弛山泽之禁，是以富商大贾周流天下”③，并使“不轨逐利之民，畜积余业以稽市物”④。于是商业便成了最兴旺的一种行业，也是从业人数最多的一种行业。如《史记·货殖列传》所列举的那些财拥巨万的暴发户，不过是其中数例而已，其事业之兴旺、生活之豪华、财力之雄厚、声势之显赫，确如前引晁错在《贵粟疏》中所描述的，实远非农民或其他任何行业之人所能比拟。而且他们又都是“因其富厚，交通王侯，力过吏势，以利相倾，千里游敖，冠盖相望”。他们凭其财力，兼并土地，役使贫民，成为各地方的真正主宰，完全如司马迁所说“富相什则卑下之，伯则畏惮之，千则役，万则仆”，真是“千金之家，比一都之君，巨万者乃与王者同乐”，董仲舒所说的“邑有人君之尊，里有公侯之富”，也主要是指这些人。这种情况，历久不衰，到了东汉，依然如此，为重农主义者所痛心疾首。

今举世舍农桑，趋商贾，牛马车舆，填塞道路，游手为功，充盈都邑，治本者少，游食者众，商邑翼翼，四方是极。今察洛阳，浮末者什于农夫，虚伪游手者什于浮末。是则一夫耕之，百人食之，

---

① 《史记》卷一百二十九，《货殖列传》。

② 《史记》卷九十二，《淮阴侯列传》。

③ 《史记》卷一百二十九，《货殖列传》。

④ 《史记》卷三十，《平准书》。

一妇桑，百人衣之，以一奉百，孰能供之。天下百郡千县，市邑万数，类皆如此。本末何足相供，则民安得不饥寒，饥寒并至，则安能不为非，为非则奸宄，奸宄繁多，则吏安能无严酷，严酷数加，则下安能无愁怨，愁怨者多……则国危矣。①

以上连同前引晁错《贵粟疏》中对商贾的评论，和仲长统之《昌言·理乱篇》（见本卷第六章第一节），可以作为两汉时期所有重农抑商言论的代表，其他类似的言论虽然很多，但是实际上则是大同小异，其立论主旨基本上都是相同的。大家所反复强调的，不外是：①只有农业是生产的，是国计民生的根本，而工商业或者说末业是不生产的，并且还是妨碍生产的。②农民是唯一的生产者，人们的衣食之源来自农民，而农民的生活却非常贫苦，多数还难免于破产的命运，而从事工商末业的人本来都是不生产的，都是游手浮食之民，他们的生活反而非常优越、非常富有，甚至是非常阔绰和豪华的，造成道德标准与社会实践正好相反，即尊农夫，农夫已贫贱矣，贱商人，商人已富贵矣。③不重视农业，则农业不兴，而衣食必缺。人无食则饥，无衣则寒，饥寒并至，廉耻道丧，而奸邪生矣。奸邪生，则刑戮繁，而国危矣。所以工商末业的存在和发展，对国计民生都是有害的。

汉代政府对抑商政一直在不遗余力地认真推行，除了对商人和商业的危害作用发表了许多言论，来进行揭发并大张挞伐外，汉代政府又采取了一系列的有力措施，其中有些措施还是十分激烈的。这些措施一部分是针对商贾的，一部分是针对商业的。实施的结果，大大限制了商人的活动，缩小了商业营运的范围，堵塞了商人牟利的道路。这些措施主要有以下几种：

第一，贬低商人的社会地位，并加以各种形式的人身侮辱。这是从秦即已开始实行的一种办法，至汉代又变本加厉。例如：

［始皇］三十三年（公元前二一四年），发诸尝逋亡人、赘婿、贾人，略取陆梁地，为桂林、象郡、南海，以适遣戍。②

错复言……曰：臣闻秦时北攻胡貉，筑塞河上，南攻扬粤，置戍卒焉。……秦民见行，如往弃市，因以谪发之，名曰“谪戍”。

① 王符：《潜夫论》卷三。

② 《史记》卷六，《秦始皇本纪》。

先发吏有谪及赘婿、贾人，后以尝有市籍者，又后以大父母、父母尝有市籍者，后入闾，取其左。①

这是把商人和罪犯看成是一类人，只要一入市籍，三代即丧失自由，对外用兵，则先以这些人为“谪戍”。汉承秦制，除了继续实行这个办法外，又增加了一些侮辱性的办法，来贬抑商人，如不许穿丝绸衣服，不许乘车或乘马，不许仕宦为吏，不许购买土地等。例如：

〔高帝八年（公元前一九九年）春三月〕令……贾人毋得衣锦绣绮縠絺纻罽，操兵，乘骑马。②

天下已平，高祖乃令贾人不得衣丝乘车，重租税以困辱之。孝惠、高后时，为天下初定，复弛商贾之律，然市井之子孙亦不得仕宦为吏。③

〔景帝后元二年（公元前一六二年）〕五月，诏曰：“人……不患其不富，患其亡厌也。……今訾算十以上乃得宦，廉士算不必众。有市籍不得宦，无訾又不得宦，朕甚愍之。訾算四得宦，亡令廉士久失职，贪夫长利。”④

〔武帝〕益发戍甲卒十八万，酒泉、张掖北，置居延、休屠以卫酒泉，而发天下七科適[6]（《正义》张晏云：吏有罪一，亡命二，赘婿三，贾人四，故有市籍五，父母有市籍六，大父母有市籍七，凡七科。武帝天汉四年，发天下七科谪出朔方也），及载糒给贰师，转车人徒相连属至敦煌。⑤

〔绥和二年（公元前七年）四月即皇帝位，六月〕有司条奏：“……贾人皆不得名田、为吏，犯者以律论。”⑥

〔光武朝〕拜议郎给事中，因上疏陈时所宜，曰：……夫理国之道，举本业而抑末利，是以先帝禁人二业，锢商贾不得宦为吏，

① 《汉书》卷四十九，《晁错传》。
② 《汉书》卷一，《高帝纪下》。
③ 《史记》卷三十，《平准书》。
④ 《汉书》卷五，《景帝纪》。
⑤ 《史记》卷一百二十三，《大宛列传》。
⑥ 《汉书》卷十一，《哀帝纪》。

此所以抑并兼长廉耻也……①

实行这些办法的目的，是要把商人贬抑为不齿于普通人民的下等人，使人把经商看成是可耻的下贱职业。事实上这个目的是达不到的，甚至是适得其反的，因为这时货币经济已经在起着决定一切的作用，金钱成了一切权力的权力，谁有了它谁就可以得到他所要的一切，所以富商大贾的显赫地位，绝不是这些“困辱”的办法所能贬抑下去的。古人亦知这些办法是无实效的，这里可以引宋人的一篇评论：

按：汉初铸钱，轻于周秦，一时不轨逐末之民，蓄积余赢，以稽市物，不勤南亩，而务聚货，于是立法崇农而抑商，入粟者补官，而市井子弟至不得为吏，可谓有所劝惩矣。然利之所在，人趋之如流水。《货殖传》中所载，大抵皆豪商巨贾，未闻有以力田致富者。至孝武时，东郭咸阳以大鬻盐，孔仅以大冶领大司农，桑弘羊以贾人子为御史大夫，而前法尽废矣。②

第二，加重商人的赋税负担，尽可能使他们的营业无利可图，或获利不多。这是企图通过减少商人们的资本积累，来减少商业资本在社会上的各种有害作用，如兼并土地、经营高利贷等。这个政策以武帝时的推行最为有力。

商贾以币之变，多积货逐利。于是公卿言：郡国颇被灾[7]害，贫民无产业者，募徙广饶之地。陛下损膳省用，出禁钱以振元元，宽贷赋，而民不齐出于南亩，商贾滋众。贫者畜积无有，皆仰县官。异时算轺车贾人缗钱皆有差，请算如故（《集解》李斐曰：缗，丝也，以贯钱也。一贯千钱，出二十算也。《索隐》异时，犹昔时也。《说文》云：轺，小车也。傅子云：汉代贱乘轺，今则贵之。言算轺车者，有轺车使出税一算二算也）。诸贾人末作贳贷卖买，居邑稽诸物，及商以取利者，虽无市籍，各以其物自占（《索隐》郭璞云：占，自隐度也。谓各自隐度其财物多少，为文簿送之官也。若不尽，

① 《后汉书》卷二十八上，《桓谭传》。

② 《文献通考》卷十四，《征榷考一·征商》。

> 皆没入于官），率缗钱二千而一算。诸作有租及铸，率缗钱四千一算。非吏比者三老、北边骑士，轺者以一算；商贾人轺车二算；船五丈以上一算。匿不自占，占不悉，戍边一岁，没入缗钱。有能告者，以其半畀之。贾人有市籍者，及其家属，皆无得籍名田，以便农（《索隐》谓贾人有市籍，不许以名占田也）。敢犯令，没入田僮。①

算缗钱，是征收商人的财产税，而且税率很高。其他财物如车、船等，税率也都比普通人民的税率高一倍或两倍。除商人外，对手工业者、高利贷者、囤积居奇者，不管有无市籍，都科以相同的重税，因为除了农业以外的一切经营，都被认为是“末业”，而列入抑制的范围，其实如果仅仅是税率高，对商人的影响还不太大，因为商人有力量来负担这项重税，而对商人打击最甚的，是政府采取了下一个激烈步骤。

第三，“出告缗令”，直接没收商人的财产。这是汉武帝在雷厉风行地推行抑商政策时，采取的一个极端的措施。虽然这个办法只能偶一为之，但却收到了其他办法不能收到的效果，因为这是对商人进行了一次全国性的大抄家，把商人多年积累起来的财富，包括动产和不动产，一举而全部没收。结果商人中家以上大都破了产。这件事，本卷第二章第三节谈过一些，这里再略作补充。整个过程是出自张汤的诡计。

> 于是汤益尊任，迁为御史大夫。会浑邪等降，汉大兴兵伐匈奴，山东水旱，贫民流徙，皆仰给县官，县官空虚。于是丞上指，请造白金及五铢钱，笼天下盐铁，排富商大贾，出告缗令，锄[8] 豪强并兼之家，舞文巧诋以辅法。②

“出告缗令”就是上引文中所谓“匿不自占，占不悉，戍边一岁，没入缗钱，有能告者，以其半畀之”那个法令，现在募人告密，令杨可负责进行，以酷吏杜周治之，弄得全国骚然。

① 《史记》卷三十，《平准书》。

② 《史记》卷一百二十二，《酷吏列传》。

> 杨可告缗遍天下，中家以上大抵皆遇告。杜周治之，狱少反者。乃分遣御史廷尉正监分曹往，即治郡国缗钱，得民财物以亿计，奴婢以千万数，田大县数百顷，小县百余顷，宅亦如之。如是富贾中家以上大率破，民偷甘食好衣，不事畜藏之产业。①

这显然是预谋的圈套，叫商人自报所藏缗钱数目，然后又发动人去告密，令著名的酷吏治之，当然被告的商贾无一能幸免，结果商贾的私产——包括土地、房屋、奴婢、浮财等全部被没收，使得商贾宁肯把钱用之于“甘食好衣”，再也不积累财富了。

第四，改变币制，即用不断改变货币的办法，使商人所积累的大量货币财富减少或丧失价值。这是汉武帝所采取的严厉抑商办法中的一项。汉武帝对当时的富商大贾所以要采取一系列的激烈办法，主要是由商人激起的，是有为而发的，其详情见本卷第二章第三节，这里不复述。但要指出，这个办法只能暂时给商人造成一些困难，而不能从根本上限制商人，给商人造成的损失，也为数不多，因为铜钱有其本身的金属价值，不会因改铸新币而完全丧失其价值。并且西汉时期又是使用黄金为上币的时期，在黄金上下通用、大量流通的时候，商人的货币财富不会尽是铜钱。所以这个办法，对于“排富商大贾”“摧浮淫并兼之徒”的作用不是很大。

第五，禁榷制度的彻底抑商作用。禁榷制度就是官营工商业制度，对某些工商业禁止私人经营，完全由政府垄断。

由官府经营工商业本起源很早，周初太公在齐国“通商工之业，便鱼盐之利，而人民多归齐，齐为大国”②，这是由于齐国“地潟卤，人民寡，于是太公劝其女功，极技巧，通鱼盐，则人物归之，繦至而辐凑”③。这只是由于齐地潟卤（盐碱地），不适于农作物生长，不能靠农业为生，故不得不以政府力量来发展纺织业和滨海鱼盐，这不但没有禁榷或抑末之意，而且是要依靠工商业“极技巧，通鱼盐”来补助农业生产的不足。后来到了春秋中叶管仲相桓公时，把早年太公所实行的制度加以扩充改变，实行了盐铁官营。实行的目的不只是为了增加收入，而是有目的地把两种最有利的商业经营，从私人手里夺过来，作为他推行“抑末业”政策的一个重要组成部分。所以禁

---

① 《史记》卷三十，《平准书》。

② 《史记》卷三十二，《齐太公世家》。

③ 《史记》卷一百二十九，《货殖列传》。

榷制度是由管仲创立的。当西汉桑弘羊系统地推行这个制度时，曾对一些反对派——贤良文学指出这个制度的渊源所自。“今大夫各修太公桓管之术，总一盐铁，通山川之利而万物殖，是以县官用饶足，民不困乏，本末并利，上下俱足。”①

禁榷制度为什么始终以盐铁两种商品为主要经营对象？我们知道，不论在封建社会以前，还是在漫长的封建社会时期，社会经济的基础是自然经济，生活是自给自足的，各种生活必需品都是消费者自己生产的，只有盐和铁器（生产工具和兵器）这两种绝对必需的物品，消费者不能自己生产，而必须通过交换即商业才能获得。在欧洲长达一千年的封建制度时期，庄园中的农民都是过着一种孤立的、与外界隔绝的、自给自足的生活，唯一必须与城市或集市发生关系的就是购买盐铁这两种商品，与中国的情形完全相同。管仲自己曾明确指出禁榷制度为什么以盐铁为主，因“十口之家，十人食盐；百口之家，百人食盐”②。“国无盐则肿。”③ 铁与盐有同等的重要性，因一切生产工具都必须用铁制，即所谓“一农之事必有一耜、一铫、一镰、一鎒、一椎、一铚[9]，然后成为农；一车必有一斤、一锯、一釭、一钻、一凿、一銶、一轲，然后成为车；一女必有一刀、一锥、一箴、一鉥，然后为女”④。二者既然都是生产和生活的绝对必需品，不可一日缺，可知它们的市场很广大，运销量必然是很巨大的，因而经营这两种事业的人，获利必然很丰，如听任其由私人经营，将成为促进工商业发展的一个巨大动力，正如当时的一个文献所说：“夫盐，食肴之将；铁，田农之本；非编户齐民所能家作，必卬（仰）于市，虽贵数倍，不得不买。”⑤ 所以二者都是最有利的营业部门，禁榷盐铁，就等于扼住了富商大贾的咽喉。

禁榷制度虽然早在春秋时即已开始，但是事实上只有齐国一国在实行，其他列国大都不具备实行这个制度的条件。到了战争频繁的战国年间，连齐国也忙于战争，无暇及此了。直到西汉武帝时期，才适应着客观形势的需要，经过桑弘羊的精心设计和安排，又把这个早已湮没了的制度恢复起来，并加以充实扩大，使之成为抑商政策的一个重要支柱，在西汉时期，抑商政策之

① 《盐铁论·轻重》。

② 《管子·海王》。

③ 《管子·轻重甲》。

④ 《管子·轻重乙》。

⑤ 《汉书》卷二十四下，《食货志》。

所以能取得显著效果，禁榷制度实起了很大作用。

汉武帝之所以坚定不移地依靠桑弘羊来厉行官营盐铁的禁榷制度，其动机是复杂的，原因是多样的，其中含有经济的、政治的、财政的、军事的各种因素。

我们知道汉王朝是建立于战国和秦的长期战乱之后，其建立之初，社会经济极端衰微，为了能迅速恢复，西汉统治者在经济上采取了放任政策，工商业经营完全自由，即所谓“开关梁，弛山泽之禁”，使富商大贾得以自由地“周流天下”，在商品贩运上更是“交易之物莫不通，得其所欲”。一方面，这在经济上扩大了贫富的两极分化，加速了土地兼并的发展，结果是阶级矛盾日益尖锐，使整个社会因之动荡不安；另一方面，随着地方上豪强权贵、奸猾恶霸等人财富的增长，分裂割据势力亦随之增长，对于中央的统治权而言已日益成为现实的威胁。这不仅是一个严重的经济问题，而且是一个严重的政治问题。负责主持禁榷的桑弘羊曾对反对派明确指出这一点说：“文帝之时，纵民得铸钱、冶铁、煮盐，吴王擅鄣海泽，邓通专西山，山东奸猾咸聚吴国，秦、雍、汉、蜀因邓氏，吴邓钱布天下。”[①] 果然为时不久，到景帝时，吴楚七国就起兵叛变，刚建立不久的中央集权的汉王朝，几乎被这股地方割据势力所推翻，这对汉王朝的统治者，是一个极其惨痛的教训。汉武帝之所以要厉行抑商政策，便是要从根本上消除这一威胁。

对汉王朝统治权的另一个严重威胁，是来自北边的匈奴。匈奴的威胁，本为时已久，《易》称“高宗伐鬼方，三年克之”，殷代的鬼方就是匈奴，龟甲文有不少关于鬼方的记载，可知鬼方是殷人的一大威胁。周称匈奴为猃狁，《诗经》中屡见“猃狁孔棘”和“薄伐猃狁”的记载，可见这是自古以来长期存在的威胁。但是从殷周直到西汉武帝以前，对匈奴一直是采取消极的防御政策。“当是时，冠带战国七，而三国边于匈奴”，三国各在自己的境内筑长城以御之，“秦昭王时……秦有陇西、北地、上郡，筑长城以距胡。而赵武灵王……自代并阴山下至高阙为塞，而置云中、雁门、代郡。其后燕亦筑长城，自造阳至襄平，置上谷、渔阳、右北平、辽西、辽东郡以距胡”[②]。到秦始皇时，又把三国分筑的长城加以扩展延伸，其所耗费的人力财力之大，是十分惊人的。秦始皇原有彻底解除这一威胁的计划，并作了种种部署，但因

---

① 《盐铁论·错币》。

② 《汉书》卷九十四上，《匈奴传》。

他的统治时间不长，致计划未能实现。

秦汉之际，匈奴的兵力更为强大，侵扰更为频繁，“高帝自将兵往击之。……于是汉悉兵，多步兵，三十二万，北逐之。……冒顿纵精兵三十余万骑围高帝于白登，七日”。用陈平计，“冒顿遂引兵去。汉亦引兵罢，使刘敬结和亲之约……奉宗室女翁主为单于阏氏（诸王女曰翁主），岁奉匈奴絮缯酒食物各有数，约为兄弟以和亲，冒顿乃少止”[①]。其后吕后执政时，冒顿竟对她进行人身侮辱，狂暴骄横，达于极点。当时汉王朝由于没有力量抵抗，只好忍辱退让。我们看一看汉初社会经济的残破情况，便知当时对强大的匈奴确实没有有效的对付办法，所以到了汉文帝时期，对匈奴还是一味地妥协忍让。“至孝文即位，复修和亲。……文帝复遣宗人女翁主为单于阏氏。”[②]同时还开关市，输币帛，而匈奴的骚扰反而与年俱增。如“孝文十四年（公元前一六六年），匈奴单于十四万骑入朝那萧关，杀北地都尉卬，虏人民畜产甚多，遂至彭阳（安定县）。使骑兵入烧回中宫，候骑至雍甘泉”[③]。这是说匈奴的先锋部队到了京师近郊，而汉王朝的防御兵力亦只好“军长安西细柳、渭北棘门、霸上以备胡”[④]。故“京师震动”。桑弘羊在讨论这个问题时，亦指出其严重性说：“往者匈奴据河山之险，擅田牧之利，民富兵强，行入为寇，则句注之内惊动，而上郡以南咸城。文帝时，虏入萧关，烽火通甘泉，群臣惧，不知所出，乃请屯京师以备胡。”[⑤]说明形势危急，已经直接威胁到汉王朝的生存了。

到了汉武帝执政期间，所有上述的种种尖锐矛盾，都摆在执政者面前，需要认真对待，需要确定一个根本的方针政策，来加以彻底解决，不能再采取任何权宜之计或苟安之策。

到了汉武帝时期，具备了解决上述各种矛盾的客观条件和主观条件。所谓客观条件，是指这时社会经济的恢复和发展，具备了解决矛盾的经济力量。由汉初到武帝时，经过七十多年的休养生息，经济的发展达到了空前繁荣的阶段，完全如前引司马迁所说，这时“国家无事，非遇水旱之灾，民则人给家足，都鄙廪庾皆满，而府库余货财，京师之钱累巨万，贯朽而不可校。太

① 《汉书》卷九十四上，《匈奴传》。
② 《汉书》卷九十四上，《匈奴传》。
③ 《汉书》卷九十四上，《匈奴传》。
④ 《汉书》卷九十四上，《匈奴传》。
⑤ 《盐铁论·西域》。

仓之粟陈陈相因，充溢露积于外，至腐败不可食。众庶街巷有马，阡陌之间[10] 成群"①。这样，虽然有了用兵的充沛国力，但要支持一个旷日持久的大规模战争，还必须在财政上有充分保证，否则开支浩大，军情紧急，平时的正常税收，实远不足以应付急需。实行禁榷制度和均输平准后，开辟了一个新的财源。桑弘羊说：

> 匈奴背叛不臣，数为寇暴于边鄙。备之，则劳中国之士；不备，则侵盗不止。先帝哀边人之久患苦，为虏所系获也，故修障塞，饬烽燧，屯戍以备之边，用度不足，故兴盐铁，设酒榷，置均输，蕃货长财，以佐助边费。②

所谓主观条件，是指汉武帝坚决推行了桑弘羊所制定的政策[11]，从而收到了彻底抑商的效果，遏止了日趋严重的土地兼并，打击了地方上的割据势力，使经济的和政治的尖锐矛盾，都暂时获得一定程度的缓和。在稳定社会经济秩序的同时，又获得了一个财政收入的充裕来源，使汉武帝能下定决心，毫不动摇地来贯彻抗击匈奴的军事路线。

关于这个抑商政策的形成经过和主要内容，前文在讨论官营商业时已论及。

汉武帝就是在上述的政策获得成功的基础上，率先改变了对待匈奴的政策，他放弃了长期以来的消极防御和退让求和的和亲政策，而是确定了一条备战抗击的基本路线，并制定了一个宏大的战略计划。他使张骞通西域诸国，"以断匈奴右臂"；通朝鲜，置沧海君以断匈奴左臂。在完成了大包围之后，以重兵从中间突破。经过了艰苦的抗战，终于彻底将匈奴击溃，匈奴除有一小部分（南单于）内附外，大部分西逃，从此解除了匈奴的威胁。

战争的规模非常大，历时也相当长，没有充足的财力作后盾，这个宏大的抗击计划是无法完成的。尽管军费浩大，动"以亿万计"，而仍然应付裕如，主要都是来自盐铁酒榷和均输平准，而不是依靠正常税收，没有额外增加赋税，这是禁榷制度在财政上的一大成功，所以后来在昭帝始元六年（公元前八十一年）政府召开的"议罢盐铁榷酤"的会议上，桑弘羊反复

---

① 《史记》卷三十，《平准书》。

② 《盐铁论，本议》。

申说：

盐铁之利，所以佐百姓之急，足军旅之费，务蓄积以备乏绝，所给甚众，有益于国，无害于人。①

往者财用不足，战士或不得禄，而山东被灾，齐赵大饥，赖均输之蓄，仓廪之积，战士以奉，饥民以赈。故均输之物，府库之财，非所以贾万民，而专奉兵师之用，亦所以赈困乏，而备水旱之灾也。②

正由于在财政上有了充裕的来源，所以在抗击匈奴的同时，汉武帝又进行了一系列统一全国各地区和沟通中外关系的政治、经济、军事、外交等多方面活动，如使张骞通西域，使严助、朱买臣等“招来东瓯，事两越”，使唐蒙、司马相如等“开路西南夷，凿山通道千余里，以广巴蜀”，又使使通朝鲜，置沧海郡[12]。通过这些对内和对外活动，奠定了现代中国辽阔疆域的基础，巩固了年轻的中央集权的大一统帝国，同时还打开了中国的门户，沟通了中国与中亚、欧洲以及南海诸国的交通和贸易。所有这一切，一方面向当时在经济上和文化上还比较落后的各族人民传播了先进文化；另一方面，由这些国家和地区向中国输入了外来的文化和物产，从而丰富了中国人民的物质和精神生活。这一切成就的取得，都是以有充足的财源作后盾的，而且还做到了“民不益赋，而天下用饶”。完全如当时政府主管当局对反对派所说：

御史曰：大夫各运筹策，建国用，笼天下盐铁诸利，以排富商大贾……损有余，补不足，以齐黎民，是以兵革东西征伐，赋敛不增而用足。③

今大夫各修太公桓管之术，总一盐铁，通山川之利而万物殖。是以县官用饶足，民不困乏，本末并利，上下俱足。④

当此之时，四方征暴乱，车甲之费，克获之赏，以亿万计，皆

① 《盐铁论·非鞅》。
② 《盐铁论·力耕》。
③ 《盐铁论·轻重》。
④ 《盐铁论·轻重》。

赡大司农。①

但是在财政收入上获得成功，还只是实行禁榷制度所要达到的一个附带的或者说次要的目的，桑弘羊明说：

> 今意总一盐铁，非独为利入也，将以建本抑末，离朋党，禁淫侈，绝并兼之路也。②

可见禁榷盐铁的目的主要有二：①彻底抑商，以达到“建本抑末”和“绝并兼之路”，这是要制止商业资本的破坏作用和土地兼并的进一步发展，借以缓和日益尖锐的阶级矛盾；②“离朋党，禁淫侈”，即把地方上的富商大贾和豪强权贵所掌握的利权夺取过来，堵塞他们发财致富的途径，用以打击地方上的分裂割据势力，来消灭政治上的一个潜在威胁。就抑商而言，预期的目的基本上是达到了。

但是，从整个国民经济的发展，特别是从商品经济的发展这一角度来看，禁榷制度所起的却是严重的消极作用，即对国民经济特别是商品经济的发展所起的是严重妨碍作用。因为它在表面上虽然只是在抑制商人——排富商大贾，但是实际上则是在抑制商业和手工业，阻碍了工商业的正常发展。本来在自然经济占支配地位的封建社会中，商品经济特别是商业的发展，乃是整个社会经济发展变化的起点，堵塞了商品经济发展的道路，窒息了它的生机，也就妨碍了整个社会经济的发展。由此可见，封建统治阶级所采取的经济政策，是完全不利于经济的发展的，是与社会经济的发展方向背道而驰的，而这个政策成为历代相沿的传统政策，这就注定了国民经济发展迟滞的命运。

其实这些关系都是显而易见的。我们知道在资本主义生产方式以前，一直是商业领导工业，是商业的发展促进了工业的发展，因为总是先由商业发展了生产物的商品形态，即把各种生产部门由非商品生产变为商品生产，一切的发展和变化都是从这里开始的，所以我们说商品经济的发展，是整个国民经济发展的一个推动力量。抑商的结果，不但中断了生产物的商品化过程，而且把已经商品化了的生产也窒息掉了。并且抑商政策又伴随着抑奢政策

---

① 《盐铁论·轻重》。

② 《盐铁论·复古》。

(详见下节)，许多手工业被斥为奇技淫巧，而加以贬斥或摈弃，这样一来，不仅打断了商品的流通过程，而且打断了商品的生产过程。本来抑商和抑奢的目的，就是要消灭大部分的商业和手工业，禁榷制度在这方面起了很大的作用。

实行禁榷盐铁酒酤和均输平准，把大多数工商企业都改为官办，少数改为官督商办而以官为主。古代的封建官僚，其管理无能和效率之低，都是不言而喻的，故盐铁官营之后，弊病丛生，尤其是产品质量低劣，价格昂贵，损害人民利益，妨碍经济发展，对此本卷第五章第一节已有阐述。总之，官营工商业不但效率低，而且变成了扰民的虐政，无怪“百姓疾苦之”。抑商政策是历久相沿的，禁榷制度也是长期存在的，这种扰民的虐政自然也就长期延续了下来。正常的工商企业，私人不许经营，官家又经营不好，结果遂两头落空。所以中国虽然很早即已有了商品经济，并且也远比欧洲为早出现了资本主义的萌芽，但却发展得非常缓慢，始终没有越过萌芽阶段，在这里，抑商政策所起的消极阻碍作用，是不能低估的。

第三节　抑奢政策

抑奢政策，是抑商政策的一个辅助政策，二者都是从周代延续下来的传统政策，后世在执行这个政策时也一直是相辅而行，互为补充的，因为二者所要达到的目的是完全相同的，即同样都是要求抑制工商业的自由发展，而抑奢还可以说是抑商的一个具体步骤。大概古人所要抑的末，即工商业，实际上所指的就是奢侈品的生产和贩运，在这一点上，古人的认识是完全正确的，因为这是由客观经济规律所决定的一个必然现象。关于这个问题，我们已经从理论上进行了分析，请参见前文①，这里仅简单指出古代的工商业为什么一定以经营奢侈品为主，又为什么必然被列入抑商政策的范围之内而受到贬斥和压抑。

古代的工商业在其自身的经济规律支配之下，其所生产和贩运的必然是以奢侈品为主，即所谓“雕文刻镂，锦绣纂组”等奇技文巧，是因为：①社会经济的基本结构形态是自然经济占统治地位，人们的生活是自给自足的，

① 参见拙作：《抑商政策的产生根源、贯彻抑商政策的三项制度及其对商品经济发展的影响》，载《中国经济史论丛》，生活·读书·新知三联书店1980年版。

生活必需品都是自己生产的，男耕女织是生活必需品的主要来源甚至是唯一来源，基本上不需要仰赖市场，因此，生活必需品不能成为商业贩运的对象，而由商业的发展所促成的生产物的商品化，也主要不是这些物品。只有当社会中的富有阶级——统治阶级于满足了生活的基本需要之后，即于酒足饭饱之余，而仍然有更多更大的购买力渴望能得到一些精美的、高贵的物品，来满足高一级的需要时，才给工商业的发展提供了充分条件。所以社会需要和市场范围决定了那些“待商而通，待工而成”的商品必然都是奢侈品。这是从商品的需要方面来看的。②再从商品的供给方面来看，就商业本身的情况来说，在古代交通运输条件的限制下，体积笨重、单位价值不高的生活必需品，根本就不可能成为商业贩运的对象，只有体积轻便、单位价值较高、而又可以从富人的荷包中赚取一本万利的物品，才能得到商贾的青睐，而这些东西便是陇蜀之丹砂旄羽，荆扬之皮革骨象，江南之楠[13]梓竹箭，齐鲁之漆丝絺[14]纻，兖豫之鱼盐旃裘等，总之，都是奢侈品或便利品。这样，从供给和需要两方面来看，都共同决定了古代工商业的性质，使商人所贩运的商品和工匠所生产的商品，都不能不是奢侈品（详见本卷第六章第一节）。

奢侈品生产和贩运的发达，在原则上是与社会经济结构的性质和统治阶级的根本利益相抵触的，因为在自然经济占支配地位的社会经济结构中，个体的小农业和与之紧密结合在一起的家庭手工业，是生产的主要形式。这种生产形式，结构是简单的，基础是薄弱的，为了保持社会关系的稳定，使经济的简单再生产过程不受震动和扰乱，就必须先保持生产与消费之间的平衡，因为在经济基础薄弱和生产力不大的前提下，过多的消费，即消费超过生产力所能负荷的限度，就打破了生产与消费之间的平衡，就必然要造成再生产过程的矛盾。破坏了经济平衡，同时就破坏了社会关系的稳定，进而就会成为一切动乱的根源，这是封建统治阶级所深以为惧的。战国时诸子在这个问题上发表了许多言论，从各个方面申述了崇俭抑奢的重要性和必要性，并提出了一些具体办法，大家立论的出发点尽管有所不同，但是基本观点则是大体一致的，事实上大家对于这个明如观火的问题，也不可能有什么分歧意见，其说俱已择要引见前文，兹不赘。汉朝人对这个问题的看法与前人相同，例如前引的汉初人贾谊，即一针见血地对汉文帝指出了这一问题的严重性。

> 古之人曰：一夫不耕，或受之饥；一女不织，或受之寒。生之有时，而用之亡度，则物力必屈。……今背本而趋末，食者甚众，

> 是天下之大残也；淫侈之俗，日日以长，是天下之大贼也。残贼公行，莫之或止；天命将泛，莫之振救。生之者甚少而靡之者甚多，天下财产何得不蹶！①

可见推行抑奢政策不像推行抑商政策那样简单。因抑商，不外是抑制商人的自由发展和私人工商业的经营范围，以堵塞他们发财致富的道路。抑奢，既包括商品供给方面的问题，又包括商品需要方面的问题，而限制人们，特别是统治阶级的消费欲则更是问题的关键。因既要保证人们的生存以保证社会关系的稳定，就不得不从根本上把人们的消费欲望加以适当限制，特别是对于具有极大消费能力的统治阶级，必须把他们过多的、并且还不断提高着标准的消费欲望加以限制，这是统治阶级的根本利益所要求的。但是限制消费，并不是不许人消费，而是要调节消费，把消费维持在生产力水平所能负荷的合理的标准上。这就需要对经济的生产和生活进行控制，而不能放任自流。把这个难以着手的问题形成政策，是颇为不易的，汉朝人折中了各派学说，特别是根据儒家哲学，综合出了一整套统治人们经济生产和生活的办法，并归约成为一个纲领性文献。

> 辨其土地川泽丘陵衍沃原隰之宜，教民种树畜养；五谷六畜及至鱼鳖鸟兽雚蒲材干器械之资，所以养生送终之具，靡不皆育。育之以时；而用之有节。草木未落，斧斤不入于山林；豺獭未祭，罝网不布于壄泽……所以顺时宣气，蕃阜庶物，稸足功用，如此之备也。然后四民因其土宜，各任智力，夙兴夜寐，以治其业，相与通功易事，交利而俱赡，非有征发期会，而远近咸足。……各安其居而乐其业，甘其食而美其服，虽见奇丽纷华，非其所习……是以欲寡而事节，财足而不争。②

这里虽没有提出道家的极端节欲的主张，但也认为“欲寡而事节”，是“财足而不争”的前提。为了使这种“欲寡而事节”的自然经济生活能保持平衡，需要用人为的力量对生产和生活加以适当的管理和控制。上引之文系

---

① 《汉书》卷二十四上，《食货志》。

② 《汉书》卷九十一，《货殖传》。

根据战国末年《荀子》的主张脱胎而来，《荀子》所设计的统治经济生产和生活的方案是：

修堤梁，通沟浍，行水潦，安水臧，以时决塞，岁虽凶败水旱，使民有所耘艾，司空之事也。相高下，视肥墝，序五种，省农功，谨蓄藏，以时顺修[15]，使农夫朴力而寡能，治田之事也。修火宪，养山林薮泽草木鱼鳖百索，以时禁发，使国家足用，而财物不屈，虞师之事也。……论百工，审时事，辨功苦，尚完利，便备用，使雕琢文采不敢专造于家（注：专造，私造也），工师之事也。①

通过节欲以保持生产与消费的平衡，不仅是一个经济问题，更不仅是个人的修养问题，而且还是一个严肃的政治问题，因为这个问题如不从根本上加以调节，听其自流，终于会发展到动摇社会基础，破坏社会秩序的境地，最后会成为动乱之源。汉朝人对这个问题也阐述得比较明确，例如《淮南子》说：

为治之本，务在于安民；安民之本，在于足用；足用之本，在于勿夺时；勿夺时之本，在于省事；省事之本，在于节欲。②

为什么“节欲”是“为治之本”呢？据唐人的解释是“欲盛则费广，费广则赋重，赋重则民愁，民愁则国危，国危则君丧矣”③。可见节欲尚俭，并不是一个无关宏旨的琐事，而是与统治阶级的生死存亡密切相关的。

要求消费奢侈品来满足高一级的需要，是“不召而自来、不求而民出之”的人的本能，此即司马迁所谓“耳目欲极声色之好，口欲穷刍豢之味，身安逸乐，而心夸矜埶能之荣使”④。用现在的话来说，就是人天生地要求提高物质生活和精神生活的享受。特别是统治阶级的这些欲望显然不是普通的生活日用品所能满足的，它所需要的正是古人所要坚决摈弃的“雕文刻镂”和“锦绣纂组”。商业在这里正起了桥梁作用，它一方面刺激了人对奢侈品

① 《荀子·王制篇》。

② 《淮南子·诠言训》。

③ 《资治通鉴》卷一百九十二，《唐纪八》。

④ 《史记》卷一百二十九，《货殖列传》。

的需要；另一方面，它又是奢侈品唯一的供给来源，所以变化是从它那里开始的。

上文曾指出，推行抑奢政策不像推行抑商政策那样具体，比较易行的办法不外是：①以身作则，躬行节俭，拿自己的行动来作号召，为人们树立一个学习的样板；②屡颁贬斥奢侈的诏书，以谆谆告诫。

在统治阶级中，能躬行节俭，始终如一的，实如凤毛麟角，在前后两代汉王朝中，实际上只有汉文帝一人能数十年如一日，坚持不变，其余都是空颁诏敕，号召别人节俭，自己则好像是例外。

> 遗诏曰："……当今之时，世咸嘉生而恶死，厚葬以破业，重服以伤生，吾甚不取。……"①
>
> 赞曰：孝文皇帝……身衣弋绨，所幸慎夫人衣不曳地，帷帐无文绣，以示敦朴，为天下先。治霸陵，皆瓦器，不得以金银铜锡为饰。②
>
> 时天下侈靡趋末，百姓多离农亩。上从容问朔："吾欲化民，岂有道乎?"朔对曰："尧舜禹汤文武成康上古之事，经历数千载，尚难言也，臣不敢陈。愿近述孝文皇帝之时，当世耆老皆闻见之。贵为天子，富有四海，身衣弋绨，足履革舄，以韦带剑，莞蒲为席，兵木无刃，衣缊无文，集上书囊以为殿帷；以道德为丽，以仁义为准。于是天下望风成俗，昭然化之。……"③

其余帝王则都是表里不一，言行相左。一方面，他们不停地在颁发崇俭抑奢的诏书，有时还表示要雷厉风行；另一方面，他们的私生活大都不堪闻问，几乎个个都是穷奢极欲、糜烂腐朽。这一类诏书在历届王朝政府中都是连篇累牍，这里仅择要引述数例如下：

> 朔对曰："……今陛下以城中为小，图起建章，左凤阙，右神明，号称千门万户；木土衣绮绣，狗马被缋罽，宫人簪玳瑁，垂珠玑；设戏车，教驰逐，饰文采，丛[16] 珍怪，撞万石之钟，击雷霆

---

① 《史记》卷十，《孝文本纪》。

② 《汉书》卷四，《文帝纪赞》。

③ 《汉书》卷六十五，《东方朔传》。

之鼓，作俳优，舞郑女。上为淫侈如此，而欲使民独不奢侈失农，事之难者也。”①

〔永始四年（公元前十三年）六月甲午诏〕曰：“方今世俗奢僭罔极，靡有厌足。公卿列侯亲属近臣，四方所则，未闻修身遵礼，同心忧国者也。或乃奢侈逸豫，务广第宅、治园池，多畜奴婢，被服绮縠，设钟鼓，备女乐，车服嫁娶葬埋过制。吏民慕效，寖以成俗，而欲望百姓俭节，家给人足，岂不难哉！”②

〔绥和二年（公元前七年）六月诏〕曰：“齐三服官、诸官织绮绣，难成，害女红之物，皆止，无作输。”③

〔永平十二年（公元六十九年）五月〕诏曰：“……丧贵致哀，礼存宁俭。今百姓送终之制，竞为奢靡。生者无担石之储，而财力尽于坟土。伏腊无糟糠，而牲牢兼于一奠。糜破积世之业，以供终朝之费，子孙饥寒，绝命于此，岂祖考之意哉！又车服制度，恣极耳目。田荒不耕，游食者众。有司其申明科禁，宜于今者，宣下郡国。”④

〔永初元年（公元一〇七年）秋九月〕庚午，诏三公明申旧令，禁奢侈，无作浮巧之物，殚财厚葬。⑤

〔元初五年（公元一一八年）〕秋七月……丙子，诏曰：“旧令制度，各有科品，欲令百姓务崇节约。遭永初之际，人离荒厄[17]，朝廷躬自菲薄，去绝奢饰，食不兼味，衣无二彩。比年虽获丰穰，尚乏储积，而小人无虑，不图久长，嫁娶送终，纷华靡丽，至有走卒奴婢被绮縠，著珠玑。京师尚若斯，何以示四远？设张法禁，恳恻分明，而有司惰任，讫不奉行。秋节既立，鸷鸟将用，且复重申，以观后效。”⑥

〔永兴二年（公元一五四年）二月〕癸卯，诏曰：“比者星辰谬越，坤灵震动，灾异之降，必不空发，敕已修正，庶望有补。其舆服制度有逾侈长饰者，皆宜损省。郡县务存俭约，申明旧令，如永

① 《汉书》卷六十五，《东方朔传》。
② 《汉书》卷十，《成帝纪》。
③ 《汉书》卷十一，《哀帝纪》。
④ 《后汉书》卷二，《明帝纪》。
⑤ 《后汉书》卷五，《安帝纪》。
⑥ 《后汉书》卷五，《安帝纪》。

平故事。”①

蜀土富实，时俗奢侈，货殖之家，侯服玉食，婚姻葬送，倾家竭产。和躬率以俭，恶衣蔬食，防遏逾谮，为之轨制，所在皆移风变善，畏而不犯。②

《傅子》曰：太祖愍嫁娶之奢僭，公女适人，皆以皂[18]帐，从婢不过十人。③

这类诏敕法令，事实上都是言之谆谆，而听之藐藐，并不起多大作用，所以实际上都是些官样文章，朝廷照例颁发，郡县照例承转，后果则无人追问。但是也有个别统治者对此十分重视，推行政策也十分认真，常常是雷厉风行，有时还以严刑峻法随其后。例如，

〔曹〕植妻衣绣，太祖登台见之，以违制命，还家赐死。④

当然，像这样的事是极其个别的，也无补于挽救奢靡僭越之习，因社会上早已是上行下效，相沿成风，仅靠这类官样文章和空洞说教是不足以挽回社会风气的，这由下引记载可以看出。

今世俗坏，而竞于淫靡，女极纤微，工极技巧，雕素朴而尚珍怪，钻山石而求金银，没深渊求珠玑，设机陷求犀象，张网罗求翡翠。求蛮貉之物以眩中国，徙邛筰之货致之东海，交万里之财，旷日费功，无益于用。是以褐夫匹妇，劳罢力屈，而衣食不足也。故王者禁溢利，节漏费。溢利禁，则反本，漏费节，则民用给，是以生无乏资，死无转尸也。⑤

《东观记》载谭言曰：贾人多通侈靡之物，罗纨绮绣，杂彩玩好，以淫人耳目，而竭尽其财。是为下树奢媒而置贫本也。求人之俭约富足，何可得乎？夫俗难卒变，而人不可暴化。宜抑其路，使

① 《后汉书》卷七，《桓帝纪》。
② 《三国志》卷三十九，《蜀书·董和传》。
③ 《三国志》卷一，《魏书·武帝纪》建安二十五年注。
④ 《三国志》卷十二，《魏书·崔琰传》注引《世语》。
⑤ 《盐铁论·通有》。

之稍自衰焉。①

〔符所著《潜夫论》〕《浮侈篇》曰：……昔孝文皇帝躬衣弋绨，革舄韦带。而今京师贵戚，衣服饮食，车舆庐第，奢过王制，固亦甚矣。且其徒御仆妾，皆服文组彩牒，锦绣绮纨，葛子升越，筒中女布。犀象珠玉，虎魄瑇瑁，石山隐饰，金挺错镂，穷极丽靡，转相夸咤。其嫁娶者，车軿[19]数里，缇帷竟道，骑奴侍童，夹毂并引。富者竞欲相过，贫者耻其不逮，一飨之所费，破终身之业。古者必有命然后乃得衣缯丝而乘车马，今虽不能复古，宜令细民略用孝文之制。②

总之，在漫长的历史时期中，统治阶级能真正认识到本阶级的根本利益所在，并能严格地约束自己，使自己的私生活不致与本阶级的长远利益过于背谬，用以保持自己统治地位的稳定，简言之，即能够躬行节俭以求长治久安的，实百不一见，绝大多数都是“狡躁康荒，不爱民力……竭百姓之力，以奉耳目之欲”③。这样，所谓抑奢，只是抑别人的奢，结果，自然如东方朔所说，“上为淫侈如此，而欲使民独不奢侈失农，事之难者也”。这一切都说明为抑商而抑奢，如果只发表一些空洞的议论和说教，只作一般号召，是起不了多大作用的。因为提高生活标准，改善物质的和精神的生活状况是人类的本性，有这样的要求是十分自然的。统治阶级不但有同样的要求，而且表现得更强烈。既然在上者所孜孜追求的是“珍怪奇物”，是“雕文刻镂，黼黻文章，絺绤绮绣，宝玩珠玉”，自然就要为下“树奢媒”，“上有好者，下必甚焉”，而早期商业所贩运的又恰是这些物品。

供给和需要完全相适应的情况，本来是商业发展的一个重要条件，如不加干扰地听其自然，也使之经过一个自由放任时期，毫无疑义，它将为商品经济的发展，提供一个广阔的国内市场，从而成为产生资本主义之一个必不可少的前提，欧洲的资本主义正是通过这一途径而萌芽并逐渐滋长起来的，所以有的经济学家直接把奢侈作为资本主义的产生条件之一，是有一定的道理的。很显然，没有日益提高的消费，没有日益增多的购买，没有日益扩大

① 《后汉书》卷二十八上，《桓谭传》注。
② 《后汉书》卷七十九，《王符传》。
③ 《淮南子·主术训》。

的市场，资本主义是不可能产生的。中国则走了一条完全相反的道路，从商品经济刚刚开始有所发展的同时，就确定了彻底消灭商品经济（不仅要消灭商业，而且要消灭手工业）的抑商政策，抑商之不足，又辅之以抑奢。尽管在推行这个政策时，由于统治阶级本身的官僚主义，推行的结果并不理想，没有收到政策预期的效果，即没有能够把商品经济特别是商业完全扼杀，但却在它们的发展道路上设置了重重障碍，使其摇手触禁，动辄逾制，随时有堕入法网之虞。没有自由，就没有发展。中国长期不能迈上资本主义的阶段，这也是原因之一。

校勘记

校勘说明

1. 本书以傅筑夫著《中国封建社会经济史（第二卷）》（人民出版社1982年12月第一版）（以下称“原书”）为底本，重新加以编校整理。对原书开本、版式进行了调整，并按照现今标点符号使用规则和习惯，对原书的标点符号做了修改。

2. 对于原书中一些具有当时时代特点的用词、数字用法和表述方式，不属错误且不影响文义理解的（比如，原书公元纪年的书写采取汉字而非阿拉伯数字方式；页下注中所引用图书页码的标注采用汉字而非阿拉伯数字方式；等等），均不做修改，以尽可能保留原书风貌。

3. 对于原书中个别用字按照今天的使用习惯进行了修改，如将“象”“那”等改为“像”“哪”，“做”“作”的用法按照今习惯用法做了调整等。因上述修改不影响原文意思，凡属此情况均直接加以修改，不再特别说明。

4. 对于原书中将“它”或“它们”误用为“他”或“他们”等不规范之处，直接做了修改，一般不再加以标注说明。

5. 对于原书中的少数表述，如加上“了”“的”“是”等字，或是简单调整词语在句子中的位置，或是做一些简单修改即可使表述更为顺畅且不影响文义时，直接做了修改，不再特别加以说明。对于较多改动或改动处需要加以说明的，则在全书最后的校勘记中加以说明。

6. 原书中所引大量古代文献，大多数未注明具体版本，编校中以保留原书引文文字原貌为主，对于未标注引书版本的页下注，保留原貌；少数引文存疑处，依照所引文献的现今通行版本进行核对和修改，并以校勘记的形式加以说明。

7. 原书中的古今地名对照，对今地名未按照当下行政区划和名称做修改，均保留原书文字。

8. 上述情况之外对原书文字所做的修改需要说明的，以校勘记的形式加以说明。

第一章

[1] 原书作“新疆省”，今改为“新疆”。

[2] 原书作“饟”，为“饷”的异体字，今改为“饷”。本章后文此种情况均如此修改，不再一一说明。

[3] 原书作“但是经过三十多年的穷兵黩武之后，弄得‘海内虚耗’，劳民伤财，水深火热，这时汉武帝深悔用兵太多，亟思调整内部……”本句不够通顺，依文义改为：但是经过三十多年的穷兵黩武之后，弄得‘海内虚耗’，劳民伤财，百姓陷入水深火热之中，这时汉武帝深悔用兵太多，亟思调整内部……

[4] 原书作“征和中（公元前九十二年——八十九年）”，易引发歧义，现依文义增加“公元前”三字，改为“征和中（公元前九十二年——公元前八十九年）”。本章后文此种情况均按此原则修改。

[5] 原书作“畮”，为“亩”的异体字，今改为“亩”。本章后文此种情况均如此修改，不再一一说明。

[6] 原书无“首先”二字，同段下文有“其次”二字，故加。

[7] 原书无“秦国的”三字，依据文义加。

[8] 原书作“本书”，实指《中国封建社会经济史》，为表述上更为清晰，本书中凡此种情况，统一改为《中国封建社会经济史》。

[9] 原书作“钬”，为不规范简化字，今改为“鏦”。

[10] 原书作“媮”，为“偷”的异体字，今改为“偷”。本章后文中此种情况均如此修改，不再一一说明。

[11] 原书作“枏”，为“楠”的异体字，今改为“楠”。

[12] 原书作“適”，为“谪”的通假字，非“适”的繁体字，为保留引文原义，此处不做修改。本章下文此种情况均如此修改，不再一一说明。

[13] 原书作“菑”，为“灾”的异体字，今改为“灾”。本章下文此种情况均如此修改，不再一一说明。

[14] 原书作“斲”，为“斫”的异体字，今改为“斫”。

［15］原书作“数百千岁以来，不仅一直是全国经济中心，而且一直是全国政治中心”，句子少主语，依据文义改为：“数百千岁以来，其不仅一直是全国的经济中心，而且一直是全国的政治中心”。

［16］原书无“北方”二字，依文义加。

［17］原书作“纑”，为“纑”的不规范简化字，今改为“纑”。

［18］原书作“瑇”，为“玳”的异体字，今改为“玳”。本章下文此种情况均如此修改，不再一一说明。

［19］原书作“枏”，为“楠”的异体字，今改为“楠”。本章下文此种情况均如此修改，不再一一说明。

［20］原书作“絺”，为“𫄨”的繁体字，今改为“ 𫄨”。

［21］原书作“这个相反的运动，一方面是生产物的商品化”，因下文无“另一方面”，为行文通顺起见，改为“这个相反的运动，其表现之一是生产物的商品化”。

［22］原书作“鍾”，为“钟”的繁体字，今改为简化字“钟”。本章下文此种情况均如此修改，不再一一说明。

［23］原书作“彫”，为“雕”的异体字。原文中做注音使用，此处不做修改。

［24］原书作“蜀道既通，又接受张骞的建议”。此处缺主语，现改为“蜀道既通，汉武帝又接受张骞的建议”。

［25］原书作“肥水”，依今用法改为“淝水”。本章下文此种情况均如此修改，不再一一说明。

［26］原书作“鉤”，为“钩”的异体字，今改为“钩”。

［27］原书作“毋须”，依今用法改为“无须”。

［28］原书作“踰”，为“逾”的异体字，今改为“逾”。

［29］原书作“迺”，为“乃”的异体字，今改为“乃”。

［30］原书作“適”，为“适”的繁体字，今改为“适”。

［31］原书作“徧”，为“遍”的异体字，今改为“遍”。

［32］原书作“砾谿”，“谿”为“溪”的异体字。因原文“砾谿”为地名，为防止改后引发歧义，此处及下文不做修改。

［33］原书作“鐔”，为“镡”的繁体字，今改为“镡”。本章下文此种情况均如此修改，不再一一说明。

［34］原书作“勃海”，依今用法改为“渤海”。本章下文此种情况均如

此修改，不再一一说明。

［35］原书作“交址”，误，改为“交趾”。本章下文此种情况均如此修改，不再一一说明。

［36］原书无“这一制度”四字，语义不够完整，今据文义加。

［37］原书作“纔”，现简化字为“才”。文中注释时使用，为防止出现歧义，此处及下文此种情况保留原字不改。

［38］原书作“刘屈牦”。“氂”为“牦”的异体字；“氂”又有读音为lí，通“厘”。用于人名，为防止不当简化，今改为“刘屈氂”。本章下文此种情况均如此修改，不再一一说明。

［39］原书作“公元前129年”，依照本书年代表示习惯，改为汉字“一二九”。本章下文此种情况均按此原则修改，不再一一说明。

［40］原书作“燉煌”，据中华书局1959年版《史记》卷一百二十三《大宛列传》改为“敦煌”。

［41］原书作“閤”，为“阁”的异体字，今改为“阁”。本章下文此种情况均如此修改，不再一一说明。

第二章

［1］原书作“枏”，为“楠”的异体字，今改为“楠”。

［2］原文作“絺”，为“缔”的繁体字，今改为“缔”。本章下文此种情况均如此修改，不再一一说明。

［3］原书作“踰”，为“逾”的异体字，今改为“逾”。

［4］原书作“穀”，为“谷”的异体字，今改为“谷”。

［5］原书作“刘屈牦”。“氂”为“牦”的异体字；“氂”又有读音为lí，通“厘”。用于人名，为防止不当简化，今改为“刘屈氂”。

［6］原书作“贯串”，依今用法改为“贯穿”。

［7］原书作“用以”，为文句更为通顺，改为“为”。

［8］原书作“成帝鸿嘉、永始之间（公元前二十年——十六年）”，易引发歧义，现依文义增加“公元前”三字，改为“成帝鸿嘉、永始之间（公元前二十年——公元前十六年）”。本章后文此种情况均按此原则修改。

［9］原书作“遯”，为“遁”的异体字，今改为“遁”。

［10］原书作“联带”，依今用法改为“连带”。

［11］原书作“驩”，为“欢”的异体字，今改为“欢”。

［12］原书作“寖”，为“浸”的异体字，今改为“浸”。

[13] 原书作“锺”，为“钟”的繁体字，今改为“钟”。本章下文此种情况均如此修改，不再一一说明。

[14] 原书作“坻”，据中华书局1959年版《史记》卷一百二十九《货殖列传》改为“ 珁”。

[15] 原书作“稾”，为“稿”的异体字，今改为“稿”。

[16] 原书作“麴”，为简化字“曲”的异体字，今改为“曲”。

[17] 原书作“答”，误，据中华书局1959年版《史记》卷一百二十九《货殖列传》改为“荅 ”。

[18] 原书作“濁”，为“浊”的繁体字，今改为“浊”。

[19] 原书作“絜”，为“洁”的异体字，今改为“洁”。

[20] 原书作“斲”，为“斫”的异体字，今改为“斫”。

[21] 原书作“隆重”，误，当为“隆贵”。

[22] 原书作“菑”，为“灾”的异体字，今改为“灾”。

[23] 原书作“徧”，为“遍”的异体字，今改为“遍”。本章下文此种情况均如此修改，不再一一说明。

[24] 原文作“鉏”，为“锄”的异体字，今改为“锄”。

[25] 原书作“滞财骄溢”，疑误，依文义改为“恃财骄溢”。

[26] 原书作“誖”，为“悖”的异体字，今改为“悖”。

[27] 原书作“拚”，为“拼”的异体字，今改为“拼”。

[28] 原书作“鹜”，为“鷩”的不规范简化字，今改为“鷩”。

[29] 原书作“鵕鸃”，为“鵔鸃”的不规范简化字，今改为“鵔鸃”。

[30] 原书作“拭”，误，今据中华书局1962年版《汉书》卷九十九下《王莽传》改为“栻”。

[31] 原书作“列”，据中华书局1962年版《汉书》卷九十九下《王莽传》改为“裂”。

第三章

[1] 原书作“拚”，为“拼”的异体字，今改为“拼”。

[2] 原书作“一方面是新制度的产生条件……同时旧制度的存在条件则……”为行文中上下衔接通顺起见，此处改为“一方面是新制度的产生条件……另一方面是旧制度的存在条件则……”

[3] 原书作“一个社会如果严密意义的地主阶级不存在”。为符合当前行文习惯，此处改为“一个社会中如果不存在严格意义上的地主阶级”。下

文此种情况也如此修改。

［4］原书作“鑪”，为“炉”的异体字，今改为“炉”。“炉”当通“垆”。

［5］原书作“鉏”，为“锄”的异体字，今改为“锄”。

［6］原书作“脩武”，“脩”为“修”的异体字，今改为“修”。

［7］原书作“这样把私奴变为官奴，在官奴婢中占相当大的比重”。为行文规范起见，此处改为“这样，由私奴变为官奴的数量，在官奴婢中占相当大的比重”。

［8］原书作“雇”，误，据中华书局1959年版《史记》卷四十九《外戚世家》改为“顾”。

［9］原书作“駰”，为“骃”的繁体字，今改为“骃”。

［10］原书作“这是朝廷把所拥有的官奴婢当作财物……通过这样的途径，使大量的官奴变成了私奴。但是……这一来源，在私奴婢的队伍中所占的比重是微乎其微的”。而前文中又说“通过这样的途径（指把官奴当作财物赏赐），使大量的官奴婢归私人所有，成为私奴婢的一个重要来源”。前后文表述不一致，为符合历史实际且前后行文一致起见，此处改为“这是朝廷把所拥有的官奴婢当作财物……通过这样的途径，使大量的官奴变成了私奴。但是……这一来源，在私奴婢的队伍中所占的比重并不如购买的那么高”。

［11］原书作“姿”，误，据中华书局1965年版《后汉书》卷一上《光武帝纪》改为“恣”。

［12］原书作“誖”，为“悖”的异体字，今改为“悖”。本章下文此种情况均如此修改，不再一一说明。

［13］原书作：“汉时还有一种介于奴隶与宾客或食客之间的一种人”，“一种”前后表述重复，依文义改为：汉时还有介于奴隶与宾客或食客之间的一种人。

［14］原书作“藉”，为“借”的异体字，今改为“借”。

［15］原书作“喧赫”，依今用法改为“煊赫”。

［16］原书作“蹰”，为“躝”的不规范简化字，今改为“躝”。

［17］原书作“喧赫”，核中华书局1965年版《后汉书》卷七十八《张让传》，作“喧赫”，故此处不做修改。

［18］原书作“晦”，为“亩”的异体字，今改为“亩”。

［19］原书作“氾”，为“泛”的异体字，今改为“泛”。

［20］原书作“虖”，据中华书局1965年版《后汉书》卷十六《邓禹传

附训传》改为“虙”。

第四章

［1］原书作“……而且还在总结经验的基础上提高为理论”。“提高为理论”表述不规范，此处改为“……而且还在总结经验的基础上上升为理论”。

［2］原书作“例如他（指时任秦相的吕不韦）曾亲眼看到不久前完成的都江堰水利工程对秦之国力增强起了多么巨大的作用”。其中“不久前”一说易产生误解，此处删去并改为“例如他曾亲眼看到都江堰水利工程对秦之国力增强起了多么巨大的作用”。

［3］原书作“背境”，依今用法改为“背景”。

［4］原书作“捨”。今“捨”字简化为“舍”。原书用“捨”字表述引文中“舍”字为“捨”字的通假字，为不影响文义，此处不做修改。

［5］原书作“捨”。与注释［4］情况同，故此处不做修改。

［6］原文作“銍”，为“铚”的繁体字，今改为“铚”。本章下文此种情况均如此修改，不再一一说明。

［7］原书作“……故又接着说……”为前后文衔接顺畅起见，此处改为“……故《吕氏春秋》中又接着说……”

［8］原书作“彊”，为“强”的异体字，今改为“强”。本章下文此种情况均如此修改，不再一一说明。

［9］原书作“摶”，为“抟”的繁体字，今改为“抟”。本章下文此种情况均如此修改，不再一一说明。

［10］原书作“稾”，为“稿”的异体字，今改为“稿”。本章下文此种情况均如此修改，不再一一说明。

［11］原书作“穀”，为“谷”的异体字，今改为“谷”。

［12］原书作“乾”，为“干”的繁体字，今改为“干”。本章下文此种情况均如此修改，不再一一说明。

［13］原书作“斲”，为“斫”的异体字，今改为“斫”。

［14］原书作“硁”，为“硜”的不规范简化字，今改为“硜”。

［15］原书作“已经发现的这些实物和图像，属于东汉的又超过西汉”。为行文规范起见，此处加上“数量”一词，改为“在已经发现的这些实物和图像中，东汉的数量又超过西汉”。

［16］原书作“梔”，疑误，今依照中华书局 1992 年“新编诸子集成”《盐铁论》改为“桅”。

［17］原书作“鉏”，为“锄”的异体字，今改为“锄”。本章下文此种情况均如此修改，不再一一说明。

［18］原书作“箒”，为“帚”的异体字，今改为“帚”。

［19］原书作“鍫”，为“锹”的异体字，今改为“锹”。本章下文此种情况均如此修改，不再一一说明。

［20］原书作“燉煌”，依今用法改为“敦煌”。本段下文此种情况均如此修改。另，本段引文作“燉煌”，与中华书局1959年版《三国志》卷十六《仓慈传》注引《魏略》一致，故不做修改。

［21］原书作“鑱”，为“镵”的繁体字，今改为“镵”。

［22］原书作“秦汉两代，在历史上是兴修水利工程最多……的时代”。为行文规范起见，此处增加限定语“中国古代”改为“秦汉两代，在中国古代历史上是兴修水利工程最多……的时代”。

［23］原书作“锺”，为“钟”的繁体字，今改为“钟”。

［24］原书作“馕”，为“饟”的不规范简化字，“饟”为“饷”的异体字，今改为“饷”。

［25］原书作“穨”，为“颓”的异体字，今改为“颓”。

［26］原书作“寖”，为“浸”的异体字，今改为“浸”。

［27］原书作“卻”，为“却”的异体字，今改为“却”。

［28］原书作“汧”，参照陈桥驿、叶光庭译，陈桥驿、王东注《水经注》（中华书局2020年版）卷十九《渭水》改为“汧”字。

［29］原书作“輓”，为“挽”的异体字，今改为“挽”。本章下文此种情况均如此修改，不再一一说明。

［30］原书作“箠”，为“棰”的异体字，今改为“棰”。本章下文此种情况均如此修改，不再一一说明。

［31］原书作“色”，疑误，改为“邑”。

［32］原书作“劚”，为“斸”的异体字，今改为“斸”。

［33］原书作“勑”，为“敕”的异体字，今改为“敕”。

［34］本页注释③、④、⑤所引实为同一场战役。

［35］原书作“燉煌”，据中华书局1959年版《史记》卷一百二十三《大宛列传》改为“敦煌”。

［36］原书作“苑”，误，据中华书局1959年版《史记》卷一百二十三《大宛列传》改为“宛”。

第五章

［1］原书作“鍾”，为“钟”的繁体字，今改为“钟”。

［2］原书作“壄”，为“野”的异体字，今改为“野”。

［3］原书作“饟”，为“饷”的异体字，今改为“饷”。

［4］原书作“勌”，为“倦”的异体字，今改为“倦”。

［5］原书作“絜”，为“洁”的异体字，今改为“洁”。

［6］原书作“慙”，为“惭”的异体字，今改为“惭”。

［7］原书作“无关重要”，依今习惯用法改为“无关紧要”。

［8］原书无“的现象”三字，依文义加。

［9］原书作“硁”，为“硜”的不规范简化字，今改为“硜”。

［10］原书作“颇多征词”，疑误，改为“颇多微词”。

［11］原书作“钬”，为“鈥”的不规范简化字，今改为“鈥”。

［12］原书作“又在战国已经取得的基础上迈进到一个新的高度”，依据文义改为：又在战国已经取得的进步的基础上迈进到一个新的高度。

［13］原书作“在技术上都表现出辉煌成就”。为表述规范起见，此处将“表现出”改为“取得了”，此句相应改为“在技术上都取得了辉煌成就”。

［14］原书作“近代考古学家曾沿这条丝路在新疆的尼雅、甘肃的武威、蒙古的诺因乌拉以及古楼兰遗址罗布淖尔等地”。为表述规范起见，此处改为“近代考古学家曾沿这条丝路在我国新疆的尼雅、古楼兰遗址罗布淖尔和甘肃的武威，以及今蒙古国的诺因乌拉等地”。

［15］原书作“驘”，为“骡”的异体字，今改为“骡”。

［16］原书作“驼”，为“馲”的不规范简化字，今改为“馲”。

［17］原书作“駞”，为“驼”的异体字，今改为“驼”。

［18］原书作“ 騱 ”，为“骙”的繁体字，今改为“骙”。

［19］原书作“騵”，为“骡”的繁体字，今改为“骡”。

［20］原文作“絺”，为“絺”的繁体字，今改为“絺”。本章下文此种情况均如此修改，不再一一说明。

［21］原书作“这是”，当误，依文义改为“这时”。

［22］原书作“这个几种”，不通顺，依文义改为“这几种”。

［23］原书无“染成”二字，依文义加。

［24］原文如此，不甚符合今语词使用习惯，当为“蜿蜒曲折”的意思。

［25］原书作“在工艺技巧上都表现了很高成就”。为表述规范起见，此

处改为“在工艺技巧上都表现出了很高的造诣”。

［26］原书作“高度技术”，依今用法改为“高超技术”。

［27］原书无“自治区”三个字，依文义加。

［28］原书作“枏”，为“楠”的异体字，今改为“楠”。

［29］原书无公历纪年，依照全书标注习惯加。本章下文此种情况皆如此处理。

［30］原书作“麢”，为“麖”的异体字，今改为“麖”。

第六章

［1］原书作“热中”，依今习惯用法改为“热衷”。

［2］原书作“寖”，为“浸”的异体字，今改为“浸”。“浸”，逐渐。

［3］原书作“比较最为有效”，依照今语法习惯，改为“最为有效”。

［4］原书作“俛”，为“俯”的异体字，今改为“俯”。

［5］原书作“《史记》和《汉书》的两个《货殖传》”。为表述规范起见，此处改为“《史记》中的《货殖列传》和《汉书》中的《货殖传》”。

［6］原书作“清明时季雨纷纷”，当误，改为“清明时节雨纷纷”。

［7］原书作“锺”，为“钟”的繁体字，今改为“钟”。本章下文此种情况均如此修改，不再一一说明。

［8］原书作“麴”，为简化字“曲”的异体字，今改为“曲”。本章下文此种情况均如此修改，不再一一说明。

［9］原文作“纑”，为“纑”的不规范简化字，今改为“纑”。

［10］原书作“枏”，为“楠”的异体字，今改为“楠”。本章下文此种情况均如此修改，不再一一说明。

［11］原书作“瑇”，为“玳”的异体字，今改为“玳”。本章下文此种情况均如此修改，不再一一说明。

［12］原文作“絺”，为“绨”的繁体字，今改为“绨”。

［13］原书作“卻”，为“却”的异体字，今改为“却”。

［14］原书作“昬”，为“昏”的异体字，今改为“昏”。

［15］原书作“覜”，为“覜”的不规范简化字。“覜”为“眺”的异体字，今改为“眺”。

［16］原书作“鸟丸”，误，改为“乌丸”。

［17］原书作“踰”，为“逾”的异体字，今改为“逾”。

［18］原书作“南北潮”，依照下文改为“南北湖”。

［19］原书作“钚”，为“鈲”的不规范简化字，今改为“鈲”。

［20］原书作“掤”，为“掤”的不规范简化字，今改为“掤”。

［21］原书作“玬”，应写作“玬”。

［22］原书作“缧”，为“緤”的不规范简化字，今改为“緤”。

［23］原书作“麢”，为“麖”的异体字，今改为“麖”。

［24］原书无公历纪年，依照全书标注习惯加。本章下文此种情况皆如此处理。

［25］原书作“祖”，依文义，并参照中华书局1962年版《汉书·何武传》改为“租”。

［26］“氂”为“牦”的异体字；“氂”又有读音为lí，通“厘”。用于人名，为防止不当简化，保留“刘屈氂”原字。

［27］原书作“駃”，为“駃”的繁体字，今改为“駃”。

［28］原书作“刀斗”，误，改为“刁斗”。

［29］原书作“匄”，为“丐”的异体字，今改为“丐”。

［30］原书作“阬”，为“坑”的异体字，今改为“坑”。

［31］原书作“蘭”，为“兰”的繁体字，文中通“栏”。今改为“兰”。

［32］原书作“駰”，为“骃”的繁体字，今改为“骃”。本章下文此种情况均如此修改，不再一一说明。

［33］本段文字修改说明，见第五章注释［15］至［19］。

［34］原书作“勑”，为“敕”的异体字，今改为“敕”。

［35］原书作“穀”，为“谷”的异体字，今改为“谷”。

［36］原书作“脩武卢”，人名，为防止不当简化，此处不做修改。

第七章

［1］原书作“贩运到不能生产或产量不足以致需要最大和价格最昂贵的地方”。为行文顺畅起见，此处改为“贩运到不能生产或产量不足以满足需要和价格最昂贵的地方”。

［2］原书作“瑇”，为“玳”的异体字，今改为“玳”。本章下文此种情况均如此修改，不再一一说明。

［3］原书作“穖”，为“秽”的繁体字，今改为“秽”。

［4］原书作“不但不能把这些物品使之成为交换价值”。为表述规范起见，此处改为“不但不能令这些物品产生交换价值”。

［5］原书作“枏”，为“楠”的异体字，今改为“楠”。

［6］原书作“絺”，为“绨”的繁体字，今改为“绨”。

［7］原书作“锺”，为“钟”的繁体字，今改为“钟”。本章下文此种情况均如此修改，不再一一说明。

［8］原书作“麴”，为简化字“曲”的异体字，今改为“曲”。

［9］原书作“天翻地覆之概”，疑误，改为“天翻地覆之慨”。

［10］原书无“体系”二字，依文义加。

［11］原书为阿拉伯数字，依本书标注年份的习惯，改为汉字。本章下文此种情况均如此修改，不再一一说明。

［12］原书作“蹏”，为“蹄”的异体字，今改为“蹄”。本章下文此种情况均如此修改，不再一一说明。

［13］原书作“讙”，为“欢”的异体字，今改为“欢”。

［14］原书作“驩”，为“欢”的异体字，今改为“欢”。

［15］原书作“鉤”，为“钩”的异体字，今改为“钩”。

［16］原书作“本世纪的三十年代”，为不引起歧义，改为“二十世纪三十年代”。

［17］原书作“即金和钱的相互兑换率”，此处改为“铜钱”，以使表达更为清晰。

［18］原书作“重两”，今改为“重量”。

［19］原书无公历纪年，依照全书标注习惯加。本章下文此种情况皆如此处理。

［20］原书作“菑”，为“灾”的异体字，今改为“灾”。本章下文此种情况均如此修改，不再一一说明。

［21］原文作“鉏”，为“锄”的异体字，今改为“锄”。本章下文此种情况均如此修改，不再一一说明。

［22］原书作“塗”，为“涂”的繁体字，今改为“涂”。“涂”此处通“途”。

［23］原书作“冒然”，依今用法改为“贸然”。

［24］原书作“锴”，据中华书局1959年版《史记》卷三十《平准书》改为“鍇”。

［25］原书作“更显然是货币了”，为使表达更为清晰，改为“这里的帛更显然是指货币了”。

［26］原书作“葛雷襄”，与后文译法不同，现统一译为“格雷欣”。

[27] 原书作“铓”，为“鑢”的不规范简化字，今改为“鑢”。本章下文此种情况均如此修改，不再一一说明。

第八章

[1] 原书作“曼克斯·韦柏”，今一般译为“马克斯·韦伯”。此处保留原书译法。

[2] 原书作“息息法斯”，今一般译为“西西弗斯”。本章下文此种情况均保留原文，不再说明。

[3] 原书作“盎斯”，今一般译为“盎司”。本章下文此种情况均保留原文，不再说明。

[4] 原书作“纑”，为“纑”的不规范简化字，今改为“纑”。

[5] 原书作“柟”，为“楠”的异体字，今改为“楠”。本章下文此种情况均如此修改，不再一一说明。

[6] 原文作“絺”，为“绨”的繁体字，今改为“绨”。本章下文此种情况均如此修改，不再一一说明。

[7] 原书作“锺”，为“钟”的繁体字，今改为“钟”。本章下文此种情况均如此修改，不再一一说明。

[8] 原书作“卮”，为“卮”的异体字，今改为“卮”。

[9] 原书作“麯”，为简化字“曲”的异体字，今改为“曲”。

[10] 原书作“答”，误，据中华书局 1959 年版《史记》卷一百二十九《货殖列传》改为“荅”。

[11] 原书作“鴑”，误，据中华书局 1959 年版《史记》卷一百二十九《货殖列传》改为“鹜”。

[12] 原书少“币”字，依文义加。

[13] 原书作“骆”，疑误，据文义改为“辂”。

[14] 原书作“贯串”，依今习惯用法改为“贯穿”。

[15] 原书作“泱”，为“决”的异体字，今改为“决”。

[16] 原书作“所以在中国，一直把升官与发财作为同义语”。为表述准确，在“中国”之后加“历代王朝中”，此处改为“所以在中国历代王朝中，一直把升官与发财作为同义语”。

第九章

[1] 原书无“古代”二字，依文义加，以表达更为准确。

[2] 原书作“履进履退”，误，改为“屡进屡退”。

［3］原书作“饟”，为“饷”的异体字，今改为“饷”。本章后文此种情况均如此修改，不再一一说明。

［4］原书作“锺”，为“钟”的繁体字，今改为“钟”。本章下文此种情况均如此修改，不再一一说明。

［5］原书作“斲”，为“斫”的异体字，今改为“斫”。本章下文此种情况均如此修改，不再一一说明。

［6］原书无公历纪年，依照全书标注习惯加。本章下文此种情况皆如此处理。

［7］原书作“宴”，误，据中华书局1962年版《汉书》卷二十四下《食货志》改为“晏”。本章下文此种情况均如此修改，不再一一说明。

［8］原书作“六管”，据中华书局1962年版《汉书》卷九十九中《王莽传》改为“六筦”。

［9］原书作“纷纷沓来”，依今习惯用法改为“纷至沓来”。

［10］原书作“鉤”，为“钩”的异体字，今改为“钩”。本章下文此种情况均如此修改，不再一一说明。

［11］原书作“不妨害他们各能根据自己的计划来安排自己的再生产”。为表述准确起见，此处改为“不妨害他们各自根据自己的计划来安排再生产”。

［12］原书作“鴈”，为“雁”的异体字，今改为“雁”。

［13］原书作“箠”，为“棰”的异体字，今改为“棰”。

［14］原书作“朱儁”，“儁”为“俊”的异体字，因为古代人名，为避免引起歧义，此处保留原文，不做修改。本章下文此种情况均如此处理，不再一一说明。

［15］原书无“精”字，依文义改为“精光”。

［16］原书作“遲”，为“迟”的繁体字，今改为“迟”。

［17］原书作“曹丘”，误，依上引文改为“夏丘”。

［18］原书作“鼉鱼”，依今习惯用法改为“鳄鱼”。

［19］原书作“乾”，为“干”的异体字，今改为“干”。

［20］原书作“飘”，误，依文义改为“漂”。

［21］原书作“嶽”，为嶽的不规范简化字。“嶽”为“岳”的异体字，今改为“岳”。

［22］原书作“概”，疑误，今改为“慨”。

第十章

［1］原书作“井然有条”，依今习惯用法改为“井然有序”。

［2］原书作“战胜”，依今天的词语搭配习惯改为“剪灭”。

［3］原书作“減”，为“减”的异体字，今改为“减”。

［4］原书作“他们都切实有效地认真推行了重农政策”。此处“切实有效地”和“认真”置于一处造成冗语，改为“他们都切实有效地推行了重农政策”。

［5］原书作“餽”，为“馈”的异体字，今改为“馈”。

［6］原书作“适”，为“適”的简化字。“適”为“谪”的通假字，为避免歧义，据中华书局 1959 年版《史记》卷一百二十三《大宛列传》改为“谪”。

［7］原书作“菑”，为“灾”的异体字，今改为“灾”。

［8］原书作“驵”，据中华书局 1959 年版《史记》卷一百二十二《酷吏列传》，“驵”为“鉏”之误，“鉏”为“锄”的异体字，今改为“锄”。

［9］原文作“銍”，为“铚”的繁体字，今改为“铚”。

［10］原书作“閒”，为“间”的异体字，今改为“间”。

［11］原书作“汉武帝坚决执行了桑弘羊所制定的政策”。此处用“执行”混淆了汉武帝与桑弘羊的上下关系，用“推行”为妥，改为“汉武帝坚决推行了桑弘羊所制定的政策”。

［12］原书作“沧县郡”，当误，据中华书局 1959 年版《史记》卷三十《平准书》改为“沧海郡”。

［13］原书作“枏”，为“楠”的异体字，今改为“楠”。

［14］原文作“絺”，为“缔”的繁体字，今改为“缔”。本章下文此种情况均如此修改，不再一一说明。

［15］原书作“脩”，为“修”的繁体字，今依文义改为“修”。

［16］原书作“藂”，为“丛”的异体字，今改为“丛”。

［17］原书作“戹”，为“厄”的异体字，今改为“厄”。

［18］原书作“阜”，为“皂”的异体字，今改为“皂”。

［19］原书作“辀”，为“軿”的不规范简化字，今改为“軿”。